衢州年鉴

QUZHOU YEARBOOK
2023

衢州市地方志编纂委员会办公室
衢州市档案馆
编

方志出版社
Publishing House of Local Records

图书在版编目(CIP)数据

衢州年鉴. 2023 / 衢州市地方志编纂委员会办公室,
衢州市档案馆编.—北京 : 方志出版社, 2023.12
ISBN 978-7-5144-6037-7

Ⅰ. ①衢… Ⅱ. ①衢… ②衢… Ⅲ. ①衢州—2023—
年鉴 Ⅳ. ①Z525.53

中国国家版本馆 CIP 数据核字(2023)第 253165 号

责任编辑:罗滔
责任校对:张玉霞
责任印制:梅中英
出 版 者:方志出版社
地　　址:北京市朝阳区潘家园东里 9 号(国家方志馆 4 层)
邮　　编:100021
网　　址: http://www.zgfzcb.cn
发　　行:方志出版社图书营销中心(010-67110500)
印　　刷:衢州市华宇印刷有限责任公司
开　　本:889 毫米 × 1194 毫米 1/16
印　　张:35.5
字　　数:1047 千字
版　　次:2023 年 12 月第 1 版
印　　次:2023 年 12 月第 1 次印刷
定　　价:300.00 元

衢州市地方志编纂委员会

主　　任　徐张艳

副 主 任　邓　崴　周卫兵　郑河江　余龙华

成员单位　市委办　市人大办　市府办　市政协办　衢州军分区
市委组织部　市委宣传部　市委统战部　市委编办
市档案馆　市经信局　市教育局　市民政局　市财政局
市人力社保局　市住建局　市资规局　市生态环境局
市交通运输局　市水利局　市农业农村局　市文旅局
市商务局　市统计局　县(市、区)人民政府

《衢州年鉴(2023)》编辑部

主　　编　吴新波

副 主 编　贺清峰　钱道本　徐裕宏

编　　辑　钱道本　徐裕宏　陈美玲　徐煜富　金新溪

扉页书名题字　潘玉光

编辑说明

一、《衢州年鉴(2023)》(以下简称“本年鉴”)以马克思列宁主义、毛泽东思想、邓小平理论、“三个代表”重要思想、科学发展观、习近平新时代中国特色社会主义思想为指导,坚持辩证唯物主义和历史唯物主义的立场、观点和方法,全面、系统、客观地记述2022年衢州市境内自然、政治、经济、文化、社会等方面情况,为各级党政机关、研究部门、社会各界人士等了解、研究、建设衢州提供丰富翔实的地情资料,是宣传、推介衢州的权威性工具书。

二、本年鉴是由中共衢州市委、衢州市人民政府主办,衢州市地方志编纂委员会办公室、衢州市档案馆编纂的地方综合性年鉴。

三、本年鉴记述起讫时间原则上为2022年1月1日至2022年12月31日。为保持内容资料的完整性,部分资料适当上溯或下延。

四、本年鉴由卷首、百科、卷末三部分组成。基本结构分类目、分目、条目三个层次,部分分目设置子分目,以条目为基本记述层次。卷首设衢州市地方志编纂委员会及《衢州年鉴(2023)》编辑部名单、编辑说明、彩页、地图、要目、目录;百科设特载、专辑、大事记、市情概览、中国共产党衢州市委员会、衢州市人民代表大会、衢州市人民政府、政协衢州市委员会、中共衢州市纪委衢州市监委、民主党派·工商联、群众团体、法治、军事、规划和国土资源管理·城乡建设和管理、交通运输·邮政、信息化建设、水利·电力、生态环境、农业农村、工业、巨化集团有限公司、经济开发区、建筑业·房地产业、商贸、金融业、财政·税务、经济管理、科学技术、教育、卫生健康、体育、媒体、档案·史志、公共文化、南孔文化、社会生活、县(市、区)、人物·荣誉、附录39个类目;卷末设表格索引。

五、本年鉴数字用法、标点符号用法分别采用国家标准《出版物上数字用法》(GB/T 15835—2011)、《标点符号用法》(GB/T 15834—2011),一次文献中人称、数字、计量单位等用法保持原状。本年鉴中所用数据以统计部门提供的为准;小数点后一般保留两位数字;部分数据因四舍五入等因素,总项和分项之间存在合理范围内的误差。本年鉴计量单位采用国家技术监督局1993年12月发布的《量和单位》系列国家标准。考虑到社会使用习惯,全书中“亩”“公顷”不作统一要求。

六、本年鉴收录市级机关单位、驻衢州省部属单位、县(市、区)等年度信息资料。文字资料由各承编单位撰写或提供,并经单位领导审核,署作者名。卷首照片署拍摄者名或提供单位;随文照片均由承编单位提供,不另行署名。

1. 2022 年 4 月 8 日，中国共产党衢州市第八次代表大会开幕 （市新闻传媒中心　供图）

2. 2022 年 4 月 26 日，衢州市第八届人民代表大会第一次会议开幕 （市人大办　供图）

3

4

5

6

3. 2022 年 4 月 25 日，政协第八届衢州市委员会第一次会议开幕（市政协办 供图）

4. 2022 年 3 月 13 日，衢江区发生疫情，各地检测车支援衢江（市委办 供图）

5. 2022 年 9 月 15 日，除险保安 平安护航二十大——"三警联动"联席会召开（武警支队 供图）

6. 2022 年 11 月 23 日，市交通运输局举行"学习贯彻二十大 交通青年勇争先"路演（市交通运输局 供图）

1

2

3

4

1. 2022 年 7 月 18 日，衢州吉利“三电”系列项目全面开工（智造新城管委会 供图）
2. 2022 年 9 月 29 日，四省边际交通物流桥头堡攻坚大会召开（市交通运输局 供图）
3. 2022 年 10 月 26 日，智慧新城四季度重大项目集中开工仪式举行（智慧新城管委会 供图）
4. 2022 年 11 月 23 日，高铁衢州西站施工现场（市铁道中心 供图）

5. 2022年6月8日，衢州企业首票真空包装等高新技术货物一体化布控查验模式试点业务顺利完成（衢州海关　供图）

6.2022年10月26日，2022衢州市利用外资(上海)洽谈活动举行　（市贸促会　供图）

共同富裕

1

2

1. 2022 年 7 月 29 日，“鲜辣衢州 共富 @ 未来”三衢味杭州亚运会、亚残运会官方供应商发布会在杭州奥体中心小莲花体育馆举办 （市供销社 供图）
2. 2022 年 5 月 27 日，龙游县新生代企业家联谊会举行首届“新生代 – 青年共富基金”路演 （市委统战部 供图）

3

4

3. 2022 年 6 月 29 日，常山县“山海协作”共富产业项目　（常山县府办　供图）

4. 2022 年 10 月 24 日，江山市成立民族共富联盟　（市委统战部　供图）

数字变革

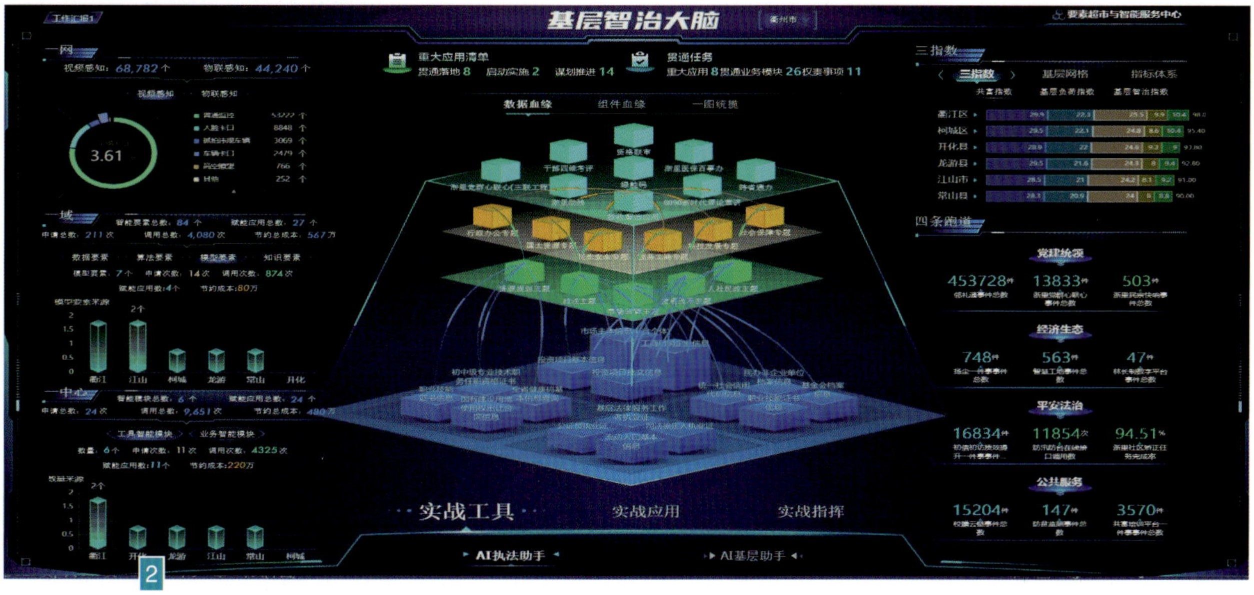

1. 2022 年 1 月 19 日，衢州市“双十佳百优村”数字化改革最佳应用推介会举办　　（中国电信衢州分公司　供图）

2. 2022 年 4 月，在全省率先探索建设的基层智治大脑　　（市大数据局　供图）

四省边际中心城市
“公安大脑”建设交警专场
应用发布会
主办：衢州市公安局
承办：衢州市公安局交通警察支队 衢州广电传媒集团广播交通音乐频率

3

4

5

3. 2022 年 5 月 24 日，四省边际中心城市“公安大脑”建设交警专场应用发布会在市大联动中心召开（市公安局　供图）
4. 2022 年 7 月 25 日，市烟草局工作人员通过数据工具研判市场状态（市烟草局　供图）
5. 2022 年 8 月 11 日，“浙里民宗快响”应用上线启动仪式在衢江区举办（市委统战部　供图）

文化文明

1. 2022 年 2 月，衢江西周高等级土墩墓入围 2021 年全国十大考古新发现终评，图为孟姜村土墩墓群俯瞰图及出土文物（衢江区府办　供图）
2. 2022 年 8 月 20 日，2022“烂柯杯”浙台青少年围棋赛在市文化艺术中心举行（市委台办　供图）
3. 2022 年 9 月 3 日，中国人民抗日战争暨世界反法西斯战争胜利 77 周年纪念活动在侵华日军细菌战衢州展览馆举办（市委老干部局　供图）

2

3

4

4. 2022 年 9 月 19 日，衢州籍羽毛球世界冠军黄雅琼（中排右三）到“衢职—鑫焱”羽毛球运动学院指导

（衢州职业技术学院　供图）

5. 2022 年 9 月 26 日，第十九届“尼山杯”衢州市中小学生《论语》学习系列大赛决赛在孔府花园举行

（市南孔文化发展中心　供图）

6. 2022 年 9 月 28 日，以“南孔圣地·崇贤有礼”为主题的纪念孔子诞辰 2573 年祭祀典礼在孔氏南宗家庙举行

（市委宣传部　供图）

2022南孔文化季·第十九届"尼山杯"衢州市中小学生《论语》学习系列大赛决赛
主办单位：市教育局、孔管会、团市委、衢州广电传媒集团、衢州南孔文化发展中心 协办单位：柯城区教育局 承办单位：FM105.3衢州之声

5

大成殿
有未民生

6

7

8

7. 2022 年 9 月 29 日，在市委党校上演新编廉政历史剧《铁面御史赵抃》 （市委党校　供图）

8. 2022 年 11 月 11 日，浙江省衢州第一中学建校 120 周年活动在校举行 （市教育局　供图）

卫生健康

1

2

1. 2022 年 2 月 19 日，树兰（衢州）医院开业　　（市卫健委　供图）

2. 2022 年 4 月 3 日，衢报传媒集团联合市教育局、市实验学校菱湖校区举办护眼科普公益讲座（市新闻传媒中心　供图）

3

4

3. 2022 年 8 月 3 日，中国针灸学会衢州科技创新服务站揭牌 （衢州职业技术学院 供图）

4. 2022 年 8 月 10 日，民进省委会到衢州开展“喜迎二十大 同心助共富”中医药健康服务活动 （民进市委会 供图）

衢州有礼

1. 2022 年 9 月 11 日，浙江有礼·衢州先行——我们的节日“月光下的诗歌汇”举行 （市文明办　供图）

2. 2022 年 9 月 20 日，衢州市第二十个公民道德宣传日暨志愿服务“三团”有礼出征仪式在衢州有礼馆举行 （市文明办　供图）

3

3. 2022 年 9 月 28 日,“南孔圣地·崇贤有礼”开蒙礼仪程首发仪式举行　（市南孔文化发展中心　供图）
4. 2022 年 9 月 29 日,江山市组织召开“情暖重阳 孝满江山”重阳节茶叙会　（市委统战部　供图）
5. 2022 年 11 月 20 日,2022 世界儿童日主题活动暨衢州儿童友好城市标志标识推广使用发布会举行（市妇联　供图）

情暖重阳 孝满江山

4

崇贤有礼 开放自信 创新争先
儿童友好·点亮未来
2022世界儿童日主题活动暨衢州儿童友好城市标志标识推广使用发布会
衢州有礼 儿童友好

5

美丽衢州

1. 2022年5月5日，龙游溪口风貌　（市政府办　供图）
2. 2022年9月3日，衢州市区儒学文化区旅游配套工程府山南片区鸟瞰图　（许军　摄）
3. 2022年12月23日，柯城区航埠镇严村入选浙江省第二批未来乡村创建名单　（柯城区府办　供图）

1

2

3

2022 年度“十大”衢州热词

衢州市档案馆、衢州市社科联、《衢州晚报》共同组织 2022 年度衢州热词征集和评选活动。经市民参与、专家评选，“未来社区、未来乡村”“党的二十大”“儿童友好城市”“新时代衢州人文精神”“阳过、阳康”“两中心”“六治六提”“四省边际中心城市、十个‘桥头堡’”“保五争三拼第一；工业强市、产业兴市”“垃圾分类”成为衢州年度热词，体现了衢州元素和时代特征。

要　目

特 载……………………………………1
专 辑 ……………………………………27
大事记……………………………………30
市情概览…………………………………36
中国共产党衢州市委员会………………72
衢州市人民代表大会 …………………105
衢州市人民政府 ………………………114
政协衢州市委员会 ……………………138
中共衢州市纪委　衢州市监委 ………145
民主党派·工商联………………………149
群众团体 ………………………………163
法 治……………………………………189
军 事……………………………………208
规划和国土资源管理·城乡建设和管理 ……………………………………………211
交通运输·邮政…………………………230
信息化建设 ……………………………243
水利·电力………………………………252
生态环境 ………………………………258
农业农村 ………………………………266
工 业……………………………………280
巨化集团有限公司 ……………………286
经济开发区 ……………………………289
建筑业·房地产业………………………297
商 贸……………………………………301
金融业 …………………………………312
财政·税务………………………………335
经济管理 ………………………………338
科学技术 ………………………………367
教 育……………………………………384
卫生健康 ………………………………411
体 育……………………………………427
媒 体……………………………………431
档案·史志………………………………437
公共文化 ………………………………443
南孔文化 ………………………………447
社会生活 ………………………………452
县(市、区)………………………………467
人物·荣誉………………………………507
附 录……………………………………515
表格索引 ………………………………526

目 录

特 载

牢记殷殷嘱托 加快追赶跨越 为高质量发展建设四省边际共同富裕示范区而不懈奋斗
——在中国共产党衢州市第八次代表大会上的报告 ……1
关于市委常委会工作的报告
——在市委八届三次全体会议暨市委经济工作会议上 ……13
政府工作报告
——在衢州市第八届人民代表大会第三次会议上 ……18

专 辑

工业强市大事记 ……27
2021 年 ……27
2022 年 ……28
新时代衢州人文精神 ……29
崇贤有礼 ……29
开放自信 ……29
创新争先 ……29

大事记

1 月 ……30
2 月 ……30
3 月 ……31
4 月 ……31
5 月 ……32
6 月 ……32
7 月 ……33
8 月 ……33
9 月 ……34
10 月 ……34
11 月 ……34
12 月 ……35

市情概览

建置区划 ……36
建置沿革 ……36
行政区划 ……37
平安边界建设 ……37
地名信息化 ……37
地名管理 ……37
地名文化建设 ……37
自然环境 ……37
地理位置和面积 ……37
地形地貌 ……38
自然资源 ……38
气候特征 ……38
常年气候概况 ……38
2022 年气候特征 ……38
主要气象事件 ……38
水 文 ……43
概 况 ……43

降水量 ……43
蒸发量 ……43
洪　水 ……43
径流量 ……43
输沙量 ……43
水资源管理与节约保护 ……43
人　口 ……44
概　况 ……44
总人口 ……44
城镇人口 ……45
人口自然增长 ……45
人口机械增长 ……47
60 岁以上人口 ……48
百岁老人 ……49
新任市领导简介 ……57
徐张艳 ……57
邓　崴 ……57
张晓峰 ……57
童炜鑫 ……57
潘晓辉 ……57
毛胜田 ……57
郑河江 ……58
杨圆华 ……58
李　宁 ……58
蔡方林 ……58
汪　晖 ……58
黄伟青 ……58
朱　政 ……58
柴志华 ……59
杨晓光 ……59
2022 年衢州市组织机构和负责人名录 ……59
中共衢州市各级组织 ……59
衢州市政权组织 ……60
衢州市垂直管理部门 ……63
衢州市政协组织 ……64
衢州市民主党派组织 ……65
衢州市法检机关 ……65
衢州市群众团体 ……65
2022 年县(市、区)主要机构和负责人名录 ……66
柯城区 ……66
衢江区 ……66
龙游县 ……67
江山市 ……68
常山县 ……69
开化县 ……70

中国共产党衢州市委员会

综　述 ……72
概　况 ……72
学习宣传贯彻党的二十大精神 ……72
实施“工业强市、产业兴市”战略 ……72
部署推进以县城为重要载体的城镇化建设 ……72
开展“六治六提”作风建设行动 ……73
重要会议 ……73
2022 年“工业强市、产业兴市”表彰大会……73
中国共产党衢州市第八次代表大会 ……73
市委八届一次全体会议 ……73
高质量发展建设四省边际共同富裕示范区推进大会 ……73
“转作风、讲担当、抓落实”动员大会 ……73
全市警示教育大会 ……74
市委八届二次全体(扩大)会议 ……74
全市人才科创会议 ……74
市委八届三次全体会议暨市委经济工作会议 ……74
组织工作 ……74
概　况 ……74
党的政治建设 ……75
发挥组织优势保障经济稳进提质 ……75
“组织部门助跑共富”行动 ……75
数字组工建设 ……75
“大综合一体化”行政执法改革 ……76
基层管理体制改革 ……76

“六个一百”干部培养体系 ……76
“两勤两专”能力素养提升 ……76
“两个担当”良性互动机制 ……76
健全完善立体监督管理链条 ……76
现代社区建设 ……77
“两新”组织党建 ……77
村社党员队伍建设 ……77
工业强市人才保障 ……77
重点平台能级提升 ……78
人才服务保障 ……78
宣传工作 ……78
概　况 ……78
理论武装 ……78
8090 新时代理论宣讲 ……78
新时代衢州人文精神 ……79
新闻舆论 ……79
文化文创 ……79
文明有礼 ……79
数字文化系统建设 ……79
基层阵地 ……80
扫黄打非 ……80
网络与信息安全管理 ……80
概　况 ……80
平安护航党的二十大 ……80
重大主题网络宣传 ……81
网络文化活动开展 ……81
网络综合治理 ……81
网络安全防护 ……81
精神文明建设 ……81
概　况 ……81
文明城市创建 ……81
文明有礼培育 ……82
礼治法治建设 ……82
精神文明高地建设 ……83
精神文明建设数字化改革 ……83
新时代文明实践中心建设 ……83
群众性精神文明创建 ……83
公民道德建设 ……83
未成年人思想道德建设 ……84
志愿服务建设 ……84
衢州市社会科学界联合会 ……84
概　况 ……84
理论铸魂 ……84
课题研究 ……84
科研合作 ……85
文化研究 ……85
社会科学普及 ……85
贯彻《浙江省哲学社会科学工作促进条例》 ……86
统战工作 ……86
概　况 ……86
思想政治引领 ……86
非公有制经济领域统战工作 ……86
新乡贤工作 ……86
民族工作 ……87
宗教工作 ……88
港澳台统战工作 ……88
海外统战和侨务工作 ……88
党外代表人士队伍建设和新的社会阶层人士统战工作 ……89
改革与政研 ……89
概　况 ……89
市委全面深化改革委员会第五次会议 ……90
推进全面深化改革工作 ……90
推进数字化改革工作 ……90
研究制定重要政策文件 ……91
重点课题研究 ……91
政策信息服务 ……91
编制工作 ……92
概　况 ……92
“大综合一体化”行政执法改革 ……92
深化基层管理体制改革 ……92
事业单位数字化改革 ……93
机构编制资源统筹 ……93
机构编制规范管理 ……93

对外事务 ……93
概　况 ……93
宣讲中共二十大精神 ……94
签订友好姐妹学校协议书 ……94
市委外事工作委员会会议 ……94
国际友人品浙江——走进衢州活动 ……94
港澳台事务 ……94
概　况 ……94
参加庆祝香港回归祖国二十五周年庆系列活动 ……94
香港贸发局浙江代表处官员访问衢州 ……94
衢台经贸合作 ……95
衢台青年交流 ……95
衢台文化交流 ……95
衢州市台胞台属联谊会第八次代表大会 ……95
机关党建 ……95
概　况 ……95
机关基层组织建设 ……95
机关党员队伍建设 ……96
“破百难、助共富”活动 ……96
“有礼小区”创建 ……96
全国文明城市复评 ……97
暑期机关干部子女托管服务 ……97
信访工作 ……97
概　况 ……97
信访受理与办理 ……97
信访积案市县联动攻坚 ……97
数字化改革创新 ……97
老干部工作 ……98
概　况 ……98
离退休干部党建 ……98
银助共富 ……98
服务管理 ……99
“两个阵地”建设 ……99
关工委工作 ……99
概　况 ……99
开展主题教育活动 ……99
开展“情系雷锋月，爱洒三月天”活动 ……100
开展清明节“缅怀革命先烈 传承红色基因”主题教育活动 ……100
开展抗战重要节点纪念活动 ……100
开展“五老说共富”主题宣讲活动 ……100
帮困助学 ……100
基地建设 ……100
举办公益课堂 ……101
“五老”队伍建设 ……101
创建“五好”关工委 ……101
企业关工委建设 ……101
党校工作 ……102
概　况 ……102
干部培训 ……102
科研咨政 ……102
数字化改革试点 ……102
市管干部学习贯彻市第八次党代会精神集中轮训班 ……102
“两勤两专”队伍建设 ……103
全面从严治党能力培训教学提升工程 ……103
建立“比晾晒”制度 ……103
启用新校园 ……103

衢州市人民代表大会

综　述 ……105
概　况 ……105
全国人大常委会在衢州开展外商投资法执法检查 ……105
全国人大监察和司法委员会调研组在衢州调研 ……105
助推高质量发展 ……105
助推市域治理现代化 ……106
助推共同富裕 ……107
坚持全过程人民民主 ……108
常委会建设 ……109

重要会议
市八届人大一次会议 ……111
市八届人大二次会议 ……111
市人大常委会会议 ……111
《衢州市围棋发展振兴条例》新闻发布会 ……113

衢州市人民政府

综　述 ……114
概　况 ……114
抓经济工作争先创优 ……114
实现工业强市加速跃升 ……114
加快城乡建设品质提升 ……115
强化农业农村优先发展 ……115
推动重大改革多点突破 ……115
促进民生事业持续发展 ……116
共同富裕试点案例全省复制推广 ……117
重要会议 ……117
市政府常务会议 ……117
市政府全体会议 ……119
市政府其他重要会议 ……119
决策咨询 ……119
概　况 ……119
决策咨询 ……120
调查研究 ……120
工作交流 ……120
人事人才 ……120
概　况 ……120
人才引进与开发 ……121
人力资源服务产业园建设 ……121
专业技术人员管理 ……121
事业单位人事管理 ……121
工资福利 ……121
退役军人事务 ……121
概　况 ……121
服务保障体系建设 ……122
退役军人移交安置 ……122
退役军人就业创业 ……122
抚恤优待 ……122
开展褒扬纪念活动 ……123
双拥工作 ……123
思想政治建设和权益维护 ……123
军休军供 ……123
安全生产和应急管理 ……123
概　况 ……123
落实党政主体责任 ……124
完善安全生产责任体系 ……124
防范化解风险隐患 ……124
开展化工行业安全整治 ……124
工矿领域安全整治 ……124
夯实应急管理防御基础 ……124
强化安全生产执法 ……125
提升数字化水平 ……125
消　防 ……125
概　况 ……125
消防安全隐患整治 ……125
推进消防领域数智应用 ……126
消防宣传培训 ……126
后勤装备建设 ……126
提升实战打赢能力 ……127
全省消防救援队伍化工灾害事故跨区域实战拉动演练 ……127
“119”消防宣传月活动启动仪式暨“三衢火焰蓝·最美守护”颁奖晚会 ……127
消防案例 ……127
大数据发展管理 ……128
概　况 ……128
一体化智能化公共数据平台 ……128
数字化项目管理 ……129
网络安全 ……129
“大脑”建设 ……129
政务云 ……129
电子政务视联网 ……130
网站管理 ……130

电子政务外网……130
掌上办公……130
掌上办事……130
营商环境……130
概　况……130
四省边际中心政务服务综合体启用……131
推进营商环境便利化改革……131
助推公平公正法治环境……131
深化惠企政策直达快兑……131
推进试点改革落地落实……131
政务服务改革持续领跑……131
信用建设全国领先……132
深化“服务＋清障”双向行动……132
公共资源交易监管……132
概　况……132
优化营商环境……132
规范市场秩序……133
助企纾困……133
项目建设整治……133
机关事务……134
概　况……134
服务保障重大活动……134
“廉”“俭”机关建设……134
“百县千碗”衢州篇……134
助力共富建设……135
公务用车服务管理……135
办公用房管理……135
物业服务……135
安全保卫……135
援疆工作……135
概　况……135
项目援疆……135
产业援疆……136
智力援疆……136
乡村振兴……136
文化润疆……136
民族团结……137

政协衢州市委员会

综　述……138
概　况……138
上级政协领导在衢州足迹……138
政协党的建设……139
学习贯彻中共二十大精神……139
优秀提案……139
重要会议……141
政协第八届衢州市委员会第一次会议……141
政协常委会会议……141
政协党组会议……142
政协主席会议……142
全市政协主席读书会……142
协商“衢”道……142
协商民主体系建设……142
委员话共富……142
专题协商活动……142
专项集体民主监督……143
专题调研视察……143
凝聚共识……143
委员读书活动……143
理论研究和信息宣传……143
发挥党派团体重要作用……144
拓展联络联谊平台……144
文史研究……144
改革赋能……144
政协数字化改革……144
创新履职服务管理……144
组织建设……144

中共衢州市纪委　衢州市监委

综　述……145
概况……145

政治监督……145
反腐败斗争……145
纠治“四风”……146
政治巡察……146
基层治理……147
体制改革……147
共建清廉……147
“1221”高质量发展指标体系……148
重要会议……148
市纪委七届七次全会……148
市纪委八届一次全会……148
全市巡察工作会议暨八届市委第一轮巡察工作动员部署会……148

民主党派·工商联

民革衢州市委员会……149
概　况……149
思想政治建设……149
参政议政……149
组织建设……150
社会服务……150
祖统联谊……150
民盟衢州市委会……151
概　况……151
思想政治建设……151
参政议政……151
组织建设……151
社会服务……152
民建衢州市委会……152
概　况……152
思想政治建设……152
参政议政……152
组织建设……153
社会服务……153
民建全省助力共同富裕现场会……153
民进衢州市委会……153
概　况……153
思想政治建设……154
参政议政……154
组织建设……155
社会服务……155
农工党衢州市委会……155
概　况……155
理论学习宣传……155
议政建言……155
社会服务……156
做好中医科大学“后半篇文章”……156
组织建设……156
九三学社衢州市委会……157
概　况……157
思想建设……157
建言资政……158
社会服务……158
组织建设……159
台盟衢州市支部……159
概　况……159
学习培训……159
组织活动……159
参政议政……160
对台交流……160
社会服务……160
衢州市工商业联合会……160
概　况……160
强化政治引领……160
服务企业……161
社会服务……161

群众团体

衢州市总工会……163
概　况……163
思想引领……163

聚焦中心大局 ……………………………163
服务职工 ……………………………164
工会建设改革 ……………………………165
共青团衢州市委 ……………………………165
概　况 ……………………………165
思想政治引领 ……………………………165
助力“工业强市” ……………………………166
助力乡村振兴 ……………………………166
青年发展型城市建设 ……………………………166
变革型团组织建设 ……………………………167
衢州市妇女联合会 ……………………………168
概　况 ……………………………168
衢州市第八次妇女代表大会召开 ……………………………168
启动衢州市儿童友好城市建设工作 ……………………………168
实施千名“三衢和姐”助力基层治理行动 ……………………………168
推进来料加工式“共富工坊”建设 ……………………………169
衢州市科学技术协会 ……………………………169
概　况 ……………………………169
青少年科技竞赛活动 ……………………………169
学术交流 ……………………………169
博士创新站建设 ……………………………169
院士智汇行动 ……………………………169
学会智汇行动 ……………………………172
完善全民科学素质工作机制 ……………………………172
科普阵地建设 ……………………………172
科技(科普)活动周 ……………………………172
全国科普日活动 ……………………………172
防疫防骗防灾科普巡展 ……………………………172
“科普＋安全”教育 ……………………………172
科普进乡村 ……………………………172
科普进校园 ……………………………173
科普助“双减” ……………………………173
科技服务数字化改革 ……………………………173
基层组织建设 ……………………………173
衢州市归国华侨联合会 ……………………………173
概　况 ……………………………173
数字化改革 ……………………………173
“双招双引” ……………………………174
助力共同富裕 ……………………………174
维护侨益及服务海外留学生 ……………………………174
暖侨慰侨 ……………………………174
侨界爱心 ……………………………174
文化交流 ……………………………175
基层组织建设 ……………………………175
衢州市文学艺术界联合会 ……………………………175
概　况 ……………………………175
强化政治引领 ……………………………175
“文艺双进”助推共富 ……………………………175
文艺精品创作 ……………………………175
艺术乡建 ……………………………176
深化改革 ……………………………176
文艺交流 ……………………………176
村歌故事会 ……………………………176
“文艺两新”发展促进会成立 ……………………………176
衢州市作家协会 ……………………………176
概　况 ……………………………176
文学活动 ……………………………177
文学创作 ……………………………177
艺术乡建 ……………………………177
衢州市新闻工作者协会 ……………………………178
概　况 ……………………………178
宣传贯彻党的二十大精神系列活动 ……………………………178
新闻奖申报和组织 ……………………………178
新闻阅评 ……………………………178
《衢州市新闻志》编纂 ……………………………178
中国国际贸易促进委员会衢州市委员会 ……………………………179
概　况 ……………………………179
举办利用外资洽谈会 ……………………………179
线上展会 ……………………………179
奔能车业参加境外展会 ……………………………179
参加“浙江名品”线上展览会 ……………………………179
服务外资企业 ……………………………179
举办“贸 E 沙龙”系列活动 ……………………………180
国际经贸交流活动 ……………………………180
扩大国际“朋友圈” ……………………………180

规范预警工作机制 ……180
打造信息预警平台 ……180
政企联动 ……180
提升企业贸易便利化水平 ……180
RCEP 宣传推广 ……180
信息服务 ……181
衢州市残疾人联合会 ……181
概 况 ……181
创新残疾人帮扶性就业模式 ……181
开发残疾人公益性岗位 ……181
残疾人职业技能培训 ……181
残疾人就业政策 ……181
残联数字化改革 ……181
民生实事项目 ……181
融合教育 ……182
文化体育建设 ……182
社区康复服务项目建设 ……182
升级续推“阳光康护”服务品牌 ……182
精神残疾人免费服药服务 ……182
残疾人辅具服务 ……182
“阳光心赋能 走向共富路”项目 ……183
残疾人康复服务 ……183
维权助残 ……184
基层组织建设 ……184
残疾人事业宣传 ……184
衢州市法学会 ……184
概 况 ……184
服务中心 ……184
法治实践 ……184
市级首席法律咨询专家制度 ……185
法治宣传 ……185
会员服务 ……185
衢州市红十字会 ……186
概 况 ……186
救灾救援 ……186
救护培训 ……186
民生实事 ……186
关爱生命 ……186
人道救助 ……186
衢州市计划生育协会 ……186
概 况 ……186
理事会改选 ……186
综合改革试点 ……187
助力“浙有善育”服务 ……187
健康促进工作 ……187
青春健康教育 ……187
生育关怀服务 ……188
生育关怀保险智慧理赔服务 ……188
宣传服务 ……188

法 治

人大立法 ……189
概 况 ……189
制定《衢州市人大代表联络站工作条例》 ……189
制定《衢州市养犬管理条例》 ……189
制定《衢州市职业教育校企合作促进条例》 ……189
政法委与综治 ……190
概 况 ……190
深化平安衢州建设 ……190
维护政治安全和社会稳定 ……190
推进全国市域社会治理现代化试点 ……190
打造四省边际社会治理桥头堡 ……191
创新探索政法系统“融治理”模式 ……191
数字法治系统建设 ……191
政法宣传舆论工作 ……191
成立政法干警履职保护委员会 ……191
法治政府建设 ……192
概 况 ……192
习近平法治思想“八进”活动 ……192
领导干部学法用法 ……192
助力地方立法 ……192
行政执法监督 ……192

行政复议和行政应诉 ……193
行政规范性文件合法性审核和清理 ……193
重大行政决策合法性审查 ……193
行政机关合同及重大执法决定合法性审查 ……193
衢州公安 ……193
概　况 ……193
安保维稳 ……194
打响“铁军护航·警助共富”品牌 ……194
打响“警务融治”品牌 ……194
扫黑除恶 ……194
开展“打盗抢、保民安”飓风行动 ……194
推进“公安大脑”建设 ……195
市本级公安管理体制调整 ……195
法治公安建设 ……195
开展“三大行动” ……195
交通安全管理 ……195
概　况 ……195
护航二十大安保 ……195
事故防控 ……196
交通秩序维护 ……196
智慧交通建设 ……197
执法水平提升 ……197
民生服务 ……197
检　察 ……197
概　况 ……197
除险保安攻坚 ……198
服务市委重点工作 ……198
营造法治营商环境 ……198
清廉衢州建设 ……198
刑事诉讼监督 ……198
民事检察监督 ……199
行政检察监督 ……199
公益诉讼检察 ……199
实施数字检察战略 ……200
纾解群众急难愁盼 ……200
满足群众司法诉求 ……200
呵护未成年人成长 ……200
典型案例 ……201
法　院 ……201
概　况 ……201
政治建设 ……202
优化法治化营商环境 ……202
助力基层社会治理现代化 ……202
守护绿水青山 ……202
弘扬新时代衢州人文精神 ……202
维护社会安全稳定 ……203
民生司法保障 ……203
助推法治政府建设 ……203
解决执行难 ……203
推进“全域数字法院”改革 ……204
优化审判质效管理 ……204
推行“共享法庭”融治理 ……204
打造法院队伍 ……205
践行人民民主 ……205
典型案例 ……205
司法行政 ……206
概　况 ……206
司法所综合改革 ……206
数字司法改革 ……206
公共法律服务 ……206
法律援助 ……206
普法与依法治理 ……207
特殊人群监督 ……207
矛盾纠纷调解 ……207

军　事

衢州军分区 ……208
概　况 ……208
思想政治引领 ……208
党的组织建设 ……208
练兵备战转型 ……208
国防动员体系 ……208
建设发展基础 ……208

打造新时代少年军校 ······209
衢州市民兵荣誉体系建设暨军地协调机制研讨会 ······209
衢州市四套班子领导过“军事日”活动 ······209
衢州军分区召开第五次党代会 ······209
武警衢州支队 ······209
概　况 ······209
政治引领 ······209
练兵备战 ······209
人民防空 ······210
概　况 ······210
人防工程产权制度综合改革 ······210
人防数字化改革 ······210
人防规划编制 ······210
人防(民防)应急准备 ······210
人防宣传教育 ······210

规划和国土资源管理·城乡建设和管理

城乡规划和国土资源管理 ······211
·综　述· ······211
概况 ······211
《衢州市耕地保护三年行动实施方案(2022—2024年)》······211
·国土资源工作· ······211
概　况 ······211
自然资源执法督察 ······211
依法行政 ······211
普法宣传 ······211
争议化解 ······212
完成全市第三次全国国土调查主要数据公报 ······212
土地要素保障 ······212
“五未”土地处置 ······212
土地供应 ······212
土地指标调剂 ······212
耕地保护成效明显 ······212
百大项目集中攻坚 ······212
全面推行“田长制” ······212
耕地“非农化”整治工作 ······212
推进全域土地综合整治与生态修复 ······212
查处违法用地 ······213
土地整治 ······213
土地储备 ······213
提升地质灾害防治能力 ······213
矿产资源管理 ······213
不动产登记继续领跑全国 ······214
自然资源统一确权登记 ······214
·国土空间规划工作· ······214
概　况 ······214
国土空间总体规划编制 ······214
城市规划引领专项行动 ······214
城市设计编制 ······214
村庄规划编制 ······215
推行驻镇村规划师制度 ······215
优化规划审批保障项目建设 ······215
落实城乡风貌管控 ······215
推进“多测合一”改革 ······215
参加全省测绘应急演练 ······215
测绘资质取得突破 ······215
乡村建设 ······215
概　况 ······215
未来乡村建设 ······216
“衢州有礼”诗画风光带建设 ······216
美丽乡村建设 ······217
省级历史文化(传统)村落保护利用 ······217
城市建设 ······217
·城市基础设施建设管理· ······217
概　况 ······217
衢化片区市政基础设施提升一期工程 ······217
通荷幼儿园周边公园及规划道路配套工程 ······217
陶然里安置小区周边道路工程 ······217
斗潭公园地下停车场项目 ······218

荷一路周边地下停车场……218
衢化中央道改造工程……218
西安路提升改造工程……218
北门历史街区下街连廊工程……218
荷一路过江通道工程……218
衢州市城南初中周边道路配套工程……218
丁香里东侧道路工程……218
双叶线(新元路—叶家大桥)道路改造工程……218
衢江中路德坪坝段道路及西侧景观优化提升工程……219
府东街(西安路至新桥街沿路段)立面整治项目……219
南湖补水提升泵站建设工程……219
衢江大桥东片区道路优化提升项目……219
礼贤未来社区城市供电配套排管工程……219
主城区道路整治工程……219
主城区雨污水管道开挖改造工程……219
市政设施管养……220
桥梁管护……220
湖塘水系管护……220
坊门街管理……220
路灯照明养护……220
景观亮化养护……220
·城市公用事业建设管理·……220
概　况……220
城市体检……220
海绵城市……221
城镇老旧小区改造……221
美丽城镇建设……221
未来社区建设……221
城乡风貌建设……221
城镇污水处理……222
城市燃气……222
燃气规模化改革……222
城市节水……222
·城市环境卫生建设管理·……222
概　况……222
精细化管理……223
生活垃圾治理……223
建筑垃圾管理……223
环卫终端监管……223
环卫应急保障……223
·城市园林绿化建设管理·……223
概　况……223
《衢州市国际花园城市促进条例》立法……223
《衢州市城市绿地系统规划(2021—2035)》编制……224
《国家重点公园保护发展专项规划(衢州市府山公园)》编制……224
文化小品公园……224
市区公园绿地微提升改造项目……224
园林绿化养护管理……224
柯城礼贤片区规划单元改造提升项目……224
迎宾大道绿道建设及底层治理工程……225
南排渠绿化改造工程(衢化路—衢化西路)……225
衢化路道路绿化提升工程……225
新时代山水花园城市菊花展……225
养护技能大比武……225
·保障性住房建设管理·……225
概　况……225
棚户区改造……225
推进公租房数字化改革……225
扩大公租房受益覆盖面……225
公租房日常管理……225
人才公寓竣工……226
保障性租赁住房……226
衢州智慧新城……226
概　况……226
项目建设……226
招商引资……227
城市管理……227
安全生产……227
国企改革……227

城市管理 ……228
概　况 ……228
“大综合一体化”行政执法改革 ……228
数字化改革 ……228
城市运行中心成立 ……228
城市精细化管理 ……228
执法办案 ……229
衢州某房地产开发有限公司未取得建设工程规划许可证进行建设案 ……229
犬类管理 ……229

交通运输·邮政

综　述 ……230
概　况 ……230
重点交通项目建设 ……230
绿色低碳转型 ……230
优化运输结构 ……231
发展交通产业 ……231
提升政务服务水平 ……231
交通领域数字化改革 ……231
启动农村公路提质创优促共富五年行动 ……231
发展公交事业 ……231
除险保安 ……231
推进执法规范化建设 ……232
提升行政治理效能 ……232
公路建设与管理 ……232
概　况 ……232
公路养护 ……232
“四好农村路”建设 ……233
桥梁普查 ……233
迎国检工作 ……233
航运管理 ……233
概　况 ……233
航道养护 ……233
衢州港总体规划 ……233
水上运输监管 ……233
交通运输综合执法 ……234
概　况 ……234
法治建设 ……234
数字执法 ……234
二十大维稳安保 ……234
超限超载治理 ……235
“两客一危一货”治理 ……235
交通质监 ……235
概　况 ……235
公路水运工程质量检查 ……235
衢州市铁路轨道交通建设管理中心 ……235
概　况 ……235
杭衢铁路主线基本贯通 ……236
衢丽铁路项目先行段开工建设 ……236
重大铁路项目纳入相关规划 ……236
重点课题调研成果显著 ……236
铁路领域改革创新亮点 ……236
铁路客运 ……237
概　况 ……237
安全生产 ……237
旅客运输 ……237
客运服务 ……237
铁路货运 ……237
概　况 ……237
货物发送 ……237
标准化创建 ……237
基础保障 ……238
民用航空 ……238
概　况 ……238
党的二十大安保 ……238
安全生产 ……238
品牌建设 ……239
主营生产 ……239
科技创新 ……239
邮政业管理 ……240
概　况 ……240
“快递进村”工作 ……240

行业安全监管……240
保通保畅……241
绿色发展……241
信访申诉办理……241
暖蜂行动……241
邮政经营服务……241
概　况……241
敬老兵邮展……241
服务乡村振兴战略……242
助推数字化改革……242
推进三级物流体系建设……242
绿色邮政业发展……242

信息化建设

无线电管理……243
概　况……243
无线电频率台站管理……243
无线电管理行政执法……243
无线电发射设备销售市场管理……243
无线电监测和干扰排查……244
杭州2022年第19届亚运会无线电安全保障……244
社会服务与安全保障……244
赋能无线电相关产业发展……244
无线电管理普法与科普……245
无线电技术设施建设……245
长途电信传输……245
概　况……245
光缆维护……245
防障配合……245
重要通信保障……246
护线宣传月活动……246
中国电信……246
概　况……246
践行网络强国战略……247
天翼云建设……247
深耕5G定制网……247
助力乡村振兴……247
做好信息帮扶……247
通信保障服务……247
“12345”政府服务热线和“114”民生服务运营……247
中国移动……248
概　况……248
通信基础建设……248
应急通信保障……248
打击治理电信网络诈骗……248
开展“银龄跨越数字鸿沟”行动……248
助力“全国文明城市”创建……248
浙江省“智慧医保”衢州上线启动仪式……248
衢州市首批“工会户外劳动者服务站点暨移动之家”正式揭牌……249
举办在衢央企“党建联建话共富”活动……249
中国联通……249
概　况……249
网络建设……249
建成江山市域共建共享4G一张网……249
打造华友5G+MEC+AI化工生产智能化云平台项目……249
与衢州市退役军人事务局签订战略合作协议……250
中标浙江省文物安全应用场景建设项目……250
强降雨天气通信抢险保障……250
联合柯城公安开展反诈直播宣传……250
承建常山油茶产业大脑项目建设……250
完成全国田径大奖赛网络保障……250
浙江“千万工程”建设新时代美丽乡村现场会网络保障……251

水利·电力

水　利 ……252
概　况 ……252
水利规划与建设 ……252
防汛抗旱防台 ……252
河(湖)长制管理 ……253
水利民生实事 ……253
水土保持 ……253
河湖管理与保护 ……253
水利工程运行管理 ……253
水利行业监督 ……253
涉水依法行政 ……254
“互联网+监管”行政执法监督检查 ……254
乌引工程管理 ……254
概　况 ……254
供水服务 ……254
防汛工作 ……255
项目建设 ……255
铜山源水库管理 ……255
概　况 ……255
防汛抗旱 ……255
项目攻坚 ……256
除险保安 ……256
电　力 ……256
概　况 ……256
安全生产 ……256
电网建设 ……256
经营管理 ……256
服务社会 ……257

生态环境

综　述 ……258
概　况 ……258
四省边际绿色生态桥头堡建设 ……258
美丽衢州建设 ……258
水环境保护数字化改革 ……259
环境质量 ……259
概　况 ……259
环境空气质量 ……259
酸　雨 ……259
地表水环境 ……259
国控地下水 ……260
集中式饮用水源地 ……260
城市声环境 ……260
辐射环境 ……260
综合整治 ……261
概　况 ……261
治水长效战 ……261
治气攻坚战 ……261
治土(清废)持久战 ……261
生态环境执法 ……262
概　况 ……262
生态环境保护督察整改 ……262
“除险保安”百日攻坚 ……262
生态环境监管执法 ……262
生态环境信访办理 ……263
生态建设 ……263
概　况 ……263
生态示范创建 ……263
生态系统保护与修复 ……263
生物多样性保护 ……263
生态环境损害赔偿 ……263
治水工作 ……263
概　况 ……263
巩固水质 ……264
率先开展污水管网非开挖修复 ……264
“碧水提质”(五水共治)成为全省试点 ……264
污水零直排提质增效和标杆培育 ……264
治水督查 ……265
美丽河湖创建 ……265
提升治水满意度 ……265

农业农村

农村经济……266
概　况……266
农民“两项收入”……266
巩固提升村级集体经济……266
深化强村富民乡村集成改革……266
农　业……267
概　况……267
农业“碳账户”建设……267
农业生态环境治理……267
农产品质量安全监管……267
农业行政执法……267
农业保险……267
·种植业·……268
概　况……268
粮食生产功能区“非粮化”整治优化……268
高标准农田建设……268
耕地质量管理……268
农业技术推广……268
浙江农业之最……269
种子管理……269
植物保护检疫……269
·畜禽养殖·……269
概　况……269
创建美丽牧场……269
病死畜禽无害化处理……270
实验室能力建设……270
人畜共患病监测……270
重大动物疫病免疫评估……271
“两化”创建……271
·水产养殖·……271
概　况……271
洁水渔业……271
区域特色渔业……271
水产养殖互助保险……271
生态洁水渔业精品示范基地……271
·农业产业化·……272
概　况……272
“菜篮子”产品稳产保供……272
打造四省边际现代产业桥头堡(农业)……272
未来农业园区建设……272
壮大新型经营主体……272
农业品牌建设……272
乡村休闲游……272
参展浙江农博会……273
举办精品柑橘擂台赛……273
“双十佳”评选……273
·农业机械化·……273
概　况……273
农机安全生产……273
机械强农……274
农机队伍能力建设……274
·农业科技·……274
概　况……274
农民教育培训……274
农业科技创新……274
农业科技队伍培育……274
·数字乡村建设·……275
概　况……275
信息进村入户……275
“浙农”系列应用贯通……275
特色应用建设……275
智慧农业和数字农业……276
农林科技……276
概　况……276
科研成果……276
科技助农服务……277
林　业……277
概　况……277
高质量森林浙江建设目标责任制考核优秀……277
市第一次市级总林长会议……277

钱江源—百山祖国家公园被列入《国家公园空间布局方案》……277
“万名小小林长进森林”自然教育体验活动启动仪式……278
2个镇(村)上榜第二批“浙江省自然保护地融合发展示范镇(村)”名单……278
林长制工作……278
构建资源保护体系……278
义务植树……278
新增百万亩国土绿化行动全省领跑……278
国土绿化试点示范项目……278
千万亩森林质量精准提升工程……278
探索开展林业碳汇工作……278
森林品牌系列创建扩面……279
油茶保供行动……279
林业产业发展……279
森林防火……279
野生动植物保护……279
松材线虫病疫情除治……279

工 业

综 述……280
概 况……280
工业强市十大专项……280
“五链”融合……280
“腾笼换鸟、凤凰涅槃”攻坚行动……280
衢州巨化一体化发展……281
产业链提升工程……281
数字经济一号工程……281
工业项目决策咨询和投资……281
创新驱动……281
绿色制造建设……282
企业服务和降本减负……282
现代产业桥头堡……282
市县一体化……282
“415X”先进制造业集群……282
六大主导产业……282
·新材料·……282
概 况……282
氟硅新材料、电子化学材料……282
·新能源·……283
概 况……283
锂电池材料、太阳能光伏……283
·高端装备·……283
概 况……283
空气动力与掘进机械……283
轨道交通……283
智能电力装备……283
光伏新能源装备……284
数控机床……284
·集成电路产业·……284
概 况……284
产业发展……284
·特种纸产业·……284
概 况……284
制造业民营企业500强……284
·生命健康产业·……284
概 况……284
国家级博士后工作站……285
中小企业……285
概 况……285
中小企业培育……285
小微企业园建设……285
中小企业公共服务平台……285

巨化集团有限公司

综 述……286
概 况……286
人才培育……286
经营……287
完成国企改革三年行动……287
推进数字化改革“三零”工程……287

打造数字化“问题动态清零”系统 ……287
对标融合行业最佳实践 ……287
省高端化学品技术创新中心成立 ……288
氟制冷剂(HFC)配额战获胜 ……288
成功建设“e 企廉”智慧监督系统 ……288
热电公司 6 号机组成为省内首套延役燃煤机组 ……288

经济开发区

衢州智造新城 ……289
概　况 ……289
经济发展 ……289
产业发展 ……289
科技创新 ……289
“万亩千亿”新产业平台建设 ……290
投融资服务 ……290
创新平台建设 ……290
重大项目招引 ……290
项目审批改革 ……290
服务业发展 ……291
外贸发展 ……291
电子商务 ……291
基础设施建设 ……291
柯城区航埠工业园区 ……291
概　况 ……291
招商引资 ……291
低效整治 ……291
营商环境 ……291
江山经济开发区 ……292
概　况 ……292
党建统领 ……292
土地整治 ……292
产城融合 ……292
招商引资 ……292
项目建设 ……292
产业培育 ……292
要素保障 ……293
服务企业 ……293
龙游经济开发区 ……293
概　况 ……293
招商引资 ……294
项目建设 ……294
国资改革 ……294
腾笼换鸟 ……294
除险保安 ……295
禾川上市 ……295
浙西南大宗物资进口仓配交易中心项目开工 ……295
常山经济开发区 ……295
概　况 ……295
项目建设 ……295
招商成效 ……295
基础设施建设 ……295
园区转型 ……295
服务管理 ……295
开化经济开发区 ……296
概　况 ……296
平台提质增效 ……296
双招双引 ……296
项目建设 ……296
安全环保 ……296
联企服务 ……296

建筑业·房地产业

建筑业 ……297
概　况 ……297
建筑市场监管 ……297
建筑施工领域安全生产 ……297
监理巡查服务试点 ……298
建筑工业化 ……298
创优夺杯 ……298
建设职业教育 ……298

房地产业 ……298
概　况 ……298
房地产市场调控 ……298
规范房地产市场秩序 ……299
物业管理 ……299
白蚁防治 ……300
房屋使用安全 ……300
国有土地上房屋征收 ……300

商　贸

商贸流通 ……301
概　况 ……301
社零指标提升 ……301
商贸业转型升级 ……301
电商产业发展 ……301
外向型经济 ……302
概　况 ……302
对外贸易 ……302
利用外资和对外投资 ……302
外向型平台建设 ……303
粮食和物质储备 ……303
概　况 ……303
粮食收购和储备 ……303
打造“浙江粮仓”衢州样板 ……303
重金属污染粮食源头治理 ……303
举办全省世界粮食日主会场活动 ……304
粮食产业发展 ……304
专项整治整改 ……304
应急物资保障 ……304
供销合作服务 ……304
概　况 ……304
“三衢味”品牌培育深入推进 ……305
“三位一体”改革持续深化 ……305
衢州市农民合作经济组织联合会第二届会员大会召开 ……305
衢州市供销合作社第二届理事会第五次全体会议、第二届监事会第五次全体会议召开 ……306
“鲜辣衢州 共富 @ 未来”三衢味杭州亚运会、亚残运会官方供应商发布会举办 ……306
浙农集团股份有限公司多功能综合性为农服务项目落地衢州 ……306
“衢州椪柑”地理标志证明商标质押融资授信签约仪式举行 ……306
全省供销社支持山区 26 县高质量发展工作推进会暨“供富大篷车”发车仪式在衢州举行 ……306
“衢州市数字供销两中心体验馆”开馆 ……307
助农增收途径有效拓宽 ……307
推动社会化服务平台建设 ……307
烟草业 ……307
概　况 ……307
市场监管 ……307
数字化转型 ……308
履行社会责任 ……308
盐　业 ……308
概　况 ……308
市场管控 ……308
旅游业 ……308
概　况 ……308
南孔圣地文化旅游区通过 AAAA 级景区扩容验收 ……309
文旅项目建设 ……309
乡村旅游 ……309
文旅消费成效显现 ……309
采购大会持续举办 ……309
区域协作持续深入 ……310
招商引资 ……310
概　况 ……310
优化招商工作机制 ……310
驻外招商工作 ……310
招大引强 ……310
海创园运营管理 ……310

衢州创投大厦暨浙商驿站揭牌仪式 ………311
举办杭州市创业投资协会年会暨衢州创投大厦品牌推介会 ………311
举办 2022 浙江省股权投资行业协会年会暨衢州股权与创业投资高峰论坛 ………311

金融业

金融管理 ………312
概　况 ………312
深化绿色金融改革 ………312
实施融资畅通工程改革 ………312
企业上市扩面提质 ………313
签订战略合作协议 ………313
全市金融工作会议暨企业上市推进会 ………313
成立衢州市企业上市与投资并购促进会 ………313
成立浙江省股权交易中心衢州服务中心 ………313
绿色金融发展竞争力连续 4 年位列长三角第一名 ………314
银行业监管 ………314
概　况 ………314
服务实体经济稳进提质 ………314
特色推进农户家庭资产负债表融资模式 ………314
防范化解重点领域金融风险 ………314
中国人民银行衢州市中心支行 ………314
概　况 ………314
金融助企纾困 ………315
金融支持经济 ………315
金融改革创新 ………315
金融监管 ………315
金融服务 ………315
中国农业发展银行衢州市分行 ………316
概　况 ………316
助稳经济大盘 ………317
服务共同富裕 ………317
发展绿色金融 ………318
中国工商银行股份有限公司衢州分行 ………318
概　况 ………318
支持重点项目 ………318
支持实体经济 ………318
支持乡村振兴 ………319
支持绿色金融 ………319
中国农业银行股份有限公司衢州分行 ………319
概　况 ………319
促成省农行与市政府签订 1200 亿元战略合作协议 ………319
服务地方经济 ………320
银医合作 ………320
服务乡村振兴 ………320
投身社会公益 ………320
践行绿色金融 ………320
发放全市首笔设备购置与更新改造贷款 ………320
发行全市首笔境外美元绿色债券 ………321
联合上促会举办“金穗启航” ………321
多项工作获监管部门表彰 ………321
中国银行衢州市分行 ………321
概　况 ………321
与江山市政府签订战略合作协议 ………321
助力保供地方 ………322
服务乡村振兴 ………322
成功发行衢州市首笔境外债业务 ………322
助推地方经济发展 ………322
中国建设银行股份有限公司衢州分行 ………322
概　况 ………322
推进“三大战略” ………322
固本强基 ………322
提升“三个能力” ………322
践行新金融 ………323
交通银行衢州分行 ………323
概　况 ………323

优化服务质量 ……323
科技助力发展 ……323
内控风险管理 ……323
中国邮政储蓄银行股份有限公司衢州市分行 ……323
概 况 ……323
服务乡村振兴 ……324
深化碳账户建设 ……324
助推金融数字化转型 ……324
提升金融管理和服务水平 ……324
助推产业转型升级 ……325
助力共同富裕 ……325
浙江农商联合银行衢州管理部 ……325
概 况 ……325
助力经济稳进提质十大举措 ……325
“四个办”政务服务 ……325
小额普惠足额工程 ……326
支持山区26县跨越式发展 ……326
推进“山海协作” ……326
推动灵活就业人员公积金建缴 ……326
保险业监管 ……326
概 况 ……326
推进保险服务社会民生 ……326
保险助力绿色金融 ……326
整治保险市场乱象 ……327
保险业 ……327
概 况 ……327
协会换届 ……327
打击新型诈骗 ……327
打击“代理退保” ……327
举办技能比赛 ……327
“唤醒沉睡保单”工作 ……327
电摩保险试点 ……327
完善农业保障 ……328
证券业 ……331
概 况 ……331
财通证券衢州分公司(含营业部) ……331
浙商证券股份有限公司衢州分公司 ……332
申万宏源证券衢州县西街证券营业部 ……332
国泰君安证券股份有限公司衢州柯城证券营业部 ……332
东方财富证券股份有限公司衢州须江路证券营业部 ……332

财政·税务

财 政 ……335
概 况 ……335
收支管理 ……335
战略保障 ……335
推进共同富裕 ……336
保障民生事业 ……336
优化财政管理 ……336
税 务 ……337
概 况 ……337
税收征管 ……337
优化税收营商环境 ……337
税务稽查 ……337
红色税务 ……337

经济管理

综 述 ……338
概 况 ……338
机构改革 ……338
计划管理 ……338
概况 ……338
要素保障规划与实施 ……338
融入长三角一体化发展 ……338
浙赣边际合作(衢饶)示范区建设 ……339
对口支援合作 ……339
经济和社会发展计划执行情况 ……339
项目投资 ……339
概 况 ……339

重大项目攻坚……339
争取要素保障……340
重大活动载体……340
能源建设……340
概　况……340
能源运行调节……340
能耗双控……340
支持绿色能源发展……341
电力稳定保供……341
推进电力市场化交易……341
完善能源应急机制……341
支持新能源汽车充电基础设施建设……341
长输油气管道安全管理……341
公共机构节能管理……341
生态环保……341
概　况……341
推动长江经济带发展……341
加快推进碳账户体系建设……342
做大“碳经济”规模……342
塑料污染治理……342
服务业发展……342
概　况……342
服务业指标争先进位……342
服务业企业纾困工作……342
物流降本增效……343
消费提质升级……343
服务业能级提升和数字化工作……343
经济改革……343
概　况……343
健全收入分配制度改革……343
促进公共服务优质共享……343
健全“一老一小”服务体系……343
加快城乡融合发展……343
强化社会治理创新……344
迭代数字社会改革……344
深化山海协作工程……344
“两山合作社”改革继续领跑……344
物价管理……345
概　况……345
资源领域改革……345
殡葬服务改革……345
教育收费改革……345
农业水价改革……345
价格服务……345
成本调查监审……345
国有资产监督管理……346
概　况……346
服务大局……346
改革攻坚……346
布局优化……346
国资监管……347
公司治理……347
周国花当选二十大基层党代表……347
衢州市国有资本运营有限公司、衢州控股集团有限公司……347
概　况……347
全体系资金支撑……348
全市域产业赋能……348
全过程金融服务……348
市域一体化推进……348
公司治理优化……349
衢州市衢通发展集团有限公司……349
概　况……349
企业管理……349
项目建设……349
市场化运营……350
融资业务……350
公益服务……350
数字化转型……351
衢州市城市建设投资集团有限公司……351
概　况……351
项目建设……351
民生保障服务……351
国企改革……352
厚植南孔文化底蕴……352

衢州市大花园建设投资发展集团有限公司……352
概　况……352
"衢州有礼"诗画风光带项目……352
"两山银行"建设项目……352
"联盟花园"建设项目……352
围棋文化产业建设项目……352
水利工程建设项目……353
新安湖水上项目……353
碳达峰碳中和项目……353
市本级机关事业单位疗休养资金结算及承办单位监管……353
全市首家农科超市成立……353
2022 年衢州市首届文旅产品创意设计大赛……353
衢州工业发展集团有限公司……354
概　况……354
衢州工业发展集团有限公司改组……354
产业投资……354
工业贸易……354
工程建设……354
房地产开发……354
园区服务……354
统　计……355
概　况……355
提升统计服务水平……355
夯实统计基层基础……355
普查调查……355
统计普法宣传……355
统计监督……355
统计改革……356
国家统计调查……356
概　况……356
统计调查……356
市场监管……356
·综　述·……356
概　况……356
惠企助企……357
优化营商环境……357
多报合一……357
小微企业提质……357
桥头堡建设……357
除险保安……357
食品安全……357
"GM2D"示范区建设……357
食品经营许可"跨省通办"……358
公平竞争审查……358
电子营业执照"一照通"改革……358
"中药富衢"数智管家平台……358
化妆品多元共治系统……358
衢州可视化直播监测系统……358
民生实事……358
放心消费……358
监管执法……359
·市场主体发展·……359
概　况……359
市场主体规模和结构特点……359
市场主体行业特点……359
·知识产权工作·……359
概　况……359
知识产权行政执法……360
知识产权司法保护……360
知识产权维权援助……361
知识产权服务……361
农创客知识产权联盟……361
地理标志助农……361
专利兴农……361
·质量技术监督·……361
概　况……361
质量基础设施……362
质量品牌培育……362
千企创牌……362
首席质量官……362
缺陷产品召回……362
碳账户建设……362
绿色产品认证……362
特种设备安全……363

电梯物联智控 ……363
标准体系建设 ……363
公筷公勺推广使用标准化试点 ……363
电动自行车综合治理集成改革 ……363
审计监督 ……363
概　况 ……363
财政审计 ……363
经济责任审计 ……364
农业农村审计 ……364
企业审计 ……364
大数据审计 ……364
审计整改 ……364
审计质量管控 ……364
海　关 ……365
概　况 ……365
关地战略合作 ……365
助力外贸发展 ……365
深化业务改革 ……365
加强统计分析研究 ……365
筑牢国门安全防线 ……366
深化综合治税和反走私综合治理 ……366
建立健全网格化服务机制 ……366

科学技术

综　述 ……367
概　况 ……367
四省边际人才科创桥头堡计划 ……367
编制四省边际科创走廊规划 ……367
省高端化学品技术创新中心揭牌 ……367
衢州资源化工创新研究院创建 ……368
科技企业“双倍增”行动计划 ……368
全市人才科创会议 ……368
数字化改革 ……368
科技研究 ……369
概　况 ……369
科技攻关项目 ……369
产业赋能 ……372
高新技术产业开发区 ……372
企业研发机构 ……372
众创空间 ……372
农业科技园区和重点农业企业研究院 ……372
农业双强行动方案 ……372
科技特派员 ……372
科技活动周 ……373
科技双碳 ……373
规范科技类校外培训机构 ……373
科技合作与交流 ……373
概　况 ……373
推进院地合作 ……374
深化院企合作 ……374
发明专利产业化 ……376
科技成果拍卖会 ……376
科技大市场 ……376
科技成果与应用 ……378
概　况 ……378
浙江省科学技术奖 ……378
防震减灾 ……379
概　况 ……379
建设工程地震安全监管监察 ……379
地震灾害风险普查 ……379
气象服务 ……379
概　况 ……379
发挥气象防灾减灾“第一道防线”作用 ……379
夯实防灾减灾体系 ……380
融入政府智治 ……380
气象服务保障 ……380
提升气象现代化水平 ……380
浙江省绿色产业发展研究院 ……381
概　况 ……381
构建数字智理体系 ……381
完善人才政策体系 ……381
优化人才生态体系 ……381
打响人才活动品牌 ……382

东南数字经济发展研究院 ……382
概 况 ……382
创新体制机制改革 ……382
打造人才科创高地 ……383
坚守关键核心技术 ……383
促进技术成果转化 ……383

教 育

综 述 ……384
概 况 ……384
“南孔学地·教育有礼”党建品牌 ……384
职业教育改革获全省示范 ……384
教育数改获全国试点 ……384
“一文一武”行动 ……385
教育人才“引培育”全链条构建 ……385
学前教育 ……385
概 况 ……385
推进补短提质计划 ……385
推动扩容改薄工程 ……385
开展学前教育宣传月活动 ……386
举办幼儿园教师专业素养大赛 ……386
义务教育 ……386
概 况 ……386
义务教育招生入学 ……386
“双减”校内提质减负 ……386
开展跨地区教共体建设 ……386
普通高中教育 ……387
概 况 ……387
推进普通高中分类办学改革 ……387
深化课程改革 ……387
推进考试招生改革 ……388
职业教育 ……388
概 况 ……388
全省中等职业教育市域统筹改革现场会 ……388
坚持立德树人 ……388
政策保障 ……388
专业建设 ……388
课程改革 ……389
产教融合 ……389
打造“双师”队伍 ……389
质量提升 ……389
社会服务 ……389
特殊教育 ……389
概 况 ……389
合力推进 ……390
融合教育 ……390
师资队伍 ……390
成人教育 ……390
概 况 ……390
推进全民终身学习 ……390
社会培训 ……390
老年人智能技术应用培训 ……390
推进学分银行建设 ……391
教师队伍 ……391
概 况 ……391
人才新政 ……391
招考引才 ……391
优秀教师评比 ……391
职称评审 ……391
教师培训 ……391
教师资格评定及注册 ……392
银龄讲学 ……392
援派教师 ……392
校园安全保障 ……392
概 况 ……392
平安护航党的二十大 ……392
安全教育 ……392
预防溺水 ……393
三防建设 ……393
食品安全管理 ……393
消防安全 ……393
防患排查整治 ……393
校园及周边安全防控“一件事” ……393

防范电信网络诈骗 ……393
学生交通保障工程 ……393

素质教育 ……394
衢州特色德育品牌打造 ……394
儿童青少年近视防控 ……394
青少年心理健康 ……394
研学与劳动教育 ……394
家庭教育 ……394
学生体质健康 ……395
艺术教育 ……395
健康促进行动 ……395
国防"双拥"工作 ……395
语言文字工作 ……395
推普宣传活动 ……395
衢州学院 ……395
概　况 ……395
党建引领 ……395
教育科研 ……396
人才培养 ……396
申硕攻坚 ……396
数字化改革 ……396
办学条件 ……396
师资队伍建设 ……396
社会服务 ……396
入选浙江省2022年教育助力乡村振兴典型案例 ……396
电子化学与化工新材料创新国际论坛召开 ……397
获浙江省高技能人才(劳模)创新工作室称号 ……397
位列全国高校机器人竞赛指数(本科)前5%—10% ……397
获浙江文化研究工程重大项目 ……397
获第五届中国智能机器人创意大赛多项奖项 ……397
第一届智能制造与人工智能技术国际学术会议召开 ……397
第三届服务发展大会暨绿色低碳发展院士报告会召开 ……397
衢州市第二届"大学生留衢回衢就业促进月"在学院开幕 ……397
氟硅钴新材料绿色制造训研创基地项目开工 ……398
六校对口帮扶衢州学院座谈会召开 ……398
7位博士领衔的创新站入选浙江省博士创新站 ……398
新增旅游管理与服务教育本科专业 ……398
党史学习教育总结会议暨巡视整改工作推进会 ……398
浙闽赣皖省际绿色制造产教融合联盟研讨会召开 ……398
学院2021年度教育工作会议召开 ……399
衢州市双碳研究中心成立 ……399
衢州职业技术学院 ……399
概　况 ……399
党的建设 ……399
"双高"建设 ……399
专业结构优化 ……400
产教融合 ……400
师资队伍建设 ……400
人才培养 ……400
社会服务 ……401
举办建校20周年庆祝系列活动 ……401
获省领导批示 ……401
首批"科创中国"创新基地 ……401
中国针灸学会衢州科技创新服务站在衢职院揭牌 ……401
四省边际(衢州)共富学院挂牌成立 ……401
获第八届中国国际"互联网+"大学生创新创业大赛金奖 ……401
华友新材料学院成立 ……402
智慧学院挂牌成立 ……402
"8090+"新时代理论宣讲 ……402
数字化改革 ……402
通过AAAA等级平安校园评估检查 ……402

衢州开放大学 ······403
概　况 ······403
推进市域开放大学办学体系综合改革 ······403
作为全省试点实施社区矫正教育帮扶项目 ······403
开放教育招生水平位居全省之首 ······403
开展全市社会人员学历提升项目 ······403
首创市县联动机制推进“单考单招”落地 ······404
持续推动社区教育发展 ······404
创新老年开放大学实体办学机制 ······404
浙江大学工程师学院衢州分院、浙江大学衢州研究院 ······404
概　况 ······404
院区建设 ······405
人才引育 ······405
学术交流 ······405
科技创新 ······406
科技活动 ······406
研究生培养 ······406
领导专家调研指导 ······406
党建工作 ······407
电子科技大学长三角研究院(衢州) ······407
概　况 ······407
人才引进 ······407
应用型人才培养 ······407
建设高能级平台 ······408
科技创新 ······408
科研成果 ······408
成果转化 ······409
基地建设 ······409
吸附高精尖产业 ······409
助力高尖端研究 ······409
推动合作 ······409
与江山市政府签订产学研用全面战略合作协议 ······409
研究院启用暨浙江省无线产业基地揭牌仪式举行 ······409
承办国家自然科学基金委信息科学部“高性能电磁计算软件”重点项目群启动会暨学科战略研讨会 ······410

卫生健康

综　述 ······411
概　况 ······411
医疗卫生服务体系 ······411
医疗卫生服务能力 ······411
医疗卫生基础设施 ······411
人才学科 ······411
医疗救治 ······411
共同富裕 ······412
健康衢州建设 ······412
系统党建 ······412
卫生健康数字化改革 ······413
概　况 ······413
数字化改革项目 ······413
医学检查检验结果互认共享 ······413
浙里急救应用 ······413
医疗机构数字化改革 ······413
网络数据安全 ······413
医疗服务与质量安全 ······413
概　况 ······413
县域医共体建设 ······413
医疗卫生“山海”提升工程 ······414
三医联动综合医改 ······414
中医药传承与发展 ······414
医疗质量管理 ······415
院前急救 ······415
医疗保障服务 ······415
卫健规划 ······415
概　况 ······415
重点项目建设 ······415
社会办医 ······416

人口与家庭……416
概　况……416
出生"一件事"……416
优化生育政策……416
生育关怀服务……416
疾病防控与应急……416
概　况……416
重点传染病防控……416
70岁流感免费接种……416
重点人群结直肠筛查……416
慢性非传染疾病防制……416
健康危害因素监测……417
严重精神障碍管理治疗……417
职业病防治项目……417
院前急救……417
老龄工作……418
概　况……418
新时代老龄工作……418
老年健康服务体系……418
医养结合工作……418
预防保健……418
概　况……418
健康体检与医疗保健……419
健康教育与健康管理……419
免疫规划……419
出生缺陷综合防治……419
婴幼儿照护服务……419
妇幼信息化……419
基层卫生……419
概　况……419
基层疫情防控……419
村级医疗机构提升改造……419
家庭医生签约服务……420
基本公共卫生服务项目……420
"两慢病"医防融合改革……420
优质服务基层行……420
参保城乡居民免费健康体检……420
卫生监管……420
概　况……420
智慧卫监……420
妇幼健康执法实训……421
"双随机"执法……421
行政审批制度改革……421
行政处罚……421
投诉举报管理……421
公共场所卫生监督……421
医疗机构卫生监督……421
职业病防治卫生监督……422
医教科研……422
概　况……422
人才招引……422
人才培育……422
学科建设……423
继续医学教育……423
科研申报……423
医学鉴定……423
爱国卫生……423
概　况……423
宣传贯彻习近平总书记重要指示精神……423
爱国卫生运动70周年系列纪念活动……424
卫生(城市)创建巩固……424
健康城镇及健康细胞建设……424
病媒生物防制……424
农村改厕……424
无偿献血……425
概　况……425
用血费用报销……425
无偿献血宣传……425
关心关爱献血者……425
创新无偿献血激励政策……425
推动无偿献血事业健康发展……425
财务审计……426
概　况……426
内部控制建设……426
公务支出管理……426

科研立项 ······426

体 育

综 述 ······427
概 况 ······427
国内首部围棋立法发布实施 ······427
《衢州市体育产业发展专项资金管理办法》出台 ······427
规范体育类培训机构 ······427
群众体育 ······428
概 况 ······428
市首届围棋后备人才选拔赛 ······428
2022 绿城衢州马拉松 ······428
探索“体卫融合”新模式 ······428
体育现代化县(市、区)创建 ······428
优化体育场地设施供给 ······428
全民健身活动 ······428
竞技体育 ······429
概 况 ······429
第九届“衢州·烂柯杯”中国围棋冠军赛举行 ······429
参加省第十七届运动会 ······429
举办衢州有礼·2022 全国田径大奖赛(第 2 站) ······429
衢州获省十八运承办权 ······429
体育产业 ······430
概 况 ······430
体彩销售 ······430
运动休闲旅游平台建设 ······430
首次发放衢州体育消费券 ······430

媒 体

衢州日报报业传媒集团 ······431
概 况 ······431
全媒体报道中国共产党衢州市第八次代表大会 ······431
党的二十大相关报道 ······431
衢报传媒集团衢江工作部成立 ······432
衢州市新闻媒体中心挂牌成立 ······432
“新时代衢州人文精神”关键词征集活动 ······432
太真路“枇杷一条街”报道 ······432
作风建设系列评论 ······432
内参报道为企纾困解难 ······432
“最美典型”廖美娣系列报道 ······433
“边际通”应用 ······433
护眼科普公益讲座 ······433
浙江省报业协会报纸发行委员会 2022 年度会员大会 ······433
广播电视 ······433
概 况 ······433
新闻宣传 ······434
舆论监督 ······434
宣传报道 ······434
新闻创优 ······434
宣传习近平新时代中国特色社会主义思想 ······434
“工业强市 产业兴市”主题宣传报道 ······434
展示数字化改革成果 ······434
党代会报道 ······435
“转作风 讲担当 抓落实”系列报道 ······435
《学习贯彻省第十五次党代会精神》专栏 ······435
四省边际广播节 ······435
《喜迎二十大》系列专栏 ······435
《学习贯彻党的二十大精神》专栏 ······435
《新时代新征程新伟业》专栏 ······435
安全播出 ······435
媒体融合 ······436

档案·史志

档　案……437
概　况……437
专题档案数据库建设……437
退出市场非国有企业档案处置……438
档案工作数字化改革……438
全省数字化改革成果展衢州展厅展陈工作……438
全省档案数据资源归集共享试点……438
市档案馆新馆(二期)项目开工……438
档案开放工作……439
协助完成《跟着档案去旅行》栏目拍摄……439
城建档案管理……439
党史和文献工作……439
概　况……439
学习党的二十大精神……439
贯彻省第十次党史工作会议精神……440
党史文献编研……440
党史宣传教育……440
数字化助力党史文献资料征集利用……440
党史文献工作业务指导……441
地方志……441
概　况……441
江山市《白沙村志》(续志)编纂启动……441
衢州市档案馆(衢州市地方志办公室)获评全省地方志工作先进集体……441
《衢州年鉴(2021)》获评2022年度“浙江省精品年鉴”……441
衢州召开全市年鉴品读会……442

公共文化

公共文化服务……443
概　况……443
公共文化基础设施建设……443
文化惠民工程……443
乡镇(街道)综合文化站星级评定……443
文化基因解码……443
浙里文化圈……443
文娱活动……443
概　况……443
“三大天团”品牌队伍建设……444
谋划“城市艺术广角”活动……444
文艺精品创作……444
“水亭门之夜”沉浸式演出……444
文化遗产……444
概　况……444
成立浙西考古工作站……445
西周土墩墓考古遗址公园开展前期谋划……445
龙游古建筑保护研究基地成立……445
石角山城址考古发现……445
举办全省文物保护实训班……445
衢州市文物安全巡查队成立……446
广播电视管理……446
概　况……446
广电惠民服务工程……446
广播电视安全播出……446
非法卫星电视接收设施整治……446

南孔文化

综　述……447
概　况……447
衢州南孔圣地文化旅游区管理中心成立……447
文化交流……447
黄莉新考察调研孔氏南宗家庙……447
国承彦一行考察调研孔氏南宗家庙、中国儒学馆……449

社会活动 ……449
概　况 ……449
组织文化体验活动 ……449
2022“南孔圣地·崇贤有礼”开蒙礼仪式 ……449
纪念孔子2573年诞辰祭祀典礼 ……450
“美美与共·浙江行”2022汉学青年学者研习营 ……450
汉学青年学者南孔文化研学体验 ……450
学术研究 ……450
概　况 ……450
浙江省文化标识建设成果交流展和文化标识建设工作推进会 ……450
2022南孔文化季启动仪式暨第三届南孔文化创造性转化创新性发展研讨会 ……450
“儒学大家谈”南孔家风家训研讨会 ……451

社会生活

民政事务 ……452
·综　述· ……452
概　况 ……452
民政事业高质量发展 ……452
“浙里有福”专项福利彩票首发式 ……452
各项试点落地见效 ……452
·社会福利· ……452
困难老年人家庭适老化改造工程“提标扩面” ……452
深化智慧养老服务 ……453
推进幸福食堂建设 ……453
开展城镇居家养老服务保障专项治理 ……453
开展“十佳居家养老服务中心”评选活动 ……453
举办市级养老护理员职业技能竞赛 ……453
落实市级养老服务体系建设资金扶持政策 ……453
儿童福利工作 ……453
未成年人保护工作 ……454
参加第十一届全国孤残儿童护理员职业技能竞赛省级选拔赛 ……454
残疾人“两项补贴”工作 ……454
·社会救助· ……454
概　况 ……454
困难群众兜底保障 ……454
推进县域“助联体”建设 ……455
“善居工程”试点建设 ……455
全市社会救助业务培训暨竞赛活动 ……455
·基层社会治理· ……455
城乡社区治理 ……455
社会工作和志愿服务 ……455
社会组织管理 ……456
引导社会组织助力共同富裕 ……456
·水库移民工作· ……456
概　况 ……456
水库移民共富项目 ……456
水库移民安置 ……456
移民帮扶和就业创业 ……457
服务移民 ……457
·专项社会事务· ……457
婚姻登记 ……457
婚俗改革 ……457
幸福殿堂项目 ……457
惠民殡葬 ……458
节地生态殡葬 ……458
“浙心晴”社会心理服务应用 ……458
衢州市慈善总会 ……458
概　况 ……458
善款募集 ……458
善款支出 ……458
共同富裕 ……458
慈善助医 ……459
慈善助学 ……459
慈善助残 ……459
慈善助老 ……459
对口协作 ……459

慈善助业 ……459
三级网络建设 ……459
慈善绿卡 ……459
新乡贤同心共富基金 ……460
善缘书屋 ……460
善居工程 ……460
劳动与就业 ……460
概　况 ……460
职业能力建设 ……460
劳动保障监察 ……460
劳动关系 ……461
农民工管理服务 ……461
劳动保障电话咨询 ……461
调解仲裁 ……461
共富培训在线应用建设 ……461
对口支援和结对帮扶 ……461
社会保险 ……461
概　况 ……461
社会保险政策 ……461
社保费缓缴 ……462
社会保险缴费基数 ……462
社会保险经办管理 ……462
信息化建设 ……462
医疗保障 ……462
概　况 ……462
基本医疗保险 ……462
基本医保市级统筹 ……462
医保防贫减贫 ……463
“浙江省智慧医保”系统上线 ……463
“一站式”结算平台迭代升级 ……463
浙里医保·惠民保 ……463
四省边际城市医保协作 ……463
参保人员个人信息授权查询国家试点 ……464
医保数字化改革 ……464
医保基层服务 ……464
医保支付方式改革 ……464
医疗服务价格改革 ……464
药品耗材带量采购 ……464
打击欺诈骗保 ……464
医保疫情防控 ……464
住房公积金管理 ……464
概　况 ……464
住房公积金归集 ……464
住房公积金提取 ……464
住房公积金贷款 ……464
住房公积金收益 ……465
调优住房公积金政策 ……465
助力共同富裕示范区建设 ……465
改革创新 ……465
居民生活 ……465
概　况 ……465
城镇居民收入 ……465
城镇居民消费支出 ……465
农村居民收入 ……466
农村居民消费支出 ……466

县(市、区)

柯城区 ……467
概　况 ……467
邻礼通“三民工程”应用获评全省数字化改革最佳应用 ……468
入选全省深化“千万工程”建设新时代美丽乡村工作优胜县 ……469
项目建设 ……469
招大引强 ……469
要素保障 ……469
现代农业 ……469
生态工业 ……469
现代服务业 ……470
城市建设 ……470
乡村环境 ……470
全域旅游 ……471
数字化改革 ……471
营商环境 ……471

重点领域改革 ……471
社会事业 ……471
民生保障 ……472
平安建设 ……472
衢江区
概　况 ……472
获评 2021 全国村庄清洁行动先进县 ……473
西周高等级土墩墓群入围 2021 年全国十大考古新发现终评 ……473
纤纳 α 钙钛矿太阳能电池组件全球首发 ……473
全国公安系统爱民模范获表彰 ……474
望江苑未来社区成为全省首批未来社区 ……474
全省商务系统行业商协会助力共同富裕示范区建设启动仪式暨首场对接会举行 ……474
入选浙江数字乡村和农业农村数字化改革案例集 ……475
获评全省首批县域商业体系建设示范县(市、区) ……475
成立全市首家消费者权益保护“共享法庭” ……475
全省低碳试点县建设工作现场推进会汇报发言 ……475
四省边际多式联运枢纽港入选国家第四批多式联运示范工程创建项目 ……475
农业社会化服务项目获省标准创新重大贡献奖 ……475
举办 2022 中国桨板公开赛“浙江衢州站” ……476
高家镇(柑橘)上榜全国“一村一品”示范村镇名单 ……476
获评 2022 年度全国农作物病虫害专业化“统防统治百强县” ……476
获 2022 年全省投资赛马激励地区 ……477
江山市 ……477
概　况 ……477
衢州市首个习近平法治思想基层治理实践馆开馆 ……481
工业新政十条 ……481
工业高质量发展大会 ……481
获评首轮健康浙江建设先进县 ……482
“消火火”构建消防产业新生态 ……482
农商行存贷款规模突破 500 亿元 ……482
获批设立江郎山省级旅游度假区 ……482
获评省“小微企业三年成长计划”优秀县 ……482
江郎山入选省大花园“耀眼明珠” ……482
周家青未来社区邻里中心竣工投用 ……482
浙江省第三届生态运动会在江山举行 ……483
江山—通山两市、县结缔友好城市 ……483
江山公铁联运无水港铁路专线顺利接轨 ……483
获评中华环境奖优秀奖 ……483
成功避让一起地质灾害 ……483
智慧水务的第三水厂(清湖)开建 ……484
中小企业数改模式入选省重大应用成果名单 ……484
城区 11 条道路命名 ……484
科润智控公司在北交所上市 ……484
设立 11 个城镇社区 ……484
天际公司获评全国“安康杯”竞赛优胜单位 ……484
猕猴桃入选国家地理标志农产品保护工程 ……484
白菇生产迈入全程数智化时代 ……485
700 多人的千坞村走出 110 名大学生 ……485
入围农业农村部绿色高质高效行动县 ……485
为 23 名“流浪汉”落实户籍关系 ……485
为千亿元级产业园腾出土地 337 公顷 ……485
江山市综合交通客运枢纽长途客运中心启动 ……485
创建全省 GM2D 示范县 ……485
高质量建设省级城乡风貌样板区 ……486

数字经济产业园跻身省级跨境电商产业园 ……486
江山市档案馆新大楼启用 ……486
189 个共享食堂重阳节开张 ……486
成功创建省大花园示范县 ……486
江(山)玉(山)公路全面开工 ……486
组合药膳获评中华药膳大赛特等奖 ……486
林下种植多花黄精模式成为全省样板 ……487
跻身中国县域旅游发展潜力百强县市 ……487
发现 4 种中国新记录真菌物种 ……487
清湖、清漾未来乡村开街 ……487
江山—宁波舟山港海铁联运专列首发 ……487
江山中蜂养殖系统入选省首批重要农业文化遗产资源 ……488
25 座城区公厕完成改造提升 ……488
“春运会”入选中华体育文化优秀项目 ……488
龙游县 ……488
概　况 ……488
国家高新技术企业数量再创历史新高 ……490
龙游入选新时代美丽城镇建设优秀县 ……491
广和龙山酒店森林康养基地入选国家级森林康养试点 ……491
龙游县举行助力高质量发展建设共同富裕示范区签约仪式 ……491
“衢州有礼”诗画风光带重大项目集中开工仪式在龙游举行 ……491
禾川科技成为山区 26 县首家科创板上市企业 ……491
获评全省实施乡村振兴战略实绩考核优秀单位 ……491
中国 TOP 直播电商产业园龙游基地入选省级直播电商基地 ……492
衢州市浙工大生态工业创新研究院正式启动 ……492
成功签约山区 26 县首支农文旅共富基金 ……492
入选第二批省级共同富裕示范区建设试点 ……492
获评 2021 年度市县党政领导科技进步目标责任制考核优秀单位和 2021 年度市县党政领导人才工作述职评议考核优秀单位 ……493
高坪桥水库工程获“钱江杯” ……493
浙江省第四届龙舟锦标赛在龙游举行 ……493
龙游获二季度全省投资“赛马”激励 ……493
灵山港项目成为全国首批、全省唯一“幸福河湖”建设试点 ……493
95 联盟大道龙游段虎游线入选“2021 年省级特色精品道路” ……494
衢州龙之梦旅游度假区项目开工 ……494
全省深化“千万工程”建设新时代美丽乡村现场会在龙游县召开 ……494
龙游石窟发现 30 周年庆暨“基因解码工程”启动 ……494
全省林业推进共同富裕建设现场会在龙游召开 ……495
常山县 ……495
概　况 ……495
获评浙江省首批数字生活新服务样板县 ……496
农饮水工作获评省水利争先创优优秀案例 ……497
常山江航运开发项目列入国务院“十四五”规划 ……497
信息材料高新技术产业园区被列入省级创建名单 ……497
常山油茶产业示范园区入选“国家林业产业示范园区” ……497
紫港社区获评“最美工会户外劳动者服务站点” ……497
“两山银行”获评浙江省乡村振兴十佳创新实践案例 ……497
新增 2 家国家 AAA 级旅游景区 ……497
“一老一小”2 项工作入选浙江省改革试点 ……497
获浙江省山区 26 县结对帮扶考评优秀单位 ……498

常山—慈溪山海协作园省级考核获一等奖……498
4 个村入选省级未来乡村创建村名单……498
获评浙江省实施乡村振兴战略实绩考核优秀单位……498
G60 沪昆高速常山服务区获四星级服务质量等级评定……498
“低温农险无 U(忧)保”获浙江省气象数字化改革项目优秀案例……498
“两山银行”改革入选省级最佳实践名单……499
成功入选全国“再生稻农机一体化”试点……499
油茶产业入选省林业推进共同富裕十大典型案例……499
入选浙江省第二批体育现代化县(市、区)创建名单……499
央视“共同富裕示范区观察点”落户常山县……499
入选第四批省级城乡社区治理和服务创新实验区试点……499
常山胡柚国家地理标志产品保护示范区获批筹建……499
成功申报省强村富民改革试点……499
双柚汁入围省级首批“263 共富农产品”……500
常山开放式服务区入选浙江省首批交通强国试点项目……500
白石镇草坪村获评全国民主法治示范村……500
“宋诗之河”入选首批省级文化标识创新培育项目……500
紫港街道渣濑湾村获评全国先进基层群众性自治组织……500
生态园区入选省级标杆工业园区“污水零直排区”培育名单……500
2 个乡镇入选 2022 年度美丽城镇建设省级样板……500
开化县……501
概 况……501
率先在全省发行 10 亿元绿色乡村振兴公司债券……502
连续 6 年获浙江省农村生活污水治理工作专项考核优秀县……502
普通国省道公路路况质量检测全省第一……503
钱江源国家公园体制试点区入选“全国科普教育基地”……503
开化“源警通”获全省平安创建亮点案例最多点赞数……503
成功申报生态环境导向的开发项目(EOD)模式试点……503
上榜省旅游业“微改造、精提升”2021 年度实践案例名单……503
推出国内首笔项目建设生态占补平衡交易……503
2022 年国际生物多样性日浙江主场活动启动……503
2022 年浙江省水生生物增殖放流活动在开化举行……504
连续 5 年获评美丽浙江建设工作考核优秀县……504
美丽经济交通建设项目入选省级试点……504
启动“激情一夏·万人畅游钱江源”系列活动……504
全市建设新时代美丽衢州推进大会捧回三项大奖……505
“共富观察联系点”落户开化……505
全省首个残疾人帮扶性就业基地揭牌……505
首获“欧盟—中国生物多样性基金”支持……505
2 个村庄被授予浙江省采摘旅游体验基地……505
钱江源国家公园入选世界自然保护联盟绿色名录……505

《金融机构生物多样性风险管理标准》在联合国会议上发布……506

人物·荣誉

人物传……507
胡学彦……507
楼冬梅……507
傅金泉……507
徐寿昌……508
叶三祥……508
廖美娣……508
全国五一劳动奖章……508
全国工人先锋号……509
浙江省五一劳动奖章……509
浙江省工人先锋号……509
新时代浙江工匠……509
2022年度全国最美家庭……509
第十三届全国五好家庭……509
2022年度全国巾帼文明岗……509
2022年度全国巾帼建功先进集体……510
2022年度全国巾帼建功标兵……510
2022年度全国三八红旗手……510
2022年度全国三八红旗集体……510
荣誉军人……510
2022年度衢州市政府特别奖获奖企业和个人……510
2022年度衢州市受到中央和省级表彰肯定事项汇总一览表……512

附　录

2022年衢州市国民经济和社会发展统计公报……515
2022年中共衢州市委、政府规范性文件选目……522
2022年衢州市政府民生实事项目……524
表格索引……526

牢记殷殷嘱托　加快追赶跨越
为高质量发展建设四省边际共同富裕示范区
而不懈奋斗

——在中国共产党衢州市第八次代表大会上的报告

（2022年4月8日）

中共衢州市委书记　高屹

中国共产党衢州市第八次代表大会，是在喜迎二十大、奋进新征程的关键时刻，召开的一次十分重要的会议。大会主题是：坚持以习近平新时代中国特色社会主义思想为指导，弘扬伟大建党精神，牢记习近平总书记殷殷嘱托，加快衢州追赶跨越步伐，为高质量发展建设四省边际共同富裕示范区而不懈奋斗。

一、高水平全面建成小康社会

市第七次党代会以来的五年，是衢州应对严峻挑战、全力攻坚突围的五年，也是抢抓重大机遇、全面蓄能起势的五年。五年来，在党中央和省委的坚强领导下，市委团结带领全市广大干部群众，深入贯彻党的十九大和十九届历次全会精神，加快建设“浙江生态屏障、现代田园城市、美丽幸福家园”，谋划实施“1433”（“1”即一个战略目标：活力新衢州、美丽大花园；“4”即四大战略定位：即打造大湾区的战略节点、大花园的核心景区、大通道的浙西门户、大都市区的绿色卫城，全面融入全省“四大”建设；“3”即三大战略任务：队伍建设、基层治理、城市文明；“3”即三大战略路径：坚持“四个两手抓”、打造“四个升级版”、强化“四个大统筹”）发展战略体系，统筹疫情防控和经济社会发展，统筹发展和安全，扎实做好“六稳”“六保”工作，圆满完成了市第七次党代会确定的目标任务，高水平全面建成小康社会，“活力新衢州、美丽大花园”从蓝图走向现实。

五年来，我们矢志不渝践行嘱托、强化定力，学思践悟达到新境界。始终把学懂弄通做实习近平新时代中国特色社会主义思想作为首要政治任务，全面贯彻习近平总书记重要讲话和指示批示精神，健全落实市委常委会会议“第一议题”制度，持续推动学习贯彻新思想走深走实。深入践行习近平总书记为浙江擘画的“八八战略”和对衢州工作的重要指示精神，一张蓝图绘到底、一任接着一任干，坚定不移沿着习近平总书记指引的路子奋勇前行。在新思想引领衢州新实践中，我们更加深刻地感受到习近平总书记的雄才伟略、远见卓识和为民情怀，更加深刻地感悟到习近平新时代中国特色社会主义思想的真理力量、实践力量和创新力量，更加坚定了忠诚拥护“两个确立”、坚决做到“两个维护”的思想自觉、政治自觉和行动自觉。

五年来，我们持续推进产业创新、动能培育，综合实力迈上新台阶。全市生产总值从2016年的1230亿元提升到2021年的1876亿元，人均生产总值突破1万美元；财政总收入和一般公共预算收入年均分别增长11.9%、9.8%；固定资产投资年均增长9%。在全省率先完成开发区（园区）整合运行，规上工业总产值从1630亿元提升到2494亿元，A股上市公司从5家增加到12家、实现县（市、区）全覆盖。浙大衢州“两院”、电子科大长三角研究院建成运行，衢州海创园整体落成开园，省高端化学品技术创新中心成功创建。衢州巨化一体化融合高质量发展迈出新的步伐。时代锂电等一批重大先进制造业项目成功落地。

五年来，我们全面推动城市赋能、乡村振兴，城乡面貌发生新蝶变。中心城市能级加快提升，四省边际中心医院、市体育中心主体育场、文化艺术中心落成投用，西安门大桥、书院大桥、荷一路和三江中路隧道建成通车，礼贤、鹿鸣未来社区开工建设。交通先导取得重大突破，杭衢高铁建设快速推进，九景衢铁路、衢宁铁路开通运营，美丽沿江公路全线贯通，断航半个多世纪的钱塘江中上游航道恢复通航，民航通航城市增加到24个。“衢州有礼”诗画风光带串珠成链，未来乡村建设形成亮点，“三位一体”农合联改革走在全省前列，省级新时代美丽乡村示范县实现全覆盖。

五年来，我们坚决抓好生态保护、绿色转型，“两山”转化打开新通道。不折不扣抓好中央和省环保督察整改，全市出境水质持续保持Ⅱ类以上，市、县城市空气质量全面优于国家二级标准，生态环境和“五水共治”公众满意度保持全省领先，七夺“五水共治”“大禹鼎”、首批获颁金鼎。碳账户体系全国首创，“两山”生态产品价值实现机制改革全域推开，衢州成为全国首批“绿水青山就是金山银山”实践创新基地、国家绿色金融改革创新试验区，成功创建国家生态文明建设示范市，荣获联合国“国际花园城市”称号。

五年来，我们蹄疾步稳深化改革、扩大开放，区域发展迸发新活力。“最多跑一次”改革成为全省标杆，信用体系建设走在全国前列。“县乡一体、条抓块统”改革取得重大成果，探索形成了基层治理现代化的“衢州经验”。数字化改革扎实推进，“碳账户碳金融”、“智慧助残”入选全省最佳应用。国资国企改革取得突破性进展，党政机构改革任务圆满完成。全方位开放格局加快形成，成功加入杭州都市圈，获批自贸联动创新区、跨境电商综试区。牵头组建衢黄南饶“联盟花园”，“95联盟大道”精彩亮相。三次举办衢州人发展大会，极大激发了广大乡贤建设家乡的热情。对口工作取得显著成效，助力对口地区全面脱贫“摘帽”。

五年来，我们下大力气补齐短板、改善民生，百姓生活实现新提升。市级财政民生支出年均增长12%；城乡居民人均可支配收入年均分别增长8.6%和9.7%，增幅始终位居全省前三；城乡居民收入倍差从1.96缩小至1.86。脱贫攻坚战取得决定性胜利，家庭人均年收入9000元以下现象全面消除，集体经济年经营性收入20万元以上的行政村实现全覆盖。教育基本现代化县全面创成，基本医疗和公共卫生服务水平整体提升，最低生活保障实现城乡同标，圆满承办第七届中医科学大会和全国第四届智力运动会、省第四届体育大会，荣获“世界长寿之都”称号。南孔文化、围棋文化等特色文化创新发展，“南孔圣地·衢州有礼”成为最具辨识度的城市标签。地方立法工作扎实开展，制定实施13部地方性法规。平安建设实现“十六连冠”，成功创建全国社区治理和服务创新实验区，获评平安中国建设示范市。

五年来，我们始终坚持党要管党、全面从严治党，干部队伍展现新作为。推进“两学一做”学习教育常态化制度化，扎实开展“不忘初心、牢记使命”主题教育和党史学习教育，精心组织庆祝新中国成立70周年、中国共产党成立100周年等活动，“8090新时代理论宣讲团”获评全国基层理论宣讲先进集体。建立完善抓人促事制度体系，创新推行专班工作制，被中组部列为激励干部新时代新担当新作为全国八个典型之一。深入实施“红色根脉强基工程”和“两专工程”（提升干部专业技术能力和专业科学精神），各级党组织和党员干部战斗力进一步增强。常态化扫黑除恶斗争取得决定性胜利，政法队伍教育整顿取得阶段性成果。始终保持惩治腐败高压态势，驰而不息纠治“四风”，清廉建设持续推进，政治生态不断优化。军政军民团结更加巩固，实现全国双拥模范城“五连冠”。协商民主深入发展，大统战工作格局持续构建，加快衢州发展的共识再凝聚、合力再增强。

五年奋斗历程殊为不易，有许多精彩瞬间值得铭记。全市上下攻坚克难、开拓进取，办成了许多具有历史性、开创性意义的大事。我们全力以赴推进杭衢高铁等重大项目，重塑了时空格局、城市格局和观念格局；全力以赴推动南孔文化复兴、古城复兴，提升了城市辨识度、影响力；全力以赴加快重大改革先行突破，在全省首次改革突破奖评选中捧回金奖1项、铜奖2项；全力以赴打造最优营商环境，连续两年入围全国营商环境标杆城市；全力以赴创成全国文明城市，在2021年度测评中位列全国地级市第一。

尤为值得一提的是，面对突如其来的新冠疫情，我们坚持人民至上、生命至上，与时间赛跑、同病毒较量，坚决筑牢“外防输入、内防反弹”坚固防线。特别是今年3月以来，衢州连续经受了“3·6”“3·13”疫情考验。在大战大考面前，我们坚决贯彻习近平总书记关于疫情防控的重要指示精神，在省委省政府的坚强领导下，在省级部门和兄弟市县的鼎力支持下，市委统揽全局、果断决策，市县联合指挥部高效指挥、一体作战，市领导闻讯而动、下沉一线，各区块积极有为、合力攻坚，市县部门迅速集结、全员上阵，广大党员干部、医务人员、公安干警和社区工作者、志愿者夜以继日、连续奋战，广大群众守望相助、共克时艰，一起打赢了这场大仗硬仗，凝聚起了强大的精神力量，必将激励我们在新时代新征程上披荆斩棘、奋勇前进！

上下同欲者胜，风雨同舟者兴。所有成绩的取得，根本在于以习近平同志为核心的党中央领航定向，是在省委的坚强领导下，在历届市委打下的坚实基础上，全市人民撸起袖子干出来的。在此，我代表中共衢州市第七届委员会，向拼搏奋斗的全市广大党员和干部群众，向壮心不已的老领导老同志，向同心同行的各民主党派、人民团体和各界人士，向忠诚履职的驻衢州人民解放军指战员、武警部队官兵和消防救援人员，向所有心系衢州的海内外朋友们，表示衷心的感谢和崇高的敬意！

各位代表、同志们，回顾五年的奋斗历程，我们深切体会到：唯有政治忠诚才能把牢发展方向，要把对党绝对忠诚融入血脉、注入灵魂，坚决做到“总书记有号令、党中央有部署、省委有要求，衢州率先见行动见实效”；唯有思想破冰才能实现发展突围，要进一步强化开放意识、争先意识，以思想观念的跨越式转变，推动经济社会的跨越式发展；唯有改革主动才能赢得发展先机，要把改革作为最大的原动力，勇闯深水区、敢啃硬骨头，当好“改革先锋”；唯有人民至上才能增强发展底气，要深入践行以人民为中心的发展思想，真心实意为老百姓解难题、办实事，汇聚起共建共治共享的磅礴力量；唯有实干争先才能扛起发展重任，要把抓好党建作为最大政绩，锻造一支敢打敢拼、能征善战的铁军队伍，开辟干在实处、走在前列、勇立潮头新境界。

居安更要思危，知危方能图安。在前进道路上，我们还面临不少困难和挑战：发展不充分仍然是衢州现阶段的最大实际，经济总量还不够大，科技创新投入和能力不足，区域竞争力还不强；中心城市能级和首位度还不够高，县域经济实力还不够强，城镇化率偏低；城乡居民收入与全省平均水平相比还有一定差距，教育、卫生、文化、住房保障等公共服务供给仍有不少短板；系统治理还有薄弱环节，安全生产、生态环保、疫情防控等一些领域风险隐患依然存在；全面从严治党需要持续推向纵深，少数干部履职尽责的意识和能力需要进一步增强，反腐倡廉任重道远。面对这些事关衢州发展的战略性、全局性、根本性问题，我们务必下定决心、排除万难，努力在解决一个又一个难题中夺取新的更大胜利！

二、全面开启共同富裕新征程

衢州是一座有着悠久历史、深厚底蕴的城市，东南阙里、儒风浩荡，四省通衢、五路总头，造就了这座城市曾经的辉煌。进入新时代，全市上下自强不息、奋力拼搏，创造了担当作为、勇于创新的崭新业绩，拉开了转型发展、追赶跨越的历史序幕。

当今世界，百年变局和世纪疫情交织叠加，全球治理体系和城市竞争格局加速重构，中国特色社会主义制度优越性充分彰显，中华民族伟大复兴势不可挡。在党团结带领全国人民意气风发向着第二个百年奋斗目标迈进之际，习近平总书记赋予浙江"努力成为新时代全面展示中国特色社会主义制度优越性的重要窗口"和"高质量发展建设共同富裕示范区"的光荣使命；省委描绘了浙江建设共同富裕美好社会的宏伟蓝图，号召全省上下奋力推进高质量发展、竞争力提升、现代化先行和共同富裕示范，明确支持衢州建设四省边际中心城市。衢州迎来了前所未有的历史性机遇，如何用足用好今后五年、十年的黄金机遇期，走好走稳共富路，大步迈向现代化，已经成为现阶段最为重大的政治任务和时代命题。

承载共同富裕历史使命，关键在于科学的思想理念指引。我们要深刻领悟习近平总书记寄予衢州的殷殷嘱托，从中找到通往胜利彼岸的"船"和"桥"，凝聚起共同奋斗的"神"和"魂"。习近平总书记在浙江工作期间曾八次到衢州考察指导，作出了一系列战略性、前瞻性、针对性的重要指示。在发展目标上，习近平总书记提出"衢州要成为全省经济发展新的增长点""加快建设四省边际中心城市"；在发展路径上，指示我们"要横下一条心努力实现跨越式发展""加快工业化、推进城市化"；在工作标准上，要求我们"把眼光放得远一些，把目标定得高一些""建设一流、创造一流、达到一流"；在精神状态上，勉励我们"要有一种拼搏向上的昂扬之气""要有干大事的气魄、创大业的胆识、谋求大发展的信心和决心"。这些期许和要求，充分体现了习近平总书记对衢州人民的似海深情、如山厚爱，对衢州发展的长远擘画、殷切期望，为我们走好新时代赶考之路提供了根本遵循和行动指南。我们要把对习近平总书记的感恩之心转化为奋进之志、实干之力，振昂扬之气、聚跨越之能，奋力走出一条具有衢州特色、普遍意义的共富之路，以"衢州之进"提升浙江共同富裕的成色，以"衢州之窗"展现浙江"重要窗口"的魅力。

今后五年工作的总体要求：**坚持以习近平新时代中国特色社会主义思想为指导，深入贯彻落实习近平总书记对衢州工作的重要指示精神，忠诚拥护"两个确立"、坚决做到"两个维护"，忠实践行"八八战略"、奋力打造"重要窗口"，坚持稳中求进工作总基调，完整准确全面贯彻新发展理念，服务和融入新发展格局，牢记殷殷嘱托、加快追赶跨越，强化党建统领、着力塑造变革，高质量发展建设四省边际共同富裕示范区，全力打造四省边际中心城市，为与全省同步基本实现社会主义现代化打下坚实基础，为全国共同富裕美好社会建设先行探路、创造经验。**

干好今后五年工作，要始终锚定"高质量发展建设四省边际共同富裕示范区"战略目标，紧紧围绕"四省边际中心城市"战略定位，牢牢把握"工业强市"战略路径，谋划建设"浙西新区"战略平台，匠心塑造"诗画浙江大花园最美核心区"战略场景，努力在六个方面实现新突破：

——*在壮大经济实力上实现新突破*。现代产业体系加快建立，战略性新兴产业支撑作用更加明显，主要经济指标增速位居全省前列，经济总量占全省份额稳步提高，成为全省经济发展新的增长点。全市生产总值突破2800亿元，财政总收入和一般公共预算收入分别突破400亿元、240亿元，规上工业总产值突破5000亿元，外贸进出口总额突破1000亿元，A股上市公司突破30家。

——*在提升城市能级上实现新突破*。深度融入长三角一体化发展国家战略，"融杭联甬接沪"开放新格局全面形成；市域一体持续深化，城乡发展更加协调，中心城市集聚力、辐射力、带动力、竞争力进一步增强，营商环境建设继续走在全国前列；中心城市建成区未来社区实现全覆盖，市域城镇化率达68%以上，市区常住人口超过100万人，四省边际中心城市地位基本确立。

——*在增强创新能力上实现新突破*。数字化改革成效充分显现，“大综合一体化”行政执法改革全国示范，基层治理系统建设成为标杆，改革的系统性、整体性、协同性明显增强；区域创新体系全面构建，四省边际科创走廊基本形成，全社会研发经费支出占比达3%以上，人才资源总量达到55万人，成为四省边际科创和人才高地。

——*在推动绿色发展上实现新突破*。经济高质量发展与生态高水平保护协同推进，碳达峰碳中和体制机制持续构建，生态环境质量保持全省领先，市控以上地表水断面水质稳定在Ⅱ类以上，市区$PM_{2.5}$年平均浓度低于23微克/立方米，“两山”转化通道进一步拓宽，绿色低碳发展特征更为明显，成为诗画浙江大花园最美核心区。

——*在改善人民生活上实现新突破*。推动共同富裕的体制机制基本建立，城乡居民人均可支配收入达到全省平均水平的90%以上，城乡居民收入倍差缩小到1.75以内，以中等收入群体为主体的橄榄型社会结构基本形成，人的全生命周期公共服务优质共享基本实现，新时代衢州人文精神全面塑造，成为物质富裕精神富有样板地。

——*在强化党建统领上实现新突破*。党的领导和党的建设全面加强，“七张问题清单”工作机制深化落实，党建统领整体智治体系基本建成，“红色根脉强基工程”建设走在前列，新时代衢州铁军战斗力显著增强；全过程人民民主深入发展，基层治理现代化的“衢州经验”成熟定型，党建优势转化为发展优势治理优势更加通畅，成为新时代党建高地。

在此基础上，展望到2035年，衢州人均生产总值、城乡居民人均可支配收入达到全省平均水平，经济总量跻身全国地级市百强，全面确立四省边际中心城市地位，形成共同富裕和现代化的衢州范例，成为让人诗意栖居、令人心生向往的“活力新衢州、美丽大花园”。

实现上述目标愿景，必须构建系统完善的抓落实体系，以科学的战术打法推动各项工作落地见效。全市上下务必要坚持高目标牵引，强化“没有走在前列也是一种风险”的意识，以高目标激发斗志、焕发潜能，拉高标杆、高举高打，加快缩小与全省平均水平的差距，努力打造更多具有衢州辨识度、全国影响力的标志性成果；务必要坚持突破性变革，确立“改革有阵痛、不改革就是长痛”的理念，围绕重大发展问题、重大民生关切，精准聚焦、靶向发力，以改革突破带动共富先行，努力创造更多可学可用、先行示范的普遍性经验；务必要坚持体系化作战，增强“前瞻性思考、全局性谋划、战略性布局、整体性推进”的思维，全面运用“四个体系”工作方法，落实“四定”工作要求，强化专班化例会制、清单化销号制，有手有势、有章有法推动工作落实；务必要坚持全方位争先，树立“没有争先就是退步”的观念，以舍我其谁的勇气和担当，推动主要经济指标增速争先进位、重点工作争先创优，在全省“保五争三拼第一”！

三、全力推动衢州跨越式高质量发展

今后五年，我们要围绕四省边际共同富裕示范区建设，对准跑道、创新实践、塑造变革，聚合新动能、放大新优势，努力取得突破性进展、标志性成果。

（一）奏响工业强市主旋律，加快产业高质量发展。坚持“工业强市、产业兴市”不动摇，全面实施工业强市十大专项行动，为实现共同富裕注入最大增量。

锻造标志性产业链。聚焦新材料、新能源、集成电路、智能装备、生命健康、高档特种纸等六大标志性产业链以及各区块主导产业，构建市县一体联动发展机制，深入开展延链补链强链行动，加快培育先进制造业产业集群，加速打造世界级高端电子化学材料和锂电材料基地。深入推进衢州巨化一体化融合高质量发展，加快构建以巨化为龙头的产业链生态圈。深化未来产业研究，抢占产业发展新赛道主动权。推动现代服务业与先进制造业深度融合，大力发展综合物流、绿色金融、科技服务，为工业强市提供有力支撑。

构建突破性创新链。加快区域创新体系建设，谋划建设四省边际科创走廊，推动政企校会四位一体、产学研用高度融合。全面深化与浙大、电子科大的合作，借力大院名校、大型央企建设一批高能级创新平台，积极创建国家高端化学品技术创新中心和空气动力装备、高速列车传动系统全国重点实验室。强化企业创新主体地位，实施高新技术企业、科技型中小企业“双倍增”计划，培育一批专精特新“小巨人”和“单项冠军”企业，引导各类主体勇攀科技高峰、争当创新尖兵。实施创新人才会聚工程，推进衢时代“双领”计划，组建人才发展集团，更好发挥领军型人才“头雁效应”。

紧盯重量级大项目。把握产业发展趋势，突出制造业项目招引，充分发挥驻外招商组“前沿阵地”作用，紧盯世界500强、央企、头部民企，全力以赴招大引强、招才引智，力争在百亿元级项目招引上不断取得新突破。强化产业链“链主”招商、企业家招商、新乡贤招商、商会招商和人才招商，更好发挥国有企业、产业基金和科创团队的招商作用。坚持“打桩论英雄”，加快招商项目特别是制造业大项目落地。深入实施“凤凰行动”计划，在对接多层次资本市场中壮大主体力量。

建设高能级大平台。突出智造新城工业主平台地位，扎实开展新一轮制造业“腾笼换鸟、凤凰涅槃”攻坚行动，深化“亩均碳均论英雄”改革，加快高端电子材料“万亩千亿”新产业平台、浙江时代锂电材料国际产业合作园建设，力争智造新城创成省制造业高质量发展示范园区，衢州高新区跻身全省15强。强化智慧新城产业功能，重点打造省无线电产业基地，加快集聚以数字经济为引领的创新型产业。支持各县（市、区）做大做强开发区和特色生态产业平台，为加快县域经济发展提供强有力支撑。

（二）打开城市发展新空间，加快推进新型城镇化。按照新时代山水花园城市定位，全面实施城市发展十大专项行动，规划建设浙西新区，市域一体打造四省边际中心城市。

优化空间布局。高水平编制实施国土空间总体规划，优化城市布局形态和功能结构，加快构建区域协同、一体发展的省际中心城市空间格局。高品质打造南孔古城、核心圈层、高铁新城“小三城”，突出文脉传承、运动健康、生态宜居，建设彰显古韵的历史街区、独具魅力的城市阳台、充满活力的高品质新社区。高标准打造智慧新城、智造新城、空港新城“大三城”，强化产城融合、能级提升、板块联动，建设网络型城市空间、高能级产业平台、现代化开放通道。

提升功能品质。加快全域未来社区建设，按照“一统三化九场景”理念，系统谋划、压茬推进，实现中心城市建成区未来社区全域覆盖、县城建成区基本覆盖，全面构建“5—10—15分钟幸福生活圈”，打造共同富裕现代化基本单元。加快推动城市有机更新，一体推进城市形象重塑、产业升级、治理创新和文化复兴。联动推进城乡风貌整治提升，打造提升“九个一”，谋划建设地标性建筑，提高城市辨识度。加快传统商贸转型提升，大力发展智慧新零售、数字文旅、智能体育和楼宇经济、夜间经济等新业态，促进消费扩容提质，方便群众生活，让城市经济更加繁荣、更具活力。强化城市精细化管理，建成市域协同的城市运行中心，建设海绵城市、无障碍城市，让城市更加高效、更为安全、更有温度。

促进人口集聚。制定出台人口集聚新政，集聚本地居民、吸引外来人口、广纳青年人才，尽快形成“滚雪球”效应。谋划推进轨道交通建设，规划建设市县快速通道，提升人口流动集聚便捷度。稳妥推进乡镇行政区划调整，统筹推进小城市培育、中心镇发展和特色镇建设。谋划实施“内聚外迁”人口集聚行动、“串点连片”融合发展行动，有序引导农村特别是山区库区人口向中心镇、县城和中心城市梯度转移，加快提高生活品质。

（三）做活乡村振兴大文章，加快农业农村现代化。围绕农民增收这个核心，深入挖掘乡村经济、生态和文化价值，促进农业高质高效、乡村宜居宜业、农民富裕富足。

做强乡村产业。大力实施农业“双强行动”，加大土地集中连片流转和耕地宜机化改造力度，强化优质种业资源保护培育推广，打响“三衢味”等品牌，促进农业提质增效。完善提升“3+X”（每个县（市、区）聚焦培育3个特色优势产业、若干个新兴农业产业）特色农业产业体系，大力培育现代农业龙头企业，加快建设未来农业园区、未来数字农场和农产品加工集聚区，推动“产加销一体化”发展。培育壮大新富民产业，积极拓展乡村游、研学、村播等新业态新模式，努力让“人人有事做，家家有收入”。坚决遏制耕地“非农化”、基本农田“非粮化”，稳定生猪生产，守牢粮食安全和重要农副产品稳产保供底线。

打造美丽环境。聚焦“衢州有礼”诗画风光带建设，强化示范段节点打造、“一县一园”创建，实施沿线“百村整治风貌提升”行动，串珠成链展现最美风景。持续深化未来乡村建设，培育形成一批未来乡村连片发展实验区。实施乡村建设行动，完善“1+4+1”[县（市）域乡村建设规划＋村庄布点规划、村庄规划、村庄设计、农房设计＋农村特色风貌规划]乡村规划体系，抓好农房“浙建事”改革试点，纵深推进农村垃圾、污水、厕所“三大革命”，让干净、整洁、美丽、清新成为衢州乡村最鲜明的特质。

促进强村富民。扎实开展村级集体经济巩固提升行动，深化“千企结千村”，打造共富综合体。深入推进“三位一体”农合联改革，推广“龙头富民联合体”等新模式，构建多形式利益联结机制。健全“两进两回”长效机制，大力培育新农人，让更多人在农村广阔天地大展才华、大显身手。建设国家金融服务乡村振兴创新示范区，争取和用好中央财政支持普惠金融发展奖补政策。实施低收入农户同步基本实现现代化行动，确保“共同富裕路上一个也不掉队”。

（四）跑出改革攻坚加速度，加快推动市域治理现代化。坚持数字化改革、全面深化改革、共同富裕示范区重大改革一体推进，增创体制机制新优势，激发区域发展新活力。

纵深推进数字化改革。精准聚焦“1612”[“1”即一体化智能化公共数据平台（平台＋大脑），“6”即党建统领整体智治、数字政府、数字经济、数字社会、数字文化、数字法治六大系统，“1”即基层治理系统，“2”即理论体系和制度规范体系]体系架构及各系统子跑道，加快重大应用开发建设和迭代升级，抓好省市重大应用的复制推广、落地运用，努力成为“一地创新、全省共享”的示范标杆，确保实现“两年大变样、五年新飞跃”。推进“大脑”建设，全面提升预测预警和战略管理支撑能力。做好“县乡一体、条抓块统”改革后半篇文章，做强基层治理系统，做实“141”[“1”即县级社会治理中心，“4”即乡镇（街道）基层治理“四个平台”（综治工作、市场监管、综合执法、便民服务），“1”即村社网格]体系架构，不断增强实战化能力。

推动重大改革集成突破。紧扣四省边际共同富裕示范区建设，抓紧抓实“扩中”“提低”改革，统筹推进县域跨越式发展、公共服务优质共享和现代化制度创新等改革，加快形成机制性制度性创新成果。全面推进“大综合一体化”行政执法改革，确保“全省走在前列、全国示范引领”。持续深化国资国企改革，壮大国有经济规模，提升资本规范运作能力。加快推进农业转移人口市民化集成改革和“强村富民”乡村集成改革，深化“三块地”改革，激活农村资源要素。

擦亮营商环境金字招牌。以数字化改革赋能营商环境再提升，全面推动政务服务“一网通办”和跨省通办，基本实现群众企业办事“掌上办不用跑”。纵深推进以承诺制为核心的投资项目审批制度改革，迭代优化企业社区化网格化服务，建立健全惠企政策兑现闭环管理机制。全域创建国家信用体系建设示范区，打造信用示范之城。坚持“两个毫不动摇”，打造最优法治化营商环境，构建亲清政商关系，护航民营经济高质量发展。

（五）驶入开放发展快车道，加快融入新发展格局。拓宽对内对外开放大通道，全面融入国内大循环和国内国际双循环，构建区域开放协同发展新格局。

构筑现代化交通体系。全面实施交通先导“九网千亿元工程”（“九网”即构建“铁轨公水空管邮枢廊”9张网，“千亿”即1000亿元交通基础设施投资），加强与长三角、杭州都市圈、金义都市区和省外毗邻城市交通基础设施互联互通，打造市域一体、省际联动、多式联运、无缝换乘的立体交通体系。全面建成杭衢高铁和开化、江山通用机场，完成衢江航道等级提升，开工建设衢丽铁路、甬金衢上高速、杭淳开高速、常山江航电枢纽和浙西航空物流枢纽，积极谋划争取衢南铁路、衢黄铁路等重大项目，加快构筑现代综合交通枢纽。

加快开放型经济发展。抢抓RCEP等市场开放机遇，深入实施外贸提档升级千亿行动，积极申建综合保税区，抓好自贸联动创新区、跨境电商综试区建设，做大外贸出口企业规模，做强综合服务平台，引进高质量外资，推动开放型经济发展迈上新台阶。鼓励企业参与“一带一路”建设，扩大对外投资规模。深化与国际机构和友好城市合作，办好对外交流和国际经贸活动，不断提高衢州发展的国际化水平。

深化多层次区域合作。全面融入长三角一体化，全力争取加入长三角中心区。持续深化与杭州、宁波、绍兴等地合作，积极参与杭州都市圈建设，加快推进义甬舟开放大通道西延行动，努力打造新时代山海协作升级版。深化四省边际区域协作，深入推进“联盟花园”建设，推动衢丽花园城市群协同发展。继续做好东西部协作、对口合作、对口支援工作，努力实现优势互补、共同发展。

（六）下好绿色转型先手棋，加快建设大花园最美核心区。深入践行绿水青山就是金山银山理念，扎实推进人与自然和谐共生的现代化，让绿色成为衢州发展最动人的色彩。

全面提升环境品质。建立健全中央和省环保督察整改长效机制，打好治水治气治土治废治塑攻坚战，推动生态环境持续优化。强化多污染物协同控制，深化“五水共治”碧水行动、清新空气行动，加强土壤污染治理和修复，全域建设“无废城市”，让衢州的水更清、天更蓝、空气更清新。持续开展“雷霆斩污”行动，健全生态环境网格化监管体系，坚决打击各类环境违法行为。

加快绿色低碳转型。推进碳账户体系建设扩面提质、迭代升级，建设“双碳”智治平台，创新“双碳”市场机制，推动工业、能源、交通、建筑、农业、居民生活六大领域绿色低碳变革，争创全国低碳示范城市。构建清洁高效能源供应体系，深化企业用能预算化管理改革，全力发展抽水蓄能、智能光伏等可再生能源。大力推进“两山”生态产品价值实现机制改革，争创全国试点市。全体系推进绿色金融产品创新，争创国家级示范区。积极倡导简约适度、绿色低碳的生活方式，形成绿色文明新风尚。

加强生态保护修复。健全“三线一单”生态环境分区管控体系，不断夯实“两屏三江十廊”（“两屏”即北部千里岗山脉生态屏障区和南部仙霞岭山脉生态屏障区，“三江”即衢江、常山港和江山港构成的“Y”形三江流域，“十廊”即城镇周边水网林田构成的十条生态带：池淮溪、龙山溪、芳村溪、石梁溪、庙源溪、芝溪、乌溪江、大俱源、上下山溪、灵山港等十大水系及其沿线空间）生态安全空间格局。加快推进自然保护地优化整合，确保钱江源国家公园正式命名。持续开展全域土地综合整治、国土绿化试点示范，构建生态廊道和生物多样性保护网络。实施“一县一库”和水库连通工程，加快推进开化水库、寺桥水库等重大水利项目。

（七）打造文化文明双高地，加快提升区域软实力。扎实推进打造精神文明高地试点，加快建设“五区一市”，在共同富裕中实现精神富有，在现代化先行中实现文化先行。

弘扬文明有礼新风尚。深入践行社会主义核心价值观，持续开展新时代文明生活十大行动，不断擦亮“最美衢州人”品牌，把“衢州有礼”打造成为“浙江有礼”的示范标杆。全域推进文明创建，力争实现全国县级文明（提名）城市“满堂红”。健全志愿服务体系，打造“15分钟文明实践服务圈”。加强家庭家教家风建设，让“有礼家风”浸润千家万户。

激活特色文化生命力。深入挖掘以"两子文化"为核心的区域特色文化内涵，开展新时代儒学文化研究，深化南孔北孔合作交流，让南孔文化成为"宋韵文化传世工程"的璀璨明珠；加快建设世界围棋文化园，举办具有世界影响力的高水平围棋赛事，着力打造"世界围棋圣地"。打造西周姑蔑文化金名片，加强文物安全协同监管和非遗保护传承发展。强化社科赋能，深入开展地方文化研究。抓好文化艺术中心、体育中心和南孔书屋、农村文化礼堂的建设运营，不断提升老百姓的文化获得感。

推动文旅产业大发展。实施文化产业集聚工程，着力培育动漫、影视、文化创意等现代文化产业，打造一批省级、国家级重点文化产业基地。实施文旅融合发展工程，提升根宫佛国、江郎山—廿八都国家AAAAA级旅游景区能级，加快烂柯山、灵鹫山、六春湖等重点景区建设，创成国家级全域旅游示范市。推动"四好衢州"产品向智能化、时尚化方向升级，推出一系列沉浸式、体验式新场景，打造更多文化精品。

（八）打好富民惠民组合拳，加快创造更高品质生活。坚持政府过紧日子、群众企业过好日子，打造更多真实可感的共同富裕成果，不断提升人民群众获得感幸福感安全感。

充裕百姓钱袋子。优化财政政策导向，将有限的资金更多地用于促进就业、促进增收。实施城乡居民收入倍增计划和重点群体激励计划，充分激发科研人员创新创富活力，持续优化中小企业主和个体工商户创业致富环境，建立健全工资收入合理增长机制，减轻居民家庭在教育、医疗、养老、育幼等方面负担，推动更多人进入中等收入群体行列。完善高质量就业创业体系，加强新蓝领、新农人、新工匠的培养，健全新就业形态劳动者权益保护机制。引导群众合法理性投资，防范各类诈骗，保障财产安全。

办好群众身边事。完善为民办实事长效机制，着力解决群众急难愁盼问题。巩固扩大"双减"成果，实施"县中崛起"工程，完善终身教育体系，支持衢州学院申设硕士点，支持衢州职业技术学院创建"双高"院校。高水平推进健康衢州建设，做强四省边际中心医院、四省边际中医院和县级医院，加快中医药产业发展，构建全民全程健康服务体系，大幅度提升公共卫生保障能力。加快建设老年友好型、育儿友好型社会，完善基本养老服务制度，落地三孩生育配套支持措施，争取国家儿童友好城市试点。主动承接杭州亚运会外溢效应，全力办好第十八届省运会，创成国家全民运动健身模范市。

织密社会保障网。着力构建共富型大社保体系，筑牢兜实基本民生底线。完善城镇职工和城乡居民基本养老保险制度，稳步提高最低生活保障标准。强化基本医疗保险、大病保险、医疗救助等多重保障功能，完善防范化解因病致贫返贫长效机制。深化新时代社会救助体系和新型慈善体系建设，引导全社会参与公益事业，激发受助群体造血机能。坚持"房住不炒"定位，加大人才公寓、保障性住房建设力度，重点解决新市民、青年人和低收入群体住房困难，促进房地产业良性循环和健康发展。

构筑区域大平安。抓实抓细常态化疫情防控，全力保障人民群众生命安全和身体健康。一体推进法治衢州、法治政府、法治社会建设，争创全国法治政府示范市。完善风险闭环管控大平安机制，全面完成化工行业整治提升行动攻坚任务，坚决"遏重大"、"降较大"。深化平安建设突出问题专项整治，用心用情做好新时期信访工作，常态化开展扫黑除恶斗争，巩固拓展政法队伍教育整顿成果，维护稳定和谐的社会局面。

五年看头年，开局最关键。在去年实现"十四五"开门红的基础上，今年的主要目标安排：全市生产总值增长7.5%以上，突破2000亿元；规上工业增加值增长13%以上，力争突破600亿元；固定资产投资增长10%以上，力争突破1000亿元；一般公共预算收入增长9%，力争达到180亿元；城乡居民人均可支配收入分别增长8%、10%左右。实现上述目标，必须抓重点、攻难点，尤其要打好"十大关键战"：

一是打好数字化改革关键战。全面完成"162""141"体系贯通试点任务，推动"碳账户碳金融"等最佳应用落细落地，打造"工业强市在线"、"城市一网智治"、国土空间治理等平台，形成一批数字化改革硬核成果。

二是打好“大综合一体化”行政执法改革关键战。市县乡三级联动、一体推进，确保6月底前完成机构整合、事项下放、人员下沉和“1612”体系贯通等改革工作，12月底前形成相对成熟的实践成果、理论成果和制度成果。

三是打好“扩中”“提低”关键战。深入实施十大群体激励计划，力争家庭可支配收入10万～50万元群体占比、20万～60万元群体占比提高3个百分点以上，低收入农户人均可支配收入增长10%以上。

四是打好制造业招大引强关键战。尽锐出战招大引强，力争全年引进亿元以上制造业项目150个以上，十亿元以上项目大幅增长，百亿元级项目实现新突破。

五是打好国家高新区整体跃升关键战。强化发展保障，加快项目落地，促进转型提升，确保衢州高新区进入全省前20位，稳居中国化工园区30强。

六是打好能耗“双控”和能源保供关键战。实施存量企业用能预算化管理，严把新增用能审批关，淘汰一批落后产能，新上一批新能源项目，确保单位GDP能耗降低率完成省下达目标，新增光伏装机40万千瓦以上。

七是打好城市发展十大专项关键战。制订实施和全面落实年度工作计划，力争市区城市重大建设项目投资超过300亿元，三产增加值增长7%以上。

八是打好杭衢高铁等重大项目建设关键战。加快推进875个市重点项目建设，确保杭衢高铁主体工程基本贯通，省市县长项目工程当年落地率60%以上。

九是打好常态化疫情防控关键战。落细“外防输入、内防反弹”各项举措，落实七大机制和“五快”循环，牢牢守住不发生疫情规模性反弹的底线。

十是打好除险保安关键战。切实管控重大安全风险，加快实现信访积案动态清零，高质量完成平安护航党的二十大、杭州亚运会、省党代会等任务，确保全年较大事故“负增长”、重特大事故“零发生”。

各位代表、同志们，业绩都是干出来的，真干才能真出业绩、出真业绩。只要我们始终牢记习近平总书记的殷殷嘱托，分秒必争地拼，虎口夺食地抢，踏石留印地干，就一定能交出一份跨越式高质量发展的高分答卷，一定能为257万衢州百姓争取新的更大荣光！

四、坚定不移推进全面从严治党

实现今后五年的奋斗目标，关键在党，关键在人。我们要推动党史学习教育常态化长效化，从党的百年奋斗历史中汲取前进力量，全面贯彻新时代党的建设总要求，坚定不移加强党的全面领导、全面加强党的建设，不断推动全面从严治党向纵深发展。

（一）坚持政治引领，铸牢“两个维护”的绝对忠诚。坚持把党的政治建设摆在首位，不断提高政治判断力、政治领悟力、政治执行力，争做“两个确立”忠诚拥护者、“两个维护”示范引领者，始终在思想上政治上行动上同以习近平同志为核心的党中央保持高度一致。胸怀“国之大者”，坚定不移把党中央、省委各项决策部署落到实处。坚持和完善加强党的全面领导的体制机制，充分发挥市委议事协调机构作用，把加强党的领导落实到改革发展稳定各领域、各方面、各环节。迭代升级以“七张问题清单”为牵引的党建统领工作机制，牢固树立“问题发现靠党建、问题发生查党建、问题解决看党建”理念，切实提高各级党组织的领导力、管控力、执行力。

（二）强化培根铸魂，淬炼坚如磐石的理想信念。坚持和完善“第一议题”制度、党委（党组）理论学习中心组学习制度，建立贯彻落实习近平总书记重要讲话和指示批示精神情况向常委会报告制度，坚定不移做习近平新时代中国特色社会主义思想的坚定信仰者、忠实践行者。健全完善“不忘初心、牢记使命”长效机制，推进“8090+”新时代理论宣讲迭代升级，让党的创新理论“飞入寻常百姓家”。全面落实意识形态工作责任制，打好网络意识形态斗争主动仗，牢牢掌握意识形态工作领导权。深化媒体融合，网上网下一体，不断壮大主流思想舆论。

（三）突出两勤两专，锻造堪当重任的衢州铁军。深入贯彻新时期好干部标准，突出“对党忠诚、两勤两专、担责担当、纪律严明、勇创一流”，建设一支堪当现代化先行和共同富裕示范重任的衢州铁军队伍。推动干部资源一线集结，让党员干部在重大战略重点工程重大项目中冲锋在前、担当作为，在攻坚实战中检验考察干部、培养锻炼干部。推动年轻干部一线墩苗，更加强化“脑勤、腿勤”，全面实施两专工程“六个一百”计划，更大力度推动优秀年轻干部在基层一线、急难险重任务中压担锻炼。推动争先创优一线比拼，常态化开展市级部门工作“比晾晒”、乡镇（街道）书记季度工作交流，实施争先创优“流动红旗”评价机制，真正把好干部甄别出来、选用起来。推动严管厚爱一线激励，深化“两个担当”良性互动，营造“唯实惟先、善作善成”的团队文化。

（四）着眼固本强基，打造坚强有力的战斗堡垒。深入实施“红色根脉强基工程”，扎实推进基层党建十大专项计划，统筹推进农村、城市基层、两新、机关、国企、学校、医院等各领域党的建设，打造全领域党建矩阵。全面推行乡镇（街道）党（工）委“12345”［“1”即实施乡镇党委“一线工作法”，推动工作在一线展开、问题在一线解决；“2”即建立“模块化”和“清单化”运行机制，巩固深化乡镇模块化运行机制，完善决策、落实、监督、反馈全链条清单化管理机制；“3”即用好“三联工程”，强化联系群众服务基层的制度保障；“4”即全面推行乡镇干部“四维考评”，激发乡镇（街道）干部干事奋进活力；“5”即通过集中轮训、实践培养、挂职锻炼等方式，不断提升乡镇（街道）行政执行能力、为民服务能力、议事协商能力、应急管理能力、平安建设能力等5种能力］工作模式，完善“一肩挑”后村级组织运行机制，推动基层党建全面进步、全面过硬。做深做实“三联工程”，加快“浙里党群心联心”落地应用，高质量推进红色物业联盟建设，切实增强基层党组织战斗力、凝聚力，更好发挥党员先锋模范作用。全市域打造党建联盟，推动资源共享、优势互补、联动发展。建好用好全链条党建责任机制、党建发展一体考评机制和基层关爱保障机制，引导基层干部扎根基层、干事创业。

（五）建设清廉衢州，涵养风清气正的政治生态。完善“四责协同”机制，加强对“一把手”和领导班子监督。严明政治纪律，强化政治监督，深化运用“365监督在线”机制，加强对避责思维、躺平现象的监督检查，充分发挥监督保障执行、促进完善发展作用。统筹推进清廉单元建设，大力弘扬清廉文化。加固中央八项规定精神的堤坝，驰而不息纠“四风”树新风，持续为基层减负松绑。始终坚持严的主基调，保持反腐败政治定力，常态化开展警示教育，提升“三不”一体推进治理效能。深化市县巡察一体化建设，高质量完成巡察全覆盖。落细落实“合”字形基层监督体系，深化公权力和基层小微权力监督数字化改革，持续整治群众身边腐败和作风问题，让党风政风社风民风更加清朗。

各位代表、同志们，走好新时代赶考之路，必须切实加强党对一切工作的领导，充分发挥党总揽全局、协调各方的领导核心作用，确保各项事业始终沿着正确的政治方向前进。要坚持和完善人民代表大会制度，牢牢把握“四个机关”定位要求，聚焦中心工作、聚情民生关切、聚力依法履职、聚合代表力量，放大制度优势，发挥职能作用，巩固和发展生动活泼、安定团结的政治局面。坚持和完善中国共产党领导的多党合作和政治协商制度，切实履行“三个重要”政治责任，进一步发挥政协专门协商机构作用，拓展内容、丰富形式、创新机制，提高建言资政和凝聚共识水平。推动新时代统战工作高质量发展，支持民主党派、工商联、无党派人士积极发挥作用，团结凝聚党外知识分子、民族宗教人士、非公有制经济人士、新的社会阶层人士、港澳台同胞及海外侨胞和新乡贤等各方面力量，画好衢州发展的“最大同心圆”。全面落实党管武装要求，扎实做好新时代双拥工作。持续推进新时代党建带群建工作，切实增强群团工作和群团组织的政治性、先进性、群众性。强化“全市一盘棋”市域大统筹，支持各县（市、区）放大优势、特色竞争，在山区 26 县中走前列，在全省 90 个县里争进位，形成比学赶超、整体跨越的生动局面。

各位代表、同志们，未来五年，注定是闯的五年、拼的五年、大干的五年！让我们更加紧密地团结在以习近平同志为核心的党中央周围，在中共浙江省委的坚强领导下，弘扬伟大建党精神，牢记殷殷嘱托、加快追赶跨越，为高质量发展建设四省边际共同富裕示范区而不懈奋斗！

关于市委常委会工作的报告

——在市委八届三次全体会议暨市委经济工作会议上

（2022 年 12 月 30 日）

中共衢州市委书记　高屹

现在，我代表市委常委会，向全会报告今年以来的主要工作。

今年以来，市委常委会团结带领全市上下学懂弄通做实习近平新时代中国特色社会主义思想，坚决贯彻习近平总书记对浙江和衢州工作的重要指示精神，把迎接党的二十大胜利召开、学习宣传贯彻党的二十大精神作为首要政治任务，全面落实党中央和省委决策部署，按照“疫情要防住、经济要稳住、发展要安全”的要求，高效统筹疫情防控和经济社会发展，统筹发展和安全，打好稳进提质、除险保安、塑造变革组合拳，实现新一届市委工作的良好开局，推动衢州各项事业发展取得新的进步。前三季度，12 项主要经济指标增速均进入全省前五，其中全市生产总值 1427.8 亿元，增长 4.2%，列全省第三；城乡居民人均可支配收入 44598 元、24461 元，分别增长 5.9%和 8.4%，增幅均列全省第一。1—11 月，主要经济指标完成情况总体好于前三季度，其中固定资产投资增长 17.7%、社会消费品零售总额增长 4.4%、外贸进出口总额增长 24.3%，增幅分列全省第一、第三、第四；规上工业增加值 552.3 亿元，增长 9.3%，列全省第三；一般公共预算收入 166.4 亿元，增长 5.2%（扣除留抵退税口径增长 16.1%），列全省第二。

市委常委会在全面推进各项工作的同时，重点抓了六件大事：

一是迅速兴起学习宣传贯彻党的二十大精神热潮。认真贯彻习近平总书记“要在全面学习、全面把握、全面落实上下功夫”的重要指示精神，推动全市上下迅速兴起学习宣传贯彻党的二十大精神的热潮。先后召开市委常委会会议、全市领导干部会议和市委理论学习中心组专题学习会，推动市委常委和市级领导干部以身作则、率先垂范，先学一步、学深一层。专门下发关于认真学习宣传贯彻党的二十大精神的通知，深入开展“六学六进六争先”学习实践活动，通过集体研讨、专家辅导、专题党课、领导干部轮训等形式，确保二十大精神传达到每个支部、每名党员。组织开展全方位、多层次、立体式的宣传宣讲，组建党的二十大精神宣讲团，用好“8090+”新时代理论宣讲等特色载体，开展宣讲 3000 多场次、覆盖 20 多万人，开设专题专栏 10 余个、刊发相关报道 500 余篇，推动党的二十大精神家喻户晓、深入人心。对标党的二十大提出的重要思想、重要观点、重大战略、重大举措，逐条逐项思考研究贯彻落实的思路办法、抓手载体，进一步迭代深化打造十个“桥头堡”、建设四省边际中心城市的具体举措，推动党的二十大精神在衢州落地落实。

二是成功召开市第八次党代会和市委八届二次全会。紧扣“牢记殷殷嘱托、加快追赶跨越，高质量发展建设四省边际共同富裕示范区”主题，全面总结过去五年取得的重大成就和宝贵经验，提出今后五年工作的总体要求、目标愿景、重点任务和 2022 年目标任务，发出了全面开启共同富裕新征程的动员令。围绕贯彻落实省第十五次党代会精神，锚定建设四省边际中心城市、争当“两个先行”示范窗口的奋斗目标，提出打造四省边际现代产业、人才科创、数字变革、开放开发、交通物流、全域旅游、文化文明、公共服务、社会治理、绿色生态等十个"桥头堡"的具体任务。细化制定十个"桥头堡"建设分工抓落实方案，明确重大工作、重大改革、重大项目、重大政策"四张清单"，建立"月通报、季评价、年评估"和市领导领衔、清单化推进、常态化会商、闭环式落实机制，加强全过程管控，加快形成"滚雪球"效应。

三是慎终如始抓好常态化疫情防控。坚决落实中央关于疫情防控决策部署，科学精准做好疫情防控工作，最大程度保护人民生命安全和身体健康，最大限度减少疫情对经济社会发展的影响。打好疫情防控阻击战，不断优化"七大机制"，压紧压实"四方责任"，成功处置开化"3·6"、衢江"3·13"、江山"4·25"等疫情，坚持"管得住、放得开"，全面推行重点企业"白名单"制度和"三区"企业闭环生产管理模式，较好实现生产不停、物流不断、产能不减、秩序不乱。因时因势调整优化疫情防控措施，全力抓好核酸检测、医疗救治等能力建设，做好重点人群、重点场所防控，推动疫情防控从"防感染"向"保健康、防重症、遏病亡"平稳转换。

四是深入实施"工业强市、产业兴市"战略。做优做实工业强市"1+10+5+8"工作体系，持续推进工业强市十大专项行动，狠抓工业市县一体化，部署推进产业链、创新链、人才链、资本链、服务链"五链"融合，建立六大产业链链长制，打造工业强市2.0版。1—11月，全市实现规上工业总产值2586.4亿元、增长12.3%，工业投资、制造业投资、高新技术产业投资分别增长53.4%、69.1%、119.2%，增幅均列全省第一。新引进吉利"三电"、金瑞泓、习谷科技等3个百亿级制造业项目。新增A股上市或过会企业5家、总数将达到16家。成立省股权交易中心衢州服务中心，全市非金融企业直接融资252.5亿元、增长55%。以工业用地集中连片整治为重点，整治销号高耗低效企业465家，腾出用地空间9925亩、用能空间27.1万吨标煤。全面深化与浙大、电子科大的合作，加快创新平台提能造峰，加强知识产权赋能，省高端化学品技术创新中心获批建设，省无线电产业基地、省轨道交通产业创业园正式授牌。全市规上工业企业研发投入增长23.6%，列全省第四。

五是部署推进以县城为重要载体的城镇化建设。在深入开展调研、广泛征求意见的基础上，高规格召开推进会，围绕优化城镇空间布局、加快推动人口集聚、培育壮大主导产业、完善基础配套设施、建设高质量教育体系、构建全民全程健康服务体系、构建幸福养老服务体系、提升人居环境质量等8个方面，编制形成20项重点工作、10项重大改革、82个重大项目"三张清单"，提出打造10大标志性成果，明确未来五年的工作目标和具体路径。研究制定加快推进以县城为重要载体的城镇化建设实施意见以及农民集聚共富指导意见、农村"三块地"改革指导意见、提升公共服务的若干举措"1+3"配套政策，为全省全国探索新型城镇化有效路径。6个县(市、区)同向发力、同步部署，研究制定具体实施方案和年度工作计划，推动市县乡联动、全方位协同、体系化作战。

六是扎实开展"六治六提"作风建设行动。针对干部队伍中存在的"庸、懒、散、慢、推、拖"等作风突出问题，部署开展"六治六提"作风建设行动。建立健全"十大机制"，出台15个实施方案和作风指数评价办法，落实市级部门比晾晒、区块"流动红旗"评价、乡镇(街道)赛马比拼机制，迭代升级以"四维考评"为核心的公务员平时考核体系，实施"两专"工程"六个一百"计划，充分激发党员干部干事创业的精气神。聚焦中心工作，坚持问题导向，每月一主题，每月一清单，推动经济发展争先进位、重点工作争先创优、重大改革争金夺银，以作风大转变推动衢州大发展。5名干部被评为"浙江省担当作为好干部"，1名干部被评为"全国人民满意的公务员"，7名干部、3家单位分别被评为"全省人民满意的公务员""全省人民满意的公务员集体"。

一年来的工作成效，主要体现在以下八个方面：

(一)经济发展迈上新台阶。全面落实经济稳进提质八大攻坚行动，推动主要经济指标逐月回升、逐季向好。一是全力助企纾困。不折不扣、及时高效落实惠企政策，共为市场主体减负降本84.8亿元。创新预拨制，推动政策即申即享、免申即享，兑现各类惠企资金76亿元，惠及市场主体7.3万家次，惠企面86%。构建企业家意见诉求直达机制，创设“亲清半月谈”平台，已连续举办11期、收集诉求建议167个，企业满意率达99.3%。衢州被列入中央财政支持普惠金融发展示范区。二是聚力项目建设。滚动推进“五个一批”重大项目，杭金衢高速改扩建工程等项目建成，常山江航电枢纽等项目开工，连续4个季度获全省投资“赛马”激励。省“4+1”重大项目开工率100%，列全省第一，投资完成率113.1%。35个省集中开工项目开工率100%。8个项目列入省重大产业项目，获用地指标奖励778亩。三是着力招大引强。聚焦六大标志性产业链，市县一体、市域统筹，全力以赴招引大好高项目。新签约亿元以上项目195个，到位资金354.1亿元、增长26.4%。其中，50亿元以上项目9个、100亿元以上项目3个。全市实际利用外资超过1亿美元，增长79.1%，列全省第三。四是努力提振消费。市县联动开展“三衢暖心”促消费及汽车家电、网上促销等系列惠民行动，促进消费市场复苏回暖。发放消费券1.9亿元，拉动消费23.7亿元；发放5000万元汽车促消费补贴，带动销售13亿元。

（二）除险保安取得新进展。以“时时放心不下”的责任感，全面落实除险保安各项任务，确保社会安定有序、百姓安居乐业。一是深化平安衢州建设。深入推进除险保安十大专项行动，扎实开展百日攻坚行动，圆满完成党的二十大、省党代会等重大活动期间维稳安保任务，平安市创建实现“十六连冠”和全域“满堂红”。二是切实管控重大风险。完善风险闭环管控大平安机制，深入开展道路交通、安全生产、消防安全、电信网络诈骗“四大领域”突出问题专项整治，全市命案发案、“两抢”案件分别下降63.6%、76.5%，电诈案件受理数、损失数分别下降2.9%、15.6%，非法集资案件下降41.7%；各类生产安全事故起数、死亡人数分别下降36.4%、35.1%，未发生较大及以上事故。三是全力化解信访积案。严格落实领导干部带头下访接访、带头阅批群众来信、带头接听群众来电、带头领衔包案等制度，全面开展信访“双清”“双治”行动和“双向规范”治理，做深做实源头预防、前端化解。信访积案化解率99.86%，列全省第二。

（三）城市能级实现新提升。召开打造四省边际中心城市工作推进会，聚焦聚力城市规划、建设、管理、运营、安全、保障等6个环节，深入实施城市发展十大专项行动，全面提升中心城市承载能力。一是强化项目赋能。智慧岛景观桥、衢州客厅等101个重点项目开工建设，市文化艺术和便民服务中心、历史街区风貌衔接工程、衢时代未来大厦、华夏航空国际飞行培训学校等32个项目竣工投用，城市功能进一步完善、品位进一步提升。二是提升形象品质。把全域未来社区建设作为关键抓手，完成全市133个未来社区布点规划，48个未来社区列入全省前六批创建名单，成功创建10个省级未来社区。全力打造首批12个城乡风貌样板区，成功创建7个省级样板区。三是加强精细管理。开展餐饮油烟、城市噪声、市区扬尘等专项治理，推动管理标准化、精细化、长效化。围绕生态宜居、健康舒适、交通便捷等8个方面69项指标，常态化开展城市体检，连续3年被住建部纳入城市体检工作全国试点。

（四）乡村振兴迸发新活力。坚持工业化、项目化、数字化、生态化发展理念，促进农业高质高效、乡村宜居宜业、农民富裕富足。一是大力发展农业产业。粮油生产再获丰收，全市粮食播种面积134.9万亩、总产量5.56亿千克，实现面积、总产量“双增”。耕地“非农化”、基本农田“非粮化”整治完成率达100%。农业“双强”行动获省“赛马”激励。提档升级“衢州有礼”诗画风光带，加快沿线6个未来农业园区建设，衢州获批建设全国绿色低碳农业先行区。二是全面建设美丽乡村。开展百村风貌整治提升行动，在全省率先谋划建设6个未来乡村连片发展实验区，32个村获批省未来乡村建设试点，25个村成功创建省级未来乡村。成功承办全省深化“千万工程”建设新时代美丽乡村现场会，得到省领导和参会人员的一致好评。三是深入推进集成改革。深化强村富民改革，打好“市场化改革＋集体经济”“标准地改革＋农业‘双强’”“宅基地改革＋乡村建设”“数字化改革＋强村富民”四套组合拳，衢州成为全省唯一整市域农业标准地改革试点。打造共富综合体6个，培育片区化强村公司34家，全市村级集体经济经营性收入50万元以上行政村达690个，占比达46.5%。

（五）改革突破塑造新优势。按照“争当改革先锋”要求，坚持全面深化改革、共同富裕示范区重大改革、数字化改革“三位一体”融合推进，形成一批具有衢州辨识度的标志性成果。一是纵深推进数字化改革。“邻礼通·三民工程”、数智文化空间站获评全省“最佳应用”，基层智治大脑获评全省“最强大脑”，衢州成为唯一参与全省数字化改革教材编撰的设区市。构建“县乡一体、条抓块统”县域整体智治新格局被评为全国法治政府建设示范项目。二是扎实推进“大综合一体化”行政执法改革。“1+5”（综合行政执法+市场监管、生态环境、交通运输、卫生健康、应急管理）行政执法体系实现全覆盖，企业平均迎检时间从每月5～7天下降至2～3天。成功承办全省“大综合一体化”行政执法改革暨深化基层管理体制改革推进现场会，改革成效获司法部肯定推广。三是统筹推进各领域重大改革。深化碳账户体系建设，发放碳账户贷款533亿元，全国率先上线大宗货物“公转水”、工业品碳足迹核算、“零废生活”等应用场景，帮助企业实现减碳降本2.6亿元。衢州被国家林草局列为2022年度林业碳汇试点市。推进碳达峰碳中和工作获省政府督查激励。深化生态产品价值实现机制改革，全域推行“两山合作社”改革试点，带动村集体和农户增收1.5亿元。开展市级媒体深度融合改革，成立衢州市新闻传媒中心、衢州传媒集团。

（六）共富示范迈开新步伐。召开共同富裕示范区建设推进大会，编制“1+7+66”重点工作、“1+5+37”重大改革清单，形成共同富裕示范区建设体系架构。一是持续推进“扩中”“提低”。出台“扩中”“提低”行动方案，成立四省边际（衢州）共富学院、浙江未来乡村学院，实施高质量就业创业“三培”举措和城乡居民收入“三富”行动，统筹推进连片发展建设共富未来乡村等8项工作入选省共同富裕最佳实践名单。二是做好“一老一小”工作。大力发展以居家养老为重点的普惠型养老和互助性养老，新增养老机构床位536张，建成智慧养老院7家，实施敬老院改造提升工程10家，居家和社区基本养老服务提升项目列入全国试点，全市殡葬基本服务实现全流程免费；启动儿童友好城市建设，全面扩大普惠性托育服务和优质公办学前教育资源供给，新增乡镇（街道）托育机构13个，新增托位2128个，全市每千人拥有婴幼儿照护托位数达3.93个。三是优化公共服务供给。完成中小学幼儿园新（改、扩）建项目48个，新增公办学位2.1万个，公办园在园幼儿占比达53.5%。稳步推进“双减”“双控”，全省率先实现全市域学科类培训机构100%压减，全市8所“公参民”学校全部转公。出台支持四省边际中心医院加快做大做强的若干意见，树兰（衢州）医院开业，江山市人民医院、衢州市第二人民医院、开化县中医院创成三级乙等医院。衢州荣获全省2021年度医学高峰高地建设工作成绩突出集体、2019—2021年无偿献血先进市，获批建设省中医药综合改革先行区。开工老旧小区改造52个、棚户区改造4637套，建设筹集保障性租赁住房4782套，完成农村危房整治453栋。持续优化生态环境，连续8年获得“大禹鼎”，连续2年捧回“大禹鼎”金鼎，生态环境公众满意度连续5年位居全省前列。四是丰富精神文化生活。扎实推进打造精神文明高地试点，总结提炼“崇贤有礼、开放自信、创新争先”的新时代衢州人文精神，制订“浙江有礼·衢州先行”评价体系，全域开展全国文明城市创建。纪录片《南孔》等5部作品入围省第十五届精神文明建设“五个一工程”，追平历史纪录。大力实施全民健身设施补短板工程，出台全国首部地方围棋法规，圆满举办首届“烂柯杯”世界围棋公开赛、全国田径大奖赛、衢州马拉松等赛事，成功申办第十八届省运会、2023年全国新年登高健身大会、全国田径锦标赛。

（七）管党治党展现新气象。坚持以党的自我革命引领社会革命，建立完善以“七张问题清单”为牵引的党建统领工作机制，努力锻造一支堪当重任的衢州铁军。一是健全完善党的领导制度体系。圆满完成市级领导班子换届工作。听取市人大常委会党组、市政府党组、市政协党组、市法院党组、市检察院党组工作汇报，充分发挥市委改革委、市委财经委等议事协调机构作用，把加强党的全面领导贯彻落实到经济社会发展全过程各方面。支持和保证人大及其常委会依法履职,持续擦亮人大代表联络站金名片,全力打造全过程人民民主实践高地和市域典范。支持政协发挥专门协商机构作用,做实做精“请你来协商”“委员会客厅”“民生议事堂”以及“同心向党·商衢先锋”系列品牌。召开市委统战工作会议,全面构建大统战工作格局。二是深入实施红色根脉强基工程。持续开展十大专项计划,全面实施现代社区建设“六大改革”“十大行动”,组织开展“党建统领·共富助跑”行动,打造市级党建联建示范带6条、“百村十坊”示范点31家,扎实开展村社干部政治素质体检和村社换届“回头看”,不断夯实基层基础。三是扎实推进清廉衢州建设。完善清廉建设架构体系和评价指标体系,做深做实政治监督,落细落实“五张责任清单”,切实有效加强对“一把手”和领导班子监督。制定巡察工作五年规划,启动新一届市委巡察工作。坚持以严的基调强化正风肃纪,严格落实中央八项规定精神,全市域推行“公务餐”一件事改革,启动农村基层“三乱”问题专项整治,常态化开展警示教育,一体推进不敢腐、不能腐、不想腐,持续释放标本兼治综合效能。全市纪检监察机关共立案查处1436件,其中涉及县处级干部21人;查处违反中央八项规定精神问题235起,党纪政务处分190人。

(八)自身建设得到新加强。严格执行《中共衢州市委关于加强自身建设的决定》《中国共产党衢州市委员会工作规则》,以政治建设为统领,充分发挥市委常委会示范引领作用,带领全市广大干部群众坚定捍卫“两个确立”、坚决做到“两个维护”。一是带头加强理论武装。坚持把学习习近平总书记重要讲话和指示批示精神作为市委常委会会议“第一议题”,建立市委常委会会议领读领学习近平总书记重要论述制度,今年以来市委常委会共召开市委常委会会议46次,召开市委理论学习中心组学习会15次,传达学习习近平总书记重要讲话和指示批示精神,做到学深悟透、真信笃行。二是带头践行殷殷嘱托。始终把习近平总书记寄予衢州的殷殷嘱托作为谋划干好工作的根本遵循和行动指南,建立践行习近平总书记殷殷嘱托情况“回头看”等制度,完善“八八战略”实施年度评估机制,确保学习践行习近平总书记殷殷嘱托“体系化、全贯通、可衡量、闭环式”。三是带头狠抓贯彻落实。建立贯彻习近平总书记重要指示批示精神闭环落实机制,加强领导责任、登记办理、传达学习、贯彻落实、督查反馈、责任追究等全流程管控,定期听取贯彻落实习近平总书记重要讲话和指示批示精神情况汇报,坚决做到“总书记有号令、党中央有部署、省委有要求,衢州率先见行动见实效”。

总之,今年以来的工作成绩来之不易。这是以习近平同志为核心的党中央掌舵领航的结果,是习近平新时代中国特色社会主义思想科学指引的结果,是中共浙江省委坚强领导和历届市级班子接续奋斗的结果,是全市广大干部群众齐心协力、攻坚克难的结果。借此机会,我代表市委常委会,向同志们表示衷心感谢!

在肯定成绩的同时,我们也清醒看到,对照建设四省边际中心城市、争当“两个先行”示范窗口的目标,还存在一些问题和短板,主要是:经济总量还不够大,服务业和消费复苏缓慢,经济稳进提质的基础还不够稳固;科技和人才支撑还不够有力,创新链产业链深度融合不够,与构建现代化产业体系的要求还有差距;风险隐患的预测预警和防范化解能力还需要加强;共同富裕示范区建设任重道远,教育医疗、养老托幼等公共服务供给还难以满足群众需求;干部队伍的战略视野、思维方式、科学素养和变革能力还有待进一步提升;全面从严治党仍有薄弱环节,反腐败斗争形势依然复杂严峻。面对这些问题,我们务必高度重视、认真研究,采取针对性措施予以解决。

政府工作报告

——在衢州市第八届人民代表大会第三次会议上

（2023 年 2 月 26 日）

衢州市市长　徐张艳

一、2022 年工作回顾

2022 年是党和国家历史上极为重要的一年，也是本届政府履职的第一年。我们坚持以习近平新时代中国特色社会主义思想为指导，以迎接党的二十大胜利召开和学习贯彻党的二十大精神为动力，认真落实省第十五次党代会和市第八次党代会决策部署，按照市委工作要求，全力打好稳进提质、除险保安、塑造变革、改善民生"组合拳"，努力实现"疫情要防住、经济要稳住、发展要安全"，推动衢州高质量发展迈出坚实步伐。

（一）慎终如始打好疫情防控人民战争。坚决贯彻中央关于疫情防控的决策部署，因时因势优化调整防控措施，不断提高科学精准防控水平。围绕"外防输入、内防反弹"，高效实施平战转换，有效阻断疫情传播，努力以最短时间、最小代价处置每一起疫情。聚焦"保健康、防重症"，持续扩容、合理配置医疗资源，健全分级诊疗体系，提高重症救治水平，加强"一老一小"重点群体和农村重点区域健康服务，做好医疗药物统筹保供。抗疫三年，我们始终坚持人民至上、生命至上，全市一盘棋、上下一条心，最大程度保护人民群众生命安全和身体健康，最大限度降低疫情对经济社会发展的影响。

（二）市县一体狠抓经济工作争先创优。全力开展经济稳进提质八大攻坚行动，推动经济运行企稳回升、向好向上。12 项主要经济指标增速全部高于全省平均，其中 11 项前三、4 项第一。全市生产总值增长 4.8%、突破 2000 亿元大关，增速全省第二、创近十年来最好成绩；一般公共预算收入增长 5.6%，增速全省第一；城乡居民收入分别增长 5.3%、7.5%，增速分列全省第一和第二。狠抓助企纾困，全面顶格落实国家和省稳经济一揽子政策，及时出台"衢 40 条""个体工商户纾困 33 条"，健全政策直达快享机制，全年为市场主体减负 104.5 亿元，兑付惠企政策资金 81.5 亿元，完成增值税留抵退税 56.6 亿元。政府性融资担保在保余额增长 80%，"连续贷 + 灵活贷"等方式为小微企业节约融资成本 7.7 亿元。集中开展重点困难企业挂联服务，充分发挥"亲清半月谈""政企恳谈会""圆桌例会"等机制作用，在全力帮扶企业中提振市场信心。狠抓项目建设，固定资产投资增速连续 3 年全省第一，全省唯一连续 4 个季度获得投资"赛马"激励。杭衢铁路主体工程基本贯通，杭金衢高速改扩建工程、351 国道等建成通车，常山江航电枢纽、衢丽铁路、江玉公路、钱江源通用机场等开工建设，四省边际多式联运枢纽港入选国家示范创建项目。争取地方政府专项债券115.5 亿元、政策性开发性金融工具 23.9 亿元，8 个项目列入省重大产业项目，国有建设用地供应量增长 41.1%。狠抓稳外贸稳外资促消费，加快衢州综合保税区申建，开通泛亚铁路冷链运营平台，外贸进出口总额突破 600 亿元，实际利用外资突破 1 亿美元，社会消费品零售总额逆势增长 4.6%。

（三）聚焦发力实现工业强市加速跃升。压茬推进工业强市十大专项行动，加快工业市县一体化发展，规上工业总产值增长 11.6%、达到 2858 亿元，规上工业增加值增长 9.6%、突破 600 亿元；数字经济核心产业增加值增长 23.7%、增速全省第二；工业投资、制造业投资、高新技术产业投资分别增长 46.3%、60.3%和 116.4%，增速均列全省第一。百亿元级项目招商持续突破，吉利"三电"、金瑞泓集成电路用硅片项目当年引进、当年开工。龙头企业加快做大做强，巨化系工业投资、产值、亩均效益均创历史新高，华友系产值实现翻番、连跨 2 个百亿元台阶，元立系有效应对市场波动、加速延伸布局下游产业。时代锂电一期、一道光伏二期、奥首集成电路用电子化学品和东巨康光电科技、恒川新材料、研一新材料、鹤丰新材料、华康糖醇产业园等一批工业项目投产。新培育产值超 100 亿元企业 1 家、10 亿元企业 8 家，新增国家级专精特新"小巨人"企业 13 家。上市工作有力推进，成立企业上市与投资并购促进会、省股权交易中心衢州服务中心，新增 A 股上市及过会企业 5 家、总数将达到 16 家，非金融企业直接融资 314.3 亿元、增长 47.1%，禾川科技成为山区 26 县首家科创板上市企业。创新能力不断提升，省高端化学品技术创新中心、衢州资源化工创新研究院启动建设，电子科大长三角研究院获批省级工程研究中心，开化成功申创绿色硅材料高新经济产业园、实现市域高新区全覆盖。新认定国家高新技术企业 313 家、省科技型中小企业 702 家，规上工业企业研发费用增长 22.8%，每万人发明专利拥有量增长 24.7%。深化"亩均论英雄"改革，创新开展工业用地全域整治，规上工业企业亩均税收和亩均增加值分别增长 5.8%、17.4%，增速分列全省第三和第一。

（四）内外兼修加快城乡建设品质提升。打好城市赋能"组合拳"，全面实施城市发展十大专项行动，市文化艺术和便民服务中心、高铁新城地下综合管廊、历史街区风貌衔接工程、儒学文化区旅游配套工程等竣工投用，九华大道隧道、紫薇路隧道建成通车，双港大桥顶推合龙，古城、双西港、衢化等片区城市有机更新扎实推进。加强城市精细化管理，建成 8 条省级街容示范街，完成 60 万平方米绿地改造，内河水质达到景观水标准。编制全域未来社区布点规划，创成省级未来社区 10 个、省级城乡风貌样板区 7 个。系统开展政策研究，加快推进以县城为重要载体的城镇化建设。强化农业农村优先发展，粮油生产克服极端天气影响实现面积和产量"双增"，"菜篮子"市长负责制考核全省第一，农业"双强"行动获省"赛马"激励，双柚产业在培大育强中率先突围。衢江"农业社会化服务"项目获省标准创新重大贡献奖，开化获评全国休闲农业重点县。"三衢味"成为杭州亚运会、亚残运会官方供应商。"衢州有礼"诗画风光带沿江道路全线贯通，龙之梦旅游度假区项目开工建设，余东、溪口、下淤等 25 个村入选省级未来乡村，成功承办全省深化"千万工程"建设新时代美丽乡村现场会。久久为功保护生态环境，"五水共治"八夺大禹鼎、两夺金鼎，地表水环境质量在全国 339 个地市中列第 16 位，空气质量综合指数在全国 168 个重点城市中列第 23 位，生态环境公众满意度排名全省第二。柯城创成国家生态文明建设示范区，江山荣获中华环境优秀奖。

（五）实战实效推动重大改革多点突破。基层智治改革创新实践等 7 个项目获省改革突破奖，总数居全省前列。纵深推进数字化改革，工业强市在线、"公务餐"一件事、大宗货物"公转水"、碧水提质、共富培训在线等重大应用上线运行，"邻礼通·三民工程"、数智文化空间站获评全省"最佳应用"，基层智治大脑获评全省"最强大脑"，"智卡通"全省推广，构建"县乡一体、条抓块统"县域整体智治新格局获评全国法治政府建设示范项目。持续深化碳账户体系建设，首创碳监测核算标准体系，实施用能预算化管理，发放碳账户贷款 488 亿元。扎实推进"大综合一体化"行政执法改革，"1+5"行政执法体系实现全覆盖，企业平均迎检时间从每月 5 ~ 7 天降至 2 ~ 3 天。全域推行"两山合作社"改革，带动村集体和农户增收 1.6 亿元。致力推进营商环境改革，建成四省边际中心政务服务综合体，构建政府合同履约监管系统，开展电子营业执照多场景应用全国试点，电力接入工程费用分担机制实现企业接电"零成本"，地级城市平均信用指数排名全国第四、全省第一。国企改革三年行动顺利收官，组建衢州工业集团，市属国企资产、净资产、营业收入分别增长 24.2%、14.9%和 59.6%，增速均领跑全省。

（六）提优补短促进民生事业持续发展。谋划启动民生“夯基工程”，全面完成年度民生实事项目。健全就业创业促进机制，成立四省边际共富学院，四省边际人力资源服务产业园投入运营。开展新蓝领培训10.6万人次、新农人培育2.08万人次、星级工匠评定5898人，开发公益性岗位5383个，引进市外企业员工1.25万人，城镇新增就业3.08万人。提升教育教学质量，新（改）建中小学幼儿园48所、新增公办学位2.1万个，公办园在园幼儿占比达到56.7%，创成6所体艺特色高中，11所“公参民”和纯民办义务阶段学校全部转公。衢州学院首次获批国家教育强国推进工程项目，衢职院入选首批“科创中国”创新基地。发布《衢州市职业教育校企合作促进条例》，职业教育发展连续3年获省考核一等奖。深化健康衢州建设，支持四省边际中心医院做大做强，衢州市妇幼保健院、衢州市第二人民医院、江山市人民医院、开化县中医院创成三乙医院，市公共卫生服务中心即将竣工，基本医保实现市级统筹，获评省医学高峰高地建设工作成绩突出集体。认真解决“一老一小”问题，开工10家敬老院提升改造项目，建成7家智慧养老院，新增75个幸福食堂（助餐点），居家和社区基本养老服务提升项目列入全国试点；新增乡镇（街道）托育机构13家，每千人拥有婴幼儿照护托位数保持全省前列，常山入选全国未成年人保护示范县。殡葬基本服务实现全流程免费。大力弘扬新时代衢州人文精神，城市文明程度测评蝉联全省第一，“15分钟品质文化生活圈”建设全面推进，南孔文化入选全省首批文化标识建设创新项目。出台全国首部地方围棋法规，实施新时代南孔学子“一文一武”专项行动，成功举办首届“衢州烂柯杯”世界围棋公开赛、全国田径大奖赛、衢州马拉松等体育赛事。强力推进除险保安，高质量完成党的二十大维稳安保任务，安全生产事故起数、死亡人数分别下降36.4%和33.9%，安全生产和消防工作目标管理责任制考核位列全省第一，信访总量降幅位列全省第一、信访事项处理群众满意率位列全省第三，平安市创建实现“十六连冠”和市域“满堂红”。

过去一年，我们认真落实全面从严治党要求，扎实开展“六治六提”作风建设行动，深入推进依法行政，加快转变政府职能，自觉接受各方监督，常态化实施市政府领导挂联区块服务发展、市级部门重点工作“比晾晒”和区块争先创优“流动红旗”评价机制，在实战中提升专业技术能力、锤炼专业科学精神，集智攻坚解决前进中的困难，实干型政府建设迈出了重要一步。

各位代表！过去一年的成绩来之不易。这是习近平新时代中国特色社会主义思想科学指引的结果，是省委、省政府和市委坚强领导的结果，是全市广大干部群众艰苦奋斗的结果。在此，我代表市人民政府，向在各个岗位上辛勤工作、无私奉献的衢州人民，尤其是长期奋战在抗疫一线的医务人员、公安干警、社区工作者和其他抗疫工作人员，向给予政府工作大力支持的人大代表和政协委员，向各民主党派、工商联、人民团体和社会各界人士，向驻衢州人民解放军、武警部队、消防救援队伍和省部属驻衢州单位，向外来投资者和建设者，向关心支持衢州发展的港澳台同胞、广大侨胞和海内外朋友，致以崇高的敬意和衷心的感谢！

我们也清醒认识到，对照市八届人大一次会议确定的目标任务，少数指标和工作完成情况不及预期。同时，前进路上也面临不少困难和问题：头部企业数量较少，主导产业规模偏小，自主创新能力不强，中小微企业生产经营困难较多，产业生态体系还不完善，县域产业支撑力、竞争力和爆发力不足，成为全省经济发展新的增长点任重道远；城镇化水平偏低，城市能级和首位度不高，现代服务业发展不充分，城市精细化管理和运营仍有不足，对高端要素的吸引力不强，人口集聚偏慢，打造四省边际中心城市任重道远；促进低收入群众持续增收的路子不宽，教育、医疗、养老等领域还有不少短板，优质公共服务供给不足，社区治理存在薄弱环节，民生工作机制仍需优化，满足人民群众对高品质生活的需求任重道远；一些政府工作人员专业能力不足、担当意识不够，久久为功的定力不强，企业服务“空转”、项目管理粗放等情况仍然存在，形式主义、官僚主义等作风积弊尚未根除，建设实干型政府任重道远。对此，我们一定直面问题、迎难而上，一步一个脚印，认真加以解决，不辜负全市人民的期待！

二、2023年目标任务和重点工作

今年是全面贯彻党的二十大精神开局之年，是"八八战略"实施20周年，也是实施"十四五"规划承上启下的关键一年。越是重任在肩，越要团结奋进；越是机遇难得，越要主动作为；越是困难不断，越要斗志昂扬。我们要全面落实市委八届三次全体会议暨市委经济工作会议决策部署，聚焦"主赛道"、聚力"攻坚战"，努力把各项工作抓得更紧、做得更实、干得更好，加快推动衢州高质量跨越式发展。

今年政府工作的总体要求：**坚持以习近平新时代中国特色社会主义思想为指导，全面贯彻落实党的二十大精神，深入践行习近平总书记寄予衢州的殷殷嘱托，围绕忠实践行"八八战略"、奋力推进"两个先行"、努力打造"重要窗口"，牢牢把握高质量发展这个首要任务，提振大干之志、狠下实干之功，强力推进创新深化、改革攻坚、开放提升，全力推动省"十项重大工程"转化落地，深入实施"工业强市、产业兴市"战略，加快打造十个"桥头堡"，在高质量跨越式发展中建设四省边际中心城市和共同富裕示范区，奋力谱写中国式现代化衢州实践的精彩篇章。**

综合各方面因素，建议今年全市经济社会发展的主要预期目标为：生产总值增长7%以上；固定资产投资增长15%以上；社会消费品零售总额增长5%以上；城乡居民收入增速高于生产总值增速；一般公共预算收入与经济增长基本同步；城镇调查失业率控制在5%以内。工作中，我们将以最大的努力争取最好的结果。

实现上述目标，要着重把握好以下五个方面：

*一是以争先之志拼经济。*坚持高目标牵引，把"保五争三拼第一"作为刚性要求，全力以赴抓基本功、打主动仗、拼加速度，推动主要经济指标争先进位、重点专项工作争先创优，实现经济质的有效提升和量的较快增长，加快成为全省经济发展新的增长点。

*二是以非常之力攻项目。*坚持"抓工作必须抓项目、管行业必须管投资"，用"敢、拼、抢、实"的劲头抓项目、扩投资，健全以项目为牵引的工作链、责任链、服务链，保持招大引强的坚劲攻势，突破项目落地、建设、运营中的瓶颈问题，在大抓项目中点燃高质量发展的新引擎。

*三是以创新之策破难题。*坚持创新破难的工作方法，实事求是、尊重规律，开拓开放、敢想敢干，持续推进思路创新、方法创新、政策创新、机制创新，在逢山开路、遇水架桥中不断打开工作的新局面。

*四是以务实之举惠民生。*坚持对群众说实话、为群众办实事、让群众得实惠，深入了解群众的急难愁盼，着力增强为群众服务的预见性、系统性、精准性，尽力而为、量力而行，一件接着一件办，一年接着一年干，不断书写民生工作的新答卷。

*五是以精准之招防风险。*坚持系统观念、底线思维，更好统筹发展和安全，迭代完善风险闭环管控的大平安机制，做到精准预测、精准识别、精准施策、精准"拆弹"，有效防范化解重大风险，把握工作的主动权。

重点抓好十个方面工作：

（一）千方百计保护和激发市场主体活力，着力建设最优营商环境。*加大助企纾困力度。*全面落实国家减税降费政策，主动承接省"8+4"经济政策体系，调整优化"四大专项"政策，为市场主体减负50亿元以上。深化融资畅通工程，扩大首贷、信用贷、无还本续贷规模，确保普惠型小微企业贷款增速高于各项贷款平均增速，新增制造业中长期贷款160亿元以上，政府性融资担保贷款余额突破100亿元。*加强企业梯度培育。*全力支持民营企业高质量发展，新增小微企业5000家、"四上"企业500家、省级以上专精特新企业50家、百亿元产值企业2家，实现五百亿元产值企业"零的突破"。深入实施企业上市"3030"（全市上市公司达30家以上、总市值达3000亿元以上）行动，新增A股上市公司数量"保三争四拼五"。积极争创省政府质量奖，加快创建国家知识产权强市建设试点城市。*狠抓营商环境建设。*实施营商环境优化提升"一号改革工程”，加快构建最优政务、法治、市场、经济生态和人文环境。以四省边际中心政务服务综合体为主阵地，加强智能化、人性化、多元化服务场景建设，打造政务服务的全国标杆。持续推进行政审批许可的好办易办快办，确保“一网通办”率达97%以上、“跨省通办”事项200项以上。健全涉企政策制定和兑现机制，建立为企业办实事机制，完善政企沟通协商机制，常态化开展营商环境“清障”行动。加强社会信用体系建设，推进企业信用修复，提高政府公信力。加快《衢州市优化涉企服务若干规定》立法，用法治“硬措施”优化营商“软环境”，让企业专注创业创新、安心经营发展。

（二）全面推进“五链”融合，着力打造工业强市2.0版。推动工业发展方式转型升级。狠抓产业链、创新链、人才链、资本链、服务链的深度融合、集成发力，锻造一批“拆不散、搬不走、压不垮”的产业集群，实现工业发展“从项目到产业、从基地到高地、从局部到全域”的三大转变。加快工业强市十大专项行动“全上跑道、全面突破”，规上工业总产值和增加值分别突破3500亿元、700亿元，亩均税收和亩均增加值分别达到22万元、140万元。合力培育六大标志性产业链。创新实施“链长制”，构建“八个一”工作体系和全产业链全生命周期服务体系，市县联动、政企协同，加快新材料、新能源、集成电路、智能装备、生命健康、特种纸产业的强链聚群。集中攻坚产业链招商，“一企一策”引育链主型企业，力争引进百亿级项目4个、亿元以上项目200个，构建“链主型企业+中下游企业”生态圈。抓好衢州巨化一体化融合高质量发展，支持巨化加速做大做强、再上一个百亿元台阶。大力培育数字经济，协同推进数字产业化、产业数字化、数据价值化，数字经济核心产业增加值增长25%。加快建设区域科创体系。深入实施科技企业“倍增”计划、企业创新平台“扩面”行动，新增国家高新技术企业160家、省科技型中小企业600家、省级企业研发机构25家，研发投入强度达2.4%以上。启动创建国家高端化学品技术创新中心，支持浙大衢州“两院”、电子科大长三角研究院、东南数字经济发展研究院打造科研和转化的标志性成果，推动浙工大生态工业创新研究院建设运营。新建博士后科研工作站、博士创新站20家，引进行业领军人才20人以上、硕士博士高层次人才1200人以上，新增高技能人才1万人以上。致力打造高能级工业平台。支持智造新城提升产城融合发展水平，增强项目承载、产业配套、企业服务能力，动态储备4000亩左右工业熟地，接续保持35%以上的制造业投资增速，规划建设工业邻里中心，新建2800套职工公寓，推动5个企业社区服务中心高效运行，力争规上工业产值突破2000亿元，实现国家高新区综合考评进位争先。

（三）抓牢项目工作“牛鼻子”，着力打好扩大有效投资主动仗。健全项目工作体系。按照“规则在先、规范操作、公开平等、竞争择优”的原则，完善项目全过程监管服务机制，确保设计团队、建设单位和投资主体“三个最优”。坚持市领导领衔挂联“百个重大前期”项目和“百个问题”项目攻坚机制，建立覆盖各区块、各领域的项目“赛马”机制，固定资产投资增速全省“保三争一”。加快重大项目建设。全力推进57个投资10亿元以上重大制造业项目，开工建设先导集成电路关键材料、大族高端铜箔产业一体化、中宁硅业新材料、华创新材铜箔等项目，提速推进时代锂电、吉利“三电”、新安特种有机硅新材料等项目，建成投产鹏辉能源一期、晓星高端薄膜一期、碳一负极材料、金励纸业二期等项目，确保制造业投资增长30%以上。大力推进交通先导工程，开工建设甬金衢上高速、320国道龙游平山桥至衢江平塘段等项目，加快杭衢铁路、衢丽铁路、常山江航电枢纽、衢江港区大路章作业区二期等进度，完成高铁西站综合交通枢纽建设。滚动推进重大水利项目，开工建设龙游佛乡水库，加快开化水库、柯城寺桥水库等建设，深化湖南镇水库防洪能力提升工程、衢江罗樟源水库、江山张村水库、常山龙潭水库等前期工作，加强浙中城市群水资源配置工程研究。狠抓要素资源保障。高质量开展耕地垦造，“奋战200天、造地2万亩”。深入推进“五未”土地处置和工业用地全域整治，实施跨乡镇土地综合整治项目4个，消化批而未供土地1.2万亩，盘活存量建设用地6000亩，争取国家新增建设用地指标5000亩。跨年度跨区域统筹使用“十四五”新增能耗指标，腾出存量用能空间

15 万吨标煤以上。提前提质做好项目储备，在地方政府专项债券、政策性开发性金融工具上争取更多支持、更大份额。

（四）加快提升中心城市能级，着力推进新型城镇化建设。优化城市功能品质。滚动实施城市发展十大专项行动，彰显“小三城”独特魅力，促进“大三城”协同发展。全面推进古城、衢化、双西港、白沙、衢江城区等片区城市有机更新。开工建设浮石过江通道、青年人才公寓等项目，加快衢州客厅、体育中心“三馆”、顺丰智慧物流基地等建设，全面完成双叶线改造、南湖广场文旅综合体、礼贤未来社区等项目。统筹布局城市旅游业、高端服务业和都市型工业，着力补强城市产业功能。以城市体检结果为导向抓实精细化管理，加强城市防涝、道路停车、垃圾分类等工作，开展物业管理突出问题治理，建设一批“席地可坐”的样板街区，创建国家海绵城市示范市、全国无障碍环境示范市。增强县城承载能力。以工业市县一体化为牵引，推动重大产业项目优先向县（市、区）布局，全年制造业招商项目流转到县（市、区）不少于 20 个、实到资金不少于 60 亿元，支持各县（市、区）争创省级特色产业集群核心区和协同区，在“腾笼换鸟、凤凰涅槃”中加快县域“工业再造”。支持各县（市）争创县城承载能力提升工程省级试点，加快补齐产业配套、公共服务、环境基础等短板。实施“衢城畅行”高速免费工程，推行衢州牌照小客车市县城区通行免收费。抓好全域未来社区建设，加强运营主体培育，确保开工覆盖率 40%以上、完工覆盖率 25%以上。加快推动人口集聚。坚持产业聚人、服务聚人、环境聚人，统筹实施十万个农村劳动力转移、十万个企业员工招引、十万个大学生引育“三大行动”，加快集聚“扎根性”人口。稳妥推进乡镇行政区划调整，优化农民搬迁政策，谋划建设一批“万人集聚”共富安置区、百亩农民搬迁集聚点，完成自然村整村搬迁 150 个以上，新增本地农业转移人口 4 万人，加强就业、教育、医疗、养老等服务保障，确保留得下、稳得住、能致富。优化住房公积金政策，推动住房公积金制度向农村拓展。精准对接企业用工需求，招引市外企业员工 2 万人以上。开展青年发展型城市创建，引育青年大学生 4 万人以上。

（五）实施农业农村十大专项行动，着力推动农业强农村美农民富。提升现代农业发展水平。严格落实粮食安全和耕地保护责任，确保粮食播种面积 134.5 万亩、粮食总产量 11 亿斤以上。大力推进农业“双强”行动，加快农业科技成果转化，主要农作物耕种收综合机械化率达 74%以上。依托各地特色产业资源，精心做好“土特产”文章，强龙头、补链条、兴业态、树品牌，推动农业主导产业全链条升级，争创国家现代农业产业园 1 个、新增省级农业龙头企业 6 家、新建未来农业园区 6 家以上。狠抓百亿农业产业培育，探索发展“多县一业”，推动双柚、油茶、茶叶三大产业向“百亿级”进军。打造和美乡村建设全景。持续深化“千村示范、万村整治”工程，加快未来乡村连片发展实验区建设，创建省级和美乡村示范县 1 个、示范带 2 条、示范村（未来乡村）20 个。狠抓城乡风貌整治提升，争创省级样板区 4 个以上，命名新时代富春山居样板区 2 个以上，完成农村杆线序化整治 580 公里。加强历史文化（传统）村落保护利用，推进衢派民居试点建设。新改建和提升“四好农村路”165 公里，提高农村交通物流服务能力和安全水平。探索强村富民有效路径。深化“两山合作社”改革，完善生态资源入股分红机制，带动村集体和农户增收 2 亿元以上。加快壮大新型农村集体经济，新建 6 个共富综合体，高质量培育 40 家片区化强村公司，村集体经营性收入 50 万元以上村占比超过 50%。做深做实“龙头企业 + 小农户”联结富民机制，鼓励发展共富果园（茶园）、庭院经济、林下经济，持续拓宽农民增收渠道。

（六）狠抓重大改革落地见效，着力培育区域发展新动能。深入推进数字化改革。抓好政务应用系统的集约建设、互联互通，提升城市大脑支撑能力，公共数据平台数据共享满足率 99%以上、有效利用率 90%以上。突出急用先行、实战实效，围绕就业、教育、社保、医疗、养老、托育等领域，打造智能便捷的数字化公共服务体系，推动民生关键小事“智能速办”。深化拓展国资国企改革。强化国企战略功能，着力做强主责主业、做优内控管理、做实要素支撑，提高国企核心竞争力，市属国企资产、净资产、营业收入分别超过2400亿元、1000亿元和160亿元，新设国企投资基金100亿元，新增AA+国企2家以上，力争国有控股上市公司“零的突破”。统筹抓好各领域重大改革。拓展金融赋能改革，联动创建全国绿色金融改革创新示范区、金融服务乡村振兴创新示范区和中央财政支持普惠金融发展示范区，加快打造千亿基金矩阵。抓好农村“三块地”改革，统筹做好确权活权文章，土地规模经营比例达到64%，盘活利用农房3000宗。深化“县乡一体、条抓块统”改革、“大综合一体化”行政执法改革和乡镇（街道）法治化综合改革，全面提升基层治理效能。推动国防动员体制改革落地见效，争创省双拥模范城“七连冠”。

（七）深度融入“双循环”，着力构建开放包容的发展格局。推动开放型经济扩量提质。持续推进外贸提档升级，新增有进出口实绩企业200家以上，外贸进出口总额增长20%以上。全力争取批设衢州综合保税区，启动项目一期建设。支持企业加快布局境外营销网络，泛亚铁路冷链运营平台开行国际班列100列，跨境电商增长30%以上。实施外贸“回归工程”和利用外资“强基工程”，力争回归进出口额1亿美元以上，实际利用外资增长50%以上。加快建设区域消费中心城市。打好提振消费“组合拳”，推动住宿、餐饮、零售、旅游等持续升温，促进大宗消费，创新消费场景，加快培育夜间消费、数字消费、绿色消费等新的增长点。迭代升级“三衢味”，着力打响“衢州味道”餐饮品牌。抓好鹿鸣半岛时尚文化创业园、爱琴海购物公园奥特莱斯、水亭门历史文化街区等建设和运营，加快打造一批城市消费地标。推进多层次区域开放协作。创新开展省际合作，推动创建衢黄南饶绿色低碳产业发展合作区，加快建设浙赣边际（衢饶）合作区，谋划打造四省边际“科创圈”、警务共同体、机场联盟和“二十四节气”联盟，提升“联盟花园”知名度和吸引力。启动四省边际多式联运枢纽港铁路专用线建设和货场搬迁，推进衢州智慧冷链物流项目建设，加快打造义甬舟开放大通道西延枢纽。抓好新一轮山海协作工程，深化“产业飞地”“消薄飞地”“科创飞地”建设，大力提升衢州海创园运营水平。

（八）加快绿色低碳转型，着力把“金名片”转化为“金饭碗”。持续改善生态环境质量。完善环境问题发现机制，坚决抓好中央、省生态环保督察反馈问题整改。全面落实河（湖）长制，深入推进“五水共治”碧水行动，抓好农村生活污水处理设施提标改造。坚持协同治理系统治气，开展臭氧污染治理、移动源治理、$PM_{2.5}$治理攻坚行动，空气质量优良率稳定在95%以上。全域推进国家“无废城市”建设，强化新污染物治理，确保污染地块安全利用率100%。加快构建以国家公园为主体的自然保护地体系，争取钱江源—百山祖国家公园正式命名。狠抓旅游业提质增效。坚持高端化“建点”、精品化“连线”、全域化“扩面”，加快龙之梦、烂柯山、奥陶纪等项目建设，提升根宫佛国、江郎山—廿八都旅游区竞争力，丰富“衢州有礼”诗画风光带旅游元素，打造升级版的旅游目的地。抓好旅游业“微改造、精提升”，推进省高等级民宿、民宿集聚村品牌创建，支持一批“明星村”创建国家AAAA级旅游景区，加快培育网红露营地、户外音乐会等潮流热点。扎实推进绿色低碳发展。深化碳账户体系建设，新发放碳账户贷款500亿元，助企减碳降本3.5亿元以上，拓展碳保险产品应用，争取碳账户建设标准上升为省级标准。抓好国家林业碳汇试点市、国家绿色出行城市、全国绿色低碳农业先行区建设，大力发展绿色园区、绿色工厂、绿色产品和绿色供应链。加强清洁能源开发利用，开工建设乌溪江混合抽蓄电站、柯城抽蓄电站，新增光伏装机40万千瓦以上。提升资源节约集约利用水平，倡导绿色低碳生活方式。

（九）高标准实施民生“夯基工程”，着力扩大优质公共服务供给。落实落细就业优先政策。全面实施“1455”（“1”即一城：全国公共就业创业服务示范城市，“4”即四地：四省边际人力资源集聚地、技能培训引领地、就业创业首选地、共建共享示范地，“5”即五大行动：就业创业提能、降本、优服、安居保障、民生服务提升，“5”即五大工程：创业主体培育、企业员工招引、大学生引育、农村劳动力转移、重点群体帮扶）就业创业服务体系，突出抓好高校毕业生、农民工、退役军人等重点群体就业，城镇新增就业3万人以上，着力构建“人人有事做，家家有收入”的高质量就业创业格局。加大社会保障力度。逐步提高城乡居民养老保险待遇，实现低收入群体医疗补充政策性保险全覆盖，建立因病致贫返贫防范长效机制。健全关爱服务体系，加强残疾预防和康复服务工作，提升救助管理服务水平，兜住困难群体生活底线。坚持“房住不炒”，支持刚性和改善性住房需求，解决好新市民、青年人等住房问题。办好人民满意教育。新(改)建公办中小学校和幼儿园11所，新增学位4320个，公办园在园幼儿占比58%以上。深入实施“县中崛起”工程，建强重点高中“八校联盟”。深化职业教育“五统筹”改革，争创国家职业教育改革市域试点、全国职业教育样板城市。支持衢州学院创成硕士学位授予单位，推进衢职院“双高”建设，市域统筹规划建设省一流技师学院。抓好“一文一武”专项行动，打响“开蒙礼”品牌。健全教育“双减”长效机制，加强学生心理健康服务。推进健康衢州建设。以重点学科建设和高端人才引育为抓手，加快做强四省边际中心医院，力争完成市中医医院、市第三人民医院三甲创建，实现国家临床重点专科“零的突破”。全面建设高水平县级医院，启动区域医疗次中心和园区社区医院建设。抓好省级中医药综合改革先行区建设，加快创建国家中医药重点学科和国家级规培基地。优化“一老一小”服务。全力办好“助老三件事”，实现有需求的老年人助餐服务、失能失智老年人家庭保洁服务、65周岁以上老年人家庭医生签约服务城乡全覆盖。启动市第二社会福利中心建设。完善生育政策体系，建设托育综合服务中心7家，新增普惠托位300个以上，争取儿童友好城市建设国家试点。提升文化软实力。推动“两子文化”创造性转化、创新性发展，深度融入宋韵文化传世工程。高质量运营市文化艺术中心，建好用好基层公共文化空间。加快南孔圣地文化旅游区AAAAA级景区创建工作，力争儒学文化产业园创成国家级示范园区，积极培育新型文化业态和消费模式。启动衢江姑蔑古国考古遗址公园建设，支持龙游荷花山遗址申报世界文化遗产。大力弘扬新时代衢州人文精神，支持江山、开化攻坚创成全国文明城市，不断打响“南孔圣地·衢州有礼”城市品牌。建设现代化体育强市。精心筹办全国田径锦标赛、第十八届省运会和第十二届省残运会，举办省级以上赛事50场，扩大“衢州烂柯杯”世界围棋公开赛影响力。开工建设市体校和足球青训基地，加快县(市、区)“一场两馆”建设。大力发展群众体育，让全民健身成为社会新风尚。

(十)深入推进除险保安，着力建设人民满意的安全城市。做好新阶段疫情防控。强化科学防治、精准施策，提升医疗救治能力，切实保护脆弱人群，提高疫苗接种率和科普实效性，积极开展爱国卫生运动，全力保障人民群众生命安全和身体健康。加快提升本质安全水平。加强道路交通、危化品、消防等重点领域风险隐患排查整治，注重“靶向治理、防范未然”，持续遏重大、防较大、减总量，确保安全生产事故起数、死亡人数“双下降”。扎实做好小流域山洪、地质灾害和森林火灾防治工作，加快构建综合性应急救援力量体系。推进食品药品全链条闭环监管，启动国家食品安全示范城市创建。加强和创新社会治理。坚持和发展新时代“枫桥经验”，迭代升级“一中心四平台一网格”，做精做实基层治理单元，着力提升城市社区治理能力。开展信访“双清”“双治”行动，将心比心、依法依规化解信访突出问题。强化社会治安整体防控，严厉打击“盗抢骗、黄赌毒、食药环”等违法犯罪，大力推进“三衢义警”队伍建设，全面打造老百姓“家门口的派出所”。

各位代表，面对新形势、新任务，我们将持之以恒推进实干型政府建设，努力创造更有厚度的发展业绩。一是突出政治引领。坚定捍卫“两个确立”、坚决做到“两个维护”，不断提高政治判断力、政治领悟力、政治执行力。深入贯彻党的二十大精神，深刻领悟习近平总书记寄予衢州的殷殷嘱托，坚决做到一切行动向习近平总书记看齐、听党中央指挥，严格落实省委、省政府和市委决策部署，以实干实绩诠释政治担当。二是严格依法履职。自觉运用法治思维和法治方式开展工作，严格履行重大行政决策程序，全面贯彻行政合法性审查工作规定，深化行政争议源头治理和行政复议规范化建设，努力争创全国法治政府建设示范市。

自觉接受人大法律监督、政协民主监督，主动接受监察监督、司法监督、群众监督、舆论监督，加强审计监督、统计监督。三是坚持俯身贴地。常态化开展“大走访大调研大服务大解题”活动，加强基础性的调查研究工作，认真倾听群众和企业诉求，集合众智提出解决办法，以实际行动做到实事求是。全面运用“一线工作法”，问题在一线解决、创新在一线实践、成效在一线检验、队伍在一线锤炼。四是强化实干担当。坚持把市委定的转化为政府干的，当好“施工队长”，以一抓到底的干劲、韧劲、拼劲善作善成。弘扬“啃硬骨头”“拔硬钉子”的斗争精神，更好地运用创新思维和办法解决前进道路上的困难挑战。突出抓好“两勤两专”，着力提升政府工作人员的宏观把握能力、狠抓落实能力和应急处突能力。五是持续改进作风。锲而不舍落实中央八项规定及其实施细则精神，深入推进“六治六提”作风建设行动，向不正之风出重拳、为基层工作减负担。加强重点领域、重要部门、关键岗位廉政风险防控，一体推进不敢腐、不能腐、不想腐，坚决整治群众反映强烈的突出问题。严格执行“过紧日子”的各项要求，狠抓财政预算绩效管理，更好地节用为民、节用裕民。

民之所望，施政所向。今年我们继续按照“群众提、代表定、政府办”的原则，梳理形成民生实事候选项目，提请本次大会票决。民生实事项目确定后，我们将细化目标任务、压实工作责任、实时公布进度、接受群众监督，全力以赴办好每一项，确保言必信、行必果，让群众有实实在在的获得感、幸福感、安全感！

各位代表！衢州的发展，是充满光荣和梦想的远征。当前，正处在一个起势突破的关键阶段。只有踔厉奋发干在实处，才能昂首阔步走在前列。让我们更加紧密地团结在以习近平同志为核心的党中央周围，深入学习贯彻党的二十大精神，在市委的坚强领导下，牢记嘱托、坚守初心，不惧风雨、勇毅前行，加快建设四省边际中心城市、争当“两个先行”示范窗口，奋力谱写中国式现代化衢州实践的精彩篇章！

工业强市大事记

2021 年

8 月 4 日 衢州市七届政府第七次全体(扩大)会议召开,全面实施工业强市十大专项行动。

8 月 19 日 市委副书记、市长高屹主持召开衢州巨化一体化融合发展推进会。

8 月 17 日 副市长王良春主持召开市工业强市领导小组办公室(工作专班)第 1 次工作例会,会议研究讨论《衢州市工业强市工作专班组建方案》《衢州市工业强市财政要素保障方案》《全市重点项目落地用能指标需求情况》等事项。

8 月 24 日 市工业强市工作专班正式集中办公,实体化运作。

8 月 25 日 印发《关于实施工业强市战略推动工业高质量发展的若干意见》。

8 月 27 日 印发《衢州市工业强市十大专项行动方案》。

9 月 6 日 市委副书记、市长高屹赴高新东社区开展企业服务,强调要全面落实工业强市十大专项行动。

9 月 8 日 市委副书记、市长高屹赴开化县开展挂联区块服务和主导产业调研,强调要"跳出糖醇抓糖醇",做大做强龙头企业。

9 月 17 日 市委书记汤飞帆赴龙游县、智造新城工业企业调研,强调"十四五"期间衢州要聚力打好工业强市十大专项行动"组合拳",工业强市落实落细到精准服务企业上。

9 月 18 日 浙江时代锂电项目领导小组(指挥部)第 30 次会议暨第 2 次联席会议召开,市委书记汤飞帆和市委副书记、市长高屹出席。汤飞帆强调全市要牢固树立"抓项目就是抓机遇、抓项目就是抓发展"的理念,奏响"产业为王、工业强市"的最强音。高屹强调政府各级部门要围绕浙江时代锂电项目这个衢州工业强市的"一号工程",加大力度推进项目实施,合力推动项目早开工、早投产。

10 月 14 日 市委副书记、市长高屹主持召开全市工业强市第 2 次推进会。指出要认清问题、找准短板,全力推动工业强市十大专项行动和五大保障落地落实,并就第四季度工作作出部署和要求,同时强调必须牢牢守住安全红线和环保底线,稳步推动工业强市迈出坚实步伐。

11 月 2 日 市委副书记、市长高屹听取企业上市工作推进情况汇报。提出"定目标、找问题、抓服务、强对接"工作思路,强调政府部门要用心服务,形成工作合力,并要抓紧谋划"十四五"后三年上市工作计划。

11 月 3 日 市委副书记、市长高屹主持召开衢州巨化一体化融合高质量发展第3次例会。强调发挥巨化“产业引擎”“产业孵化器”作用,带动全市域产业落地。

11月19日 印发《衢州市工业强市六大要素保障方案》。

2022年

2月15日 市委副书记、市长高屹召集市经信局、市大数据局等部门,研究部署推进“工业强市在线”应用建设。

3月30日 市委书记高屹召开全市工业强市第6次推进会。强调要按照原定目标加压奋进,重点做到狠抓企业复工复产,狠抓重点项目攻坚,狠抓专项政策研究,狠抓开发区、高新区建设,狠抓市县工业一体化,加快形成“滚雪球”效应,为全年工业主要经济指标增速“保三争二拼第一”打好基础。

5月5日 衢州市举行重大制造业项目开工仪式和重大项目集中签约活动。

5月16日 市委副书记、市长徐张艳主持召开浙江时代锂电材料国际产业合作园项目专题会议。

5月27日 市委书记高屹赴衢州海创园调研“双招双引”工作,强调要充分发挥衢州海创园的区位优势,全力塑造山海协作飞地品牌,为衢州经济高质量发展注入新动能。

5月27日 市委副书记、市长徐张艳赴智造新城调研重点工业企业运行情况,强调要扎实推动稳增长稳市场主体保就业各项政策落地见效,以硬招实招助企纾困、共克时艰。

6月16日 浙江省高端化学品技术创新中心成立仪式在浙江衢州“两院”常山港院区报告厅举行。

6月27日 市委书记高屹召开经济稳进提质攻坚行动工作推进会,强调要着力巩固经济企稳回升向好势头,为夺取经济发展“全年红”打下坚实基础。

6月29日 衢州市企业上市与投资并购促进会正式成立。

6月29日 市委书记高屹出席衢州市与国网浙江省电力公司战略合作框架协议签署会,双方围绕“工业强市、产业兴市”等中心工作,在能源电力高质量发展等方面展开全面合作,合力推动衢州跨越式高质量发展。

7月18日 衢州吉利“三电”系列项目全面开工,开启了衢州与吉利携手合作迈向共赢之路的崭新起点。

7月29日 全市民营经济与制造业高质量发展大会在华友衢州产业园召开。市委书记高屹强调要坚持“两个毫不动摇”,促进“两个健康”,聚力推进“工业强市、产业兴市”,全力打造四省边际现代产业桥头堡,为建设四省边际中心城市、争当“两个先行”示范窗口注入强劲动能。

8月4日 印发《衢州市工业市县一体化高质量发展实施意见》。

8月14日至15日 市委书记高屹率衢州市代表团赴四川省宜宾市,学习考察产业园区建设、工业项目推进、城市建设管理、生态环境保护、产教融合发展等方面的经验做法,深化交流合作、推动协同发展。

8月18日 市委书记高屹率衢州市代表团赴四川省成都市,考察电子科技大学清水河校区,与电子科技大学党委书记王亚非、校长曾勇等座谈交流,全面深化市校合作。

10月19日 市委副书记、市长徐张艳召开全市工业强市第十次推进会暨工业用地全域整治工作会议。

(摘自《衢州通讯》2022年第3期)

新时代衢州人文精神①

崇贤有礼

“崇贤”，是对高尚品德、杰出才能的向往和崇敬，既体现了“见贤思齐”、坚守精神追求的品德修养，又体现了“求贤若渴”、聚天下英才的美好期冀。“有礼”，是衢州最具辨识度和知名度的文化符号，对外体现的是倡导遵从文明秩序，实现社会和谐；对内体现的是涵养个人品格，提升自我层次。崇贤有礼，就是要持续厚植具有衢州特色的人文土壤，在全市上下形成“尊重知识、尊重人才”“人人讲礼、处处见礼”的浓厚氛围，切实增强老百姓对这座城市的认同感和归属感，不断提升区域软实力和吸引力。

开放自信

“开放”，是思想，也是方法；是海纳百川、有容乃大的格局，也是互学互鉴、互利共赢的智慧。“自信”，是一种态度，更是一种气质；是一种力量，更是一种动力。开放自信，就是要坚持观大势、谋全局，善于在危机中育先机、于变局中开新局，跳出衢州发展衢州，以“衢通四省、衢通长三角、衢通全国、衢通全世界”的气魄，更大力度推进全方位高水平开放，以舍我其谁的雄心和敢教日月换新天的壮志，撸起袖子、迈开步子，努力在激烈的区域竞争中突出重围，闯出一片新天地，干出一番新事业。

创新争先

“创新”，是打破常规、突破现状、勇于创造、敢为人先，是制胜未来的关键变量。“争先”，是保持定力、敢于担当、善于破难、勇争一流，是追求卓越的应有姿态。创新争先，就是要把锐意进取、实干争先作为座右铭，对“新赛道”“无人区”，想别人之不敢想、做别人之不敢做；对认准的事情、定下的目标，咬定青山不放松、一锤一锤钉钉子；对遇到的困难、面临的挑战，坚持“困难面前有我们，我们手下无困难”，以一往无前的决心、果敢坚毅的行动，加压奋进、不懈奋斗，在攻坚克难中夺取一个又一个胜利。

（摘自《衢州通讯》2022 年第 2 期）

---

①2022 年 7 月 21 日，中共衢州市委召开“新时代衢州人文精神”发布会，向社会公布新时代衢州人文精神。

——衢州年鉴编辑部

大事记

1月

5日 全省扩大有效投资重大项目集中开工活动举行，衢州市31个重大项目集中开工。

6日 衢州市双碳研究中心在衢州学院成立。

11日 市委人才工作会议召开。

12日 全市数字化改革推进会召开。

14日 全市未来乡村推进会召开。

19日 市交投集团在香港交易所、澳门金交所成功发行投资级3年期2亿美元境外高级绿色债券，票面利率2.5%，创下衢州市域发行投资级境外债券、境外绿色债券、香港和澳门双上市境外债券的多项首例，标志着衢州进军海外资本市场取得突破性进展。

22日 全市党史学习教育总结会议召开。会议以视频形式召开，各县(市、区)设分会场。

25日 衢州市道德模范暨第十届“最美衢州人”十大年度人物颁奖典礼举行。

26日 全市制造业招商项目市县集体会商会召开。

28日 衢州军分区党委召开四届九次全体(扩大)会议。

2月

8日 市委、市政府召开2022年“工业强市、产业兴市”表彰大会，表彰2021年度市政府特别奖、新增上市企业奖、工作标兵奖和改革突破奖。

10日 全市共有8个村(片区)上榜全省第一批未来乡村建设试点村名单，全省共100个。

15日 衢江区钙钛矿集中式光伏电站一期项目在后溪镇张村举行开工仪式，该项目系全球首个钙钛矿光伏地面电站，由衢州纤纳新能源科技有限公司投资建设。

18日 衢州市工商业联合会(总商会)第七次代表大会召开。

19日 树兰(衢州)医院开业仪式举行。

20日 应急管理部副部长刘伟率国务院安委办安全生产督导检查组第十组到衢州市督导调研安全生产工作。

21日 衢州市与杭州海关签订战略合作协议，为衢州加快发展开放型经济、打造四省边际共同富裕示范区注入新动能。

28日 全省数字化改革推进大会公布2021年度浙江省改革突破奖评选结果，衢州市荣获金奖1项、铜奖2项和提名奖1项。

是月 浙江省高端化学品技术创新中心落户衢州，标志着衢州市战略性科创平台建设获重大突破。

是月 衢州人才创业园面向全球开展2022年高层次人才创业项目招引活动，以引进能够突破关键技术、引领高新技术产业发展的创业创新领军人才。

3月

4日 全市"五水共治"(河长制)工作暨"找寻查挖"推进会召开。

12日 全市新冠肺炎疫情防控工作视频会召开，传达贯彻全国新冠肺炎疫情防控工作电视电话会议、全省领导干部会议、全省疫情防控和经济运行视频调度会精神，研究部署当前疫情防控工作。

15日 省委书记、省新型冠状病毒肺炎疫情防控工作领导小组第一组长袁家军赴衢州市检查指导疫情防控工作。

是日 市委常委会召开扩大会议，传达学习贯彻省委书记袁家军在衢州检查指导疫情防控工作讲话精神，通报"3·13"衢江疫情防控工作有关情况，研究部署下步工作。

16日 衢江区、柯城区启动Ⅰ级应急响应。省委常委、常务副省长、省新型冠状肺炎病毒疫情防控工作领导小组副组长陈金彪在衢江区检查防控措施执行落实情况。

22日 市委召开全市领导干部会议，宣布省委关于衢州市委主要领导职务调整的决定：高屹任中共衢州市委书记，徐张艳任中共衢州市委副书记。

24日 市委召开全市改革大会暨数字化改革推进会。

29日 全市"大综合一体化"行政执法改革推进会召开。

是日 由中国围棋协会、中共衢州市委、市人大常委会、市人民政府主办的《衢州市围棋发展振兴条例》新闻发布会，在北京、衢州两个主会场，以南北视频连线的方式举行。作为中国首部地方围棋法规，《衢州市围棋发展振兴条例》于4月1日正式实施。

30日 衢州在114个全国文明城市地级市测评中排名第一，获得中央文明办通报表扬。

4月

2日 全省建设平安浙江工作会议召开，衢州平安市创建实现"十六连冠"。

6日 全市安全生产暨消防工作会议召开。

8日 中国共产党衢州市第八次代表大会在市文化艺术中心开幕。高屹代表中国共产党衢州市第七届委员会向大会作题为《牢记殷殷嘱托 加快追赶跨越 为高质量发展建设四省边际共同富裕示范区而不懈奋斗》的报告。

10日 中国共产党衢州市第八次代表大会完成各项议程和任务，在市文化艺术中心闭幕。

是日 中国共产党衢州市第八届委员会举行第一次全体会议。市委委员49人、候补委员8人出席会议。高屹当选书记，徐张艳、徐良平当选副书记。

11日 市委书记高屹率领新一届市委常委班子成员赴开化县开展"重走红色路"及集体宣誓活动。

是日 省全域"无废城市"建设工作专班办公室公布2021年度全省"无废城市"建设满意度调查报告，衢州位列全省第一。

是日 浙江省第二批、第三批大花园示范县建设单位2021年度评估结果公布，衢州市常山县、江山市、衢江区获优秀等次，全省7家优秀建设单位衢州占3家。

12日 省政协主席黄莉新率队赴衢州，围绕全面推进乡村振兴、推动山区县高质量发展共同富裕、打造四省边际中心城市开展调研。

12—13日 省人大常委会党组书记、副主任梁黎明率省人大常委会调研组到衢州，围绕贯彻落实全国两会精神、打造践行全过程人民民主省域典范、人大数字化改革、"四个机关"建设等工作进行调研，并开展领导干部接访下访活动。

15日 市委召开高质量发展建设四省边际共同富裕示范区推进大会。

21日 政策性金融助力华友钴业高质量参与"一带一路"建设座谈会在衢州召开。

是日 全市建设平安衢州工作会议暨"除险保安"工作推进会召开。

22日 衢州市第一次市级总林长会议召开。

是日 四省边际(衢州)共富学院成立。

25日 中国人民政治协商会议第八届衢州市委员会第一次会议召开。28日闭幕。

26日 衢州市第八届人民代表大会第一次会议开幕。29日闭幕。

28日 浙江禾川科技股份有限公司在科创板上市，成为浙江山区26县首家科创板上市企业。

是月 由中国科协命名的2021—2025年第一批“全国科普教育基地”名单出炉，钱江源国家公园体制试点区上榜。

5月

5日 全市重大制造业项目开工仪式和重大项目集中签约活动举行。

11日 市委召开“转作风、讲担当、抓落实”动员大会。

是日 市碳达峰碳中和领导小组第一次全体（扩大）会议召开。

11—13日 省委副书记、省长王浩到柯城区、开化县、江山市考察，深入山区农村、产业园区、工厂车间、特色小镇、中小学和医疗机构走访调研，并召开山区县高质量发展座谈会。

16日 全市耕地保护和“五未”土地处置工作会议召开。

17日 打造四省边际中心城市工作推进会召开。

是日 衢州市与中信银行杭州分行、浙江人保财险分别签订战略合作协议，合力推进四省边际共同富裕示范区建设。

是日 衢州市以市级第一名的成绩成功申报中央财政支持普惠金融改革示范区。

18日 衢州市未来乡村连片发展实验区创建交流会召开。

18—19日 衢州市党政代表团赴绍兴学习考察，对接推进山海协作工程。

24日 全市警示教育大会召开。

26日 市市场监管局、发改委、营商办等15个部门联合出台33条政策措施。市本级第一批稳岗返还资金发放到位，在48小时之内实现稳岗返还政策的兑现，政策落实速度位列全省第一。

是日 四省边际（衢州）共富学院开班仪式在衢州职业技术学院举行。

是日 浙江省第五批未来社区创建项目公布，11个设区市的186个项目入围。衢州市11个项目名列其中。

25—26日 衢州市党政代表团赴宁波学习考察，进一步深化对接山海协作工程，签署宁波—衢州深化山海协作战略合作协议。

28日 浙江省第三届生态运动会在江山市江郎山拉开序幕。

31日 “时代楷模”钱海军先进事迹报告会在衢州市召开。

6月

1日 全面推行河湖长制工作联席会议第一次全体会议召开。

9日 市八届人大常委会第二次会议召开，依法产生新一届市政府秘书长和工作部门正职。

是日 全市金融工作会议暨企业上市推进会举行。

14日 全市现代社区建设工作会议暨共同富裕现代化基本单元建设工作推进会召开。

15日 全国低碳日碳账户主题活动在衢州市举行，衢州市政府和浙江省发展改革委等9个省级部门举行“共建碳账户体系”启动仪式。

16日 浙江省高端化学品技术创新中心在衢州市成立。

17日 北京衢州两地连线，衢州林业碳账户应用场景专家评审会在衢召开，衢州林业碳账户应用场景通过专家评审。

18日 2022浙江衢州首届四省边际中心城市线上房交会在市文化艺术中心开幕。

20日 浙江省委社会建设委员会公布全省高质量发展建设共同富裕示范区第二批试点名单，衢州市3个项目入选。

21日 2022年全市食品药品安全工作会议召开。

是日 全市招商引资工作推进会召开。

27日 第32期电视问政《请人民阅卷》在衢州广电传媒集团演播大厅举行，并通过衢州电视新闻综合频道、“无线衢州”APP现场直播。

28日 全省中等职业教育市域统筹改革现场会在衢州市召开。

29 日 衢州市与国网浙江省电力公司签署战略合作框架协议。

是日 衢州市企业上市与投资并购促进会成立大会召开。

30 日 由政府、金融、企业三方合作，国家制造业转型升级基金等五方基金参与的浙江时代锂电材料有限公司基金投资签约仪式在衢州举行。

是月 衢州工业集团成立。

是月 省政府办公厅发文通报全省 11 个设区市 2021 年度水土保持目标责任制考核结果，衢州市获第二名，考核等级为优秀。

7 月

1 日 衢州市与省国贸集团签订战略合作协议。

7 日 省委宣讲团到衢州宣讲省第十五次党代会精神。

8 日 全省建设新时代美丽浙江推进大会暨生物多样性保护大会在杭州召开，衢州市再捧“大禹鼎”金鼎。

11 日 全省科技创新大会上，衢州市企事业单位作为牵头或参与完成的 10 项科技成果获奖。其中，二等奖 6 项，三等奖 4 项。

13—14 日 全省“大综合一体化”行政执法改革暨深化基层管理体制改革推进现场会在衢州召开。

14 日 全市能源工作会议召开。2021 年和 2022 年一季度，全市单耗均下降 0.8%，位列全省第四和第一。

15 日 电子科技大学长三角研究院启用暨浙江省无线电产业基地揭牌仪式在衢州市举行，标志着校地合作迈上携手奋斗的新征程。

是日 2022 衢州市文旅产品采购大会暨“心语星空·邂逅你我”首届衢州露营季启动仪式举行。

17 日 中共中央政治局委员、国务院副总理胡春华在浙江省督导稳就业工作，到衢州市人力资源市场和当地村庄、社区、企业，实地调研当前就业形势和企业稳岗情况，详细了解高校毕业生和农民工等重点群体就业、困难人员就业帮扶、灵活就业人员服务保障等情况。

18 日 生态环境部公布 2022 年1 月至 6 月全国地表水环境质量状况，衢州市在 339 个地级市中位列第九名。

是日 衢州吉利“三电”系列项目全面开工。

29 日 全市民营经济与制造业高质量发展大会在华友衢州产业园召开。

是月 省发改委 2021 年度“万亩千亿”新产业平台建设考评结果出炉，衢州高端电子材料产业平台以 91.29 分位居全省第三。

8 月

1 日 “衢州职业技术学院产学研协作创新基地”入选首批“科创中国”创新基地。

3 日 浙皖闽赣（衢黄南饶）四省边际人民法院司法协作会议暨“联盟花园”环境资源旅游司法协作推进会在衢州举行。

11 日 全市建设新时代美丽衢州推进大会暨生物多样性保护大会召开。

18 日 第一届“衢州·烂柯杯”世界围棋公开赛在衢州市开幕。

是日 衢州市代表团赴四川省成都市，考察电子科技大学清水河校区，全面深化市校合作。

19 日 衢州市党政代表团在杭州考察对接山海协作和高能级科创平台建设工作。

21 日 “8·18”首届四省边际汽车嘉年华活动收官，共销售汽车 826 辆，销售金额约 1.2 亿元。

22 日 全市农业农村抗旱工作专题会议召开。

24 日 衢州市与省海港集团签订全面深化战略合作协议。

26 日 浙江省股权交易中心衢州服务中心成立暨衢州智造板开板仪式在衢州市举行，标志着衢州市主动对接多层次资本市场取得又一项标志性成果。

29 日 衢州人才发展基金正式落地，首期规模 5 亿元。衢州市“专精特新”企业一道新能源获得人才基金首笔 1000 万元投资。

9月

6日 2022南孔文化季启动仪式暨第三届南孔文化创造性转化创新性发展研讨会在衢州举行。

9日 2022中国围棋文化展开展仪式在衢州市举行。

19日 全市工业强市推进会暨工业用地全域整治工作会议召开。

28日 纪念孔子2573年诞辰祭祀典礼在孔氏南宗家庙举行，本届祭祀典礼的主题为南孔圣地·崇贤有礼。

29日 衢州市举行四省边际交通物流桥头堡攻坚大会暨重大交通项目集中开工开通仪式，共计21个项目开工，总投资650亿元；8个项目开通，总投资235亿元。

是月 衢州获批创建全国绿色低碳农业先行区。

10月

9日 全市人才科创会议召开。

16日 中国共产党第二十次全国代表大会在北京人民大会堂开幕，市四套班子领导在市行政中心集中收看开幕会直播。

19日 全市工业强市推进会暨工业用地全域整治工作会议召开。

24日 市委常委会召开会议，专题传达学习中国共产党第二十次全国代表大会和全省领导干部会议精神。

27日 生态环境部发布《中国应对气候变化的政策与行动2022年度报告》，衢州市以建立碳账户体系为基础的数字控碳探索实践被写入其中，面向全球发布。

是日 “世界围棋圣地”建设工作领导小组会议召开。

29日 衢州龙之梦旅游度假区项目开工。

是日 第一届（中国·衢州）双碳论坛暨衢州工业品碳足迹应用上线仪式召开。会上，衢州工业品碳足迹应用正式上线。

是月 浙江省首批300个共同富裕现代化基本单元“一老一小”场景正式公布。衢州市共有19个场景入选，其中，城镇社区入选13个场景，3个未来乡村入选6个场景。

11月

2日 全省稳进提质金融工具重大项目集中开工活动举行，衢州市5个金融工具重大项目集中开工。

是日 全市乡镇党委书记交流会暨服务业高质量发展会议召开。

6日 在《联合国气候变化框架公约》第二十七次缔约方大会上，衢州市碳账户金融作为中国应对气候变化政策与行动的地方实践优秀案例之一精彩亮相。

8日 衢州市与浙江省社会科学院签署战略合作协议。

是日 “浙里有福”专项福利彩票首发上市暨“福彩暖万家·帮您理银发”公益项目启动仪式在衢州市举行。

是日 交通运输部办公厅、国家发改委办公厅联合公布《第四批多式联运示范工程创建项目名单》，衢州市四省边际多式联运枢纽港公铁水联运示范工程入选。

10日 全省深化“千万工程”建设新时代美丽乡村现场会在衢州市龙游县召开。中共中央政治局委员、省委书记袁家军在会上发表讲话，省委副书记、省长王浩主持会议。

16日 全市新冠疫情防控工作会议召开，要求确保实现疫情防控和经济社会发展多目标共赢。

是日 “两山合作社”改革试点工作领导小组第一次会议召开。

20日 衢州市举办“儿童友好 点亮未来”2022世界儿童日主题活动暨衢州儿童友好城市标志标识推广使用发布会活动。

24日 衢州市与农业银行浙江省分行签订新一轮战略合作协议。

是日 全市儿童友好城市建设工作动员部署会以视频形式召开。

30日至12月1日 衢州市党政代表团赴湖州市、舟山市，考察学习城市建设、美丽乡村、文化旅游以及重大项目谋划推进等方面的经验做法。

是月 衢州市在全省率先实现绿色农田建设项目全覆盖。

12 月

11 日 2022 绿城衢州马拉松开跑。市委书记高屹出席起跑仪式并宣布开跑，市委副书记、市长徐张艳，省马拉松及路跑协会会长龙江等共同打响发令枪。

13 日 绍兴市党政代表团到衢州考察，两市召开山海协作工程工作联席会。

14 日 衢州市工会第八次代表大会开幕。

是日 杭州市党政代表团到衢州考察，两市召开山海协作工程工作联席会。

14—15 日 衢州军分区第五次党代会召开。

15 日 义甬舟开放大通道建设现场推进会在衢州市召开。

是日 衢州市与乌什县对口工作会议以视频连线方式召开。

16 日 衢州市全面实施“五链”融合深化工业强市双月例会召开。

29 日 全市新冠疫情防控工作视频会议召开，要求突出“保健康、防重症”，稳妥实施新冠病毒感染“乙类乙管”，全力守护群众生命安全和身体健康。

是月 浙江省美丽浙江建设领导小组办公室公布 2022 年度全省生态环境公众满意度调查结果，衢州市满意度得分 89.29 分，排名全省第二，生态环境质量和公众满意度均保持全省领先。

是月 衢州市被列入国家林业碳汇试点名单。

是月 衢州高新技术产业开发区（以下简称“衢州高新区”）在全国 600 余家化工园区 2022 高质量发展综合评价中列第 24 位，连续 5 年跻身全国 30 强。

建置区划

【建置沿革】五六万年前，衢州市境一带已有智人生息。约秦王政二十五年（前222），于姑蔑地置大末县，东汉时称太末县。东汉初平三年（192），析太末县西境置新安县。建安二十三年（218），分新安县立定阳县。西晋太康元年（280），改新安县为信安县。南朝陈永定三年（559），置信安郡，领信安、定阳两县。此为衢地设郡州级政区之始。天嘉三年（562），撤信安郡。隋开皇九年（589），废太末县。大业三年（607），定阳县并入信安县。唐武德四年（621），于信安县置衢州，又分信安县置须江、定阳县，属衢州。同年，复置太末县，又分置白石县。武德八年（625），废衢州，须江、定阳、太末、白石4个县并入信安县。贞观八年（634），析金华、信安2个县置龙丘县。咸亨五年（674），分信安县置常山县。垂拱二年（686），复置衢州，州治信安，辖信安、龙丘、常山3个县。永昌元年（689），析信安县置须江县。武周如意元年（692），分龙丘县置盈川县。万岁登封元年（696），分常山、须江及饶州之弋阳置武安县（今玉山），属衢州。唐开元中，于衢州峥嵘岭设信安王府。天宝元年（742），改衢州为信安郡。乾元元年（758），复为衢州，玉山、常山2个县改隶信州，常山寻还衢州。元和七年（812），盈川县并入信安县。咸通年间，改信安县为西安县。吴越宝正六年（931），改龙丘县为龙游县，改须江县为江山县。北宋仍置衢州。乾德四年（966），吴越于常山县西境置开化场。太平兴国三年（978），吴越纳土归宋。太平兴国六年（981），升开化场为开化县。元至元十三年（1276），改州为路，置衢州路总管府。元至正十九年（1359），废衢州路设龙游府。至正二十六年（1366），改龙游府为衢州府。明洪武九年（1376），衢州府隶浙江等处承宣布政使司金衢道。清沿明制，衢州府仍辖西安、龙游、江山、常山、开化5个县。清宣统三年（1911）七月，裁西安县并入衢州府。

辛亥革命后，置衢州军政分府，仍辖西安、龙游、江山、常山、开化5个县。民国元年（1912）2月，废府，改西安县为衢县。民国21年（1932）5月，于衢县设浙江省第一县政督察区。民国24年（1935）8月，改第一县政督察区为衢县行政督察区。民国25年（1936）7月，衢县行政督察区改设第五行政督察区，辖衢县、龙游、江山、常山、开化、淳安、寿昌、遂安8个县。民国33年（1944）9月，划淳安、寿昌2个县归第十一行政督察区管辖。民国37年（1948）4月，改设浙江省第三行政督察区，辖金华、兰溪、东阳、义乌、浦江、汤溪、永康、武义、磐安、衢县、龙游、江山12个县；常山、开化2个县划入第四行政督察区管辖。7月，第三行政督察区改辖衢县、龙游、江山、常山、开化、遂昌6个县。

1949年5月6日，衢州解

放，于衢县城区设衢州市（县级）。7月1日，建浙江省第三专区，辖衢州市（县级）及衢县、龙游、江山、常山、开化、遂昌6个县。10月，改称浙江省衢州专区。1950年5月，撤衢州市，并入衢县。1952年1月，松阳、宣平2个县划入衢州专区，辖8个县及衢县城关区。1955年3月，撤衢州专区，衢县、江山、龙游、宣平、松阳、常山、遂昌7个县划归金华专区，开化县划属建德专区。1958年10月，撤销常山县，并入衢县。同月，开化县改属金华专区。1959年12月，撤销龙游县，并入衢县。1960年2月，原龙游县湖镇区划入金华县。1961年10月，恢复常山县。1981年4月，撤销衢县，设立衢州市（县级）。1983年5月，恢复龙游县，湖镇区重归龙游县管辖。1985年5月，国务院批准撤销金华地区，衢州市设地级市，实行市管县体制，原衢州市分设柯城区和衢县。衢州市辖柯城区和衢县、龙游、江山、常山、开化5个县。1987年11月，撤销江山县，设立江山市（县级）。2001年12月，撤衢县，设衢江区。至此，衢州市辖柯城区、衢江区及江山市（县级）、龙游县、常山县和开化县。

（衢州年鉴编辑部）

【行政区划】2022年，衢州市辖柯城区、衢江区、龙游县、江山市、常山县、开化县6个县（市、区），共82个乡镇（43个乡、39个镇）和18个街道。

【平安边界建设】2022年，完成浙闽线衢州南平段省级行政区域界线和开化常山线县级行政区域界线联合检查工作，界线界桩完好，边界和睦友好。

【地名信息化】2022年，围绕数字化改革，创新推进数字地名。标准地名地址归集率、上图率均位居全省第一，达到100%。打造具有衢州辨识度的地址智配场景，与资规部门合作，融合民政、资规、政法委、公安地名地址数据400余万条，构建多库合一的全量标准地名地址库，解决一地多名、一址多名等问题。将地名地址数据作为部门多跨协同的纽带，实现企业开办，注册登记核验“一网服务”，地名证明和不动产证“一网通办”，水电气网，生活小事“一件事”联办，减少群众30%业务流程。开展国家和省地名信息库质量提升行动，先后完成2批共182780条地名数据审校修改，数据质量大幅提升。

【地名管理】2022年，完成新《地名管理条例》贯宣工作。通过“线上+线下”“小屏+大屏”宣传模式，在社会上形成广泛学习《地名管理条例》氛围。强化住宅区、楼宇命名过程的“老带新”机制，过渡期的有关工作做法纳入省民政厅与省住建厅交接清单工作。地名命名（更名）有序开展，全市共完成23条道路命名，21个建筑物命名，开具门牌22723块，办理地名证明15416件。

【地名文化建设】2022年，开展15年一次的《衢州市地名总体规划》和40年一次的《衢州地名志》编纂工作。指导江山市、开化县成功申报省第一批地名文化服务与文化建设试点，创新打造地名文化展示馆、千年古镇展示馆、千年古村落标志碑、数字门（路）牌展示区、地名文化手绘图等一批地名文化成果。开展地名文化活动，制作《千年文脉 有礼衢州》沙画宣传片，与省地名文化协会合作开展衢州数字地名和衢州山水地名调研活动；开展为期33天的“翰墨崇贤 为福添彩”书法挑战赛，大力弘扬地名文化。

（刘青青）

自然环境

【地理位置和面积】衢州市位于浙江省西部，钱塘江源头，位于北纬28°15′26″~29°30′00″、东经118°01′15″~119°20′20″。南连福建南平，西邻江西上饶，北接安徽黄山，东与省内杭州、金华、丽水三市接壤，为浙闽赣皖四省接合部。全境东西宽127.5千米，南北长140.25千米，辖柯城区、衢江区、江山市、龙游县、常山县、开化县两区一市三县。2021年，全市总面积8844.57平方千米。其中，湿地9.85平方千米，耕地1054.18平方千米，园地834.35平方千米，林地5661.68平方千米，草地43.41平方千米，城镇村及工矿用地620.41平方千米，交通运输用地98.89平方千米，水工建筑用地12.14平方千米，水域350.18平方千米，其他土地159.48平方千米。

【地形地貌】境域为金衢盆地西段，地势为南北高、中间低，以衢江为轴心南北对称，海拔高度逐级提升。衢江两侧为河谷平原，外延为丘陵低山，再扩展上升为低山与中山。东南边缘为仙霞岭山脉，有境内最高峰——大龙岗，海拔1500.3米。西北及北部边缘为白际山脉南段与部分千里岗山脉。西部多丘陵低山。中部为河谷平原，低丘和岗地交错分布。东部以河谷平原为主，地势平缓。境内最低处为龙游县下童村，海拔33米。地貌类型多样，有山地、丘陵、平原、盆地，以山地、丘陵为主，占总面积的85.44%。域内河流主体属钱塘江水系，由衢江及12条支流组成叶脉状态势，小部分属长江鄱阳湖水系。

【自然资源】境内天然资源优势显著。矿产贮藏种类多，全市探明储量的矿产32种，矿产地96处，其中大型矿床5处、中型矿床15处。探明的矿产中储量居全省前列的有石煤、石灰岩、黄铁矿、叶蜡石、大理岩、耐火黏土、铀矿等。储量居全国前十位的有石煤、石灰岩。建材资源、化工资源和部分有色金属、稀有金属资源都颇丰富。土地资源人均占有量居全省前列，人均耕地面积略高于全省水平。森林资源丰富，是浙江省三大重点林区之一。水资源总量近100亿立方米，人均占有量高出全省的80%。水面水产资源丰盛。水力资源理论蕴藏量约66万千瓦，可开发利用的约25万千瓦。境内植物兼有南北相承的特征，动植物种类多，有国家重点保护野生动物56种、国家重点保护野生植物20种，是全国12个具有国际意义的生物多样性分布中心之一。

（衢州年鉴编辑部）

气候特征

【常年气候概况】衢州市属亚热带季风气候区，四季分明，光热充足，雨量充沛，无霜期长，地貌类型复杂，小气候资源丰富，丘陵山地垂直气候分布明显。全市年平均(1991—2020年)气温17.7℃，历年极端最高气温41.8℃(1988年7月18日常山)，极端最低气温零下11.4℃(1977年1月6日龙游)。年平均降水量1797.4毫米，历年最大降水量2472毫米(2015年)，最小降水量1130.7毫米（1978年），日最大降水量212.3毫米(2011年6月15日开化)，年平均降水日数159天。年平均霜日数22天，年平均相对湿度77%，年平均日照时数1690.2小时，年平均风速2.0米/秒，最多风向为偏东风，年平均蒸发量1480.3毫米，年平均雾日数27天。

【2022年气候特征】2022年，年气温偏高，降水前多后少，全年气候异常多变。全市年平均气温18.7℃，较常年显著偏高1℃，为历史同期第二，仅次于2021年；全市平均年降水量1847.3毫米，较常年略偏多2.8%，全年降水呈前多后少分布；全市平均年日照时数1786.8小时，较常年略偏多5.7%。全市≥35℃高温日数平均71.8天，比常年同期偏多36.9天，创历史同期新高。全市≤0℃低温天数平均8天，比常年同期偏少11天，为历史第三少。全市日雨量≥50毫米暴雨日数平均7.2天，比常年偏多1.1天。

2022年气象灾害与往年相比偏重。年初长连阴雨，1月下旬至2月下旬初全市出现持续低温阴雨寡照天气，造成农作物发育迟缓，病害程度较重。春季气温波动大，3月偏高、5月偏低，对作物长势有影响。梅雨期强降水集中，强降水区重叠。6月18—20日全市出现连续性、区域性大暴雨过程，暴雨洪涝给各行各业造成不同程度影响。高温热浪强度超常，全市平均35℃以上高温日数71.8天，38℃以上高温日数36.4天，均为历史最多，综合高温强度达到有观测记录以来最“热”年。严重夏旱连秋旱，6月26日至11月13日全市平均降水量169毫米，仅次于1967年，大部分地区气象干旱强度持续重旱到特旱等级。初冬寒潮频繁来袭，12月中旬出现严重冰冻天气，对柑橘等作物影响较大。

【主要气象事件】2022年，衢州市发生的主要气象事件归类如下：

年平均气温偏高，降水前多后少，全年气候异常多变　2022年全市年平均气温较常年显著偏高1℃，仅次于2021年，位列历史第二；全年降水呈前多后少分布，出梅后涝旱急转，夏季出现罕见高温热浪，全市≥35℃高温日数偏多1倍，创历史新高；冬季低温少，≤0℃低温日数不足常年同期一半，为历史第三少，但冷暖起伏大，初冬寒潮造成多日低温冰冻。

年初连阴雨长，多雨寡照伴低温 1月下旬至2月下旬初全市出现持续低温阴雨寡照天气。雨日28天，为历史同期最多；气温较常年同期偏低1.4℃；降水量较常年同期偏多近九成，日照时数较常年同期偏少近九成。长时间低温阴雨天气造成农作物发育迟缓，病害程度较重。

冬季多次降雪，2月下旬积雪明显 冬季出现多次降雪天气，特别是2月有3次明显降雪过程，其中2月21—22日全市出现明显积雪，一夜之间，整座城市银装素裹，平原地区积雪普遍1~3厘米，山区一般4~8厘米，高山区一般15~25厘米，部分超过30厘米，开化高田坑积雪深度达到32厘米。

2022年2月23日雪景（马金茗 博园）

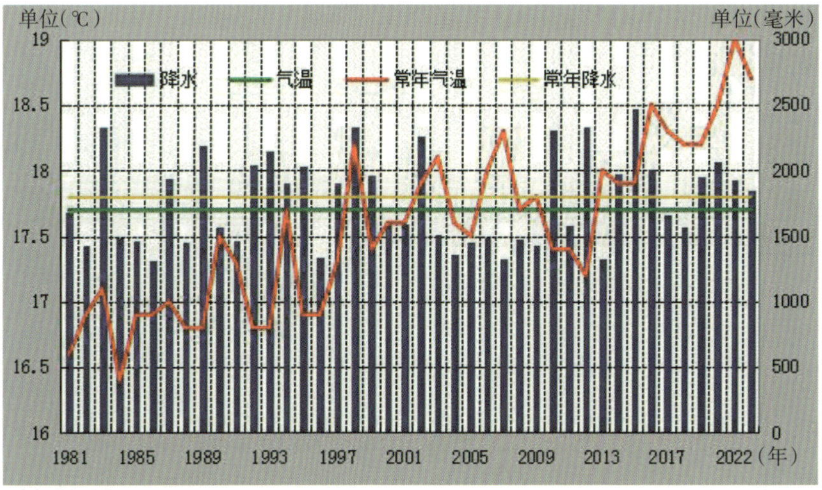

1981—2022年衢州市年气温、降水变化图

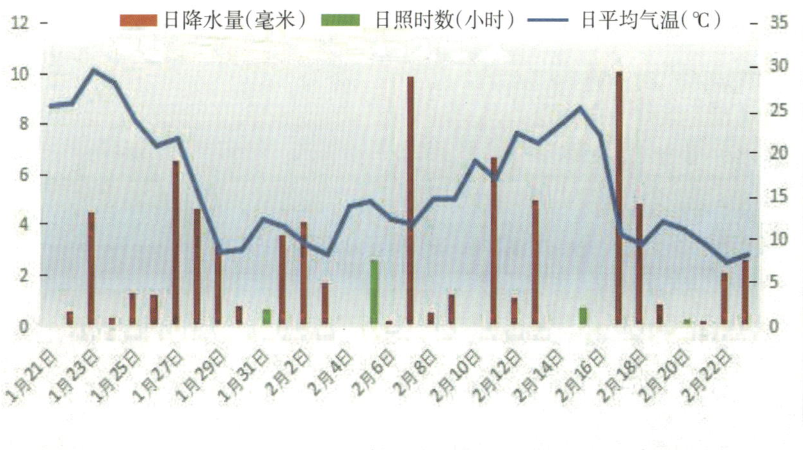

2022年1月下旬至2月下旬衢州站气温、降水、日照序列图

春季偏长，各月温度变化大 2022年2月27日进入气象意义的春天，春季长达87天，比常年偏多18天，仅次于1977年(92天)和2021年(88天)。春季气温呈现过山车式的波动特征，其

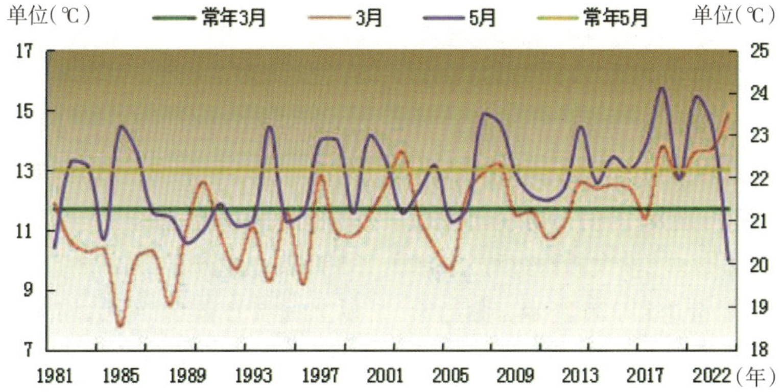

1981—2022年衢州市春季3月和5月平均气温变化图

中3月全市平均气温比常年同期异常偏高3.2℃，为历史同期最高；5月比常年同期异常偏低2.1℃。

3月、4月偶有强对流侵袭 2022年3月14日和4月25日全市大部地区出现7~9级雷雨大风、短时强降水等强对流天气，其中3月14日开化马金、中村、音坑，常山芳村、衢江杜泽等地出现冰雹。4月25日有93个站点累计雨量超过50毫米，有24个站点出现8级以上大风，最大为开化杨林镇20.8米/秒。

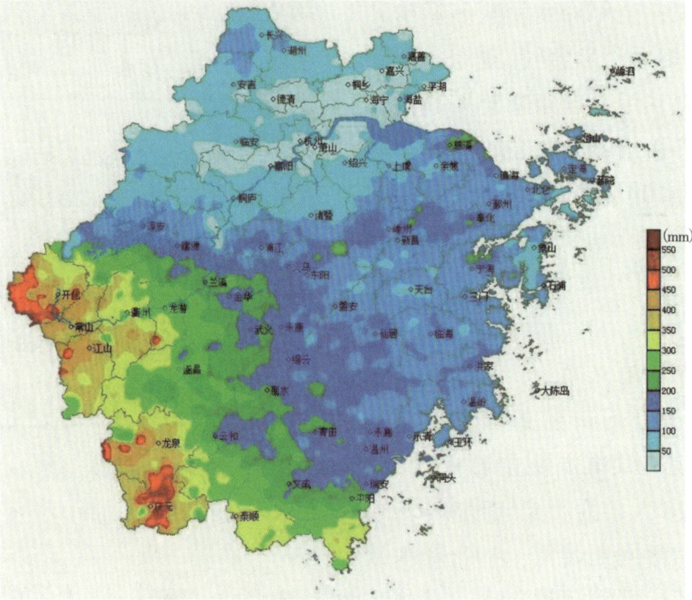

2022年浙江省梅汛期降水分布图

大树被风刮倒（柯城，4月25日）

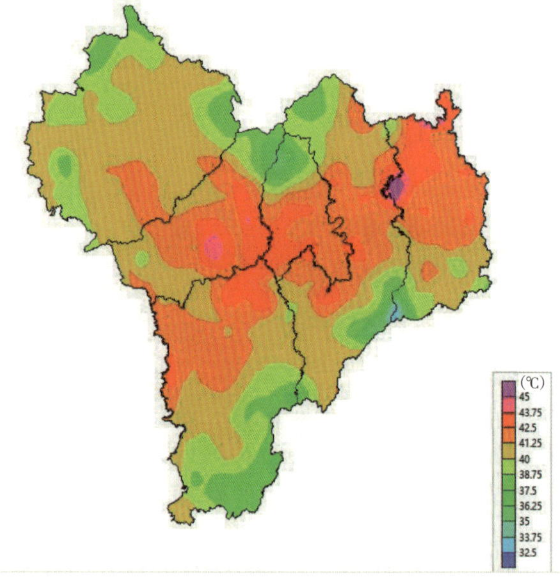

2022年衢州市极端最高气温分布图

梅汛期短雨骤，强降水过程集中 2022年6月10日入梅，6月26日出梅，梅期仅常年一半，但梅雨量仍有常年八成多，全市平均雨量居全省首位。梅汛期强降水过程集中、强度强，全市出现3轮强降水天气过程，强降水区重叠。特别是18—20日全市出现连续性、区域性大暴雨过程，全市平均雨量达到239毫米，相当于3天下了151个西湖的水量。

高温热浪强度超常 2022年高温呈现强度强、极端性显著等特点，多项数据破历史同期极值纪录。7月上旬末出现38℃以上高温，为历史最早。全市平均35℃以上高温日数71.8天，38℃以上高温日数36.4天，均为历史最多，龙游最高气温破当站历史最高纪录，综合高温强度达到有观测记录以来最"热"年。

严重夏旱连秋旱，人工增雨缓旱情 出梅后，持续高温少雨，6月26日至11月13日全市平均降水量169毫米，仅次于1967年，大部分地区气象干旱强度持续重旱到特旱等级。全市开展人工增雨作业，取得良好的增雨效果和社会效益。

2022 年 7 月 14 日至 8 月 31 日，在铜山源水库实施人工影响天气作业

国庆气温连破纪录，秋老虎来势汹汹 2022 年秋季全市平均气温 21.1℃，较常年显著偏高 1.9℃，创历史同期最高纪录。国庆假期前期（10 月 1—4 日）全市出现 36℃～39℃高温天气，连续 4 日破当日历史最高纪录，同时破 10 月高温日数最多纪录。10 月 3 日常山日最高气温达到 39.8℃。

初冬寒潮频繁来袭，大风降温冰冻齐上阵 11 月 29—30 日出现寒潮，伴随剧烈降温和大风、降水天气，全市 24 小时日平均气温降温幅度达到 10℃—11℃，江山中部和衢江南部出现 8—9 级大风。受寒潮和辐射降温影响，12 月 18—19 日大部地区出现 -4℃—-6℃低温，山区 -6℃—-8℃，龙游、衢州站为本站 12 月中旬第三低。

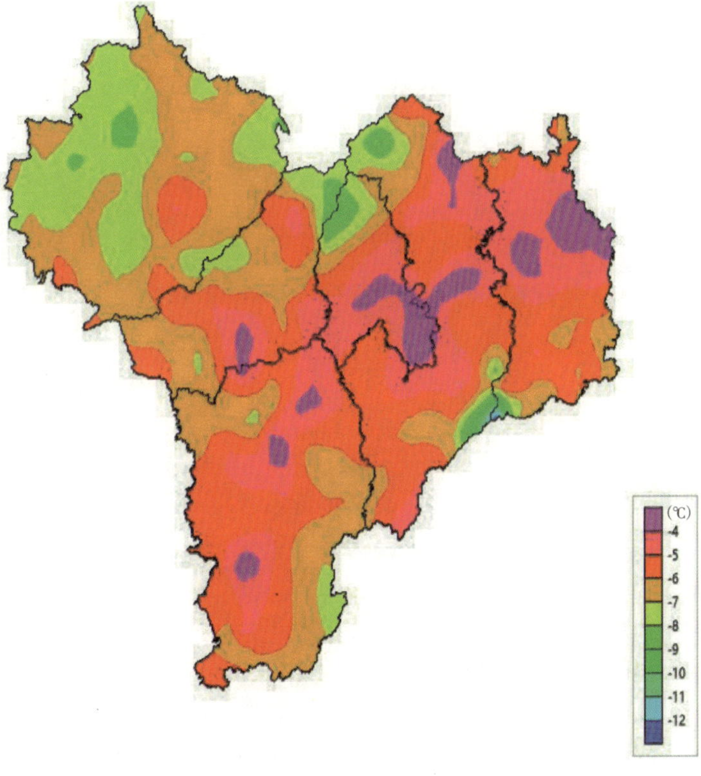

2022 年 12 月衢州市极端最低温气温分布图

2022年衢州市气象要素情况一览表

表1

要素			衢州市区	江山市	常山县	开化县	龙游县
温度（℃）	年平均气温		18.8	18.9	18.9	18	18.8
	年极端最高气温		41.2	40.9	40.9	40.6	41.7
	出现日期		8月17日	8月23日	8月23日	8月23日	8月23日
	年极端最低气温		−4	−3.4	−3.5	−5	−4.4
	出现日期		12月19日	12月19日	12月19日	12月18日	12月19日
降水（毫米）	年降水总量		1734.2	1966.2	1756.9	1999.3	1607.6
	年降水天数		193	155	157	169	158
	一日最大降水量		118.3	186.7	149.2	156.5	84.5
	出现日期		6月20日	6月20日	6月20日	6月19日	6月19日
日照	年日照时数（小时）		1724.7	2017.6	1927.1	1612.4	1652
	年日照百分率（%）		39	46	44	36	37
年平均相对湿度（%）			73	73	73	77	74
年平均气压（百帕）			1005.9	1000.5	1008	997.6	1008.1
年平均风速（米/秒）			2.6	2.7	2.4	1.2	1.7
主要气象灾害	暴雨天数（天）		6	8	6	10	5
	霾天数（天）		9	14	8	4	19
	高温天数（天）		68	71	80	69	71
	雾天数（天）		10	14	16	25	31
	雪	终雪出现日期	2月23日	2月23日	2月23日	2月23日	
		初雪出现日期	11月30日	11月30日	11月30日	12月1日	

（周良女）

水　文

【概　况】2022年,衢州市年降水量较常年偏多，梅雨期间出现三轮强降雨过程，强降雨区域基本重叠，各地均出现暴雨大暴雨过程。降水强度大、面广、短时降水集中，导致江河水位普遍出现超警戒或保证水位洪水。衢州站6月20日22时30分实测洪峰流量为8100米³/秒,为中华人民共和国成立以来实测最大流量。

【降水量】2022年，据各水文站观测,全市平均降水量1978.5毫米，折合水量175.00亿立方米，较上年减少8.2%,比多年平均偏多7.7%,属平水年份。降水在空间分布的总特点是山区多，盆地少。降水量的高值区在衢江区、柯城区北部山区、江山市南部山区和龙游县的山区。最大年降水量出现在衢江区灰萍乡上坪田村降水量站,为2474.5毫米;降水相对较少的为衢州市区到龙游城区一带沿衢江的盆地，最小年降水量出现在龙游县横山降水量站，为1540.0毫米。

降水的主要特点是降水量年内分配不均匀。最大月降水量发生在6月,全市平均590.6毫米，占年总降水量的29.9%。最小月降水量发生在9月,全市平均9.7毫米,仅占年总降水量的0.5%。

【蒸发量】2022年，全市平均年蒸发量997.4毫米，高于多年平均值。最大年蒸发量是衢州站,为1042.8毫米；最小年蒸发量是开化密赛站,为789.3毫米。

【洪　水】2022年，梅雨期间降雨强度大,强降雨过程集中,降水量地域分布不均，降水西部多，东部少。衢江全流域出现流域性大洪水过程。衢江流域内最大洪水发生在6月20日,衢州站6月20日22时30分，衢州水位为64.58米,超保证水位0.88米,实测洪峰流量为8100米³/秒,为中华人民共和国成立以来实测最大流量。开化站6月20日10时20分水位为124.87米，超警戒水位1.37米，实测洪峰流量为2035米³/秒。常山(三)站6月20日15时45分水位为85.41米，超保证水位1.41米,实测洪峰流量为5380米³/秒,为2006年该站建站以来最大流量。龙游站6月20日23时20分水位为43.32米,超警戒水位0.62米。江山港流域内最大洪水发生在6月20日,江山(二)站6月20日20时5分水位为94.99米,超警戒水位0.49米,实测洪峰流量为2280米³/秒。

【径流量】2022年，各主要河流径流量较多年平均值偏多。其中，衢州站实测年径流量71.36亿立方米，较多年平均值偏多11.9%。全市总水资源量114.31亿立方米,比上年减少9.0%,比多年平均值增长12.3%。全市15座大中型水库,年末总蓄水量为15.50亿立方米，比上年末减少1.8%。

【输沙量】2022年，衢江衢州站年输沙量104万吨,年侵蚀模数为192吨/千米²，高于多年平均值。

（秦　雪）

【水资源管理与节约保护】2022年，完成水资源节约保护和利用“十四五”总体规划编制复审。通过加强水资源消耗总量和强度双控，万元GDP用水量较2021年保持稳定，万元工业增加值用水量呈继续下降趋势。完成县级以上集中式饮用水水源地安全保障达标建设和自评估工作,2022年省级评估结果全部优秀。衢江区、龙游县通过2022年国家级县域节水型社会创建的省级评估工作。年内,4家水利单位完成水利行业节水型单位建设,3家酒店、3家校园、10家小区、11家企业获“省级节水标杆”荣誉称号。衢州市红领巾节水教育基地获评第四批浙江省节水教育基地。龙游经济开发区获评省级节水标杆园区、工业和信息化部工业废水循环利用试点园区(全国共2个)。宣传教育成效显著,《衢州有礼，节水有你》节水宣传短视频获评水利部第三届“节水在身边”短视频优秀奖,市水利局、团市委、市节水办共同举办的衢州市红领巾节水教育园首秀活动获得水利部“节水中国 你我同行”联合行动优秀活动称号。节水支持继续强化,落地全省首批“节水贷”业务。

2022年衢州市降水量与上年及多年平均值比较情况表

表2

年份	降水	柯城区	衢江区	江山市	常山县	开化县	龙游县	全市
2022	降水深(毫米)	2017	2042	2060	1998	1970	1716	1979
	折合水量(亿立方米)	12.2421	35.6886	41.5817	21.9189	43.9503	19.6160	174.9976
2021	降水深(毫米)	2195	2200	2100	2141	2330	1834	2155
	折合水量(亿立方米)	13.3254	38.4588	42.4003	23.4853	51.9790	20.9670	190.6158
多年平均	降水深(毫米)	1803	1813	1852	1849	1919	1697	1838
	折合水量(亿立方米)	10.9466	31.6947	37.4004	20.2821	42.8238	19.4022	162.5498

(郭德浩)

人　口

【概 况】2022年，衢州市人口各项主要数据增减平衡，呈现总人口减少、自然增长创新低、老龄化程度加深的发展态势。

【总人口】2022年底，全市户籍人口总户数为975389户，比2021年增加2139户，总人口(不含服现役人员，下同)2550314人，平均每户2.61人。其中，男性1297910人，女性1252404人，分别占总人口的51%和49%，性别比(女=100，下同)为103.63。总人口比上年减少9059人，年增长率-0.35%，上升0.01个百分点。6个县(市、区)中，柯城区人口增加，增长率为0.09%；龙游县、常山县、开化县、江山市和衢江区人口有所减少，增长率分别为-0.61%、-0.53%、-0.48%、-0.46%和-0.17%。

2022年度衢州市及各县(市、区)总人口情况表

表3

地区	户数(户)	总人口(人)	比上年增加(人)	增长率(%)	性别比(女=100)	平均每户人数(人)
衢州市	975389	2550314	-9059	-0.35	103.63	2.61
柯城区	183743	442494	416	0.09	98.92	2.41
衢江区	168592	410190	-711	-0.17	104.18	2.43
常山县	124648	337893	-1797	-0.53	107.27	2.71
开化县	122803	357015	-1722	-0.48	106.39	2.91
龙游县	169478	394678	-2442	-0.61	101.55	2.33
江山市	206125	608044	-2803	-0.46	104.57	2.95

2013—2022 年衢州市总人口变动情况表

表 4

年 份	户数(户)	总人口(人)	比上年增加(人)	增长率(%)	性别比(女 =100)
2013	883090	2542079	13790	0.55	105.57
2014	902201	2556727	14648	0.58	105.22
2015	917670	2563791	7064	0.28	104.79
2016	922829	2574860	11069	0.43	104.54
2017	934020	2578084	3224	0.13	104.25
2018	954725	2578752	668	0.03	104.08
2019	964336	2576325	-2427	-0.09	103.96
2020	968116	2568638	-7687	-0.30	103.80
2021	973250	2559373	-9265	-0.36	103.77
2022	975389	2550314	-9059	-0.35	103.63

【城镇人口】 2022 年，按照公安部办公厅《关于认真做好城镇落户和户籍人口城镇化率统计工作的通知》(公治〔2016〕641 号)的统计口径，全市城镇人口数 969335 人，城镇人口占总人口的 38.01%。6 个县(市、区)中，柯城区、江山市的城镇人口比率较高，分别是 59.15%、44.61%。

2022 年衢州市城乡人口基本情况表

表 5

地区	城镇人口数(人)	乡村人口数(人)	城镇人口占总人口(%)
衢州市	969335	1580979	38.01
柯城区	261757	180737	59.15
衢江区	94259	315931	22.98
常山县	111366	226527	32.96
开化县	100800	256215	28.23
龙游县	129890	264788	32.91
江山市	271263	336781	44.61

【人口自然增长】 2022 年，全市办理出生登记 13720 人，减少 2818 人，出生率为 5.37‰，下降 1.08 个千分点。6 个县(市、区)中，柯城区、衢江区出生率相对较高，分别为 6.14‰、5.67‰。受二孩政策效应消退、生育意愿下降、育龄妇女减少等影响，全市出生人口总数、出生率连续 5 年急剧下降。出生人口中男性出生 7094 人，女性出生 6626 人，出生人口性别比为 107.06，下降 0.16 个千

分点。6个县(市、区)中,常山县、开化县出生性别比较高,分别是112.75、109.40。

全市死亡人口18376人,增加2221人,死亡率为7.19‰,上升0.89个千分点。其中男性死亡10738人,占死亡人口的58.43%,女性死亡7638人,占41.57%。全市人口自然增长负4656人,比上年减少5039人,自然增长率为-1.82‰。各县(市、区)的自然增长率均为负值,龙游县、江山市的自然增长率列全市后两位,分别为-3.83‰、-2.18‰。

2022年衢州市人口自然变动情况表

表6

地区	出生				死亡			自然增长		
	人数(人)	比上年增加(人)	出生率(‰)	性别比(女=100)	人数(人)	比上年增加(人)	死亡率(‰)	人数(人)	自然增长率(‰)	增幅(‰)
衢州市	13720	-2818	5.37	107.06	18376	2221	7.19	-4656	-1.82	-1.97
柯城区	2716	-370	6.14	107.49	2927	214	6.62	-211	-0.48	-1.32
衢江区	2328	-358	5.67	104.39	3002	175	7.31	-674	-1.64	-1.30
常山县	1785	-398	5.27	112.75	2182	273	6.44	-397	-1.17	-1.98
开化县	1893	-322	5.29	109.40	2419	168	6.76	-526	-1.47	-1.37
龙游县	1823	-391	4.60	108.11	3341	526	8.44	-1518	-3.83	-2.33
江山市	3175	-979	5.21	103.66	4505	865	7.39	-1330	-2.18	-3.02

2013—2022年衢州市人口自然变动情况表

表7

年份	出生人口			死亡人口		自然增长		
	人数(人)	性别比(女=100)	出生率(‰)	人数(人)	死亡率(‰)	人数(人)	自然增长率(‰)	比上年增长(‰)
2013	27544	103.08	10.86	14622	5.77	12922	5.10	3.98
2014	30468	104.96	11.95	16303	6.39	14165	5.56	0.46
2015	26995	109.82	10.54	15095	5.90	11900	4.65	-0.91
2016	28239	106.94	10.99	14107	5.49	14132	5.50	0.85
2017	34067	108.42	13.22	24718	9.59	9349	3.63	-1.87
2018	27000	107.44	10.47	17829	6.91	9171	3.56	-0.07
2019	23521	108.24	9.13	16390	6.36	7131	2.77	-0.79
2020	20252	109.19	7.87	18388	7.15	1864	0.72	-2.04
2021	16538	107.22	6.45	16155	6.30	383	0.15	-0.58
2022	13720	107.06	5.37	18376	7.19	-4656	-1.82	-1.97

【人口机械增长】2022年，全市省外迁入4104人，省内迁入3751人，迁入总数比上年减少584人；迁往省外2617人，迁往省内9746人，迁出总数比上年减少5776人。人口机械增长–4508人，比上年增长5192人，机械增长率为–1.76‰。全市仍呈现人口流出态势，主要流出地为省内其他经济发达的城市。

2022年衢州市人口机械变动情况表

表8　　　　单位：人

地区	迁入			迁出			机械增长		
	合计	省内迁入	省外迁入	合计	迁往省内	迁往省外	人数	其中省外净迁入	比上年增加人数
衢州市	7855	3751	4104	12363	9746	2617	–4508	1487	5192
柯城区	2801	1831	970	2353	1771	582	448	388	752
衢江区	1226	488	738	1115	799	316	111	422	452
常山县	677	234	443	2080	1797	283	–1403	160	748
开化县	655	239	416	1860	1564	296	–1205	120	602
龙游县	1079	520	559	2033	1662	371	–954	188	1126
江山市	1417	439	978	2922	2153	769	–1505	209	1512

2013—2022年衢州市人口机械变动情况表

表9　　　　单位：人

年份	迁入		迁出		机械增长	
	省内迁入	省外迁入	迁往省内	迁往省外	人数	比上年增加
2013	15119	6839	17018	3911	1029	–661
2014	13195	6932	16097	3639	391	–638
2015	5213	8090	8462	4877	–36	–427
2016	3264	5109	7626	3332	–2585	–2549
2017	4032	6111	12312	3782	–5951	–3366
2018	4236	5769	13761	4083	–7839	–1888
2019	3575	4745	12620	4689	–8989	–1150
2020	3648	3971	12846	4239	–9466	–477
2021	4135	4304	14566	3573	–9700	–234
2022	3751	4104	9746	2617	–4508	5192

【60岁以上人口】全市总人口按年龄段分布构成如下：17岁以下414731人、18～34岁457708人、35～59岁1039848人、60岁以上638027人，分别占总人口的16.26%、17.95%、40.77%和25.02%。其中，柯城、常山、江山的17岁以下人口占该地区总人口比例位列前三位，分别为17.18%、17.04%和16.77%；龙游、衢江、柯城的60岁以上人口占该地总人口比例位列前三位，分别为26.95%、26.06%和25.22%。

与2021年末相比，60岁以上年龄段人口较上年增加26845人，占总人口比例上升1.14个百分点，增幅上升0.74个百分点。全市人口继续呈现60岁以上人口占比不断上升趋势，同时其他年龄段处于萎缩趋势，人口老龄化仍进一步加剧。

2022年衢州市人口年龄构成情况表

表10

地区	0～17岁			18～34岁			35～59岁			60岁以上		
	人数（人）	占总人口（%）	比上年增长（%）	人数（人）	占总人口（%）	比上年增长（%）	人数（人）	占总人口（%）	比上年增长（%）	人数（人）	占总人口（%）	比上年增长（%）
衢州市	414731	16.26	−0.58	457708	17.95	−0.19	1039848	40.77	−0.37	638027	25.02	1.14
柯城区	76030	17.18	−0.29	74959	16.94	−0.33	179889	40.65	−0.37	111616	25.22	0.99
衢江区	64726	15.78	−0.50	73581	17.94	−0.24	164993	40.22	−0.34	106890	26.06	1.08
常山县	57586	17.04	−0.73	61399	18.17	−0.17	140353	41.54	−0.32	78555	23.25	1.21
开化县	58952	16.51	−0.73	63897	17.90	−0.28	147797	41.40	−0.36	86369	24.19	1.36
龙游县	55468	14.05	−0.57	70354	17.83	−0.20	162506	41.17	−0.48	106350	26.95	1.25
江山市	101969	16.77	−0.69	113518	18.67	−0.01	244310	40.18	−0.34	148247	24.38	1.03

2013—2022年衢州市人口年龄段比较情况表

表11

年份	0～17岁			18～34岁			35～59岁			60岁以上		
	人数（人）	占总人口（%）	比上年增长（%）	人数（人）	占总人口（%）	比上年增长（%）	人数（人）	占总人口（%）	比上年增长（%）	人数（人）	占总人口（%）	比上年增长（%）
2013	445723	17.53	−0.19	546129	21.48	−0.32	1080787	42.52	−0.41	469440	18.47	0.92
2014	449201	17.57	0.04	535894	20.96	−0.52	1077629	42.15	−0.37	494003	19.32	0.85
2015	448139	17.48	−0.09	528638	20.62	−0.34	1072106	41.82	−0.33	514908	20.08	0.76
2016	453275	17.60	0.12	517726	20.11	−0.51	1069196	41.52	−0.29	534663	20.76	0.68

续表 11

年份	0～17岁			18～34岁			35～59岁			60岁以上		
	人数（人）	占总人口（%）	比上年增长（%）	人数（人）	占总人口（%）	比上年增长（%）	人数（人）	占总人口（%）	比上年增长（%）	人数（人）	占总人口（%）	比上年增长（%）
2017	459681	17.83	0.23	500663	19.42	-0.69	1062003	41.19	-0.33	555737	21.56	0.79
2018	455402	17.66	-0.17	491017	19.04	-0.38	1060546	41.13	-0.07	571787	22.17	0.62
2019	450860	17.50	-0.16	481186	18.68	-0.36	1059340	41.12	-0.01	584939	22.70	0.53
2020	442490	17.23	-0.27	473579	18.44	-0.24	1049427	40.86	-0.26	603142	23.48	0.78
2021	431040	16.84	-0.39	464214	18.14	-0.30	1052937	41.14	0.29	611182	23.88	0.40
2022	414731	16.26	-0.58	457708	17.95	-0.19	1039848	40.77	-0.37	638027	25.02	1.14

（陈　赢）

【百岁老人】2022年，全市百岁老人（享受百岁老人待遇）165人。最长者为江山市贺村镇中心社区的陈美凤，生于1914年8月。

2022年衢州市百岁老人一览表

表12　　单位：岁

序号	所在地区	姓名	出生年月	性别	年龄	详细地址
1	柯城区	翁亚子	1919年10月	女	103	柯城区石梁镇柴家坊村吴家山头自然村
2		周荣海	1919年12月	男	103	柯城区荷花街道丰林小区
3		叶金妹	1920年8月	女	102	柯城区府山街道天颐老人之家
4		李含高	1920年7月	男	102	柯城区石梁镇中央方村李家
5		宋大娜	1920年10月	女	102	柯城区黄家乡后川祝
6		王治文	1920年11月	男	102	柯城区府山街道县学街社区杨家巷
7		柴春英	1921年1月	女	101	柯城区信安街道荷花
8		周招凤	1921年1月	女	101	柯城区衢化街道官碓村
9		陈正礼	1921年4月	男	101	柯城区衢州市劳动路世通经贸苑
10		钟水法	1921年8月	男	101	柯城区衢化街道南苑村
11		姚耀家	1921年8月	女	101	柯城区航埠镇三十六亩村莲子铺

续表 12

序号	所在地区	姓名	出生年月	性别	年龄	详细地址
12	柯城区	徐雨莲	1921 年 9 月	女	101	柯城区沟溪乡洞头村
13		陈娜倪	1921 年 10 月	女	101	柯城区航埠镇里街
14		金合香	1921 年 10 月	女	101	柯城区信安街道斗潭西区
15		陈桂玉	1922 年 6 月	女	100	柯城区万田乡余家山头村
16		吴连生	1922 年 6 月	男	100	柯城区石室乡石室一村
17		傅献堂	1922 年 8 月	男	100	柯城区信安街道斗潭家园东区
18		林宝卿	1922 年 8 月	男	100	柯城区万田乡文景苑小区
19		徐荣桂	1922 年 8 月	男	100	柯城区府山街道马站底
20		许塘娜	1922 年 9 月	女	100	柯城区航埠镇上河东村
21		王宝香	1922 年 9 月	女	100	柯城区万田乡荷塘村
22		郑春福	1922 年 9 月	男	100	柯城区九华乡源口村
23		吴耀根	1922 年 10 月	男	100	柯城区华墅乡龙泉头村
24		陈东凤	1921 年 12 月	女	101	柯城区石室乡九龙村
25		鲁荣香	1921 年 11 月	女	101	柯城区信安街道信安村
26		叶生倪	1920 年 4 月	男	102	柯城区双港街道叶家村
27		谭树生	1922 年 3 月	男	100	柯城区信安街道伊甸苑三区
28		陈彩姣	1921 年 8 月	女	101	柯城区沟溪乡沟溪村
29		周竹生	1920 年 4 月	男	102	柯城区衢化街道花径
30		舒秋莲	1919 年 10 月	女	103	柯城区万田乡余家山头村
31	衢江区	徐卸妹	1919 年 1 月	女	103	衢江区云溪乡富西村
32		徐洪发	1918 年 12 月	男	104	衢江区上方镇玳堰村
33		李樟妹	1919 年 9 月	女	103	衢江区高家镇林家村

续表 12

序号	所在地区	姓名	出生年月	性别	年龄	详细地址
34	衢江区	汪四妹	1920 年 2 月	女	102	衢江区峡川镇考坑村
35		雷翠姣	1920 年 11 月	女	102	衢江区樟潭街道卢家村
36		余老扁	1921 年 2 月	女	101	衢江区莲花镇两塘村
37		方水珠	1921 年 4 月	女	101	衢江区后溪镇后溪村
38		汪兴凤	1921 年 6 月	女	101	衢江区全旺镇尹家村麦里坞
39		朱花塘	1921 年 7 月	女	101	衢江区后溪镇大珠村
40		徐爱姣	1921 年 7 月	女	101	衢江区峡川镇后山村
41		陈让根	1921 年 10 月	男	101	衢江区高家划船塘村社屋垅
42		吕姣英	1922 年 3 月	女	100	衢江区廿里镇余塘头村魏家自然村
43		毛水香	1922 年 5 月	女	100	衢江区高家镇松旺村
44		舒爱连	1922 年 5 月	女	100	衢江区上方镇上方村横街
45		徐三嫩	1922 年 6 月	女	100	衢江区举村乡洋坑村
46		范世兰	1922 年 7 月	女	100	衢江区全旺镇里舍村邓家
47		徐大娜	1922 年 7 月	女	100	衢江区双桥乡山峰村
48		周秀英	1922 年 7 月	女	100	衢江区樟潭街道前程村前松园
49		邱樟凤	1922 年 8 月	女	100	衢江区湖南镇破石村
50		邵菊香	1922 年 9 月	女	100	衢江区上方镇上方村
51		范美妹	1922 年 11 月	女	100	衢江区黄坛口乡黄泥岭村
52		许定凤	1922 年 11 月	女	100	衢江区廿里镇彭家村
53		郑佐尧	1922 年 11 月	男	100	衢江区峡川镇李泽村
54	龙游县	吴梅珠	1922 年 3 月	女	100	龙游县模环乡大治村
55		何正权	1920 年 2 月	男	102	龙游县东华街道岩头村

续表 12

序号	所在地区	姓名	出生年月	性别	年龄	详 细 地 址
56	龙游县	李宝银	1921 年 8 月	女	101	龙游县龙洲街道红星社区
57		琚四美	1922 年 7 月	女	100	龙游县詹家镇石亘村
58		鲍招娣	1922 年 12 月	女	100	龙游县塔石镇华青村
59		王冬花	1922 年 12 月	女	100	龙游县社阳乡金龙村
60		刘晓英	1922 年 12 月	女	100	龙游县詹家镇山后村
61		许炳南	1922 年 11 月	男	100	龙游县詹家镇夏金村
62		方奶	1922 年 11 月	女	100	龙游县塔石镇莲塘村
63		温寿祥	1922 年 8 月	男	100	龙游县沐尘畲族乡坑头村
64		陈瑞生	1922 年 8 月	女	100	龙游县塔石镇山底陈村
65		陈桂香	1922 年 9 月	男	100	龙游县龙洲街道寺后村
66		程兰美	1922 年 5 月	女	100	龙游县模环乡兰塘村
67		余爱连	1921 年 11 月	女	101	龙游县溪口镇石角村
68		黎兰卿	1922 年 4 月	女	100	龙游县龙洲街道半爿月村
69		罗金凤	1922 年 3 月	女	100	龙游县龙洲街道城角坊社区
70		傅玉兰	1922 年 2 月	女	100	龙游县庙下乡长生桥村
71		潘火根	1922 年 1 月	男	100	龙游县庙下乡庙下村
72		李福妮	1922 年 5 月	女	100	龙游县龙洲街道兴龙社区
73		蔡金兰	1921 年 10 月	女	101	龙游县湖镇镇洪畈村
74		王水姣	1921 年 11 月	女	101	龙游县湖镇镇星火村
75		徐美容	1921 年 9 月	女	101	龙游县罗家乡马府墩村
76		方文兰	1921 年 9 月	女	101	龙游县小南海镇傅家畈村
77		余爱花	1921 年 6 月	女	101	龙游县湖镇镇茆头村

续表 12

序号	所在地区	姓名	出生年月	性别	年龄	详细地址
78	龙游县	邵菊梅	1920 年 5 月	女	102	龙游县龙洲街道阳光社区
79		余春美	1921 年 2 月	女	101	龙游县龙洲街道方门街社区
80		傅招林	1916 年 4 月	男	106	龙游县庙下乡长生桥村
81		袁五奶	1918 年 9 月	男	104	龙游县模环乡兰塘村
82		杨彩英	1919 年 8 月	女	103	龙游县模环乡上向塘村
83		劳根娣	1919 年 11 月	女	103	龙游县模环乡琚家村
84		周文秀	1919 年 12 月	女	103	龙游县庙下乡庙下村
85	江山市	徐子杰	1922 年 2 月	男	100	江山市大陈乡旱田坂村
86		姜开榜	1922 年 8 月	男	100	江山市凤林镇凤祥村
87		管爱花	1922 年 11 月	女	100	江山市凤林镇南坞村
88		蔡春生	1922 年 5 月	男	100	江山市贺村镇富益村
89		周金海	1922 年 5 月	男	100	江山市贺村镇后源村
90		郑衰亭	1922 年 9 月	女	100	江山市虎山街道店前村
91		沈德英	1922 年 11 月	女	100	江山市虎山街道市心社区
92		邱新业	1922 年 2 月	男	100	江山市虎山街道西门社区
93		徐秋英	1922 年 8 月	女	100	江山市虎山街道溪东村
94		林梅仙	1922 年 9 月	女	100	江山市廿八都镇枫溪村
95		王梅友	1922 年 4 月	女	100	江山市清湖街道乐意村
96		周爱香	1922 年 7 月	女	100	江山市清湖街道前村
97		廖洪福	1922 年 5 月	男	100	江山市上余镇望江村
98		徐卫英	1922 年 8 月	女	100	江山市上余镇五程村
99		毛金岳	1922 年 10 月	女	100	江山市石门镇江郎山村

续表 12

序号	所在地区	姓名	出生年月	性别	年龄	详 细 地 址
100	江山市	王和荣	1922 年 10 月	男	100	江山市石门镇泉塘村
101		徐友亭	1922 年 12 月	女	100	江山市双塔街道坳里村
102		诸葛春香	1922 年 5 月	女	100	江山市双塔街道民声社区
103		徐崇彪	1922 年 1 月	男	100	江山市双塔街道县前社区
104		刘文英	1922 年 9 月	女	100	江山市坛石镇郭丰村
105		陈衰花	1922 年 10 月	女	100	江山市坛石镇上王村
106		郑永高	1922 年 9 月	男	100	江山市碗窑乡达河村
107		温衰田	1922 年 12 月	女	100	江山市新塘边镇上洋村
108		夏世英	1922 年 5 月	女	100	江山市长台镇贺新村
109		郑春州	1921 年 10 月	女	101	江山市凤林镇桃源村
110		严元寿	1921 年 9 月	男	101	江山市贺村镇高路村
111		周甫英	1921 年 1 月	女	101	江山市贺村镇明星村
112		巫七妹	1921 年 5 月	女	101	江山市贺村镇淤头社区
113		陆洪林	1921 年 10 月	男	101	江山市清湖街道和睦村
114		周新妹	1921 年 6 月	女	101	江山市清湖街道路口村
115		郑双彩	1921 年 12 月	女	101	江山市清湖街道新塘底村
116		谭其明	1921 年 2 月	男	101	江山市上余镇望江村
117		周玉花	1921 年 4 月	女	101	江山市石门镇界牌村
118		毛秀香	1921 年 11 月	女	101	江山市双塔街道莲塘村
119		徐映梅	1921 年 12 月	女	101	江山市峡口镇广渡村
120		张月香	1921 年 5 月	女	101	江山市峡口镇三卿口村
121		柴金亭	1921 年 10 月	女	101	江山市峡口镇峡口居民委员会

续表 12

序号	所在地区	姓名	出生年月	性别	年龄	详细地址
122	江山市	危云森	1921 年 10 月	男	101	江山市张村乡毛长甫村
123		柴仙月	1920 年 9 月	女	102	江山市贺村镇东山头村
124		曹乾满	1920 年 10 月	男	102	江山市清湖街道花园岗村
125		祝金英	1920 年 11 月	女	102	江山市上余镇余航村
126		姜凤囡	1919 年 8 月	女	103	江山市凤林镇政棠村
127		周高香	1919 年 2 月	女	103	江山市清湖街道和睦村
128		温五背	1919 年 9 月	女	103	江山市上余镇塘岭一村
129		王春居	1918 年 6 月	女	104	江山市峡口镇枫石村
130		毛连仙	1918 年 4 月	女	104	江山市新塘边镇上平天村
131		周香友	1917 年 9 月	女	105	江山市石门镇西山村
132		郑井囡	1917 年 8 月	女	105	江山市四都镇傅筑园村
133		陈美凤	1914 年 8 月	女	108	江山市贺村镇中心社区
134	常山县	郑金花	1920 年 3 月	女	102	常山县大桥头乡濛桥村
135		胡十五娜	1919 年 11 月	女	103	常山县东案乡田蓬村莲蓬山
136		严娜你	1919 年 7 月	女	103	常山县天马街道下东淤
137		杨金珠	1921 年 11 月	女	101	常山县天马街道五联村吴村张
138		占秋香	1921 年 7 月	女	101	常山县天马街道东明社区东苑小区
139		廖荣风	1918 年 8 月	女	104	常山县招贤镇游林村
140		李金水	1920 年 5 月	男	102	常山县招贤镇古县村
141		杨秋莲	1921 年 1 月	女	101	常山县同弓乡山边村
142		叶蓉花	1921 年 8 月	女	101	常山县辉埠镇达坞村棚桥
143		边永照	1922 年 4 月	男	100	常山县金川街道赵家坪养老院

续表 12

序号	所在地区	姓名	出生年月	性别	年龄	详细地址
144	常山县	姜莲锭	1921年9月	女	101	常山县天马街道渡口小区
145		张凤兰	1922年6月	女	100	常山县青石镇江家村
146		徐花花	1921年11月	女	101	常山县球川镇吴家村
147		邵梅英	1922年12月	女	100	常山县何家乡钱塘村
148		陈冠福	1922年12月	男	100	常山县球川镇球川镇
149		徐秀园	1922年12月	女	100	常山县青石镇溪口村
150	开化县	汪士娟	1919年9月	女	103	开化县芹阳办事处金村村
151		孙竹根	1920年1月	男	102	开化县华埠镇枫树底社区华工路
152		方金友	1920年2月	男	102	开化县华埠镇朝阳村新下自然村
153		胡留女	1921年4月	女	101	浙江省开化县村头镇古竹村
154		汪连香	1921年8月	女	101	开化县齐溪镇丰盈坦村
155		徐小芝	1921年9月	女	101	开化县城西社区桃溪路
156		方秋秋	1921年9月	女	101	开化县中村乡淳溪村
157		张树法	1922年1月	男	100	开化县林山乡塘源口村小举自然村
158		向连香	1922年5月	女	100	开化县池淮镇白渡村油榨
159		李美斋	1922年6月	女	100	开化县芹阳办事处呑滩社区龙腾苑
160		吴华丹	1922年7月	女	100	开化县芹阳办事处月秀路南门小区
161		叶明坤	1922年7月	男	100	开化县马金镇大淤村
162		汪荷琴	1922年7月	女	100	开化县池淮镇毛家村玉坑口
163		李月兰	1922年9月	女	100	开化县华埠镇友谊村小坑口
164		詹小花	1922年10月	女	100	开化县林山乡菖蒲村
165		汪素贞	1922年12月	女	100	开化县芹阳办事处钟山路

（郑蕾君）

新任市领导简介

【徐张艳】女，汉族，1972年7月生，浙江舟山人，1991年12月加入中国共产党，1993年8月参加工作，中央党校研究生学历。

历任舟山师范专科学校团委干事、政史系秘书、政治辅导员、团总支书记、团委副书记，舟山团市委常委、青联秘书长、副书记、党组成员、书记、党组书记兼青联主席，舟山市定海区委副书记（正处长级）、政法委书记、副区长、代区长、区长，嵊泗县委书记，舟山市委常委、嵊泗县委书记、浙江舟山群岛新区党工委委员、舟山市委宣传部部长、舟山市副市长、浙江舟山群岛新区管委会副主任、中国（浙江）自由贸易试验区管委会副主任，舟山市委副书记、政法委书记，浙江舟山群岛新区党工委副书记，浙江省政府副秘书长、办公厅党组成员，衢州市委副书记、代市长、市长、市政府党组书记。

【邓　崴】男，汉族，1973年10月生，江苏兴化人，1993年11月参加中国共产党，1994年8月参加工作，大学学历。

历任浙报经济新闻部、财贸经济部、工交财贸部记者、编辑，钱江晚报时事新闻部主编、时事部主任，浙江日报编辑中心要闻编辑部副主任、采访中心经济新闻部副主任、经济新闻部副主任、主任、全媒体经济新闻部主任，浙江日报报业集团副总编辑、党委委员，浙报传媒控股集团有限公司董事（兼），钱江晚报总编辑（兼），衢州市委常委、宣传部部长。

【张晓峰】男，汉族，1972年7月生，浙江衢州人，1999年2月加入中国共产党，1992年8月参加工作，中央党校大学学历。

历任衢县就业管理服务处干部、人才交流中心干部，衢县政府办公室干部、综合科副科长，衢州市政府办公室干部、综合处副处长、综合处处长、综合一处处长，衢州市委办公室副主任，衢州市柯城区委常委、副区长、常务副区长、区委副书记、区政协主席、党组书记，龙游县委副书记、代县长、县长、县委书记，衢州市委副秘书长（保留正县长级），衢州市委常委、统战部部长，市社会主义学院院长（兼），市政协党组副书记（兼）。

【童炜鑫】男，汉族，1970年9月生，浙江衢州人，1991年12月加入中国共产党，1988年8月参加工作，省委党校研究生学历。

历任衢县杜泽区医院干部，卫生局公费医疗办公室干部，乌溪江区团委书记，团县委干部、学少部部长，副书记，廿里镇党委副书记、镇长，共青团衢州市委副书记、党组成员，常山县政府副县长、党组成员，衢州团市委书记、党组书记，衢州市衢江区委副书记（正处级），衢州市经信委主任、党委书记，开化县委副书记、代县长、县长，钱江源国家公园管理委员会主任、党工委副书记（兼），江山市委书记，衢州市委副秘书长（保留正县长级）、市人大常委会副主任、党组成员。

【潘晓辉】男，汉族，1970年2月生，浙江新昌人，1992年12月加入中国共产党，1993年8月参加工作，中央党校研究生学历。

历任新昌县人事局办公室科员、录用调配科副科长，县委宣传部宣传科副科长、办公室副主任、干部科副科长、办公室主任、干部科科长，巧英乡党委副书记、乡长，镜屏乡党委书记、人大主席，县长助理，新疆和田县委常委、副县长，绍兴经济开发区管委会（迪荡新城开发办）副主任、党工委委员，绍兴市科技局局长、党组书记、市科协副主席（兼）、滨海新城管委会党工委副书记、主任，上虞区委副书记（兼），舟山市普陀区委副书记、代区长、区长，常山县委书记，衢州市人大常委会副主任、党组成员。

【毛胜田】男，汉族，1967年5月生，浙江开化人，1991年3月加入中国共产党，1988年8月参加工作，省委党校研究生学历。

历任开化县华埠镇中学教师、校团总支书记、镇团委副书记、县教委科员、县委组织部办公室副主任、主任，衢州市委组织部科员、组织（科）处副（科）处长、办公室副主任、调研室主任、办公室主任、部务会议成员，衢江区委常委、组织部部长、区委党校校长（兼），衢州市委党校常务副校长、校务委员会委员、衢州行政学院副院长（兼）、市社会主义学院副院长（兼），衢州市教育局局长、党委书记，衢州市委组织部常务副部长，衢州市人大常委会副主任、党组成员，市总工会主席。

【郑河江】男，汉族，1974年6月生，浙江江山人，1997年2月加入中国共产党，1992年8月参加工作，省委党校研究生学历。

历任江山市四都镇初中教师、市规划建设局办公室副主任、市府办秘书、市委办秘书、综合科副科长、科长、副主任、室务会议成员、市信息化办公室主任、市招商局局长、党组书记、市协作办主任，柯城区委常委、统战部部长，衢州绿色产业集聚区（衢州经济技术开发区、浙江衢州高新技术产业园区）管委会副主任、党工委委员、党工委副书记、副主任（正处长级），衢州市政府副秘书长、市府办主任、党组书记、市政府党组成员、秘书长，衢州市人大常委会副主任、党组成员，市委秘书长。

【杨圆华】男，汉族，1977年2月生，浙江景宁人，1996年11月加入中国共产党，1998年8月参加工作，大学学历。

历任景宁县法院干部、县府办科员，丽水市委政研室综合二处科员、副主任科员、农村发展处副处长，浙江省农办综合调研处副主任科员、主任科员、副处长、综合调研处（农研中心联络室）处长（主任），省农业农村厅发展规划处（扶贫开发处）处长，省农办秘书处处长，省农业农村厅党组成员，衢州市人民政府副市长、党组成员。

【李　宁】男，汉族，1979年2月生，浙江缙云人，2000年4月加入中国共产党，2007年7月参加工作，博士研究生学历。

历任清华大学党委研究生部干部，湖州市科学技术局党组成员、副局长、湖州南太湖产业集聚区管理委员会副主任（兼）、南浔区委常委、组织部部长、常务副区长，新昌县委副书记、代县长、县长、县委书记，绍兴市委副秘书长，衢州市人民政府副市长、党组成员，市红十字会会长。

【蔡方林】男，汉族，1970年5月生，浙江江山人，1993年5月加入中国共产党，1987年8月参加工作，在职大学学历。

历任衢州师范学校第二附属小学教师，衢州师范学校教师、校团委副书记、办公室副主任、主任，衢州师范学院附属小学副校长，衢州广播电视大学校长助理、党总支委员、副校长，衢州市柯城区委常委、宣传部部长，开化县委常委、纪委书记，衢州市纪委常委、市监察局副局长、市监察局副局长（正处长级）、市监委副主任、市纪委常务副书记，衢州市政协副主席、党组成员。

【汪　晖】男，汉族，1965年1月生，浙江开化人，民盟，1988年8月参加工作，在职大学学历。

历任开化县中村乡初中教师、开化中学教师、县教育局副局长、县科协副主席（兼）、县政协常委、教文卫体委主任、县文化局局长、县人大常委会副主任（兼）、县文联主席、副县长，衢州市体育局副局长、民盟市委会副主委、衢州市体育局局长、民盟市委会主委，衢州市政协副主席。

【黄伟青】男，汉族，1965年8月生，浙江常山人，民进，1985年8月参加工作，大学学历。

历任青海省黄南藏族自治州气象局助理工程师、气象台预报科助理工程师，衢州市计划生育指导站助理统计师、统计师，衢州市计划生育委员会办公室副主任、主任，民进市委会专职副主委、副主委（副处长级），衢州市人口计生委副主任、市政协副秘书长、教文卫体委主任、市计生协会副会长（兼）、民进市委会主委、市政协副主席。

【朱　政】男，汉族，1969年4月生，浙江衢州人，1994年1月加入中国共产党，1989年9月参加工作，在职大学学历。

历任衢州市总工会干部学校教师、市总工会办公室副主任、办公室主任，衢州市行政服务中心综合处处长，衢州市台办室务会议成员、秘书处处长，衢州市纪委（监察局）教育调研室主任、教育调研室主任（副处长级）、纪委常委，龙游县委常委、纪委书记，衢州市公共资源市场化配置监督管理办公室主任、党组书记，衢州市公共资源交易监督管理办公室主任、党组书记，衢州市交通运输局局长、党委书记，衢州市政协副主席、党组成员。

【柴志华】女，汉族，1975 年 11 月生，吉林吉林人，无党派，2000 年 7 月参加工作，研究生学历。

历任浙江省人民检察院干部、副科级书记员、助理检察员、公诉处办案二科副科长、公诉一处综合指导科科长、助理检察员、公诉一处正科级助理检察员、副处级检察员、副处长、公诉二处处长、第四检察部主任，衢州市人民检察院副检察长（保留正处长级）、检委会委员，衢州市政协副主席。

【杨晓光】男，汉族，1972 年 2 月生，安徽淮南人，农工，1994 年 7 月参加工作，博士研究生学历。

历任淮南矿务局十八中学教师，浙江省城乡规划设计研究院副院长、副研究员、高级工程师、教授级高级工程师，衢州市政府副秘书长、市住建局局长，衢州市人防办（民防局）主任（局长）、农工党衢州市委会副主委、主委，衢州市政协副主席、农工党市委会主委。

（市委组织部）

2022 年衢州市组织机构和负责人名录

中共衢州市各级组织

中共衢州市委员会

书　记　汤飞帆（至 2022 年 3 月）
　　　　高　屹（2022 年 3 月起）
副书记　高　屹（至 2022 年 3 月）
　　　　徐张艳（女，2022 年 3 月起）
　　　　徐良平（至 2022 年 9 月）
常务委员　汤飞帆（至 2022 年 3 月）
　　　　高　屹（2022 年 3 月起）
　　　　徐张艳（女，2022 年 3 月起）
　　　　徐良平（至 2022 年 9 月）
　　　　傅根友（至 2022 年 4 月）
　　　　周黎旸
　　　　刘根宏（至 2022 年 4 月）
　　　　王　波
　　　　钱伟刚（至 2022 年 1 月）
　　　　邓　崴（2022 年 1 月起）
　　　　陈玲芳（女）
　　　　周向军
　　　　何海彬
　　　　廉　俊
　　　　张晓峰（2022 年 4 月起）

中共衢州市纪律检查委员会　市监察委员会

书　记、监委主任　何海彬
常务副书记、监委副主任
　　蔡方林（至 2022 年 4 月）
　　张永亮（2022 年 4 月起）
副书记、监委副主任
　　张永亮（至 2022 年 4 月）
　　王光辉（2022 年 4 月起）
　　邵晓航（2022 年 4 月起）

市委工作机构及直属部门

市委秘书长　王良海（至 2022 年 5 月）
　　　　　　郑河江（2022 年 5 月起）
市委办公室
　　主　任　暂　缺
市委组织部
　　部　长　陈玲芳（女）
　　常务副部长　毛胜田（至 2022 年 11 月）
　　　　　　　　徐　宾（2022 年 11 月起）
市委新经济与新社会组织工作委员会
　　书　记　严　兵（2022 年 11 月起）
市新时代党员教育中心
　　主　任　程金敏
市委宣传部
　　部　长　钱伟刚（至 2022 年 1 月）
　　　　　　邓　崴（2022 年 1 月起）
　　常务副部长　姜建勋
市社会科学界联合会
　　主　席　刘章华（至 2022 年 8 月）
市精神文明建设指导中心
　　主　任　毛明华

市委统一战线工作部
部　长　傅根友(至 2022 年 4 月)
张晓峰(2022 年 4 月起)
常务副部长　秦财华(2022 年 1 月起)
市委政法委员会
书　记　徐良平(至 2022 年 9 月)
常务副书记　邓胜斌(2022 年 1 月起)
市委全面深化改革委员会办公室
主　任　徐　翰(至 2022 年 11 月)
郑勇钦(2022 年 11 月起)
市委网络安全和信息化委员会办公室
主　任　傅 强
市委机构编制委员会办公室
主　任　占　珺
市委台湾工作办公室(市政府台湾事务办公室)
主　任　余永军(至 2022 年 11 月)
余　风(2022 年 11 月起)
市委直属机关工作委员会
书　记　陈玲芳(女)
常务副书记　郑勇钦(至 2022 年 11 月)
占金良(2022 年 11 月起)
市委巡察工作领导小组办公室
主　任　王光辉(至 2022 年 5 月)
吴海浪(2022 年 5 月起)
市委市政府信访局
局　长　张群英(女,至 2022 年 1 月)
江建新(2022 年 1 月起)
市委老干部局
局　长　曾越河(至 2022 年 1 月)
吴利平(2022 年 1 月起)
市委党校(衢州行政学院)
校　长　陈玲芳(女)
常务副校长　余尧正
市档案馆
馆　长　蓝水高
衢州日报报业传媒集团
社　长　毛霄云(至 2022 年 11 月)
总编辑　余　风(至 2022 年 11 月)
市新闻传媒中心(衢州传媒集团)
主　任　毛霄云(2022 年 11 月起)
总编辑　徐　翰(2022 年 11 起)

衢州市政权组织

衢州市人大常务委员会
主　任　吴国升
副主任　刘根宏(2022 年 4 月起)
徐旭卿(女,2022 年 4 月起)
黄孔森
童炜鑫(2022 年 4 月起)
潘晓辉(2022 年 4 月起)
毛胜田(2022 年 4 月起)
郑河江(2022 年 4 月起)
毛建民(至 2022 年 4 月)
马梅芝(女,至 2022 年 4 月)
俞顺虎(至 2022 年 4 月)
余广宇(至 2022 年 4 月)
朱建华(至 2022 年 4 月)
项瑞良(至 2022 年 4 月)
秘书长　赖瑞洪
党组书记　吴国升
副书记　毛建民(至 2022 年 4 月)
刘根宏(2022 年 4 月起)
市人大常委会工作机构
办公室
主　任　林伟民
研究室
主　任　汪　群(至 2022 年 7 月)
法制工作委员会
主　任　周金发(至 2022 年 1 月)
周盛源(2022 年 1 月起)
监察和司法工作委员会
主　任　叶正义(至 2022 年 1 月)
张群英(女,2022 年 1 月起)
财政经济工作委员会
主　任　陈国华

农业和农村工作委员会
主　任　刘祖堂(至2022年1月)
张　岚(女,2022年1月起)
建设与资源环境保护工作委员会
主　任　方　法
教育科技文化卫生工作委员会
主　任　汪晓敏(女,至2022年1月)
王东升(2022年1月起)
民族宗教华侨外事工作委员会
主　任　张国民(至2022年1月)
周金发(2022年1月起)
社会建设工作委员会
主　任　朱伟正
代表与选举任免工作委员会
主　任　魏晓莲(女)

衢州市人民政府

市　长　高　屹(至2022年3月)
徐张艳(女,2022年3月起)
副市长　周向军
廉　俊
田　俊(女)
徐利水
吴松平
杨圆华(2022年1月起)
李　宁(2022年1月起)
王良春(至2022年4月)
党组书记　高　屹(至2022年3月)
徐张艳(女,2022年3月起)
党组副书记　周向军

市政府工作机构

市政府秘书长　郑河江(至2022年5月)
余龙华(2022年5月起)
市政府办公室
主　任　郑建忠(至2022年1月)
张少华(2022年1月起)
市发展和改革委员会
主　任　王盛洪(至2022年1月)
郑建忠(2022年1月起)
市经信局
局　长　杨思骏
市教育局
局　长　季根寿
市科学技术局
局　长　郑志成
市公安局
局　长　吴松平
高速公路交警总队衢州支队
支队长　白红飞(至2022年5月)
市民政局
局　长　毛卓战(至2022年1月)
柴志强(2022年8月起)
市水库移民管理中心
主　任　徐晓冬(2022年1月起)
市司法局
局　长　邓胜斌(至2022年1月)
徐爱平(女,2022年1月起)
市财政局
局　长　方世忠(至2022年5月)
刘明鹤(2022年5月起)
市财政国库支付中心
主　任　项雪祥
市政府投资项目评审中心
主　任　方建平
市人力资源和社会保障局
局　长　余龙华(至2022年7月)
徐惠文(2022年7月起)
市社会保险事业管理中心
主　任　张碎金
市人才和就业管理中心
主　任　陈志军
市自然资源和规划局
局　长　徐洪水
市国土整治和征收储备中心
主　任　杨水荣(至2022年9月)
李志刚(2022年9月起)

市自然资源调查登记中心
主　任　洑　湧(女)
市生态环境局
书　记　叶　骏
局　长　钟战铁
市住房和城乡建设局
书　记　杨永红
局　长　杨晓光
市政府投资项目建设中心
主　任　汪金根(至2022年5月)
姜　平(2022年5月起)
市交通运输局
局　长　朱　政(至2022年5月)
祝升明(2022年5月起)
市公路港航与道路运输管理中心
党委书记　陈飞球
主　任　郑文俊
市水利局
局　长　郑明福(至2022年5月)
钱志生(2022年5月起)
市乌溪江引水工程管理中心
主　任　张雄军(至2022年8月)
市铜山源水库管理中心
主　任　金仕建
市农业农村局
局　长　刘明鹤(至2022年5月)
郑明福(2022年5月起)
市商务局
党组书记　刘卸荣
局　长　林　静(女)
市文化广电旅游局
局　长　周红燕
市卫生健康委员会
主　任　廖利军
市退役军人事务局
局　长　李纯浩
市应急管理局
局　长　汪史唯
市审计局
局　长　徐雄强(2022年2月起)
市政府国有资产监督管理委员会
主　任　方世忠(至2022年5月)
刘明鹤
(2022年5月至2022年11月)
郑胜军(2022年11月起)
市市场监督管理局
局　长　姜良米
市政府金融工作办公室
主　任　丁丽霞(女)
市体育局
党组书记　申　剑(至2022年5月)
吴剑波(2022年5月起)
局　长　汪　晖(至2022年5月)
吴剑波(2022年5月起)
市统计局
局　长　郑红福
市社会经济调查队
队　长　许　隆(至2022年1月)
舒英龙(2022年1月起)
市医疗保障局
局　长　王政理
市综合行政执法局
局　长　齐富军
市大数据发展管理局
局　长　毛爱民(2022年5月起)
市营商环境建设办公室
主　任　洪寒月(女)
市公共资源交易监督管理办公室
主　任　周金岳
市公共资源交易中心
主　任　张　颖
衢州智造新城管理委员会
主　任　刘根宏(至2022年7月)
方世忠(2022年8月起)
衢州智慧新城管理委员会
主　任　王继明

衢州学院
　　党委书记　杨　玲(女)
　　院　长　郑友取
衢州职业技术学院
　　党委书记　徐须实
　　院　长　吕延文
市招商投资促进中心
　　主　任　兰国云
市机关事务保障中心
　　主　任　徐　剑(女)
市住房公积金中心
　　主　任　余卫军
衢州广播电视大学
　　党委书记　汪权龙(至2022年1月)
　　　　　　傅元勋
　　　　　　(2022年1月至2022年8月)
　　校　长　毕　茗(女,至2022年8月)
衢州开放大学(更名)
　　党委书记　傅元勋(2022年8月起)
　　校　长　毕茗(女,2022年8月起)
衢州广电传媒集团(市广电总台)(合并)
　　总裁(台长)　占金良(至2022年11月)
　　总编辑　姜丽华(女,2022年11月起)
市供销合作社联合社
　　主　任　周群丽(女)
市农业科学研究院
　　院　长　范叶和(至2022年7月)
　　　　　汪有土(2022年7月起)
市铁道中心
　　主　任　蔡小龙
市委市政府接待工作中心
　　主　任　暂　缺
市对口支援新疆阿克苏地区乌什县指挥部
　　指挥长　李　昱

衢州市垂直管理部门

市税务局
　　局　长　柳一林
市国家安全局
　　局　长　华列斌
国网浙江省电力有限公司衢州供电公司
　　总经理　张宏达
　　党委书记　徐　昱(至2022年4月)
　　　　　　沈　广(2022年4月起)
市邮政管理局
　　局　长　王　伟(至2022年12月)
　　　　　姚峥嵘(2022年12月起)
省邮政公司衢州市分公司
　　总经理　俞　亮
市烟草专卖局(烟草公司)
　　局　长(经理)　王恒峰(2022年9月起)
市气象局
　　局　长　周春雨(至2022年8月)
　　　　　丁华君(2022年8月起)
衢州海关
　　关　长　孔先利
国家统计局衢州调查队
　　队　长　姜理平
衢州机场管理有限公司
　　总经理　王江平
省盐业集团衢州市盐业有限公司
　　总经理　毛春燕(女)
市无线电管理局
　　局　长　周　全
市长途电信运输局
　　局　长　姜　晔
中国人民银行衢州市中心支行
　　行　长　何起东
中国银行保险监督管理委员会衢州监管分局
　　局　长　张鲁英(至2022年11月)
　　　　　蓝春锋(2022年11月起)

衢州市通信发展办
负责人　曾宇峰
市消防救援支队
支队长　周文斌
中国冶金总局浙江地质勘察院
党委书记　闫承锋
院　长　李巨宝
中国石油天然气股份有限公司浙江衢州销售分公司
总经理　薛祥圣（至2022年6月）
赵文勇（2022年8月起）
中国石化股份有限公司浙江衢州石油分公司
总经理　林建国（至2022年11月）
徐良蔚（2022年11月起）
浙石油综合能源销售衢州分公司
总经理　吴广生
浙江衢州安邦护卫有限公司
总经理　张淑芬（女）
中铁第五勘察设计院集团有限公司浙江分院
总经理　应国强
市新华书店有限公司
总经理　谢振斌
中国电信股份有限公司衢州分公司
总经理　姜向阳
浙江移动通信有限责任公司衢州分公司
总经理　夏　斌（至2022年4月）
陈　宏（2022年4月起）
中国联合网络通信有限公司衢州市分公司
总经理　上官鹰

衢州市政协组织

政协衢州市委员会
主　席　周伟江（至2022年4月）
方健忠（2022年4月起）
副主席　王良海
周　庆
琚建军
蔡方林（2022年4月起）
汪　晖（2022年4月起）
黄伟青（2022年4月起）
朱　政（2022年4月起）
柴志华（女，2022年4月起）
杨晓光（2022年4月起）
金召卫（至2022年4月）
吴江平（至2022年4月）
徐静旋（女，至2022年4月）
徐旭卿（女，至2022年4月）
秘书长　程　相（至2022年4月）
毛卓战（2022年4月起）
党组书记　方健忠
副书记　王良海
傅根友（兼，至2022年4月）
张晓峰（兼，2022年4月起）
政协衢州市委员会专门委员会
办公室
主　任　祝云土
研究室
主　任　郑桂林（至2022年1月）
叶征宇（2022年1月起）
提案委员会
主　任　詹兰荣（至2022年1月）
徐　忠（2022年1月起）
委员工作委员会
主　任　付炳旺（至2022年1月）
吴良军（2022年1月起）
经济委员会
主　任　姜方庆
人口资源环境委员会
主　任　张志清
农业和农村委员会
主　任　祝仁卿
教育科技卫生体育委员会
主　任　黄伟青（至2022年1月）
潘新花（女，2022年1月起）

文化文史和学习委员会

主　任　许　立

社会和法制委员会

主　任　姚宏平

港澳台侨和民族宗教委员会主任

主　任　朱　俐(女)

衢州市民主党派组织

民革衢州市委员会

主任委员　周　庆

民盟衢州市委员会

主任委员　汪　晖

民建衢州市委员会

主任委员　蓝芝苇(2022 年起)

民进衢州市委员会

主任委员　黄伟青

农工党衢州市委员会

主任委员　杨晓光

九三学社衢州市委员会

主任委员　田　俊(女)

衢州市法检机关

市中级人民法院

院　长　危辉星

副院长　崔正华

陈　明

祝菊红

市人民检察院

检察长　黄曙峰

副检察长　王荣国(2022 年 12 月起)

黄耀奎

柴志华(女,至 2022 年 5 月)

方永新

吴　刚

徐媛媛(女,挂职,2022 年 12 月起)

衢州市群众团体

市总工会

主　席　俞顺虎(至 2022 年 7 月)

毛胜田(2022 年 7 月起)

党组书记　徐雄强(至 2022 年 1 月)

郑小龙(2022 年 1 月起)

共青团衢州市委员会

书　记　徐元玮(至 2022 年 1 月)

童　舟(女,2022 年 1 月起)

市妇女联合会

主　席　贵丽青(女,至 2022 年 1 月)

周玲娟(女,2022 年 1 月起)

市科学技术协会

主　席　陈利民

市归国华侨联合会

主　席　洪根兴

市工商业联合会

党组书记　陈水清

主　席　余　震(至 2022 年 2 月)

张林松(2022 年 2 月起)

市文学艺术界联合会

主　席　吴利平(至 2022 年 1 月)

颜雪高(2022 年 1 月起)

中国国际贸易促进委员会衢州市委员会

会　长　郑　琳

市残疾人联合会

理事长　姜忠军

市红十字会

会　长　王良春(至 2022 年 7 月)

李　宁(2022 年 7 月起)

党组书记　姜苏州

(市委组织部)

2022年县(市、区)主要机构和负责人名录

柯城区

中共衢州市柯城区委员会
书　记　蒋国强
副书记　胡益峰
张　钢
常务委员　蒋国强
胡益峰
张　钢
陈雪良
吴来恩(挂职)
施　莹(女)
王盛丰
曲洪娟(女)
周榜元
向明虎
吴伟红
朱君才
田志伟
柯城区人大常委会
主　任　徐登富
副主任　毛志宏(2022年1月起)
何晓文(2022年1月起)
吴云林(2022年1月起)
姜有源
周志平(2022年1月起)
吴国清(2022年1月起)
鲍继红(女,至2022年1月)
王国强(至2022年1月)
李　青(至2022年1月)
范洁红(女,至2022年1月)
陈秋荣(至2022年1月)
柯城区人民政府
区　长　胡益峰(2022年1月起)
副区长　王盛丰
曲洪娟(女)
吴来恩(挂职)
余洪富
陈　崇
程佳良
洪　栋(2022年1月起)
吴　浩(至2022年6月)
郑益红(2022年6月起)
许明娟(女,挂职,至2022年10月)
朱　俐(女,挂职,至2022年4月)
苗海涛(2022年12月起)
政协衢州市柯城区委员会
主　席　徐连土(至2022年1月)
叶美峰(2022年1月起)
副主席　柴文灯
徐小平(至2022年1月)
徐成旺
赵瑞慈(女,2022年1月起)
傅淑梅(女,2022年1月起)
中共衢州市柯城区纪律检查委员会
书　记　向明虎
监委代主任　向明虎(至2022年1月)
监委主任　向明虎(2022年1月起)
柯城区人民法院
院　长　胡卫民
柯城区人民检察院
检察长　周红梁

衢江区

中共衢州市衢江区委员会
书　记　王慧杰
副书记　徐惠文(至2022年7月)
贵丽青(女,2022年7月起)
罗亭林(至2022年5月)
何晓峰(2022年5月起)
常务委员　王慧杰

徐惠文（至 2022 年 7 月）
贵丽青（女，2022 年 7 月起）
罗亭林（至 2022 年 5 月）
何晓峰（2022 年 5 月起）
杜　洲（至 2022 年 9 月）
林　蕙（女，至 2022 年 11 月）
张　宾（挂职）
方　宁（女）
郭林将
徐　彪
张立明
柴胜辉
傅红庆（至 2022 年 5 月）
毛晓荣（2022 年 5 月起）
郑建辉（2022 年 9 月起）

衢江区人大常委会
主　任　潘　佶
副主任　费里夫（至 2022 年 1 月）
谢土你（至 2022 年 1 月）
袁亚平（至 2022 年 1 月）
童土善（至 2022 年 1 月）
余水林
吴水标
严士平（2022 年 1 月起）
胡水木（2022 年 1 月起）
李　秋（女，2022 年 1 月起）
杜卫荣（2022 年 3 月起）

衢江区人民政府
区　长　徐惠文（至 2022 年 7 月）
代区长　贵丽青（女，2022 年 8 月起）
副区长　郭林将
徐　彪
胡志彬
张　宾（挂职）
徐东升
刘洪刚
周松祥
方勇胜（至 2022 年 1 月）
徐献文（挂职，至 2022 年 11 月）
曾　珏（女，至 2022 年 11 月）
梁　斌（2022 年 1 月起）
张红萍（女，2022 年 11 月起）

政协衢州市衢江区委员会
主　席　杨苏萍
副主席　徐国锋（至 2022 年 1 月）
姜文军（女）
徐桂明（至 2022 年 1 月）
陈　政（2022 年 1 月起）
罗诚剑（2022 年 1 月起）
方勇胜（2022 年 1 月起）

中共衢州市衢江区纪律检查委员会
书　记　方　宁（女）
监委代主任　方　宁（女，至 2022 年 1 月）
监委主任　方　宁（女，2022 年 1 月起）

衢江区人民法院
院　长　周晓清

衢江区人民检察院
代检察长　姚俊宏（至 2022 年 1 月）
检察长　姚俊宏（2022 年 1 月起）

龙游县

中共龙游县委员会
书　记　祝建东
副书记　李芝伟
祝升明（至 2022 年 5 月）
徐新华（2022 年 5 月起）
常务委员　祝建东
李芝伟
祝升明（至 2022 年 5 月）
徐新华
李　昱
姜锋华
王开锋（挂职）
李　莉（女）
余继民

王　斌
王秋森
吴　浩(2022年5月起)
徐　俊
章　薇(女)

龙游县人大常委会
主　任　舒　畅
副主任　应　敏(女)
徐建华
钟爱红(女,2022年1月起)
徐仲利(2022年1月起)
严明华(2022年1月起)
赖　云(兼,至2022年1月)
范卫祥(至2022年1月)
徐志明(至2022年1月)

龙游县人民政府
县　长　李芝伟
副县长　李　昱
徐仲利(至2022年1月)
王开锋(挂职)
徐新华(至2022年5月)
吴　浩(2022年5月起)
徐　俊
龚凤丹(女,挂职,至2022年9月)
万志正
舒建明
柴琼颖(女)
裴群富
汪益平(2022年1月起)
林　峰(2022年11月起)
廖川杰(挂职,2022年12月起)

政协龙游县委员会
主　席　洪一舟(至2022年1月)
吴剑锋(2022年1月起)
副主席　姜建军(2022年1月起)
蓝芝苇(兼,至2022年1月)
(2022年1月起)
陆寿泉
周巧萍(女)
吴幼平(2022年1月起)

中共龙游县纪律检查委员会
书　记　章　薇(女)
监委代主任　章　薇(女,至2022年1月)
监委主任　章　薇(女,2022年1月起)

龙游县人民法院
代院长　詹金峰(至2022年1月)
院　长　詹金峰(2022年1月起)

龙游县人民检察院
代检察长　徐云涛(至2022年1月)
检察长　徐云涛(2022年1月起)

江山市

中共江山市委员会
书　记　朱素芳(女)
副书记　徐明峰
何日根
常务委员　朱素芳(女)
徐明峰
钱　伟(挂职,至2022年8月)
温胜浩
何日根
俞耀根
杨　君
朱永平
程佳华
高　峰
毛香水(女)
毛晓荣(至2022年5月)
郑水根(2022年5月起)
杨　奔(挂职,2022年12月起)

江山市人大常委会
主　任　汪　胜
副主任　宁　晔(至2022年1月)
姜方云(2022年1月起)
毛正彩(女)

毛吉泽
毛长明(至 2022 年 1 月)
李培荣(至 2022 年 1 月)
郑贤文
巫小雄(2022 年 1 月起)
张志军(2022 年 1 月起)

江山市人民政府
市　长　徐明峰(2022 年 1 月起)
副市长　俞耀根
巫小雄(至 2022 年 1 月)
张志军(至 2022 年 1 月)
钱　伟(挂职,至 2022 年 8 月)
吴晓炯(挂职,至 2022 年 5 月)
朱永平
詹虎山(2022 年 1 月起)
郑爱萍(女,2022 年 1 月起)
汪晓勤(2022 年 1 月起)
王永华(2022 年 1 月起)
徐　骏(2022 年 1 月起)
钟　旌
(挂职,2022 年 5 月至 2022 年 12 月)

政协江山市委员会
主　席　郑朝基(至 2022 年 1 月)
胡炳泉(2022 年 1 月起)
副主席　王子平
姜　英(女,兼,至 2022 年 1 月)
(女,2022 年 1 月起)
毛水芳(兼,至 2022 年 1 月)
(2022 年 1 月起)
祝继友(至 2022 年 1 月)
毛慧卿(女,兼,至 2022 年 1 月)
(女,2022 年 1 月起)
周立武
何正芳(女,2022 年 1 月起)

中共江山市纪律检查委员会 市监察委员会
书记　温胜浩
监委主任　温胜浩

江山市人民法院
代院长　祝志昌(至 2022 年 1 月)
院　长　祝志昌
(2022 年 1 月至 2022 年 11 月)
代院长　阮铁军(2022 年 11 月起)

江山市人民检察院
代检察长　殷一村(至 2022 年 1 月)
检察长　殷一村(2022 年 1 月起)

常山县

中共常山县委员会
书　记　潘晓辉
副书记　王永明
何相涯
常务委员　潘晓辉
王永明
何相涯
姜　敏
姜雪峰
陈　翊
周利建
许露华
邱雪萍(女,至 2022 年 12 月)
陈水清
杨力军

常山县人大常委会
主　任　翁旭东(2022 年 1 月起)
副主任　苏新祥(至 2022 年 1 月)
徐　柯(至 2022 年 1 月)
王生智(至 2022 年 1 月)
李德勇(至 2022 年 1 月)
樊金国(至 2022 年 1 月)
何　健(女,2022 年 1 月起)
胡康雷(2022 年 1 月起)
李德生(2022 年 1 月起)
黄国华(2022 年 1 月起)
李　珍(女,2022 年 1 月起)

常山县人民政府

代县长　王永明(至 2022 年 1 月)
县　长　王永明(2022 年 1 月起)
副县长　许露华
邱雪萍(女,至 2022 年 12 月)
胡伟民
李德生(至 2022 年 1 月)
朱建忠
蒋招达(挂职,至 2022 年 11 月)
姜光明(至 2022 年 1 月)
李湘虹(女,挂职)
黄晓彬
方育娟(女)
陈　岗(2022 年 1 月起)
吴昊夫(挂职,2022 年 12 月起)

政协常山县委员会

主　席　林红汉(至 2022 年 1 月)
许茂华(2022 年 1 月起)
副主席　郑建华(至 2022 年 1 月)
谢雨生(兼,至 2022 年 1 月)
范东英(女)
汪卫东(兼,至 2022 年 1 月)
(2022 年 1 月起)
姜光明(2022 年 1 月起)
章金平(2022 年 1 月起)
黄爱珍(女,2022 年 1 月起)

中共常山县纪律检查委员会

书　记　陈水清
监委代主任　陈水清(至 2022 年 1 月)
监委主任　陈水清(2022 年 1 月起)

常山县人民法院

院　长　舒燕华

常山县人民检察院

代检察长　朱聪颖(女,至 2022 年 1 月)
检察长　朱聪颖(女,2022 年 1 月起)

开化县

中共开化县委员会

书　记　夏盛民
副书记　毛献明
郑胜军(至 2022 年 11 月)
常务委员　夏盛民
毛献明
郑胜军(至 2022 年 11 月)
樊勇军
吴有熠
严雪峰
李剑峰
郜黎明
李水良
陈体法
吕　燕(女)
张力群(2022 年 12 月起)

开化县人大常委会

主　任　张伟刚(至 2022 年 1 月)
余建华(2022 年 1 月起)
副主任　黄高松(兼,至 2022 年 1 月)
姜立忠(至 2022 年 1 月)
汪宇祥(至 2022 年 1 月)
马建雄(至 2022 年 1 月)
邹志岗
谷　声(女,2022 年 1 月起)
齐忠伟
汪奎福(2022 年 1 月起)
程卫新(2022 年 1 月起)
余永建(2022 年 1 月起)

开化县人民政府

县　长　毛献明
副县长　樊勇军
陈体法
张　飞(至 2022 年 5 月)
杨　宇(女,挂职,至 2022 年 8 月)

曾正君（女，挂职）
杨选科
傅利红（至 2022 年 5 月）
雷　珍（女）
张月桥（2022 年 1 月起）
方　明（2022 年 5 月起）
龚进升（2022 年 5 月起）
林刘赞（2022 年 11 月起）

政协开化县委员会
主　席　余建华（至 2022 年 1 月）
汪黎云（女，2022 年 1 月起）
副主席　程水珍（女，至 2022 年 1 月）
谷　声（女，兼，至 2022 年 1 月）
何万彬（至 2022 年 1 月）
方金菊（女）
顾劲立（2022 年 1 月起）
邓柳青（女，2022 年 1 月起）
吴照生（2022 年 1 月起）

中共开化县纪律检查委员会
书　记　李水良
监委代主任　李水良（至 2022 年 1 月）
监委主任　李水良（2022 年 1 月起）

开化县人民法院
院　长　王　勇

开化县人民检察院
检察长　袁小荣

（市委组织部）

中国共产党衢州市委员会

综　述

【**概　况**】2022年，衢州市委坚决贯彻习近平总书记对浙江和衢州工作的重要指示精神，把迎接中共二十大胜利召开、学习宣传贯彻党的二十大精神作为首要政治任务，全面落实党中央和省委决策部署，按照“疫情要防住、经济要稳住、发展要安全”的要求，高效统筹疫情防控和经济社会发展，统筹发展和安全，打好稳进提质、除险保安、塑造变革组合拳，实现新一届市委工作的良好开局，推动衢州各项事业发展取得新的进步。

【**学习宣传贯彻党的二十大精神**】2022年，认真贯彻习近平总书记“要在全面学习、全面把握、全面落实上下功夫”的重要指示精神，推动全市上下迅速兴起学习宣传贯彻党的二十大精神的热潮。先后召开市委常委会会议、全市领导干部会议和市委理论学习中心组专题学习会。专门下发关于认真学习宣传贯彻党的二十大精神的通知，深入开展“六学六进六争先”学习实践活动。组织开展全方位、多层次、立体式的宣传宣讲，组建党的二十大精神宣讲团，用好“8090+”新时代理论宣讲等特色载体，开展宣讲3000多场次、覆盖20多万人，开设专题专栏10余个、刊发相关报道500余篇。对标党的二十大提出的重要思想、重要观点、重大战略、重大举措，逐条逐项思考研究贯彻落实的思路办法、抓手载体，进一步迭代深化打造十个“桥头堡”、建设四省边际中心城市的具体举措，推动党的二十大精神在衢州落地落实。

【**实施“工业强市、产业兴市”战略**】2022年，做优做实工业强市“1+10+5+8”（“1”即关于实施工业强市战略推动工业高质量发展的若干意见，“10”即工业强市十大专项行动：实施制造业“招大引强”专项行动、实施工业企业“培大育强”专项行动、实施科技型中小企业培育专项行动、实施六大产业延链补链强链专项行动、实施开发区创强高新区进位专项行动、实施深化“亩均论英雄”改革专项行动、实施工业数字化改革专项行动、实施推进企业上市专项行动、实施外贸创强专项行动和实施衢州巨化一体化融合高质量发展专项行动，“5”即指金融、科技、能源、人才、土地五大要素保障，“8”即指柯城、衢江、龙游、江山、常山、开化、智造新城、智慧新城八个区块）工作体系，推进工业强市十大专项行动，抓工业市县一体化，部署推进产业链、创新链、人才链、资本链、服务链“五链”融合，建立六大产业链链长制，打造工业强市2.0版。新引进吉利“三电”、金瑞泓、习谷科技等3个百亿元级制造业项目。新增A股上市或过会企业5家。全年全部工业增加值716.25亿元，比上年增长6.5%。规模以上工业产值2857.63亿元，增长11.6%。全市规上工业企业研发投入增长23.6%、排名全省第四。

【**部署推进以县城为重要载体的城镇化建设**】2022年，高规格召开推进会，围绕优化城镇空间布局、加快推动人口集聚、培育壮大主导产业、完善基础配套设施、建设高质量教育体系、构建全民全程健康服务体系、构建幸福养老服务体系、提升人居环境质量等8个方面，编制形成20项重点工作、10项重大改革、82个重大项目“三张清单”，提出打造10大标志性成果，明确未来五年的工作目标和具体路径。研究制定加快推进以县城为重要载体的城镇化建设实施意见以及农民集聚共富指导意见、农村“三块地”改革指导意见、提升公共服务的若干举措“1+3”配套政策，为全省全国探索新型城镇化有效路径。6个县（市、区）研究制订具体实施方案和年度工作计划，推动市县乡联动、全方位协同、体系化作战。

【开展“六治六提”作风建设行动】 2022年，针对干部队伍中存在的“庸、懒、散、慢、推、拖”等作风突出问题，部署开展“六治六提”作风建设行动。建立健全“十大机制”，出台15个实施方案和作风指数评价办法，落实市级部门比晾晒、区块“流动红旗”评价、乡镇（街道）赛马比拼机制，迭代升级以“四维考评”为核心的公务员平时考核体系，实施“两专”工程“六个一百”计划，充分激发党员干部干事创业的精气神。5名干部被评为“浙江省担当作为好干部”，1名干部被评为“全国人民满意的公务员”，7名干部被评为“全省人民满意的公务员”，3家单位被评为“全省人民满意的公务员集体”。

重要会议

【2022年“工业强市、产业兴市”表彰大会】 2月8日召开，表彰2021年度市政府特别奖、新增上市企业奖、工作标兵奖和改革突破奖。市委书记汤飞帆讲话，市委副书记、市长高屹致开场词。汤飞帆指出，实现共同富裕，工业是最大的支撑，产业是最大的增量；必须坚持“工业强市、产业兴市”不动摇，在政企同心强合力、招大引强添动力、创新赋能增活力、优化环境提能力等“四个力”上下功夫、见实效。

【中国共产党衢州市第八次代表大会】 4月8—10日召开。大会主题是坚持以习近平新时代中国特色社会主义思想为指导，弘扬伟大建党精神，牢记习近平总书记殷殷嘱托，加快衢州追赶跨越步伐，为高质量发展建设四省边际共同富裕示范区而不懈奋斗。高屹代表中国共产党衢州市第七届委员会向大会作题为“牢记殷殷嘱托 加快追赶跨越 为高质量发展建设四省边际共同富裕示范区而不懈奋斗”的报告。报告共分四个部分：高水平全面建成小康社会、全面开启共同富裕新征程、全力推动衢州跨越式高质量发展、坚定不移推进全面从严治党。

【市委八届一次全体会议】 4月10日召开。会议选举产生新一届市委常委会，高屹当选书记，徐张艳、徐良平当选副书记。通过市纪律检查委员会常务委员会人选。审议通过中国共产党衢州市第八届纪律检查委员会第一次全体会议选举结果。审议通过《中共衢州市委关于加强自身建设的决定》和《中共衢州市委工作规则》。选举结束后，新当选的市委书记高屹作讲话。

【高质量发展建设四省边际共同富裕示范区推进大会】 4月15日召开，总结盘点前一阶段高质量发展建设四省边际共同富裕示范区总体进展情况，部署推进2022年重点任务。市委书记高屹在会上强调，要深入学习贯彻习近平总书记关于共同富裕的重要论述精神，认真落实省委高质量发展建设共同富裕示范区推进大会部署要求，抢抓机遇、塑造变革、奋勇争先，聚力“工业强市、产业兴市”，狠抓“扩中”“提低”改革，加快缩小“三大差距”，努力在共同富裕示范区建设的新征程中先行探路、当好表率，以优异成绩迎接党的二十大和省第十五次党代会胜利召开。

【“转作风、讲担当、抓落实”动员大会】 5月11日召开，持续释放刀刃向内、自我革命的强烈信号，牢固确立忠诚履职、奋勇争先的鲜明导向，大力提振攻坚克难、追赶跨越的衢州自信。市委书记高屹在会上强调，要深入贯彻习近平总书记关于作风建设的重要论述精神，围绕市第八次党代会和市两会精神的贯彻落实，扎实开展“六治六提”作风建设行动，大力营造“唯实惟先、善作善成”的团队文化，努力锻造一支“对党忠诚、两勤两专、担责担当、纪律严明、勇创一流”的衢州铁军，真正建设一流、创造一流、达到一流，为衢州跨越式高质量发展提供有力保障。会议以视频形式召开，各县(市、区)设分会场。会上，江山市、市发改委负责人分别围绕“百室四季”作风竞赛、机关内部作风建设作交流发言，市科技局负责人作表态发言。

【全市警示教育大会】 5月24日召开，部署警示教育月活动相关工作，与会人员观看《以案为鉴 警钟长鸣》专题警示教育片。市委书记高屹出席活动并强调，要坚持以习近平新时代中国特色社会主义思想为指引，突出全面从严治党要求，牢牢把握严的主基调，深化以案促改，教育引导党员干部、公职人员特别是领导干部，进一步增强忠诚拥护“两个确立”、坚决做到“两个维护”的思想自觉、政治自觉和行动自觉，不断巩固发展风清气正的政治生态，纵深推进清廉衢州建设，加快实现“干部清正、政府清廉、政治清明、社会清朗”，为稳住经济大盘、推动共同富裕提供坚强保障。

【市委八届二次全体(扩大)会议】 7月20日召开。市委常委会主持会议。市委书记高屹讲话，市委副书记徐张艳、徐良平出席会议。全会高举习近平新时代中国特色社会主义思想伟大旗帜，深入学习贯彻省第十五次党代会精神，全面落实市第八次党代会部署要求，听取和讨论高屹受市委常委会委托作的工作报告和关于学习贯彻省第十五次党代会精神的报告，审议通过《中共衢州市委关于高举习近平新时代中国特色社会主义思想伟大旗帜在建设四省边际中心城市中争当“两个先行”示范窗口的决定》，进一步动员全市上下笃行“两个维护”、扛起衢州担当，在建设四省边际中心城市中争当“两个先行”示范窗口。全会结束时，高屹就贯彻落实省党代会和市委全会精神作讲话。

【全市人才科创会议】 10月9日召开。市委书记高屹在会上强调，要深入学习贯彻习近平总书记关于人才工作和科技创新的重要论述精神，全面落实创新制胜工作导向，牢牢把握人才科创关键变量，以数字化改革为引领，系统重塑市域创新体系，推进产业链、创新链、人才链、资本链、服务链“五链”融合，推动全面转入创新驱动发展模式，打造四省边际人才科创桥头堡，争创国家创新型城市，为建设四省边际中心城市、争当“两个先行”示范窗口提供强大人才和科技支撑。会上，衢州市政府与段雪院士团队、智造新城与4个高层次人才团队进行项目签约，电子科大长三角研究院与衢州极电电动汽车技术有限公司签订合作框架协议；市科技局、省高端化学品技术创新中心、龙游县负责人和创新型人才代表作交流发言。

【市委八届三次全体会议暨市委经济工作会议】 12月30日召开。市委常委会主持会议。市委书记高屹讲话，市委副书记徐张艳出席会议。会议坚持以习近平新时代中国特色社会主义思想为指导，全面学习贯彻党的二十大精神，认真落实中央经济工作会议和省委十五届二次全会暨省委经济工作会议的部署要求，听取和讨论高屹受市委常委会委托作的报告，审议通过《中共衢州市委关于全面学习贯彻党的二十大精神奋力推进中国式现代化的衢州实践的决定》，总结2022年以来的主要工作，部署2023年重点工作，推动全市上下更加深刻领悟“两个确立”的决定性意义，坚定不移沿着习近平总书记指引的道路奋勇前进，努力为中国式现代化和全省“两个先行”贡献更多衢州力量。会议结束时，高屹就学习宣传贯彻党的二十大精神、全面落实中央经济工作会议和省委十五届二次全会暨省委经济工作会议精神，做好当前工作作讲话。

（市委办公室）

组织工作

【概　况】 2022年，衢州市组织系统深入践行新时代党的建设总要求和新时代党的组织路线，扎实开展组织工作“大推进大落实年”活动，推动组织工作系统性重塑、整体性落实，为奋力推进“两个先行”、建设四省边际中心城市提供坚强组织保证。

至2022年底，全市基层党组

织 7683 个，其中党委 421 个、总支 360 个、支部 6902 个；党的地方委员会 7 个，党组 273 个，各级党委派出工委 42 个；党员 165787 名，其中女党员 42208 名、少数民族党员 1560 名，分别占总数的 25.46%、0.94%。机关单位公务员（含参照管理单位）16436 人，其中，女干部 4784 人，县处级以上领导干部 727 人。人才资源总量 45.06 万人（按统计部门口径），其中，经营管理人才 8.17 万人，专业技术人才 14.91 万人，高技能人才 7.28 万人，农村实用人才 12.55 万人，社会工作人才 0.5 万人。新增大学生 4.6 万人，增长 7%。

【党的政治建设】2022 年，贯彻落实省委、市委“六学六进六争先”学习实践活动部署，把学习党的二十大精神作为各级党校行政学院的必修课，分级分类推动领导干部集中轮训全覆盖。开展基层党组织学习贯彻党的二十大精神“十个一”活动，组织开展“万场党课下基层”“党课开讲啦”“优学优训五大行动”等活动 2.5 万余场。完成市第八次党代会和市两会选举任务，完成党的二十大、第十四届全国人大代表建议人选和省第十五次党代会、省第十四次人代会代表推选工作。完善“第一议题”制度和党委（党组）理论学习中心组学习制度，开展县乡换届“回头看”，结合数字化改革等开展 4 次专项政治素质考察。

【发挥组织优势保障经济稳进提质】2022 年，开展服务保障经济稳进提质攻坚“五千行动”，开展“千名干部助千企”精准服务活动，市县两级共选派 1426 名干部担任助企服务员、110 名退出现职领导干部担任“三员两师一书记”（双招双引联络员、重大项目协调员、营商环境观察员、服务企业“红领导师”、学习小组帮带导师、大社区大单元第一书记），帮助企业解决生产经营、企业融资、物流运输、劳务用工等问题 1590 余个，落实惠企政策 550 余条次。

【“组织部门助跑共富”行动】2022 年，制定党建联建和共富工坊“双十条”意见，开展党建联建示范创建行动，打造党建联建示范带 36 条，建成“共富工坊”300 家，推动 418 家企业参与村庄发展，帮助落地项目 455 个，带动 3.3 万名农民实现家门口就业。开化县“人人有事做、家家有收入”“两有”共富模式获省委主要领导批示肯定，常山县“早上好”联建带头人、书记陈重良作为全省唯一村书记代表在全省深化党建联建机制现场会上交流发言，“百村十坊”经验做法获评全国“两新党建百佳创新案例”，“红小播”工坊入选首批省级示范工坊并获评全省首届电商直播式“共富工坊”金奖。深化“千企结千村”行动，精准选派 686 名第一书记、农村工作指导员、驻村工作组和科技特派员等共富助跑队伍，对接 15 家省属企业与衢州市 46 个行政村结成帮扶对子，实施帮扶项目 52 个，落实帮扶资金 1.56 亿元。2022 年，全市集体经济经营性收入 50 万元以上村 508 个，占比 34.2%，同比增长 68.2%。

【数字组工建设】2022 年，上线运行“两专”干部培养规划应用，开发 8 个核心业务“一件事”，形成“12348”系统重塑框架体系，推动干部工作和干部队伍系统性重塑。“邻礼通·三民工程”应用获评全省数字化改革“最佳应用”，资格联审、“邻礼通·三民工程”入围数字化改革“一地创新、全省共享”一本账 S0，以干部四维考评应用为载体的公务员分类考核评价体系多次获省市领导批示肯定，两专干部培养规划、资格联审、除险保安、干部四维考评等 6

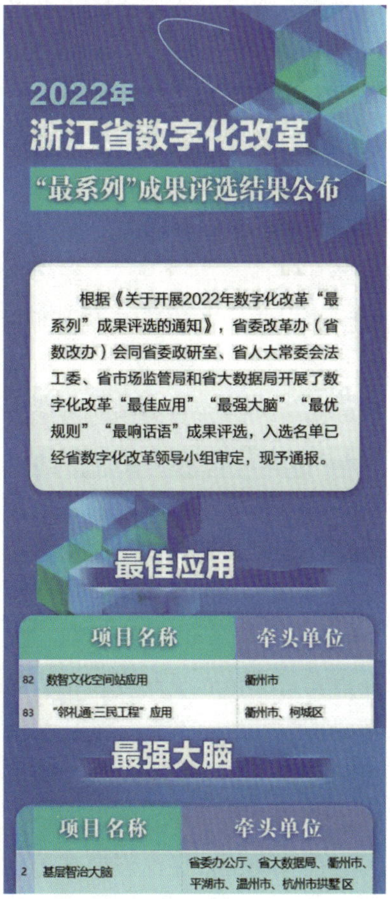

“邻礼通·三民工程”等应用获评浙江省数字化改革“最佳应用”

个应用获得全省组织系统“四好应用”表彰通报，“浙里党群心联心”入库“浙江数字化改革实践创新案例库”。承接浙里干部之家“我的考核”“我的学习”和红色根脉强基工程“党建统领网格智治”3个贯通应用试点。

【“大综合一体化”行政执法改革】 2022年，在全省率先构建“1+5”金字塔型行政执法体系，精简执法队伍43支，精简率达60%。全面推行“一支队伍管执法”，103个乡镇（街道）共组建35支乡镇（街道）综合行政执法队，推动执法力量下沉县、乡分别达88.9%、71.4%，综合执法事项占比45%，均超省定要求。市本级转隶两区行政执法人员321人，精简科级职数61个。全省大综合一体化行政执法改革暨深化基层管理体制改革推进现场会在衢州市召开。

【基层管理体制改革】 2022年，推动县级社会治理中心、综合信息指挥室实体实战运行，创新实施“一下沉三清单五统筹”改革举措，出台派驻人员编制“县属乡用”和岗位管理“双十条”意见，推进人员编制纵向下沉，改革后镇街行政编制占比增长2.3%、事业编制占比增长4.1%。创新编制“周转池”、县属乡用等统筹机制，探索实行岗位专员制度，持续为基层扩权、赋能、减负。基层智治大脑获评全省“最强大脑”，基层智治改革创新实践、“邻礼通·三民工程”现代社区治理模式分别获全省改革突破奖金奖、银奖，衢州市委组织部获评全省改革创新成绩突出集体。

【“六个一百”干部培养体系】 2022年，实施两专工程“六个一百”计划，建立选人用人、班子领导力、干部“两专”三大评价指数，全链条构建干部培养规划路线图。构建县市区“流动红旗”、部门“比晾晒”、乡镇（街道）交流会、“村村擂台·月月比拼”的全维度赛马机制，完成104名科级干部跨区域跨部门集中交流，选派125名干部到中央部委、省厅部门、发达地市挂职锻炼，600余名优秀年轻干部到双招双引、专班等重点平台实战历练，354名选调生“一人一策”导师帮带培养，110名科级干部组建学习小组，形成“年轻干部到基层一线去、优秀干部从基层一线来”的局面。

【“两勤两专”能力素养提升】 2022年，实施干部队伍强“两专”促“共富”培训计划，举办各类培训班73个（次）、培训领导干部7000余人次。采用点名调训方式，破常规举办4期中青年干部培训班，分主题、分领域、高规格举办5次中青班学员座谈会。对接接收省第二批“千名干部交流互派工程”干部28名、选派干部29名，选派5名优秀干部人才服务保障援藏、与吉林对口合作、亚运会等，选派6名县处级干部赴“山海协作”飞地挂职服务。完成公务员四级联考等考试4场次，新招录公务员453名，其中全日制本科以上学历占比87.8%。

【“两个担当”良性互动机制】 2022年，迭代升级干部“四维考评”机制，形成“岗位赋分+模块评分+组团积分+专班计分”的四个维度量化评价指标，全面覆盖市、县、乡三级455个机关部门、103个乡镇（街道）、6万余名干部，全省公务员考核提质增效现场会在衢州市召开。建立健全干部担当作为激励机制，1名干部获评全国人民满意的公务员，5名干部被评为省担当作为好干部，7名干部、3家单位分别获评全省人民满意的公务员和集体，83名实绩突出干部得到提拔重用，6名市管干部因不适宜担任现职被调整。

【健全完善立体监督管理链条】 2022年，制定实施党员领导干部“八小时以外”监督管理暂行规定、子女及其配偶工作调动预报告办法等制度，将在首次班子会公开个人有关事项作为“一把手”任前谈话必谈内容。开展构建亲清政商关系专项整治，制定《领导干部在社团、企业兼职若干原则意见》，开展违规持有农商银行股份问题专项治理、领导干部亲属经商办企业情况专项清查等行动，督促1名干部亲属退出企业、9名干部调整岗位、8名干部教育提醒、408名领导干部作出书面承诺。开展巡视巡察问题整改落实情况“回头看”，全覆盖完成县（市、区）选人用人问题整改落实情况对账检查和市直部门选人用人专项检查。开展家产家事监督，全年累计对287名领导干部个人有关事项进行查核，4名干部因未如实报告受到诫勉处理。

2022 年 6 月 14 日，衢州市召开现代社区建设工作会议暨共同富裕现代化基本单元建设工作推进会

2022 年 6 月 24 日，在杭州未来科技城衢州海创园举行“共同富裕·院士赋能”活动，聘请 6 位院士担任六大产业链首席科学家

【现代社区建设】2022 年，高规格组建市县两级工作领导小组，制定《党建统领网格智治“五个一”规范化指引》，统筹推进 10 项省级试点任务，开展社区规模调整，48 个未来社区列入全省前六批创建名单，创成 10 个，打响“崇贤有礼”社区品牌。以“五个融合”推进融合型大社区大单元建设，每万名城镇常住人口拥有专职社工数达到 16.85 人。聚焦党建统领“浙里康养”，深入开展“爱心卡”省级试点工作，集成助餐、助浴等 6 个大类 17 项服务。在智造新城创新设置 5 个实体化运行的企业社区。

【“两新”组织党建】2022 年，开展“双覆盖”集中攻坚，整顿“空壳空挂空转”党组织和失联失管党员，新建非公有制企业党组织 45 个、社会组织党组织 17 个，推动 50 人以上有党员重点企业、重点区域、重点行业党组织组建和工作覆盖。深化巩固新业态、新就业群体党建工作试点成果，推动快递物流行业党委分设，建立行业党委班子成员联系指导重点企业制度，打造“37 驿站”新业态新就业群体党建特色品牌，32 家 50 辆车以上重点货运企业实现党的组织和工作覆盖。

【村社党员队伍建设】2022 年，开展村(社)党组织书记政治素质体检和村（社）组织换届“回头看”，形成重点储备、提醒谈话、歇职教育、免职退出、澄清正名等“五个一批”人员名单。开展“领雁强基·亮剑比拼”擂台比拼 583 场，组织村社干部集中培训 232 批次，培训村社干部 1.4 万余人次。完成农村发展党员违规违纪问题排查整顿，认定违规违纪问题 503 个，处理问题党员 467 人，追责问责相关责任人 252 人。推进党员模块化教育培训省级试点，衢州市委组织部被评为全省党员教育电视片制播工作先进单位。

【工业强市人才保障】2022 年，深化“双招双引”十大专项行动，举办“共同富裕·院士赋能”活动，聘请 6 位院士担任六大产业链首席科学家。签约段雪院士团队，首次引进“鲲鹏计划”人才 2 人，入选国家引才计划 6 人。持续开展“南孔圣地·衢州有礼”人才周系列招才活动，新增高技能人才 1.27 万人，新引进青年大学生 4.6 万人。系统重塑“双招双引”工作机制，一体推进招商招才招工，高层次人才项目申报数实现翻番，引进数同比增长 47%。引进博士

112 人、硕士 917 人,同比分别增长 17%、23%。

【重点平台能级提升】 2022 年,编制四省边际科创大走廊建设规划,市县一体推进科创中心建设。加快浙大衢州“两院”提能造峰,建成全省唯一的化工中试实验实训基地,创成山区 26 县首家省级高端化学品技术创新中心。电子科大长三角研究院成功入选省新型研发机构,助力衢州获批建设全省唯一的省无线电产业基地。2022 年度,浙大衢州“两院”、电子科大长三角研究院、东南数字经济发展研究院共引进高层次人才 92 名,在培研究生超过 350 名。创成省级博士创新站 9 家,居全省第一。组建动力电池和储能研究院,推动动力电池产业延链补链强链。深化“一县一产业一高校一研究院”建设,县(市、区)实现高校合作全覆盖。

【人才服务保障】 2022 年,推进人才发展体制机制改革,研究制定《关于加快建设四省边际人才管理改革试验区的实施意见》和 4 个配套政策办法,落实 8 个机制 22 项举措,258 家企业开展技能等级自主认定试点,自主认定技能人才 1.2 万人次。组建衢州人才科创发展集团,挂牌成立高层次人才服务中心。创新推出“智汇圈”系列人才活动,举办人才国情专题研讨班,组织各类人才活动 200 余场。组建人才发展基金 5 亿元,人才险总保额超 3 亿元,2000 套人才公寓建设纳入城市建设总体规划。迭代升级人才码,为全市人才提供各类服务超 60 万人次,人才码激活率超 99.9%,线上兑现人才政策资金超 1.4 亿元。

(方菲菲)

宣传工作

【概　况】 2022 年,衢州市宣传思想文化战线担当起举旗帜、聚民心、育新人、兴文化、展形象的使命任务,为全力打造四省边际文化文明桥头堡,高质量发展建设四省边际共同富裕示范区提供坚强思想保证和强大精神动力。

【理论武装】 2022 年,市委理论学习中心组围绕党的二十大精神、《习近平谈治国理政》第四卷、《习近平浙江足迹》、省市党代会精神等重大主题开展专题学习 15 次。坚持落实“第一议题”,全省率先创新实施市委常委会领导领读领学制度,率先开展县级党委理论学习中心组线上巡听旁听工作试点。试点开展“理论在线”数字应用推广使用工作,全市县处级以上党委(党组)理论学习中心组学习达标率 100%。

【8090 新时代理论宣讲】 2022 年,持续擦亮 8090 新时代理论宣讲品牌,培育宣讲名师工作室,举办“相约 8090”研学沙龙和骨干培训班,与浙江传媒学院开展“共学同讲二十大 青春扬帆新征程”活动。打造理论宣讲工作标准,迭代升级“8090+”,持续推动理念创新、路径创新、机制创新。8090 新时代理论宣讲团入选中宣部全国文化科技卫生“三下乡”活动优秀团队,“8090+”青年理论宣讲衢州模式入选全省改革突破奖提名奖,获 2022 年度全省理论宣讲先进集体,衢州市全省理论宣讲

8090 新时代理论宣讲员蒋静静宣讲照片,入选党的二十大“奋进新时代”主题成就展(中央综合展区第五单元)

先进通报表扬获奖总数排名全省第一。

【新时代衢州人文精神】2022年，提炼形成“崇贤有礼、开放自信、创新争先”的新时代衢州人文精神，实施“示范引领、理论阐释、社会风尚、新闻传播、活动推广、文明践行”等六大行动，全市域弘扬践行新时代衢州人文精神。邀请省社科院专家解读阐释，开展干部群众“大家谈”，征集刊发理论文章。将新时代衢州人文精神融入城市品牌工作体系，通过手机彩铃、飞机、高铁等宣传矩阵进行宣传推广，推出系列文创产品，让新时代衢州人文精神可看可感。

【新闻舆论】2022年，开展“奋进新征程 建功新时代”重大主题宣传，联动市县两级媒体推出“贯彻二十大精神·踔厉奋进新征程”大型融媒体采访行动。围绕“二十大宣传”“共同富裕”“疫情防控”“数字化改革”等中心工作，精心谋划推出“奋进新征程 建功新时代”“工业强市 产业兴市”“数字化改革在衢州”等30多个专题专栏。全年全媒协同发力推出超百万人次浏览量正能量爆款新闻112条，其中千万人次浏览量爆款10条，上亿人次浏览量爆款13条。全年在《人民日报》发稿11篇，《人民日报》、新华社两大主流媒体刊出正面典型经验内参；21次登上央视《新闻联播》，央视综合发稿33篇(条)，《浙江日报》头版刊发稿件33篇。外宣报道获省领导批示4次，外宣专报获市委书记批示2次。在全省本轮市级媒体融合中率先完成挂牌，“三衢”客户端同步上线运行。全年举办各类新闻发布会50余场。

【文化文创】2022年，开展“礼赞二十大”文艺文化系列活动，举办系列文化文艺活动1300余场。连续3年举办以南孔文化“两创”研讨会为核心的南孔文化季系列活动，国际儒联南孔研修基地落户衢州，为全国第二个国际儒联研修基地。“南孔文化传承发展系列研究”入选2022年浙江文化研究工程立项名单。举办“宋韵儒风·崇贤有礼”系列活动引发全国关注，曝光度、关注度超3亿次。衢州市文化事业和文旅产业稳进提质指数综合排名全省第二，“15分钟品质文化生活圈”完成率排名全省第二。大力推进文艺精品创作，纪录片《南孔》、歌曲《在余东，画一个未来》、京剧《战士》、广播剧《我不是英雄》、图书《共同富裕的中国方案》等5部作品入围浙江省第十五届精神文明建设“五个一工程”。组织各县(市、区)做好新一轮省文化产业发展专项资金申报工作，柯城区成功入围新一轮省文化产业发展专项资金。举办2022年全民读书周暨第14届衢州书展活动，全民阅读指数排名全省第二。维护全市电影院安全，组织开展“安全生产”“疫情防控”等专项检查210余次，上线“智惠观影”服务场景。

【文明有礼】2022年，扎实推进高质量发展建设共同富裕示范区打造精神文明高地领域试点，出台《2022年新时代文明生活促进行动五个十大攻坚项目》，制订“浙江有礼·衢州先行”评价体系，迭代升级“有礼指数”2.0版。巩固全国文明城市创建成果，2022年度浙江省城市文明指数测评排名全省第一。出台公筷公勺一系列9个市级地方标准，发布全国首部公筷公勺使用指南《浙江有礼·衢州先行——公筷公勺使用指南》。实施“三个一百”工程(百个文明单位联手百个文明村助力共同富裕、百位“有礼先锋”服务百个文明实践所（站）助力精神富有、百名“文明使者”播种百个文明点(广场）助力新时代文明实践)，组织“文艺送万家 文明助共富”活动220余场，全年选树市级文明村326个、市级文明乡镇11个。选树全国最美家庭3户、全国五好家庭3户、全国最美新时代革命军人1名、最美浙江人和浙江好人33名，举办衢州市道德模范暨第十一届“最美衢州人”十大年度人物颁奖典礼。

【数字文化系统建设】2022年，坚持以数字化赋能宣传工作，建设“数智文化空间站”应用，打造市域一体的高质量公共文化服务数字化集成平台，贯通农村文化礼堂、城乡体育场馆等公共文化空间1.3万余个，上架各类文化活动2万余场次，统筹特色文化人才1.4万余名，获评全省数字化改革“最佳应用”、2022年全省宣传思想文化工作创新项目，经验做法被《数字化改革(领跑者)》推广。建设“8090+”青年宣讲应

连续4年举办"青春中国·衢州有礼"全国大学生原创音乐大赛,共有3000余人报名参赛,收集参赛曲目5000余首,全网曝光破2亿次。图为2022年大赛决赛

用,实现跨体制、跨系统、跨行业、跨校地的协同推进,获评全省数字文化系统优秀应用,入选全省"一地创新,全省共享"一本账,被省委改革办《浙里改》刊印并上报中改办。文旅助企惠民"云闪兑"入选文化和旅游部2022年文化和旅游数字化创新实践案例。"e路有你""云尚非遗"等一批自主开发应用成果不断涌现。

【基层阵地】2022年,打通融合各类基层阵地,建有1个市级指导中心、6个县级实践中心、103个实践所、1598个实践站、513个实践点。健全完善文化礼堂日常开放、常态活动等六大工作体制机制,创成升级示范县3个、示范乡镇27个、特色礼堂13家,建设数字礼堂21家。创新开展全市村晚联欢、村歌联唱、村运联动、村画联展、村礼联播"五村五联"品牌活动,与柯城"在余东画共富"、龙游公共文化"三百联盟"等5个项目获评全省农村文化礼堂赋能共同富裕引领计划项目,入围数量排名全省第一。全年完成770个"15分钟品质文化生活圈"、10个文化驿站、20家南孔书屋、28家乡村博物馆建设并通过省级验收。

【扫黄打非】2022年,深化衢州—黄山"扫黄打非"区域联防行动,开展文化市场联合集中检查行动,构建省际边界"扫黄打非"战略枢纽。创新开展"五维联查·护苗绿书签"行动、"百日集中行动""护苗开学季"等专项检查13次,出动人员3000余人次,核查农家书屋、民营书店、城市书房1400余家。推动"衢州嬴时图书有限公司涉嫌销售侵权复制品案"查办,全年收缴违法出版物3.2万件。

(周永佳)

网络与信息安全管理

【概　况】2022年,衢州市网信系统以习近平总书记关于网络强国的重要思想为指导,深入学习宣传贯彻党的二十大精神,全力推动"两个责任制"落实、"七张问题清单"、"六治六提"、网络文明建设等重点工作,各方面取得积极成效,网络生态持续向上向好。

【平安护航党的二十大】2022年,完成党的二十大网上服务保障任务,累计启动应急响应31天。对全市390个重点平台系统和32个数字化改革重点项目进行轮回扫描,监测发现网络攻击156.22万次,发现风险隐患30例;开展322次巡查,下发23个网络安全通报,均督促指导整改完毕。

2022年6月1日,衢州市委网络安全和信息化委员会第一次会议召开

【重大主题网络宣传】2022 年，持续更新“学习进行时”“春风又绿江南岸 一步一履总关情”“习近平在浙江”等专题专栏，及时准确推送重要稿件。聚焦共同富裕、数字化改革等重大主题，推出原创稿 6760 条，阅读量 3473 万人次。完成网络文化协会换届，成立“信安圈”网络正能量创作者联盟，吸纳属地网络媒体、政务新媒体、重点自媒体以及网络达人等成员 40 多个。组织参与“打卡中国·最美地标”网络国际传播活动，发帖 2278 篇，其中宣传衢州非遗 163 篇，阅读量 358 万人次。

【网络文化活动开展】2022 年，组织“网络文明 青春衢州”献礼二十大 24 小时网络直播活动，举办“战疫”正能量短视频征集、“网络文明 青春聚力”云宣讲大赛、南孔杯 2022 第四届“美丽浙江好看衢州”短视频大赛、“网络文明 崇贤有礼”原创作品征集等一系列活动，征集各类正能量短视频超千条，播放量超 5000 万次。开展“新时代衢州人文精神”网上宣传，# 寻找衢先生 # 微博话题，收获 1.1 亿人次阅读量，连续 4 天登上新浪热搜榜。

【网络综合治理】2022 年，开展浙江省“八五”网络普法进行时暨 2022 衢州市网络普法微宣讲挑战赛系列活动 200 余场，浏览量超 1000 万人次。引导属地网站平台企业落实《网络信息内容生态治理规定》《关于加强网络直播规范管理工作的指导意见》，建立健全网上风险防范机制。开展社交媒体平台扫黄打非专项整治行动，巡查网站 3200 家，发现处置涉黄网站 51 家，涉赌网站 100 家。召开全市网络直播营销专项治理行政约谈会，对全市 7 家 MCN 机构（一种与内容创作者合作或直接生产各种独特内容的实体或组织）和 270 多个网络直播主体开展行政约谈。参与中国网联会《网络主播信用评价指标体系》制定，出台衢州市网络主播信用评价实施办法（试行），“网络信用监管智治应用”入选 2022 全省网络文明创新项目。

2022 年 11 月 30 日，浙江省“八五”网络普法进行时暨 2022 衢州市网络普法微宣讲挑战赛举行

【网络安全防护】2022 年，出台《衢州市网络安全评估指标体系（试行）》《衢州市政务数据安全保障体系规划》，研发上线“网络安全协调指挥平台 E 安智盾”评价研学数字化改革应用。举办 2022 年网络安全宣传周活动，其中柯城农民画案例被写入中央网信办活动总结。成立市网络空间安全协会，吸纳全市 45 家重点网络安全相关企业加入，遴选组建 31 人的专家组队伍。

（柴建林）

精神文明建设

【概　况】2022 年，衢州市精神文明建设工作以深入实施“衢州有礼”迭代工程为重点，以“打造四省边际文化文明桥头堡、新高地”为目标，全面推进各项群众性精神文明创建工作，不断提升社会文明程度和公民道德水平，致力打造“一座最有礼的城市”，为全力打造“十个桥头堡”，建设四省边际中心城市营造良好环境、提供精神支撑。

【文明城市创建】2022 年，衢州市坚持市县一体，扎实推进全域文明创建，迭代升级市创建领导小组和市文明委成员单位，由市长担任创建领导小组组长，书记市长多次专题调研创文工作，先后召开全国文明城市创建工作推进会和市文明委全委（扩大）会。进一步健全文明城市创建和城市精细化管理联席会议制度，推动

2022 年 11 月 12 日，“浙江有礼 衢州先行”——志愿服务项目大赛决赛举行

解决“四小车”等一批重点难点问题。对标中央文明办全国文明城市(地级以上)测评体系新标准，迭代升级“有礼指数”2.0 版，在全省率先推出“浙江有礼·衢州先行”评价体系，开展季度测评和“半月一主题”全域创建乡镇(街道)类别专项督查。按市委全域创建“满堂红”目标要求，建立“一市三县”“组团式帮扶”“沉浸式指导”创建工作机制，成立首批市级创建专家库，督促指导江山、开化加大县级全国文明城市创建力度，支持指导龙游、常山县级全国文明城市提名城市创建实现新突破。2022 年，衢州市蝉联浙江省城市文明程度指数测评第一。

【文明有礼培育】2022 年，衢州市围绕“浙江有礼”省域文明新实践部署和省委主要领导“率先探索、率先出成果”要求，持续迭代有礼工作体系。印发《关于全面开展“浙江有礼·衢州先行”文明新实践行动的通知》，成立由 17 个重点单位为成员的领导小组，建立部门常态化联动推进机制，形成“浙江有礼·衢州先行、儒风柯城、最美衢江、万年龙游、文润江山、常山有 U、开化有你”的市县“1+6”文明实践品牌，召开衢州市精神文明高地领域共同富裕暨“浙江有礼·衢州先行”文明新实践工作推进会，结合“浙风十礼”，广泛开展“网络文明十大行动”“文明餐桌”“带走半瓶水”“文明交通”等文明风尚行动；提炼形成“崇贤有礼、开放自信、创新争先”的新时代衢州人文精神，广泛实施示范引领、理论阐释、社会风尚、新闻传播、活动推广、文明实践等六大行动进行全市域弘扬；推广系列“浙江有礼·衢州先行”为民办实事项目，4 个项目入选省级项目；公布 17 个类别 112 个有礼点位建设，建设有礼小区 149 个。开展“浙江有礼·衢州先行”公益广告大赛及展示活动，全市域布置公益广告 3.1 万余处。形成《衢州有礼文明示范行动的实践与思考》《全域文明 处处见礼——“浙江有礼”的衢州实践与思考》等多项调研成果。

【礼治法治建设】2022 年，衢州市深入挖掘南孔文化“有礼”核心价值，将“有礼”融入市域治理各环节，具象为生活中小事小节，引导约束市民行动，深化践行《衢州文明行动促进条例》《衢州有礼市民公约》《衢州健康生活十条》等，出台《家庭家教家风 25 条》，实施有礼好家风“十个一”行动，发布衢州市公筷公勺 9 个系列地方标

2022 年 10 月 4 日，“浙江有礼·衢州先行”——我们的节日“古诗古韵话重阳”

准，公布全国首部公筷公勺使用指南《浙江有礼·衢州先行——公筷公勺使用指南》，举办“礼遇衢州 集体婚礼”，推广“有礼殡葬”，开展“有礼家风 浸润衢城”等系列活动。2022年6月、8月，中央政法委委员陈一新在第八次、第九次全国市域社会治理现代化试点工作交流会上两次点赞推广衢州“有礼善治”经验。

2022年1月25日，第十届“最美衢州人”颁奖典礼

【精神文明高地建设】2022年，衢州市扎实推进市域社会治理现代化“发挥德治教化作用”试点和浙江省高质量发展建设共同富裕示范区（精神文明高地领域）试点工作，实施“打响8090新时代理论宣讲品牌、弘扬文明生活新风尚、打响南孔文化品牌、打造世界围棋圣地”等20项重点任务，不断推动“在共同富裕中实现精神富有”，8090新时代理论宣讲迭代为8090+、南孔文化发展得到中央及省级领导批示，“南孔文化”被列入首批“浙江文化标识”培育项目，出台全国首部围棋地方性法规《衢州市围棋发展振兴条例》，使理论学习蔚然成风、社会文明程度显著提升、城市品牌持续打响、公共文化服务质量不断优化、优秀传统文化魅力更加彰显、新时代衢州人文精神大力弘扬，顺利完成试点中期评估。

【精神文明建设数字化改革】2022年，坚持数智赋能，市县两级围绕精神文明建设，先后开发上线“乡童来吧”“文明快享”“有礼六评”“走心驿站”“爱心慧”等多个文明有礼应用，衢州“助企惠民云闪兑”获评文旅部数字化创新实践优秀案例，“邻礼通·三民工程”“8090+青年宣讲应用”被浙江省数字化改革领导小组列为全省“一地创新、全省共享”“一本账”S0（第一版）；“邻礼通·三民工程”“数智文化空间站”应用入选浙江省数字化改革“最佳应用”，数智文化文明建设迈出新步伐。

【新时代文明实践中心建设】2022年，推动新时代文明实践中心建设提质扩面，搭建“指导中心—实践中心—实践所—实践站—实践点”五级文明实践基地，建成1个市级指导中心、6个县级实践中心、103个实践所、1598个实践站、513个实践点，5月底实现全市新时代文明实践中心（所、站）全覆盖，推动“15分钟文明实践服务圈”和“15分钟品质文化生活圈”有机融合。

【群众性精神文明创建】2022年，全市选树新一批市级文明单位37家、市级文明乡镇11个、市级文明村325个、市级文明校园23家、市级文明家庭68户；年末，有全国文明单位18家，全国文明乡镇3个，全国文明村15个，全国文明校园2家，全国文明家庭1户；省级文明单位222家，省级文明乡镇17个，省级文明村82个，省级文明校园30家；实施百个文明单位联手百个文明村助力共同富裕、百位“有礼先锋”服务百个文明实践所（站）助力精神富有、百名“文明使者”播种百个文明点（广场）助力新时代文明实践“三个一百”工程，组织“文艺送万家 文明助共富”活动220余场，着力打造农村“15分钟文明实践服务圈”。

【公民道德建设】2022年，衢州市贯彻落实《新时代公民道德建设实施纲要》，持续开展“乡村比孝”“好家风”“好婆婆、好媳妇”等选树活动，深入挖掘本土道德模范典型，全年选树全国最美家庭3户，全国五好家庭3户，全国最美新时代革命军人1名，省级最美家庭8户，市级最美家庭20户。推荐中国好人候选人2名、“第二届最美诚信浙江人”候选人3名，评选产生浙江好人24例、有礼之星87例,举办衢州市道德模范暨第十一届“最美衢州人”十大年度人物颁奖典礼。

【未成年人思想道德建设】2022年，全面推进未成年人思想道德建设工作。首次实施“2022年度衢州市未成年人思想道德建设十件实事项目”。打造并启用市级未成年人心理健康辅导中心新址。深入推进“春泥计划”品牌工程落地落实,开展“浙江有礼——携手山乡少年擦亮文明之光”暑期公益支教活动和“浙江有礼·衢州先行—‘浙风十礼’道德教育实践”暑期支教活动。依托8所乡村“复兴少年宫”和82所乡村学校少年宫、1400余个“春泥计划”阵地，开展各类文明实践活动1.4万余场次;全市中小学校开展“喜迎二十大”主题实践活动2000余场，30余万名师生参加。举办“开蒙礼”活动,8000余名学子参加,出动执法队员9600余人次专项排查学校周边环境，保障未成年人健康成长。

【志愿服务建设】2022年，迭代升级“三红三团三站”(即红管家、红手印、红色物业联盟,创文骑兵团、净城慢跑团、有礼帮帮团,学雷锋广场、学雷锋有礼站、劳动者港湾）志愿服务子品牌，截至年底，全市注册志愿者68.4万人，志愿服务时长1562万余小时,实现主城区“一小区一锦鲤队、一网格一党建指导员、1+N党员联户”全覆盖。举办衢州市新时代文明实践志愿项目大赛，推行志愿服务活动积分管理制,推出“幸福志愿贷”“无忧志愿保”和“健康志愿检”等特色激励内容,不断完善礼遇关爱机制,为全市最美人物、有礼标兵、志愿者提供保额60亿元的保险。

（汪　恒）

衢州市社会科学界联合会

【概　况】2022年,衢州市社会科学界联合会（以下简称“市社科联”)围绕宣传贯彻落实党的二十大、省第十五次党代会、市第八次党代会主线和市委、市政府大局中心,扎实推进理论研究阐释、学术研究交流和社科宣传普及等各项工作,守正创新、重点突破,社科各项工作成效显著、亮点纷呈,为加快建设四省边际中心城市、争当“两个先行”示范窗口贡献社科智慧和力量。市社科联获评2022年度全省理论研究工作优秀单位。

【理论铸魂】2022年，围绕学习宣传贯彻党的二十大和省、市党代会精神主题主线，强化思想引领，先后召开全市社科界学习贯彻党的二十大精神、市第八次党代会精神座谈会，并在《衢州日报》推出“社科专家谈”3个专版理论文章，引导广大社科工作者理论武装走在前、当好研究阐释主力军。推动习近平新时代中国特色社会主义思想研究阐释,高质量编写《践行嘱托　追赶跨越——习近平新时代中国特色社会主义思想在浙江的萌发与实践(衢州卷)》。开化县“人人有事做，家家有收入”理论溯源成果获得省委书记、省长等5位省领导批示肯定,《人民日报·内部参阅》、新华网等中央及省级主流媒体报道30余篇次。

【课题研究】2022年,围绕市委、市政府中心工作，组织开展市级社科规划课题研究。紧扣高质量发展建设四省边际共同富裕示范区、四省边际中心城市、培育弘扬新时代衢州人文精神等中心工作和重大主题,组织2022年度市级社科规划课题研究立项课题75个;组织开展衢州市社科规划“南孔清风”廉洁文化专项课题研究，立项课题27个。推进实施省社科赋能山区(海岛)县高质量发展行动,形成一批高水平的研究成果,《以未来乡村建设助力我省共同富裕示范区建设的建议》等6项研究成果在《浙江社科要报》刊发,获得省领导批示8次,其中省委主要领导批示3次。《十六国春秋》辑校等3项课题获国家社科基金立项；省部级课题立项18项。编发《衢州社科要报》2期,获市领导批示5次，其中市委主要领导批示2次。承办浙江省社科赋能山区(海岛)县高质量发展工作推进会,衢州市社科联、柯城区社科联在会议上作交流发言,衢州市社科联及柯城区、龙游县、开

2022 年 12 月 16 日，浙江省社科赋能山区（海岛）县高质量发展工作推进会在衢州召开

化县等 3 家县级社科联获评 2022 年度社科赋能行动优秀组织单位。龙游县“一镇带三乡”探索区域协同发展新模式案例入选第四届浙江省高质量发展智库论坛县域高质量发展优秀案例。

【科研合作】 2022 年，推动衢州市人民政府与浙江省社会科学院建立战略合作关系，设立浙江省社科院衢州研究院，借智借力提升衢州市社科研究水平。邀请省社科院院长何显明领衔成立课题组，对“新时代衢州人文精神”提炼开展专题研究，形成近 3 万字的研究报告，为新时代衢州人文精神提炼提供学理支撑。新时代衢州人文精神关键词确定后，联合省社科院推出 11 位省级社科专家解读阐释视频，召开全市社科界弘扬培育践行衢州新时代人文精神座谈会，有力推动新时代衢州人文精神破题出圈、家喻户晓。

【文化研究】 2022 年，推进文化研究，推出立世精品，不断擦亮以“两子文化”为核心的衢州文化金名片。《孔氏南宗与孔氏南宗文化的传承发展研究》课题获 2022 年国家社科基金社科学术社团主题学术资助立项，《南孔文化传承发展系列研究》7 册丛书获 2022 年度浙江文化研究工程立项。参与承办 2022 南孔文化季启动仪式暨第三届南孔文化创造性转化创新性发展研讨会、“儒学大家谈”南孔家风家训研讨会等高规格的学术研讨活动，进一步扩大南孔文化影响力。余东村入选第四届长三角江南文化论坛“最江南”长三角乡村文化传承创新典型村落案例。

【社会科学普及】 2022 年，持续推动社科普及载体迭代升级，承办全省“书香润童心 点亮乡村留守儿童阅读梦”现场交流会暨省级社科之家授牌仪式，“钱江源书香客厅”被评为省首批 6 家省级社科之家之一。率先落实全省现场会精神，以“衢州有礼”阅读联盟为主体，组织开展百余场“书香润童心 阅读进礼堂”活动，让广大乡村儿童沐浴书香。举办衢州市 2022 年度社科普及周启动仪式暨西周姑蔑文化科普宣传活动，发挥衢州“8090+”新时代理论宣讲优势，聚焦党的二十大精神、《浙江省哲学社会科学工作促进条例》和民生政策等主题，推出一大批具有“衢州味”“社科味”的科普活动，受众 5 万余人次。推动社

2022 年 12 月 13 日，“8090+”宣讲员在孟姜村文化礼堂为全市各界社科工作者及群众讲解《浙江省哲学社会科学工作促进条例》

科普及创新，评选出市级科普创新项目14个，“礼敬百年·青春向党”8090学党史讲党史活动等5个项目被评为“浙江省社科普及创新项目”。

【贯彻《浙江省哲学社会科学工作促进条例》】 2022年，深入学习贯彻《浙江省哲学社会科学工作促进条例》(简称《条例》)，市委宣传部部务会议专题研究学习贯彻《条例》工作，专门召开学习贯彻《条例》座谈会暨各县(市、区)社科联主席工作会议，推动《条例》学习宣传贯彻工作取得实质性进展。市政府恢复开展衢州市第十六届哲学社会科学优秀成果奖评选，共评出哲学社会科学优秀成果40项，进一步激发社科工作者研究热情。新成立全市党校系统社科联，社科联组织建设进一步健全。

（郑　涛）

统战工作

【概　况】 2022年，衢州市统一战线紧扣党中央和省委、市委对统战工作的重大部署，以“争当全省统战系统优等生、全市服务大局排头兵”的奋进意识和担当自觉，推动统战工作再上新台阶。衢州统一战线工作获得省部级以上领导书面肯定34次，省委常委、统战部部长邱启文先后14次批示衢州统战工作，省委统战部8次专题介绍衢州工作经验，各项年度考核评价指标要求完成率100%。衢州市委获评2022年度全省统一战线工作考核优秀单位，衢州市民宗局获评全省民族宗教工作成绩突出单位。

【思想政治引领】 2022年，围绕学习贯彻重要会议、重要讲话精神，支持各民主党派开展“矢志不渝跟党走、携手奋进新时代”政治交接主题教育，通过爱国奋斗报告会、同心大讲堂、共话“四个自信”等丰富载体，开展各类思政教育活动190余场次，引导党外人士坚定捍卫“两个确立”、坚决做到“两个维护”。召开市委统战工作会议、市委统一战线工作领导小组会议等重要会议，重塑领导小组运行机制，制定实施23项重大任务清单，系统解决党外干部配备、民宗力量增配、商会经费保障等一揽子问题，全面加强党对统战工作的领导。健全完善党外人士“直通车”制度、政府工作部门对口联系制度和特约员工作制度等政治制度，拓宽政治参与渠道，全年开展政党协商10次，“直通车”建言获市委、市政府主要领导批示肯定13次。

【非公有制经济领域统战工作】 2022年，创设“亲清半月谈”活动平台，构建企业家意见诉求直通机制，推动政企间互动、沟通。全年举办“亲清半月谈”11期，邀请90名企业家代表(88家企业)与市委、市政府主要领导叙谈交流，汇总梳理诉求建议167个，办结率100%，企业评价满意率99.3%。6个县(市、区)分别建立政企互动平台机制，开展活动33场。该活动获省委常委、统战部部长邱启文和市委书记高屹批示肯定，并入选省工商联服务“两个健康”最佳实践案例。建立“双清五廉十好”(企业治理清、政商交往清，党建引廉、组织护廉、制度护廉、文化倡廉、红线守廉，党建引领好、组织建设好、防控制度好、机制运行好、清廉文化好、教育载体好、守法经营好、员工队伍好、社会声誉好、品牌建设好)清廉民营企业建设标准体系，发布《“双清五廉十好”建设导则》《民营企业及其负责人政商交往正负面引导清单》等。年内，新增15家市级清廉民营企业示范标杆单位，成立市外衢州商会2家（武汉市衢州商会、天津市衢州商会)、成立商会筹备组11家。办好“青蓝接力赛”活动，举办创业创新沙龙，组织新生代企业家赴余姚、长沙等地开展青商游学、青商党建等定期活动6期，不定期活动26起，参加活动1500余人次。市县联动组建“8090”宣讲团，市级新生代企业家联谊会全员加入，围绕党的二十大精神等开展各类宣讲活动。2月18日，召开衢州市工商联换届大会，选举产生新一届市工商联(总商会)领导班子成员。

【新乡贤工作】 2022年，着力把新乡贤带富工程作为动员社会力量投身共同富裕的工作重点，用好用活“同心共富·乡贤通”应用。探索出台《关于进一步加强新乡贤工作 助力四省边际共同富裕示范区建设的实施意见》，全面推行《新乡贤积分评定办法(试行)》《新乡贤带富工作考评办法》,推动新乡贤工作纳入各级党委整体工作部署,进一步强化组织、人员、经费等各方面保障,构建以乡镇(街道)为主体,行政村(社区)为基础,商会、乡贤联谊会为依托的立体式新乡贤组织网络。评选第三批10个市级“南孔乡贤馆”。搭建“同心共富·乡贤通”乡贤管理平台,全面摸排乡贤底数,分类分层构建新乡贤人物标签体系,建立健全新乡贤人才数据库,排摸海内外衢州新乡贤3.3万人。新乡贤助力乡村振兴产业发展,推进现代农业产业项目159个。发起乡村“共享食堂”项目,募集新乡贤捐资1.36亿元,受益群众超2万人。成立的各类基金累计筹措2400余万元,结对帮扶800多人次。通过推广贯通“同心共富·乡贤通”应用,畅通“我为家乡”“家乡为我”双十通道,吸引2114名新乡贤带项目、资金、技术、团队等资源要素回归参与家乡建设,新乡贤使用各类服务40078次,推动服务新乡贤水平和新乡贤助力共富成效“双提升”。指导开展春节前后“五个一”(一封新春贺信、一批走访慰问、一场交流座谈、一次招商推介、一轮上门服务)等各类新乡贤活动,开展交流座谈186场,慰问寓外乡贤代表在衢州家属500余人。

【民族工作】 2022年,贯彻落实中央、省委、市委民族工作会议精神,围绕“铸牢中华民族共同体意识”民族工作主线,聚力民族乡村振兴发展,深化各民族交往交流交融。1月28日,高规格召开衢州市委民族工作会议暨全市宗教工作会议,建立衢州市民族工作协调机制。扎实推动民族乡村共同富裕。提档升级“一乡两带十村”建设,龙游县沐尘—溪口畲乡共富精品带入选省级民族乡村共同富裕精品带,成功培育北二村、西坑村、溪口村、江村村、芙蓉村“来料加工共富点”、联盟村“共富联盟”等6个省级民族乡村共同富裕点,建成沐尘乡、沐尘村、树范村等3个省级民族乡村振兴试点。2022年全市民族乡村共谋划重点项目109个,总投资2.4亿元,集体经济收入破百万元的民族村21个。培育民族乡村新兴产

2022年8月19日,“喜迎二十大·铸牢中华民族共同体意识”全省微党课巡回宣讲活动(衢州站)启动仪式

2022年8月27日,龙游县沐尘畲族乡石榴红创客联盟座谈会召开

业，培育县级以上好畲匠、好畲艺、好畲品、好畲居、好畲味各60个，挖掘民族乡村振兴领军人物9人入库备案。推进民族团结进步创建工作。着力开展“石榴红”阵地建设，绘制全市“之江同心·石榴红”阵地地图，在全市范围创建“石榴红”家园26个、驿站43个、工作室18个、志愿服务队19个、宣讲团14个，开展志愿服务活动60余次、宣讲活动100余次、民族文化交流活动30余场。创新开展“南孔爷爷话民族团结”系列文创项目，以表情包、短视频等形式将衢州有礼文化、民族特色寓教于乐。丰富各民族群众交往交流交融活动。8月19日，在开化县金星村举行“喜迎二十大·铸牢中华民族共同体意识”全省微党课衢州站巡回宣讲活动。指导有条件的民族乡村开展“三月三”“九月九”等民族节庆品牌活动。重点培育柯城区大成小学民乐队城市社区民族文化交融共享载体。组织51名运动员参加浙江省第7届民族传统体育运动会，参与板鞋竞速、陀螺、蹴球、押加、秋千、民族健身操等6个竞赛项目，获得1个一等奖、17个二等奖、6个三等奖，代表团获优秀组织奖。

【宗教工作】2022年，贯彻落实党的二十大和中央、省、市民族宗教工作会议精神，牢牢把握宗教中国化方向，紧扣浙江省建设“宗教中国化和宗教事务治理现代化示范省”的目标任务，推动宗教工作。高规格举办市委民族工作会暨全市宗教工作会议，制定下发《市委民族工作会议暨全市宗教工作会议重点工作任务分工抓落实方案》和《2022年衢州民族宗教领域重点工作挂图作战表》。制定下发《2022年度衢州市民族宗教工作综合评价实施办法》。单设市民族宗教事务服务中心，核定事业编制6名；将宗教工作处分设为宗教工作一处、二处，核增科级领导职数1名，增加部务会议成员1名，增强民宗力量。发挥宗教有礼园和四省边际宗教中国化促进会的引领作用，办好“有礼讲坛”，围绕从严治教、崇俭戒奢、讲经解经等主题开展“之江问道”系列活动21场次。加快推进“一县一寺观”规范提升建设。承接“浙里民宗快响”应用开发建设试点，将该应用与基层“141”治理体系全面贯通，实现基层宗教工作问题快速发现、快速交办、快速响应、快速闭环，并在全省贯通推广。

【港澳台统战工作】2022年，组织香港衢州同乡会青年委员会20余名青年代表开展“庆回归、学讲话、启新程”活动，学习讨论习近平总书记在庆祝香港回归祖国25周年大会上发表的重要讲话精神。组织在衢州台青学习习近平总书记给台湾青年的回信。组织开展“欢庆国庆节 喜迎二十大——衢港青年交流活动”，衢港青年集体观看中共二十大开幕会，学习中共二十大会议精神。克服疫情影响，谋划“云上交流”通道。开化县呑滩社区和香港屯门区宝塘下村通过“云结对”、常山县天马街道渡口社区和香港元朗水边村，结为社区（乡村）伙伴，为两地基层的实地交流合作和协同发展奠定基础。以线上、线下两种形式同步举办2022“烂柯杯”浙台青少年围棋赛，80名海峡两岸青少年围棋爱好者在衢州和台北两地同时参赛。2022年全国台联第十九届台胞青年千人夏令营浙江分营在衢州孔氏南宗家庙举行开营仪式，来自杭州、温州、衢州、台州四地的50余名台胞青年参加。多次组织香港衢州同乡会中的“衢二代”“衢三代”港青，开展中国传统文化之旅，赴共建“一带一路”国家文化艺术交流博览会现场感受中国画的文化韵味；组织青少年会员到香港故宫文化博物馆参观。

【海外统战和侨务工作】2022年，组织“南孔圣地·崇贤有礼”——千年儒风润侨心系列活动，通过邀请浙籍侨界代表参加南孔祭典仪式，推动南孔文化进入海外华文学校教程等，打响“南孔圣地、衢州有礼”城市品牌。积极做好乌克兰撤侨工作。坚持每周为华校孩子在线上围棋公益课程，通过捷克、奥地利等欧洲国家华人报刊、华校校长微信群等广泛宣传，惠及欧洲、亚洲、美洲等27个国家多家华校的300多名中外学生，推动“围棋发源地”“南孔圣地·衢州有礼”城市形象和文化旅游资源走向海外。

多次组织侨企代表考察市内产业合作园区，了解衢州文化产

2022 年 4 月 6 日，新乡贤邵建雄回江山签约投资 100 亿元新能源新材料项目

业发展情况和招商政策，将侨务工作有机融合到文化产业。以“千个侨团(企)帮千村”活动为载体，全年促成 13 家省、市级侨团组织与行政村结对共建，53 家侨企参与侨助共富，全市侨企产业帮扶、投资捐助折合人民币约 1.4 亿元，实现结对村集体经济收入翻番，人均增收 10%以上。依托“邻礼通·现代社区综合应用”平台，系统谋划“侨邻里”应用，创新侨界老人“三色管理”机制，打通海外侨胞—侨眷侨属—社区网格三方的沟通渠道。深入开展为侨“三服务”专项行动、“今年中秋不回家·侨干代您看家人”活动等，帮助侨企侨胞解决现实问题。坚持以“侨”架“桥”，汇聚侨心、侨力、侨智，不断扩大海外“朋友圈”。先后组织 6 批次市内侨企代表、海外侨胞深入未来乡村和工业产业园开展投资调研、考察交流活动。

【党外代表人事队伍建设和新的社会阶层人士统战工作】2022 年，组织党外知识分子、无党派人士、新的社会阶层人士学习党的二十大精神，分领域举办党外知识分子“喜迎二十大 奋进新征程”爱国奋斗报告会 10 余场，参与 500 余人次。多形式举办共话“四个自信”、“寻美·浙江”“寻美·衢州”系列活动，凝聚思想政治共识。开展“同心共富”主题宣传教育，运用“同心知联课题”“新联有约”“寻品·衢州”主播有礼等平台载体，开展同心共富主题宣传等活动 7 次，参与 400 余人。组织开展文艺美村助富、知企共建助力高质量发展、“文学点灯”助学等十大行动，举办活动 20 余场(次)，参与会员 400 余人，结对帮助村社、企业 20 余个。持续开展“寻品衢州·主播有礼”活动，新媒体从业人员 150 余人参加，直播和短视频观看人数达 300 余万人。组织市知联会、市新联会围绕共同富裕、打造文化高地、职业教育等工作开展民主监督 10 余次，提出意见建议 20 余条，形成民主监督调研报告 2 篇。建立知联会、新联会赛马比拼机制，建立健全项目认领、会长轮值等制度，对项目绩效进行定期亮晒，进一步浓厚会员扛旗争先工作氛围。完成市知联会换届工作，为市知联会进一步发挥作用、扩大社会影响力打好基础。推进欧美同学会组织建设，市委常委会研究并批复同意成立欧美同学会。

(朱 茜 胡肖剑 曹林中 蓝朝龙)

改革与政研

【概　况】2022 年，衢州市委改革办围绕全省数字化改革“两年大变样”目标，坚持一体化推进全面深化改革、共同富裕示范区重大改革、数字化改革，统筹推进改革和政研工作，瞄准跑道赛点、找准突破性抓手、突出实战实效，推动改革提质扩面，全力打造四省边际数字变革桥头堡，推动形成一批具有衢州辨识度的标志性成果。年内，争取到省部级改革试点 5 个。在国务院职转办、《电子政务工作》等简报刊发改革案例 3 篇，省委改革办《领跑者》《竞跑者》《数字化改革(工作动态)》刊发改革案例 24 篇。在全省“最系列”评选中 2 个数字化改革应用获评全省“最佳应用”，1 个基层智治大脑获评全省“最强大脑”，成为 8 个全省“最佳应用”和 3 个全省“最强大脑”的主要协同单位。在 2022 年度全省全面深化改革(数字化改革)考评中获评优秀等次(全省前 5)；《衢州政研与改革》共编发55期，获市领导批示25次，其中市委主要领导批示19次。

【市委全面深化改革委员会第五次会议】7月14日，市委全面深化改革委员会召开第五次会议。传达学习中央改革委第二十五、二十六次会议和省委改革委第十九次会议精神，听取市委改革办（市数改办）关于前一阶段数字化改革总体进展情况、存在问题和下两个月工作重点，市级各推进办分别汇报前一阶段数字化改革推进情况、存在问题和下两个月工作重点。

【推进全面深化改革工作】2月25日，召开衢州市推进基层治理系统建设驻衢江工作组动员会。4月22日，衢江区基层治理系统建设情况在全省基层治理系统建设推进会上作典型发言。4月29日，制定印发《中共衢州市委全面深化改革委员会2022年工作要点》。5月11日，全市基层治理系统建设现场推进会在衢江区召开，标志着“县乡一体、条抓块统”工作常态化运行。5月31日，确定由衢州市承担“大综合一体化”行政执法改革和基层智治大脑市级节点两项省级改革任务。6月6日，《衢州加快构建县域整体智治新格局》在《浙江日报》头版刊发。6月29日，中共衢州市委全面深化改革委员会印发《关于调整全面深化改革专项小组和数字化改革系统跑道设置的通知》。7月13—14日，全省“大综合一体化”行政执法改革暨深化基层管理体制改革推进现场会在衢州召开。7月16日，制定印发《中共衢州市委全面深化改革委员会关于巩固提升“县乡一体、条抓块统”改革扎实推进基层智治系统建设的实施意见》。7月19—20日，开展全市推进基层智治系统建设督查。9月5—7日，开展乡镇（街道）“四平台”（综合信息指挥室）“十到位”落实情况专题调研。9月16日，省基层智治系统第一期第三片区协作会议在常山县召开。11月30日—12月2日，委托浙江大学教授团队开展基层智治系统建设第三次双月（年终）评估。2022年度浙江省改革突破奖评选结果揭晓，衢州市获“一金两银一铜三提名”：基层智治改革创新实践获金奖，物流保畅提效集成改革、邻礼通“三民工程”现代社区治理模式获银奖，完善自然灾害风险防控体系获铜奖，“8090+”青年理论宣讲衢州模式、中小企业轻量化智改、“人人有事做，家家有收入”山区共同富裕先行实践地改革获提名奖。2022年度全市全面深化改革考评结果为：柯城区、衢江区、江山市获优秀等次。2022年度衢州市改革突破奖评选结果为：基层智治改革创新实践等7个项目获特别贡献奖，“公务餐”一件事改革等3个项目获一等奖，人大“主”字型数字化履职服务体系等6个项目获二等奖，基层管理体制改革等10个项目获三等奖，重大决策社会风险评估工作机制改革等11个项目获提名奖。

【推进数字化改革工作】1—11月，召开全市数字化改革推进会6次。4月14日，市数字化改革领导小组办公室印发《关于进一步加强数字化改革项目规范管理的通知》。5月5日，印发《关于建立数字化改革工作向上对接机制的通知》。5月26日，印发《关于建立数字化改革应用评价机制的通知》。5月26日，印发《关于实施数字化改革双月综合评价的通知》。5月30日，印发《关于进一

2023年1月，衢州市获2022年度浙江省改革突破奖金奖

2022 年 7 月 14 日，八届市委全面深化改革委第一次会议暨全市数字化改革推进会召开

步加强省改革突破奖“争金夺银”项目培育的通知》。5 月 31 日，开展衢州市争创全省“最佳应用”晾晒点评活动。6 月 29 日，市数字化改革领导小组印发《关于建立健全数字化改革“一地创新、全市复用”机制实施方案的通知》。8 月 2 日，市数字化改革领导小组印发《关于印发数字化改革“六大行动”方案的通知》。8 月 24 日，市数字化改革领导小组办公室印发《关于做好数字化改革双月综合评价的通知》。8 月 26 日，举行全市“最优数字书记”比拼活动。8 月 30 日，市委书记高屹就衢州市基层智治综合应用建设情况在全省数字化改革工作推进大会上作典型发言。9 月 21—22 日，省对市数字化改革专项督察组到衢州开展 2022 年度数字化改革专项督查。10 月 27—28 日，省社科院到衢州开展数字化改革第三方评估调研工作。10 月 28 日，中共浙江省委全面深化改革委员会办公室印发《关于数字化改革“最系列”成果的通报》，衢州市数智文化空间站应用和“邻礼通·三民工程”应用 2 个数字化改革应用获评全省“最佳应用”，基层智治大脑获评全省“最强大脑”，成为浙江省公权力大数据监督等 8 个全省“最佳应用”和公安大脑等 3 个全省“最强大脑”的主要协同单位。

【研究制定重要政策文件】 2022 年，参与市委重要文件起草。参与市第八次党代会报告起草，牵头起草市委八届二次、三次全会决定，高质量完成《关于在机关部门中开展“六治六提”作风建设的行动方案》《关于建立工作复盘机制的通知》起草工作。牵头起草《关于建立健全“八八战略”抓落实长效机制的实施方案》，梳理形成分工抓落实清单，构建“八八战略”评估抓落实工作闭环，全力抓好评估后半篇文章。

【重点课题研究】 2022 年，组织开展市委、市政府年度重点调研课题和各县(市、区)、市级机关部门年度调研课题谋划工作，确定市委、市政府重点调研课题 19 个。市级部门、县(市、区)两个层面形成重点课题成果 84 个，并组织开展优秀调研成果评选。聚焦低收入群体增收重大问题，开展《推动低收入群体持续增收筑牢共同富裕民生“底板”的实践探索》课题研究工作；聚焦抢占动力电池产业未来发展风口，系统分析衢州市打造“千亿元级”动力电池材料基地面临的机遇与挑战，形成《衢州动力电池技术创新和产业发展研究报告》。组织撰写的《绍兴滨海新区管理体制分析及对我市的建议》《赴湖州市、舟山市考察报告》等一批调研成果得到市委领导肯定。

【政策信息服务】 2022 年，以《衢州政研与改革》为载体，强化信息服务，推动政策研究力量统筹联动，为市委、市政府决策提供精准服务。围绕推进共同富裕理论创新，研究制定《关于推动共同富裕理论创新的实施方案》，会同市委社建委开展共同富裕典型案例评选和汇编工作，系统总结山区共富实践探索的经验做法。全量收集梳理习近平同志关于衢州工作的重要论述(指示)，起草形成《习近平同志对浙江工作的重要指示批示(衢州模块)》《习近平总书记关于山区共同富裕重要论述整理研究报告》，助力推进习近平同志对衢州的殷殷嘱托落地落实。

(鲁迁浅)

编制工作

【概　况】2022年，中共衢州市委机构编制委员会办公室学习贯彻习近平总书记关于新时代机构编制工作的重要论述，执行中央和省、市委编委会议决策部署，共同牵头推进“大综合一体化”行政执法改革，全省率先开展深化基层管理体制改革试点，积极推进事业单位数字化改革，统筹优化机构编制资源，加强机构编制规范管理，各项工作取得显著成果。

【“大综合一体化”行政执法改革】4月，出台《关于市级深化“大综合一体化”行政执法改革机构编制调整的通知》，进一步整合农业、文化市场、自然资源三支专业执法队，全省率先在全市域构建“综合执法＋市场监管、交通运输、生态环境、应急管理、卫生健康”的“1+5”行政执法体系，全市累计减少专业执法队伍43支，队伍精减率60%。在充分调研、分析利弊的基础上，将除生态环境、交通运输领域外的执法队伍全部调整为“以区为主”的行政执法体制。配合市委组织部制定涉改人员转隶标准，市县两级共转隶执法人员414名。5月，重新制定市县两级30家涉改机构“三定”文件，同时配合市委组织部完成执法队伍参公报批工作，8月，市县两级20家行政执法单位经省委组织部批复同意参照公务员法管理。结合深化基层管理体制改革，创新探索“派驻＋联系”分类下沉模式，统筹盘活执法力量，行政执法力量下沉县乡比例分别达到89%、71%。配合市综合执法指导办，建立“执法目录总清单＋综合执法清单＋专业执法清单”三张清单，整合高频率、高需求、高综合“三高”和“沉睡”事项，整合后综合执法事项2224项，占比达45%。7月13—14日，承办全省“大综合一体化”行政执法改革推进现场会，为全省改革大局提供衢州经验。

2022年7月13—14日，全省大综合一体化行政执法改革暨深化基层管理体制改革推进现场会在衢州召开

【深化基层管理体制改革】2021年11月，中央编办召开全国基层管理体制改革经验交流会，部署推动乡镇（街道）机构改革，创新基层管理体制。12月，时任省委书记袁家军审阅省委编办关于开展深化基层管理体制改革的建议方案，同意在衢州、宁波两地开展改革试点。同月，衢州市委常委会专题研究并审议通过试点方案，12月24日，市委召开全市深化基层管理体制改革试点动员会。2022年1月，衢江、江山作为改革试点县（市、区），部署启动“一下沉三清单五统筹”重点改革任务，市委书记汤飞帆和组织部部长陈玲芳对改革试点工作作出批示。4月，全市召开改革部署推进会，明确围绕管理架构重塑、职能体系重塑、资源配置重塑、条块关系重塑，全市域开展深化基层管理体制改革，全力支撑“162”体系与“141”体系贯通落地。5月，召开全市执法力量下沉工作部署会，综合执法、市场监管、资规、司法4家部门1337名人员编制锁定到乡到所。6月，出台岗位管理和派驻干部管理“双十条”，作为改革配套文件。7月，全省深化基层管理体制改革推进现场会在衢召开，相关经验做法被《中国机构编制》杂志、省委信息等平台刊发。12月，以深化基层管理体制改革为支撑的“基层智治改革创新实践”获2022年度全省改革突

破奖金奖。

【事业单位数字化改革】按照省、市统一部署要求，牵头推进事业单位数字化改革工作，7月，成立事业单位数字化改革工作专班，建立2个专题组，明确职责分工。7—8月，先后开展3轮摸底调查，梳理市属事业单位数字化改革实际进展和应用场景建设情况，并先后赴市人社、交通、民政、资规、市场监管等部门所属事业单位开展实地调研，现场了解应用建设进展情况。11月，印发《衢州市事业单位数字化改革工作方案》，全面推进全市事业单位数字化改革工作，推荐的"智享生态牧场"应用入选全省事业单位数字化改革第二批重点应用清单。

【机构编制资源统筹】落实中央和省委、市委决策部署，加强统筹，服务保障好重点中心工作。4月，完成市区环卫体制改革；6月，完成市安委办机构配套；11月，完成市级媒体融合发展、市县党委教育工委设置和国动体制改革。深化中小学教职工编制市域统筹，在严格控制编制总量、严格执行编制标准、提级管理核编权限、统一编制核定频率基础上，研究建立中小学编制"县域挖潜、市域统筹、动态调整"机制，全市共统筹调剂340名周转编制，用于保障新建、扩容及民转公中小学所需教职工编制，中小学编制实现削峰填谷、调余补缺，有效破解资源配置区域间不平衡和结构性矛盾。加强文化卫生编制资源供给，开展南孔中心机构编制调整，理顺南孔管理体制。8月，全市核增疾控中心事业编制8名、周转编制73名，充实公共卫生应急处置力量。

【机构编制规范管理】9月，制定出台《衢州市机构编制事项管理的操作规则（试行）》《衢州市市级党政机构职责管理办法》《衢州市市属事业单位机构编制管理办法（试行）》《衢州市市级机关事业单位机构编制实名制管理实施办法》4个机构编制领域规范性文件，初步构建"1+1+4"机构编制法规制度体系。年内，结合省委巡视整改"回头看"，加强对市县机构编制问题的督促整改，分类推进54个反馈问题的销号，撤并整转违规机构18个，整改编制职数倒挂机构30家，消化超职数、超规格或违规配备的领导干部157人，转岗保留公务员身份在事业单位任职5人，核销违规领导职数48名、违规自定行政编制41名。建立每月自查、联动整改和台账销号管理3项机制，省机构编制数字化监管平台预警的1942个问题全部完成整改。加强机构编制实名制管理、数据安全和归集运用，迭代升级实名制系统，全面完成机构编制数字化监管平台省市县三级贯通。

（柴兴荣）

对外事务

【概　况】2022年，衢州市人民政府外事办公室（以下简称"市外办"）以习近平外交思想为引领，统筹好安全和发展两件大事，积极助力"两个先行"，为全市社会经济发展贡献力量。根据企业需求实行容缺受理、即报即办、延时服务等快捷便利举措，创新推出

2022年11月18日，参加"国际友人品浙江——走进衢州"活动的嘉宾走进柯城区余东未来乡村体验农民画创作

"白名单""临近过期提醒"等服务，办理因私签证67批71人次，领事认证34批70人次，APEC办理14批29人次。因疫情原因，全年审核审批因公出国（境）团组4批5人次。

【宣讲中共二十大精神】 中共二十大召开后，组织学习中共二十大精神，赴企业、社区等为来自英国、德国、乌克兰等国的人才、企业主代表，宣讲中共二十大精神，展示"变化的十年"，讲好中国故事、传播好衢州声音，持续不断将学习宣传贯彻中共二十大精神引向深入。

【签订友好姐妹学校协议书】 5月19日，衢江区杜泽中学与新加坡辅仁国际学校签订友好姐妹学校协议书。5月22日，衢江区莲花镇中心小学与新西兰奥罗比学校签订友好姐妹学校协议书。

【市委外事工作委员会会议】 8月9日，市委外事工作委员会召开会议，总结2021年全市外事工作情况，研究部署2022年工作任务。会前，市委、市政府主要领导对外事工作做出批示。

【国际友人品浙江——走进衢州活动】 11月18—19日，在浙江生活、工作的国际友人30余人访问衢州，他们来自日本、荷兰、俄罗斯、巴基斯坦等20个国家。其间，国际友人参访龙游石窟、余东未来乡村和根缘小镇，体验农民画创作、竹编技艺以及根雕艺术，了解衢州悠久的历史文化、独特的艺术传统以及未来乡村模板。

（童倩文）

港澳台事务

【概　况】 2022年，衢州市克服新冠疫情等不利因素影响，坚持线上与线下相结合，持续开展对港澳台经济、文化、青年及基层交流，深化衢港澳台融合发展。全年，全市开展对台交流活动19场次近1000人次，比2021年增加8场300余人次。9月16日，市委台办增设衢州市海峡两岸交流中心。

【参加庆祝香港回归祖国二十五周年庆系列活动】 6月，市外办人员应邀赴上海参加香港特别行政区政府驻浙办、浙江香港商会举办的香港回归祖国二十五周年庆典活动，与多地港澳办人员开展交流，推介衢州营商环境。

【香港贸发局浙江代表处官员访问衢州】 12月，香港贸发局浙江代表处市场推广人员访问市本级、龙游等地，与商务、经信等部门开展座谈交流，实地走访多家

2022年9月6日，以"月圆人团圆·衢台心连心"为主题的衢州市台胞台属中秋晚会在衢江区举行

2022年8月20日，2022"烂柯杯"浙台青少年围棋赛在市文化艺术中心举行

企业，就企业利用平台开展合作事宜等进行探讨。

【衢台经贸合作】7 月 20 日，浙江桦固优新材料科技有限公司 UHF/NFC 芯片封装项目在 2022 浙江·台湾周主会场签约。9 月 13 日至 15 日，在衢州台商台青代表 20 人赴宁波考察学习。9 月 18 日至 19 日，旺旺集团董事长蔡衍明一行 6 人到衢州考察。

【衢台青年交流】2 月 22 日，衢州市柯城区台联会联合团柯城区委举办“运动冬奥年·共燃卡路里”——柯台青年健康减脂欢乐赛启动仪式，有 12 名台青和本地青年参加。8 月 10 日至 11 日，“美丽乡村·筑梦有我”——衢台两岸婚姻家庭牵手活动在衢州举行，在衢州的 20 对海峡两岸婚姻家庭代表 50 人，南投籍陆配 5 个家庭 10 人参加“云”交流视频连线。9 月 6 日，以“月圆人团圆·衢台心连心”为主题的 2022 年衢州市台胞台属中秋联谊活动在衢江区举行，来自衢台两地台胞台属代表 120 人参加活动。

【衢台文化交流】5 月 31 日，由市台联会主办，开化县台联会承办的“衢台一家亲、共筑端午情”活动在开化县音坑乡下淤村举行，40 名在衢州台胞台属参加。8 月 20 日，2022“烂柯杯”浙台青少年围棋赛在市文化艺术中心和台湾台北市大直典华会馆同步进行。本次线上比赛分为青年组、少年组，浙江、台北各有 40 名选手参赛；线下比赛由多名衢州青年、台湾青年在衢州赛场进行。11 月 3 日，第三届海峡两岸影像文化周廿八都专场活动在浙江衢州江山市廿八都镇举办，120 名台胞台青、摄影大师参加。

【衢州市台胞台属联谊会第八次代表大会】7 月 14 日，市台胞台属联谊会第八次代表大会召开，全市 150 名台胞台属代表参加会议，省台谊会副会长史群应邀出席，市委常委、统战部部长张晓峰代表中共衢州市委到会祝贺并讲话，市、县台办领导列席会议。会议听取和审议市台胞台属联谊会第七届理事会工作报告、财务报告，审议通过《衢州市台胞台属联谊会章程(修改草案)》，选举产生理事 32 名。市台联会第八届理事会第一次会议选举产生会长、副会长、秘书长，浙江回来文化传媒有限公司总经理王劲当选会长。

（郑　洁　童倩文）

机关党建

【概　况】2022 年，衢州市直机关工委坚持以党的政治建设为统领，深入学习贯彻党的二十大精神，在服务中心工作和实施“红色根脉强基工程”中展现作为，机关党建工作特色经验做法被省直机关工委采用形成专报，得到省委常委、秘书长陈奕君批示肯定、市委书记高屹批示表扬。“邻礼通”工作获多位省部级以上领导批示肯定。市委机关“有礼先锋”宣讲团被中共浙江省委宣传部评为 2022 年浙江省基层理论宣讲成绩突出集体。

截至年末，市直机关党组织有 85 个，其中，机关党委 43 个（包括 2 个空挂行业党委），机关党总支 7 个，机关党支部 35 个，党员 8094 人，其中在职党员 5920 人，退休党员 2174 人。全年新发展党员 83 人。

【机关基层组织建设】2022 年，市委出台《关于加强机关基层党建工作的实施意见》，制定“红色根脉强基工程”思维导图，下发《深入实施“红色根脉”强基工程纵深推进“双建争先”行动计划》，对机关党建工作进行总体谋划和部署。

以打造“双建争先”示范点为抓手，加强机关党组织阵地建设，新打造示范点 20 个，市营商办获评全省首批清廉机关建设先进单位。开展机关支部星级创建评比，以责任制形式落到部门党组（党委），推进工作落实。梳理制定《机关党务工作一本通》《机关纪委执纪一本通》，推进党务工作规范化建设。加强对科研院校党建工作的指导，推进“浙大两院”基层党组织建设。

围绕新时代衢州人文精神，开展“有礼先锋”党建服务品牌创建活动，根植机关文化，新打造市直机关党建服务品牌 20 个。严格审查市纪委监委派驻纪检组移送的科级党员干部违纪违法案件，加强科级及以下党员干部监督管理。组织机关纪委开展“廉节清风”专项督查，其中明察暗访 419 批次，约谈提醒督促 332 人，提出

2022年5月,"有礼先锋"党建和业务融合赛马比拼活动举行

意见建议385条，查实或部分查实问题62个,下发整改通知书等文书21份,督促相关部门新制定制度规定17件,修订完善14件。

全面梳理机关党建工作的核心业务、工作重点、推进举措,制定市直机关"双建争先"五力评价办法，从5个维度，表格式推出15项评价指标、46项评价内容,推进机关党建工作具象化、可量化、可评价。注重平时考核、过程管理,每季度开展五力数据采集,向66家单位发送"重点工作整改提醒单"，涉及问题135项次,工委班子成员分片区跟踪整改落实。相关经验做法获评全省机关党建优秀创新成果奖。

【**机关党员队伍建设**】2022年,深入实施习近平新时代中国特色社会主义思想教育培训计划,建立理论学习长效机制,推动"第一议题"、党史学习教育等制度常态化长效化。以学习贯彻党的二十大、省第十五次党代会和市第八次党代会精神为重点，举办科级干部培训班、机关党务干部培训班等各类培训班次9期，高质量完成机关党务干部教育轮训。依托8090新时代理论宣讲,开展思想政治教育和政策理论宣讲7000余场，其中15堂"奋进共富"主题的宣讲课件被市共富专班作为宣传片展播。

按照市委"六治六提"作风建设要求，聚焦机关党建高质量发展任务,组织开展"双建争先"、赛马比拼、服务中心等6个专项行动,在机关党组织大力根植"唯实惟先、善作善成"的团队文化。开展市直机关"两专工程"建设调研,对照衢州铁军建设标准,从岗位锻炼、攻坚磨炼、赛比锤炼等8个方面，系统谋划机关党组织抓党员队伍建设举措。

紧扣市委基层党建十大专项计划和"红色根脉强基指数"对机关党建工作的相关要求,选定"党建和业务融合、锻造机关铁军、清廉机关建设、固本强基"主题,每季度组织开展学习观摩、经验介绍、上台比拼等活动,以常态化的互看互学互比，激发机关党建工作活力。243家单位踊跃申报参赛,选出强基之星24家,相关做法得到省工委常务副书记陆发桃的高度肯定,入选省工委《机关党建看浙里》典型案例。

【**"破百难、助共富"活动**】2022年，以全省机关党组织系统联动开展"破百难、助共富"活动为契机,经争取对接,全市14个共富项目列入结对帮扶活动，涉及交通运输、水利水电、人才引进、产业发展、民生实事等多领域,项目数居全省11个地市首位。与省发改委、省财政厅、省农业农村厅等14个省直机关单位签订破解共富难题"责任书"、共富蔬菜基地建设等3个项目争取专项资金6166万元,柯城区大俱源溪流域山洪灾害系统整治工程等3个项目纳入省级规划。11月28日,中国水稻研究所、省住建厅、民革省委、浙商银行等14家省直机关部门,就省级美丽城镇创建、产业联动服务基层等18个"共富心桥汇"项目与龙游县签订结对帮扶协议。

【**"有礼小区"创建**】2022年,按照市现代社区建设统一安排部署,牵头推进"有礼小区"创建工作,有序完成2021年度"有礼小区"奖励资金兑现;对柯城区和衢江区新建小区进行走访，摸排新增57个"有礼小区"创建基数;修订完善"有礼小区"星级评定指标体系。2022 年度 169 个小区申报“有礼小区”星级评定，有 110 个小区升星成功。通过三年努力，建成五星小区 51 个，四星小区 130 个，二星和一星小区 77 个，占比分别为 15.36%、61.45%、23.19%，完成三年行动计划任务。

【全国文明城市复评】7—8 月，组织发动 74 家市直机关党员干部克服高温天气开展创文志愿者服务 8700 余人次。仅在“有礼周”活动中，党员志愿者在 27 个重点路口、37 条重点路段、9 个公园广场，每天 12 个小时不间断开展文明劝导、环境卫生整治等服务 5000 余人次。

【暑期机关干部子女托管服务】2022 年，重视办好党员干部身边事，联合机关事务保障中心举办暑期机关“儿童之家”，招募党员志愿者 196 人，提供托管服务 1200 余人次，受到机关干部职工点赞。支持市直机关党组织举办暑期爱心托管班，市总工会、市法院、市消防救援支队等单位举办暑期干部职工子女托管服务 56 个班次。

（夏　丹）

信访工作

【概　况】2022 年，衢州市信访工作围绕省委、市委工作大局和信访工作目标任务，围绕平安护航党的二十大这一主线，将信访融入党建，纳入社会治理体系统筹推进，以“一图一指数”（“一图”指信访工作五色图，“一指数” 指重大信访问题清单指数）为抓手，在除险保安、积案攻坚、源头治理等专项工作领域争先创优，多项信访生态指标排全省前列，获信访工作目标管理考核全省优秀等次，实现“保五争三拼第一”总目标。

【信访受理与办理】2022 年，全市受理信访总量 9.6 万件次，诉求类总量 1.4 万件次，较近三年平均值下降 47.1%，降幅全省第一；办理初次信访事项 2.2 万件，按期办结率 100%，信访事项群众参评率 98.69%，在全省排名第二； 国家信访局登记总量下降 73.2%，降幅全省第一；信访事项处理群众参评率 98.7%、满意率 98.2%，分别位列全省第一、第三。全年向市委作风建设专班报送“庸懒散慢推拖”情况 7 次、“十条军规”反面典型案例 5 个。

【信访积案市县联动攻坚】2022 年，围绕全省“治理重复信访、化解信访积案”专项行动，推进积案信访“双清”。开展依法维护信访秩序百日攻坚，推动解决一批信访积案、消除一批重点隐患。年内，上级交办的 1463 件信访积案化解 1462 件，化解率和再次信访率均排名全省第二；重大问题清单指数 7 次位列全省前五名；国有土地拆迁与补偿信访事项同比下降 17%、集体土地拆迁与补偿信访事项同比下降60.5%，五大重点领域整治工作成效明显。

【数字化改革创新】2022 年，紧盯市域信访工作现代化建设，做深做细初信初访“一件事”数智集成改革，承接省级重大应用“责任溯源”试点场景，探索推进信访信用体系建设，将信访信用管理嵌入“村规民约”、引入“法庭评议”、实施“双向承诺”。创新推动“纪信联动”“巡信联动”机制，严格落实督责问效，严查干部“庸懒散慢推拖”、信访事项办理不规范等引发 “信转访”“网转访”“初

2022 年 12 月 21 日，市委书记高屹（右二）在市信访局一号接待室接待来访群众

转重”现象，交办问题12个，发现问题线索16个，问责干部40名，约谈130名。试点工作得到省委高度认可，市委书记高屹在全省信访工作会议上作交流发言，衢州市承办省域信访工作现代化现场会。

（楼秀红）

老干部工作

【概　况】2022年，衢州市有离休干部284名。市委老干部局按照“保五争三拼第一”要求，鼓足干劲、创优争先，推动衢州老干部工作取得新进步。年内，获省“银龄跨越数字鸿沟”科普专项行动突出贡献集体。上级部门12次对衢州老干部工作作出批示肯定，2次在衢州召开现场会，4次在全省会议上作交流发言，新增2个省级试点项目，年度综合目标考核名列全省第一等次。

【离退休干部党建】2022年，深入学习中央《关于加强新时代离退休干部党的建设工作的意见》，研究贯彻落实举措，加强离退休干部基层党组织建设。举办市直老干部政治理论学习班、离退休干部党支部书记示范培训班，规范化推进离退休干部党支部建设，着重培育离退休干部党建十大特色样本，创建127个规范化党支部、8个示范性党支部和16个“三强六好”（凝聚力强、引领力强、组织力强，组织设置好、班子建设好、党员队伍好、学习活动好、作用发挥好、制度坚持好）支部。推进党史学习教育常态化，完善向老干部通报情况机制，市委书记高屹第一时间向老同志通报市第八次党代会精神。举办“建言二十大”“金点子”助力省党代会、弘扬“新时代衢州人文精神”等系列主题活动，引导老干部为中心工作献计献策。深入落实干部“荣誉退休”制度，提升老同志政治荣誉感组织归属感。侵华日军细菌战衢州展览馆抗战胜利77周年纪念日活动再次登上央视《新闻联播》。下发关于认真学习宣传贯彻党的二十大精神通知，用好“支书论坛”“五老说共富”等特色载体，开展宣讲200多场次，让“红色精神”代代相传，助推二十大精神在基层落地生根。

【银助共富】2022年，以实施“银耀共富”十大行动为抓手，坚持集成化、联盟化、品牌化推进，引导老干部点亮“银耀”之光、添彩“共富”图景。通过内引外联、衔接拓展，将离退休干部党建优势、人才优势、团队优势转化为“银助共富”集成优势，全市有千名银发人才加入“共富·银英汇”，58个“银助共富”团队（工作室）加入“银助共富”联盟，建成13条“银色风景带”，成功举办“学习宣传二十大精神·银耀助力‘两个先行’——浙江老干部银耀志愿服务团队走进龙游活动”。抓好“银雁领衔”“银雁结对”“银雁返乡”，推行农民“点单”、专家“接单”模式，组织银发专家线上走进“空中课堂”、线下走进挂联基地，全市开展培训1000余场次，覆盖受众3万余人次；瞄准共富工坊6种类型，组织老同志开展科技下乡、对口帮扶、共富宣讲等活动，成功孵化出“中蜂养殖”“一米菜园”“食用菌栽培”“湖羊繁育”等“银助共富”品牌，全省首个“浙江老干部银耀助力两个先行工作站”落户龙游。持续壮大“三懂三有”金牌调解银雁矩阵，全市有28家银雁品牌调

2022年10月10日，衢州老年大学“崇贤有礼·快乐生活”孝亲服务节送医义诊活动

解工作室，入驻各级社会治理中心，为群众提供“点单式”问诊和“派单式”调解服务，筑起矛盾纠纷化解“银色防线”，涌现出一大批“银发”书记、楼道长、红管家。其中，云河工作室、河流工作室被命名为省级“金牌人民调解工作室”。重视发挥“五老”优势，联合省关工委、浙江之声举办“追光计划·开学第一课”，为龙游山区学生送去暖心“开学大礼包”；连续第三年开展“豪情圆梦·爱心助学”专项资助活动，为全市300名困难初高中生提供60万元助学金。

【服务管理】 2022年，召开市委老干部工作领导小组暨衢州老年大学校务委员会会议，研究落实年度“共富惠老”十件实事。深化全市离休干部“一人一策”精准服务，强化节日寿辰、生病住院等“六必访”，完善“在职干部分组联系离休干部”“夏送清凉·冬送温暖”等活动。融入数字化改革，创新依托“邻里通”智治平台对老干部进行“红黄绿”三色管理，不断深化“四就近”服务。落细落实银龄关爱，对增加基本离休费、增发生活补贴落实等情况进行专项督查，提高离休干部住院床位费报销最高限额标准，推行离休干部医药费报销“负面清单”管理制度，解决老同志急难愁盼问题。举办“崇贤有礼·快乐生活”孝亲服务节，开展百名“银尚达人”“银尚之家”选树活动，持续开展“携手跨越数字鸿沟”助老行动。聚焦离退休干部实际需求，谋划推进“银龄关爱”走访慰问一件事数字化改革应用项目，开展“个性定制”“结对服务”。柯城区实施“知医孝养”专项计划，衢江区为离休干部安装起夜专用智能人体感应灯，龙游县精心设计“爱心联系卡”，江山市建立“好保姆”登记推荐制度，常山县开展“青银相伴智迎未来”活动，开化县试点银龄互助服务模式，用心用情照护老同志“家里头的安全、家门口的健康、生活中的需求”。

【“两个阵地”建设】 2022年，积极融入“浙里康养”，推动优质公共服务普惠共享。按照“五统一五贯通”要求，以“平台+机制”打造“衢州老年教育联盟”，推动全市6个县（市、区）同步成立老年教育联盟，实现全市103个乡镇（街道）老年学校全覆盖。柯城区、龙游县被确定为省级老年教育资源整合试点单位。8月，衢州老年大学斗潭分校整合教育资源的做法在全省老年教育资源整合试点工作推进会上作典型发言。11月，开化县老年大学城西分校获评“浙江省优质老年大学分校”。柯城区、衢江区新增老干部活动中心（老年大学）编制数3名。龙游县依托“龙游通”数字化平台，开发“银优学”应用场景，推进老年人学习活动积分认证，鼓励老有所学、老有所为。出台《衢州市老年学校办学指南》和一系列老年学校管理制度范本，为基层老年教育办学提供实操层面的技术指导。推出《余东农民画》《南孔文化》等一批具有地方特色、符合衢州老年人“口味”的精品课程。全面构建“思政红”“党建红”“志愿红”立体“红色校园”体系，与市委党校、衢州学院等部门共享优质思政课15门，6名思政名师常态化进驻衢州老年大学，推动老年大学思政教学体系迭代升级。设立象棋、朗诵等30个“银尚”活动团队，举办器乐短视频大赛、棋牌赛等20余场“银尚”系列活动，坚持以文化人、以文育人，丰富老干部精神文化生活内容和形式，加快形成一批具有衢州辨识度的“银尚”活动品牌。

（徐秋海）

关工委工作

【概　况】 2022年，衢州市各级关工委深入学习习近平总书记关于关心下一代工作的重要指示精神和中办、国办《关于加强新时代关心下一代工作委员会工作的意见》精神，研究新形势下关心下一代工作特点，充分发挥关工委组织作用，广泛动员“五老”（老干部、老战士、老专家、老教师、老模范）力量，加强部门协同联动，教育和引导青少年践行社会主义核心价值观，护航青少年健康成长，帮助他们扣好“人生第一粒扣子”。

【开展主题教育活动】 2022年，市关工委在各中小学开展“建党百年 走进百校”“红船领航成长 强国复兴有我”等主题系列红色文化教育活动。通过开设弘扬红船精神专题讲座，举办专题报告会、演讲比赛、征文比赛、书画展等，讲述中国共产党的诞生成长的历程，对青少年开展“红船精神”宣教活动，教育引导青少年坚定听党话、跟党走。

【开展“情系雷锋月，爱洒三月天”活动】2022年，组织动员“五老”结合自身阅历开展雷锋精神宣讲，带领青少年回忆雷锋短暂而光辉的一生，感受艰苦奋斗、甘于奉献的雷锋精神；鼓励青少年积极参与讲雷锋故事、说雷锋格言、做志愿服务，化身健康宣传员、城市美容师。柯城区关工委红色宣讲团成员江金富在三衢社区开展“听老兵爷爷讲雷锋的故事”红色主题宣讲。衢江区杜泽镇中心小学开展说雷锋格言、讲雷锋故事活动，传递“美丽微行动 快乐小雷锋”的心形卡片。龙游县关工委联合北辰小学开展“学雷锋社团义卖，小红花致敬最美”义卖活动。开化县组织“五老”志愿者与华埠镇幼儿园师生携手开展“雷锋精神永传承”活动。

【开展清明节“缅怀革命先烈 传承红色基因”主题教育活动】2022年，市关工委组织青少年通过云祭扫、观看视频、聆听“五老”说故事、实地悼念等方式，学习革命先辈的奋斗事迹。柯城区三衢社区关工委联合衢州市仲尼中学开展线上祭扫。衢江区杜泽镇中心小学与宁波市鄞州区学士小学开展衢甬两地跨地区教共体互联网+“祭英烈 知敬惜”班队活动。江山市西门社区关工委组织辖区青少年听老教师王石心分享江山籍英烈事迹。

【开展抗战重要节点纪念活动】2022年，在“七七事变”、“九·一八事变”、抗战胜利纪念日等重要时间节点，市关工委在侵华日军细菌战衢州展览馆举行“牢记历史、勿忘国耻”大型爱国主义教育活动，其中“九·一八事变”91周年教育活动被央视《新闻联播》报道。常山县在日本无条件投降77周年纪念日，组织青少年赴招贤箬溪抗战纪念馆、西源革命纪念馆等地开展缅怀先烈活动。

2022年，“豪情圆梦·爱心助学”专项资助活动

【开展“五老说共富”主题宣讲活动】2022年，在全市关工委系统部署开展“喜迎二十大，五老说共富”主题宣讲活动。衢江区“五老”宣讲团程仁生讲述铜山源水库建设的故事。全市家庭教育讲师团和普法讲师团“五老”开展家庭教育、普法教育宣传。市老科协的老科技工作者、老专家深入农村开展科技助农、科技富农活动。

【帮困助学】2022年，市关工委联合浙江豪龙集团开展“豪情圆梦·爱心助学”——困难初高中生专项资助活动，为全市困难初高中生资助共60万元。9月初，通过“追光计划——开学第一课”活动，龙游县北辰小学获得价值10万元的爱心物资捐赠。江山市开展“爱心圆梦·仲夏助学”贫困中小学生专项助学、“爱心助学·江松筑梦”、“爱心助学·贝林筑梦”、“爱心助学·科润筑梦”、“童心筑梦成长 乡村振兴有我”好少年共育等助学、助困活动8次，累计资助贫困大中小学生323人，资助金额81.4万元。

【基地建设】2022年，依托丰富的红色资源，创新“市级主导、县级主抓、联建共管、共享共用”的工作模式，至年底有各类关心下一代党史国史教育基地62家，其中国家级1家、省级9家、市级55家。重视全国唯一一家由关工委系统筹建、管理的抗战纪念遗

2022 年 9 月 20 日，在侵华日军细菌战衢州展览馆举办践行社会主义核心价值观教育活动

址——侵华日军细菌战衢州展览馆的功能作用发挥，全年依托展览馆举办青少年爱国主义教育活动近百场，接待参观者超过 10 万人次。重视典型带动作用，高标准培育打造改革担当精神传承馆、浙西革命斗争纪念馆等一批示范性党史国史教育基地，让党史国史教育基地成为青少年赓续红色根脉的主阵地、主平台。

【举办公益课堂】2022 年，衢州市各级关工委广泛动员"五老"开设公益课堂，"假日学校""四点半学校""留守儿童俱乐部"师资得到充实。柯城区"银龄宣讲团"通过"九华毓秀少儿周末书画社"长期免费为九华乡留守、贫困儿童提供书画指导。区关工委举办"暑假来吧"公益课堂，由"银龄讲师团"的退休老教师们为孩子们授课。衢江区大洲"映山红"五老工作室、横路老校长工作室等开设公益课堂帮扶外来务工人员子女、家庭经济困难学生、留守儿童。

【"五老"队伍建设】2022 年，全市各级关工委深入摸排当前"五老"情况，优化带头人队伍、强化骨干队伍、壮大工作队伍。柯城区将热心公益、善于宣讲的老教师纳入"五老"队伍。衢江区把有抗美援朝背景、参加过实战的老战士充实到五老宣讲团。龙游县将抗越老兵纳入"五老"队伍，组建有老战士、老党员参加的红色宣讲团。江山市吸收老模范、老专家、老教师组成企业帮扶团、咨询团，展开有针对性的帮扶服务。常山县将老干部补充进"五老"队伍，组建"小巷雷锋"帮帮团，关心、引导青少年学习雷锋精神。开化县将老干部、老战士、老教师纳入"五老"队伍，对留守儿童展开针对性帮扶帮教。各级关工委按照"协同发展、互帮共学"原则，组织"五老"骨干到毗邻地区开展参观考察、交流座谈等活动。

【创建"五好"关工委】2022 年，全市各级关工委以创建"五好"（领导班子建设好、骨干队伍作用好、制度健全执行好、活动经常效果好、积极探索创新好）关工委为抓手，全力推进基层关工委组织建设。龙游县关工委开展行政村创"五好"关工委活动，全县建立各级关工委组织 375 个。柯城区关工委把"五好"关工委创建与农村建设相结合，将"党建 + 关建"触角向基层延伸；基层关工委以换届为契机，及时调整充实领导班子。

【企业关工委建设】2022 年，市关工委加强调研考察，探索企业等新领域的关心下一代工作，按照单独组建或联合组建的形式在科创园、产业园、高新园、未来社区等组建企业关工委，扩大基层组织覆盖面。龙游县关工委（在民营企业组建关工委试点成功的基础上，选择建有党组织且生产较稳定的规模企业开展关工委组建工作，在龙洲街道、东华街道、湖镇镇、詹家镇、工业园区等地建立民营企业关工委组织 15 家。江山市因企施策、分类指导，成立江山市绿业有限公司关工委、衢州市润谷文化传播有限公司关工委，以及"江山市双氧水厂有限公司 浙江省锦绣江山外国语学校"联合关工委等，推动民营企业关工委在积极参与少年儿童思想道德建设、参与扶贫助困活动等方面积极履行企业社会责任。

（孙敦辉）

党校工作

【概　况】2022年，衢州市委党校以习近平总书记关于办学治校系列重要指示精神为指导，以“高水平红色学府示范党校”为牵引，坚持党校姓党，聚焦主责主业争先、服务发展大局创优，事业发展呈现新气象。在全省党校系统2022年度综合绩效考评中，市委党校首次获得全省党校（行政学院）系统成绩突出集体荣誉。

【干部培训】2022年，结合衢州本地和党校实际，制定核心课程体系选题参考指南，形成45门核心课程选题目录。组织开展第八届全市党校系统精品课程评选和首届名师评选活动。聘任第三批23名客座教授，形成领导干部以讲促学、学用相长的良好氛围。深入实施现场教学基地提升工程，新增开化县金星村、常山县“两山银行”、衢州“南孔文化”等3个省委党校干部培训现场教学基地，创建第6批9个衢州市党员干部教育培训现场教学基地，并结合举办市级现场教学基地讲解员业务能力提升培训班，不断提升现场教学基地的科学化、规范化水平。合理设计教学内容，全年举办各类班次156个，培训学员13295人，远超2021年培训总量。

【科研咨政】2022年，实施科研聚焦工程，提升红色智库影响力，科研咨政在总量和质量上实现“双突破”。组建数字化改革发展、共同富裕与民营经济高质量发展等6个学术团队（研究中心），成立市党校系统社科联，规范认定柯城区委党校经济生态与社会文化学科团队等14个团队为市级学科团队，制定实施《学术团队管理办法》。4篇理论文章在核心期刊发表。课题立项数居全省地市党校前列，省社科规划课题立项2个，全省党校系统规划课题立项11个。全省党校系统年度理论研讨会获奖创历史最佳，共计5项成果获奖，其中一等奖3个，获奖数居各地市第一。咨政批示率创新高，市级以上领导批示40人次，其中省级领导批示1人次。高质量完成2021年衢州市“八八战略”综合实施评估工作。组织完成《高质量发展建设共同富裕示范区的实践探索与未来展望》《“大综合一体化”行政执法改革衢州探索与展望》两本专著编写和出版工作。

2022年6月23日，“百名干部进学习小组”座谈会在市委党校召开

【数字化改革试点】5月，市委组织部承接“浙里干部之家——我的学习”应用场景试点任务，市委党校作为主要配合单位克难攻坚，如期实现场景接口联通和数据互通。6月，成功争取列入省委党校数字化改革试点项目，承接“点单式红色培训应用”试点任务。通过建设“中共衢州市委党校智慧校园系统”项目，实现党校教研咨等核心工作的信息资源数字化、协同工作流程化、决策支持智能化，为打造具有衢州辨识度的数智党校系统打下良好基础。

【市管干部学习贯彻市第八次党代会精神集中轮训班】4月21日，市管干部学习贯彻市第八次党代会精神集中轮训班在市委党校千人报告厅正式开班。此次轮训班于4月21—23日分3期开展，867名市管干部参加。轮训通过市领导专题辅导、分组研讨、集中交流等方式，教育引导广大干部准确领会把握党代会精神核心要义，切实把思想和行动统一到市党代会作出的各项决策部署上来。

【“两勤两专”队伍建设】2022年，推进“百名干部进学习小组”项目，入选2022年衢州市高质量发展建设共同富裕示范区第一批最佳实践案例。针对市域发展需求，科学规划9大模块、22个学习小组，邀请省委党校专家团队担任模块导师，遴选骨干教师担任联络员，打造开放式党校课堂，推动全市面上的“两勤两专”队伍建设。针对党校新人多、学科弱等实际，充分发挥优秀年轻党员积极进取优势、骨干党员阅历经验优势，着力打造“1+1>2”党校人才团队，以党建推动人才培养，统领党校事业加快发展。市委党校机关支部《“骨干传新——接力传红”破解事业发展“后继有人”难题》项目被评为全省党校系统机关党建最佳创新项目。

【全面从严治党能力培训教学提升工程】2022年，发挥党校在推进全面从严治党中的特殊作用，与市纪委监委、市委组织部联合制定《推进全面从严治党课程体系建设实施方案》，市县一体谋划构建“1+4+X”课程模式，与市中级法院合作推出“云法庭”体验式教学，推进地方戏、历史剧进课堂，开发廉政教育现场教学基地，提升全面从严治党教育培训的针对性、实效性。相关典型做法被《浙江日报》《今日浙江》《浙江党校通讯》及省纪委省监委“清廉浙江”微信公众号刊登，并获市委主要领导和省委党校相关领导批示肯定。

【建立“比晾晒”制度】2022年，以“六治六提”作风建设为契机，建立健全各项业务“晾晒比拼”机制。设置教学、科研、中心工作三条赛道，开展校内全员比拼、全上跑道、处室排名，营造起创新突破、实干争先的浓厚工作氛围。在此基础上，坚持市县党校一盘棋，进一步扩大晾晒比拼覆盖面，先后组织开展县级党校分类建设“比晾晒”、乡镇(街道)党校规范化建设特色项目大比拼，通过总结交流经验、展示推广典型，有力推动全市党校系统高质量发展。

【启用新校园】3月28日，市委党校自柯城区世纪大道686号搬迁至智慧新城学府路6号新校

2022年3月28日，市委党校新校园正式启用

址。从老校园到新校园,占地面积从47亩增加至120亩,建筑面积从2万平方米增加至10万平方米,教室数量从8间增加至18间,学员楼客房从155间增加到605间,床位从255个增加到960个,食堂餐位从400个增加到1000个。配套大小报告厅、学员文体活动等功能区域,办学规模翻3倍,党校事业发展迈入2.0版新阶段。

（徐　倩）

7月19日,市委党校、市中级人民法院联合开展行政审判公众开放日暨法庭课堂活动

衢州市人民代表大会

综述

【概　况】2022年，衢州市人大常委会以习近平新时代中国特色社会主义思想为指导，贯彻中央人大工作会议精神，紧扣中央、省委和市委重大决策部署，聚焦经济高质量发展，聚力市域治理现代化，聚情全市人民对美好生活向往，履行宪法法律赋予的职责，在建设四省边际中心城市争当“两个先行”示范窗口中作出人大贡献。全年召开常委会会议10次，主任会议12次，制定颁布地方性法规3部，审查规范性文件32件；听取和审议“一府两院”工作报告26个，组织执法检查7次、代表视察10次；作出决议决定11个，任免国家机关工作人员99人次，全面完成各项任务。

【全国人大常委会在衢州开展外商投资法执法检查】9月7—9日，全国人大常委会副委员长陈竺率队到衢州，就《中华人民共和国外商投资法》贯彻实施情况开展执法检查。执法检查组深入华金新能源材料（衢州）有限公司、浙江艾森药业有限公司、浙江夏王纸业有限公司等企业实地走访，并召开外商投资法执法检查座谈会，听取衢州市政府外商投资法贯彻实施情况汇报，征求部分外商投资企业和人大代表的意见建议。全国人大财经委副主任委员娄勤俭、孙志刚、杜家毫，全国人大财经委委员蔡玲及部分全国人大代表参加检查。省人大常委会副主任李学忠主持相关座谈会并陪同检查。市委书记高屹陪同检查。市委副书记、市长徐张艳向执法检查组汇报衢州市贯彻落实外商投资法情况。市人大常委会主任吴国升，副主任刘根宏、郑河江，市政府副市长田俊参加相关活动。

【全国人大监察和司法委员会调研组在衢州调研】9月15—16日，全国人大常委会委员、监察和司法委员会副主任委员徐显明率队到浙江调研未成年人检察和涉外审判工作。调研组先后在江山市检察院和清湖街道，视察未成年人检察工作和江山市清湖街道“共享法庭”建设情况。实地视察未成年人双向保护办案工作区、未成年人检察社会服务中心、心理工作室等工作区域，听取相关情况汇报，并慰问检察社会服务中心职能部门和社会公益组织派驻工作站工作人员；实地察看江山市人民法院“共享法庭”，详细了解“共享法庭”的运行模式、人员配备、建设进度及其参与基层社会治理等情况。市人大常委会党组副书记、副主任刘根宏，市中级人民法院院长危辉星，市人民检察院检察长黄曙峰陪同调研。

【助推高质量发展】2022年，市人大常委会贯彻市委八届二次、三次全会决策部署，聚焦全市中心大局，围绕助力打造十个“桥头堡”的目标任务，为四省边际中心城市和共同富裕示范区建设提供保障。

助力经济稳进提质。研究出台《衢州市各级人大六千代表助力经济稳进提质攻坚行动工作方案》，深入开展“大培训、大调研、大走访”活动，充分运用“主”字形数字化改革成果，收集、转办、督办企业和群众反映的意见建议，推动一揽子经济政策落地见效。听取审议计划、预算、政府性债务管理、市政府工作等报告，专项评议市经信局，推进工业强市十大专项工作，推动经济企稳回升、财政平稳运行。开展优化营商环境工作专项系列监督，通过代表视察、专项评议等形式，持续推动全市营商环境建设。连续10年把政府重大投资项目作为审议议题，持续关注重大项目建设。连续11年对政府专项资金使用绩效情况开展监督审查，重点关注民生领域资金和项目保障监管。连续5年听取审议国有资产管理情况报告，作出《关于加强国有资产管理情况监督的决定》，促进国资管理提质增效。连续2年听取审议市智造新城管委会年度预算编制情况，首次听取审议园区上年度预算执行情况，有序开展人大对园区预算审查监督。组织代表开展台资企业发展情况专题视察，推动台资企业深度融入"工业强市、产业兴市"发展战略。听取审议审计发现问题整改情况的报告，联合开展专项督查，审计发现的96个问题，有93个问题整改到位，整改率达到96.9%。通过整改落实，建立健全管理制度30项，完善机制8项。

助推四省边际中心城市建设。专项评议市资规局，推动构建国土空间规划全生命周期管控体系，优化国土空间保护开发。听取审议高铁新城项目建设、浙皖闽赣"联盟花园"合作共建等情况报告，组织代表视察四省边际中心医院运营、杭衢高铁衢州西站和高铁新城地下综合管廊、市级重大交通项目，加快推进衢州机场片区功能定位规划研究，助力城市能级提升。听取审议南孔文化标识建设情况报告，提出注重融合发展、强化要素保障等意见建议，推动南孔文化创新发展。听取审议高等教育发展等情况报告，持续推动政府与浙江大学、电子科技大学、温州医科大学、浙江中医药大学等高校合作，开展人才科创工作专题调研，全力助推十个"桥头堡"建设。深化生态环境状况报告制度，组织《中华人民共和国环境保护法》执法检查，开展大气污染防治工作专题询问，增强衢州市生态环境竞争力。

2022年9月29日，市人大常委会召开大气污染防治工作专题询问会

【助推市域治理现代化】 2022年，紧扣市委全面加强市域治理现代化的部署要求，充分发挥地方立法引领推动作用，确保宪法和法律法规有效实施，为优化社会治理和安全提供法治保障。

高效推进创制立法。坚持从改革发展全局、衢州实际出发，制定出台3部地方性法规，全市地方性法规数量达到19部，地方立法走在全省前列。高质量开展创制性立法，制定《衢州市人大代表联络站工作条例》，该条例是全国首部人大代表联络站工作地方性法规，推动地方人大代表联络站工作制度化、规范化。制定《衢州市养犬管理条例》，对养犬行为规范、法律责任等作出规定，其中多个条款均为省内首创。制定《衢州市职业教育校企合作促进条例》，着力在校企合作体制机制建设等方面予以规范，实现立法引领职业教育改革、促进校企合作协同发展。

加强立法工作管理。增强立法工作预见性、计划性，编制市八届人大及其常委会立法调研项目库，选题凸显创制立法，体现衢州特色，明确立法项目26个、修法项目5个，其中全国首部13个，全省首部3个，占立法项目的61.5%。率先与省人大常委会法工委签订全省首个合作协议，建立立法工作联动合作机制。首次启动立法后评估工作，完成《衢州市城市市容和环境卫生管理条例》实施情况评估。听取审议备案审查工作报告，举办专题培训会议，不断提高备案审查工作水平。

督促依法行政公正司法。加强法治政府建设监督，组织32个政府部门"一把手"向人大"述法+测评"的经验做法获全国人大常委会监察司法委领导批示肯定。联动开展《浙江省综合行政执法条例》执法检查，出台《关于加快推进"大综合一体化"行政执法改革工作的决定》，督办"一支队伍管执法"重点议案，多维度助推行政执法改革向纵深发展。配合省人大常委会开展监察工作规范化法治化正规化建设情况专题调研。开展民事检察专项评议工作，衢州市"两院"专项工作评议机制的创新做法，得到省人大常委会领导、省高院院长批示肯定。开展市中级人民法院行政诉讼专项评议及整改情况"回头看"工作，将评议监督实效转化为行政审判动能。组织代表视察"共享法庭"建设，提出针对性意见建议30余条，助推深化"共享法庭"工作。

【助推共同富裕】2022年，坚持以人民为中心，将保障和改善民生作为经济社会发展的根本出发点和落脚点，推动探索省际边界地区共同富裕现代化新路径，让共同富裕成果普惠更多人民群众。

促进乡村振兴发展。联动开展乡村振兴"一法一条例"执法检查，听取审议实施乡村振兴战略推动共同富裕示范区高质量发展和民族乡村振兴示范建设情况报告，提出提高现代农业发展水平、推动民族乡村建设等意见建议，其中乡村振兴"一法一条例"执法检查工作和推进民族乡村振兴经验做法得到省人大常委会领导批示肯定。听取审议城乡规划实施情况报告，持续推动《衢州市农村住房建设管理条例》实施。开展市水利局专项工作评议，提出加强水利设施建设、加快数字监管转型等意见建议，助力全市水利事业高质量发展。专项评议市供销社，推动三位一体改革、"三衢味"品牌培育提质增效。组织代表视察美丽河湖建设，关注水生态环

2022年7月5日，市人大常委会开展《浙江省综合行政执法条例》执法检查

2022年6月22日，市人大常委会赴衢江区召开乡村振兴"一法一条例"执法检查座谈会

境保护，助推擦亮美丽乡村水生态底色。

推动公共服务升级。聚焦人民群众所思所盼，持续推动《衢州市居家养老服务条例》贯彻实施，开展人力资源高质量发展、社会组织助力共同富裕等专题调研活动，组织代表视察产业工人队伍建设改革情况，推动全市各项社会民生事业发展。听取审议家庭教育促进工作等报告，开展义务教育"双减"专题询问，关注全市教育发展问题，回应民生关切。专题听取市政府关于《中华人民共和国就业促进法》贯彻实施情况汇报，专项评议市人社局就业工作，助力稳就业保民生。落实民生实事项目人大代表票决制，监督落实年度市政府民生实事，市八届人大一次会议票决产生的十方面46个子项的民生实事项目全面完成，其中34项工作超额完成年度目标任务，有效解决一批群众"急难愁盼"问题。

促进社会平安稳定。深入开展理顺县级矛调中心机制加强诉源治理调研，提出针对性意见建议，助推基层治理水平提升。组织《衢州市市区电动自行车管理规定》执法检查，提出加强科技赋能、消除责任盲区、加快法规修改等意见建议，督促政府及有关部门组织实施。助力反电信诈骗工作，专题听取打击治理电信网络新型违法犯罪开展情况报告，回应重大民生关切。开展《浙江省安全生产条例》《推进长三角区域居民服务一卡通若干规定》的意见征求工作，相关意见建议被省人大常委会采纳。跟踪监督《浙江省宗教事务条例》执法检查审议意见落实情况，推动宗教工作落细落实。全年受理群众信访336件，重视信访综合分析，做好转办交办工作。

【坚持全过程人民民主】2022年，常委会深入学习贯彻习近平总书记关于全过程人民民主的重要论述，不断完善民主民意表达平台和载体，确保人民依法通过有效途径管理国家事务。

推进全过程人民民主基层单元建设。坚持以数字化改革为牵引，积极探索创新、全力推进基层单元建设。围绕深化代表联络站"联、商、督、促、智"五大功能，结合"四化五提升"指数评价，出台相关方案、意见，构建形成"1126"(一舱一脑二码六应用。一舱为联络站运行数据驾驶舱，一脑为民情大脑，二码为代表码和代表联络站码，六应用为六大模块:联络站运行管理、参与立法监督、代表主题活动、代表联系群众意见处理、民生实事模块、督政议事)应用体系。建设全市统一的基层单元驾驶舱，在浙政钉上线代表履职综合应用系统，聚焦代表意见闭环处理，推动履职数据实现上下贯通，形成"民情大脑"数据资源库，全年共监测民情数据90多万条，全市共对省、市、县三级立法监督事项提交意见建议3.8万条。

推进开发区人大工作。建立完善开发区人大监督工作机制和代表工作机制，高质量推进开发区人大工作得到省人大常委会肯定，相关经验在全省开发区人大工作交流会上作典型发言。在换届选举中确保开发区代表数量只增不减，换届后智造新城的市、区两级代表共36名，比上届增加6名。

加强代表履职管理。将人大代表培训纳入市委党校主体班

2022年8月30日，衢州市人大践行全过程人民民主基层单元建设工作推进会召开

次，组织两期 100 多名市人大代表参加培训活动。举办全市乡镇人大主席、街道人大工委主任专题培训班。拓宽代表知情渠道，有计划地组织代表参与视察、执法检查和工作调研，定期向代表通报常委会履职情况。深入实施“双联系”制度，加强常委会组成人员联系代表工作。组织代表开展“六访六促”（访美好生活期盼、促为民办实事长效机制深化，访企业生产运行、促经济高质量发展，访城乡区域发展、促乡村振兴农民共富，访生态环境治理、促生态富民惠民，访亚运组织建设、促亚运会高水平筹办，访共富法治需求、促共富立法民主化科学化）主题活动，各级人大代表收集提交意见建议8.5 万条、收集处理民情民意 7.7 万条，推动解决民生问题。协助做好全国人大代表和省人大代表的推荐提名和考察工作，市八届人大二次会议依法选举产生新一届省人大代表 31 名。

提高议案建议办理质量。将议案建议办理作为践行全过程人民民主的重要载体，坚持完善人大常委会领导领衔督办、政府领导牵头领办等议案办理制度。召开议案建议办理情况询问会，结合主任接待代表月活动，主任会议成员带队赴各县（市、区）督办重点建议，提升议案建议办理质量，打通议案建议办理“最后一公里”。市八届人大一次会议 318 件代表议案建议中，所提问题得到解决和基本解决的 292 件，占 91.8%；正在解决或列入计划解决的 25 件，占 7.9%，议案建议办理完成率稳步提高。

【常委会建设】2022 年，常委会把党的政治建设摆在首位，把党的领导贯穿人大工作全过程各方面，牢牢把握“四个机关”定位要求，认真履行宪法法律赋予的职责，全面加强自身建设，提升常委会履职能力。

坚持市委全面领导。市委召开市委理论学习中心组中央人大工作会议精神专题学习会和市委人大工作会议，出台《关于推动新时代人大工作高质量发展的实施意见》，为开创人大工作新局面提供坚强的政治保证。常委会坚持重大事项向市委请示报告制度，全年向市委报告人大工作 22 件次，做到重大事项提前向市委请示、重点工作主动向市委汇报、重要活动及时报请市委支持。做好省委对设区市“党领导人大工作”绩效考核，8 项指标均取得高分，综合排名位列全省第一方阵。常委会党组坚持德才兼备的选人用人标准，注重加强对青年干部的教育培养，保持人大工作的活力。加强意识形态工作，运用多种载体和方式讲好人大故事。

落实党委决策部署。开展“六学六进六争先”学习实践活动，通过召开专题会议、学习培训、集中宣讲等形式，学习宣传贯彻党的二十大精神。全年组织常委会党组理论学习会 15 次，举办人大讲坛 5 期。常委会组成人员服务市委中心工作，人大干部和人大代表履职担当，确保市委各项决策部署落实。主任会议成员挂联多个专班项目，积极领衔参与人才科创桥头堡、新能源产业链、浙江时代锂电等多项市委重点攻坚项目，完成市委交办任务。紧扣市委建设共同富裕示范区的决策部署，依法作出《关于在建设四省边际中心城市中争当“两个先行”示范窗口的决议》，综合运用专项审议、专项监督、专题询问等法定方式，打好监督组合拳，充分发挥人民群众在参与决策、推动共同富裕等方面的作用。

深化党风廉政建设。持续推进党史学习教育常态化制度化，巩固深化党史学习教育成果。坚决贯彻中央八项规定精神和市委实施意见，持续纠治“四风”，精文减会，合理安排调研时间地点，努力为基层减负。开展警示教育，支持市纪委监委驻市人大机关纪检监察组履行职责。牢固树立国家权力机关对人民负责、受人民监督的意识，严格按照法定权限和程序行使权力、履行职责。

全面提升履职水平。大兴调查研究之风，主任会议成员牵头，围绕打造全过程人民民主市域典范、共同富裕示范区建设等重大课题开展调研，为高质量发展建设四省边际共同富裕示范区提供智力支持。发挥人大工作研究会作用，注重向高校、院所借力借智，将人大制度理论和实践研究引向深入。召开全市人大常委会主任学习会，组织常委会组成人员赴全国人大培训基地开展专题培训，举办市八届人大代表履职能力提升班，不断提高代表履职意识和履职能力。

推动人大工作创新。积极探索新时代人大工作新思路、新方法、新机制，以创新推动人大工作高质量发展。衢州市人大数字化改革在第三届“浙江人大工作与时俱进表扬”评选活动中斩获佳绩，人大“主”字形数字化履职监督体系获全省人大数字化改革创新特别奖。柯城区创新村级民主建设模式，创造性地将基层人大代表联络站制度与村规民约治理相结合，打造全过程人民民主的生动样板。衢江区“智慧督政”特色应用，获全省人大数字化改革创新提名奖。龙游县在全市率先建成县级代表联络中心站，打造首批20个示范站点，基层单元建设工作获省人大常委会领导肯定。江山市创新“工委一件事”履职新机制，探索从工委层面打造民主实践窗口，得到广大代表和群众认可。常山县打造“一切为了U”基层单元，入选2022年度全省基层单元建设最佳实践案例。开化县推出“共同富裕专题监督”数字化应用，相关经验做法被省委改革办专题刊发，获省人大常委会主要领导批示肯定。

2022年衢州市人大代表优秀议案一览表

表13

序号	议案	领衔人	编号
1	关于全力推动优势制造业进一步高质量发展的议案	施彩莲	1
2	关于深化乡镇街道一支队伍管执法工作的议案	周盛源	2
3	关于推广实施“四定”共富法加快推动山区农户增收的议案	吴汉平	3

2022年衢州市人大代表优秀建议一览表

表14

序号	建议	领衔人	编号
1	关于加快衢州一、二、三产业深度融合，高质量建设四省边际共同富裕示范区的建议	马　凌	188
2	关于巩固创文成果长态长效的建议	郑小莲	286
3	关于加强老旧小区车辆停放管理的建议	胡丽敏	282
4	关于推动传统制造业数字化转型 助力“后疫情时代”中小企业高质量发展的建议	余　震	193
5	关于建设贺邵溪党员干部教育培训中心的建议	程　婵	26
6	关于支持衢江加快西周姑蔑古国遗址挖掘保护和利用的建议	张　森	20
7	关于要求加大衢江区商贸物流业扶持力度的建议	毛剑霞	19
8	关于加快六春湖旅游度假区项目建设的建议	付卫平	13
9	关于精细打造未来社区试点的建议	邱亚青	103
10	关于推进学前教育普及普惠发展的建议	张根菊	147
11	关于支持江衢快速路项目前期工作的建议	夏飞华	227
12	关于推进村集体产权制度改革的建议	柴超前	222

续表 14

序号	建　议	领衔人	编 号
13	关于统筹解决江山工业项目中远期天然气供应问题的建议	黄巧灵	231
14	关于强化农田水利设施修复,提升农田生产能力的建议	叶继强	180
15	关于大力推进衢枳壳产业发展的建议	秦定福	185
16	关于深化“亩均论英雄”等举措,加快盘活低效用地的建议	郜凤君	59
17	关于强化区域协调,助力开化加快融入长三角一体化的建议	汪有仙	66
18	关于提升司法执行力的建议	陆少讳	160

重要会议

【市八届人大一次会议】 4月26—29日,衢州市第八届人民代表大会第一次会议召开。会议听取审查并通过衢州市政府工作报告、衢州市2021年国民经济和社会发展计划执行情况及2022年国民经济和社会发展计划、2021年全市和市级预算执行情况及2022年全市和市级预算、市人大常委会工作报告、市中级人民法院工作报告、市人民检察院工作报告。会议选举吴国升为衢州市八届人大常委会主任，徐张艳为衢州市人民政府市长,刘根宏、徐旭卿、黄孔森、童炜鑫、潘晓辉、毛胜田、郑河江为衢州市八届人大常委会副主任,周向军、廉俊、田俊、徐利水、吴松平、杨圆华、李宁为衢州市人民政府副市长，何海彬为衢州市监察委员会主任,危辉星为衢州市中级人民法院院长，黄曙峰为衢州市人民检察院检察长（检察长一职须报经浙江省人民检察院检察长提请浙江省人大常委会批准)。赖瑞洪为衢州市八届人大常委会秘书长。马凌等38人为衢州市八届人大常委会委员；通过市八届人大各专门委员会组成人员人选名单；投票表决2022年市政府民生实事项目。

【市八届人大二次会议】 12月27—29日,衢州市第八届人民代表大会第二次会议召开。会议依法选举产生31名衢州市出席浙江省第十四届人民代表大会的代表。

【市人大常委会会议】 2022年，市人大常委会召开常委会会议10次。

1月26日,召开市七届人大常委会第三十九次会议。会议传达学习省十三届人大六次会议精神;听取和审议市政府关于2021年民生实事完成情况和2022年民生实事候选项目征集情况报告,并进行满意度测评;听取和审议市人大常委会法工委关于2021年备案审查工作情况报告；审议通过有关人事任免事项。

3月23日,召开市七届人大常委会第四十次会议。审议通过关于选举产生的衢州市第八届人民代表大会代表的代表资格审查报告；审议通过关于召开市八届人大一次会议的决定；审议通过有关人事任免事项。

4月19日,召开市七届人大常委会第四十一次会议。听取和审议智造新城管委会关于2021年预算执行及2022年预算编制情况的报告；听取和审议市政府关于2022年民生实事候选项目建议方案的报告,通过2022年民生实事候选项目并提请市八届人大一次会议票决；审议提出市八届人大一次会议议程草案，提请市八届人大一次会议预备会议通过；审议提出市八届人大一次会议主席团和秘书长名单草案,提请市八届人大一次会议预备会议表决；审议提出市八届人大一次会议计划预算审查委员会名单草案，提请市八届人大一次会议预备会议表决；审议通过市八届人大一次会议列席人员、代表团召集人名单；审议通过市人大常委会工作报告稿，提请市八届人大一次会议审议；审议提出衢州市人民代表大会议事规则草案，提请市八届人大一次会议审议；审议通过有关人事任免事项。

4月29日，召开市八届人大常委会第一次会议。会议通过《衢州市人民代表大会常务委员会议事规则》。

6月9日，召开市八届人大常委会第二次会议。听取和审议市政府关于2021年市级重大政府投资项目计划执行情况和2022年市级重大政府投资项目计划编制情况的报告；听取和审议市政府关于2021年度生态环境状况和环境保护目标完成情况的报告；听取和审议市政府关于《中华人民共和国就业促进法》贯彻实施情况的报告，市人大常委会执法检查组关于开展《中华人民共和国就业促进法》执法检查情况报告；第一次审议《衢州市人大代表联络站工作条例(草案)》；审议通过市八届人大一次会议不列入会议议程的议案的审议意见；通过市八届人大常委会代表资格审查委员会委员名单和各工作委员会委员名单；审议通过有关人事任免事项。

7月25日，召开市八届人大常委会第三次会议。审议通过《关于在建设四省边际中心城市中争当"两个先行"示范窗口的决议》；听取和审议市政府关于2022年上半年经济社会发展情况和下半年政府工作的报告；审议市政府关于2022年上半年国民经济和社会发展计划执行情况的报告；听取和审议市政府关于2021年市级财政决算和2022年上半年财政预算执行情况的报告；通过《关于批准衢州市2021年市级财政决算的决议》；听取和审议市政府关于2021年财政预算执行和其他财政收支的审计工作报告；听取和审议市政府关于法治政府建设情况报告；对市政府组成部门法治政府建设情况开展满意度测评；第一次审议《衢州市养犬管理条例(草案)》；通过《衢州市人大常委会关于加快推进"大综合一体化"行政执法改革工作的决定》；通过关于接受汪衍君请求辞去浙江省第十三届人民代表大会代表职务的决议。

8月31日，召开市八届人大常委会第四次会议。听取和审议市政府关于衢州市南孔文化标识建设情况的报告。审议通过《衢州市人大代表联络站工作条例》，报请省人大常委会批准；审议通过有关人事任免事项。

9月29—30日，召开市八届人大常委会第五次会议。听取和审议市政府关于衢州市国有资产管理情况的综合报告；听取和审议市政府关于本市实施乡村振兴战略推动四省边际共同富裕示范区建设情况的报告；听取和审议市政府关于大气污染防治工作情况的报告，并对本市大气污染防治工作开展专题询问；听取和审议市政府关于《浙江省少数民族权益保障条例》贯彻实施情况报告；听取和审议市人民检察院民事检察、市营商办、市水利局、市人社局专项工作情况报告、专项评议组调查报告以及部分检察官履职情况书面报告；第一次审议《衢州市职业教育校企合作条例(草案)》；审议通过《衢州市养犬管理条例》，报请省人大常委会批准；审议关于开展《浙江省综合行政执法条例》执法检查情况报告；审议通过有关人事任免事项。

11月17—18日，召开市八届人大常委会第六次会议。听取和审议市政府关于审计发现问题整改情况报告；听取和审议市政府关于议案建议办理情况报告；听取和审议市政府关于《衢州市市区电动自行车管理规定》贯彻实施情况和市人大执法检查组的检查报告；听取和审议市政府关于本市义务教育"双减"工作情况报告，并开展专题询问及满意度测评；审议通过《衢州市职业教育校企合作促进条例》，报请省人大常委会批准；审议通过关于召开市八届人大二次会议的决定；审议通过关于修改《衢州市人民代表大会常务委员会讨论决定重大事项实施办法》的决定。

12月21日，召开市八届人大常委会第七次会议。听取和审议市政府关于债务管理情况报告；听取和审议市政府关于2022年市级新增地方政府债务预算调整方案的说明，通过关于批准市级新增地方政府债务预算调整方案的决议；听取和审议市政府关于提请审议批准2022年市级财政预算调整方案的说明，通过关于提请审议批准 2022 年市级财政预算调整方案的决议；听取和审议代表资格审查委员会关于补选的市人大代表的代表资格审查报告的说明，通过关于补选的市人大代表的代表资格审查报告；审议提出市八届人大二次会议议程草案，提请市八届人大二次会议预备会议通过；审议提出市八届人大二次会议主席团和秘书长名单草案，提请市八届人大二次会议预备会议表决；审议通过市八届人大二次会议代表团召集人名单；审议通过有关人事任免事项。

【《衢州市围棋发展振兴条例》新闻发布会】 3 月 29 日，《衢州市围棋发展振兴条例》新闻发布会在北京、衢州两个主会场，以南北视频连线方式隆重举行，宣布全国首部围棋法规将于 4 月 1 日正式实施。国家体育总局副司长徐靖、副司长来民，中国围棋协会主席林建超，省人大常委会副秘书长、法制委员会主任委员、法工委主任任亦秋，中国围棋协会副主席、省围棋协会主席孙光明，衢州市委书记高屹，市人大常委会主任吴国升、副主任黄孔森，衢州市政府副市长李宁，市委秘书长、市政协党组副书记、副主席王良海，各省市（自治区）围棋协会负责人，新华社、中央电视台、人民网、《法治日报》等全国 40 多家媒体记者出席发布会。各大网站转载阅读量达 3500 多万人次，得到全社会广泛关注，相关立法经验做法在全国人大专刊刊发。

2022 年 3 月 29 日，《衢州市围棋发展振兴条例》新闻发布会海报

（金新溪）

衢州市人民政府

综 述

【概 况】2022年,衢州市人民政府坚持以习近平新时代中国特色社会主义思想为指导，认真落实省第十五次党代会和市第八次党代会决策部署，全力打好稳进提质、除险保安、塑造变革、改善民生“组合拳”,努力实现“疫情要防住、经济要稳住、发展要安全”,推动衢州高质量发展迈出坚实步伐。全市地区生产总值同比增长4.8%、突破2000亿元大关,增速全省第二,创近十年来最好成绩;一般公共预算收入增长5.6%,增速全省第一；社会消费品零售总额逆势增长4.6%;城乡居民收入分别增长5.3%、7.5%，增速分别位列全省第一和第二。

【抓经济工作争先创优】2022年，全力开展经济稳进提质八大攻坚行动，推动经济运行企稳回升、向好向上。12项主要经济指标增速全部高于全省平均水平，其中11项前三、4项第一。抓助企纾困。全面顶格落实国家和省稳经济一揽子政策,及时出台“衢40条”“个体工商户纾困33条”,健全政策直达快享机制，全年为市场主体减负104.5亿元，兑付惠企政策资金81.5亿元,完成增值税留抵退税56.6亿元。政府性融资担保在保余额增长80%,“连续贷+灵活贷”等为小微企业节约融资成本7.7亿元。集中开展重点困难企业挂联服务，充分发挥“亲清半月谈”“政企恳谈会”“圆桌例会”等机制作用,在全力帮扶企业中提振市场信心。抓项目建设。固定资产投资增速连续3年全省第一，全省唯一连续4个季度获得投资“赛马”激励。杭衢铁路主体工程基本贯通，杭金衢高速改扩建工程、351国道等建成通车,常山江航电枢纽、衢丽铁路、江玉公路、钱江源通用机场等开工建设，四省边际多式联运枢纽港入选国家示范创建项目。争取地方政府专项债券115.5亿元、政策性开发性金融工具23.9亿元,8个项目列入省重大产业项目，国有建设用地供应量增长41.1%。抓稳外贸稳外资促消费。加快衢州综合保税区申建，开通泛亚铁路冷链运营平台，外贸进出口总额突破600亿元，实际利用外资突破1亿美元，社会消费品零售总额逆势增长4.6%。

【实现工业强市加速跃升】2022年，压茬推进工业强市十大专项行动,加快工业市县一体化发展,规上工业总产值增长11.6%、达到2858亿元,规上工业增加值增长9.6%、突破600亿元;数字经济核心产业增加值增长23.7%、增速全省第二;工业投资、制造业投资、高新技术产业投资分别增长46.3%、60.3%和116.4%,增速均列全省第一。百亿级项目招商持续突破。吉利“三电”、金瑞泓集成电路用硅片项目当年引进、当年开工。龙头企业加快做大做强,巨化系工业投资、产值、亩均效益均创历史新高，华友系产值实现翻番、连跨2个百亿台阶,元立系有效应对市场波动、加速延伸布局下游产业。时代锂电一期、一道光伏二期、奥首集成电路用电子化学品和东巨康光电科技、恒川

衢州市文化艺术和便民服务中心（2022 年 2 月 7 日摄）

新材料、研一新材料、鹤丰新材料、华康糖醇产业园等一批工业项目投产。新培育产值超 100 亿元企业 1 家、10 亿元企业 8 家，新增国家级专精特新“小巨人”企业 13 家。上市工作有力推进，成立企业上市与投资并购促进会、省股权交易中心衢州服务中心，新增 A 股上市及过会企业 5 家，非金融企业直接融资 314.3 亿元、增长 47.1%，禾川科技成为山区 26 县首家科创板上市企业。创新能力不断提升。省高端化学品技术创新中心、衢州资源化工创新研究院启动建设，电子科大长三角研究院获批省级工程研究中心，开化成功申创绿色硅材料高新经济产业园、实现市域高新区全覆盖。新认定国家高新技术企业 313 家、省科技型中小企业 702 家，规上工业企业研发费用增长 22.8%，每万人发明专利拥有量增长 24.7%。深化“亩均论英雄”改革，创新开展工业用地全域整治，规上工业企业亩均税收和亩均增加值分别增长 5.8%、17.4%，增速分别位列全省第三和第一。

【加快城乡建设品质提升】 2022 年，打好城市赋能“组合拳”，全面实施城市发展十大专项行动，市文化艺术和便民服务中心、高铁新城地下综合管廊、历史街区风貌衔接工程、儒学文化区旅游配套工程等竣工投用，九华大道隧道、紫薇路隧道建成通车，双港大桥顶推合龙，古城、双西港、衢化等片区城市有机更新扎实推进。加强城市精细化管理，建成 8 条省级街容示范街，完成 60 万平方米绿地改造，内河水质达到景观水标准。编制全域未来社区布点规划，创成省级未来社区 10 个、省级城乡风貌样板区 7 个。系统开展政策研究，加快推进以县城为重要载体的城镇化建设。在未来社区建设中先行探索、创新实践、高标推进，全市 34 个未来社区列入省前五批未来社区创建名单，首批柯城斗潭等 4 个未来社区成功创建。在全省率先提出全域未来社区建设，按照“中心城市建成区全域覆盖、县城建成区基本覆盖”的目标，市区完成 72 个全域未来社区布点规划，高铁新城 16.6 平方千米作为一个整体大场景的全域未来社区打造，4 个县（市）按照县城建成区基本覆盖的要求均完成布点规划。

【强化农业农村优先发展】 2022 年，粮油生产实现面积和产量“双增”，“菜篮子”市长负责制考核全省第一，农业“双强”行动获省“赛马”激励，双柚产业在培大育强中率先突围。全域推行“两山合作社”改革，带动村集体和农户增收 1.6 亿元。“三衢味”成为杭州亚运会、亚残运会官方供应商。“衢州有礼”诗画风光带沿江道路全线贯通，龙之梦旅游度假区项目开工建设，余东、溪口、下淤等 25 个村入选省级未来乡村，承办全省深化“千万工程”建设新时代美丽乡村现场会。在全国首创农业碳账户体系，引领农业生产方式全方位、系统性绿色低碳升级，获批全国绿色低碳农业先行区。久久为功保护生态环境，“五水共治”八夺大禹鼎、两夺金鼎，地表水环境质量在全国 339 个地市中列第 16 位，空气质量综合指数在全国 168 个重点城市中列第 23 位，生态环境公众满意度排名全省第二。

【推动重大改革多点突破】 2022 年，基层智治改革创新实践等 7

个项目获省改革突破奖，总数居全省前列。纵深推进数字化改革，工业强市在线、“公务餐”一件事、大宗货物“公转水”、碧水提质、共富培训在线等重大应用上线运行，“邻礼通·三民工程”、数智文化空间站获评全省“最佳应用”，基层智治大脑获评全省“最强大脑”，“智卡通”全省推广，构建“县乡一体、条抓块统”县域整体智治新格局获评全国法治政府建设示范项目。持续深化碳账户体系建设，首创碳监测核算标准体系，实施用能预算化管理，发放碳账户贷款488亿元。扎实推进“大综合一体化”行政执法改革，“1+5”行政执法体系实现全覆盖，企业平均迎检时间从每月5~7天降至2~3天。致力推进营商环境改革，建成四省边际中心政务服务综合体，构建政府合同履约监管系统，开展电子营业执照多场景应用全国试点，电力接入工程费用分担机制实现企业接电“零成本”，地级城市平均信用指数排名全国第四、全省第一。国企改革三年行动顺利收官，组建衢州工业集团，市属国企资产、净资产、营业收入分别增长24.2%、14.9%和59.6%，增速均领跑全省。

【**促进民生事业持续发展**】2022年，谋划启动民生“夯基工程”，全面完成年度民生实事项目。健全就业创业促进机制，成立四省边际共富学院，四省边际人力资源服务产业园投入运营。开展新蓝领培训10.6万人次、新农人培育2.08万人次、星级工匠评定5898人，开发公益性岗位5383个，引进市外企业员工1.25万人，城镇新增就业3.08万人。提升教育教学质量，新（改）建中小学幼儿园48所、新增公办学位2.1万个，公办园在园幼儿占比达到56.7%，创成6所体艺特色高中，11所“公参民”和纯民办义务阶段学校全部转公。衢州学院首次获批国家教育强国推进工程项目，衢职院入选首批“科创中国”创新基地。发布《衢州市职业教育校企合作促进条例》，职业教育发展连续3年获省考核一等奖。深化健康衢州建设，支持四省边际中心医院做大做强，衢州市妇幼保健院、衢州市第二人民医院、江山市人民医院、开化县中医院创成三乙医院，市公共卫生服务中心即将竣工，基本医保实现市级统筹，获评省医学高峰高地建设工作成绩突出集体。认真解决“一老一小”问题，开工10家敬老院提升改造项目，建成7家智慧养老院，新增75个幸福食堂（助餐点），居家和社区基本养老服务提升项目列入全国试点，争取到中央专项彩票公益金2448万元（全省仅2家），入选现代社区建设改革攻坚项目“一老一小”优质服务提升行动省级试点。新增乡镇（街道）托育机构13家，每千人拥有婴幼儿照护托位数保持全省前列，常山入选全国未成年人保护示范县。大力弘扬新时代衢州人文精神，城市文明程度测评蝉联全省第一，“15分钟品质文化生活圈”建设全面推进，南孔文化入选全省首批文化标识建设创新项目。出台全国首部地方围棋法规，实施新时代南孔学子“一文一武”专项行动，成功举办首届衢州“烂柯杯”世界围棋公开赛、全国田径大奖赛、衢州马拉松等体育赛事。强力推进除险保安，高质量完成党的二十大维稳安保任务，安全生产事故起数、死亡人数分别下降36.4%和33.9%，安全生产和消防工作

2022年10月28日，2022年全国田径大奖赛在衢州举行

目标管理责任制考核全省第一，信访总量降幅全省第一、信访事项处理群众满意率全省第三，平安市创建实现“十六连冠”和市域“满堂红”。

【共同富裕试点案例全省复制推广】 2022年，“统筹推进连片发展建设共富未来乡村”等4个案例入选全省第一批最佳实践，“大统一培训带动‘三新’人群就业致富”等3个项目入选全省第二批试点，入选率均居全省第一。16项工作获国务院及国家部委领导，省委省政府主要领导肯定批示。共同富裕工作在省级以上会议典型发言93次。国家级、省级刊物刊登全市共同富裕经验做法67次，中央、省级主流媒体报道全市工作379次。

重要会议

【市政府常务会议】 2022年，市人民政府召开20次常务会议，通过多项地方规范性文件和政策意见。

1月13日会议 开展市级政府部门推进重点工作“比晾晒”，审议《关于加快建设“世界围棋圣地”的若干政策措施（试行）（送审稿）》，听取市城管委运行情况、营商环境“清障”行动情况和2021年第四季度市政府系统执行“十条军规”反面典型事项的汇报。

1月29日会议 开展市级政府部门推进重点工作“比晾晒”，传达贯彻市委常委会会议听取市政府党组工作汇报相关精神，审议2021年度衢州市政府特别奖等奖项评选结果、《衢州市争先创优“流动红旗”评价工作办法（送审稿）》《关于全面开展城市发展“十大专项”行动加快建设四省边际中心城市的实施方案（2022—2025年）（送审稿）》和《关于聚焦农民收入持续普遍快速增长推动共同富裕的意见（送审稿）》，研究一季度重大项目重点企业重要指标“早准备、抢开局、稳增长”工作，听取2022年市本级“五个一批”重大项目攻坚计划编制情况汇报。

2月15日会议 开展市级政府部门推进重点工作“比晾晒”，审议《衢州市第三次全国国土调查主要数据公报（送审稿）》《关于深化改革推进出租汽车行业健康发展的实施意见（送审稿）》《关于深化农村公路管理养护体制改革实施意见（送审稿）》和《衢州市新一轮制造业“腾笼换鸟、凤凰涅槃”攻坚行动实施方案（2021—2023年）（送审稿）》。

3月3日会议 听取2022年市级部门“比晾晒”活动机制和市政府领导挂联区块服务发展工作情况的汇报，传达贯彻省委农村工作会议暨粮食安全工作会议精神、副省长徐文光在衢调研讲话精神，研究“大科创”“大商贸”“大三农”“大文旅”四大专项政策（三张清单）、全市安全生产和消防工作有关情况，审议《衢州市打造中国营商环境最优城市2022年实施方案（送审稿）》。

3月23日会议 就贯彻落实市委要求进行研究部署，审议2022年《政府工作报告（征求意见稿）》及市政府民生实事候选项目。

4月14日会议 传达贯彻全国、全省公安厅局长会议精神，听取2022年市政府民生实事候选项目情况汇报，审议《政府工作报告（送审稿）》《关于衢州市2021年国民经济和社会发展计划执行情况及2022年国民经济和社会发展计划草案的报告（送审稿）》《关于全市和市级2021年预算执行情况及2022年财政预算安排情况的报告（送审稿）》《2021年市级政府投资项目计划执行情况和2022年市级政府投资项目计划（送审稿）》《关于2021年市级政府投资预算执行情况和2022年市级政府投资预算草案编制情况的报告（送审稿）》《关于高质量实施企业上市“3030”行动的若干意见（送审稿）》《衢州市2022年高耗低效企业整治工作方案（送审稿）》《衢州市推动减负降本政策落实工作方案（送审稿）》。

5月7日会议 审议《衢州市人民政府工作规则（送审稿）》《衢州市人民政府重大事项决策程序规定（送审稿）》《衢州市耕地保护三年行动实施方案（2022—2024年）（送审稿）》《衢州市人民政府2022年度重大行政决策事项目录（送审稿）》，开展市级政府部门推进重点工作“比晾晒”，听取关于2022年第一季度市政府系统执行“十条军规”反面典型事项的情况汇报。

5月16日会议 审议并原则同意市教育局提交的《衢州市规范民办义务教育发展工作实施方案(送审稿)》,要求按程序提交市委研究。

6月2日会议 传达贯彻全省食品药品安全工作电视电话会议精神,学习《中央生态环境保护督察整改工作办法》,审议《衢州市贯彻落实省委生态环境保护专项督察报告整改方案(送审稿)》《衢州市贯彻落实稳住经济大盘一揽子政策措施的实施方案(送审稿)》《关于衢州市区殡葬基本服务全流程免费的通知(送审稿)》,听取关于打造衢州市法治政府建设升级版情况的汇报。

6月15日会议 开展市级政府部门推进重点工作"比晾晒",学习《浙江省公共数据条例》,传达贯彻全国气象高质量发展工作电视电话会议精神,审议《衢州市基本公共服务标准(2021年版)(送审稿)》,听取《衢州市全域禁止经营燃放烟花爆竹工作方案》起草情况的汇报。

6月29日会议 审议《衢州市养犬管理条例(草案送审稿)》《衢州市工业市县一体化高质量发展实施意见(送审稿)》《市八届人大一次会议代表议案建议和市政协八届一次会议提案交办工作方案(送审稿)》。

7月15日会议 传达贯彻习近平总书记关于防汛减灾工作重要指示精神、全国安全生产电视电话会议精神和副省长卢山在衢调研讲话精神,审议《衢州工业发展集团有限公司组建方案(送审稿)》《衢州市政府产业基金管理暂行办法(送审稿)》《关于持续开展全球免费游衢州活动的方案(送审稿)》,研究关于对"县乡一体、条抓块统"改革等专项工作表现突出集体和个人记功嘉奖事项。

7月21日会议 传达学习省委书记袁家军在山区26县跨越式高质量发展暨山海协作工程推进会上的讲话精神,分析上半年经济形势,讨论《衢州高质量发展建设四省边际共同富裕示范区行动计划(征求意见稿)》。

7月25日会议 研究当前全市经济形势,开展政府系统推进重点工作"比晾晒",听取全市消防安全形势情况汇报。

8月12日会议 学习《中华人民共和国反有组织犯罪法》,听取关于加强打击治理电信网络诈骗违法犯罪工作情况汇报,审议《衢州市职业教育校企合作促进条例(草案送审稿)》《衢州市农村公路提质创优促共富五年行动实施方案(送审稿)》《衢州市泛亚铁路冷链运营平台建设方案(送审稿)》《衢州市人防工程产权制度综合改革实施意见(送审稿)》。

8月24日会议 开展市级政府部门推进重点工作"比晾晒",传达学习习近平总书记对青海重大山洪灾害和当前防汛抗旱抢险救灾工作重要指示精神,传达贯彻省政府专题会议精神,学习贯彻《中华人民共和国行政处罚法》和《国务院办公厅关于进一步规范行政裁量权基准制定和管理工作的意见》,审议《关于进一步加强企业员工引育工作的若干意见(送审稿)》。

9月19日会议 审议《衢州市"扩中""提低"行动方案(送审稿)》《衢州市人民政府关于深化数字政府建设的实施意见(送审稿)》《关于支持衢州市人民医院(四省边际中心医院)加快做大做强的若干意见(送审稿)》,研究对见义勇为人员给予相关表彰奖励事项。

10月14日会议 开展政府系统推进重点工作"比晾晒",传达贯彻全省知识产权保护和发展大会、全省农业高质量发展大会、全省加快高水平交通强省建设推进会、全省能源绿色低碳发展和保供稳价工作三年行动实施部署会议精神,听取2022年衢州市未成年人思想道德建设工作情况、省督察组对全市落实食品安全党政同责督查情况的汇报,审议《关于调整城乡居民基本医疗保险筹资标准的通知(送审稿)》《关于2022年提高城乡居民基本养老保险基础养老金最低标准的通知(送审稿)》。

11月1日会议 学习《国务院办公厅关于扩大政务服务"跨省通办"范围进一步提升服务效能的意见》《浙江省生态环境保护条例》《浙江省内部审计工作规定》,审议《关于公布衢州市新增综合行政执法事项目录(2022年)的通知(送审稿)》《关于进一步完善最低生活保障标准调整机制的通知(送审稿)》,听取全市四季度项目投资工作情况汇报。

11 月 25 日会议 开展政府系统推进重点工作“比晾晒”,审议《关于推进“五链融合”深化工业强市战略的实施意见(送审稿)》《衢州市人民政府关于规范信安湖水域垂钓行为的通告(送审稿)》《衢州市全民健身实施计划(2022—2025 年)(送审稿)》《2022 年市级政府投资项目补充计划(送审稿)》《2022 年市级政府投资预算(补充)草案(送审稿)》《衢州市全域国家“无废城市”建设实施方案(2022—2025 年)(送审稿)》《衢州市行政许可事项清单(2022 年)(送审稿)》《衢州市人民政府办公室关于启用衢州市人民政府行政复议专用章和衢州市人民政府行政应诉专用章的通告(送审稿)》,听取 2022 年以来全市法治政府建设工作进展情况的汇报。

12 月 26 日会议 传达贯彻省委常委、常务副省长徐文光在衢州调研讲话精神,研究全市粮食安全工作和《衢州市筹办浙江省第十八届运动会操作方案》,审议《衢州市区集体土地房屋征收补偿安置办法(送审稿)》《进一步深化市属国资国企改革的若干意见(送审稿)》。

【市政府全体会议】2022 年,市政府召开的全体会议如下:

2 月 18 日,市政府召开市七届政府第八次全体(扩大)会议暨廉政工作会议,全面贯彻省委、省政府决策部署和市委工作要求,重实干、勇争先,加快建设四省边际共同富裕示范区,以优异成绩迎接党的二十大和省第十五次党代会胜利召开。

7 月 27 日,市政府召开市八届政府第一次全体(扩大)会议,以习近平新时代中国特色社会主义思想为指导,认真贯彻省第十五次党代会精神,全面落实市第八次党代会和市委八届二次全会决策部署,进一步明确攻坚突破的重点措施,保持创新争先的奋进姿态,凝心聚力、真抓实干,在建设四省边际中心城市中争当“两个先行”示范窗口,以优异成绩迎接党的二十大胜利召开。

【市政府其他重要会议】2022 年,市政府召开的其他重要会议如下:

1 月 13 日,召开碳账户基础应用建设分析研讨会,分析六大领域碳账户系统在数据逻辑、数据质量和业务功能等方面存在的问题。

3 月 24 日,市委副书记、代市长徐张艳主持召开专题会议,研究部署疫情防控和复工复产复市复学工作。

4 月 6 日,召开全市安全生产暨消防工作会议,全面贯彻落实全国安全生产工作会议和全省安全生产、消防安全工作会议精神,总结 2021 年全市安全生产和消防工作,分析面临的形势任务,研究部署 2022 年重点工作,深入开展第二轮安全生产综合治理三年行动,有效防范化解各类安全风险,坚决遏制重大事故,推动全市安全生产形势持续稳定向好。

5 月 16 日,召开全市耕地保护和“五未”土地处置工作会议,强调要深入学习贯彻习近平总书记关于耕地保护工作重要指示批示精神,按照中央和省委、省政府的部署要求,以“长牙齿”的硬举措管好用好土地资源,加强土地节约集约利用,为衢州跨越式高质量发展打下更加扎实的基础。

5 月 24 日,召开全市营商环境建设工作推进会,扎实推动衢州市营商环境在全国全省评价中走在前列、成为标杆。

6 月 21 日,召开全市食品药品安全工作会议,总结回顾 2021 年食品药品工作,研究部署 2022 年重点工作。

8 月 26 日,召开全市打击治理电信网络诈骗违法犯罪工作推进会。

9 月 28 日,召开全市安全生产和疫情防控工作会议。

10 月 10 日,召开全市跨境电子商务工作推进会。

10 月 19 日,召开全市工业强市推进会暨工业用地全域整治工作会议。

(童玮雯)

决策咨询

【概　况】2022 年,衢州市咨询委围绕全市中心工作,凝聚全体委员力量,深入开展咨询研究工作,为高质量建设四省边际中心

2022 年 9 月 29—30 日，市咨询委赴江山市开展“挖掘省际古道文化资源 助力‘联盟花园’建设”课题调研

城市建言献策。

【决策咨询】2022 年，发挥咨询委的智力平台优势，调动委员研究热情，为经济社会更好发展献计献策。发挥特邀委员引领作用，年初，就《2022 年市政府工作报告（征求意见稿）》《2022 年市政府民生实事项目（征求意见稿）》征求特邀委员书面建议，收集到 17 篇，数条建议被采纳。发挥市内委员参谋作用，全年收到委员个人建议 16 篇，以整篇和摘录形式在《衢州决策咨询简报》中印发，整篇采用 12 篇，摘录形式 4 条。

【调查研究】2022 年，围绕课题调研工作，开展对策性、实效性研究，有序完成年度课题计划。组织咨询委员开展课题研究，经过选题申报、资料收集、学习考察、座谈研讨，全年完成并上报课题报告 12 个。聚焦建设四省边际中心城市，先后前往温州、丽水、金华等地学习考察，提交《市域一体市县合力 加快推进县域经济跨越式高质量发展》《积极开展森林城市群建设 助力打造四省边际中心城市》《以“四个一”为抓手推进衢州宋韵文化传世工程建设》《衢州城市更新制度建设的探索研究》等报告；聚焦深入实施“工业强市、产业兴市”战略，提交《加快发展高端装备制造业 夯实工业强市坚实基础》《加快培育高技能人才 助力打造人才科创桥头堡》等报告；聚焦高水平推进乡村振兴，提交《提升我市粮食生产规模经营效益的调查与思考》《加快石梁溪流域配套建设 充分发挥寺桥水库综合效益》《挖掘省际古道文化资源 助力“联盟花园”建设》等报告；聚焦高标准保障民生事业，提交《加强中小学名师队伍建设的思考与建议》《积极筹办省十八届运动会 努力实现办赛参赛双丰收》《我市白蚁防治现状分析和对策研究》等报告。获市委书记高屹、市长徐张艳等市领导批示 16 条次，课题批示率 100%。

【工作交流】2022 年，进一步改进工作方法、创新工作机制、加强队伍建设，推动决策咨询工作规范高效。严格执行《衢州市人民政府咨询委员会课题管理办法（试行）》，规范课题管理实施。充分利用委员自身优势及其社会资源，建立联合研学的协同机制，在系统内外开展课题合作，多项课题得到有关部门和专家的参与和支持。全年组织特邀委员、市内委员和县（市、区）咨询委专家开展各类调研座谈活动 30 余次。先后接待省咨询委社会（军民融合）发展部部长楼志浪一行及金华、丽水等省内兄弟地市咨询委到衢州调研考察。强化全方位、深层次联系，和省咨询委等省级部门进行对接、争取支持，与其他市县咨询委和市级部门加强交流、开展协作，对各县（市、区）咨询委传达信息、推动落实。

（雷欣悦）

人事人才

【概　况】2022 年，围绕四省边际人才科创“桥头堡”建设，制定实施企业员工引育政策，加大人才招引力度，加强专业技术人才队伍建设，加快人力资源服务业发展，全力保障提高事业人员工资待遇，持续规范市属国企人员薪酬管理机制，逐步提高市级编外

2022 年 6 月 28 日，衢州市人力资源服务产业园正式开园

用工薪酬福利水平，高质量组织实施各类人事考试。

【人才引进与开发】 2022 年，衢州市引聚青年大学生 4.6 万人，企业员工引育 1.4 万人，完成全年计划目标的 140%。9 月 26 日，举办 2022 年度南京·衢州人才周活动，活动期间达成就业意向 512 人。11 月 15 日，联合杭州市人社局召开首届杭衢人力资源交流洽谈会，进一步提高两地山海协作力度。

【人力资源服务产业园建设】 2022 年 6 月，衢州市人力资源产业园开园，12 月获评省级人服产业园，提前 3 年完成“十四五”末“建成省级园”目标。国务院副总理胡春华、人力资源和社会保障部部长周祖翼等领导先后前往指导调研。产业园招引入驻人力资源服务企业 51 家，引进大学生 4621 人、高层次人才 60 人，落地“双领计划”(领军型创业人才和领军型创新人才)人才项目 3 个，实现营收 7.32 亿元，纳税 1725 万元。

【专业技术人员管理】 2022 年，全市取得专业技术资格 12719 人。其中，初级 6967 人，中级 4692 人，副高 889 人，正高 171 人。《关于加强衢州市博士后工作站建设的建议》获市委书记高屹批示，出台《衢州市博士后工作实施办法》。新建国家级博士后科研工作站 1 家、省级博士后科研工作站 10 家，新招引博士后 39 人，2022 年招引人数占全市累计招引人数的 45%。开展各类专家服务活动 63 次，惠及群众 6500 余人。

【事业单位人事管理】 2022 年，事业单位共引进招聘工作人员 2342 人，其中硕士研究生以上人才 511 人。会同市委组织部制定《衢州市事业单位工作人员交流办法》，进一步规范公开选调、差额比选和商调。全面开展县以下事业单位管理岗位职员等级晋升工作，6 个县(市、区)全年共晋升 418 人。

【工资福利】 2022 年，高效完成全市 4.5 万事业人员基本工资标准调整、13 家事业单位突出绩效考核和总量核定、市级 4 家公立医院薪酬总额核定等工作，逐步提高事业单位薪酬水平。会同市委组织部、市财政局完成 2021 年津补贴清理规范工作，制定 2021 年度机关事业单位绩效奖金分配方案并发放到位，统筹考虑研究实施机关企事业单位离休人员增加补贴。充分发挥行政奖励激励作用，共奖励 20 家集体和 21 名个人。根据市国资委对国有企业考核结果，研究提出市管国有企业负责人年薪总额建议。完成市本级 195 家单位共 1800 余名编外用工总额核定和清算，逐步提高市级编外用工薪酬福利水平。

(熊晓锐)

退役军人事务

【概　况】 2022 年，衢州市退役军人事务系统坚持“稳定工作不让市委市政府操心分心、业务工作努力走在全省前列、中心工作要为大局多作贡献”目标定位，以作风建设破题开路，以数字化改革提能增效。全省率先开展“六十佳”(十佳军转干部、十佳退役士兵、十佳军创先锋、十佳“兵支书”、十佳拥军人物、十佳模范军嫂)典型选树活动，崇军氛围更浓;率先完成退役军人建档立卡，摸清退役军人全量信息;创新打造优待证数智应用新场景，率先推出亮码优待政策，受到副省长王文序批示肯定。

【服务保障体系建设】2022年，出台《2022年衢州市退役军人服务保障体系建设推进实施方案》，围绕退役军人服务中心(站)“六大功能”定位(温馨家、情报站、参谋部、指挥所、联络点、进修校)，探索“站长+指导员”工作模式、ABC分类建服务站、域外建服务站，打造“崇军共富站”“U见老兵”服务团队，推动退役军人服务体系建设提质增效。新创建省级新时代枫桥式退役军人服务中心(站)162个，市级“衢州有礼·新时代枫桥式退役军人服务中心(站)”建设实现100%覆盖。7月，举办全市首届退役军人志愿服务项目大赛，“自救互救技术公益推广”“精准帮扶‘三属’老人”等13个退役军人志愿服务项目齐聚赛场，推动退役军人志愿服务工作项目化、品牌化、专业化。

【退役军人移交安置】2022年，坚持“质量为先”原则，完成转业军官和退役士兵安置任务。转业军官安置到机关(参公)单位占比取得标志性突破，位列全省第一梯队;退役士兵安置到事业单位占比进一步平衡优化。坚决落实政策要求，做好退役士兵待安置期社保接续、组织关系接转、教育管理、生活补助发放、一次性经济补助发放工作，保障退役士兵正当权益。创新服务模式，组织“兵企见面”会，为参加实践锻炼退役士兵发放实习补助，持续开展“礼送上岗”活动，军人退役“一件事”办事率、办结率均达100%，切实增强退役军人获得感和归属感。

【退役军人就业创业】2022年，开展退役军人就业创业宣传、指导、帮扶工作。全市举办退役军人创业创新成果展7场，多家军创企业参加。组建1支退役军人导师团队，聘任12名创业导师，中共衢州市委退役军人事务工作领导小组印发《关于支持退役军人创业创新工作的意见》，帮助有创业意愿的退役军人实现梦想。加强与企业对接合作，举办线上线下退役军人专场招聘会36场，提供就业岗位万余个。衢州华友钴新材料有限公司入选2022年“全国退役军人就业合作光荣榜”。

【抚恤优待】2022年，及时调整抚恤补助标准，为抚恤补助对象发放各类抚恤补助金。规范义务兵家庭优待金发放程序，为义务兵家庭发放优待金。及时发放物价补贴，为全市享受物价补贴优抚对象发放物价补贴。开展城乡现役义务兵父母和享受定期抚恤补助烈属免费健康体检活动，为现役义务兵父母和参战老兵免费购买人身意外伤害保险和大病医疗补充保险，组织8批次抚恤优待对象到省荣军康复医院疗养。有序推进退役军人、其他优抚对象优待证申领发放工作;加强军人军属、退役军人和其他优抚对象优待工作，拓展“崇军商圈”，500余家崇军商家加入，为退役军人提供衣食住行等方面的优先优待。创新优待举措，推出439条公交路线免费乘车、14个重点国有景区免门票等线上优待服务，在全省率先探索“持证优待”向“码上优享”转变。

2022年5月7日，衢州市举行首批退役军人和其他优抚对象优待证首发仪式

【开展褒扬纪念活动】2022年，开展“2022·奋起·网上祭英烈”“9·30”烈士纪念日等褒扬纪念活动。清明期间，参与“浙江英烈网”网上祭英烈活动39万人次。“9·30”烈士纪念日期间，举行浙江英烈故事思政课进校园、进军营等各类褒扬纪念活动10余场次，社会各界8万余名群众参与。联合武警衢州支队、龙游县有关部门举行“龙游抗洪抢险六烈士”牺牲30周年纪念活动，形成缅怀英雄烈士的良好氛围。

2022年11月16日，2022年度衢州市兵支书共富能力提升专题培训班在省退役军人教育中心举办

【双拥工作】2022年，挂牌成立衢州市双拥服务中心，持续开展军地互办实事活动，办理事项10项，投入经费30余万元。全力支持部队练兵备战，赴福建走访慰问轮训官兵和“衢州舰”组建单位，组织走访慰问到衢州驻训官兵，发放价值50余万元的慰问品。出台《衢州市军人随军家属就业安置工作实施细则》，做好随军家属安置等工作。举办衢州市首届“向阳花开”军人子女夏令营活动，开展“情系边海防”拥军优属活动，组织“红心向党喜迎二十大，关爱老兵永远跟党走”爱心捐赠活动，33对军地共建单位开展军民共建社会主义精神文明活动80余场。春节、八一建军节期间，市四套班子领导走访慰问省军区、衢州军分区、驻衢州部队，传递党和政府的关怀温暖。

【思想政治建设和权益维护】4月，联合中共衢州市委宣传部、衢州军分区政治工作处开展“六十佳”选树活动。7月31日，举行“老兵心向党 建功新时代”——衢州市“六十佳”选树发布会，发布“六十佳”和提名奖人选74名先进典型，衢州市市长徐张艳接见“六十佳”代表并合影留念。组织“兵支书话共富”专题研讨、视频展播活动，举办衢州市兵支书共富能力提升专题培训班，着力提升“兵支书”综合素质和履职能力。持续办好《我和我的祖国·致敬老兵》栏目，开展“老兵心向党”活动。开展“情暖老兵——为退役军人排忧解难”专项行动，做好退役军人防癌抗癌保险参保工作。持续做好“三走两互动”走访慰问活动，发放慰问金450余万元。

【军休军供】2022年，衢州市军队离休退休干部休养所以落实军休干部政治待遇、生活待遇“两个待遇”为工作重点，探索“党建+军休”工作路径，优化军休服务。与柯城区人民医院签订军休医疗共建合作协议，提升军休干部医疗健康服务水平。申报成立衢州市军休大学，丰富军休干部精神文化生活。注册成立衢州市“有礼军休”志愿服务队，成立衢州市军队离休退休干部休养所关心下一代工作委员会，加强军休干部思想政治引领。12月，被浙江省退役军人事务厅评为“全省军休工作成绩突出集体”。衢州军用饮食供应站以打造“有礼军供”品牌为切入点，狠抓军供保障服务质量，有力保障驻训部队、过往部队和新兵起运途中的饮食饮水供应，全年军供保障量创历史新高。

（刘蓉蓉）

安全生产和应急管理

【概　况】2022年，衢州市应急管理局做好除险保安工作，推进全领域、全环节、全要素安全监管，全力防风险、保安全、护稳定，完成中共二十大安保任务，全市安全生产和自然灾害形势平稳向好。衢州市获全省2022年安全生产和消防目标责任制考核优秀等次，全省第一。年内，全市发生各类生产安全事故（包括工矿商贸企业、道路运输、水上运输、农业机械、渔业船舶，以下同）49起、死亡39人（含高速事故7起、死亡9人），同比分别下降36.4%、33.9%，实现较大及以上事故“零发生”。全市成功防御9轮“强降雨”，有效应对2次台风影响，无因灾人员伤亡，自然灾害直接经济损失4.14亿元，与前三年平均数下降48%，实现“不死人、少伤人、少损失”目标。全市发生森林火情火灾22起，其中，较大火灾6起，上升600%，过火面积72.71公顷，受灾面积25.92公顷，无人员伤亡。

【落实党政主体责任】 2022年，市委常委会、市政府常务会议先后18次研究部署除险保安、安全生产、防灾减灾和森林防灭火工作，市委、市政府主要领导作出安全生产批示指示39次，并通过组织专题部署、电视问政、实地调研、“四不两直”（不发通知、不打招呼、不听汇报、不用陪同接待、直奔基层、直插现场）检查等方式，推动工作落实。市分管领导各负其责、齐抓共管，全力支持和推动应急管理工作。各级党政领导靠前指挥、统筹推动应急管理工作落地见效。

【完善安全生产责任体系】 2022年，梳理“市、县、乡、村、企”五级责任清单，将5583个责任主体、64921条履职清单纳入履职尽责“一本账”，制定《衢州市安全生产市长月度专题会工作制度》等10余项机制，进一步强化“安委会+专委会+安委办”的工作责任体系。构建全面覆盖、一贯到底的考核评价体系，每月发布乡镇安全生产管控指数，落实提级“开小灶”督促整改，推动衢州市30条具体措施65项任务落细落实。率先全省出台《党政领导干部安全生产责任制落实不力问责办法》，警示约谈基层政府主要负责人约40人，坚决管好安全生产从“0”到“1”的中间地带。严格落实“凡事故必到场”“凡亡人必复盘”机制，从严开展事故调查，结案生产安全事故9起，追究刑事责任2人，行政处罚30人。

【防范化解风险隐患】 2022年，以重大安全生产问题清单为牵引，建立“主动发现、整改验收、风险评估、立体评价、举一反三”工作机制，全年办结入库省、市级重大安全生产清单问题50个，重大安全生产问题管控力量化评价全省第二。衢州市危化品企业事故易发频发问题和衢江区森林火灾扑救能力不足问题整改得到省委常委、常务副省长徐文光批示肯定，并成功入围省委“七张问题清单”整改示范榜。针对日常隐患，强化系统打法，完善市级牵头抓总、县级双重交办（督办）、乡镇15日办结、企业滚动自查的闭环工作体系，摸清风险底数，高质量完成省级13轮除险保安督查暗访发现的2527个隐患问题（重大隐患52个）整改销号。

【开展化工行业安全整治】 2022年，扎实开展化工行业安全整治攻坚行动，在全省率先完成6个化工园区“降风险”，腾退“低小散”化工企业114家，实现化工行业的“两降两增”（原存量化工企业数由357家下降到243家、化工行业事故起数下降40%；化工行业规上产值增长65.1%、利润总额增长218.3%），有力推动化工产业转型升级、高质量发展。统一市域化工项目决策权，“园区预审、市级部门联审、省级专家评审”制度上升为国家四部委顶层制度设计。

【工矿领域安全整治】 2022年，开展有限空间专项整治，构建465家相关企业安全风险分级数据库，辨识风险点8625个。市系统应用指数和责任制考核指数均保持在全省前三，动态责任体系考核12项考核内容满分。

【夯实应急管理防御基础】 2022年，以基层治理现代化市域试点为契机，将基层应急管理高度融入基层治理体系。全市103个乡镇（街道）全部建立由党政主要领导任主任的应急管理委员会，新组建县级综合应急救援队伍4支、镇街综合性应急救援队伍27支，1582个村社建立应急工作组，组建应急突击队1136支，强化“打小灭早”。建立“市领导包县、县领导包乡、乡领导包村、村干部包户到人”四级包保责任制，将隐患排查、转移避险纳入网格员职责，常态开展风险动态识别，快速预警到户到人。组织培训演练55642人次，建成避灾安置场所170个，转移危险区域

2022 年 6 月 24 日，举行衢州市暨龙游县 2022 年防御自然灾害应急救援抢险综合演练

人员 9034 人，成功处置险情灾情 6 起。

【强化安全生产执法】 2022 年，探索将服务做在审批前、保护做在成灾前、整改做在处罚前“三前”机制，推行“普法 + 执法 + 服务”三位一体工作法，组织专家服务2355 人次。全年行政审批服务事项 381 件，“一网通办”率、按时办结率、群众满意率均 100%。开展 4 轮“执法铁拳行动”，对屡教不改违法的企业进行严打，实施行政处罚 882 次，处罚金额 1801.93 万元，检查处罚率 81.4%，排名全省第一；行刑衔接案件办理数同比增长 183.33%，形成有效震慑。

【提升数字化水平】 2022 年，工业企业安全在线、危化品全生命周期在线等应用基层履职指数保持在较高水平。率先在全省开展防汛防台在线与“141”[“1”即县级社会治理中心，“4”即乡镇（街道）基层治理“四个平台”（综治工作、市场监管、综合执法、便民服务），“1”即村社网格]体系贯通承接工作，并为全省“防汛防台在线”基层履职体系提供“衢州样板”。谋划“化工行业数字化监管”应用，开发建成安环联控系统拟纳入全省试点。首创四省四市森林防灭火数字化协同救援系统，成功处置边界区域森林火灾 5 次。迭代升级“急线烽”森林防火指挥应用，纳入省应急管理厅“一地创新，全省共享”。

（陈　梅）

消　防

【概　况】 2022 年，衢州市消防救援支队锚定“提速奔跑争一流、固本拓新走前列”目标要求，统筹推进党的二十大消防安保、“除险保安”和“抓基础、强主业、转作风”专项活动等重大任务，全面履行防范化解重大安全风险、应对处置各类灾害事故的职责使命，营造更为稳固、更加优质的消防安全环境。全市消防部门挂牌督办重大火灾隐患单位 11 家，检查单位 12839 家次，督改隐患 12883 处，临时查封 127 家，责令“三停”（停产、停业、停止施工）195 家，拘留 13 人，罚款 457.4 万元。全市各级消防救援队伍接警出动 4528 起，疏散抢救被困人员 624 人，抢救保护财产价值 4.5 亿元，连续 20 年未发生较大以上亡人火灾事故。

年内，国家消防救援局、省消防救援总队和市委、市政府主要领导先后 12 次批示肯定支队消防安全工作和综合应急救援工作，全市安全生产和消防工作目标责任制考核全省第一。市消防救援支队在全省消防救援队伍年度工作考核中排名第二，被评为全省“优秀支队”“好班子”，分别取得全省宣传岗位和后勤岗位比武竞赛团体第二名、第三名，各级获评集体三等功 4 次，柯山大队被评为第六届全国 119 消防先进集体和第十一届“最美衢州人”，柯城大队戴文辉被评为“最美浙江人·浙江骄傲”提名人物，常山大队孔令位被评为“全国优秀共青团员”。

【消防安全隐患整治】 2022 年，坚持以党的二十大消防安保工作为主线，推动消防工作纳入全市“除险保安”、党的二十大维稳安保等总体部署，作为政务督查、纪委监委督察、平安暗访重点内容，实施“十条军规”通报。提请市政府出台《加强基层消防力量建设和火灾防控工作实施意见》，全市103个乡镇（街道）挂牌成立应急消防站。发挥大平安建设专班、市安委会、市消安委等平台作用，每周对各县（市、区）消防工作进行赋星晾晒，每月通过基层治理平台向3.2万名网格员发布任务，先后召开4次成员单位联席会议，牵头组织或参与开展重点行业领域督查和年度督导暗访26次，约谈乡镇（街道）65个、重点企业168家，向18个市级部门制发预警提示函，下发各类交办单（督办单）72份。紧盯全市火灾防控重点，系统推进危化企业、经营性自建房、专业市场等8大领域综合治理，排查检查单位3.2万余家，发现督改消防隐患4.5万余处。制定出台《衢州市重大火灾隐患挂牌督办制度（试行）》，分级挂牌11处重大火灾隐患，推动智慧新城管委会投入3000余万元开展高层建筑专项整治，柯城、衢江投入2000余万元推进自建房连片区攻坚整治，22个问题分别纳入“七张问题清单”督办和《电视问政》栏目曝光，并成功办理全省首起没收消防技术服务机构违法所得案，相关做法在消防救援局简报刊发。

【推进消防领域数智应用】 2022年，市消防救援支队主动融入衢州市数字化改革工作大局，紧盯消防安全监管难点堵点问题，大胆探索、先行先试，向各级争取消防领域数字化项目经费1000余万元，开发上线电动自行车、高层建筑、生命通道等数字运用4个。其中柯城区“电动自行车充停监管（e充停）应用”工作在消防救援局简报和省委“数字化改革”专刊推广，并获得总队和市政府领导点赞。推动市政府将电动自行车禁入住宅电梯系统安装纳入2022年十大民生实事项目，全市投入1000余万元增设3000余套设备，完成率100%。引导3300余家重点管控单位接入消防安全风险管控平台，895家社会单位、37家消防技术服务机构完成物联设备联网工作，实现对火灾高风险场所、区域的动态监测、风险研判和精准治理。推广“消防隐患随手拍”应用，核查处理1.2万余起线上举报事项。

【消防宣传培训】 2022年，市消防救援支队深入推进消防宣传“五进”（进社区、进学校、进企业、进农村、进家庭）工作，创新推出“小柯小鹿”动漫IP，建成6个消防主题公园、2个消防屋、55家消防宣传“五进”试点，打造11支具有区域特色的消防志愿服务队，“消防＋邮”包裹进万家、非遗唱消防、“火急火‘聊’”直播等特色活动，开展各类形式宣传教育培训2500余次、宣传受众达20万人次。县学街社区“妈妈团社会工作室”获评第六届全国119消防先进集体，消防安全进农村“十百千万”工程被市委宣传部列入文化礼堂创新项目，在央视、《人民日报》、新华社等中央级媒体发稿49条。

【后勤装备建设】 2022年，市消防救援支队紧抓衢州市加快建设四省边际中心城市的有利契机，结合城市发展“十大专项”行动内容，推动2个消防站投入执勤、2个消防站开工新建、3个消防站立项批复，完成指挥中心建设项

2022年6月29日，衢州市“高腔唱‘防’ 礼堂有‘戏’”——2022年衢州市消防宣传进农村文化礼堂活动启动仪式在开化县芹阳办事处十里铺村文化礼堂隆重举行

目3个，正规化改造项目7个。投入5241万元购置消防新车11辆、各类装备器材10870件(套)，与中联重科、上海铁路局衢州站、衢州三志物流等20余家单位签订战略合作协议，实现保障与“一线”的精准对接、无缝衔接。

【提升实战打赢能力】2022年，市消防救援支队坚持“党委议训、主官抓训、机关领训、全员参训”的实战练兵导向，抓实“1+3”组训模式，创新推进消防救援人员能力等级评定，举办2次比武竞赛、2次全员普考、15次全勤指挥部演练，开展水域、无人机等专业技能培训9期，派出125人次参加总队级专业培训，73人取得水域、绳索等资质证书。持续推进专业队提质强能，在江山大队试点探索民间救援力量进站办公、联合训练、遂行出动等联勤协作机制，全面优化精细化工灭火救援专业队作战编程，稳步推进消防水源调蓄工程、消防车数据汇聚传输模块开发，完成“池火+罐火”、装置立体火战法创新，队伍实战能力全面提升。扎实推进“一短三快”初战机制改革，在全省率先试点推进“空地一体”作战指挥体系建设，探索成效在全省专题会议、浙西战区化工演练和各类救援中专题汇报、全面展示、实战应用，获得省消防救援总队和市政府领导的充分肯定。狠抓各级指挥大脑建设，建立健全等级调派和灭火救援片区指挥长制度，聘请涉及7个领域的23名专家值守备勤、教学指导，升级建设重点区域城市高点监控13个，视频指挥箱和语音自组网基站配发基层一线，打通“两智一图”与“零距离”空地一体作战指挥平台数据壁垒，高新园区3套无人机自动机巢实现随警一键调度，切实为指挥决策提供强大支撑。

【全省消防救援队伍化工灾害事故跨区域实战拉动演练】9月22日，省消防救援总队在衢州市举行全省消防救援队伍浙西战区化工灾害事故跨区域实战拉动演练。此次演练设定衢州国家高新技术产业开发区内某化工企业环氧氯丙烷生产装置区、低沸物储罐和物料储罐区发生泄漏着火，导致装置爆炸、罐体破裂、全液面燃烧等灾情。演练集结衢州、杭州、绍兴、金华4支化工编队34车93名消防救援人员参演，公安、应急、环保、通信等应急联动力量协同参与演练和处置。

【“119”消防宣传月活动启动仪式暨“三衢火焰蓝·最美守护”颁奖晚会】11月1日，市消防救援支队在柯城区县西街水亭门广场举行以“抓消防安全，保高质量发展”为主题的“119”消防宣传月活动启动仪式暨“三衢火焰蓝·最美守护”颁奖晚会，衢州市委常委、副市长廉俊，市委宣传部副部长吴德生等领导出席。

【消防案例】

全市抗洪抢险工作 受汛期

2022年9月22日，全省消防救援队伍浙西战区化工灾害事故跨区域实战拉动演练在衢州举行

集中降雨影响，6月19日至22日，全市范围内多点出现城市内涝、人员被困等险情。市消防救援支队根据市防汛抗旱指挥部指令，启动战时响应机制，组建“1+6”工作组(支队防汛抗洪指挥部和综合信息组、指挥协调组、应急通信组、战地政工组、新闻宣传组、后勤保障组等)，全面统筹协调防汛抗洪各项工作。其间，共接处警142起，出动车辆163辆、舟艇145辆、警力1067人，营救被困人员62人，疏散被困人员255人，抢救财产损失7.58万元，保护财产价值23.64万元。

浙江天硕氟硅新材料技术有限公司火灾扑救 1月22日1时53分，浙江天硕氟硅新材料技术有限公司三乙胺盐酸盐仓库起火。接警后，消防救援支队迅速调集春城路特勤站、府东街消防站等7个消防站、24辆消防车、104名消防救援人员参加救援。2时2分，首战力量达到现场。经侦查，着火建筑为丙类仓库，储存物资为三乙胺盐酸盐成品，周边有氧气瓶和乙炔气瓶等危险源，现场处于猛烈燃烧阶段。2时30分，支队全勤指挥部到达现场。全勤指挥部根据现场情况，明确“冷却抑爆、分段围堵”的战术，设置安全官和紧急救助小组全面实施安全管控。7时30分，仓库可见区域已无明火，仓库坍塌覆盖区域局部阴燃。15时40分，现场处置工作全部完毕，无人员伤亡。

嘉禾管业仓库火灾扑救 9月1日11时17分，衢州市智造新城管委会东港街道东港一路10号浙江嘉禾管业股份有限公司仓库发生火灾。接警后，消防救援支队迅速调集16车77人前往处置，联动公安、应急、环保及重型机械等力量到场协助。省消防救援总队调集金华支队13车59人前往增援。11时30分，首战力量到达现场。经侦查，现场着火部位为一号厂房仓库西面存放的动力电池及电池原料起火，过火面积约400平方米，无人员被困，火势正处于发展阶段，并且有继续向周边蔓延的趋势，如不及时处置将严重威胁到比邻几个厂房，后果不堪设想。11时52分，支队全勤指挥部到达现场，确定“先控制，后消灭”的战术措施，将现场分为2个战斗段，全面堵截火势。17时29分，省消防救援总队全勤指挥部和金华支队增援力量到达现场。18时47分，现场明火基本熄灭。次日8时40分，增援力量相继返回，春城路特勤站和东港六路消防站现场值守看护。19时22分，现场看护力量返回，火灾未造成人员伤亡。

(陈立强)

大数据发展管理

【概　况】2022年，衢州市大数据发展管理局(以下简称“市大数据局”)围绕四省边际数字变革桥头堡建设目标，以数字化改革为牵引，聚焦改革、聚力创新，为最大限度放大全领域各方面数字化改革成效提供坚实支撑。2022年，市大数据局综合考核、“六治六提”年度作风指数在C类部门中均排名第一；获评“优秀基层党组织”，并成功创建“清廉机关”党建品牌。牵头打造的“基层智治大脑”上榜省数字化改革“最强大脑”，助推衢州市“基层智治改革创新实践”获省数字化改革突破奖金奖；国家级社会管理和公共服务综合标准化试点项目——“衢州数字化社会治理标准化试点”以高分通过验收，获评优秀；聚焦群众易用、好用、爱用，在衢州“浙里办·城市频道”上线上百个“市内+省内”热门应用，“浙里办”日活跃度始终保持全省前列。

【一体化智能化公共数据平台】 2022年，深入谋划、扎实推进一体化智能化公共数据平台向着“先进完备、支撑有力”建设目标不断迈进，服务赋能各大系统综合应用找准改革跑道、完善多跨协同。按照省市统一标准编制数据目录19766条，根据应用需求规范归集至公共数据平台，实行分级维护、动态管理、协同应用。共计归集数据5914类，数据量达125亿条，其中2022年新增归集数据近50亿条，清洗数据73.15亿条，产生优质数据73.01亿条，形成优质数据库供各单位共享调用。先后建成自然人、法人、教育医疗、税收等10个专题库，上架数据接口1071条，通过统一的公共数据共享通道为全市数字化应用提供支撑，接口调用总量达18.4亿次。积极对标“一体化”“智能化”要求，推进全市数字资源一本账管理、一体化生产、一平台调度，贡献高质量智能组件48个，组件健康度99.93%，统一组件应用尽用率98.33%。

【**数字化项目管理**】4月15日，修订发布《衢州市政府投资数字化项目全生命周期管理实施细则》，深化迭代“1+1+6+N”（市大数据局+市营商办+数字化改革六大系统推进办+各项目建设单位）数字化项目全生命周期管理机制，围绕改革突破、集成创新，从绩效评价角度，对项目需求调研、业务集成和场景谋划等全流程管理予以指导推进，“数智文化空间站”等4个应用先后入选“最佳应用”，基层智治“大脑”入选“最强大脑”。2022年，市大数据局持续强化项目统筹管理和决策服务，批建7批次35个项目，批准金额约2.25亿元，核减资金约1.41亿元，核减率38.52%；采用单位自评自查、评价组复核评价的方式，组织对市本级2019—2021年39个政府投资数字化项目开展绩效评价，向建设单位出具项目绩效评价报告，形成年度总报告，督促各建设单位依据绩效评价报告反馈的问题建议进行整改，整改完成率超90%。

【**网络安全**】2022年，打造衢州市智慧城市网络安全中心，聚焦“云、网、端、数据、应用”全链路监管，利用网络扫描、流量分析等技术手段，主动摸清政务外网资产风险隐患，实现对11大类78项安全风险进行自动识别、实时抓取、及时预警。通过周通报、月总结，形成“通报—整改—反馈—审核—归档”网络安全隐患处置闭环，发布81期安全信息周报、12期政务外网网络安全月报，通报全市高危漏洞、高危端口、高危外联、弱口令等安全隐患979个，整改完成率超95%，累计抵御攻击535万余次，攻防演练成绩排名全省第三，全年未发生重大网络安全事故。

【**“大脑”建设**】2022年，创新推进城市大脑与领域大脑、基层智治大脑融合建设，实现城市大脑与53个省级智能模块贯通，事件源79类、事件汇聚量超100万件，实现对全市各系统多跨事件的统一分拨流转和全量智能调度，有力支撑全市“基层智治改革创新实践”“大综合一体化”等工作。5月31日，争取到基层智治“大脑”支撑大综合一体化改革和基层智治大脑市级节点两大试点，是全省唯一获得两个试点场景建设的地市。8月30日，市委书记高屹在全省数字化改革推进会上对基层智治大脑应用作演示汇报，得到时任省委书记袁家军肯定。10月29日，基层智治大脑上榜省数字化改革“最强大脑”，助推“基层智治改革创新实践”斩获省改革突破奖金奖。11月30日，基层智治大脑系列市级标准正式发布，国家级社会管理和公共服务综合标准化试点项目“衢州数字化社会治理标准化试点”以高分顺利通过验收，获评优秀。

【**政务云**】2022年，市大数据局建立云资源使用全生命周期监管机制，先后8轮次对177个应用

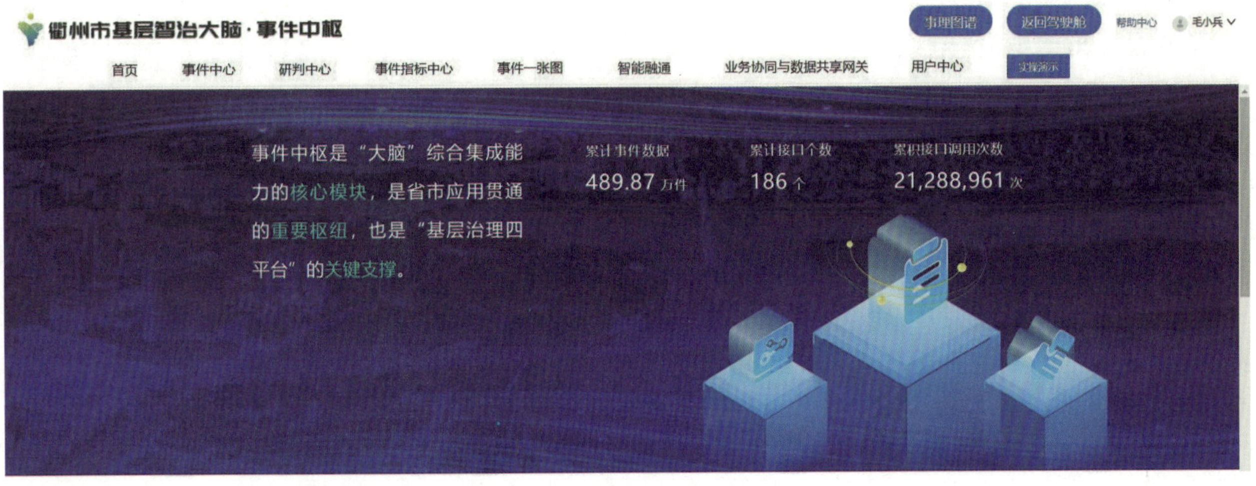

衢州市基层智治大脑·事件中枢

系统、462台云资源进行降配和释放，CPU、内存资源利用率从年初的7.99%、36%分别提升至15.26%、39.53%，全年节约财政资金约545万元。

【电子政务视联网】2022年，市大数据局为助力基层减负、切实提高政府工作效能，建成以省、市、县及乡镇(街道)、村(社区)五级的视联网接入体系，覆盖行政机关事业单位、教育医疗系统以及部分企业，点位数量达2574个。其中横向视联网点位598个，纵向村级视联网点位1577个，自费点位数量399个。视联网保障全市视频会议1907场次，其中省级会议1254场次、地市级384场次、区县级256场次、乡镇街道13场次，参会31万人次，节省财政资金约1.8亿元。为提升视频专网多路并发推送能力，启动实施省市视频专线带宽百兆提升千兆项目，推进市本级4K高清视联网核心平台的升级以及市级部门4K超高清、1080P视联网接入，切实减少电子政务网产生的带宽堵塞影响。

【网站管理】2022年，深化政府网站集约共享，聚焦政策信息“一网通查”、政务服务“一网通办”、政民互动“一网通答”，重点推进政府网站政务公开、政务服务、政民互动、功能建设等重点工作，推动公开、服务、互动融合发展，助推数字政府建设惠及更多群众、企业。通过周通知、月总结，形成“通知—整改—反馈—审核”的闭环管理机制。衢州市政府网站完成新版网站整体页面、前台搭建及新国标无障碍功能规划设计，实现网站前台符合当前设计趋势，通过新建市公积金中心、市生态环境局部门专栏，进一步提升全市网站集约化水平。

【电子政务外网】2022年，电子政务外网配合按时完成省级政务外网升级改造。截至2022年底，全市政务外网企事业单位达1246户，全市政务网上运行的终端设备4万余台。已整合部门专网有：财政、资规、住建、交通、科技、人社、农业、应急、审计、水利、统计、卫健、市场监管等13个专网。建立网络安全监测预警和信息通报工作机制，全年对电子政务外网巡检12次，网络安全应急现场保障5次，重大活动时期节假日保障25次，全年未发生重大网络安全事故。规范网络资源审批，从业务申请、网络接入开通，至故障处理、设备登录管理等全业务生产流程闭环式管理，运维工作严格按网络安全管理制度执行。同时对有关政务网络方案对接落实到机关内跑流程，必须由市大数据局统一进行方案论证、审批后方可执行。

【掌上办公】2022年，衢州市应用发布托管系统上线，为掌上办公的可协同性、可集成性、安全可靠性打下基础。托管系统平台于10—12月进入正常运行阶段，全市治理侧应发布应用数为156个，上线浙政钉应用149个，治理侧发布率95.51%；前端托管应用数为149个，前端托管应用发布率95.51%。

【掌上办事】2022年，“浙里办”完成新版城市频道上线工作，以“一城一县一界面”为工作目标，通过自主设计和自主开发，高度集成市内便民惠企、高频刚需应用，增加自建特色板块，运营出更贴近群众和企业的综合便民服务平台，为高质量推进政务服务“一网通办”提供坚实支撑。改版后的衢州“浙里办·城市频道”上线上百个“市内+省内”热门应用，并通过大数据实时分析，在首页推荐展示用户使用频率最高的应用和衢州特色应用。使用路径进一步优化后，老用户可快速进入相关功能页面，新用户也可在短时间内了解并使用相应功能，大大提高使用效率。衢州“浙里办·城市频道”的每百万人口日活跃用户数始终保持在全省平均水平之上，实现群众易用、好用、爱用。

（王伪伪）

营商环境

【概　况】2022年，衢州市营商环境建设办公室(以下简称“市营商办”)围绕市委“持续擦亮营商环境金字招牌”目标，坚持“做强自己、服务周边、创新合作、彰显示范”工作要求，谋划提升新型政务服务综合体功能，开启“政务+”服务新模式，创新惠企政策快兑直达、政府合同履约监管、服管融合等做法获国办职转办、国办电政办、国家发改委肯定推广。获评浙江省清廉建设成绩突出单位，城市信用状况年均监测排名全国第四。

【四省边际中心政务服务综合体启用】2022 年，以政务服务为主，公共服务及便民服务为辅，提升新型政务服务综合体功能，重点聚焦“一老一小”（“一老一小”是指老人和小孩等社会相对弱势的群体），引入文体教育、健康医疗等多元服务业态，基本建成“一站两中心”（“一站”是指共富空间站，“两中心”是指政务服务中心、市民中心），开启“政务 +”服务新模式。自 10 月 8 日运行以来，各业态有序运转，日均人流量2300 余人次，日最高人流量 4820 人次，广受办事群众好评。

【推进营商环境便利化改革】2022 年，推进年初谋划的 130 项改革落地，会同市场监管局推进电子营业执照多场景应用全国试点，入选全省最佳案例；全省率先出台电力接入工程费用分担机制，并将 160 千瓦以下电力接入纳入低压接电范围，实现企业接电“零成本”；深化不动产登记公证延伸服务，推动上线公证参与二手房资金监管“一件事”改革；出台衢州市歇业备案“一件事”改革，为全市 487 家市场主体办理歇业登记。

【助推公平公正法治环境】2022 年，深化诚信政府建设，开发建设政府合同履约监管系统，提升政府合同履约监管效能。围绕企业违法违规率降到最小的目标，创新企业合规治理，开展企业行政合规指导，行政处罚案件数同比下降 22.1%。协同法院推进买卖合同纠纷一件事综合改革，创新设立 29 个商事“共享法庭”，全面提升合同纠纷化解质效。会同检察院建立“护企服工”法律监督通道，积极回应民营企业合理关切。

【深化惠企政策直达快兑】2022 年，打造惠企政策直达快兑场景应用，创新实施“预拨制”审批改革模式，建立完善加快惠企政策兑现全流程工作机制。兑现各类惠企资金 81.82 亿元，惠及市场主体 7.36 万家次，惠企面达 86.82%。“免申即享”“即申即享”类政策达到 77%，平均兑现时间压缩到 0.7 天，政策兑现平均提速 90%以上。

【推进试点改革落地落实】2022 年，扎实推进各项试点改革，持续发挥示范引领作用，推进行政备案规范管理国家试点，梳理市场监管、交通等 25 个部门 294 个备案事项清单，推动线上“无感智办”，为全省行政备案规范管理提供衢州样本。推进国担“信易贷”创新产品全国试点，上架信保产品 39 个，担保在保余额 42.02 亿元，有效解决大批中小企业融资困境。创新开发建设“服管融合”一体平台，探索“信用 + 监管”改革新模式，做法经验获国办电子政务办肯定推广。深化政务数据共享、推进数字化涉企服务，3 篇专报信息在国办电子政务办和国办职转办刊发。政府合同履约监管和“服管融合”应用场景案例分别获评“2022 年度全省信用数字化改革应用场景十大示范案例”，打造政府合同履约监管闭环做法获国家发改委肯定。

【政务服务改革持续领跑】2022 年，成功争列国办电子政务办、国办职转办基层联络点（试点），政务服务向基层延伸等做法经验 2 次在国办电子政务办视频会议上交流发言。政务服务标准化持续领先，自主编写标准教材，全省率

2022 年 6 月 7 日，衢州市政企沟通圆桌例会（第三期）召开

先全面开展行政办事员持证上岗培训，全市70%政务服务窗口人员完成培训5000余人次。完善政务服务“一网通办”全方位服务体系，办件率95%，“一网通办”指标全省领先。实现卫健、公安、市场监管等10个部门181个事项“跨省通办”，办件7.6万余件。

【信用建设全国领先】 2022年，加快全域信用示范区创建，高质量完成江山市作为全国第四批创建城市初评申报工作。推进“信用+社会治理”试点，相关做法在全省交流发言，获省发改委肯定推广。城市信用状况监测排名持续保持领先，最佳成绩在全国261个地级市排名第一，刷新浙江历史纪录。

【深化“服务+清障”双向行动】 2022年，推出服务企业复工复产“六个一”（开通一条助企服务热线、开设一条快捷绿色通道、开展一次集中攻坚行动、完善一个“云上社区”平台、优化一套惠企政策体系、组建一个工作保障小组）举措，迭代升级“清障”行动“135”问题（即简单问题由职能部门在收到企业诉求后当场即办“不过夜”；较为复杂的或需要跨市级部门协调解决的问题，由社区在3个工作日内解决；社区内无法解决的问题，经社区长同意，提交挂联区块服务组，在5个工作日内予以解决或提出解决方案），处置流程，不断提升发现问题、解决问题和问题复盘能力水平。收集“清障”问题275个，销号268个，解决率97.4%，企业满意率98.8%。创新开展“营商环境宣传周”，组织召开政企沟通圆桌例会、人大代表视察营商环境建设工作、政协委员“请你来协商”等系列活动，高效搭建政企互动平台。

（俞锦峰）

2022年6月7日，全市稳经济大盘政策宣讲“云直播”活动举行

公共资源交易监管

【概　况】 2022年，衢州市公共资源交易监督管理办公室（以下简称“市监管办”）围绕市委、市政府工作部署，以“六治六提”作风建设为引领，立足“服务+监管”，从数字化改革、扶持企业发展、保障项目推进、强化标后监管等方面发力，不断深化改革、优化服务、强化监管，在公共资源交易领域唱响“稳经济、促发展”主旋律。2022年市本级公共资源交易平台完成各类公共资源交易821项，总成交额230.08亿元，同比下降29.58%。其中，建设工程350个，交易额81.75亿元，同比下降53.16%；政府采购8759个，预算金额4.96亿元，合同金额4.86亿元，同比增长24.62%；土地交易139宗，交易额113.81亿元，同比下降23.02%；国有资产交易131宗，交易额29.4亿元，同比增长13900%（2021年0.2亿元，2022年是2021年的140倍）；排污权交易442宗，成交额0.26亿元，同比增长8.3%。

【优化营商环境】 2022年，在招投标电子化的基础上，迭代升级招标文件线上审核、不见面开标等子系统，打造招标不见面、开标不见面、评标不见面三大场景，真正实现全流程电子招投标。完成建设工程开评标项目304个，采用不见面开评标项目272个，不见面开标率89.47%，基本实现

2022 年 8 月，市监管办组织对各县（市、区）重点工程建设项目及村级工程项目标后履约情况开展监督检查，图为龙游县大南门历史文化街区保护开发项目施工现场

“投标不出门，开标不见面”。成功争取到浙江省发展和改革委员会全市域远程异地多点评标系统应用推广试点，构建跨区域远程异地评标大平台，实现评标专家资源和评标场所设施在主副场双向共享，完成远程异地多点评标项目 24 个。其中，主场 8 个，副场 16 个，分别与省本级、杭州市、温州市等 12 个省内公共资源交易平台实现跨区域评标。会同市财政局，争取到政府采购数据共享及数据应用管理全省试点，经省财政厅综合评估，自 2022 年 9 月 25 日起在全省推广共享。

【规范市场秩序】 2022 年，加强投标企业管理。突出以衢州市域履约评价为核心，将信用划分成 A、B、C、D、E 等 5 个等级，全面推行实施，规范招投标行为；完成 12737 家（次）企业的信用报告，275 家 A、B 级以上企业成为中标人、占比 94.50%，中标金额合计 114.56 亿元、占比 96.64%。加强招标代理管理。根据《衢州市工程建设项目招标代理机构信用评价办法》，对代理机构资信状况、经营状况、人力资源、工作质量、社会信誉等方面的综合能力进行评价，并依据评价结果实施综合评价等级分类管理，在城投、基投等主要业主单位的招标代理入围项目中运用评价结果，A 级招标代理机构中标率 75%以上。加强评标专家管理。根据《衢州市工程建设项目评标专家考核办法》，以“一标一评”的方式，对市工程建设项目评标专家的工作态度、业务水平、职业道德和评标质量等方面进行综合评价；85 名评标专家被扣分，4 名评标专家评标结果被质疑、投诉，经复核被证实在评标工作中存在明显错误，被记入不良行为，对 8 名省库专家进行失信惩戒。

【助企纾困】 2022 年，创新采购政策。落实中小企业采购专项政策，加大支持中小企业力度，将政府采购预付款最高额度从 40%调高至 70%。提高扣除评审优惠幅度，对符合规定的小微企业报价扣除 20%优惠幅度，并调低履约保证金比例，最高缴纳比例下调为不超过合同金额的 1%。完成采购项目 63 个，其中面向中小企业采购的项目 15 个，占比 24%。创新投标模式。在招投标领域创新实行“强强联合”的联合体投标模式，引导本地优质企业与大型央企、国企及行业领先企业组成联合体参与衢州市大型建设项目招投标活动。14 个项目由联合体中标，中标金额 42.04 亿元，有效助力企业提高技术水平、积累管理经验、降低经营风险，进而提升市场竞争力。创新条件设置。8 月，制定出台《关于工程建设项目推动农民就业的指导意见》，要求在评审要素中增加用工指标，将不低于计划数的 70%以上的本地农民用工数量作为承诺要件。在履约评价中加大用工考核，要求招标人督促承包单位按合同履行本地农民就业条款。在非政府投资项目中鼓励本地用工，鼓励非依法招标项目的招标人将用工采取作为准入条件、评标加分。

【项目建设整治】 2022 年，会同市住建局开展重点在建项目“红黑榜”检查活动。对在建重大项目开展 10 期标后履约检查，全市各县（市、区）交叉检查 1 次，检查项目 277 个（次），红榜项目 24 个

(次),黑榜项目20个(次),下发监管建议书18份,发现问题46个(次),收到问题整改回复函18份,有效保障项目推进。制定出台《招投标领域违法违规行为联合查处办案机制》,通过招投标综合监管部门、行业主管部门、综合执法、公安机关等部门的联合联动,推进招投标领域突出问题整治。全市发现有效问题线索23条,全部移交纪委、公安、综合执法等部门处理,相关部门立案处罚17件,涉及企业89家、个人12人,涉及标的金额5.37亿元,行政处罚金额8.84万元。牵头镇村工程项目建设乱象整治。2020年以来全市镇村工程项目10805个,其中,乡镇(街道)工程项目4974个,村级工程项目5831个,涉及标的额79.82亿元。对专项整治中发现的问题,发挥牵头作用,推动建设单位、责任单位联合联动,建立问题清单化、销号制、闭环式管理机制,做到即时发现一批、线索移送一批、限时整改一批。

(毛建南)

2022年4月7日,市机关事务保障中心服务保障中共衢州市第八次代表大会

机关事务

【概　况】2022年,衢州市机关事务保障中心全面贯彻落实市委、市政府各项决策部署,守正创新、踔厉奋发、积极作为,努力打造忠诚、数字、品质、集约、专业等“五个机关事务”,综合保障能力、服务水平和管理质效取得新提升。

【服务保障重大活动】2022年,中心牵头做好全市重要会议、重大活动服务保障工作,制定方案预案,落实责任分工,全程跟进保障,统筹协调会务接待、车辆保障、医疗保障、食品安全、经费结算等。完成市第八次党代会、市两会、长三角研究发展会议等重大活动保障18次,保障各类大小会议参会35万人次、公车出行205.65万千米、财务结算7000余笔,收到各类锦旗、信件、电话表扬26次。

【“廉”“俭”机关建设】2022年,从“吃用行”三方面入手,以公务餐、公务拼车、公物仓“新三公”模式助力“廉”“俭”机关建设。在公务餐方面,作为协作单位参加市纪委牵头的“公务餐”改革,将市县乡村各级食堂整合形成市域虚拟“大食堂”,各单位食堂则成为公务用餐“小餐厅”。在公务用车方面,扎实推进“公务拼车”,提高公车运用效率,降低公车运输成本。在公物仓方面,创新共享模式,实现仓内资产信息发布、资产调剂、仓储配送的数字化管理,至年底,柯城区、龙游县、常山县建立“公物仓”,接收闲置资产1100件、资产原值约700万元;调配划拨各类办公家具设备500余件,节约资金300余万元。

【“百县千碗”衢州篇】2022年,组织“百县千碗·衢州美味”活动,在省市重大保障中加入衢州机关事务元素,组织精干力量赴之江饭店参加省党代会驻点饮食保障,在市党代会、市两会等重大保障中将“百县千碗”列入菜单。强化东西部协作,办好农产品展销,应新疆乌什县政府要求,在市艺术中心划定专门场地开设援疆“十城百店”示范门店,6月、10月联合舟山市中心在舟山、衢州举办两次“百县千碗”暨“三衢味”农特产展销活动，销售金额25万元，在杭州市民中心、衢州市行政中心开设3家消费扶贫示范店，年收入400万元。

【助力共富建设】 2022年，打好助力共富组合拳，出台《衢州市机关事务保障中心关于服务“工业十大专项行动”的实施方案》，保障衢州—吉利签约、全市民营经济发展大会等重大招商引资活动7次；牵头引进数字农业产业园示范项目、肉牛养殖项目入驻衢江区，完成固定资产投资8000余万元；物业、安保等后勤服务岗位向农村低收入人群倾斜，解决就业人员400余名。

【公务用车服务管理】 2022年，市本级公务用车146辆，公务用车10678车次、205.65万千米。中心强化公务用车精细化管理，明确标准要求、完善制度规范、梳理业务流程，推动标准化与信息化相互促进，相互融合，深化全省一张网应用，市本级692辆车全部纳入系统管理，实现公车加油、ETC、车辆维修各项费用全面数字化管理。年内，联合市财政局开展全市各级党政机关和事业单位公务用车管理制度建设和执行情况检查，检查13家市级单位、18家县级单位，有序推动公务用车管理规范化、制度化。

【办公用房管理】 2022年，全面启动市县办公用房查改工作。完成市级平台143家单位、70.6万平方米的数据录入，组织开展第一期市级办公用房数据测绘6栋办公楼、10.7万平方米。采取市县联动、交叉互学的方式，在全市范围内组织开展办公用房规范使用检查，按照“市本级单位、县（市、区）副县级以上”全覆盖的要求，检查市本级单位76家、县级单位68家，办公室778间。

【物业服务】 2022年，做好行政中心集中办公区域各类会务、保洁、维修等服务保障工作。全年完成3号楼暖通改造工程，7、8号楼外立面修缮工程等4项较大项目建设；办结服务需求3696件，维护绿化面积24549平方米。注重物业队伍建设，全年调整中层管理人员3人，组织节能、节水、反对餐饮浪费、垃圾分类培训13次，参加人数403人次。开展年度满意度测评，2022年度平均满意度得分99.3分。5月，与市水利局等12家单位联合下发《衢州市2022年度节水行动实施任务的通知》，下达2022年全市各县市节水工作目标任务，并建立健全节水工作协调机制，明确责任分工，统筹推进节水行动。利用LED屏、宣传海报、培训班等形式，深入持久地开展节能降耗宣传教育，定制“请带走半瓶水”矿泉水7000瓶，印发、张贴各类海报376张，发放《积极参与垃圾分类，共同呵护绿色家园》宣传册120本。

【安全保卫】 2022年，联合市政法委、市公安局柯城分局、市信访局等相关部门实现应急防控联动，市行政中心集中办公区域联防联控应急处置上访异常等突发事件152批751人次。制定完善消防、岗亭、车辆、人员等管理流程制度。5月18—19日，组织保安和物业人员开展消防大比武，600多人参加实操演练，着力提高突发事件应急处置能力，全力护航市行政中心各区域安全。制定《2022年度安全生产监督检查计划》，开展隐患拉网式大排查4次，发现整改问题89个。通过强化安全管理措施，坚决杜绝安全生产漏洞。

（朱　莹）

援疆工作

【概　况】 2022年，衢州市对口支援新疆阿克苏地区和乌什县指挥部（以下简称“市援疆指挥部”）围绕“铸魂奋进年”的部署要求，全力打造对口援疆工作升级版，为浙江省打造对口援疆“示范窗口”贡献更多衢州力量，“祖国大家庭·衢乌一家亲”的理念更加深入人心。

【项目援疆】 2022年，市援疆指挥部实施援疆项目34个，安排援疆资金2.82亿元。推动建立援疆项目县政府与援疆指挥部联合推进专班，项目实现专班常态化督查推进。积极克服疫情反复影响，帮助解决项目建设中物资保障、运输保障等困难和问题，充分凝聚受援地与指挥部项目推进合力。乌什县青少年活动中心、电商产业基地、寄宿制学校等大型基建项目相继完工，乌什县人才公寓(四期)项目获评“托峰杯”优质工程。

【产业援疆】2022年，市援疆指挥部进一步做实做优衢乌联动招商机制，组织上市公司代表等企业家团队赴乌考察，接待32批129人次客商，助力签约招商项目6个，协议资金7.36亿元。深化“十城百店”工程，推动衢乌两地供销系统在农特产品销售、供销系统交流等方面达成合作，“十城百店”工程销售农特产品9978.06吨，实现销售收入14768.1万元。筹集资金帮助一师四团打造集直播、培训和展销于一体的四团电商产业园，助力一师四团编制“蝴蝶谷”景区旅游总规划，服务“旅游小镇”建设。

【智力援疆】2022年，市援疆指挥部不断深化实施“16234”(咬定“1”个目标凝心聚力，建设落实“6”大任务强基固本，推动“2”大改革增添动能，写好“3”篇互动文章借力发力，建强“4”个团队提升活力)组团式教育援疆工作法，承办浙阿基础教育大教研(乌什站)活动，乌什·衢州小学、乌什·衢州实验中学、乌什·衢州幼儿园三所组团援疆学校成为浙阿基础教育大教研实践基地。乌什·衢州实验中学实现一本、二本、专科上线率三连增，中考平均分涨幅位列阿克苏地区第一名。推动衢州实验幼儿园与乌什县其他3所幼儿园结对帮扶，开创“一个集团结对共建一个县域”学前教育协作帮扶模式。援疆教师“传帮带”作用持续见效，开办讲座121次，举办名师论坛研讨54次，开设展示课公开课115节，培训当地教师7594人次。开展“衢州有礼·衢乌同行”2022年各族中职学生同校共学教育活动，支持乌什县建成1个特殊教育资源中心和3个特殊教育资源教室。推进医疗援疆“双链式”传帮带试点，开展“双链式”传帮带工作8期，受益医务人员1000余名。组织“衢乌一家亲”医疗志愿者服务队下乡义诊，开展义诊19期，免费发放药品2亿余元，惠及群众3000人。扎实开展“头雁疆浙行”培训，组织2批次90人乌什县村(社区)支部书记、主任、妇女主任到衢州轮训。

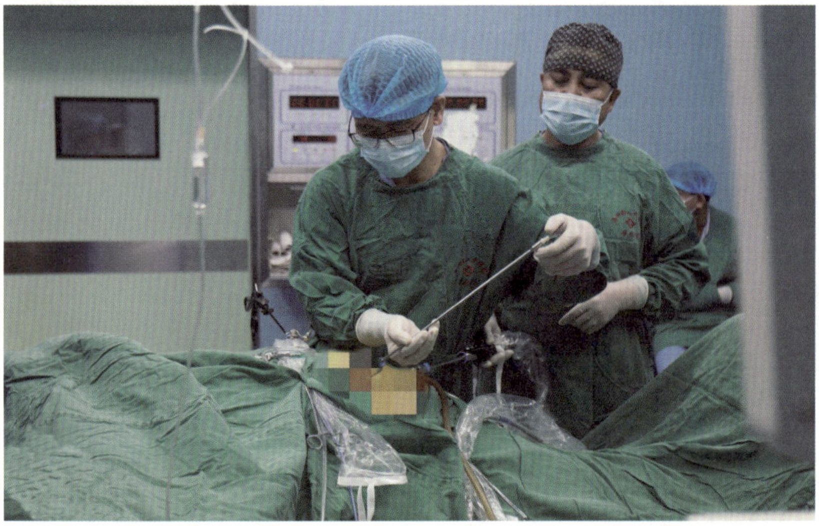

2022年3月23日，浙江援疆医疗队衢州市援疆指挥部受邀到乌什开展医疗援疆“双链式”传帮带工作

【乡村振兴】2022年，市援疆指挥部提标打造衢州智慧新村（阿克托海乡库木齐吾斯塘村），建设“衢乌情”乡村振兴实训基地、“石榴籽”智慧屋、健康小屋、安全体验中心、乡村游乐场等项目，举办“燕山飞鸡”乡村文化旅游节，衢州智慧新村真正成为具有归属感、获得感和未来感的乡村，成功经验推广至奥特贝希乡亚阔坦村、阿合雅镇托万克库曲麦村等村。“燕山飞鸡”养殖规模持续扩大，新引入“飞鸡”苗2万羽，分别在衢州智慧新村（阿克托海乡库木齐吾斯塘村）和阿合雅镇托万克库曲麦村进行养殖。深入推进健康村(社区)建设，通过宣传阵地打造、健康小屋建设、健康家庭评选、健身场所建设等举措，促进群众养成健康的生活方式和行为，提高群众健康生活水平。

【文化润疆】2022年，市援疆指挥部系统提升南孔文化润疆实效，推进乌什县南孔儒学文化研学基地、燕泉河南孔文化长廊以及乌什民族团结展示馆建设。推进8090南孔文化宣讲提质扩面，助力一师四团成立8090南孔文化宣讲团，8090南孔宣讲团在阿克苏地区开展宣讲，获广泛好评。推进浙江省教研课题《衢乌有礼

2022 年 1 月 8 日，“携手共富·衢乌同行”乌什县 2022 年“燕山飞鸡”乡村文化旅游节在衢州智慧新村(阿克托海乡库木齐吾斯塘村)启动

融情课程体系构建和实践研究》的研究，不断丰富“衢州有礼·乌什有情”援疆品牌的内涵。举办“有礼家庭”评选，发挥南孔文化在促进家庭和睦、社会和谐中的积极作用。支持举办“燕山文化大擂台”，开展文化表演 12 场次，观看群众 1.2 万余人次，创作和发现一批精品文艺节目。浙阿艺术家携手合作、精心创排的新作——“我爱浙疆”之“戏曲浙疆”大型历史京剧《班超》在乌什县精彩上演。

【民族团结】2022 年，市援疆指挥部深入实施衢州·乌什幸福“石榴籽”融情工程，全年新增结对共建学校 19 所，实现县域城区学校和乡镇中心学校全覆盖。不断深化衢乌学生“书信手拉手”“融情夏令营”等活动，其中书信交流 1000 多人次。支持开办南孔儒学夏令营、国学夏令营各 1 期，组织 85 名乌什学生赴衢州、西安等地研学实践。开展有礼少年评选，推选“最美小小石榴籽”培育人选 11 名，进一步培育文明有礼、衢乌融情的民族团结进步模范生、新苗子。协调部署 2022 年乌什县“微心愿”认领活动，发动衢州学子用自己的力量为乌什伙伴圆梦，“微心愿”活动征集 1400 个心愿。交往交流日益密切，市委副书记、市长徐张艳以视频形式召开衢州市与乌什县对口工作会议，全年有衢州市统计局、教育局、总工会和开化县等 10 余批次考察团到乌开展考察交流、业务指导，推动两地合作再上新台阶。

（夏灵飞）

政协衢州市委员会

综　述

【概　况】2022 年，衢州市政协以奋力当好排头兵的姿态，充分发挥专门协商机构作用，服务大局献良策，凝聚共识汇众力，创先争优强动力，推动新一届政协工作立标杆、谋新篇、开新局，为高质量发展建设四省边际共同富裕示范窗口、全力打造四省边际中心城市作出积极贡献。

【上级政协领导在衢州足迹】9月 7—8 日，全国政协副主席、民革中央常务副主席郑建邦一行到衢州出席民革中央助推纳雍县美丽乡村建设现场会。民革中央副主席兼秘书长李惠东主持会议，省政协副主席、党组副书记王昌荣致辞，省政协副主席、民革省委会主委吴晶出席。

1 月 6—7 日，省政协副主席马光明带队到开化根缘小镇、浙江卡游科技有限公司、浙江华康药业股份有限公司、金星村，开展“助企开门红”活动并调研共同富裕工作。

4 月 12—13 日，省政协主席黄莉新率队到衢州，围绕全面推进乡村振兴、推动山区县高质量发展共同富裕、打造四省边际中心城市开展专题调研。黄莉新先后调研龙游县溪口乡村未来社区、红专粮油公司、柯城区沟溪乡余东未来乡村和江山市峡口镇枫石村、石门镇清漾村、华欣湖羊生态示范园、电子科大长三角研究院、浙大衢州“两院”、巨化集团和华友钴业，并考察民生议事堂、委员会客厅、委员工作室。

5 月 10—11 日，省政协副主席裘东耀到衢州调研《浙江城市名片》(衢州分述)编纂工作。

6 月 28 日，省政协副主席蔡秀军到常山参加省政协“送卫生下乡”活动，看望参加义诊的政协委员和专家团队，并和专家进行座谈交流，为“盛文彬名医工作室”揭牌。

6 月 29 日，省政协副主席马光明先后到柯城区、衢江区调研指导开展委员会客厅申报创建工作。

7 月 4—6 日，省政协副主席周国辉带队到衢州，围绕“数字化改革推进情况”开展专项集体民主监督。

7 月 11—12 日，全国政协常委、省政协原副主席张泽熙率调研组到衢州，围绕“深化数字赋能现代农业，探索浙台融合发展新载体”重点课题开展调研。

7 月 13—14 日，省政协副主席陈铁雄率调研组到衢州，围绕“碳达峰碳中和背景下的高质量发展”开展专题调研。

9 月 6—8 日，全国政协文化文史和学习委员会副主任，教育部原党组书记、部长陈宝生率“加强传统村落的保护和利用”调研组到衢州开展专题调研。全国政协文化文史和学习委员会副主任丁伟、吕世光、阎晓宏、钱小芊和部分全国政协委员参加调研。

9 月 14—15 日，省政协副主席郑继伟率队到衢州开展“强化山区 26 县农村困难家庭社会服务，助力公共服务优质共享”重点提案督办调研，并召开办理座谈会。

9 月 28 日，省政协副主席陈小平率领部分省政协委员及未来乡村课题调研组专家到衢州，开展“助力未来乡村建设·打造共同富裕现代化基本单元”省市县三级联动专题协商活动。

10 月 9 日，省政协副主席马光明到开化生态保护政协委员会客厅参加揭牌仪式，并参加该厅“建功示范区，喜迎二十大——保护生物多样 助力共同富裕”首场活动。

11 月 10—11 日，省政协副主席周国辉率省政协农工党界别组委员到衢州开展“学习贯彻二十大精神 高水平打造未来乡村”专题调研。

【政协党的建设】2022 年，建立“党建 +”工作机制，切实把政协党建工作与政协履职紧密结合。一是推进“党建 + 委员读书”机制，打造书香政协。把党组织的“三会一课”制度与书香政协建设有机结合起来，加强思想政治建设。二是推进“党建 + 数字赋能”机制，打造数智政协。构建以政协智库和移动履职平台为双核心的“数智政协”架构，运用“外脑 + 云脑”，迭代重构“衢州政协·掌上履职”平台。三是推进“党建 + 协商为民”机制，打造有为政协。打响“同心向党，商衢先锋”品牌，围绕群众“急难愁盼”问题，统筹用好民生协商论坛、请你来协商等省市共享平台载体。四是推进“党建+ 人文关爱”机制，打造温暖政协。完善关怀机制，在重大节日期间，适时组织开展座谈交流、走访慰问、宣传纪念等活动。五是推进“党建 + 塑造变革”机制，打造活力政协。深化“党组领导联系党派领导”“党员委员联系党外委员”双联系制度，实现全覆盖，增强凝聚力。

【学习贯彻中共二十大精神】2022 年，开展“学深悟透二十大、团结助建桥头堡”系列活动，以“六学六讲六聚焦”学习实践为抓手，通过领导干部专题学、党员委员示范学、线上线下全员学等，多形式、分层次、全覆盖推进全市政协系统党员干部、党员委员深学细悟、入脑入心；通过领导干部深入联系点带头讲、主席走进委员会客厅（室）领学讲等，带动全市各级政协组织、政协各参加单位、政协委员和各族各界人士深入学习中共二十大精神，增进对中共二十大精神的认知认同。

【优秀提案】2022 年，市政协八届一次会议以来，共收到提案 450 件，审查立案 416 件。根据《政协衢州市委员会优秀提案评选表彰办法》，34 件提案被评为优秀提案。

2022 年 10 月 31 日，市政协在田蓬村开展中共二十大宣讲

市政协八届一次会议以来优秀提案一览表

表15

序号	案　　由	提案者	案号
1	关于健全我市医养护康一体化建设的建议	民盟市委会	34
2	关于构建区域协同一体发展的省际中心城市空间布局的几点建议	民建市委会	41
3	关于加快多式联运枢纽港建设的建议	民建市委会	49
4	关于加快中国(衢州)跨境电商综试区建设的建议	民建市委会	52
5	关于提振信心,同频同向,共创未来,合力奏响民营企业助力共同富裕最强音的建议	市工商联	132
6	关于充分发挥新时代农村文化礼堂共富作用的建议	民革市委会	208
7	关于引领主动创新推动企业“专精特新”发展的建议	民革市委会	217
8	关于发展柑橘药用产业的建议	农工党市委会	223
9	关于完善我市新时代社会救助兜底保障机制的建议	民盟市委会	305
10	关于大力发展我市“赛事经济”的建议	开化政协委员小组	327
11	关于高标准构建市区城市大通道的建议	民进市委会	330
12	关于着力推动乡镇(街道)合法性审查向有效覆盖转变,不断提升“源头治理”法治保障水平建议	民进市委会	332
13	关于衢州市发展壮大村集体经济实现共同富裕的若干建议	九三学社市委会	362
14	关于建设新型“帮共体”加快推进乡村共同富裕的建议	九三学社市委会	363
15	关于“产教融合,协同育人”人才培养模式的建议	农工党市委会	395
16	关于智造新城优化体制机制,融合两区提升服务企业水平的建议	张彩平	11
17	关于加快创成钱江源国家公园助力我市四省边际共同富裕示范区建设的建议	方金菊	35
18	关于对“衢州有礼”诗画风光带(历史文化村落)文化嵌入的建议	陆剑秀	36
19	关于强化清廉村居建设的建议	徐韶平	69
20	关于创新强村富民集成改革,推进全域共富的建议	樊向富	86
21	关于从党政层面加强对宗教界代表人士队伍培养的建议	王子林	90
22	关于加强我市青年人才引育的建议	郑　佳	111
23	关于加快推进信安湖区域开发建设的建议	刘澄之	117
24	关于进一步完善人才引进政策的建议	徐　琦	158
25	关于推进微小企业园高质量发展的建议	胡炳泉	174
26	关于进一步提高我市应对网络攻击风险能力的相关建议	高春龙	219
27	关于推进市本级污水系统一体化的建议	廖敏超	237

续表 15

序号	案　　由	提案者	案号
28	关于打造四省边际公共卫生与医疗服务高地助推共同富裕示范区的建议	王　敏	242
29	关于推进全域无废城市建设 绘就共富底色的建议	吴剑锋	266
30	关于推进市县工业一体化高质量发展的建议	吴建银	285
31	关于推进企业上市挂牌进程,助力工业强市战略的建议	周巧萍	306
32	关于加强“行政服务中心之外”营商环境建设的提案	刘勇伟	341
33	关于大力实施职业技能提升行动的建议	毛秋惠	358
34	关于多途径增加停车位缓解停车难的建议	刘慧琴	377

重要会议

【政协第八届衢州市委员会第一次会议】4 月 25—28 日,政协第八届衢州市委员会第一次会议召开。会议选举方健忠为中国人民政治协商会议第八届衢州市委员会主席,选举王良海、周庆、琚建军、蔡方林、汪晖、黄伟青、朱政、柴志华(女)、杨晓光为中国人民政治协商会议第八届衢州市委员会副主席,选举毛卓战为第八届衢州市委员会秘书长,选举中国人民政治协商会议第八届衢州市委员会常务委员 54 名。会议期间,中共衢州市委书记高屹,市委副书记、代市长徐张艳等市领导出席大会,听取大会发言,并参加联组分组讨论。委员们紧扣共同富裕示范区建设、主导产业延链补链、全省“县乡一体、条抓块统”改革试点、做强四省边际中心医院、推动民营经济高质量发展等议题,深入开展调研,向市政协八届一次会议提交大会发言 90 篇、提案 450 件(其中立案 416 件);市党政领导首次在大会发言现场直接批示 23 件次。

【政协常委会会议】2022 年,召开常务委员会会议 5 次:

4 月 1 日,市政协七届常委会第二十五次会议召开,会议审议通过关于召开政协第八届衢州市委员会第一次会议的决定、政协第八届衢州市委员会委员名单,以及其他有关事项。协商讨论《政府工作报告(征求意见稿)》。

4 月 28 日,市政协八届常委会第一次会议召开,会议审议通过《政协第八届衢州市委员会常务委员会关于加强自身建设的意见》《政协第八届衢州市委员会常务委员会关于工作机构设置的决定》和有关人事事项。

7 月 19 日,市政协八届常委会第二次会议召开,会议围绕市委八届二次全会重大决策部署以及加快推进工业强市开展专题政治协商。会上,市级各民主党派、工商联有关负责人,市政协各专委会、委员界别组代表,县(市、区)政协负责人代表围绕培大育强工业企业、扶持中小微企业发展、提升完善六大产业链、盘活低效工业用地、加大产业工人引育力度、数字赋能工业经济等方面提出意见建议 750 条。市委书记高屹到会听取意见建议并批示肯定,市政府及相关部门逐条研究并反馈意见建议采纳和落实情况。

8 月 18 日,市政协八届常委会第三次会议召开,市委副书记、市长徐张艳通报 2022 年以来衢州市经济社会发展情况。会议审议通过《关于贯彻中共衢州市委八届二次全会精神助力建设四省边际中心城市争当“两个先行”示范窗口的决议》和有关人事事项。

10 月 20 日,市政协八届常委会第四次会议召开,就“加快提升四省边际中心城市能级”议题开展专题协商。会上,市级各党派团体有关负责人,市政协各专委会、委员界别组代表,县(市、区)政协负责人代表围绕产城人融合发展、新衢州人住房保障、城市夜经济、医疗健康服务高地等分别提出意见建议326条。市委副书记、市长徐张艳到会听取意见建议。会后，根据市委、市政府主要领导批示要求，由市委督考办牵头将33个方面、52条城市建设管理发展的“金点子”交由32个部门单位办理，转化为党委、政府工作决策和落实措施。

【政协党组会议】2022年，召开党组会议13次，坚持“第一议题”制度，组织学习党的二十大精神和习近平总书记系列重要讲话精神，传达学习贯彻中央、省市委、省政协重要会议和文件精神，研究加强政协党的建设、党风廉政建设和意识形态以及有关人事事项等。

【政协主席会议】2022年，召开主席会议17次。分别就政协工作、民主监督、委员提案、专题调研以及常委会协商议题人事事项等进行审议。

【全市政协主席读书会】8月18日，全市政协主席暑期读书会召开。市委副书记、市长徐张艳到会通报2022年以来衢州经济社会发展情况。市政协主席方健忠主持会议并讲话。会议传达学习全省政协主席暑期读书会暨加强和改进新时代人民政协工作专题研修班精神，围绕高效统筹疫情防控和经济社会发展，聚焦聚力打造十个“桥头堡”和实干型政府建设，总结交流工作经验，探讨新形势下加强各级政协工作的新思路、新举措、新经验。

协商“衢”道

【协商民主体系建设】坚持“党委领导、政府支持、政协搭台、各方参与、服务群众”的总体思路，广泛多层搭建协商平台，全面延伸协商链条，市、县两级政协共推共建，6个县（市、区）重点乡镇党委副书记担任市级政协委员，全市乡镇（街道）党（工）委副书记担任县级政协委员实现全覆盖；在全市103个乡镇（街道）实现民生议事堂、委员工作室、社情民意信息联系点“三位一体”建设全覆盖，95%以上的村（社区）设立“协商驿站”，把协商平台搭在群众家门口。大力提升协商质效，全市“民生议事堂”“协商驿站”开展协商议事活动614场次，提出意见建议4047条，被采纳1946条，5个县（市、区）案例入选全省《民生议事堂典型案例汇编》，出台《关于全面推动“一堂一庭”融合发展助力基层社会治理的指导意见》，总结开化试点经验，在全市推广建设“一堂一庭”（民生议事堂+共享法庭）融合互促平台机制，围绕人民群众密切关注的民生事项和基层治理难题，通过政协搭台、委员组团协商调解，成为破解基层治理难题的有效抓手，获省政协领导批示肯定。

【委员话共富】2022年，在全市“民生议事堂”“协商驿站”以“聚焦产业发展，助力共同富裕”为主题开展专题协商议事月活动211场，其中党委、政府主要领导参加118场次，委员参加1275人次，界别群众专家参加2552人次，提出意见建议1904条，采纳建议802条，协商纪要获党政领导签批86次，相关活动信息在省、市媒体上报道宣传。

【专题协商活动】2022年，围绕“碳达峰碳中和背景下的高质量发展”“助力未来乡村建设·打造

2022年9月16日，常山县天马街道民生议事堂开展“强村富民·U协商——父亲的水稻田”活动

2022年6月8日，市政协开展“请你来协商·惠企政策快落地 营商环境更优化”专题协商会

共同富裕现代化基本单元”“推动乡镇一支队伍管执法”“精准发力，助推民族乡村振兴”“实施新时代南孔学子‘一文一武’专项行动”等12个议题，开展系列专题协商活动，一批打基础、利长远的协商成果引起市委、市政府领导重视，被有关部门吸收采纳。

【专项集体民主监督】 2022年，突出协商式监督特色，围绕经济稳进提质攻坚行动、中小企业惠企助企政策落实情况、全面提升生活垃圾分类处理质量、推进“无废”城市建设、数字化改革推进情况等开展专项集体民主监督，全市1000余名省、市、县三级委员联动开展监督调研126次，发现问题400多个，提出意见建议520条，起到以协商促改进、以监督助落实的作用。

【专题调研视察】 2022年，聚焦惠企政策直达快兑、助推城市十大专项行动、营商环境补短提质、提升山区26县高中办学质量、发展民宿产业、巩固“双减”成果等开展调研视察，监督推动民生实事落地落实。在经济和疫情双重压力下，开展“助企业开门红”“助企纾困”活动，深入企业现场帮助协调解决问题，推动经济稳进提质。组织县(市、区)政协等8个片区委员小组开展跨区域视察。省、市、县三级联动开展送文化、卫生、科技、教育、法律、体育“六送下乡”活动，服务群众近2000人次。

凝聚共识

【委员读书活动】 2022年，出台《关于进一步深入开展委员读书活动 加快建设书香政协的意见》，制定《关于深入开展2022年“书香政协 崇学有礼”委员读书活动的方案》，推进委员读书活动常态化。组织学习《习近平谈治国理政》第四卷、《干在实处 勇立潮头——习近平浙江足迹》。开展“聚焦工业强市、产业兴市，助力四省边际共富示范区建设”、学习省第十五次党代会精神暨“学习习近平新时代中国特色社会主义思想争当政协履职排头兵”、学习中共二十大精神等委员读书活动6场，委员发言6000余人次。

【理论研究和信息宣传】 2022年，《发挥专门协商机构作用，推进政协协商与基层协商相衔接的实践与思考》在《中国政协理论研究》刊发。开展“人民政协和全过程人民民主”“深化‘民生议事堂’平台建设”专题理论课题研究，6篇课题研究成果入选全省优秀理论研究论文。其中，《政协协商与基层协商衔接的系统化重塑与有效运行——基于衢州市相关实践的分析》获优秀论文一等奖；《大数据背景下政协协商的实现路径——以衢州市政协“协商衢道”为例》《“民生议事堂”嵌入“县乡一体、条抓块统”基层治理系统的路径创新——以衢州市为例》《主体、制度、文化：政协协商向基层延伸的三维互动——以衢州“民生议事堂”平台建设为例》3篇获二等奖；《基层协商推动协商民主建设的理论思考与实践——以山区26县江山市打造共富示范区的实践为例》《以“民生议事堂”推动政协协商与基层协商融合 促进基层治理能力现代化建设》2篇获三等奖。市、县两级政协在《人民政协报》、人民政协网报道实现全覆盖。市政协首次获评全省联谊报宣传工作先进单位。《打造四省边际医疗“桥头堡”》《大事小事有商量,共富甜头一起尝》获浙江省第四届人民政协好新闻作品。发挥社情民意“直通车”作用,共编报社情民意信息443期,被全国和省政协采用53篇。

【发挥党派团体重要作用】拓展党派团体在政协平台参政议政的渠道,重点安排民主党派在全体会议、常委会会议上发言,优先将民主党派提案列为重点提案,主动向市级各民主党派征求履职议题建议。全年,市级各民主党派提交集体提案59件,其中列为重点(要)提案7件;提出重点履职议题建议56条,报送社情民意信息687条。

【拓展联络联谊平台】加强与港澳台侨代表人士联络联系交流,丰富港澳委员“云端议政”平台功能,组织港澳委员开展“云端参会”“云端协商”“云端学习”等活动。走访台侨资企业,助力企业“走出去”“引进来”。持续开展“请你来协商助推七里上门畲族村特色发展”专题协商活动,将“知行女企业家委员工作室”延伸到村,助推民族乡村共富。全面贯彻党的民族宗教政策,维护民族团结,促进宗教和谐。

【文史研究】2022年,发挥文史资料的团结联谊作用,开展“书香政协”四进(进社区、进校园、进企业、进单位)活动,高质量完成《浙江城市名片》(衢州分述)编纂,完成《衢州人文历史简略》《关于南孔文化视域下新时代南孔儒商文化培育与践行的建议》等6个区域历史文化研究课题。稳步推进市文史研究馆、文史研究所筹建,努力打造成为文史研究、普及交流的实体新阵地,建言资政、统战联谊的重要新平台。

改革赋能

【政协数字化改革】2022年,全面推进数字政协建设,坚持专班化负责和双月例会推进制度,连续3次获全市数字化改革五星评价。在用好用活省政协协商在线、提案在线、社情民意在线、同心在线、委员履职在线、学习在线“六大在线”统建应用的基础上,构建“协商衢道”1152应用体系(第一个“1”即“协商衢道”全景图;第二个“1”即“协商衢道”履职智能中心;“5”即协商在线、社情民意在线、委员履职在线、“崇学崇贤”在线五大综合子应用;“2”即理论体系和制度规范体系),创新数字化服务履职智能算法,构建委员履职智能中心平台,实现提案办理、大会发言、社情民意、委员履职评价等多场景应用,得到省政协领导批示肯定。

【创新履职服务管理】2022年,省、市、县三级政协委员就近全部编组到乡镇的委员履职小组,探索“全员入委”界别履职新机制,全体委员编入专门委员会,形成“专委会+界别委员”的联动式委员履职网络。创新履职载体、拓宽履职渠道,全年新增3家省级委员会客厅、7家市级委员工作室,新创五星级委员会客厅1家、四星级委员会客厅2家,实现委员会客厅县(市、区)全覆盖,共举办会客厅主题活动69场,参加活动1000余人。探索青年委员履职能力建设新路径,成立由全市74名青年政协委员组成的市政协8090青年委员新时代理论宣讲团,建立“青年委员说”新时代理论宣讲阵地,打造讲好政协故事的“青年委员说”品牌,激发全市青年委员争当履职排头兵。

【组织建设】2022年,修订完善党组、主席会议、全体会议工作规则、委员履职量化考评细则等制度8项,新制定习近平新时代中国特色社会主义思想学习座谈会制度、重大事项请示报告制度、委员退出和暂停履职办法、重要工作事后复盘机制、建设“温暖政协”实施意见等制度机制26项。立足机关编制紧缺、“一人委”问题突出等实际,主动整合内部资源,争取政策支持,新成立协商民主服务中心和文史研究所2个正科级事业机构,政协《创新破解基层政协“两个薄弱”问题》获评全省政协工作创新案例。建立委员动态调整机制,市、县(市、区)党政机关部门担任委员的副职和乡镇(街道)党(工)委副书记换岗,其所担任的委员职务同步调整,确保履职力量不断档。

(张朋华)

中共衢州市纪委 衢州市监委

综 述

【概 况】2022年，衢州市各级纪检监察机关深入贯彻落实全面从严治党各项决策部署，以上率下压紧压实管党治党政治责任，纵深推进清廉衢州建设，持续巩固风清气正的政治生态。围绕中心大局充分发挥监督保障执行、促进完善发展作用，有力推进全面从严治党、党风廉政建设和反腐败斗争取得新成效。

【政治监督】2022年，坚守政治机关定位，做细做实政治监督，推动党中央、省委和市委的决策部署落细落地。系统构建政治监督“11+7+N”重点项目体系（以11项全省性、综合性重点项目为基础，自选“七张问题清单”整改、“大综合一体化”行政执法改革等7项内容，并指导各县（市、区）纪委监委自选N项内容开展政治监督），探索建立“1+3+6+N”推进机制（市纪委监委党风政风监督室统筹、三个监督检查室牵头、6个县（市、区）纪委监委同步开展、各派驻（出）机构共同参与、市县一体联动的“一盘棋”工作机制），健全完善“月初会商＋月末盘点”“工作提示＋提醒约谈”“制发建议＋追责问责”等三项监督机制，推动政治监督由具体化常态化向深入化实效化拓展。自三项监督机制建立以来，全市各级纪检监察组织与职能部门会商盘点826次、发放工作提示172份、提醒约谈399人、制发纪检监察建议书76份、追责问责376人。聚焦扎实推进共同富裕、全面深化数字化改革、保障粮食安全、“防疫情、稳经济、保安全”、除险保安等重点，“小切口”推进政治监督。全市开展监督检查4589次，推动整改问题21784个，处理1655人；10项专项监督工作得到市委主要领导批示肯定。全面加强“一把手”和领导班子监督，建立落实“五张责任清单”（党委书记第一责任人责任清单、党委主体责任清单、党委领导班子其他成员责任清单、纪委专责监督责任清单、组织部门职能监督责任清单）、定期查纠、听取报告、提醒约谈、抽查督查等机制，向有关领导发出廉情抄告单或提醒单725份，督促其履行好“一岗双责”。深层次剖析年轻干部违纪违法问题的规律特点，针对性制定“七个十”（入职廉政“十问”、理论武装“十学”、廉政风险“十防”、日常监督“十谈”、履职担当“十看”、任前廉政“十诺”、清廉家风“十好”）实施意见，从严从实加强年轻干部教育监督管理。

【反腐败斗争】2022年，持续传导严的压力，全市立案1519件，其中涉及县处级干部21件、乡科级干部108件，党纪政务处分1473人，移送司法机关46人，采取留置措施60人。严肃查办夏某、王某、邓某等严重违纪违法案件。进一步规范申诉复查工作，切实保障申诉人合法权益，申诉复查“3+1”工作（指定办理、质量管控、错案追究和队伍建设）得到省纪委领导批示肯定。市县一体开展生态环境系统专项治理，督促修订完善制度78项；推动26名干部主动向组织交代问题，立案审查调查7人。开展智慧看护试点工作，累计执行智慧看护28人，同期同口径节省看护力量81.25%，节省各类费用200余万元，实现看护力量、经费和效率的“两降一升”。深入开展全市警示教育月活动，通过分层分级召开警示教育大会、组织市四套班子领导参观市法纪教育基地、集中观看警示教育片等方式，深化以案为鉴、以案促改、以案促治。充分发挥“四种形态”（“第一种形态”是指经常开展批评和自我批评、约谈函询，让“红红脸、出出汗”成为常态；“第二种形态”是指党纪轻处分、组织调整成为违纪处理的大多数；“第三种形态”是指党纪重处分、重大职务调整的成为少数；“第四种形态”是指严重违纪涉嫌违法立案审查的成为极少数）分类施治、层层设防功能，全市运用“四种形态”处理3818人次，其中第一、第二种形态占比90.4%。认真落实容错纠错、“鼓励实名、澄清正名、严查诬名”信访举报全链条、受处分党员干部教育管理等严管厚爱“三项机制”，旗帜鲜明支持干部担当作为。全市受理办理实名举报383件，奖励实名举报有功人员4人，澄清失实举报101起114人，查处诬告陷害和恶意举报行为23起25人。

【纠治“四风”】2022年，持续加固中央八项规定精神的衢州堤坝，深入开展“廉节清风”常项行动，严肃整治违规吃喝、违规收送礼品礼金问题，专项治理党员干部、公职人员酒驾醉驾行为及其背后“四风”问题。全市查处违反中央八项规定精神问题270起，批评教育帮助和处理361人，党纪政务处分226人。靶向整治形式主义、官僚主义，聚焦“庸、懒、散、慢、推、拖”作风顽疾，协助市委开展“六治六提”作风建设行动（市委在全市部署开展的以“治庸提能力、治懒提精神、治散提干劲、治慢提速度、治推提责任、治拖提效能”为主要内容的作风建设行动），加强督查督导，督促整改问题59个。坚持纠“四风”、树新风一体推进，聚焦党政机关带头过“紧日子”要求，探索推行“公务餐”一件事改革，取消市域内公务接待，实行浙政钉食堂扫码自费就餐，推动从“舌尖上”转作风、以“小切口”树新风。搭建“公务餐”一件事改革应用监测平台，设置“出差干部违规用餐”“挂职干部重复领取餐补”等6个预警模型，及时发现查处各类违规违纪问题，该应用被列入全省数字化改革成果展，相关做法在《中国纪检监察报》头版头条大篇幅报道。全市共扫码用餐6万余人次；查实问题146个，批评教育帮助和处理146人；通报典型案例12起。

【政治巡察】2022年，持续增强巡察监督的精准性有效性，研究制定巡察工作五年规划，完成八届市委第一轮、第二轮巡察，对23个市级机关部门开展常规巡察、12个重点乡镇及村（社）开展提级巡察，推动整改“三个聚焦”（聚焦党的理论路线方针政策和党中央重大决策部署在基层贯彻落实情况，聚焦群众身边腐败和作风问题，聚焦基层党组织建设情况）方面问题883个，发现问题线索32条，涉及县处级、乡科级干部22人。健全市级统筹、县级协调的联动监督模式，市县一体推进基层巡察，市委巡察机构提级巡察期间，县级巡察机构同步

2022年7月21日，召开全市推广“公务餐”一件事改革应用部署会

进驻重点乡镇下属村(社)51个，推动利剑直插基层。建立巡察为民解忧机制，推动解决民生实事312件。坚持以“重大巡视(巡察)问题清单”为牵引,加强对巡察整改的全流程管控，建立具体问题整改、共性问题整治、建章立制、追责问责“四张清单”,开展七届市委巡察整改“大起底”,实行闭环销号，提升整改质效。全年有73个问题纳入“重大巡视(巡察)问题清单”,整改完成51个。

【基层治理】2022年，时刻站稳人民立场,积极回应群众关切,扎实开展“监督治理效能提升年”活动,聚焦农民饮用水安全保障、回迁安置、教育乱收费等群众反映强烈的突出问题，常态化开展漠视侵害群众利益问题专项治理。紧盯区域性、领域性突出问题,督促开展柯城区航埠镇“六大行动”综合整治(以“正风肃纪”“开门接访”“树正打歪”“规范管理”“固本强基”“项目攻坚”等六大行动为主要内容的综合整治),启动全市镇村工程项目建设乱象、镇属和村办企业管理乱象、村干部插手工程乱象等“三乱”问题专项整治。全市查处群众身边腐败和作风问题271起，批评教育帮助和处理349人，党纪政务处分217人。打造“责任信访、阳光信访、智慧信访、满意信访”,深入实施信访举报“基层治理深化年”活动,通过攻坚推进重复检举控告“治重化积清零”专项行动、创新运用“颗粒度”办信实务指南、迭代升级信访举报“数智+”应用等,推动全市检举控告量、重复举报量、上级下转量分别同比下降22.8%、42.3%、34.7%;查实率、反馈双满意率、积案化解率分别同比提升10.4个、13.6个、4.8个百分点,呈现“三降三升”的良好态势;重复检举控告“清零”指数综合得分位居全省第一。探索将“数”和“智”嵌入到基层监督,在江山市试点推行基层公权力能动型监督应用,助力乡镇(街道)纪检监察机构能监督、会监督、想监督。领办中央纪委试点项目,探索开展村(社)干部受处分处理薪酬待遇调整配套制度改革试点,制定规范性文件5个，试点以来全市扣减179名受处分处理村(社)干部薪酬待遇113.29万元。

【体制改革】2022年，深入落实《纪检监察机关派驻机构工作规则》,推进高校、国企、开发区(园区)等纪检监察机构改革,加强对“大综合一体化”行政执法监督改革的探索实践，不断做强派驻监督“探头”。研究制定加强“四项监督”(纪律监督、监察监督、派驻监督、巡察监督)统筹衔接的责任分工和任务清单，逐步完善常态长效工作机制。推动公权力大数据监督由“智”向“治”跃升,承接9个省级数字化改革重点项目和3个市级创新项目，获得省纪委公权力大数据监督应用通报表扬87次。探索实践“建模六法”(法规倒推法、以案堵漏法、风险模拟法、专家协建法、数据关联法、复制借鉴法),推动“人人来建模、个个会建模”，构建监督模型285个,6个模型列入2022年度省级十大“最佳模型”,该经验做法得到省纪委主要领导批示肯定,并在全省推广。提升红色预警处置能力，打造红色预警信息“分办—处置—反馈—跟踪”全链条工作闭环，产生红色预警信息18972条,办结率98.4%、查实率82.4%,推动采取留置措施6人,挽回直接损失3264万余元。

【共建清廉】2022年，完善监督推动清廉衢州建设“1853”系统构架(“1”是指打造新时代清廉建设高地一个总体目标;“8”是指开展责任协同、清廉单元、正风反腐、专项治理、数字赋能、政商亲清、廉洁文化、理论研究“八大提升行动”;“5”是指落实专班统筹、例会推进、典型引路、督导督查、宣传推广“五项推进机制”;“3”是指建立清廉建设“5+N+1”指导性评价指标、各清廉单元建设评价指标、年度考核评价“三个评价体系”)，推动制定主体责任和监督责任“双清单”，细化清廉建设“5+N+1”指导性评价指标(清明政治生态、清廉政府建设、清正干部队伍、清朗社会环境和清润文化氛围等5类核心指标，因地制宜建设、先进典型培育、长效机制建设等N类个性指标以及1类反向指标)。用好追责问责利器，倒逼管党治党和清廉建设责任有效落实，全市查处相关问题365起,3个党组织、505名党员干部受到问责。以“一县一品”清廉建设品牌创建、“一月一主题”清廉单元建设为载体，建优建强清廉单元，推动清廉建设向公安、社会组织、财政、市场监管、医保、环保、园区、商会等领域拓展，促进清廉建设深度融入部门、行业和基层治理。市营商办等8家单位获评全省清廉建设成绩突出单位，市法纪教育基地等4家单位被命名为省廉洁文化教育基地。协助市委召开全市清廉衢州建设推进会，对50家清廉建设成绩突出单位予以通报表扬。深化清廉民企建设，探索制定“双清五廉十好”（“双清”是指企业治理清、政商交往清，“五廉”是指党建引廉、组织护廉、制度保廉、文化倡廉、红线守廉，“十好”是指党建引领好、组织建设好、防控制度好、机制运行好、清廉文化好、教育载体好、守法经营好、员工队伍好、社会声誉好、品牌建设好）建设标准，推动用好“亲清半月谈”、政企恳谈会等沟通平台，积极构建亲清政商关系。加强新时代廉洁文化建设，打响“南孔清风”廉洁文化品牌，组织开展“一十百千”（弘扬一个“南孔清风”主旨思想、开展十项“南孔清风”主题工程、打造百家“南孔清风”廉洁阵地、组织千场“南孔清风—大家说清廉”专题宣讲）提升行动，举办“儒学大家谈”南孔家风家训研讨会、“南孔杯”全国廉洁文学创作大赛等系列活动，提升廉洁文化影响力、感染力和传播力。

【“1221”高质量发展指标体系】 2022年，迭代升级纪检监察“1221”高质量发展指标体系（清廉衢州建设这条“主线”、政治监督和基层治理“上下两手抓”、审查调查和监督效能“惩治两手抓”、铁军锤炼这个“支撑”，共设置6大类别、20个一级指标、60个二级指标），建立双月统筹工作机制，通过“一月一汇总、双月一统筹、一季一考评”，在全系统形成压茬推进、争先创优的浓厚氛围。

重要会议

【市纪委七届七次全会】 1月27日召开。会议总结回顾2021年纪检监察工作情况，研究部署2022年工作任务。市委常委、纪委书记、监委主任何海彬代表市纪委常委会作《忠诚履职勇担当 砥砺奋进谱新篇 为全力打造四省边际共同富裕示范区、四省边际中心城市提供坚强保障》的工作报告。

2022年1月27日，中国共产党衢州市第七届纪律检查委员会第七次全体会议召开

【市纪委八届一次全会】 4月10日，中国共产党衢州市第八届纪律检查委员会举行第一次全体会议，出席会议的市纪委委员27人。经过选举，何海彬、张永亮、王光辉、邵晓航、吴海浪、姜利霞、杨剑安当选中共衢州市第八届纪律检查委员会常务委员会委员。何海彬当选书记，张永亮、王光辉、邵晓航当选为副书记。选举结果经中共衢州市第八届委员会第一次全体会议批准通过。

【全市巡察工作会议暨八届市委第一轮巡察工作动员部署会】 4月24日，全市巡察工作会议暨八届市委第一轮巡察工作动员部署会召开，市委书记高屹出席并作动员部署。会议传达省委巡视动员部署会精神，宣布八届市委第一轮巡察组组长、副组长授权名单和任务分工。

（徐亚义）

民主党派·工商联

民革衢州市委会

【概　况】2022年，中国国民党革命委员会衢州市委会（以下简称“民革市委会”）有32个支部，432名党员，其中新发展25人。党员中大学以上学历348人，中级职称143人，高级职称72人。党员中担任省人大代表1人，市人大代表6人；省政协委员1人，市政协委员21人。民革衢州市委会助力共富工作、民革江山市委会祖统联谊工作分别获民革中央副主席、秘书长李惠东，民革中央副主席、省人大常委会副主任、民革省委会主委吴晶批示肯定。

【思想政治建设】2022年，印发《民革衢州市委会“矢志不渝跟党走、携手奋进新时代”政治交接主题教育工作方案》，围绕五大重点任务，十项重点项目开展政治交接主题教育。通过理论中心组学习会、市委会全体扩大会议、主委会议等，认真学习贯彻中共二十大、省第十五次党代会、市第八次党代会、市委书记高屹走访调研民主党派时的讲话等相关精神，切实把思想和行动统一到党委政府的重大决策和战略部署当中。衢州民革“一号一刊”宣传平台围绕“推进共富、参政议政、抗击疫情、学习二十大”等重点工作，编发《衢州民革》期刊4期，推送衢州民革微信公众号信息126篇；充分利用《人民政协报》《团结报》等宣传平台，全年被市级以上主流媒体及统战类媒体平台采用稿件120篇次，民革衢州市委会获评民革全国宣传思想工作先进集体。

【参政议政】2022年，制定《民革衢州市委会参政议政工作考核奖励办法》，调整参政议政专委会组成人员，组建成立社情民意信息员队伍，落实参政议政专委会承接市委会重点调研课题制度，组织民革界别各级政协委员围绕省第十五次党代会、助企惠企、推动山区26县高质量发展等主题开展网上主题议政活动，提高参政议政工作参与度和实效性，民革衢州市委会被评为2022年度“民革全省参政议政工作先进集体”。在由民革中央、浙江省政协主办的“聚力乡村振兴 助推共同富裕——第五届莫干山会议”上，《共同富裕视域下山区县电商产业发展现状建议》等7篇调研材料入选会议交流。在省政协全会上，提交提案2篇，其中市委会主要领导个人提案《关于完善实质性化解行政争议机制的建议》被列为省政协重点提案、优秀提案。在市两会上，《引领企业主动创新 推动企业“专精特新”发展》等11篇调研材料列入市政协大会发言材料，其中《市场化运营诗画风光带 绘就共同富裕新图景》被市政协全会列为大会口头发言并获市委书记高屹批示肯定；提交《关于保障农业产业发展用地的建议》等集体提案13件，《关于加快发展数字农业的建议》等个人提案、议案建议31件，其中《关于充分发挥新时代农村文化礼堂共富作用的建议》等4个提案被列为市政协重点、重要提案。全年通过各种平台，编报社情民意信息310篇，被各级采用80篇次，其中《关

注生物多样性 大型真菌保护利用有待加强》等21篇被全国政协、民革中央、省政协、民革省委会等采用,《关于以产城融合加快两城发展的建议》等3篇获市委书记高屹批示。成立民革专项民主监督团，市委会主要领导带队赴市农业农村局、柯城区、常山县等开展专项民主监督。

【组织建设】2022年，召开民革市委会领导班子党史学习教育专题民主生活会，制定《领导班子民主生活会问题整改清单》，班子成员分工抓好五个方面20项重点工作整改落实。做好新一届省、市、县人大代表和政协委员的政治安排举荐工作,25名党员任新一届市人大代表、市政协委员;开化支部完成换届,并升格为基层委员会;开展示范支部创建工作,柯城区基层委员会第一支部、常山县基层委员会第二支部获评省级示范支部;11个集体和23名个人获民革中央、省委会表彰,民革衢州市委会获评“民革全省祖统工作先进集体”，党员姜英获评民革全国祖统工作先进个人,何正芳获评民革全国参政议政工作先进个人,李华琴、蒋琦获评浙江民革“伯乐奖”,胡秀秀获评浙江“民革骄傲人物”。“衢州民革党员之家暨抗战史料陈列馆”项目建设有序推进,龙游、江山民革党员之家等能级提升并持续发挥作用,民革中央副主席兼秘书长李惠东、省委常委、统战部部长邱启文,市政协主席方健忠等对民革党员之家建设工作给予肯定。4家民革党员之家获评民革省委会“示范五好”“五好”民革党员之家。

2022年7月22日,民革衢州市委会举办《台湾通史》学习交流活动

【社会服务】2022年9月7日至8日，民革中央助推纳雍县美丽乡村建设现场会在衢州召开,时任全国政协副主席、民革中央常务副主席郑建邦出席会议，来自民革中央有关部门、有关民革省级组织，中共纳雍县委及受帮扶相关乡镇的领导参加会议，衢州市农业农村局、柯城区委在会上作经验交流，与会人员实地参观柯城区沟溪乡等考察点，对衢州市在美丽乡村建设、文化创意产业等方面经验和成效予以高度评价。制定印发《民革衢州市委会“博爱·共富”行动实施方案》,举办“博爱·共富”现场推进会,围绕“项目引领带富、学习宣讲智富、参政议政聚富、社会服务帮富”四大主题,落实十项具体工作任务。充分挖掘民革”三农“优势力量，龙游飞鸡、竹下灵芝项目分别结对帮扶丽水遂昌县坑口村、贵州纳雍县董地乡;开展“共富”主题社会服务,“天鸿民情直通室”帮助解决民生实事150多件，衢州民革法律援助中心提供法律援助34件。

【祖统联谊】2022年，深入贯彻习近平总书记关于对台工作的重要论述,加强台情学习,组织党员收听省委会“之江同心·两岸一家亲”祖统沙龙讲座并作学习交流。举办《台湾通史》学习交流活动，交流畅谈学习体会。重视党员在港澳台和海外有亲友的优势,江山两岸联谊政协委员会客厅通过举办“月满中秋两岸情 诗情画意一家亲”朗诵会,联合江山史志办等单位开展“重温红色家书 共抒家国情怀”纪念抗日战争胜利77周年主题观影活动等发挥推动两岸联谊、协商议事平台作用。江山市委会、各基层组织依托对外联络资源优势，持续走访慰问原国民党抗战老兵，开展送法入台企活动，打造祖统工作品牌。

（徐建平）

民盟衢州市委会

【概　况】2022年，民盟衢州市委会（以下简称"民盟市委会"）以建设高素质参政党地方组织为目标，坚持把思想建设摆在首位，把参政议政工作作为盟务工作的重中之重，围绕党委政府中心工作履行参政党职能，参政履职质效进一步提升，社会服务领域不断扩大，民盟衢州市委会获评民盟省委会2022年度参政议政工作先进单位。

【思想政治建设】2022年，坚持政治理论学习制度，坚持每次主委会议、市委全会都安排政治理论学习。市委会领导班子成员带头领学促学，主动下沉各基层组织开展主题宣讲。全年开展专题学习活动9次，主题宣讲2次，引导广大盟员不断增强政治共识。开展"矢志不渝跟党走、携手奋进新时代"政治交接主题教育，在"衢州民盟"微信公众号上开辟"政治交接主题教育"专栏，各级民盟组织开展各类学习讨论40余次；举办"金色华章——民盟衢州市委会喜迎二十大祝富荣'北气南韵山水画派'作品展"。

【参政议政】2022年，民盟市委会向市政协大会提交大会发言材料10篇，其中4篇入选市政协大会发言材料。市委会作题为《加强谋划　系统施策　推进县域农产品"直播带货"健康发展》的大会口头发言，得到市委副书记、市长徐张艳批示；提交集体提案10件，《关于谋划发展我市水上综合产业经济带的建议》获副市长吴松平批示。市委会开展"破解撤并搬迁类'空心村'整治难题，助力四省边际共同富裕示范区建设"专项民主监督工作，市委会主委汪晖带队赴龙游和衢江区开展民主监督调研，形成专项民主监督报告报送市委。建立领导联系课题机制，围绕"六个聚焦聚力""十大关键战"等工作大局精准选题，市委会领导班子成员领衔课题并牵头开展调查研究，立项调研课题37个，完成调研成果40余篇。其中，调研成果《关于提升"直播带货"品质促进区域经济发展的调查与思考》被作为民盟省委会团体提案提交2022年省政协大会，并被省政协评为优秀提案。市委会向民盟省委会、市政协、市委统战部提交社情民意信息（党外人士建议）90多篇，被采用80余篇，其中被全国政协、民盟中央、省政协采用13篇。市委会副主委姜旻慧的《关于支持衢州创新省际合作打造浙江经济向中西部拓展"桥头堡"的有关建议》得到常务副省长徐文光肯定批示。姜旻慧、叶翠被评为民盟中央2022年度反映社情民意信息工作先进个人，吴幼平、余忠前、尹涛被评为民盟省委会2022年度反映社情民意信息工作先进个人。

【组织建设】2022年，全年发展新盟员20人，平均年龄38.4岁。其中具有中高级职称的12人，占60%；民盟中央层面代表人士2人。在2022年4月召开的衢州市政协八届一次会议上，民盟市委会主委汪晖当选市政协副主席。继续深入开展"双十佳"基层组织创建活动，民盟江山市总支部被民盟省委会评为全省首批"模范基层组织"，民盟衢江区支部被民盟省委会评为"十佳示范基层组

2022年10月，民盟省委会助力乡村振兴实践基地（潭头村）揭牌

织”。以“民盟之家”“盟员之家”建设、华夏书画学会衢州分会建设、“衢州民盟”微信公众号等为抓手,系统推进宣传阵地建设。衢江盟员之家和龙游盟员之家获评五星级盟员之家。“衢州民盟”微信公众号发布信息116条,市委会有52篇宣传报道稿件被《团结报》《联谊报》等报刊以及浙江统战、民盟省委会等网站、微信公众号采用刊登。市委会与市委统战部联合举办民主党派市委委员素养提升培训班,8名盟员市委委员参加培训。

【社会服务】策划指导帮助联系村衢江区举村乡翁源村创新开展山茶油“共富工坊”建设,帮助2家山茶油榨油作坊完成生产设施、环境及山茶油文化的全面改造提升,做法作为年度食品安全工作优秀案例上报国家市场监督管理总局。开展消费帮扶,为翁源村困难农户销售山茶油2000多千克,价值19万元,惠及60余户农户。10月21日,民盟省委会助力乡村振兴实践基地在开化县池淮镇潭头村揭牌,民盟省委会专职副主委毛伟民出席揭牌仪式。市委会组织盟员开展“同心共富·秀丽潭头”系列活动,对接中国农业科学院协同推进茶叶全产业链建设,帮助联系浙江大学教授在潭头村开展蓝龙虾荷塘放养试点,并在品牌建设、电商销售、企业合作方面开展重点帮扶。持续擦亮衢江“民盟同心·暖阳社会服务中心”、江山“民盟同心·法律服务专家站”、开化“民盟同心·雏鹰关爱之家”、“民盟同心·敬老驿站”等“民盟同心”社会服务品牌,全年开展法律服务、留守儿童关爱、名医问诊、农村困难老人关爱帮扶等社会服务50多场,受益群众4000余人。

(余忠前)

民建衢州市委会

【概　况】2022年,民建衢州市委会(以下简称“民建市委会”)在凝聚共识和建言资政上双向发力,将自身建设和履职实践融合推进,开展社会服务,为建设四省边际中心城市、争当“两个先行”示范窗口贡献智慧和力量。会员中担任市人大代表5名,市政协委员21人。王冠平获“浙江民建年度人物”称号。

【思想政治建设】2022年,民建市委会完善理论中心组学习制度,组织集中学习8次。积极参与理论研究工作,申报民建省委会理论研究课题13个,4个获立项。对民建工作的宣传报道等被民建中央杂志《民讯》采用1篇,《情系中华》杂志采用1篇,省委会采用30篇。会员毛朝阳获“民建省委会优秀宣传员”称号。在衢州民建微信公众号上推出《同心促共富》系列,宣传展示会员企业助力共同富裕的典型案例、经验做法。在衢州民建微信群开通“浙‘李’学会史”小课堂,每周制作两期民建会史小卡片并发布。组织开展“初心传递、使命接力”活动,征集“翰墨书香”作品3件送省委会参展,选送《一起聆听“我与民建的故事”》短视频报省委会,并获省委会优秀短视频一等奖。

【参政议政】2022年,民建省、市委会联合开展“提升‘飞地经济’发展质效,助推山区26县高质量发展”专项民主监督调研,形成调

2022年5月26日,民建市委会开展政治交接主题教育,参与人员在中共浙皖特委旧址合影

研报告《关于深化推进我省山海协作“产业飞地”建设的建议》获省委书记车俊批示。市人大代表提交建议 7 件，市政协委员提交大会发言材料 11 件，其中 1 件被选为口头发言。提交集体提案 12 件，个人提案 32 件。其中，3 件集体提案、2 件个人提案被确定为重点提案。多篇材料获上级领导批示，其中《民建衢州市委会坚持四方面发力 助力共同富裕示范区建设》等 2 篇专报获省政协副主席、民建省委会主委陈小平批示；《关于发挥政策杠杆作用进一步助企纾困的建议》等 4 篇调研材料获市委书记高屹、市长徐张艳批示。建立 51 名会员组成的社情民意信息员队伍，全年编发社情民意信息 137 篇。其中全国政协采用 5 篇，民建中央采用 11 篇，民建省委会采用 50 篇。

【组织建设】2022 年，民建市委会召开主委会议 12 次，全委会议 4 次，在各民主党派中率先召开“矢志不渝跟党走，携手奋进新时代”政治交接主题教育部署会等。编印《民建基层组织履职和会务工作实用资料选编》，修订和出台基层组织换届提醒督促机制等各种制度 45 项。下设 7 个专门委员会，建立班子成员联系基层组织和专委会制度。全年新发展会员 24 人，平均年龄 37.3 岁。其中，全日制研究生 6 人，硕士学位 5 人、博士学位 1 人。在全市各民主党派市委会中率先成立监督委员会，加强对市委会领导班子民主生活会、基层组织考核工作监督。

2022 年 7 月 27 日至 28 日，举办省市县三级组织助力茶产业发展活动

召开直属支部“民建会员之家”建设工作会议，各直属支部全面建成“民建会员之家”。选送会员 60 人次参加民建省委会举办的青年企业家培训班、市委统战部举办的民主党派市委会委员培训班等。

【社会服务】2022 年，衢州市会员踊跃参与新冠防疫志愿服务活动，向有关方面捐款约 70 万元，捐赠物品价值约 46 万元。开展“助力稳进提质”专项行动，走访会员企业 40 余家，协调解决问题 10 余个。举办省、市、县三级民建组织推进茶产业发展助力共同富裕活动，推动建立浙江农林大学实习实训和创新创业基地、科研平台延伸和科研成果转化基地。发动会员企业家参与河北省丰宁县“爱心超市”补货工作，捐助价值 3.5 万元的物资。组织会员企业家结对四川省兴文县五星镇 10 名家庭困难学生，资助共计 6 万元。王冠平立足本职，为江山市工业发展提供技能人才支撑，获“浙江民建年度人物”称号。朱佑存热心社会服务，引领周边群众共同致富，获“民建省委会社会服务先进个人”称号。

【民建全省助力共同富裕现场会】11 月 17 日至 18 日，民建全省助力共同富裕现场会在衢州举办，民建衢州市委会深入总结衢州民建助力共同富裕工作，对 17 个助力共同富裕实践基地取景并完成宣传片制作，做好现场会考察点提升。

（李 珂）

民进衢州市委会

【概 况】2022 年，民进衢州市委会（以下简称“民进市委会”）有基层组织 53 个。其中，基层委员会 1 个，总支部 5 个，支部 47 个。会员 590 人，其中，大学以上学历 442 人，占 74.9%；具有高、中级职称 412 人，占 69.8%。全年共发展新会员 29 人，其中，研究生学历 10 人（全日制博士研究生 5 人），中高级职称 16 人。担任省人大代表 1 人，市人大代表 4 人；省政协委员 1 人，市政协委员 21

人；担任副厅级领导干部1名，副县级领导干部5名。民进市委会被评为2022年度民进全国信息化建设先进集体、民进全省组织建设工作先进单位。民进衢江区总支部等6个基层组织被评为2017—2021年度民进全省先进基层组织，民进龙游县总支部等5个基层组织被评为2022年度民进全省优秀基层组织。毛翠秧等7人被评为2022年度民进全省优秀基层组织负责人，王小俊等2人被评为2022年度民进全省优秀支部委员。

【思想政治建设】民进市委会召开理论学习中心组专题学习会带头领学中共二十大报告，班子成员深入基层组织开展专题宣讲，在新会员培训班等班上作辅导并撰写署名文章和学习体会。各基层组织通过专题学习会、8090新时代理论宣讲、书画展等多种形式开展学习宣传活动，参与会员1000余人次。紧扣“矢志不渝跟党走、携手奋进新时代”政治交接主题教育，各基层组织共开展系列活动20余次。组织参与民进中央“多党合作·民进记忆”主题征文活动，《又是一年采茶时——记周大风先生和龙游民进会员的往事》在民进省委会《开明》上刊发。组织会员参与省委会开明教育论坛征文活动，3篇分别获一等奖、二等奖和优秀奖。加强微信公众号宣传，全年共推送报道191期，其中10篇次被民进中央公众号和网站采用；37篇次被浙江统战公众号、民进省委会公众号和网站采用；《之江实验室民进博士团队赴衢开展“携手同行 助力共富”科技服务活动》等3篇文章在《人民日报》《浙江日报》等中央、省级主流媒体刊发。其中会员王小俊撰写的《打造四省边际医疗服务“桥头堡”——衢州市政协、民进衢州市委会合力推动市级医院发展》荣获浙江省第四届人民政协好新闻“优秀新闻作品”。民进市委会荣获2022年度全市统战宣传工作先进单位。

【参政议政】2022年，民进市委会在市“两会”期间提交大会发言13篇，7篇入选重点大会发言，《抢抓机遇 量质并举 加快做大做强四省边际中心医院》等2篇作大会口头发言，均荣获2022年度优秀大会发言；提交集体提案7件，个人提案、议案35件，其中《关于高标准构建市区城市大通道的建议》等2件提案荣获优秀集体提案，《关于推进企业上市挂牌进程，助力工业强市战略建议》荣获优秀个人提案。《培育发展夜间经济，加快建设四省边际夜经济中心》在常委会议上作口头发言，获市政府主要领导批示，并荣获市政协2022年度优秀大会发言。申报民进省委会调研课题，其中，单独立项1个，联合立项2个；6篇调研文章获民进省委会2022年度参政议政优秀成果二等奖，2篇获三等奖。组织“开明议政”沙龙，注重信息骨干队伍培养，全年共上报社情民意信息120余条。其中，全国政协单篇采用1条，民进中央采用5条，省政协、省委统战部及民进省委采用20条，《关于加强农产品田头小型仓储保鲜冷链物流建设，夯实共同富裕物质基础的建议》等信息获市委、市政府主要领导3次批示。

2022年10月14日，中共省委常委、统战部部长邱启文（前排左二）一行实地考察设在龙游翠光未来社区的龙游民进开明嘉苑·助力未来社区建设实践创新基地，对龙游民进“精神共富 文化先行”工作给予充分肯定

【组织建设】2022年，民进市委会出台完善《主任委员、副主任委员工作规则》《市委委员履职工作规则》等工作制度，明确职责分工，规范工作流程。出台《监督委员会工作规则》，支持监督委员会开展内部监督工作。印发《民进衢州市基层组织规范化标准化建设实施方案》，开展"聚共识、学先进、提质效、创一流"互看互学活动，出台《基层组织分类达标、评优评先考核办法》，营造"比学赶超"氛围。举办新会员培训班、参政议政骨干会员研讨会，推荐骨干会员30余人次参加省、市各类培训班，切实提高会员政治素养和综合履职能力。

【社会服务】2022年，继续开展基层组织活动阵地"开明嘉苑"+"共富"实践创新基地建设，龙游总支建立龙游民进开明嘉苑·助力未来社区建设实践创新基地，省委常委、统战部部长邱启文到基地考察调研，对该基地给予肯定。已建成的县(市、区)"开明嘉苑"初步形成"一个统一的标识、一县一品牌、一个省市县三级联动专家团队"鲜明特色，有关经验做法在"今日头条"等媒体上刊发。赴之江实验室、西湖大学(西湖实验室)等走访调研，形成《积极对接杭州新型重大科技创新平台 助推四省边际人才科创桥头堡建设》专报信息获市委主要领导批示。民进市委会实施的"开明·共富"专项行动，衢江总支推进的民进省级医卫专家工作基地工作和龙游民进开明艺术团"精神共富 文化先行"等工作获省政协副主席、省委会主委蔡秀军批示肯定。

2022年新冠疫情期间，市200余名医卫界会员和机关工作人员坚守在抗疫第一线，各会员捐款捐物合计价值50万余元，创作书画、视频、快板等30余件文艺作品助力抗疫工作。

（黄咏梅）

农工党衢州市委会

【概　况】2022年，农工党衢州市委会(以下简称"农工市委会")聚焦中共省委"两个先行"奋斗目标，围绕中共市委、市政府的各项决策部署，集智聚力、积极作为，各项工作取得新进展。截至年末，全市有基层委员会2个，总支委员会6个，支部委员会30个，党员451人，平均年龄52.8岁。其中，医药卫生界别203人，人口资源、生态环境界别72人，界别特色比例为61%；拥有中高级职称人数为365人，占81%；在各级政府担任副科以上职务39名；担任省、市、县(区)人大代表和政协委员94名，其中，人大代表11名，政协委员83名。

【理论学习宣传】2022年，农工市委会理论学习中心组开展线下集体学习8次，就传达学习贯彻中共二十大、中央统战工作会议、农工党十七大、省第十五次党代会、市第八次党代会精神等进行深入研讨。市委会班子成员、各级组织负责人开展形式多样的专题宣讲活动，宣讲19场次。在微信公众号上开设学习"热议中共二十大""热议中共浙江省第十五次党代会精神""热议中共衢州市第八次党代会精神"等专栏，102人次发表学习体会文章。全年编辑《衢州农工》4期，推送微信公众号202篇，被"浙江统战"微信公众号录用4篇，被"浙江农工党"微信公众号录用17篇，近30篇报道被人民网、中新网、浙江新闻网、《联谊报》、《衢州日报》、《衢州晚报》等市级以上媒体录用刊登。

【议政建言】2022年，农工市委会领导参加中共衢州市委、市政府及有关部门召开的协商会、座谈会、通报会等，围绕关于高质量发展建设四省边际共同富裕示范区重大决策、市委、市政府重点工作、"两院"工作报告、党风廉政建设、市委全会重大决定、市党代会报告(征求意见稿)等议题建言献策。两会期间，提交内容涉及共同富裕、乡村振兴、医药卫生、经济发展、民生保障等多个领域的各类议案建议2件、提案42篇。其中，提交市政协大会发言11篇、集体提案7篇，有3篇入选汇编第一序列。市委会副主委林静代表市委会作的题为《构建衢州城市地标系统 提升城市辨识度》、市委会副主委徐小华代表市委会作的题为《关于发展柑橘药用产业的建议》等2篇大会口头发言获市领导批示。牵头重点监督课题"高水平打造未来社区(乡村)，加快推进共同富裕现代化基本单元建设”，市委会主委杨晓光带队赴杭州、余杭等地学习调研，赴柯城、龙游等地通过现场体验、听取情况介绍、召开座谈会、个别访谈等形式，聚焦衢州市未来社区（乡村）建设中的重点难点问题开展监督检查，并提出监督意见和建议。

【社会服务】2022 年，农工市委会重点围绕助力乡村振兴，实施“同心帮富”特色社会服务专项行动，共组织社会服务活动 20 多次。市委会全力打造的“农工党康养专家小院·同心共富实践基地”，于 6 月挂牌为“省委会社会服务基地”。承办市委统战部同心大讲堂，邀请市委会经济科技法制专委会主任、浙江联众集团有限公司董事长余学兵作主题为“乡村振兴 产业先行”讲座。和中共衢江组织部共同举办“乡村振兴大讲堂——走进莲花”，为衢江区各个乡镇的 20 多名村支部、莲花国际未来社区民宿经营主体开展讲座。开展“环境与健康宣传周”活动，联合常山县总支、市医卫支部、市经科总支、衢江总支等，邀请农工党各领域专家赴基层开展免费义诊、健康讲座、中药材种植及水产养殖现场指导等系列社会服务活动。各基层组织结合自身特色开展义诊服务、急救培训、科普讲座、捐资助学、关爱老人、爱心冰箱等活动。

2022 年 5 月 31 日，由农工党衢州市委会、中共衢江区委组织部共同举办的“乡村振兴大讲堂——走进莲花”在衢江区莲花国际未来社区开讲

【做好中医科学大会“后半篇文章”】2022 年，细致谋划，深挖中医科学大会资源，做好“后半篇文章”。做好高端资源引进工作，郑树森院士工作室、石学敏院士工作站、黄荷凤院士工作站相继签约衢州；世界针联主席刘保延与衢州建立长期合作联系。由郑树森院士、李兰娟院士团队发起创办的树兰（衢州）医院成立，大会协办单位浙江中医药大学等与衢州签署战略合作协议，搭建博士工作站、博士后工作站等平台，助力衢州打造四省边际医疗“桥头堡”。大会公益支持单位中国初级卫生保健基金会，与衢江区政府签订民生帮扶项目框架合作协议，筹建国家标准化心血管诊疗中心、国家智能骨科疾病诊疗示范中心。助推常山柚橙入药典事宜。7 月底，市委会赴农工党中央汇报，得到农工党中央领导的大力支持，常山柚橙入药典通过国家药典委组织的专家评审。

【组织建设】2022 年，农工市委会领导班子确定工作分工，建立主副委联系基层组织和专委会制度，召开线上线下主委办公会议 14 次，全委（扩大）会议 3 次。参照省委会制度，修订《主委会议工作规则》《市委会委员、基层组织负责人履职考核办法》《农工党衢州市委会基层组织工作手册》等。按照市委统战部“一规划三办法”要求，编制《市委会 2022 年度组织发展工作计划》，共发展新党员 25 人，平均年龄 36.7 岁，重点分工领域占 76%。其中医药卫生界占 36%、人口资源和生态环境界占 40%，大学以上学历占 96%，高中级职称以上占 68%。召开 2022 年度新党员见面座谈会，举行入党承诺仪式。组织实施“同心同廉”工程，把廉政建设与加强内部监督有机结合，健全完善多跨协同、齐抓共管的监督管理机制。完成党内 10 名正科、17 名副科干部“自画像”，围绕思想政治、工作经历、业务实绩、擅长领域、学习潜力、学历、年龄等方面开展综合指数评价。全面参与数字化改革“多党合作跑道”应用建设工作，贯通使用“议政直通车、社情民意、知情明政、社会服务”等子场景重大应用。

（徐丽萍）

九三学社衢州市委会

【概　况】2022年，九三学社衢州市委员会（以下简称“九三学社市委会”）弘扬“爱国、民主、科学”优良传统，全面加强自身建设，紧扣中心大局，认真履职尽责，切实发挥新时代参政党地方组织作用，各项工作取得新成绩，先后获得社中央表彰九三学社中央组织工作先进集体、社中央2021—2022年度社会服务工作先进集体、九三学社省委优秀地方组织、九三学社省委社会服务先进集体、九三学社省委宣传工作先进集体。

各基层组织获得社中央荣誉2项，社省委荣誉9项。柯城区基层委通过举办“弘扬南孔文化 倡导儒学家风”论语读书会活动，以九三之力助推南孔文化落地；衢江区基层委统筹医疗、教育、法律等多方资源，广泛开展义诊服务、助力“三农”、送教下乡等各类活动，取得良好成效；江山市基层委发挥骨干社员优势，在两会、经济协商论坛、“请您来议政”等活动中建言资政，获得多方好评；龙游县基层委创新推出“党派+行业+检察+社会”“四位一体”民主监督模式，在为期近一年的时间里监督“一次性餐具”清洗消毒行业规范化整治成效明显；常山县支社用好结对帮扶资源，整合项目资金，因地制宜发展共富蔬菜基地200余亩，带动农户增收200余万元；开化县支社联合市机关五支社开展“防震知识科普行”“探索宇宙的奥秘”等活动，推动科普资源向儿童倾斜，合力助推“双减”落地见效；智造新城支社发挥社员专业优势，全力参与全市六大产业链提升工程和数字招商场景应用，助推衢州市产业高质量发展；衢州学院支社推动产研融合，共建博士创新站3家，对接完成衢州市历史文化名城专项评估、开化历史建筑保护等工作。广大社员们也在各自领域建功立业，刘慧琴荣获全国三八红旗手；陈利民获评为“十三五”全省能源“双控”和煤炭消费减量替代工作成绩突出个人；季建红获评社中央组织工作先进个人；徐慧菲负责的《寻亲》栏目获得全省“名专栏”奖；尹志英获评省卫生创新人才和省医坛新秀；汤伟的衢窑研究院获评为2022年浙江省文化产业示范基地；徐丽涵获省食药安委授予2022年度食品安全工作成绩突出个人。

2022年8月26日，九三学社衢州市委赴巨化举办“助力建设绿色生态桥头堡”请您来议政活动

【思想建设】2022年，九三学社市委会始终坚持把理论学习作为政治任务抓紧抓实，组织社市委班子参加暑期读书会、民主科学座谈会等重大学习会议，召开理论学习会、专题讨论会、主题座谈会等8次，组织全市广大社员系统学习习近平新时代中国特色社会主义思想，及时传达中共中央统战工作会议、省第十五次党代会、社省委第九次代表大会、中共市第八次党代会等重要会议精神，深入研究《中国共产党政治协商工作条例》等重要内容。严格按照时限要求，明确“矢志不渝跟党走、携手奋进新时代”的教育主题并第一时间制定实施方案，全市上下迅速掀起主题教育活动热潮，组织市委委员赴湖州开展现场实践活动，并开展廉政

教育、主题调研、专题服务等系列性活动20余场次。中共二十大结束以来，全市九三学社上下通过主委讲课、班子谈体会、委员作交流等形式开展宣讲，并在走企业、下基层、访村民等活动中积极宣讲，讲好"九三故事"，传播"九三声音"。全年在《浙江日报》《浙江新闻》《中国新闻网》《联谊报》等中央和省级主流媒体推出相关宣传作品21篇。

【**建言资政**】2022年，九三学社市委会在政党协商会、通报会、征求意见会等平台上，围绕"外向型经济发展""乡村共同富裕"等主题集智聚力，提出多条有分量的意见建议。积极组织开展研究，围绕《关于加强社会主义协商民主建设的意见》《关于加强政党协商的实施意见》在衢州的实践，就协商内容、形式、程序、机制等方面提出意见建议。围绕"两会"履职重要平台，先后召开"代表委员话共富""我为共富献良策"等活动6次，提交集体提案8件，2篇获评优秀集体提案，提交大会发言6篇，2篇列入口头发言，1篇获评优秀大会发言并获得市长徐张艳批示。聚焦省、市重点调研主题，先后组织召开"请您来议政活动"6次，形成《关于强化臭氧污染治气攻坚 改善环境空气质量的紧急建议》等3篇报告被省政协相关会议采用。发挥骨干信息员和新社员的中坚作用，全年上报社情民意信息143篇。其中，中共中央统战部和省委统战部采用4篇，社中央采用7篇，省政协采用3篇，社省委采用44篇，中共市委办采用3篇，市政协采用34篇，中共市委统战部采用23篇，量质提升明显。其中，《关于优化新型帮共体制度设计 助推浙江省山区26县乡村发展的若干建议》获中共省委常委、常务副省长徐文光批示，直通车信息《关于促进动力电池产业链协同发展 助力打造"千亿级"产业集群的建议》获中共市委书记高屹批示。坚持将民主监督与参政议政、社会服务等工作相结合，聚焦"深化衢州'两山合作社'改革 打造'绿水青山就是金山银山'生态共富全国典范"的主题，实地走访调研江山市小塘源夯土房民宿等地，完成较高质量的调研报告。

【**社会服务**】2022年，九三学社市委会聚焦助力共富、工业强市等主题，不断拓展社会服务工作新领域。发动开展"同心聚力共同富裕"、新春大走访大调研专题实践等活动，实打实解决企业政策兑现、招工难、项目推进慢等问题，助力实现首季"开门红"。专题部署"百名社员进百企"助企纾困活动，发挥社员触角优势走访企业200余家次，通过联合部门开展"亲清直通车·政企恳谈会""政策入企送服务，暖心助企促发展"等主题活动，以送服务、送技术、送政策上门的形式服务企业。发挥九三学社人才荟萃优势，聚焦医疗服务，举办以"同心共富 健康同行"为主题的送医活动10余场，在三衢客户端围绕"面对新冠病毒，我们该如何应对""备孕助孕及妊娠期女性如何处置"等主题开设讲座；聚焦天文科普，举办以"天文科普智富乡村教育大讲堂""喜迎二十大 科普向未来"的针对中小学生的讲座6场，为全市上万名学生送上科普盛宴；聚焦农村指导，成立同心助共富企业家联盟，围绕衢州市黄茶产业产销、技术、规划等方面献计出力；在社员基地开设农创客直播间，让农特、文旅产品搭上"直播快车"；深入一线开展"蔬菜技术

2022年4月15日，九三学社社员们开展助企纾困行动

培训”，对村民们种植技术开展针对性辅导；聚焦产业发展，邀请社内外专家学者，举办以“新征途上中国经济发展的环境、趋势与对策”“碳账户创建工作”等为主题的“九三大讲堂”。

【组织建设】2022年，九三学社市委会坚持稳步推进代表人士队伍建设，建设组织坚实的中国特色社会主义参政党地方组织。认真贯彻社中央关于加强基层组织建设的若干规定，完善社市委主副委、市委委员联系基层组织制度。高质量召开社市委民主生活会。完成柯城区基层委员会、智造新城支社的换届工作。建立基层组织组团联动机制，加强跨区域跨行业联动。探索联系走访基层组织所在单位党委等制度，组织骨干社员参加市委统战部座谈会。做好节日慰问、走访老社员等活动。坚持人才强社战略，高质量发展社员27名，其中，高中级职称比例66.7%，全日制博士3人，平均年龄37.8岁。完成社中央、社省委组织信息系统新社员信息录入及维护工作。建立人才梯次培养库，梳理社内各层级人才干部建议名单。开展分层分类主题培训，组织骨干社员参加社中央、社省委各类线上线下培训及市委统战部组织的委员培训班。举办社市委新社员培训班，制定《社市委监督委员会工作规则》，组织参加省委统战部组织的内部监督工作培训。坚持社务工作与社内监督一起抓，明确监督委员常态化参加基层组团活动及基层组织换届等重要活动。加强廉洁自律学习和宣传教育，组织社员赴沙湾村清廉文化教育基地——赵抃纪念馆等地开展廉政主题教育活动等。在骨干培训班、机关集体学习中纳入廉政文化、警示教育等内容，提高骨干社员和机关干部的廉政意识。扎实开展“六治六提”活动。完善机关干部学习培训体系，参加社中央、社省委、统战部组织的各类培训班。配合做好公务员遴选和职级晋升工作。配合统战部做好同心共富比晾晒活动，社市委在活动中取得良好成绩。

（徐　伟）

台盟衢州市支部

【概　况】2022年，台湾民主自治同盟衢州市支部委员会(以下简称“台盟支部”)抓好思想、队伍、机制三大建设，履行政治协商、民主监督、参政议政三大职能，做好对台交流交往、盟员发展、台胞服务三篇文章。截至年末，有盟员11人，其中，市本级4人，衢化3人，龙游县2人，柯城区、衢江区各1人。

【学习培训】2022年，台盟支部深入开展中共浙江省委第十五次党代会、中共二十大精神学习，组织全体盟员集体收看中共二十大现场直播，线上线下结合学习中共二十大重要讲话精神，谈感受写体会。受疫情影响支部采取线上自主学与线下集中学两手抓，多次组织全体盟员线上自学中共中央、省级文件精神，参加台盟中央视频学习会。刘迪婷、余韵参加衢州市台联二十大学习辅导会，黄洲洋参加台盟省委会2022年度中青年骨干盟员培训班，刘迪婷、凌云、黄惠权、刘胜欣向省委会提交中共二十大学习体会材料。

【组织活动】3月15日，主委刘迪婷在2022年台盟“阅·思源”读书学习活动经验分享会上作交流

2022年12月14日，主委刘迪婷(右二)参加第十一次全国台湾同胞代表大会

发言。4月，支部开展书写入盟初心活动。5月，开展《九二共识历史存证》读后感交流活动。

【参政议政】2022年，台盟支部高度注重人才培养和梯队建设，为盟员搭建建言献策平台。盟员中，1名盟员为浙江省政协委员、衢州市政协常委，1名为衢州市政协委员、1名为区政协委员。3名委员参与政协集中走访、民主监督、民主评议、重点工程视察、“委员随手拍”等活动，提交市政协提案6篇，区政协提案1篇，向省委会报送信息2篇，向市政协报送信息2篇。支部主委多次参加衢州市党委、人大、政府、政协组织的讨论会、工作会、情况汇报会、征求意见会及各种形式的检查和视察活动。支部立足自身优势，主动申领参加台盟中央“做好台湾青少年工作，促进两岸同胞心灵契合”重点课题调研工作，刘迪婷、凌云、余韵、黄爱华组成课题组完成调研报告《坚持深耕“文化、乡村、两岸”集成融创 促进两岸同胞心灵契合》。刘迪婷参与省委会课题组调研、民主监督等工作。余韵、高菲分别被聘为市检察院特约检察员、志愿者。

【对台交流】2022年，为加强联络，推动两岸同胞互动和交流，台盟支部多次联合市台联会、柯城区台联会开展端午、中秋、迎新春等主题活动。5月，刘迪婷、凌云、余韵、刘胜欣参加台湾民主同盟浙江省第六次代表大会，刘迪婷当选省委委员；7月，刘迪婷参加第十九届台胞青年千人夏令营赴衢开营活动。7月，刘迪婷、凌云、余韵参加衢州市台胞台属联谊会第八次代表大会；11月，刘迪婷、凌云、余韵、黄爱华、刘胜欣参加第十次浙江省台湾同胞代表大会；12月，刘迪婷赴北京参加第十一次全国台湾同胞代表大会。

【社会服务】2022年，台盟支部重视当地台胞工作，通过家访、慰问等方式，关心、了解台胞工作生活情况，及时向上级反映台胞合理的利益诉求，力所能及地为台胞解决困难。年初，支部主委刘迪婷陪同台盟省委会秘书长陶骏赴江山、龙游慰问困难台胞。支部看望慰问帮扶结对的对象——柯城区农村残疾人。

（刘迪婷）

衢州市工商业联合会

【概　况】2022年，衢州市工商联围绕市委、市政府中心工作，把握“两个健康”（非公有制经济健康发展和非公有制经济人士健康成长）工作主题，践行“提振精气神·奋力追赶超”工作基调，聚力“政治引领、凝心聚力、服务发展、打造品牌”工作重点，强化担当、主动作为、靠前服务，助推新时代衢州民营经济新飞跃，为加快建设四省边际中心城市、争当“两个先行”示范窗口贡献智慧和力量。

【强化政治引领】2022年，以“衢商永远跟党走”为统揽，紧扣工商联组织和民营企业家特点，发挥“书记讲，讲给党员听”“企业家讲，讲给企业家听”“青年人讲，讲给青年人听”的立体化宣讲体系和“8090”新时代民营企业家宣讲团的品牌优势，先后于6月8日、6月27日、7月15日举办3次理想信念教育活动，选送民营企业家“8090”宣讲员参加新时代理论宣讲电视大赛，获赛区第一名。以“青蓝接力赛”为载体，实施“青蓝接力”和“品质衢商”两项工程，创新新生代企业家培养方式，推动衢商政治事业双传承。抓实抓好

2022年2月18日，衢州市工商联第七次代表大会预备会议召开

2022 年 6 月 27 日，衢州市涉案企业合规第三方监督评估机制管委会第一次联席会议召开

2022 年 5 月 23 日，举行“亲清半月谈”2022 年第一期叙谈活动

工商联换届工作，严把新一届执委会班子人选关（执委以上人选由同级纪委审查把关），市县规模大、有代表性的企业基本纳入执委班子，新一届执委班子有年龄结构更合理、学历层次更高、代表性更强的特点。在微信公众号开设衢商风采专栏，宣传诚信经营、投身共富、工匠精神等方面的优秀衢商典型，引导广大衢商争做爱国敬业、守法经营、创业创新、回报社会的典范。在全市民营经济领域开展衢州人文精神大讨论，倡导衢州人文精神与新时代企业家精神、新时代衢商精神有机融合。

【服务企业】2022 年，搭建市委、市政府主要领导与企业家面对面交流和一对一解决问题的“亲清半月谈平台”，每半个月举办一次。通过“企业家‘点单’、市领导‘派单’、职能单位‘接单’，民营企业‘评单’”的闭环服务运作机制，帮助企业解决问题，企业家好评如潮。市工商联《提振信心、同频同向、共创未来，合力奏响民营企业助力共同富裕最强音》的呼声得到市委书记高屹批示，并转化形成“亲清半月谈”工作机制。举办 3 期“亲清直通车·政企恳谈会”和 2 期政企沟通圆桌例会，市委、市政府主要领导、分管领导、联系部门，与企业、个体工商户多维度交流互动。邀请企业家列席市委、市政府重要经济活动，推动衢州仙鹤股份入选全国民营企业制造业 500 强，实现衢州市民企零的突破。建立涉案企业合规第三方监督评估机制，帮助涉案民企“活下来”“留得住”“经营得好”，商会品牌调解室的调解成功率 100%；建立“千所联千会”机制，推动全市 128 家所属商会与 72 家律师事务所建立合作关系。与建行、浙商银行签订战略合作协议，举办 2 次银企对接活动，推动银行推出“门业智造贷”等创新金融产品，帮助企业破解融资难题；促成电子科大长三角研究院与市民营企业在产业化、人才引进和企业培训等方面的合作，打造校企合作新“窗口”。落实好企业家生日慰问、体检等暖心活动，建立“亲清”网格联系机制。

【社会服务】2022 年，与市经信局共同承办全市民营经济与制造业发展大会，并在会上作交流发言。与市委统战部共同筹备共建

2022 年 7 月 29 日，全市民营经济与制造业高质量发展大会召开

桥头堡·衢州人发展大会。争取省工商联支持，在海创园设立浙商驿站，围绕衢州市六大标志性产业链和县域重点产业，招引龙头企业、链主企业，主要领导带队赴海亮集团开展招商对接。坚持市、县、商会三级联动方式，发动会员企业参与万企兴万村的乡村振兴活动，60 多家企业、商会与衢州市及外地对口帮扶地区的村进行新一轮结对。推进定向招工式“共富工坊”建设，探索形成商会企业党组织与农村党组织结对共建机制，43 家企业与 25 个村结对，带动农村剩余劳动力或特殊群体就业 2630 人。集中开展“服务强信心，助企稳增长”大走访大调研活动，全市集中走访 600 多家企业，形成调研报告、大会发言、提案、议案、社情民意等 14 篇。其中市工商联主席张林松在市政协八届一次大会上作的题为《提振信心、同频同向、共创未来，合力奏响民营企业助力共同富裕最强音》的发言得到市委书记高屹批示，并转化形成“亲清半月谈”工作机制等。

（胡琦琦）

衢州市总工会

【概　况】 2022年，衢州市工会系统围绕“维护职工合法权益、竭诚服务职工群众”基本职责，对准跑道、找准坐标，创新实践、塑造变革，着力推动工会工作高质量发展。市总工会被表彰为2022年度省春运工作成绩突出单位；产业工人队伍建设改革工作得到市委书记高屹批示肯定；疫情防控、暑期送清凉、争取党委政府支持解决急难问题等做法得到省人大常委会副主任、省总工会主席史济锡，党组书记、副主席吕志良批示表扬。

【思想引领】 2022年，线上线下融合开展“中国梦·劳动美”主题教育实践活动，组织劳模工匠、“8090”深入基层宣讲党的二十大精神300余场次，举办党的二十大精神专场报告会，组织市总工会党员干部到市委党校集中学习培训，在全市工会系统和广大职工中迅速掀起学习宣传贯彻党的二十大精神热潮。联合市委宣传部在129家产业工人队伍建设改革试点单位开展“守好红色根脉·班前十分钟活动”2882场次，参与职工43万人次，推动习近平新时代中国特色社会主义思想进企业、进车间、进班组。高标准承办“我心向党”全省青年职工演讲比赛，市总工会“1233”宣传宣讲做法在长三角职工思想政治工作交流会上作为浙江省唯一代表作典型发言。大力弘扬劳模精神、劳动精神、工匠精神，认真开展推先评优工作，3人获评全国五一劳动奖章，2个班组获评全国工人先锋号，1人获评省五一劳动奖章，5个班组获评省工人先锋号，20人选树为新时代浙江工匠。组织召开劳模先进代表座谈会，完成市劳模协会换届，借力市政府与市总工会联席会议进一步落实劳模荣誉津贴、春节慰问等待遇。大力丰富职工业余文化生活，举办篮球、羽毛球、女职工广播体操等16类职工文体赛事，4万余人次职工踊跃参加。创建全国模范职工书屋1家、省级职工书屋5家、市级职工书屋60家，基本形成覆盖大多数职工的工会阅读服务体系。严格落实意识形态工作责任制，加强职工思想动态分析和工会意识形态阵地管理，强化劳动关系预警体系建设，全年化解矛盾纠纷53起，妥善调处信访件81件，有效解决308家企业1320名职工欠薪问题，牢牢守住劳动领域政治安全。

【聚焦中心大局】 2022年，持续深化产业工人队伍建设改革（以下简称“产改”），组织召开协调小组第四次会议暨镇街（园区）产改现场推进会，推动市委常委会专题研究产改工作，组织市人大代表视察产改试点企业，对县（市、区）产改工作开展专项督查，研究出台工会深化产改工作十条措施。培育新增产改试点单位75家，在17家试点企业开展幸福共同体领头雁行动，命名5个“县（市、区）深化非公企业产改优秀举措”，4个“镇街（园区）深化非公企业产改工作样板”，8个“非公企业产改优秀案例”。产改工作得到市委书记高屹批示肯定。广泛开展“八比八赛”（比质量、赛工程创优争一流，比安全、赛文明施工保安康，比进度、赛科学施工保工期，比投资控制、赛精益管理增效益，比科技创新、赛技术创新促发展，比廉洁、赛廉政工程促和谐，比环境保护、赛绿色清洁施工，比素质提升、赛工匠人才培育）为主要内容的劳动竞赛，以23个示范项目带动全市70余个项目参赛，动员职工投身发展、岗位建功。聚焦新能源、新材料、集成电路、智能装备制造、生命健康、高档特种纸等“六大标志性产业链”，修订完善全市职工技能竞赛管理办法，承办省级竞赛3场、举办市级竞赛103场，带动基层工会开展竞赛超过300场次，受益职工10万人次以上，79人获评市级金牌职工。组队参加省级竞赛31项，29人次获奖。联合衢州多所院校组织开展42个工种近200场技能培训，受益职工1.1万人次，3380人取得技能等级证书。完成“名师带徒”124对，“农民工学历与能力提升行动”资助501名职工。深入开展职工岗位技术创新活动，培育省级先进职业操作法2个、市级先进职业操作法9个，创建省级高技能人才（劳模）创新工作室3家、市高技能人才（劳模）创新工作室15家、市示范性高技能人才（劳模）创新工作室10家。组织3710家企业30余万职工参加“安康杯”竞赛活动，1家单位、2个班组、1名个人获评“安康杯”竞赛全国先进。

【服务职工】 2022年，制定出台“助力高质量·建功共富路——衢工在行动”工作方案，细化分解为4大行动、14项举措、10件实事全面推进落实。发挥工会“娘家人”作用，组织送温暖、送清凉等活动650余场次，惠及职工4.8万人次，发放款物价值1000余万元。优化升级传统工作品牌，组织“衢工缘”职工交友活动25场次、暑期“爱心托班”54个，新建“妈咪暖心小屋”42个，创建8个全国、4个省级“最美工会户外劳动者服务站点”和2个省级示范型职工服务综合体。围绕市委“开门红”部署，推出“暖工暖企·工会助力”十条措施助企留工，缓减返还2万余家企业工会经费5802.15万元，线上线下推送就业岗位2.8万个，对941人次转岗再就业职工开展技能培训；组织劳模工匠志愿服务队深入140家企业送技术、解难题，企业满意度99.2%。深入实施集体协商要约行动，对1121家企业开展法律体检服务，指导企业签订能级工资协议426份、惠及职工2.6万人，创建市级劳动关系和谐企业137家、园区1个，柯城实达实集团荣获“全国和谐劳动关系创建示范企业”。在全省率先推出“职创贷”，为26人提供低息贷款1240万元，减免利息20余万元。立足群众性、普惠性、互助性、自愿性和公益性，组织引导18.51万名职工参加医疗互助保障，给付保障金720.75万元，惠及职工10万余人次，该工作获评第一批全市共同富裕最佳实践。深化新就业形态劳动者温暖行动，为1.6万人次提供免费体检、疗休养、就业培训、医疗互助等服务。有序推进疗休养工作，举办衢黄南饶四省边际首届职工疗休养产品设计大赛，组织7.71万名职工、986名一线职工参加疗休养，推动疗休养成为职工调养生息的健康驿站。

2022年6月1日，衢州市总工会党总支联合华友衢州产业园党委开展“贯彻市党代会精神、助力工业强市”联合共建主题党日活动

2022 年 6 月 10 日，衢州市总工会、市人力社保局联合主办，国网衢州供电公司承办的衢州市第三届职工技能运动会启动仪式在智造新城电力园区职工文体活动中心拉开序幕

【工会建设改革】2022 年，坚持把数字化改革作为“一号工程”，建立领导小组、工作专班和工作机制，围绕工作堵点和职工需求谋划建设应用场景，4 个数改项目被列为省、市、县联建项目，1 个被列为地方特色创新项目。新就业形态劳动者网上家园、群智空间 2 个省市联建项目已上线“浙里办”。持续推进建会入会工作，新建工会 262 家、发展会员 19267 人，其中新建新业态工会 15 家、发展会员 9256 人，全国首家“村播共富”联合工会在柯城组建。衢州市组建快递行业工会联合会实现快递员入会全覆盖、江山市分层次全方位打造新就业形态劳动者有礼憩息地等 2 个案例获评全省新就业形态劳动者建会入会创新案例。研究出台新业态基层工会工作经费补助办法，为 26 家新业态工会补助经费 156 万元。部署开展“县级工会加强年”专项工作，组织专项调研，制定工作方案，每季召开县（市、区）总工会党组书记例会督促推进落实。借助政府和部门力量解决工会发展难题，恢复成立市本级和 6 个县（市、区）厂务公开民主管理组织领导机构，建立健全市本级和 6 个县（市、区）政府与工会联席会议制度，协调组建智造新城总工会。开展“六治六提”作风建设行动，制定落实干部队伍建设“磨刀石”工程 5 大行动 15 条措施，推动干部队伍转作风抓落实强担当。组织召开衢州市工会第八届代表大会，高标准完成换届选举工作。推进清廉机关模范机关建设，与市纪委机关联合举办首届“劳动杯”南孔清风微影视创作大赛，36.3 万名职工参加创作和网络投票。举一反三抓好市委巡察整改工作，建立完善工会内部规章制度 17 项，32 个巡察反馈问题全面落实整改。开展工会经费审计工作，全年审计项目 11 个，市总工会蝉联全省工会经审工作规范化建设考核、全省优秀审计项目评比一等奖。

（孙新志）

共青团衢州市委

【概　况】2022 年，共青团衢州市委（以下简称“团市委”）围绕迎接和学习宣传贯彻党的二十大主题主线，落实省委、市委战略部署和省第十五次团代会工作安排，以青年发展型城市建设为牵引，团结引领团员青年助力衢州打造“十个桥头堡”、建设四省边际中心城市，唱响“我在窗口写青春”强音。共青团龙游县委员会被授予浙江省“人民满意的的公务员集体”称号。全市共有团组织 6884 个，团员 122855 名，少先队组织 285 个，少先队员 141010 名，2022 年新发展团员数 4639 名。

【思想政治引领】2022 年，团市

委以“五个一百”(百名团委书记带头学思想大宣讲、“百名青春代言人”选树宣传、“百个红色教育阵地”优化提升、“百个示范型基层团组织”创建工作、“百团促共富”帮扶工作)活动为载体,推动团员青年全面学习、全面把握、全面落实,持续兴起学习贯彻党的二十大精神热潮。融入市委“8090+”新时代理论宣讲工作,组建三衢新声代宣讲团队218支、宣讲员1950人,先后开展党的二十大精神宣讲活动2万余场次,党的二十大专题名师工作室分享活动6场次。三衢新声代宣讲团被评为全省基层理论宣讲成绩突出集体。分领域开展青年代言人选树,推荐市级以上“两红两优”(五四红旗团委、五四红旗团支部、优秀团干部、优秀共青团员)、新时代好少年、少先队“三优秀”(优秀少先队员、优秀少先队辅导员、优秀少先队集体)等优秀个人207名、集体65个。推动市青少年宫(红领巾学院)纳入市未来社区改造,投资1000万元提升外立面和绿化。在市政务服务中心建成占地近5000平方米的青年之家和社区红领巾学院“旗舰店”。打造提升红领巾e站132个、青少年红色基因传承基地12个、研学路线30条,开展红色主题活动百余场,以沉浸式教育强化思想引领。加强网上共青团建设,先后策划开展“青春衢州”献礼二十大24小时直播、“云争章”直播等活动,累计阅读量超45万人次、评论点赞近30万个。拍摄《爱上“迷彩绿”》队课,成为全省唯一入选全国“六一”云队课作品,在央视少儿频道和学习强国平台播出。全年开展“徐徐道来”“五朵云”等网上宣讲活动116场次,覆盖青少年24万人,“青春衢州”、衢江区“衢小橘”抖音号粉丝量均破百万。

【助力“工业强市”】2022年,围绕衢州六大标志性产业链,开展青工技能竞赛8场,成功推荐省青年工匠80名,选树市级优秀青年岗位能手54名,充实青年工匠人才库。大力推动“青燕来衢”,在全国76所高校成立联络站,招募176名学子担任联络员,前置引才关口,对接青年学子到衢实习实践3000人,汇聚青年人才力量助力产业发展经验做法被省委办公厅简报采用。

【助力乡村振兴】2022年,联合市农业农村局制订“农村共富合伙人”发展计划,从大三农资金中切块260万元,以农业龙头产业为平台,吸引和培育孵化农创青年,评选市级优秀农创客合伙人10名、5名青年晋级省“青牛奖”50强。开展“青耘衢州·共富有我”、第三届中国青年年货节衢州专场等助农直播活动62场,助力优质农特产品销售3562万元。其中常山“青村播”做法入选团中央全团服务乡村振兴优秀案例,并在全团会议上作交流发言。

【助力基层治理】2022年,构建志愿服务精准触达机制,招募“衢州有礼”青年志愿者29.08万、人均服务时长3.7小时,先后参与文明城市创建、全国田径大赛、网格治理、智慧助老、古道守护、绿色低碳等工作。暑期还组织大学生开展“一老一小”共富需求调研,调研报告得到市政府主要领导批示肯定。联合市文明办、市民政局举办“浙江有礼·衢州先行”文明新实践志愿服务项目大赛,培育青少年事务公益服务等各类优质志愿项目34个,其中4个项目在省赛中获一银三铜成绩。组建1500余人的青春关护帮帮团,推动青少年事务社工队伍建设,结对帮扶不良行为青少年、闲散青少年群体覆盖率100%。

【青年发展型城市建设】2022年,团市委推动落实青年发展规划纳入市委、市政府督查项目,青年发展型城市建设写入全会(党代会)报告或政府工作报告实现市县全覆盖。深入谋划青年发展型城市“一方案三清单”(《衢州市建设青年发展型城市 助力打造四省边际中心城市实施方案》《青年发展型城市建设重点任务清单》《青年发展型城市建设重点政策举措清单》《青年发展型城市建设重点任务清单》),青年发展型城市建设职责单位从原先19家扩充至42家。牵头制定青年驿站实施细则,纳入市政府加强企业员工引育配套政策,为到衢就业青年提供短期免费住宿和综合服务。与衢控集团联合推出“青创保”青年创业担保政策,强化团银协作,全市向创业青年发放贷款7842.7万元。新聘各级创业导师76名,组建安全生产、金融服务等团团加油团16支，举办青创培训35场。联合市人社局、市科技局举办奇思妙想创新创业大赛，专设大学生赛道，挖掘孵化青年创业项目11个。谋划“家门口的青少年宫”，入选市重大民生实事备选项目。深化“红领巾助力5+2”课后服务项目，创新“课程加油包”，助力农村偏远学校“双减”服务，全年开展课后服务655场，服务学生8.3万人次。组织开展“一县一品”青春帮共体项目比晾晒，40余家协作团组织参与全市共富工坊建设、青创项目孵化、困难青少年帮扶。全市争取到协作地以及上级团组织帮扶资金601万元、帮助销售农产品905万元。落实新时代希望工程“五助”计划，开展“99公益日”活动，募集“共富基金”81.56万元，捐款额度全省第二，活动覆盖5.7万人次；承接团省委、省青基会“小鹿灯——愈见未来”浙里儿童健康守护计划公益项目、2022希望工程·亲青公益节——网络推介众筹专场活动，其中公益节活动参与人数全国第三；推动壮苗基地、希望书屋等7个公益项目建设落地，落实117万元助学款帮扶困难学子555人。组织市青联、青企协建设“希望小屋”，捐赠爱心基金10万元、网球拍等体育设施3万元。建立“亲青恋”基地11家，开展打卡采风、飞盘、剧本杀等各类活动156场，服务青年逾9000人次。联合文旅局面向青年推出一批研学游、露营游项目，构建“城市艺术广角”，组织原创音乐节、街舞群演等活动百余场，促进青年城市融入。

2022年8月24日，团省委书记、省青年工作联席会议办公室主任何黎斌（中）一行到衢州实地开展省青年发展规划中期评估督查

【变革型团组织建设】2022年，一体推进数字化改革、共青团改革、少先队改革，重塑各级团组织引领力、组织力、服务力。承接“数字少年宫”纳入浙里民生“关键小事”智能速办，已上架“关键小事”专区，全年访问量破30万次，市政务服务中心线上预约均依托平台。“青燕乐业”大学生就业创业服务管理应用争取到政府支持资金40万元，初步完成改造，现有4500余名青年注册，发布活动信息、实习实践岗位信息等2000余条，该应用在市数字化改革例会上进行路演展示、得到高度认可。扎实做好省级“青燕归巢”应用贯通推广。指导江山团市委构建“三位一体”模式，并通过团中央县域共青团改革试点评估，改革案例2次登上《中国共青团》杂志。改革转入全面开展后，6个县（市、区）均以委办或改革办名义下发方案。争取市县党委组织部门支持，市县两级团委干部配备率从年初77.1%提升至85.7%，团委班子配备率从年初80%提升至85%。建立县乡两级团委书记述职考评制度，推动团委书记拿出精力抓主业。拓展团的力量来源，加强基层团组织规范化建设，织密团的组织体系。全面落实《中共中央关于全面加强新时代少先队工作的意见》《中共浙江省委关于全面加强新时代少先队工作实施意见》精神，市县两级党委负责人均担任同级少工委名誉主任。联合市教育局开展团队工作专题调研，推动全市中小学校100%成立少工委，团属青少年宫（活动中心）100%成立少工委，54个符合条件的街道社区成立社区少工委、占比81.8%。全面开展“红领巾奖章”争章活动，聘请2251名校外少先队辅导员，红领巾学院思政育人经验做法被省委办公厅《浙江信息（每日简报）》第96期刊登。

（方 元）

衢州市妇女联合会

2022 年 6 月 17 日，衢州市女科技工作者协会成立大会

2022 年 5 月 27 日，衢州市妇联为 10 对抗疫青年代表举办集体婚礼

【概　况】2022 年，衢州市妇女联合会（以下简称“市妇联”）围绕党的二十大召开主题主线，贯彻落实二十大精神、省（市）党代会精神和省妇联“四化”理念、“五大巾帼行动”部署，荣获市委、市政府“五水共治”公众满意度提升工作先进单位、乡村振兴突出贡献集体。在省妇联、全市各类专项工作会议上交流发言 12 次，推进儿童友好城市建设、“三衢和姐”助力基层治理、来料加工等工作获市委、市政府、省妇联主要领导批示 6 次，争取到浙江省县域社区（村）家庭教育指导服务体系标准化建设试点等省级试点 4 项，《新华每日电讯》、《浙江日报》、“学习强国”学习平台、《中国妇女报》等省级以上主流媒体宣传报道全市妇联和妇女工作 128 篇。

【衢州市第八次妇女代表大会召开】8 月 23—24 日，衢州市第八次妇女代表大会在市文化艺术中心举行，市四套班子主要领导及全市 258 名妇女代表出席会议。会议选举产生第八届市妇联领导班子和执行委员会委员，周玲娟当选市妇联八届执委会主席，大会审议通过市妇联七届执委会工作报告决议。

【启动衢州市儿童友好城市建设工作】6 月，成立衢州市儿童友好城市建设工作领导小组，联合市发改委，在四省边际率先全市域开展儿童友好城市建设。制定《衢州市推进儿童友好城市建设实施方案》《衢州市推进儿童友好城市行动计划（2022—2025）》等一系列制度性文件，构建“1511”工作体系，做好顶层设计；完成标志标识及 IP 形象设计征集发布、儿童观察团招募组建、高规格召开动员部署会，启动 2022 年第一批次试点单元建设，完成儿童友好宣传月系列活动，强力推进各项工作，以全省排位第一经省政府同意推荐申报第二批建设国家儿童友好城市。

【实施千名“三衢和姐”助力基层治理行动】6 月 16 日，衢州市召开千名“三衢和姐”进“共享法庭”助力基层治理行动暨“平安家庭”建设工作推进会。在柯城区试点的基础上，联合市中院、市司法局等部门在全市实施千名“三衢和姐”进“共享法庭”助力基层治理行动，已纳入衢州政法系统“融治理”。“三衢和姐”主要由镇村两级妇联主席、维权执委及家庭纠纷专兼职调解员组成。2022 年，成立市、县两级“三衢和姐”导师团，由 105 名法官、人民陪审员、律师和人民调解员组成，累计开展专题轮训62场，有1113名“三衢和姐”接受专业培训；整合女法官工作站等现有资源，新建或升级了128家“三衢和姐”工作室；“三衢和姐”累计参与调解家庭纠纷364件，调解成功率达到83.24%。初步总结“亲情唤醒法”“批评教育法”“合力调解法”等多种具有衢州特色的调解模式并进行推广复用。

【推进来料加工式“共富工坊”建设】10月27日，市妇联组织开展2022年衢州市优秀来料加工“共富工坊”选树活动，全市选树14家优秀来料加工“共富工坊”，其中5家被评为市级示范型“共富工坊”。2022年全市发放来料加工费16.2亿元，吸纳就业8.3万人，形成集中加工点1085个，建设示范基地241个。

（罗晓彧）

衢州市科学技术协会

【概　况】2022年，衢州市科协围绕四省边际中心城市建设，扎实推进科创助企、科普为民、科教融合、科技人才、科协改革“五大”行动，实施“520+X”（市科协每年初围绕市委、市政府中心工作，结合自身职能职责，谋划实施五大行动，20项重点工作）行动计划，衢州市入选“‘科创筑梦’助力‘双减’科普行动”全国试点城市，省级博士创新站总量位居全省第一，江山市成功创建全国科普示范县（市、区）。市科协被中国科协评为“全国科普日活动优秀组织单位”，科协工作获省科协和市委、市政府主要领导批示13次。

【青少年科技竞赛活动】2022年，联合市教育局、团市委以“科学筑梦·创造未来”为主题，举办衢州市青少年科技创新、人工智能、电脑机器人、科技制作、天文知识、信息技术创作等竞赛活动。开展月球基地创想创作大赛，139组队伍参赛。组团参加第36届浙江省青少年科技创新大赛、浙江省中小学天文知识竞赛、第8届全国青年科普创新实验暨作品大赛（浙江赛区）复赛，70余人次获奖。

【学术交流】2022年，组织开展第二十四届衢州市自然科学优秀论文评选，评选出自然科学优秀论文109篇。其中工业类16篇、农业类12篇、医疗卫生类74篇、教育理科类7篇，评出一等奖18篇、二等奖36篇、三等奖55篇。开展重点学术项目申报工作，组织市级学会聚焦市委、市政府中心工作申报重点学术活动项目34个，立项31个。组织衢州市科技工作者参加长三角科技论坛、浙江省乡村振兴论坛等各类学术交流活动。中国科学院院士、古生物与地层学家陈旭，中国科学院院士、物理学家沈学础一行30余人到衢州开展“三山”地区奥陶系野外考察暨院士衢州行活动。邀请中国科学院黄荷凤、段雪和中国工程院高翔、任其龙等院士在院士专家讲堂作报告或学术研讨。推动中国有色金属学会在衢州举办锂电新能源材料领域专业技术转移转化能力提升高级研修班，近100名来自全国各地高校、科研院所的骨干专业技术人员、学术带头人、企业中高层科研管理者及锂电新能源材料领域前沿理论与新技术项目负责人、技术负责人参加线下培训；中国针灸学会帮助衢州职业技术学院成功申报全国首批“科创中国”产学研协作类创新基地，举办国家级中医药继续教育项目“中医针灸特色疗法研修班”和《续编针灸大成》编撰工作研讨会，启动编撰《续编针灸大成》工作。

【博士创新站建设】2022年，新建市级博士创新站67家（累计166家），市内外20多所院校、博士300多人参与，其中9家入选省级博士创新站，总量位居全省第一。探索开展“科技＋金融”助力企业高质量发展服务活动，形成《校企深度融合 博士助力创新——衢州市博士创新站建设的实践与思考》，得到省、市领导批示肯定。

【院士智汇行动】2022年，邀请8批次16位海内外院士到衢州参加相关活动。联合省科协、市委人才办等结合六大标志性产业链需求举办“共同富裕·院士赋能”活动，召开“工业强市、产业兴市”主题研讨暨院士项目合作对接会，成立衢州海创园院士服务中心，正式聘任陈克复、郑裕国、杨德仁、谭建荣、郑津洋、任其龙院士为“产业链首席科学家”，《浙江日报》头版头条进行报道。杨玉良、

第二十四届衢州市自然科学优秀论文奖获奖情况表

表 16

一等奖(18 篇)			
编号	作者	论文标题	推荐单位
qskx2022241001	戴俊芬,戴伟民,戚东静,戴夏慧	颅脑损伤开颅术后肺部感染危险因素分析及预测模型构建	衢州市护理学会
qskx2022241002	盛浩,郑芳,蓝天,陈杭飞	*YEATS2 regulates the activation of TAK1/NF-kB pathway and is critical for pancreatic ductal adenocarcinoma cell survival*（*YEATS2* 通过调控 *TAK1/NF-kB* 通路决定胰腺导管癌细胞存活）	衢州市抗癌协会
qskx2022241003	胡春秀,吾建香,王立,刘学武	*miR-133b inhibits cell proliferation migration and invasion of lung adenocarcinoma by targeting CDCA8*（*miR-133b* 通过靶向 *CDCA8* 来抑制肺腺癌的细胞增殖、迁移和侵袭）	衢州市抗癌协会
qskx2022241004	吴叶顺,徐红青,屠晓鸣,高珍艳	*The Role of Short Chain Fatty Acids of Gut Microbiota Origin in Hypertension*（肠道微生物群来源的短链脂肪酸在高血压中的作用）	衢州市医师协会
qskx2022241005	严雪芬,王路,蒋灵旭,罗颖婉	*Clinical significance of cytogenetic and molecular genetic abnormalities in 634 Chinese patients with myelodysplastic syndromes*（*634* 例骨髓增生异常综合征患者分子遗传学特征分析）	衢州市医师协会
qskx2022241006	周柯宁,林静,戴蜜蜜,何颖颖	*KIFC1 promotes aerobic glycolysis in endometrial cancer cells by regulating the c-myc pathway*（*KIFC1* 通过调节 *c-myc* 通路促进子宫内膜癌细胞的有氧糖酵解）	衢州市医师协会
qskx2022241007	姚水洪,贾雪梅,王飞,盛柳雪	*CircRNA ARFGEF1 functions as a ceRNA to promote oncogenic KSHV-encoded viral interferon regulatory factor induction of cell invasion and angiogenesis by upregulating glutaredoxin 3*（环状 *RNA ARFGEF1* 通过上调 *GLRX3* 促进 *KSHV* 编码的病毒干扰素调节因子 *1* 诱导细胞侵袭和血管生成）	衢州市医学会
qskx2022241008	吕敏超,徐晴馨,张蓓,杨志强	*Imperatorin induces autophagy and G0/G1 phase arrest via PTEN-PI3K-AKT-mTOR/p21 signaling pathway in human osteosarcoma cells in vitro and in vivo*（在体外和体内,欧前胡素通过 *PTEN-PI3K-AKT-mTOR/p21* 信号通路诱导人骨肉瘤细胞自噬和 *G0/G1* 期阻滞）	衢州市医学会
qskx2022241009	郑燕,华玲玲,赵倩男,李梦瑶	*The level of D-dimer is positively correlated with the severity of Mycoplasma pneumoniae pneumonia in children*（*D*-二聚体水平与儿童肺炎支原体肺炎严重程度的相关性研究）	衢州市医学会

续表 16

一等奖(18 篇)			
编号	作者	论文标题	推荐单位
qskx2022241010	王思为,盛浩,白永凤,翁媛媛	*Inhibition of histone acetyltransferase by naringenin and hesperetin suppresses Txnip expression and protects pancreatic β cells in diabetic mice*(柚皮素和橙皮素调控组蛋白乙酰转移酶抑制糖尿病小鼠 *Txnip* 表达并保护胰岛 β 细胞)	衢州市预防医学会
qskx2022241011	邹雁,杜云艳,程城,邓雪强	*FAT10 promotes the progression of bladder cancer by upregulating HK2 through the EGFR/AKT pathway* (*FAT10* 通过 *EGFR* / *AKT* 途径上调 *HK2* 促进膀胱癌的增值)	衢州市中西医结合学会
qskx2022241012	李雨颖,邱惠萍,姚水洪,李群锋	*Geniposide exerts protective effects on spinal cord injury in rats by inhibiting the IKKs/NF-κB signaling pathway*(京尼平苷通过抑制 *IKKs/NF-κB* 通路促进大鼠脊髓损伤的保护作用)	衢州市中医药学会
qskx2022241013	徐军飞	*Natural and Sustainable Superhydrophobic Nanochitin Aerogels forCollecting Methane Bubbles from Underwater* (天然可降解的超疏水纳米几丁质气凝胶应用于水系统中甲烷泄露吸附与收集)	衢州学院科协
qskx2022241014	巨朝阳	*Mechanistic insight into the roles of anions and cations in the degradation of poly(ethylene terephthalate) catalyzed by ionic liquids*(离子液体阴阳离子作用及催化降解 *PET* 机理)	衢州学院科协
qskx2022241015	江孝伟,武华	吸收波长和吸收效率可控的超材料吸收器	衢州职业技术学院科协
qskx2022241016	李云萍	立足教材　改编出彩——一道改编自教材的中考试题评析与命题启发	龙游县科协
qskx2022241017	许竹溦,陈润兴,雷俊,邵晓伟	播期对鲜食春大豆衢春豆 *1* 号农艺性状和可溶性糖含量的影响	衢州市农林院科协
qskx2022241018	毛程燕,荆思佳,潘欣	浙江一次江淮气旋后部强对流暴雨过程诊断研究	衢州市气象学会

陈克复院士支持开化纸技艺传承与发展，《关于扶持"开化纸"成为新时代衢州重要文化品牌的建议》得到市政府主要领导批示。建立衢州市人民医院黄荷凤院士工作站，促成院士专家合作项目5个，5家院士工作站被评为省级院士工作站，1家被评为省重点支持院士工作站。

【学会智汇行动】2022年，加强与全国学会、省级学会对接，推进"全国学会智汇衢州"行动，建立学会服务站16家，其中国家级学会服务站5家，实现"一县一业一学会"。组织浙江省造纸学会衢州科技创新服务站等调研形成的《关于毛竹资源用于制浆造纸产业的调研报告》，得到市委、市政府主要领导批示。积极用好省委组织部、省科协帮扶山区海岛县政策，扎实推进"希望之光"组合式人才帮扶团工作，各县（市、区）分别建立人才驿站，促成产业成果转化合作9项，帮助引进、培养产业技术人才600余人次。

【完善全民科学素质工作机制】2022年，及时调整衢州市全民科学素质工作领导小组和办公室组成人员，成员单位33家。《衢州市全民科学素质行动实施方案》印发，部署"十四五"时期全民科学素质建设工作，明确到2025年，公民具备科学素质的比例超过17%，力争达到全省平均水平。召开衢州市全民科学素质工作会议，分管副市长与各县（市、区）人民政府签订《"十四五"全民科学素质建设责任书》，推动工作落实。

【科普阵地建设】2022年，组织开展省级科普教育基地创建工作，6家单位被评为第八批浙江省科普教育基地。衢州市拥有国家级科普教育基地2个、省级科普教育基地15个、市级科普教育基地81个。以"科普基地在行动"为主题，利用"你点我来"科技服务平台，开展2022年科普教育基地"赛比学"活动，99家基地开展活动487场次，撬动社会资金800余万元，服务群众12万余人次。联合"学习强国"衢州学习平台，以科普大篷车为基础，打造全国首个"移动学习屋"，根据"一老一小"精神需求，常态化开展进乡村文化礼堂活动，为村民送去"精神食粮"。

【科技（科普）活动周】2022年，在全国科技周活动期间（每年5月第三个星期），联合市委宣传部、市科技局，以"走进科技 你我同行"为主题，举办云上科普、科技惠企专项行动、"乡村振兴·你我同行"等系列活动50余场次。

【全国科普日活动】9月9日，由市科协、市委宣传部、市委网信办、市教育局、市科技局等15家单位联合主办的衢州市2022年全国科普日启动仪式，在衢州职业技术学院举行。在全国科普日期间，联合市委宣传部等14家单位，以"喜迎二十大·科普向未来"为主题，在全市范围内开展科普活动288场次，对46家表现突出单位、90项表现突出活动和35名表现突出科技志愿者进行通报表扬。

【防疫防骗防灾科普巡展】2022年，组织科普大篷车走进116个乡村，开展防疫防骗科普宣传。疫情防控期间，主动向上争取科普资源，积极与衢州广电、《衢州日报》对接，通过"掌上衢州"App、"衢州科普"微信公众号等媒介推送防疫科普图文、视频，点击量达30万+。联合市气象局、市应急管理局出台《衢州市气象灾害公众防御指引（试行）》，利用微博、微信、宣传栏等媒介、阵地，抓住防灾减灾日等重要活动纪念日契机，向广大公众宣传防灾减灾知识，推广气象灾害公众防御指引，增强全社会的防灾减灾意识。

【"科普＋安全"教育】2022年，联合市应急管理局、市经信局、市市场监管局、市总工会，以"安全大生产·喜迎二十大"为主题，举办2022年"科普＋安全"教育活动，提高全民安全意识和技能。其中，"科普＋安全"知识竞赛8.1万余人参赛，总答题超84万人次。强化数字赋能，在"你点我来"科技服务应用建立产业工人科普培训场景，鼓励企业申报产业工人科普培训点，认定培训点27个，并进行动态管理，提高活动实效，开展培训50期，培训产业工人近2000人。

【科普进乡村】2022年，根据农业产业和农民技术需求，承办2期浙江省农函大乡村振兴科普带头人培训班；认定农函大衢州市分校培训项目48个，全年完成培训54期，培训农民2072人，开化县养蜂协会会长夏晨获评中国农技协"百强乡土人才",13 人入选"浙江百名新农人好案例"。开展文化科技卫生"三下乡"科普志愿活动,走进 131 个乡村,服务群众超 1.2 万人次。邀请 12 名专家教授和博士生进农村,开展中草药和茶叶种植、水产养殖等技术指导,帮助群众解决生产技术难题。举办"科里科气·科普大篷车·伴我共成长"科普活动,走进 16 个乡村文化礼堂开展科普巡展,让孩子们"零距离"感受科学魅力。

【科普进校园】2022 年,组织科普大篷车走进 35 所校园,服务中小学师生 2.5 万余名;成立衢州市"博士讲科普"志愿服务队,走进 25 所学校、图书馆,开展科普公益课堂,弘扬科学家精神;浙大衢州"两院"组织院士、博士科普进校园,开展科普活动 10 余场次。联合省科协,邀请钱江浪花艺术团,走进 8 所学校开展"加油!科学 +"大型科普情景剧巡演活动。走进常山县和开化县,举办"山海连'心',科学牵手——科学精神进校园系列活动"。联合市发改委、市教育局组织开展 2022 年衢州市"中国航天日"科普活动,全市 9 万余名中小学生在"云课堂"观看直播;组织小学生开展"航天点亮梦想"科普主题公益活动。联合市政协开展"喜迎二十大 助建桥头堡——送教育、送体育、送科技"活动,走进常山县东案乡中心小学,为乡村校园送去科技温暖。举办中小学信息技术创作、人工智能教育普及科技辅导员培训,提升科技教师人工智能课程设计与实施能力。

【科普助"双减"】2022 年,动员科普教育基地开展 15 场"双减迎新·科普过年"系列科普活动。举办科技夏令营活动,组织高中生参加浙江大学和电子科大线下线上高校科学营活动;联合中国科学院大学、衢州二中教育集团,组织衢州风华学校学生赴杭州、宁波等地开展科技夏令营活动,联合民进衢州学院支部,组织百名小学生开展"溪口科趣夏令营"活动。衢州二中被中国科协评为青少年科学营活动十周年优秀组织单位。在衢江区黄甲村开展的观测中国空间站和天象天体科普活动,得到国家航天局新闻宣传中心与央视频、央视新闻认可,在央视频 App 播出长达 38 分钟。

【科技服务数字化改革】2022 年,持续迭代升级"你点我来"科技服务应用,优化移动端,建立 PC 端,建成资源大厅、需求大厅、项目大厅、特色专区等场景,推进"群众点单""科协派单""专家接单"的服务模式,为群众和基层、企业提供服务事项查询、需求信息提交、项目申报认定、政策兑现"一网通办"服务,开展服务活动 1000 多次,兑付项目补助资金 502 万余元,服务群众超 36 万人次,不断提升"四服务"(为科技工作者服务、为创新驱动发展战略服务、为公民科学素质提高服务、为党委政府科学决策服务)能力和水平,该应用被省科协列入数字改革应用首批入库项目。

【基层组织建设】2022 年,成立衢州市女科技工作者协会、衢州市智能制造协会、衢州市疆来科技教育活动中心等社会组织,衢州市食品加工学会换届更名为衢州市食品科学技术学会;联合市农业农村局、市教育局、市科技局、市卫健委出台《"三长带三会"助力共同富裕行动实施方案》,召开衢州市科协第三季度工作例会暨"三长带三会"推进会,确定 6 家单位开展"三长带三会"助共富试点,引导和推动以"三长"为代表的"关键人物"组织起科技志愿者队伍,建设生产、生活、生态三类基层组织,促进生产、生活、生态融合发展,服务乡村振兴,服务共同富裕。

(杜 韵)

衢州市归国华侨联合会

【概 况】2022 年,衢州市归国华侨联合会(以下简称"市侨联")围绕中心、为侨服务,团结带领广大海外侨胞、归侨侨眷全面强化思想引领,全面推进数字化改革,全面服务高质量发展。

【数字化改革】2022 年,推进数字化改革,在衢州学院侨(留)联协助下,合力开发衢州市侨联智慧管理服务应用,对全市涉侨(留)人员、侨企企业、涉侨资源库等进行信息采集,全年收集各类信息 2.2 万余条;结合"邻礼通"平台,指导柯城区侨联探索"三

2022 年 7 月 29—30 日,“创业中华·侨助共富”2022 年百名侨商龙游峰会暨浙江省华人华侨龙舟邀请赛举办

色”智能管理特色应用场景——侨邻里应用，为侨界空巢老人提供精准化服务。

【“双招双引”】 2022 年，开展招商引资、招才引智工作。指导龙游县举办“创业中华·侨助共富”2022 年浙江省百名侨商龙游峰会，这是创业中华活动首次在衢州举办，中国侨联党组成员、副主席候选人连小敏和省侨联党组书记、主席庄莉萍为大会致辞，市领导作创投环境推介，会上举行“侨助工坊”定点村授牌仪式和“千侨帮千村”结对仪式，15 个侨团(企)、侨商和村进行结对，帮扶总金额 4.7 亿余元，活动得到中国侨联、省侨联领导的高度肯定。开展“侨商走进衢州”系列活动，邀请泰国浙江商会走进衢州，组织“儒风润侨·侨助共富——浙籍知名侨商侨领走进衢州”活动，推介衢州投资环境。与浙商杂志社合作在江山举办 2022 浙商制造业高质量发展峰会。连续 3 年参加长三角城市侨创联盟年会，在圆桌论坛上发声，推介衢州营商投资环境。参与衢州学院、衢州职业技术学院、电子科大长三角研究院引才工作，引进海外高层次人才 7 名，海外引才工作富有成效。开展“助企三服务”活动，走访侨企，收集并解决问题 22 条，协助破解侨企生产经营中的痛点难点堵点，助力侨企稳进提质攻坚。

【助力共同富裕】 2022 年，出台《衢州侨界助力打造四省边际共同富裕示范区行动方案》，扎实开展“百个侨企帮百村”“侨助工坊”“乡村侨舍”建设等一系列具有侨界特色的侨助共富活动，在前期“百个侨企帮百村”结对 40 家的基础上，全年新结对 13 家，全市侨企产业帮扶、投资捐助折合人民币约 1.4 亿元；携手市妇联推进侨助工坊建设，重点打造“衢州安康民族工艺饰品有限公司”等 10 家“侨助工坊”；携手市文旅局摸排全市乡村侨舍情况，重点打造峡里风驿站、悦龙湾精品侨舍和莲花未来社区铺里乡村侨舍群；在“创业中华·侨助共富”2022 年浙江省百名侨商龙游峰会上，完成“侨助工坊”定点村授牌和“千侨帮千村”结对 15 家，结对帮扶总资金 4.7 亿余元。邀请中国来料加工联盟协会会长、义乌市来料加工联合会会长、福田街道侨联主席周伟力带领 20 余名义乌企业家到衢州开展“侨助工坊”现场对接指导活动，助力山区来料加工产业打造升级版。

【维护侨益及服务海外留学生】 2022 年，联合市中级人民法院、市检察院、市司法局出台法侨、检侨互助合作机制，建立涉侨共享法庭和涉侨人民调解委员会。组织参政议政，配合市人大、市政协做好侨界市人大代表、市政协委员推荐工作，会同侨界代表委员撰写提案议案 12 件，积极建言献策、参政议政。建立侨界突发事件处置机制，密切关注俄乌局势，得到在乌克兰衢州籍留学生求助后，在省侨联帮助下，及时与驻乌使馆建立联系渠道，动员当地侨领协助启动救援，与市委统战部、市外办一起，确保 17 名留学生安全撤离。

【暖侨慰侨】 2022 年，在元旦、春节、中秋等重要节日，组织开展“侨干代您看家人”系列慰侨活动，慰问侨胞侨眷 80 余人次。

【侨界爱心】 2022 年，市侨联副主席邵建英捐赠江山市峡口镇爱心助学 100 万元，市侨联副主席企业、浙江华飞捐助 150 万元给龙游县中小学“营养早餐”计划，全年全市侨界捐助捐赠 580 多万元。

【文化交流】2022年，宣传推介南孔文化，与孔管会、台办等单位建立联动机制，形成《关于升格南孔祭典的几点建议》，推动孔氏南宗家庙申报成为省级华侨国际文化交流基地。邀请知名侨领积极参与纪念孔子2573周年诞辰祭祀典礼，并开展全球直播；组织“南孔圣地·崇贤有礼”开蒙礼仪程首发仪式，孔子第七十六代嫡长孙孔令立向海外华文学校代表赠送《论语》和崇贤有礼袋；举办“情系游子心·天涯共此时”2022浙江关爱海外侨胞和留学生第八场专场直播活动，孔令立与海外侨胞“面对面”交流，中国网、浙江电视台、中国蓝新闻客户端、浙江新闻客户端等主流媒体报道，Facebook中国官方媒体China.org.cn、子曰（Confucius Says）等平台海外直播，点击量50万人次以上；开展“亲情中华”衢州围棋冬令营活动，推动衢州“两子文化”走向世界。龙游红木小镇举办浙江省第四届龙舟锦标赛暨浙江龙游首届华人华侨龙舟邀请赛，24支地市代表队、11支华人华侨代表队，527名运动员参赛。北京冬奥会前，指导意大利与欧洲衢州同乡会等海外侨团开展“助力冬奥·一起向未来”网络春晚活动，得到海外侨胞热烈响应。

【基层组织建设】2022年，加强基层基础建设，指导成立浙大衢州研究院、衢州二中侨（留）联。制定《衢州市侨联系统“星级侨胞之家”创建办法》，创建省级五星“侨胞之家”10家、市级五星“侨胞之家”4家，柯城区府山街道城站社区被评为2021—2022年度全国侨联系统“侨胞之家”典型选树单位。指导华侨国际文化交流基地创建，孔氏南宗家庙、衢州国际围棋文化交流中心被评为省级华侨国际文化交流基地，龙游县博物馆等6家被评为市级华侨国际文化交流基地。

（刘　业）

衢州市文学艺术界联合会

【概　况】2022年，衢州市文学艺术界联合会（以下简称“市文联”）深入学习贯彻党的二十大精神和习近平新时代中国特色社会主义思想，团结引领广大文艺工作者紧紧围绕中心、服务大局，繁荣发展文艺事业，助力打造文化文明桥头堡。全年承办国家级活动1项、省级活动2项，争取国家级试点2项、省级试点2项，重点工作获中国文联和省市有关领导批示8次，获评全省文联系统成绩突出集体。全年新增国家级会员17人，省级会员59人。

【强化政治引领】2022年，市文联始终把政治引领放在首位，团结引领广大文艺工作者听党话、跟党走。市文联党组开展“第一议题”主题学习41次，指导督促各协会开展学习50余场次。组织参加全国文联系统学习贯彻党的二十大精神网络专题培训班、全市文艺骨干政治素养提升专题培训班，受训人员1000余人次。举办文艺界“共庆二十大”快闪、电影评论大赛等主题活动40余场次。制定协会考核评价办法，建立文联机关干部挂联协会制度，推动党建工作向协会延伸。

【“文艺双进”助推共富】2022年，联合市委宣传部、市农业农村局等五部门联合下发《关于开展文艺“双进”助推共富活动的通知》，组织开展“文艺双进”（文艺工作者进驻乡村、走进企业活动），丰富基层群众、企业员工精神文化生活。深化“艺术乡建”，全市乡镇文联实现全覆盖，在龙游溪口等村开办13所乡村艺校，设立文艺村长，新成立一批“艺术家驻村”专家工作站，文艺志愿服务基层1200个村次。实施“艺企繁荣”，成立华友文联等5家企业文联，实行文艺导师团挂联服务机制，通过送活动、送演出、送讲座、送技艺等，丰富企业员工精神文化生活。组织“百名艺术家进企业”采风创作，举办作品展，用文艺的形式服务“工业强市、产业兴市”。

【文艺精品创作】2022年，市文联完善文艺评奖和创作扶持机制，推进文艺精品创作，全市410余件作品获省级以上各类奖项。纪录片《南孔》、京剧《战士》、广播剧《我不是英雄》、歌曲《在余东，画一个未来》、图书《共同富裕的中国方案》等5部作品入选省“五个一工程”奖。市作协余风的诗歌《老牧民洛桑乔迁新房》获“时代的旋律——奋进新征程、建功新时代”主题诗歌全国征文优秀奖；市书协龙凤、徐文康在浙江省书协举办的首届“李阳冰杯”全国书法篆刻展中获提名奖；市美协蒋文渊作品《烟影苍茫芥子园》在“宋韵钱塘·文雅兰溪”浙江省中国画作品展评选中获学术提名奖；市音协徐兆霆、张晶创作歌曲《问古》获得浙江省第二届流行歌曲大赛金奖等。组织开展第十批文艺精品扶持项目申报评选，文学、戏剧、音乐等26个创作项目入选，较上年增长53%。推动会员入选省级人才培养计划，市民协柴春福入选省“新峰计划”，实现全市民间工艺类零的突破。举办书法、篆刻、美术等文艺“新峰”提升班，邀请池沙鸿、樊利杰、骆炜、张全武等名师到衢讲座授课。市作协、市音协、市摄协成立创作专业委员会。

【艺术乡建】2022年，市文联扎实推进艺术乡建，工作探索实践在中国文联《文艺动态》刊出，受到省文联党组书记杨守卫批示肯定。衢州被省文联列入省级艺术乡建标准化创建试点，并获省市场监管局批复，正式启动试点工作。全省艺术乡建现场会暨全省组联干部培训会在衢州召开，市文联以《特色引领 示范带动 精心打造“艺同富裕”衢州样板》为主题在会上作交流发言，全省文联系统150余人参会。

【深化改革】2022年，市文联切实加强新时代基层文联组织建设，全市乡镇文联实现全覆盖。以构建线上线下融合互动的文化服务供给体系为目标，迭代开发上线“浙礼艺集”文艺平台，实现横向跨部门、纵向跨层级的业务和数据融通，上架各类文艺作品3000余件，该应用被列入全省文联系统首批试点项目，入选省文联第一批特色应用名单。

【文艺交流】2022年，市文联承办首届全国文艺评论新锐力量培训班、全省画院工作现场会。接待阿克苏市文联到衢州考察交流，策划举办“金衢丽”书法篆刻联展、四省四市文学周、四省边际青年书法创作专题讲座等活动，深化了浙皖闽赣四省边际文艺交流。

2022年6月28日，华友衢州产业园文联成立

【村歌故事会】2022年11月9日，由衢州市文联承办的浙江省山区26县村歌故事会颁奖晚会在江山市举行，来自全省各地市的11支队伍、近500名演员，以“村歌故事话共富”为主题，以“一村一歌一故事”的文艺形式，展示了山区26县加快发展强村富民的成果，分享山水诗画的美丽景象，探寻“绿水青山”背后的共富密码，晚会被人民网、《光明日报》等多家权威媒体播报点赞，点击量1000万人次以上。衢州市演出展示4个节目，并获活动最佳组织奖。

【“文艺两新”发展促进会成立】2022年，衢州市“文艺两新”发展促进会成立。衢州市成为继杭州、宁波之后成立“文艺两新”组织的地级市。同时，以“文艺两新”发展促进会为主体，与衢州儒学文化产业园进行空间整合、资源融合，申报创建中国文联“文艺两新”集聚区实践基地。

（蓝　萦）

衢州市作家协会

【概　况】2022年，衢州市作家协会（以下简称“市作协”）坚定政治方向，胸怀“国之大者”，服务发展大局，把好创作导向，勇于探索，积极创新，文学事业取得引人瞩目的成就，“四省边际”文学高地建设迈出坚实步伐。2022 年新发展会员 45 人，加入浙江省作协 10 人，加入中国作协 2 人。

【**文学活动**】4 月 1 日，省作协党组书记、副主席臧军到开化调研，开化的长篇小说写作现象引起省作协和市作协领导的高度重视。5 月 20—22 日，市作协牵头主办的浙皖闽赣四省作家“走进联盟花园——95 联盟大道龙游行”文学采风活动在龙游举办。5 月 22 日，市作协小说创作委员会成立。5 月 22 日，著名作家、安徽《清明》杂志执行副主编赵宏兴应邀到衢州讲座。6 月 12 日，鲁迅文学奖获得者、浙江省作协副主席陆春祥应邀到衢州讲座。7 月 30 日，由市作协组织策划的首期农民诗培训班在柯城区余西村正式开班。11 月 20 日，市作协副主席周华诚散文作品研讨会在衢州常山举行。11 月 23 日，衢州小说暨开化长篇小说群体提升研讨会在开化举行。

【**文学创作**】2022 年，市作协会员在省级以上刊物发表多篇作品。周新华小说发表在《上海文学》《天涯》杂志上，周建新短篇小说发表在《台港文学选刊》《参花》上，徐均生小说发表在《小小说选刊》《微型小说选刊》，周华诚散文作品发表在《人民日报》《解放日报》《福建文学》等报纸杂志上，毛芦芦作品发表在《儿童文学》《新民晚报》《少年文艺》，余风、凡人等诗歌作品发表在《诗刊》《星星诗歌》《诗选刊》《清明》《诗潮》《江南诗》《绿风》等。出版一批文学书籍，有徐均生的长篇儿童文学《爸爸山》，毛芦芦的《亲爱的小狼大傻》《童年常山》《四月小溪》《西极天使》，周华诚的美丽常山三部曲《陪花再坐一会儿》《陪花再睡一会儿》《陪花再醉一会儿》，余威的《临安变》等。

2022 年 5 月 20—22 日，浙皖闽赣作家“95 联盟大道龙游行”文学采风活动在龙游举办

2022 年 7 月 30 日，在柯城区余西村“农民诗”基地举办农民诗培训班

【**艺术乡建**】2022 年，市作协在柯城区余西村“农民诗”基地举办农民诗培训班 3 场，为 100 多名农民普及诗歌写作。常山县“艺术乡建”启动仪式暨稻田春社活动在天马街道天安村“父亲的水稻田”基地举行，市作协在“父亲的水稻田”设立创作基地。全年，市作协举办 9 场“走进联盟花园——常山民宿”系列采风活动，组织浙江诗歌名家通过座谈交流、实地采风等活动形式，帮助民宿提升文化品位，树立高端民宿品牌，实现文学服务群众，在助力共同富裕中发挥文学力量。

（徐　佳）

衢州市新闻工作者协会

【概　况】2022 年，衢州市新闻工作者协会(以下简称“市记协”)以学习宣传贯彻党的二十大精神为主线，以习近平新时代中国特色社会主义思想为指导，引导广大新闻工作者继承和发扬党的新闻工作优良传统，忠实履行举旗帜、聚民心、育新人、兴文化、展形象的使命任务，建设好新时代“记者之家”。

【宣传贯彻党的二十大精神系列活动】9 月 26—29 日，“喜迎二十大 奋进新征程 赋能 26 县‘浙’里有我”第二届长三角蹲点采风暨全媒体技能大赛举行，此次活动由省记协组织和市记协联办，分别在丽水、衢州、台州进行为期 4 天的蹲点采风活动。人民网、中国蓝新闻、浙江交通之声等中央、省、市新闻单位的 30 余名新闻工作者组团采访，深入衢江、常山、开化等地，多角度、多形式地发掘浙江 26 县协调发展的举措和经验，探访可复制可推广的“共富”密码，为喜迎二十大营造热烈浓厚的氛围。推荐参加中国记协组织的党的二十大报道融创精品征集展示活动、省记协组织的全省新闻界党的二十大报道融创精品案例有奖征集活动，用好媒体融合发展成功经验，呈现新闻媒体在党的二十大报道中的创新做法、丰硕成果，多主题、多视角展示“奋进新征程 建功新时代”大型主题采访活动的精品佳作。推荐参加由浙江省妇女联合会、浙江省新闻工作者协会主办，浙江省女记者协会、浙江日报报业集团妇联承办的“十年一瞬·重访现场——浙江女记者话共富”新闻行动，回访十年间浙江建设“重要窗口”具有标志性意义的新闻现场，从中看发展变迁，充分展现高质量发展建设共同富裕示范区和省域现代化先行的成效。市记协推荐参评的作品《见证“最美”十年》获优秀奖。

2022 年 9 月 26—29 日，“喜迎二十大 奋进新征程 赋能 26 县‘浙’里有我”第二届长三角蹲点采风暨全媒体技能大赛在衢江、开化等地举行

【新闻奖申报和组织】3 月，完成中国新闻奖、浙江新闻奖等年度新闻类奖项推荐报送工作。在 2021 年度浙江新闻奖评选中，衢州市有 22 件作品获奖，其中，报刊类评论《别把“众群”当群众》获得一等奖，《寻亲》栏目获得名专栏奖。对衢州新闻奖奖项设置、评选流程等方面进行改进和创新。2021 年度衢州新闻奖 236 件(个、幅)作品获奖。其中，一等奖 41 件，二等奖 79 件，三等奖 116 件。

【新闻阅评】2022 年，每月定期召开新闻阅评工作会议，全年编印《新闻阅评》12 期，刊登建设性意见、探讨性意见和批评性意见 171 条，其中，47 条提示提醒类阅评意见全都进行落实反馈，真正做到事事有回音、件件抓落实。尤其是 3 月，开化、衢江、柯城等地相继出现新冠疫情后，市新闻媒体全面准确领会省委、市委领导讲话精神和市疫情防控指挥部、市委宣传部工作要求，全力以赴打好战“疫”新闻宣传报道这场硬仗，行动快、作风实，体现主流媒体的责任与担当，特色明显、亮点纷呈。为此，新闻阅评及时刊发“抗疫新闻报道”阅评专刊，进行总结交流。

【《衢州市新闻志》编纂】12 月，《衢州市新闻志(评审稿)》完成。评审稿分 9 篇 32 章 139 节，约 115 万字，1000 余页，另有图片彩页 50 页。

(周建军)

中国国际贸易促进委员会衢州市委员会

【概 况】2022年，中国国际贸易促进委员会衢州市委员会（以下简称“市贸促会”）积极融入市外贸提档升级千亿元行动，参与稳外贸稳外资攻坚行动，充分发挥职能优势，助力企业抢抓RCEP政策红利，服务推动衢州开放开发桥头堡建设。

【举办利用外资洽谈会】2022年，举办2022衢州利用外资（苏州）洽谈会、2022衢州市利用外资（无锡）洽谈会等。向35家世界500强、先进科技的国内外企业高管推介衢州营商环境、产业特色、产业政策、人才政策等；向39家日资企业及机构代表推介衢州投资环境，深化与日本经贸往来，加大日资招引。10月26日，由市贸促会、市驻上海产业招商局共同主办、市国际商会协办的2022衢州市利用外资洽谈活动——智能制造、生命健康、特种纸专场，在上海举行。相关部门作产业、政策和营商环境推介。艾默生电气、阿波纸业、罗氏制药等10多家世界500强企业和国际知名企业高管应邀参加。

【线上展会】2022年，衢州市161家外贸企业与美国、俄罗斯、印度、西班牙、菲律宾等20多个国家的260家专业采购商，完成669场精准配对洽谈。马来西亚专门从事政府医院物资的公司，通过食品健康线上展希望采购荣博医疗的医用口罩、注射器输液管、消毒用品等医用物资。开山集团、欧派门业、巨氟龙化工、艾美家居、三虎机电等企业通过线上展会均匹配到5家以上对口采购商。

【奔能车业参加境外展会】2022年，衢州奔能车业有限公司希望赴境外参加专业双轮车展，但找不到出国参展的渠道。市贸促会经过多方联系，最终找到北京中轻控股组织的意大利米兰国际两轮车展览会（EICMA），与企业的参展需求高度匹配。奔能车业通过参加该展会，直接收获2023年350万美元的预订单。

【参加“浙江名品”线上展览会】2022年，组织31家企业参加“浙江名品”农机、家具、消费品、中医健康线上展览会以及“浙江名品”系列展，包括英国伯明翰箱包鞋服展、日本东京礼品展、印尼雅加达食品配料展、越南胡志明国际LED照明展、巴西圣保罗消费品展、国际医疗及保健（香港）展览会、日本大阪工业展等9个境外代参展项目。衢州市妙铅文具有限公司在参加浙江名品礼品（日本东京）展览会（代参展）的首日收获现场订单3个，意向金额30万美元。

【服务外资企业】2022年，根据中国贸促会统一部署，市贸促会成立专班建立机制，通过总会诉求直通平台帮助企业解决事项16个。帮助浙江竹州新材料有限公司协调解决印度籍专家到华工作事宜；帮助衢州市上市公司华康股份解决通往俄罗斯物流问题，年内出货俄罗斯3批次；指导浙江禾川科技股份有限公司在衢新设立外贸公司，通过省贸促会驻印度联络处，帮助企业了解印度投资环境等。9月7—9日，全国人大常委会《中华人民共和国外商投资法》执法检查组到衢州开展执法检查，对衢州服务外资企业工作给予充分肯定。

2023年4月31日，衢州市贸促会与衢州海关签署深化合作备忘录

【举办“贸E沙龙”系列活动】2022年,与中国移动衢州分公司签订战略合作协议,助力衢州市外向型企业加快数字化转型,推动“双循环”格局下衢州经济高质量发展。承办衢州市外贸企业家沙龙活动暨外贸企业数字化转型工作座谈会,围绕企业数字化转型主题开展政企交流。联合衢州海关举办制冷剂行业发展恳谈会,倾听企业意见诉求,集中解决企业反映的5个问题。联合盈科律所、中信保、金融机构,开展“走近名企 贴近服务”活动,先后走进永和制冷、夏王集团、巨化集团等企业,开展“合同管理”“出口信用证风险”“人民币汇市分析”等主题培训,为企业提供精准服务。

【国际经贸交流活动】2022年,探索与墨西哥中国中心合作,筹办中国(衢州)—墨西哥国际经贸合作交流活动,签订合作协议,推进2023年度衢—墨双向贸易投资促进服务项目。筹备RCEP项下衢企拓市场活动,专题走访调研摸底20余家外经贸企业,了解企业需求,制定服务企业“走出去”抢抓发展机遇方案。提升商会美誉度,举办“反走私、促发展、构和谐”活动,在《衢州日报》、《衢州晚报》、衢州新闻网、“掌上衢州”App等媒体进行广泛宣传报道,有效增强进出口企业“反走私”意识;在《环球人物》《边际》杂志刊登营商环境做法和国际商会介绍等宣传信息,提升商会影响力。

【扩大国际“朋友圈”】2022年,制作招商引资宣传片、衢州投资环境推介PPT全方位展示衢州的投资营商环境,走访对接日本中小企业协会、华东韩国人商会等20家境外驻华商会以及40余家外资企业。

【规范预警工作机制】2022年,制定出台《产业预警平台规范化建设办法》等,从制度规范、企业激励、工作考核3个层面加强预警工作规范化建设。全年预警平台受理企业涉外咨询约40件,帮助多家企业化解涉外纠纷,涉及金额1210.51万元。争取省贸促会商法中心的支持,为衢州市某木门企业获得中国驻科威特大使馆经商处帮助,追回126万元货款。

【打造信息预警平台】2022年,形成“PC端网站+手机端网站+电子期刊”预警信息发布平台。发布预警信息1825条,编发产业期刊电子书66期。主动谋划“外贸预警通”应用场景,构建“智能推送动态预警”“多跨协同风险应对”“数据互联分析研判”3大模块,形成“预警机制重塑、业务流程再造、应对多跨协同”的事前预警、事中应对、事后研判全流程、闭环化应用场景。加强“外贸预警通”应用实体支撑,联合县(市、区)向中国贸促会申报蜂产品、轴承2个国家级预警平台。化工、氟硅、木门、特种纸、机电预警网站成功接入“全球数字化国际贸易服务平台”。

【政企联动】2022年,与浙江财经大学法学院、北京盈科(衢州)律师事务所联合设立衢州市外经贸企业合规服务中心。政企联动开展法治体检公益法律服务专项活动,从公司治理、劳动人事、业务合同、商业秘密等4个方面为42家企业开展风险排查,出具报告52份,排查风险点1734个,形成《衢州企业法律风险评估分析报告》。

【提升企业贸易便利化水平】2022年,以“不见面”“零跑腿”“零收费”为目标,不断提升商事认证“一窗受理、一条龙服务”办证服务效能。浙江鹏孚隆新材料有限公司一份出口到伊朗的健康证领事认证,送上海领馆办证费用需按照发票最高金额计算,高达7000元,市贸促会得知该情况后,经与中国贸促会和省贸促会多方沟通,决定将证书送往北京使馆办理,费用降到1000余元,大大降低企业办证成本;为江山市思科特电气有限公司在没有专业单证员的情况下,指导企业完成新企业备案、单一窗口发证、自主打印等工作。

【RCEP宣传推广】2022年,与衢州日报新媒体开辟“RCEP宣传专栏”,发布10期专栏信息,点击量5.5万人次。举办RCEP政策解读暨“法治体检”县级巡回培训6场,参训企业600余家次。对重点企业开展“一对一”走访服务,为全市51家出口至RCEP成员国企业开展精准关税筹划,签发RCEP证书47份,均出口日本,签证金额244万美元,为企业在国外减免关税约6700美元。持续优化营商环境。大力推广应用国际贸易“单一窗口”和“自主打印”,国际贸易“单一窗口”覆盖率99.9%,位列全省第一。

【信息服务】2022 年,坚持将“浙江贸促”微信公众号作为服务企业的重要抓手，在省贸促会下发推广任务后，一季度率先完成任务，超额完成省贸促会目标任务678%，基本实现衢州1000家外贸实绩企业全覆盖。全年在中国贸易新闻网、中国网、《衢州日报》、衢州新闻综合频道等国家、省、市媒体刊发信息报道104条，其中《衢州日报》头版3篇。在中国网开设“中国·衢州外贸产品展销平台”,全市70余家外贸企业、数百类产品登陆展销，通过美联社（AP)、新加坡数字媒体AsiaOne等340家全球知名媒体、网络平台转载，触及海外受众2亿人次。

（冯熠林）

衢州市残疾人联合会

【概 况】2022年,衢州市残疾人联合会围绕“促进残疾人共同富裕”这条主线,促进残疾人服务工作创新先行，完成年初确定的各项工作任务和涉残民生实事。全市残疾人就业率66.22%,残疾人之家覆盖率94%,残疾人文体服务覆盖率95.39%。全市持证残疾人89596人。持证残疾人中有男性50208人,女性36860人。肢体残疾41241人，占45.03%;听力残疾15118人，占16.87%;视力残疾8878人,占9.91%;言语残疾998人,占1.11%;精神残疾12207人，占13.62%;智力残疾7582人，占8.46%;多重残疾3572人,占3.99%。

【创新残疾人帮扶性就业模式】9月15日,全省首家残疾人帮扶性就业基地揭牌。全市建立帮扶性就业基地22个,新增残疾人就业316人，帮扶对象人均年增收5万元。省残联党组成员、副理事长宣清松给予批示肯定。

【开发残疾人公益性岗位】2022年，将残疾人公益性岗位安置纳入市政府民生实事，与市人社联合下发《关于“开发残疾人公益性岗位”民生实事项目工作方案的通知》,在全市残疾人之家(企业办除外)设立就业驿站,开发助残公益性岗位329个，完成年度200个公益性岗位的164.5%。

【残疾人职业技能培训】2022年,根据残疾人特点及就业市场需求、残疾人意愿,制定《衢州市残疾人职业技能培训管理办法》和残疾人市域统筹职业技能培训计划,全市培训残疾人1965人次。

【残疾人就业政策】2022年,出台《衢州市人民政府办公室关于印发〈衢州市促进残疾人就业行动方案（2022—2025年)〉的通知》,开展就业援助月活动,全市收集岗位511个，形成就业意向218个,达成就业36人,公益性岗位安置36人。开展建行“善行助残”、圆通“圆梦助残”行动,推动结对助残、圆梦家园快递驿站建设。启动全国残疾人按比例就业情况联网认证“省内通办”“跨省通办”,全市申报用人单位716家,安置残疾人4024人。全市新增就业2410人。2022年市本级新增残疾人用工培训补贴63家企业，集中就业企业超比例奖励7家。分散按比例就业企业超比例奖励20家。

【残联数字化改革】2022年,完成衢州市残疾人全周期服务管理系统项目立项、公开招投标、建设等环节。承接省残联第二批“揭榜挂帅”试点应用“数据基座”应用建设。“数据驾驶仓”“浙里评残全域通办”“数据基座”“小额辅具”等子应用陆续上线试运行。10月31日,项目通过初验,完成“智慧助残”应用全市推广工作。做好数字社会门户残联部门板块设计,完成关键小事智能速办“残疾人个体创业补贴申请”建设。组织全市乡镇(街道)133名专职委员注册关键小事体验官,对全省51项关键小事进行体验。完成《残疾人之家公共地址资源信息》《残疾儿童康复定点机构公共地址资源信息》《残疾人专业托养机构公共地址资源信息》等地址资源信息表单设计、收集、查验、核录等工作,收集129处公共资源数据,总数据量3225项。3月3日在全省残疾人工作会议上,作题为《全面推进助残服务数字化改革 为残疾人共同富裕加载核心动力》的典型发言。

【民生实事项目】2022年，下发《2022年市政府助残民生实事项

10 月 9 日，衢州市残疾人及亲友心赋能项目启动仪式举行

目实施方案》，明确组织和资金保障，成立工作专班，形成工作合力。儿童康复机构规范化提升项目完成 3 家任务的 100%；残疾人之家规范化提升项目 33 家，完成任务数 15 家的 220%，位列全省第一；重要公共场所无障碍改造项目77 个，完成任务数 70 个的 110%。各项目实施“项目化管理制”，根据时间节点全程工作督导。5 月 20 日，与市纪委监委派驻市民政局纪检监察组联合开展实地督导，推动项目进度和细化方案的改进。

【融合教育】2022 年，组织 2022 年度“浙江省特教园丁奖”评选推荐工作，组织省特校招生宣传，全市 23 名残疾学生报名参加单招单考。全年市残联残疾学生及残疾人家庭子女助学 207 人，投入资金 29.6 万元。

【文化体育建设】2022 年，启动“融合共享”“一地一品”建设，以衢州残疾人文体优势项目和竞技类重点项目培育残疾人文体品牌。举办市第六届残疾人运动会。备战省第十一届残运会，组队参加草地掷球、跆拳道、盲人门球等项目比赛。残疾人草地掷球项目金牌、奖牌总数第一，获得八金七银一铜。开展“喜迎杭州亚残运会衢州百场残疾文体活动进社区”活动，发挥市级残疾人文体艺术基地、县级残疾人艺术团（队）、盲人图书馆等设施、团队作用，制定百场活动计划，调动基层群众文化体育艺术力量，丰富残疾人文体生活。全市文化助残“五个一”工程受益 3913 人，康复体育进家庭 811 户。

【社区康复服务项目建设】2022 年，落实《残疾预防和残疾人康复条例》《关于做好残疾人家庭医生签约服务工作的通知》等文件精神，扩大残疾人基本康复服务有效供给，依据《残疾人社区康复工作标准》，提高社区康复服务水平。下发《关于开展 2022 年残疾人社区康复项目创建和评估验收的通知》，实地调研、指导、培育，以社区康复示范站建设撬动家庭签约责任医生团队建设，提升残疾人家庭医生签约率。联合卫建委成立专家评估组，分别于 9 月、11 月对 6 家社区康复站创建和开化县 5 家“康复之家”试点工作进行评估验收，11 家单位全部合格。

【升级续推“阳光康护”服务品牌】2022 年，继续推进“阳光康护”服务品牌，设立家庭病床 3143 人；与市卫健委联合举办 3 期残疾人家庭签约责任医生培训班，以会代训和专题培训相结合，培训残疾人家庭签约医生 200 余人；培训内容设置坚持需求导向，提供康复医学、医学心理、康复实操和康复护理四方面 10 个课程清单，供承办市（县）选择；自主点单方式确定培训课程，充分激发签约医生的培训意愿和主观能动性。

【精神残疾人免费服药服务】2022 年，整合残联、医保、卫健资源，全额保障纳入医疗费用“一站式”结算平台，联合市医保局下发《关于调整衢州市精神残疾人服用基本抗精神病药物全额保障政策的通知》。市域内所有服务对象均可在任何服药定点机构实现配药，凭医保卡零起付，零付费，完成救助报销。全市精神残疾人免费服药 7626 人，服药率 100%；

【残疾人辅具服务】2022 年，改造提升辅助器具展示体验中心，强化功能定位和开展专场、专区

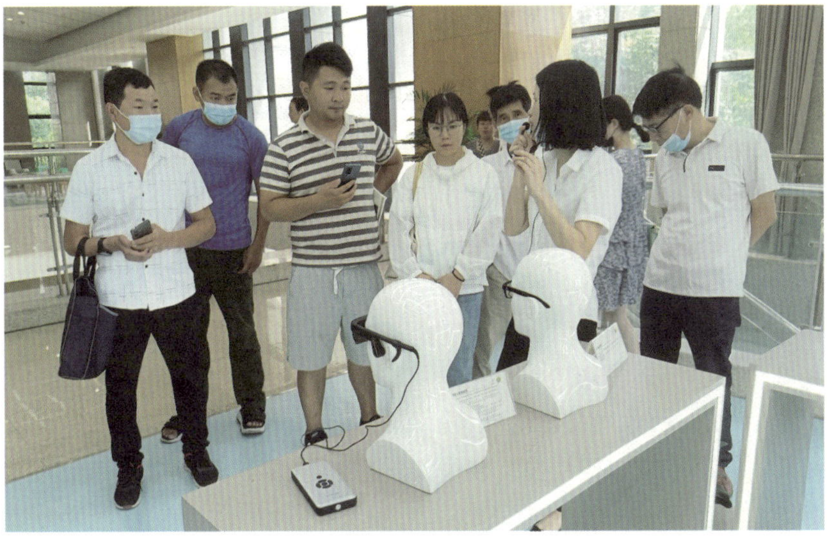

2022 年 9 月 9 日，辅助器具基础知识培训人员在市辅助器具展示体验中心体验高端现代智能化的辅具产品

展示体验服务。在长三角残疾人辅具服务一体化交流会上作典型发言。学习、借鉴国内外辅助器具产业建设和前沿高端智慧辅具市场应用做法，在重点场所设共享辅具点，筹备市老年活动中心辅具展示体验点；在市区重点公共服务场所设立共享辅具点，配置轮椅、腋拐等常用辅具，免费提供给特需人群使用。市辅助器具展示体验中心被亚组委评为“2022 年杭州亚残运会残疾人事业展示点”，被市科协命名为“衢州市级科普基地”，被衢州学院指定为“实训基地”。全年设立共享辅具点 70 个，投放 186 件辅具，组织专场体验活动和接待人员 45 场次，服务近 1100 人。实施残疾人辅助器具配发服务 3198 例。为市域内各县（市、区）94 名残疾人开展矫形器辅具评估适配筛查服务。

【“阳光心赋能 走向共富路”项目】2022 年，项目秉承“重防治、促发展、助健康”三大原则，遵循“以人为本、预防为主，助人自助，及时转介”的服务宗旨，围绕残疾人及亲友实际需求，精细化专项服务，提高残疾人及亲友心理康复的覆盖率和满意度。开展残疾人及亲友的心理健康筛查、心理健康体检、评估及登记建档。面向 0~7 周岁残疾儿童家长、三年内办理残疾证对象、残疾人子女、“三重一瘫”残疾人亲属，以小组工作法、团体辅导等方式，提供针对性的心理访谈、心理辅导等专业服务。对急需干预的残疾人及亲友，提供“一对一”或“多对一”的心理辅导、个案心理咨询、家庭干预等专业服务。全年培训 100 余名助残从业人员，为 31 名残疾人提供个案访谈，进行 7 场 300 余人次残疾人及亲友团体辅导，为 25 位残疾人提供不少于 3 次的个案咨询，发放心理服务卡 1000 余张。11 月，被纳入《浙江省“全国残疾预防重点联系地区”工作方案》中“市县残疾预防科技与制度创新”项目试点。

【残疾人康复服务】2022 年，根据中国残联服务平台康复系统数据，实施残疾儿童基本康复服务 604 人，完成率 100%；有康复需求残疾人 54374 人，基本康复服务率为 100%；精准康复服务率 89.46%，高于省平均数 88.92%；基本辅具有需求的残疾人 3086 人（已服务 3086 人），适配率为 100%；阳光家庭病床建床 3143 张；新发疑似残疾儿童系统新报 41 名；残疾儿童定点康复机构民

2022 年 11 月 5—6 日，衢州市首届儿童康复技能竞赛举行

生实事提升完成率100%；实施残疾人辅助器具配发3224例（任务数2266例，其中大额2288例、小额798例、膝髋手术108例、盲人定向30例），完成率142.3%；与市总工会、市教育局和市卫健委共同举办衢州市首届儿童康复技能竞赛，全市各残疾儿童定点康复机构、特殊教育学校和医疗机构17支代表队共59名选手报名参赛，共决出个人奖15名，团体奖6名；与市康复医疗中心合作，成功申报衢州市科技局重点科技攻关项目：《基于虚拟现实技术的音乐治疗在儿童孤独症康复中的运用》医卫专项。

【维权助残】2022年，制定市残联年度法制宣传教育清单，印发《衢州市残联系统法治宣传教育第八个五年规划（2021—2025年）》，开展《信访工作条例》宣传月活动；“四小车”专项整治，制定方案，调查摸底，对211辆残疾人机动轮椅车情况进行调查，其中柯城区103辆、衢江区108辆。96辆营运用车信息登记，发放宣传册220余份，整改车辆问题65个，清理残疾违规广告车20余辆，更新废旧车3辆。把握重要节点残疾人信访维权工作，办理来信、来电、来人信访事项，24小时保持信访电话畅通。

【基层组织建设】2022年，完成县、乡两级残联换届工作，筹备市残联换届工作。加强残疾人工作专职队伍建设，指导各县（市、区）完善专职委员考核管理办法。组织开展衢州市首届残疾人工作专职委员知识竞赛。组织参加浙江省第二届残疾人工作专职委员知识竞赛，获团体二等奖。发挥各专门协会作用，组织开展网络新春联欢晚会、第十五个“世界孤独症关注日”“盲人按摩志愿服务”学雷锋新时代文明实践、线上读书日等活动。推选各专门协会特色亮点工作参加全省专门协会特色亮点工作评选，江山市肢协《以残助残，传递爱心“知识礼包”》被评选为浙江省协会特色亮点工作。第三代（智能化）残疾人证换发率达到100%。组织全市残疾评定医师和各县（市、区）残疾人证办理业务具体负责人参加全省残疾评定培训班。

【残疾人事业宣传】2022年，完成市两会开幕式直播加配手语播报工作。组织开展第三十二次全国助残日宣传活动。开展“八个一”全国助残日助残活动。根据省、市残联的要求，各县（市、区）残联围绕助残日主题，助残活动亮点纷呈。组织参加2021年浙江省残疾人事业好新闻评选活动，全市共推选好新闻14篇，其中共有11件参评作品得奖。组织参加第二届“最美浙江人·最美残疾人工作者”评选活动，衢州市残疾人康复指导中心主任蓝允胜获评“最美浙江人·最美残疾人工作者”。衢江区樟谭街道残疾人工作专职委员傅松获提名。

（朱莉敏）

衢州市法学会

【概　况】2022年，衢州市法学会认真贯彻落实习近平法治思想，开展首席法律咨询专家下基层活动，服务法治实践、协助化解矛盾纠纷、开展法治宣传，为全市改革发展稳定大局、促进经济社会健康发展，完成中共二十大维稳安保等做出积极贡献，成为建设“平安衢州”“法治衢州”的重要力量。

【服务中心】2022年，围绕党委政府各阶段中心工作，运用法律手段帮助企业化危纾困、渡过难关。法学会会员单位相继出台服务非公有制经济中小微企业的措施、加大“僵尸企业”司法处置力度，助推全市供给侧结构性改革，聚焦企业涉法涉诉、破产重组、新三板上市、环境污染防治、后疫情时代法律服务等难题，为经济社会发展及产业集群化、规模化、高端化延伸提供法治保障。组织专家撰写专题文章，运用专业知识厘清法律问题。

【法治实践】2022年，利用法学团体专业人才优势，加强与有关部门联系，引领法学法律工作者积极参与法治实践，为地方法治建设提供理论支撑和智力支持。5月26日，在常山县举办2022年省法学会首场首席法律咨询专家“法助共富、法护平安”基层行活动。9月15—16日，围绕钱江源生态保护司法协作主题，在开化县举办浙江省法学会法治沙龙活动，有针对性地解答基层企业、群众的法律解惑，为基层治理法治化、生态保护法治化指点路径。12 月 24—25 日，在常山县举办 2022 年浙江省法治文化研究会年会暨“常山现象与新时代法治文化建设”为主题的研讨会，为基层法治文化建设和“法助共富、法护平安”提供理论指引和借鉴。

【市级首席法律咨询专家制度】 4 月，建立全省首个市级首席法律咨询专家制度，县级首席法律咨询专家制度也 100%建立。8 月 15 日、8 月 16 日、9 月 5 日，举办市法学会首席法律咨询专家“法助共富、法护平安”基层行开化、龙游、衢江专场，为推动依法化解涉法涉诉信访提供新思路、新方法，为基层干部运用法治思维和法治方式解决问题、化解矛盾提供法律指引。

【法治宣传】 2022 年，以“法助共富、法护平安”行动为主题主线，开展党的二十大精神宣讲、习近平法治思想学习宣传贯彻“八进”、“八五”普法、“12·4”国家宪法日、8090 宣讲等活动。创新普法宣传模式，实现线上线下结合。线上宣传方面，以推行“数字普法”为突破点，不断拓宽普法宣传新渠道。利用“两微一端”、抖音等新媒体开展法治宣传，打造“指尖上”的普法宣传阵地。邀请律师、法律服务工作者开设“法治直播”普法微课堂，录制《民法典，让生活更美好》等法治短视频，推送普法漫画，传播法治精神，构建全新常态化普法体系。龙游县运用 FM954 普法讲堂、民法典之 50 问、龙小法说民法典系列漫画等形式，营造“法律即生活、生活即法律”的浓厚氛围。线下宣传方面，做深做实多样化宣传宣讲活动，利用 8090 法治宣讲团“摆摊设点”讲民法典，“法治副校长”制度持续深化，依托企业内部单位例会、班前十分钟量身定制普法课程等开展法制宣传。常山县公安局联合县司法局、金川街道以露营音乐节为契机，将普法宣传、法治游戏、法律服务纳入“反诈小摊”中，现场解答群众法律问题，宣传反诈、民法典、国家安全法等法律法规，为现场群众提供一站式、体验式、互动式法律服务，开启法治文化下乡序幕。全年联合司法局、团委、宣传部等部门开展活动 2495 次，参与志愿者 1164 名，惠及 27 万人次，其中包括 480 场次法治讲座，600 场次普法宣传。开展法律服务 890 场次，发放普法材料 75873 册。

2022 年 12 月，开展宪法宣传月系列活动

【会员服务】 2022 年，抓会员发展、课题申报，开展对外交流。按照“年轻化、专业化”“广泛性、代表性”导向发展新会员，全市法学会有常务理事 32 名、理事 95 名，团体会员 73 家，个人会员 1050 人，人才结构同步实现优化升级。及时发布课题申报指南，广泛发动参与课题申报，市委副书记、政法委书记徐良平高度重视法治理论研究工作，要求市委政法委每个领导班子成员带头开展理论调研，每个干部至少撰写 1 篇平安、法治方面的调研文章。向长三角法学论坛、法治浙江论坛、乡村振兴法治论坛等投稿。市法学会获 2022 年第三届浙江省乡村振兴法治论坛优秀组织奖，获 2021—2022 年度省法学会系统突出贡献先进集体。

（徐一虹）

衢州市红十字会

【概　况】2022 年,衢州市红十字会积极投身四省边际中心城市建设,依法履行《中华人民共和国红十字会法》赋予的各项职责,推动红十字事业高质量发展，为推进中国式现代化的衢州实践贡献人道力量。

【救灾救援】2022 年，全市 8 支红十字应急救援队参与山地搜救、水上搜救等应急救援 700 余次,服务时长 5.79 万小时。市红十字会应急救援队参与长三角应急演练活动，承担水下打捞部分作业。实施好红十字应急救援基地项目,在市政府的大力支持下,市红十字应急救援基地完工并投入使用，成为全省红十字会系统占地最大、投入最多的应急救援基地。

【救护培训】2022 年，推动出台《衢州市关于高水平推进应急救护工作的实施方案》,开展“救在身边”八大专项行动,与市委机关工委、市教育局、市交通运输局等部门协作,开展“救在身边·机关先行”“救在身边·校园守护”“救在身边·交通伴行”等活动。实施好移动应急救护员项目，为城市快递人员、外卖人员开展应急救护培训,一期为城市 50 辆出租车配备 AED(自动体外除颤器)。与衢州职业技术学院共建市应急救护师资培训基地，发挥好名师工作室作用，提高应急救护师资能力和水平。

【民生实事】2022 年，做好为民办实事项目，有序推进公共场所 AED 配备和培训,完成普及人数 20.93 万人，完成率 130.86%;完成救护员培训 5.07 万人,完成率 140.90%,布设 AED199 台,完成率 199%。

【关爱生命】2022 年，造血干细胞入库 320 人份,实现捐献 3 人,实现器官捐献 13 人,遗体捐献 3 人,涌现出一批像钱芳炎、小辰辰等器官捐献者，徐志军等造血干细胞捐献者的感人事迹，先后被央视、浙江新闻等国家、省级媒体报道。《衢州日报》推出器官捐献宣传文章《把爱留下，让生命延续——衢州市器官捐献群体素描》引起强烈社会反响。

【人道救助】2022 年，广泛深入开展人道救助工作,开展“博爱送万家”“小桔灯”、母婴平安、睛彩人生等慰问关爱活动和“6·20”洪灾救助等。全市红十字会系统发放救灾救助款物（不含疫情捐赠款物发放）价值 331.68 万元,救助人数7200 余人。

（陈　黎）

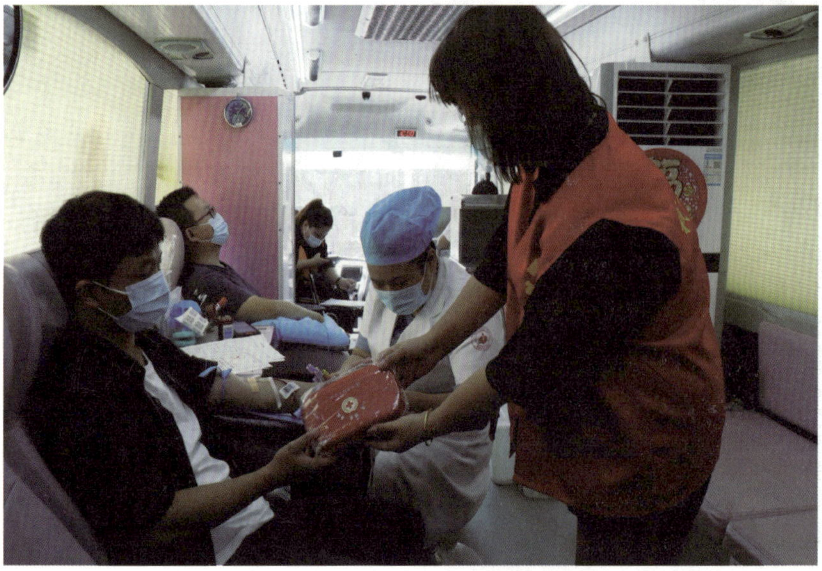

2022 年 9 月 5 日,衢州市红十字会组织骨髓捐献

衢州市计划生育协会

【概　况】2022 年,衢州市计划生育协会(以下简称“市计生协”)以参与好、落实好、推动好“浙有善育”为新时代计生协工作的主线和主责主业,抓协会改革转型,贯彻中央《关于优化生育政策促进人口长期均衡发展的决定》,深化落实“六项重点任务”(宣传教育、生殖健康咨询服务、优生优育指导、计划生育家庭帮扶、权益维护和流动人口服务),为建设四省边际中心城市做出更大贡献。

【理事会改选】3 月，因疫情影响,以通讯方式召开理事会,表决通过陈洪雨担任衢州市计划生育协会专职副会长，刘文勇不再担

2022 年 8 月 15—16 日，全省计生协会改革工作推进会在开化县召开

任衢州市计划生育协会专职副会长职务；王东升、潘新花担任市计生协兼职副会长，汪晓敏、黄伟青不再担任兼职副会长职务，同时调整部分市直单位理事。

【综合改革试点】2022 年，持续深化推进全市计生协综合改革试点，开化县试点先行，全市联动推进，在"加强党对计生协的领导、探索职能转型、推进基层更名"等工作中取得了重要成效，衢州市综合改革试点得到省计生协高度认可。8 月，全省计生协会改革工作推进会在开化县召开。省政协第十、第十一届副主席、省计生协会会长陈艳华，省计生协专职副会长潘祖光、市计生协会会长范根才等出席会议。

【助力"浙有善育"服务】2022 年，发挥背靠卫健的专业优势，推动医护专家下沉基层，开展现场咨询、知识讲座、走访慰问等活动，促进优生优育，探索婴幼儿照护服务。衢江、常山、开化等地与妇保院联合筹办云学堂，定期录制婴幼儿养育照护"微视频"。柯城区各乡镇根据不同人群健康需求，有针对性地开展卫生健康知识、亲子活动等家庭健康科普知识宣传。各地向日葵亲子小屋建设也加快推进。全市建成市级向日葵亲子小屋 3 家（柯城、常山、开化各 1 家），县级向日葵亲子小屋实现全覆盖。

【健康促进工作】2022 年，开展健康宣传普及活动，营造全民关注健康的浓厚氛围。参与举办衢州市第二届健康家庭大奖赛，宣传卫生健康、亲子活动、急救技能及疫情防控等家庭健康科普知识，开展婚育新风进万家活动，推动健康建设成为新时代家风建设主旋律。在世界精神卫生日期间，市计生协与市第三医院联合开展在线讲座服务，服务 38257 人次。衢江区开展中国婚育状况（中国癌症）调查统计，为决策提供数据支撑。

【青春健康教育】2022 年，深耕青春健康教育，巩固面向青少年的成长之道，探索推动家长沟通教育。市计生协组织开展师资培训；发布 14 期"遇见青春、悦纳成长，计生协与您有个约"短视

2022 年 6 月 15 日，开化县音坑乡姚家村向日葵亲子小屋

频。青春健康教育服务融入“双减”工作。衢江区重点深化三大举措，打通青春健康教育全环节，使青春健康教育在全区普及推广，打造“金字招牌”，涌现出郑安凡、蒋爱军等优秀师资。培养国家级青春健康教育主持人1名，省级青春健康教育师资12名，市级师资58名，县级师资90名。

【生育关怀服务】2022年，搭建暖心家园，常态化开展走访慰问，帮助计生特殊家庭解决实际困难。推进特色暖心行动，常山县开展“常相伴”关爱服务，开化县开展“阳光在线”服务。全市建有国家级暖心家园1家，市级3家，县级7家。做好“春苗计划”助学活动，连续9年为全市计生特殊家庭、育龄群众开展生育关怀系列保险服务，为群众提供坚实的健康保险保障。

【生育关怀保险智慧理赔服务】2022年，在省内首创生育关怀保险智慧理赔服务，通过构建跨部门数据处理体系，实现计生特殊家庭人身意外伤害保险和女性安康保险就医理赔“零跑直报”。理赔服务在全市30家医院上线运行，接入生育关怀险种2个，实现智慧理赔418人次，理赔金额71.39万元。

【宣传服务】2022年，围绕学习、宣传、贯彻党的二十大精神，以喜闻乐见的方式开展特色宣传活动。以“5·29”“7·11”“9·26”等为节点，深入推进全民健康宣教服务，大力弘扬新时代婚育新风。“5·29”期间，市计生协举办网络答题竞赛，一周内17221人次参赛，反响良好。

（叶　俊）

人大立法

【概　况】2022年，衢州市人大常委会秉持"急需、创新、应时、有感"立法工作导向，围绕中心、服务大局，坚持党对立法工作领导、坚持立法为民、坚持立法服务保障改革，推动新时代地方立法工作高质量发展。制定《衢州市人大代表联络站工作条例》《衢州市养犬管理条例》《衢州市职业教育校企合作促进条例》，并通过省人大常委会批准颁布。

【制定《衢州市人大代表联络站工作条例》】2022年，根据市人大常委会立法计划安排，《衢州市人大代表联络站工作条例》(以下简称《条例》)由市人大常委会代表工委、法工委负责起草。5月12日，经市八届人大常委会第二次主任会议研究，决定提请市人大常委会审议。6月9日，市八届人大常委会第二次会议对《条例(草案)》进行第一次审议。会后，面向社会各界广泛征求意见，召开各类座谈会、专家论证会7次，修改完善后形成《条例（草案修改稿)》。8月31日，市八届人大常委会第四次会议审议通过《条例》。11月24日，省十三届人大常委会第三十九次会议批准，于2023年1月1日起施行。《条例》是全国首部人大代表联络站工作地方性法规。《条例》共五章二十六条，规范人大代表联络站定义、责任主体和其他国家机关社会团体义务、数字化改革有关要求、人大代表联络站建设要求和活动内容等，将衢州市实践工作中富有成效的做法予以确认、固化，为全过程人民民主提供法治保障。12月8日，市人大常委会召开新闻发布会，就《条例》主要内容作介绍。

【制定《衢州市养犬管理条例》】2022年，为整治不按规定"溜犬"、不按期注射疫苗、犬吠扰民等严重影响市容环境卫生和社会公共安全的乱象，市人大常委会将制定《衢州市养犬管理条例》(以下简称《条例》)列入2022年立法计划一类项目，由市综合行政执法局负责起草。6月29日，经市政府第5次常务会议审议通过后，提请市人大常委会审议。7月25日，市八届人大常委会第三次会议对《条例(草案)》进行第一次审议。会后，面向社会各界广泛征求意见，召开各类座谈会、专家论证会7个，修改完善后形成《条例(草案修改稿)》。9月30日，市八届人大常委会第五次会议审议通过，11月24日，省十三届人大常委会第三十九次会议批准，于2023年3月1日起施行。《条例》包括总则、免疫与登记、养犬行为规范、收容与领养、法律责任、附则等共六章三十二条，从衢州市实际出发，区分城乡特点，进一步明确部门职责、管理制度、养犬人义务等突出问题，协调处理养犬人与非养犬人之间关系，有效规范养犬行为。12月8日，市人大常委会召开新闻发布会，就《条例》主要内容作介绍。

【制定《衢州市职业教育校企合作促进条例》】2022年，根据市人大常委会立法计划安排，《衢州市职业教育校企合作促进条例》(以下简称《条例》)由市教育局负责起草。8月12日，经市政府第8次常务会议审议通过后，提请市人大常委会审议。9月30日，市八届人大常委会第五次会议对《条例(草案)》进行第一次审议。会后，面向社会各界广泛征求意见，召开各类座谈会、专家论证会10个，修改完善后形成《条例(草案修改稿)》。11月18日，市八届人大常委会第六次会议审议通过，12月23日，省十三届人大常委会第四十次会议批准，于2023年5月1日起施行。《条例》共二十二条，明确规定核心定义、合作机制、合作内容、合作办学方式等内容，强化校企合作经费保障和校企合作激励力度，体现数字化改革有关要求，实现立法引领职业教育改革、促进校企合作协同发展。2023年1月11日，市人大常委会召开新闻发布会，就《条例》主要内容作介绍。

(全新溪)

政法委与综治

【概　况】2022年，衢州市政法战线认真贯彻落实中央、省委和市委决策部署，推进政法各项重点任务落实落细落地，完成平安护航党的二十大维稳安保任务，实现省市既定目标任务，维稳安保工作得到省委、市委充分肯定，社会面持续安全稳定，实现平安衢州“十七连冠”。

【深化平安衢州建设】2022年，衢州市紧紧围绕高质量发展建设四省边际共同富裕示范区目标，以市域社会治理现代化试点为抓手，以数字化改革和“除险保安”晾晒工作机制为牵引，从严从实从细抓好“防风险、化积案、遏重大、守底线”各项工作，一体协同推进平安衢州、法治衢州建设，全市社会大局持续安全稳定，没有发生影响社会平安的重大案事件，党的二十大等重大活动和重要时期社会安全有序，实现平安市创建“十七连冠”目标。2022年，全市命案、“两抢”案件同比分别下降66.67%、76.5%；电信网络诈骗案件受理数、损失数同比分别下降1.42%、6.85%，非法集资案件立案数、损失数同比分别下降48.1%、72.4%；安全生产形势总体平稳，各类生产安全事故(包括高速)起数、死亡人数同比分别下降36.4%、33.9%，生产安全较大事故实现零发生。

【维护政治安全和社会稳定】2022年，坚持落实总体国家安全观，把维护国家政治安全摆在首位，完成平安护航党的二十大维稳安保任务。深入开展社会风险评估，完成衢州有礼·2022年全国田径大奖赛等评估项目468件，暂缓实施5件，不予实施1件，中止实施2件，有力保障重大项目、重大决策等平稳落地实施。

【推进全国市域社会治理现代化试点】2022年，以市域社会治理现代化试点为牵引，全面推进百日验收攻坚行动。认领“德治教化”和“治理体制”试点项目，在第八次、第九次全国市域社会治理现代化试点工作交流会上，中央政法委秘书长陈一新分别肯定衢州市打造“衢州有礼”、开发“邻礼通”“村情通”的经验做法。探索强化社区治理保障工作机制，打造线上“邻礼通”、线下“邻礼汇”双载体，实现社区治理线上线下融合推进，获得社区治理领域全国最高奖项“全国社区治理和服务创新实验区”称号。构建“县乡一体、条抓块统”县域整体智治新

2022年8月2日，衢州市“忠诚保平安·护航二十大”百日攻坚行动启动

格局，获评第二批全国法治政府建设示范项目。

【打造四省边际社会治理桥头堡】 2022 年，市委副书记、政法委书记领衔，市委政法委牵头统筹打造四省边际社会治理桥头堡任务，构建“1543”工作体系，将其列入“十四五”衢州市高水平推进市域社会治理现代化全国试点的重要抓手，围绕平安法治核心业务和省域、市域特色治理工作形成“一方案、一导图、四清单、一攻坚表”。建立健全常态化会商、清单化推进、闭环式评价亮晒等机制，实行月度会商、双周联络会制度。全面迭代升级“141”基层社会治理体系，优化划分 4943 个网格，选优配强“1+3+N”网格力量 3.8 万余人，矛盾纠纷就地化解率超 97%，通过全国市域社会治理现代化试点省级验收。

【创新探索政法系统“融治理”模式】 2022 年，聚焦政法系统核心业务，探索政法系统“融治理”模式，做到政法力量向基层融合、政法工作重心向基层倾斜、各项机制向基层延伸。市、县两级 80% 以上在职在编政法干警挂村联社，市级政法部门下沉干警 344 人，县（市、区）下沉 1500 余人，实现 103 个乡镇（街道）全覆盖，组织走访排查 3412 次，助力解决问题 486 件，夯实除险保安工作的基层基础。

【数字法治系统建设】 2022 年，持续深化应用场景建设，争取省级试点，“行政争议协同治理”应用入选省数字法治“好应用”，“易制毒化学品监管应用”“未来乡村基层治理场景应用”“平安边界智慧安防”等 3 个应用入选 2022 年省揭榜认领项目。44 个项目被列入省数字法治系统“一本账”S3，承办“大综合一体化”改革全省现场会和全省“助企纾困·数智禁毒”涉毒物品管控服务现场推进会。9 月 28 日，国家反诈中心给予“涉网犯罪源头综合治理协同”应用“全国首创、震撼、破题”的评价。11 月，“公证 + 二手房资金监管”应用相关信息在《浙里改》刊发并被推荐上报国务院职转办。衢州市数字法治系统建设成效分别获副省长高兴夫，副省长、公安厅厅长王成国等省级领导批示肯定。

2022 年 8 月 1 日，衢州市委政法委联合江山市委政法委在江山市举行政法系统“融治理”启动仪式

【政法宣传舆论工作】 2022 年，结合“衢州有礼”城市品牌打造，把平安文化、法治文化与南孔文化有机融合、一体推进，以礼化人、法治创安。运用微信、抖音等新媒体，及时动态传递平安信息，“衢州政法”抖音号粉丝量 113.6 万人，持续保持省内政法委系统抖音排行榜前列，月度影响力排名全部入围全国政法影响力榜单，2 次位列第三。组织参与省专项办组织的全省“守住老年人的钱袋子”专题答题活动，参与人数 218209 人，参与率位列全省第一。

【成立政法干警履职保护委员会】 2022 年，落实“八个多跨”（“判实未执、应收未收”、“减刑、假释、暂予监外执行”、规范诉讼行为、政法干警依法履职保护、执法司法信息共享、涉民营企业刑事诉讼“挂案”、刑事案件涉案财物处置、法官检察官警官与律师不正当接触交往）制度，推进政法干警依法履职保护，成立政法干警履职保护委员会，明确加强政法干警依法履职保护工作的总体要求、保护机构、适用情形、保护措施和程序等内容，共办理政法干警依法履职受侵害案件76起，行政处罚50人，追究刑事责任29人，发放维权慰问金11.1万元。

（郑志华）

法治政府建设

【概　况】2022年，衢州市司法局深入学习宣传习近平法治思想，全面深化法治化改革，全面落实《浙江省法治政府建设实施纲要（2021—2025年）》，加快建设职能科学、权责法定、执法严明、公开公正、智能高效、廉洁诚信、人民满意的法治政府，全市一审行政诉讼案件败诉率降至历史最低。

【习近平法治思想“八进”活动】2022年，深入推进习近平法治思想宣传贯彻工作，出台《关于深入开展习近平法治思想学习宣传贯彻“八进”活动的通知》，统筹推动习近平法治思想进机关、进党校、进学校、进社会治理中心、进法律服务机构、进部队、进企事业单位和村社，实现习近平法治思想学习贯彻全覆盖。各级党委（党组）理论学习中心组带头组织开展学习519场次，将习近平法治思想纳入各级党校主体班次必修课程，在公务员初任培训班、优秀中青年干部培训班等班次开课77场。将习近平法治思想作为重要考点，组织领导干部任前法律知识考试382人。开设“线上诵读”活动，发布节目63期，点击量355万次。

【领导干部学法用法】2022年，市、县两级党委专题研究法治政府建设工作8次，市、县两级政府常务会议专题听取汇报15次，政府常务会议学法36次。12月5日，市委理论学习中心组举行专题学习会，学习《习近平法治思想学习纲要》《习近平关于依规治党论述摘编》。7月25日，市八届人大常委会第三次会议听取和审议市政府关于法治政府建设情况的报告，审议市人大常委会任命的32个市政府工作部门主要负责人的依法履职情况报告。8月30日至9月2日，市委依法治市办与市委党校联合举办习近平法治思想专题研讨班，40人参加学习培训。

【助力地方立法】2月15日，衢州市政府办公室印发《衢州市人民政府2022年立法工作计划》。年内，《衢州市养犬管理条例》《衢州市职业教育校企合作促进条例》经省人大常委会批准通过。落实政府立法协商机制，开展立法协商活动，收到政协委员意见建议86条。完善基层立法联系点工作机制，全年基层立法联系点提出立法项目建议3件，法规草案意见建议39条。全面开展规章清理工作，重点清理不适应高质量发展建设共同富裕示范区、不适应数字化改革要求、不适应大综合一体化行政执法改革等规章，提出省政府规章修改、废止建议13条，市政府规章修改建议3条。

【行政执法监督】2022年，开展地方性法规设定行政处罚事项裁量基准梳理细化，组织相关部门对衢州市2016年以来出台的19部地方性法规设定的行政处罚事项，分别从违法行为的事实、性质、情节以及社会危害程度等方面细化量化，促进执法裁量尺度公平公正。围绕“大综合一体化”

2022年8月26日，衢州市乡镇（街道）法治化综合改革最佳实践案例“比晾晒”活动在市“两中心”举行，来自各县（市、区）的16个乡镇（街道）进行比拼，共评选出10个最佳实践案例

行政执法改革，开展多领域行政执法专项监督，评查行政执法案卷1298卷，制发《行政执法监督通知书》97份。加强行政执法证件管理，全市注销不具备行政执法主体资格的单位161家，确认行政执法主体325个，2580名行政执法人员完成证件换发。承担司法部试点的省市县乡四级行政执法协调监督工作体系建设，紧抓落实协调监督职责、规范协调监督标准、加强机构队伍建设、强化协调监督保障等工作重点，出台《衢州市行政执法协调监督暂行办法》《综合行政执法专项监督指标细则(试行)》，构建市县乡全覆盖的行政执法协调监督工作体系。

【行政复议和行政应诉】2022年，实现行政诉讼发案量、败诉率"双控目标"，新收行政复议申请量首次超过一审行政诉讼案件；行政诉讼败诉率首次降至4%，创历史最低；行政机关负责人出庭应诉率首次实现100%，位居全省第一，市政府实现连续33年零败诉。制定《行政复议"法医生"品牌建设实施方案》，明确"十步诊疗法"，推动"有行政争议找法医生"的观念日渐深入人心。全市新收行政复议调解成功率61%，位居全省第二；审结案件321件，纠错案件65件，直接纠错率20.2%，复议后零败诉率，两项指标均位居全省第一。出台《衢州市行政应诉操作指引(试行)》，落实出庭应诉评价通报机制，组织行政应诉案件庭审旁听30场336人次。

【行政规范性文件合法性审核和清理】2022年，加强行政规范性文件合法性审核，审核市政府行政规范性文件39件(含两办联发和经市政府同意的市级部门规范性文件)，提出审核意见260条；发文前审查15件，提出审核意见4条；对市政府33件拟立项规范性文件进行初步审核。县(市、区)共审核政府行政规范性文件125件，提出审核意见629条；经市政府同意，下发《衢州市司法局关于2021年度行政规范性文件备案审查情况的通报》，对2021年市级部门和各县(市、区)报送备案中发现的19件问题文件反馈制定机关督促限期整改。助力优化营商环境，全市审核助企纾困政策32件，提出审核意见143条；加强行政规范性文件动态管理，开展涉及营商环境相关行政规范性文件专项清理，市、县两级清理相关行政规范性文件187件，其中，拟废止13件，拟修订3件，废止3件，修订5件。

【重大行政决策合法性审查】2022年，市、县两级政府及工作部门、乡镇(街道)286个单位公布重大行政决策事项413件，公布率100%，实现市、县、乡三级2022年度重大行政决策目录化100%覆盖。明确市资源规划局等3个部门具体承办的4件重大行政决策事项为重大行政决策事项，审查市政府重大行政决策3件，提出审查意见13条，1件正在审查中。审查市政府常务会议议题104个，提出意见111条，审查市长办公会议议题68个，提出意见91条。县(市、区)审查政府重大行政决策35件，提出审查意见60条。

【行政机关合同及重大执法决定合法性审查】2022年，加强行政机关合同合法性审查，市本级审查市政府及市级部门重大合同85件，提出审查意见614条；审查各类招商引资合同68件，提出审查咨询意见638条；为浙江吉利控股集团投资建设动力电芯、中电海康智慧交通产业总部基地项目、浙江省股权交易中心衢州分中心项目等一大批市政府重大项目的顺利落地提供法治保障；县(市、区)审查政府行政机关合同424件，提出审查意见3119条。市本级审查市政府重大执法决定6件，提出审查意见24条；县(市、区)审查政府重大执法决定76件，提出审查意见186条。

(江 玥 邹思婕)

衢州公安

【概　况】2022年，衢州市公安机关深入贯彻市委、市政府和省公安厅决策部署，以党的二十大安保为主线，着力构建新时代衢州公安工作高质量跨越式发展"1123"(第一个"1"指一个战略目标，即打造四省边际公安工作现代化先行市；第二个"1"指一项战略要求，即坚持"六心三率"，"忠心向党、全心为民、倾心服务、匠

2022 年 3 月 19 日，公安民警在廿里抗疫一线重温入党誓词

心变革、公心执法、净心干事，提升公安工作贡献率、提升人民群众满意率、降低有效警情发生率”；“2”指两大战略重点，即全力打响“铁军护航·警助共富”和“警务融治”品牌；“3”指三大战略支撑，即深入推进“公安大脑”建设、法治公安建设、公安铁军建设）战略体系，全力履行维护国家政治安全、确保社会大局稳定、促进社会公平正义、保障人民安居乐业的职责使命，取得阶段性成效。全市刑事案件立案 9340 起，破案 2744 起。在全省公安机关综合实绩评估中，公安业务板块位列全省第二；16 个集体和 27 名个人荣获省级以上荣誉，衢州市公安局获评全省“平安护航建党 100 周年成绩突出集体”。副省长、公安厅厅长王成国先后 6 次对衢州公安工作作出批示肯定。

【安保维稳】2022 年，以“时时放心不下”的责任感、“事事紧抓不放”的执行力、“环环紧扣不松”的全链条，打赢系列安保维稳硬仗，全年有效刑事治安警情同比下降 10.23%，电诈发案数、损失数连续 18 个月保持“双下降”，命案和五类严重暴力案件破案率 100%。

【打响“铁军护航·警助共富”品牌】2022 年，召开全力打响“铁军护航·警助共富”品牌现场会，建立领导挂帅联、党建融合联、项目覆盖联、企业网格联的为企服务“四联”工作机制，出台《衢州市公安机关助力稳住经济大盘二十条举措》，一体推进“亲清助企通”网上服务平台和亲清助企中心、平安商圈联盟等实体服务站点，全力打造企业“家门口的派出所”，办理涉企服务事项 4232 件，帮助企业解决实际问题 2526 个，满意率 100%。衢州市公安局作为唯一受邀发言的地市级公安机关，在全省公安机关践行“枫桥经验”助推营商环境现场会上作典型经验交流。

【打响“警务融治”品牌】2022 年，召开“警务融治”现场会，以“警务融入治理”的理念推动“融警务”向“警务融治”迭代升级，依托“基层治理四平台”研发“警务融治”平台，建立基础数据联排、纠纷隐患联处、平安单元联创、治理指数联考、志愿队伍联防等“六联”工作机制，推动全市矛盾纠纷化解率达到 94.16%，相关做法被《浙江政务信息》专报刊发，副省长、公安厅厅长王成国给予批示肯定。

【扫黑除恶】2022 年，坚决贯彻落实常态化扫黑除恶斗争决策部署，以主力军、排头兵的担当，推动专项斗争向常态化斗争转段，全年打处涉恶类团伙 11 个，抓获各类犯罪嫌疑人 61 人，破获案件 42 件；办理黑社会性质团伙 1 个，移诉 39 人，扣押各类涉案资产 5000 余万元，破获案件 79 起。

【开展“打盗抢、保民安”飓风行动】2022 年，针对盗窃类案件高发的严峻形势，组织侦查、刑事技术、图侦等专业力量开展专项攻坚，紧盯入室盗窃、盗窃沿街店面、盗窃工业原材料等关乎群众切身利益的民生小案，打击成效显著。1—12月，全市传统侵财案件移送起诉738人，完成比达120.59%。

【推进“公安大脑”建设】2022年，以“一号工程”力度推进“公安大脑”建设，上线衢州警务中台，汇聚业务数据80类，开发指标指数261个，集成业务系统、特色应用、数据模型37个；纵深推进“情指行”一体化改革，构建“1+5+X”合成作战体系；培育重点项目47个，15个被纳入全省重大改革（重大应用）“一本账”，数量位列同类地区第一。其中“智卡通”应用被评为数字法治“好应用”，并得到公安部书面肯定和副省长、公安厅厅长王成国批示肯定，“渣土车在线”“易制毒化学品监管”等应用成效得到省领导批示肯定。

【市本级公安管理体制调整】2022年，谋划市本级4个分局辖区范围调整、编制人数核定以及派出所划并、新设等事项，将原柯城、衢江、柯山、开发区公安分局调整为柯城、衢江、智造新城、智慧新城4个分局；整建制划转5个派出所，调整4个派出所管辖区域；全面完成智造新城分局业务用房、智慧新城分局机关过渡用房的搬迁工作，提升公安工作与市区“两区两城”体制、行政区划的匹配度，职责边界更清晰、政务服务更便捷、平安护航更有力。

【法治公安建设】2022年，实体化运行执法监督管理委员会，建立执法问题“发现—通报—会商—整改—追责”、日常监督考评“日清、周结、月通报、季互查、年评比”两项闭环机制，制定业务警种执法履职十项“硬核”规定。推进执法办案管理中心建设，开发“执法码”等数字化应用，建立与检法互动的新型协作关系。全年检察监督纠正违法数同比下降37.5%，行政复议、行政诉讼实现“零撤变、零败诉”，执法质量考核上升至同类地区第二位，5个县级公安机关被评为全省执法质量优秀单位。

2022年8月，巡特警队员对重点区域进行巡逻防控

【开展“三大行动”】2022年，开展“大练兵”“大比武”“大巡防”三大行动，推动全警综合素质能力提升。主动承接省厅“三能”实战练兵比武试点，出台《最小作战单元练兵比武科目“揭榜挂帅”实施方案》，由专业警种牵头开展集中系统练兵，在全省公安比武中，刑事技术、信访等条线在全省排名前列。

（陈 赢）

交通安全管理

【概 况】2022年，衢州市公安局交通警察支队（以下简称“交警支队”）围绕市局党委“1123”战略体系，以中共二十大安保为主线，重点抓好道路安全治理、交通秩序管理、智慧交通深化、执法改革创新、队伍建设规范、民生服务升温等六个方面的工作，为中共二十大胜利召开创造安全畅通的道路交通环境。截至12月31日，查处各类交通违法133.90万起。全市发生道路交通事故51510起，造成224人死亡，同比下降13.18%，亡人数较前三年平均数下降26.96%。交警支队有15个内设机构，共196名民警。

【护航中共二十大安保】2022年，交警支队围绕中共二十大安保，对照《党的二十大安保维稳重点工作任务清单》，先后组织召开冲刺部署会、工作推行会等会议。7月14日至8月16日，启动“除险保安暨夏季百日攻坚”道路交通违法整治行动，持续开展酒驾醉驾、机动车闯红灯、不按规定使用安全带、非机动车违法等重点违法专项整治，全市出动警力1.06万人，查处酒驾醉驾591起，机动车闯红灯5933起，不系安全带4248起，非机动车违法2.7万起，同时设置宣传点668个，发放宣传资料10万份。国庆节以来，出动警力4.14万人次，启动交警执法站31个，现场查处各类交通违法17万起，同比上升48.30%；死亡人数62人，同比减少8人，同比下降11.43%，较前三年同期平均数下降31.11%。全市公安交警暂停休假，持续推进路面交通维稳工作，保持严管高压态势，为安保维稳提供坚强的队伍保障。

【事故防控】2022年，交警支队从“人车路”三个维度发力，持续推动四级路长制、领导到场制、事故问责制等工作机制落实，全面完善道路交通安全“融治理”责任体系。在衢江区试点开展老年人“关爱行动”，对老年人群体进行道路安全赋星分级服务，至12月31日，老年人交通事故亡人数同比下降17.39%。推动“两网融合”实现交警四级体系与市、县、乡、村政府四级体系架构融合，6个县（市、区）道安办和103个乡镇（街道）安全站全部实体化运作，村级945个劝导站、2936名劝导员常态化开展交通安全基层基础工作。同时，强化源头管理，夯实重点车辆企业主体责任，推动隐患与车辆、驾驶人交通违法全面清零，全市发生涉及“两客一危”重点车辆事故同比下降50.39%，推进备案非标车淘汰置换工作，出台“四个一点”（企业让一点，回收抵一点，运营商惠一点，金融机构助一点）优惠政策，让利300万元。2022年度全市25处省市级挂牌督办道路交通事故多发点段，全部完成整改施工。依托路长制，排查梳理道路安全隐患219处，整改完成率100%。强化穿村、穿镇路段集中整治工作，完成7处普通国省道、24处农村公路平交口整治，维修加固4座农村公路桥梁。

【交通秩序维护】2022年，交警支队围绕道路交通安全“阶段特点”，接续开展“守护”系列行动，统筹结合“除险保安”百日攻坚、夏季道路交通安全集中整治“百日行动”、夏季酒驾醉驾百日整治专项行动、道路交通事故预防“减量控大”等专项工作。严查易肇事肇祸交通违法，查处酒醉驾4683起，同比上升15.74%；货车超载3983起，同比上升161.70%；失格驾驶960起，同比上升67.54%。制定“微治堵”工作方案，划分时级、日级、月级交通堵点，分别采取勤务优化、信号灯配时优化、工程性改造等治理措施，完成市区4条道路（路口）隔离护栏优化设置、554个夜间停车位设置，以及8条道路停车位统一朝向标线设置，并在全市推广实施。选取市区16所学校作为试点，根据区域路网特点、交通流特征，制定“一校一策”整改提升方案，设置机动车、非机动车、步行接送区域，推行错时上下学，开展“一校一策”赛马擂台赛，形成“学校吹哨、多部门报到”的“警务融治”工作机制。优化75处信号灯配时，调整交通安全设施1100余处，12条

2022年7月22日晚，市交警支队开展执法检查活动

学校周边主要道路平均拥堵时长下降43%，涉学生亡人事故下降64.29%。

【智慧交通建设】2022年，交警支队以数字化改革为引领，全面落实省局、市局关于“公安大脑”建设的部署要求，坚持“技术、机制、体制”三轮驱动，加快形成具有衢州特色的现代交警警务体系，全面提升道路交通管理现代化、智能化。围绕公安数字化改革，以“公安大脑”建设为牵引，成立工作小组，推出车检改革、隐患治理、设施维护、违停治理等13项交管领域应用项目建设，5月24日，举办四省边际中心城市“公安大脑”建设交警专场应用发布会。重点开展城市工程运输车改革，构建城市工程运输车运输行业网格，推出右转弯停车起步等六条严管措施，创新打造城市工程运输车管理“警务融治”新模式。至12月31日，市本级城市工程运输车交通事故起数和受伤人数同比分别下降44%、40.74%；交通事故亡人数下降100%；车辆保险赔付率从130%下降到36%。精细谋划“智能信控”，新增路口检测设备，实现350米长距离交通流实时检测，区块实现智能协调控制。同时建立浙江智能信号控制研究中心，以1名人员管理50个路口的比例，进行动态路口调优，通过合作交流，培养属于交管队伍的信控领域专业人才。

【执法水平提升】2022年，交警支队围绕市局法治公安建设要求，建机制、抓问题、强支撑，深入推进公安交警执法规范化建设，不断提升执法水平和执法公信力，在上半年执法考核中排名全省第二。开展积案大排查，排查行政案件179680件，积案裁决率99.99%，并积极对接检、法机关，清理122起疫情期间醉驾积案。开展电子警察大排查，整改2864处全市电警设备问题。开展顽瘴痼疾大排查，下发警务辅助人员工作负面清单，出台事故处理岗位“十严禁”“十应当”机制。建设执法办案系统，开发“云裁决”应用系统，用远程执法解决警力不足问题，实现群众处理交通违法零跑腿，全年实现远程执法2.1万次，一般程序案件处罚817起。建设涉案财物保管系统，采购智能血样保管柜，通过民警指纹解锁，强制落实2名民警存、取血样，从源头上解决血样存放安全问题。在市第三人民医院内部建设专业醒酒中心，解决醒酒过程中各类执法风险，全年完成醒酒334人次。

【民生服务】2022年，交警支队持续推进“货车通行证一城通办”，打通4个县市与市本级货车通行证管理系统数据壁垒，上线“一城通办”系统，全面实现市域范围跨城区、跨县区通行证“一站式”申领、一城通办、一证通用的全市一体化模式，全年发放各类通行证7.89万张，以临时通办证办理发放为例，办事时间由半天缩短至1分钟内。建立交通违法首次警告机制，梳理18项轻微交通违法，纳入“首次违法警告清单”，对符合条件的不予以罚款、记分，全年警告9.28万人次。

（符哲帅）

2022年3月15日，交警支队廿里疫情防控交通检疫临时党支部宣誓

检 察

【概 况】2022年，衢州市检察机关深学笃行习近平法治思想，全面加强新时代法律监督工作，努力在建设四省边际中心城市、争当“两个先行”示范窗口中践行检察初心使命，各项检察工作迈出坚实步伐。

【除险保安攻坚】2022年，坚持“严”的一手不动摇，依法批准逮捕各类犯罪577人、提起公诉3021人，起诉涉黑涉恶犯罪23人。突出惩治影响群众安全感的犯罪，起诉故意杀人、抢劫等严重暴力犯罪24人，起诉危害公共安全犯罪484人，起诉涉“黄赌毒”犯罪419人，同比分别下降20%、5.5%和31.3%，社会治安秩序持续向好。努力维护社会内生稳定，全面落实“少捕慎诉慎押”刑事司法政策，做到该严则严、当宽则宽，依法不批捕209人、不起诉1687人，诉前羁押率16.5%，全省最优，体现法治文明进步。认真执行认罪认罚从宽制度，促成4227名犯罪嫌疑人认罪悔过，适用率达到九成，一审服判率96%，最大限度增加社会稳定因素。与公安机关合力推进刑事案件诉源治理，全市万人犯罪率同比下降4.5%。聚焦防范化解重大风险，系统梳理所办个案、类案的发案原因，制发社会治理检察建议和专项调研报告42份，协同、高效推进安全生产、金融秩序、网络空间等领域集中整治，办理的瓶装燃气安全隐患整治案入选全省安全生产典型案例。针对木门油漆供应商普遍存在的非法存储油漆等危化品问题，江山检察院及时督促加强监管，并建议由政府主导建设存储场所，既护安全又促发展。

【服务市委重点工作】2022年，严厉打击阻碍重大产业项目建设的各类犯罪，及时监督纠正涉企执法司法处置不当16件。筑牢金融安全法治防线，起诉非法吸收公众存款、集资诈骗、传销等涉众型经济犯罪72人，强化部门协作追诉洗钱犯罪7人，助力以金融稳促发展稳。坚持保护知识产权就是保护创新，与市场监管部门完善知识产权协同保护机制，部署专项监督有效惩治知识产权恶意诉讼。围绕“开化龙顶”地理标志保护利用，开化检察院深入调研并提出针对性建议，护航品牌战略实施。突出保障绿色低碳转型攻坚，深化“河湖长＋检察长”等协作机制，起诉破坏生态环境资源犯罪141人，办理公益诉讼142件；严格落实生态修复补偿要求，常态化开展补植复绿、增殖放流，督促清理固废垃圾4.6万余吨，追索环境损害赔偿金1704万元。衢江检察院协同打造“浙里护水”平台，实现对饮用水源的动态、长效保护。市检察院在办理一起毁坏林地案件中，首次引入林业碳汇赔偿模式，助力实现“双碳”目标。突出保障城乡融合发展，找准服务乡村振兴的履职切入点，协同开展外来入侵物种防治，督促整治“非农化”“非粮化”农田耕地，保护农业生产安全；全市域走访摸排古道、古树名木等乡村文化史迹，推动落实定期修缮和长久保护机制，促进山区文旅产业发展。

【营造法治营商环境】2022年，坚持用改革的思维和方法服务、规范涉案企业，加强企业合规制度适用，对易触发刑事风险的化工企业实行预防性合规建设，6家试点企业完成合规验收，“预防在前”增强企业“免疫力”；对已经涉罪的企业用好涉案企业合规，联合市工商联等多部门建立第三方监督评估机制，3家自愿改进经营、经评估消除再犯风险的企业，获得宽缓处理。着眼稳经济秩序，坚决防止将经济纠纷作为刑事案件处理，对涉经营类犯罪的企业人员，根据企业发展需要和案件情节危害，能依法予以从宽处理，不批捕不起诉171人。严惩非国家工作人员受贿、职务侵占等民营企业内部贪腐犯罪21人，依法打击制售伪劣商品等不正当竞争犯罪251人，推动清理该结不结、该撤不撤的涉企刑事“挂案”9件。对沦为“犯罪工具”不再经营的“空壳公司”开展专项整治，清理完毕64家，并与市场监管、税务等部门协力加强前端治理。联合司法行政机关优化完善监管方式，允许涉企社区矫正人员外出从事经营活动，最大限度维护市场活力。

【清廉衢州建设】2022年，积极参与反腐败斗争，与市监察委健全衔接机制，受理监察机关移送涉嫌职务犯罪47人，起诉42人。突出惩治司法腐败，深挖彻查“人情案”“金钱案”“关系案”中的徇私枉法、玩忽职守等问题，立案侦查司法工作人员职务犯罪14人，办案质效位居全省前列。

【刑事诉讼监督】2022年，加强侦查和审判监督，市县两级全覆盖设立侦查监督与协作配合办公

2022 年 12 月 21 日，衢州市人防工程保护及规范新能源充电设施安装检察公益诉讼案检察听证会

室，提升对立案和侦查活动监督效能，监督公安机关立案、撤案 346 人，追加逮捕起诉 11 人，督促纠正侦查活动违法 14 件；与市法院共建刑事审判良性互动机制，对认为确有错误的刑事判决提出抗诉 11 件，法院已改判或发回重审 6 件。推进刑事执行监督，对违法违规减刑、假释、暂予监外执行提出监督意见 94 件，清理“应收未收”“判实未执”21 人；扎实开展巡回检察，对辖区内监狱、看守所巡回检察全覆盖，积极参与省检察院部署的跨区域监狱交叉巡回检察，发现并推动整改问题 75 个。围绕行政执法与刑事司法双向衔接，牵头 10 家单位出台意见加强规范，行政执法部门移送涉嫌犯罪更加主动、顺畅，检察机关对不起诉案件同步审查行政处罚必要性，建议给予行政处罚139 人，推动“行刑衔接”闭环管理。

【民事检察监督】2022 年，在加强精准监督上下功夫，办理民事生效裁判监督 146 件，对确有错误的判决提出抗诉和发出再审检察建议 58 件；对民事审判程序和审判人员违法提出检察建议 29 件，法院全部予以采纳。在抓好民事执行监督上下功夫，紧盯判决能否执行到位这个群众最为关心的问题，组织开展网络司法拍卖、涉车辆和不动产查封等专项活动，监督执行违法 172 件，起诉拒不执行判决裁定犯罪 26 人。1 名被执行人将价值 140 多万元的房产虚假过户逃避执行，检察机关查清事实后及时监督法院查封、拍卖，涉案 6 名申请执行人债权全部兑现。在惩治虚假诉讼上下功夫，与法院、公安机关通力协作，健全对“假官司”的防范、发现和追究机制，监督纠正虚假诉讼 54 件，移送立案侦查 11 人，让“打假官司者”付出“真代价”。

【行政检察监督】2022 年，聚焦加强行政诉讼监督，办结“民告官”监督案件 12 件，对行政审判与执行活动中的违法行为发出检察建议 10 件。全市办理的违法减免罚款行政非诉执行监督案入选全国优秀案例。聚焦促进法治政府建设，发挥行政违法行为监督职能作用，针对涉治安行政处罚、婚姻登记等领域行政违法问题，发出检察建议 30 件，促进提升执法水平。复盘总结近三年来全市行政败诉、复议纠正案件，梳理分析发展态势和类型化问题，源头助力依法行政。聚焦化解行政争议，开展涉行政争议问题法律监督专项行动，推动一批程序已结但讼争未解的案件得到化解。针对一起因房产登记错误而引发的民事、行政纠纷，开化检察院监督纠正的同时，又牵头促成双方和解，入选全省行政检察精品案例。

【公益诉讼检察】2022 年，立案办理公益诉讼 239 件，其中重特大案件占比 41.7%，6 起案件入选省级以上典型案例。把诉前实现保护公益目的作为最佳状态，发出行政诉前检察建议 146 件，绝大部分问题在诉前即获解决。同时坚持行政公益诉讼的“诉讼”属性，对经督促后仍没有依法履行职责的行政部门，提起行政公益起诉 2 件，彰显国家利益不容退让。力求更加全面保护公益，对损害还没发生但存在公益受损重大风险的情况，加强预防性公益诉讼，办理相关案件 28 件，有效从源头解决公共安全、国防军事等领域公益损害问题。针对部分小区新能源充电桩影响地下人防工程安全新情况，全市两级检察院会同杭州军事检察院开展联合办案、督促整改，达成人防战备效益与经济社会效益相统一的最优方案。注重发挥公益诉讼的惩治作用，办理生态环境保护、食药安全等领域惩罚性赔偿案件7件，让违法者不敢再犯。不断扩大公益保护“朋友圈”，构建代表委员建议提案与公益诉讼检察建议双向衔接转化机制，实现人大监督、政协民主监督与检察机关法律监督同向发力。推广应用“益心为公”检察云平台，联合统战、共青团等部门招募231名公益诉讼志愿者，推动构建多元化保护的“大公益”格局。

【实施数字检察战略】2022年，深入开展虚假司法确认、骗取社会保障等15个领域数字监督专项，与有关单位联合推进系统治理，深挖、解决一大批以前难以触及的社会治理问题。龙游县检察院对假冒集装箱专用ETC诈骗开展建模，发现并移送犯罪线索72条，覆盖杭州、宁波、金华等地，推动全省集群作战。着力打造数字检察标志性成果，7项场景应用纳入全省数字化改革重大应用一本账S3，数量位列全省检察系统第二，并全部上线运行。牵头建设的“执法鉴定委托一件事”入选全省数字法治好应用，柯城区检察院研发的“检警+”系统获评全省检察机关创新成果。

【纾解群众急难愁盼】2022年，全链条打击电信网络诈骗、养老诈骗犯罪，对重大案件坚持提前介入，依法起诉157人，并想方设法帮助被害人追回血汗钱、养老钱。加大骗取医保基金犯罪打击力度，结合办案形成专项报告引导监管部门堵塞漏洞，帮助管好用好“看病钱”。聚力保护群众身边的安全，协同开展农产品、餐具卫生、保健品等领域专项治理，办理危害食品药品安全案件32件，率先发现抗菌制剂药品安全问题并开展专项监督，进而推动全国性专项整治，督促下架143类涉案产品。扎实推进道路交通安全整治，江山市检察院通过对交通肇事案件地点、成因等要素梳理，促使相关部门开展深入排查，完善交通设施、消除安全隐患1000余处。衢江区检察院针对部分拆迁安置的农村高层住宅消防脱管问题，督促职能部门落实火灾风险管控闭环，让群众住得更安心。依法维护特殊群体合法权益，将司法保护和关爱向特殊群体倾斜，利用惩治犯罪、支持起诉等手段做好农民工讨薪、残疾人权益维护、生活困难妇女救助等工作。扎实开展指定法律援助权利保障专项行动，确保符合条件的特殊人群都能及时得到法律帮助。龙游县检察院在办理一起诈骗听障人士案件中，准确定性财物归属、积极引导认罪退赃，帮助39名被害人追回损失1350余万元，3名被告人均被判处10年以上有期徒刑。

【满足群众司法诉求】2022年，严格实行“群众来信件件有回复”，全面落实首次信访领导包案机制，扎实做好重复信访和积案清理“回头看”，在基层社会治理中心推行信访案件公开听证审查，妥善办理群众来信来访1432件。针对一起因征地拆迁引起的长达十余年的重复信访案件，常山县检察院牵头各方予以实质化解，入选全国典型案例。多元救助彰显司法温度，联合构建司法救助、社会帮扶、入学就业等有效衔接的多元救助格局，向236名遭受犯罪侵害或民事侵权的困境当事人发放救助金347万元，让因案致贫、因案返贫的群众切实感受到司法人文关怀。一名女孩因家暴命案而沦为事实孤儿，跟进开展省、市、区三级检察联动救助，协同落实低保等社会保障，抚慰受伤心灵。努力让老百姓对公平正义更有信心，坚决防范冤假错案，做到既打击犯罪又保护无辜，对不构成犯罪或证据不足的不批捕70人、不起诉60人。22名大学生实习误入电信网络诈骗窝点，柯城区检察院审慎办案全部作出无罪处理。

【呵护未成年人成长】2022年，依法从严起诉性侵、虐待等侵害未成年人犯罪70人；会同公安、教育等部门落实入职查询、强制报告等制度，通过强制报告追究侵害未成年人犯罪11人。落实“双向保护”，最大限度挽救涉罪未成年人，对轻微犯罪附条件不起诉53人，整体不诉率比成年人犯罪高14.5个百分点，争取让更多迷途孩子知返；给予未成年被害人更多关爱，全面落实“一站式”询问机制，避免反复询问取证造成“二次伤害”。协同加强家庭教育指导、心理疏导，对严重监护失职的“甩手家长”发出督促监护令43份。营造未成年人良好成长环境，针对未成年人文身、进入酒吧、电竞酒店以及婴幼儿照护服务监管缺失等问题，协同开展专项整治，助力儿童友好型城市创建。常山县检察院办理全省首例支持起诉保障未成年人姓名权案件，推动破解未成年人户籍登记缺失难题，获评全省未成年人司法保护典型案例。

【典型案例】

污染环境民事公益诉讼案 2020年1月以来，某纺织公司管理人员崔某、苗某在明知污泥系危险废物需交由专门机构处理的情况下，擅自将26吨多的污泥与石灰混合物予以填埋，对周边生态环境造成严重污染。2022年3月，常山县检察院在办理刑事案件中发现该线索，立案公告后移送衢州市检察院提起民事公益诉讼，诉请判令某纺织公司赔偿生态环境损害费用26万余元，并承担生态环境损害惩罚性赔偿金4.39万元。2022年10月，衢州中级人民法院主持调解，某纺织公司同意承担生态损害赔偿费用以及惩罚性赔偿金，并按照检察机关诉讼请求缴纳到位。衢州市检察院审查认为，针对侵权人违反法律规定故意污染环境，造成严重后果的，检察机关有权提起生态环境损害惩罚性赔偿。行政机关对案涉危险废物采取的暂存措施不到位，检察机关可以督促行政主管部门履行先行处置义务，及时消除环境污染风险隐患。企业在刑事合规整改期间配合进行生态环境损害赔付的，可以作为对涉案企业及相关人员从宽处理的重要考量因素。办案中，坚持“三查融合”理念，实现案件同步审查、证据互通转化、当事人行为同步考量，全流程开展检察监督，确保监督质效。

涉税犯罪案件刑事、行政检察融合数字监督 衢州市检察院在开展净化“空壳公司”专项行动中，协调税务、公安部门，针对性获取有效数据，通过数字建模碰撞比对，筛查出税务移送线索但公安机关未立案案件，经调查复核，排查出成立空壳公司短时间内大额开具发票后走逃的涉税刑事犯罪监督线索66条，向公安机关发出《要求说明不立案理由通知书》57份，涉案金额5000余万元，公安机关均已立案。已有8家公司涉案嫌疑人被抓获归案，10余家公司涉案嫌疑人身份锁定。另通过在数字监督模型中设定“虚开”“骗取”“纳税额”“处罚条文”等关键词，从税务稽查数据中筛查出空壳公司线索180余条，发出行政检察监督建议5份，市场监管部门均采纳，并启动相关程序。

衢州市检察院还联合公安、法院、综合行政执法指导办公室、税务、烟草等10家单位会签出台《衢州市行政执法与刑事司法衔接工作实施意见》，明确构建案件移送、协作配合、信息共享和研讨会商等4项机制，着力解决跨部门案件移送办理的难点、堵点问题。同时，为加强整治力度，联合税务、市场监管等单位拟出台《关于规范“空壳公司”线索处置工作的意见》，该文件正在征求意见中，本系列监督案件的办理充分体现了数字检察在助力法律监督提质增效方面的重要作用，并通过完善制度建设延伸监督成效，推动“空壳公司”专项整治取得明显成效。

（江丽芝）

法 院

【概　况】2022年，衢州市法院在习近平法治思想指引下，坚持服务大局、司法为民、公正司法，主动作为，全面提升“法助共富、法护平安”实效；忠诚履职，持续开展“为群众办实事示范法院”创建活动；守正创新，全面提升智能化、规范化水平；刀刃向内，持续开展作风建设年活动，切实提升司法能力；接受监督，坚持把接受人大及各界监督作为践行全过程人民民主的具体实践，各项工作取得新进展。全市法院诉前化解各类纠纷10320件，新收各类案件55007件，办结55484件，其中，市中级人民法院新收9001件，办结9028件，全市法官年人均结案249.65件。在省高院通报的38项案件质量指标中，市中院综合排名全省中院第一。全市法院涌现出全国法院行政审判工作先进集体、全国法院办案标兵、全省"人民满意的公务员"等一批先进典型。年内，两级法院获最高法院、省高院、市四套班子主要领导批示肯定48次。

【政治建设】2022年，衢州市法院把学习贯彻党的二十大精神作为首要政治任务，以衢州法院大讲堂、8090新时代理论宣讲、庭后十五分钟为载体，教育引导干警争当"'两个确立'忠诚拥护者、'两个维护'示范引领者"的排头兵，全面筑牢政治忠诚。坚持党对法院工作的绝对领导，严格落实《中国共产党政法工作条例》，全市域落实党委法院工作会议各项决策部署。深入开展全市法院政治督察，梳理整改问题43个。持续擦亮"先锋衢法"全国法院党建先进品牌，"五化强基"工程获评全国法院党建创新优秀案例，市中院抗疫临时党支部被市委、市政府评为抗击疫情突出贡献集体。

【优化法治化营商环境】2022年，全市法院践行"法治是最好的营商环境"理念，常态化开展司法暖企、营商环境"清障"系列活动。深入推进执行合同"一件事"改革，集中审执买卖合同案件，审理和执行天数同比分别缩短19.65天、16.04天。充分发挥破产审判职能，开展破产积案清理专项行动，审结破产案件159件，盘活工业用地2617.28亩、工业厂房88.41万平方米，化解银行不良贷款34.36亿元，清缴税款1.09亿元。府院联动妥善处置浙江开关厂西区核心地块资产，高效审结全市首例上市公司"天马轴承"破产重整案，"某果蔬公司破产清算转重整案"入选全国法院助力中小微企业发展典型案例，破产档案处置工作获评衢州市优化营商环境十大创新案例。审结个人债务集中清理案件68件，帮助依法经营、诚实守信的债务人"从头再来"。全面加强中小投资者保护，推动县级社会治理中心设立中小投资者权益保护中心，提供涉诉法治体检服务。持续加大科技创新保护力度，全面推行数字经济纠纷专门化审判，立项建设全省首个数字经济司法保护服务中心。集中管辖一审知识产权案件，新增外观设计专利案件管辖权，妥善处置"双柚汁"外观设计专利权纠纷系列案。

【助力基层社会治理现代化】2022年，坚持和发展新时代"枫桥经验"，依法支持"大综合一体化"行政执法改革，实现法院诉前服务功能与社会治理中心全面融合，全市法院诉前化解和民事可调撤率90.23%，居全省首位。主动融入基层社会治理大格局，健全"党政主导、法院指导"的诉前化解机制，完善"依托党政、法院主办"的诉后解纷模式。开化法院通过一件巡回审判案件的诉讼示范，诉前促成76户公租户主动缴纳拖欠租金。深入开展两级法院领导大接访、大走访、大调研行动，信访积案实质性化解率位居全省第二。全域创建"枫桥式人民法庭"，全市22个人民法庭深化"一庭一品一典型"建设，推广人民法庭全方位参与基层治理"航埠经验"，服务乡村振兴。柯城法院智慧新城法庭入选全国法院"打造枫桥式人民法庭 服务基层社会治理"典型。

【守护绿水青山】2022年，树立"绿水青山就是金山银山"理念，审结环境资源案件615件。出台全省首个司法服务保障"双碳"目标指导意见，助力碳达峰碳中和。全省率先将缴纳碳汇损害赔偿金作为刑事案件量刑情节，获评全省法院环资审判典型案例。成功调解全省首例林业碳汇民事公益诉讼案，由被告修复损毁林地并赔偿碳汇损失。深入推进环资旅游审判"三合一"工作，对钱江源涉水环资案件集中管辖。创新环境资源保护省际协作，牵头召开浙皖闽赣（衢黄南饶）四省边际人民法院司法协作会议并发布宣言。

【弘扬新时代衢州人文精神】2022年，发布"衢州有礼"十大典型案例。审结"行业内鬼出售公民个人信息案"，判决行为人同时承担刑事和民事侵权责任，倡导维护有礼公序良俗；审结"失信被执行人中标案"，确认中标合同无效并赔偿损失，让不诚信者寸步难行；审结"超时工作劳动争议案"，判决公司加付补偿金，坚决保障劳动者合法权益；审结"在尚未竣工的桥上散步受伤案"，判决受伤者承担主要责任，充分体现责任自负原则；审结"丧偶女婿继承案"，让尽主要赡养义务的丧偶女婿分得继承款，彰显中华民族传

2022年6月24日，少年法庭

统美德，被中央电视台《今日说法》报道。

【维护社会安全稳定】2022年，完成“护航二十大”各项除险保安任务。落实宽严相济刑事政策，新收一审刑事案件2305件，同比下降6.9%，社会治安持续改善。常态化开展扫黑除恶斗争，形成对黑恶势力的有力震慑。坚决维护安全稳定，审结故意杀人、抢劫等严重暴力犯罪案件23件，审结危害食品药品安全、非法集资等侵害群众利益犯罪案件45件，切实提升人民群众安全感。深入开展打击整治电信网络诈骗、养老诈骗专项行动，为39名听力和言语障碍受害人全额追回被骗资金1300余万元，“廖某集资诈骗案”入选全省法院打击整治养老诈骗犯罪典型案例。保持惩治腐败高压态势，审结夏某、王某等职务犯罪案件42件53人。对标儿童友好城市创建要求，全市法院均成立未成年人专门审判机构，“如颖随形”少年法庭项目入选全省妇女儿童发展规划示范项目。深入推进刑事涉案财物处置，省委政法委充分肯定。开展减刑假释案件实质化审理，审结减刑假释案件5354件。

【民生司法保障】2022年，认真贯彻实施民法典，审结一审民事案件27066件。妥善化解因疫情影响大幅增长的服务合同、信用卡纠纷和劳动争议案件。聚力“保交楼、保民生、保稳定”，专案专办，平稳处置涉房地产案件1800余件。深化家事审判方式改革，妥善审理婚姻家庭、抚养继承等案件，发布维护妇女合法权益及人身安全保护令典型案例，促进家庭和睦、社会和谐。审结全省首例维护未成年人人格权案，多部门联动帮助12岁“黑户少年”跨省落户。充分发挥司法救助“托底”作用，对生活困难当事人发放司法救助款253.24万元，缓减免诉讼费146.81万元，传递司法温暖。妥善审理涉军案件，维护国防利益和军人军属权益。严格落实立案登记制，全面优化诉服中心3.0功能，深入推进当事人“一件事”改革，努力实现“最少程序、最低成本”。全市法院自动履行率同比上升4.65个百分点，其中市中院自动履行率79.75%，位居全省第二。

【助推法治政府建设】2022年，坚持监督依法行政、保护合法权益、解决行政争议并重，审结一审行政诉讼案件499件。高规格召开府院联席会议，形成府院共同推进法治政府建设合力。持续深化实质性化解行政争议“三大机制”，深入推进“三层次”联席会议制度化运行，近三成行政案件协调化解，行政机关败诉率保持在合理区间。妥善审理开化水库、双西港片区改造等涉重点工程案件200余件，促成黄坛口蓄水工程等多个重点项目案件“清零”。推动政法委牵头合力规制行政滥诉，联合检察院、司法局数智赋能规范非诉执行。不断延伸审判职能，每年发布行政审判白皮书，丰富“法庭课堂”，助推“关键少数”法治意识提升，行政机关负责人出庭应诉率100%。

【解决执行难】2022年，持续完善从源头切实解决执行难工作大格局，全市法院执结案件15346件，执行到位金额17.73亿元，执行“3+1”（“3”指有财产可供执行法定审限内执结率、无财产可供执行案件终本合格率、执行信访办结率，“1”指执行案件执结率）

核心指标中2项排名全省首位，执行破难经验被最高法院推广。加大执行强制力度，开展“助企纾困保民生”等执行专项行动21次，限制高消费14605人，纳入失信被执行人名单11504人，司法拘留1033人，罚款9433人，追究拒执刑事责任21人。全面加强执行规范化建设，协同检察机关开展执行规范化监督，规范关联案件集中执行，推广终本案件“十步检查法”（终本案件是指人民法院已穷尽一切执行措施，未发现被执行人有可供执行的财产或者发现的财产不能处置的，将暂时终结执行程序并作结案处理，待发现可供执行财产后继续恢复执行的案件。“十步检查法”是指通过从财产调查执行情况、执行公开透明度、办案程序规范化三个层面分十个步骤对拟终本案件进行检查和管理），终本合格率100%。践行善意文明执行理念，灵活采用诚信履行观察期、资产转贷等方式，对768家企业进行信用修复，帮助586家企业重获新生。常山法院依法支持陷入担保债务危机的某化工龙头企业恢复生产经营，偿还债务7000余万元，盘活资产近亿元。江山法院善意执行某热电供能企业，有力保障38家企业正常生产经营，入选最高法院典型案例。

【推进“全域数字法院”改革】2022年，院联动创新开发行政争议协同治理应用，获评全省数字法治好应用和全省数字法院好制度，在全国行政审判工作会议上作典型发言。开发全国首个“审判云智辅”数字应用，获评全省数字法院好应用。持续深化执行“一件事”改革，完善“134N”（2020年6月，市中级人民法院联合市营商办、市信用办出台《关于构建“134N”智慧治理模式为衢州信用体系建设提供司法保障的意见》，“1”指以信安分为载体，“3”指“衢州信用码”三色管理，“4”指“政企通”“邻礼通”“村情通”和行政审批平台，“N”指多个应用场景；该机制以信安分为载体，将当事人信用信息嵌入“政企通”“邻礼通”“村情通”基层治理平台和行政审批平台，根据自动履行、强制执行、拒不执行等情况，结合衢州“信用码”三色管理，进行分层赋值、区别应用，突出“正向激励”“反向惩戒”“信用修复”并重，促进自动履行，从源头解决执行难）智慧信用治理模式2.0版，迭代升级综合治理执行难协作应用，4个项目入选省级应用试点。智慧警务2.0和减刑假释协同应用全省推广使用，实现“一地开发、全省共享”。健全完善数助决策机制，司法大数据分析报告助力社会“智治”水平提升，获最高法院表彰。

【优化审判质效管理】2022年，深化司法体制综合配套改革，全面准确落实司法责任制，规范院庭长监督，860件案件纳入“四类案件”监管。扎实推进以审判为中心的刑事诉讼制度改革，准确实施认罪认罚从宽制度，四类人员出庭311人次，同比上升17个百分点。深入推进民事诉讼程序繁简分流改革，小额诉讼程序适用率排名全省首位。推进审级职能定位改革，优化司法资源配置。强化审级监督，优化质效管控，逐月分析通报改判发回案件，衢江法院相关经验获省高院推广。持续深化“程序空转”治理专项行动，程序比1.44，全省第二。持续开展打击扰乱诉讼秩序、拒执专项行动，严惩扰乱诉讼秩序108人次，移送拒执线索112件，维护诉讼秩序和司法权威。上线“虚假诉讼协同智治”综合应用，查处虚假诉讼案件560件，查处万案比居全省前列，“捏造破产企业劳动债权并申请司法确认案”“恶意串通骗取担保案”入选全省法院防范和打击虚假诉讼典型案例。

【推行“共享法庭”融治理】2022年，坚持“建管用融宣”齐驱并进，以“共享法庭”为支撑，融合人大代表联络站、政协民生议事堂、公安警务站、人民调解、“三衢和姐”工作室、“大综合一体化”行政执法等六大力量，构建起“党委领导、人大政协支持、政府部门助力、政法机关共建、法院主推、群团组织广泛参与”的工作格局。全市建成“共享法庭”1820个，实现镇街、村社全覆盖，3个“共享法庭”入选省级示范。全年指导调处和协同化解纠纷13533件，网上立案和在线诉讼8770次，普法宣传1280场、受众超31万人次，成功化解“106户村民用水难”等一批疑难复杂纠纷。“共享法庭”融治理工作获省高院院长李占国批示肯定并全省推广，被《人民法院报》头版头条报道。

【打造法院队伍】 2022年，推动中基层法院、法检干部交流，开展综合部门与业务部门、人民法庭“双向轮岗”。建立健全导师帮带机制，实现精准培养。深化院校合作，与西南政法大学、浙江财经大学等建立人才培养合作机制，建成全省首家院校合作基地。加强调查研究，完成省级以上调研课题10个，106篇论文和案例分析在省级以上发表、获奖，1人入选全省审判业务专家，22人入选省级专业化人才库。深入推进“六治六提”作风建设行动和“八个一”警示教育月活动，建立“122”工作落实督查体系，定期通报正反面典型和日常巡查督查结果。严格执行防止干预司法“三个规定”、新时代政法干警“十个严禁”等铁规禁令，严肃查处违规行为。加大督查力度，市中级人民法院发布审务督察通报12期，开展作风专项督查5次，完成对常山法院司法巡查。

【践行人民民主】 2022年，坚决贯彻市八届人大一次会议决议，认真办理代表议案3件。主动向市人大常委会报告工作，接受“共享法庭”建设情况专项视察、行政诉讼专项评议“回头看”。加强代表委员联络，推广“天平之约”代表委员会客室，寄送专刊、发送短信，邀请代表委员参加座谈、视察法院、旁听庭审、见证执行600余人次。自觉接受政协民主监督，向市政协及各民主党派、工商联、无党派人士通报工作，办结委员提案2件。与市政协创新构建“一堂一庭”融合互促机制，共同赋能基层治理。依法接受检察机关法律监督，邀请检察长列席审委会25人次，办理检察建议186件，审结抗诉案件25件，共同维护司法公正。加强法官与律师互评，律师评法官应用率全省第二。全面落实司法民主，陪审员参审案件3488件，一审案件陪审率96.38%。加大司法公开力度，上网公开裁判文书21716份，庭审直播4994场，市级以上媒体发表稿件1200余篇，举办新闻发布会、公众开放日等活动73场次。龙游法院抖音号发布短视频900余条，阅读量超10亿人次。

【典型案例】

衢州法院审结全国法院助力中小微企业发展典型案例某果蔬公司破产清算转重整案　常山县大胡山果蔬有限公司（以下简称“大胡山果蔬”）是“市级农业龙头企业”“省级扶贫龙头企业”，并且持有浙江省著名商标“大胡山”，在行业内具有较高的知名度和影响力。2017年因不能清偿到期债务被诉，财产评估价2364.28万元，执行期间3次流拍，债权人于2021年1月向常山法院申请破产清算。法院审查认为，债务人陷入财务危机的真正原因是现金流受限，如果能够注入资金，即存在复苏的可能。经过法院主动释明，债务人申请重整，引入浙江某贸易公司作为投资人注资1310万元。2021年9月14日，法院根据管理人申请，裁定批准重整计划，现已执行完毕。

开化法院成功化解一起丧偶女婿继承案获中央电视台《今日说法》报道　汪某育有两名女儿，大女儿嫁到附近村，汪某和小女儿及女婿吴某同住。2020年6月，小女儿因病去世，女婿吴某从此独自肩负起照顾岳父汪某和养育两个女儿的重任。2020年10月，汪某因交通事故死亡，获得死亡赔偿金37万元。大女儿与吴某就如何分配死亡赔偿金协商无果，遂向开化法院提起诉讼。开化法院经审理认为，死亡赔偿金并非遗产，但可参照法定继承人的范围确定死亡赔偿金的权利请求权人，吴某虽然只是丧偶女婿，但对汪某尽了主要赡养义务，故依法享有分配死亡赔偿金的权利。关于死亡赔偿金分配比例，应根据与被侵权人关系的远近和共同生活的紧密程度合理分配。考虑到案件双方当事人是亲戚关系，为促进案件实质性化解，承办法官邀请村干部组织双方进行调解，最终双方协商一致，由大女儿分得16万元，吴某分得21万元。

江山法院审结行业内鬼出售公民个人信息案　2017年8月至2018年11月，李某在江山某房企担任楼盘销售顾问，在职期间，李某利用工作便利，获取并保存600余条业主个人信息。江某系某装修公司市场部经理，为拉客多次向李某购买个人信息，李某获利16500元。后李某因涉嫌侵犯公民个人信息罪被公安机关抓获，江山法院最终依法判处被告人李某有期徒刑七个月，缓刑一年一个月，并处罚金16500元，同时没收其非法所得16500元，责令其承担公益损害赔偿16500元，在市级以上媒体公开道歉并支付广告费。

（郑　迪）

司法行政

【概　况】2022年，衢州市司法行政系统坚持以习近平法治思想为指导，以数字化、法治化改革为牵引，构建司法行政“12357”工作体系，推进“六治六提”作风建设行动，推动全市司法行政事业高质量发展，为衢州建设四省边际中心城市提供强有力的法治保障。全系统获得司法部表彰3次、省政府表彰1次、省政府领导批示肯定4次、市厅领导批示肯定22次、市十条军规通报表扬2次，省对市司法行政考核十年来突破性获得优秀等次。

【司法所综合改革】2022年，被依法治省办列为司法所综合改革唯一全域试点地市，在司法所设置法治协调岗、合法合规审查岗、执法监督岗等6个岗位，111名政法专编全部充实司法所一线，372名乡镇（街道）和派驻机构干部纳入司法所履职人员，梳理合法合规审查、行政执法监督、行政复议等职责清单14项，新增4家省级“枫桥式”司法所。相关工作得到副省长高兴夫、市委书记高屹批示肯定。9月23日，在司法部建立司法协理员制度工作视频座谈会上作经验交流发言。11月16日，全省司法所综合改革现场推进会在江山召开。

【数字司法改革】2022年，专班化推进数字化改革，建立月例会、周小结、日报告等制度，7个项目列入全省司法行政数字化改革应用建设试点清单，形成数改制度成果16项，在省部级媒体上刊发理论成果3篇，大数据精准普法组件纳入省司法厅司法大脑，社区矫正应用实现与基层智治系统贯通，基层法治一网通应用集成司法行政全业务。“公证＋二手房”资金监管应用上线后监管交易资金近3亿元，实现二手房交易零纠纷，获评全省“数字司法好应用”，相关工作经验被推荐上报国务院职转办，并得到常务副省长徐文光批示肯定。

【公共法律服务】2022年，出台服务复工复产“硬核六条”、助企纾困“十二条”和法助共富、法护平安“双十条”等一系列惠企便民法律服务措施。出台《关于加快律师行业高质量发展的实施意见》，律师人数增长率25.41%，增幅位居全省第三。推进市场主体法律顾问服务网格化全覆盖，为民营企业开展法治体检3.5万余次，先后被省市评为“共同富裕”最佳实践案例。公证告知承诺制被司法部评为“减证便民”十大典型案例并获通报表扬，得到市委书记高屹批示肯定。

【法律援助】2022年，持续打响“法援惠民生”服务品牌，扎实开展《中华人民共和国法律援助法》宣传进社区、进园区、进单位等活动，发放各类宣传资料4.5万份，普及覆盖12万余人次。推进开化县审查起诉阶段律师辩护全覆盖试点工作，出台《开化县开展审查起诉阶段律师辩护全覆盖工作实施办法（试行）》，开化县办理审查起诉阶段法律援助106件，同比增长562.5%，其中因试点扩大援

2022年11月16日，全省司法所综合改革现场推进会在衢州江山召开

2022 年 8 月 31 日，法治农家乐助力乡村振兴暨普法剧本杀开本仪式举行

助 69 件，占比 65.09%。全市受理各类法律援助案件 2865 件、法律帮助案件 3110 件，为困难群众挽回经济损失或取得应得利益 6130 万元，法律援助案件质量和服务指数均位列全省第一。

【普法与依法治理】 2022 年，开展公民法治素养提升行动，建立 11 个省级、44 个市级公民法治素养观测点。推动四省边际法治文化走廊建设，打造开化县“两山”理论法治实践馆、习近平法治思想基层治理江山实践馆等 36 个法治宣传教育地标性场所。设计衢州普法卡通形象 “衢小法”，推出“衢小法”说法 29 期，阅读量 18 万人次。实施民主法治村（社区）五年倍增计划，新增 5 个国家级、95 个省级民主法治村（社区）。与金融机构携手打造“法助共富贷”，向诚信守法者发放低利率小额贷款 1.5 亿元。以法治乡村建设助力乡村振兴，全市建成 9 家法治民宿和法治农家乐，吸引游客 5600 余人次。12 月 8 日，衢州市 2022 年宪法宣传月启动仪式暨江山法治古街揭牌仪式在江山市清湖街道二村正式启动。

【特殊人群监管】 2022 年，与市开放大学建立社区矫正教育帮扶战略合作，举办社区矫正对象学历提升班。承接全省矫务所建设试点工作，建立社区矫正中心、乡镇（街道）矫务所、村居矫正工作站三级动态管理体系。开展安置帮教对象集中摸排，完善“一人一档”“一人一组”开展帮扶。完成除险保安百日攻坚任务，全市社区矫正对象无脱漏管。

【矛盾纠纷调解】 2022 年，发挥“融调解”工作机制优势，全市矛盾纠纷调处化解中心（包含站、点）调处群众矛盾纠纷 21929 件，调处成功 21898 件，调处成功率 99.86%，其中疑难复杂案件 1621 件，调处行政争议案件 14507 件。新增 4 家省级金牌人民调解工作室。12 月 6—9 日，举办全市司法所长培训班，全市 80 名司法所所长参加培训。

（江 玥 邹思婕）

衢州军分区

【概　况】2022年,衢州军分区党委坚决贯彻党中央、中央军委和习近平主席决策指示，按照各级党委部署要求，紧紧扭住迎接和学习贯彻党的二十大这条主线，牢牢把握大事之年、政治之年、改革之年的特殊要求，坚持稳中求进，强化政治引领，聚焦主责主业，积极创新实践，完成年度任务，推动各项建设持续向上向好发展。

【思想政治引领】2022年，突出学思践悟习近平新时代中国特色社会主义思想和习近平强军思想,严格落实党委(常委)会第一议题制度，师团主官带头备课授课，运用学习成果开展实践课题调研,推动理论武装走深走实。党的二十大召开后，党委中心组第一时间学习党的二十大报告,通过组织开展读报评报活动、设立橱窗展板等多种方式开展党的二十大精神学习，迅速掀起学习党的二十大精神热潮。聚焦"忠诚维护核心、矢志奋斗强军"深化主题教育,组织党史学习教育总结,研究制定党史学习教育常态化长效化措施,广泛开展庆祝建军95周年和书画进军营等系列活动,举办第四届"强军杯"系列文体赛事,不断提升思想政治教育实效。

【党的组织建设】2022年，从军分区党委班子自身抓起严起,常态抓实理论武装、班子激励、谈心交心，认真学习贯彻新的军队党建法规和民主集中制。专题组织师团党委班子成员集训，参加省军区党委书记理论集训。压茬召开师团两级党委党史学习教育专题民主生活会，严密组织参加上级党代会代表选举工作，召开军分区第五次党代会。

【练兵备战转型】2022年，采取"线上+线下"模式,组织全市专武干部和民兵骨干集训，开展第五届岗位练兵暨教练员比武,完成"浙南协作区"通信专业跨区联训。出动民兵遂行"6·20"防汛抢险、"8·21"搜寻救援等急难险重任务，在突发情况应对处置中提升应战行动能力。

【国防动员体系】2022年，在全省率先挂牌成立市国动办，按时完成机构调整、职能移交、办公室撤销等任务。牵头研究"武常委"职能作用发挥意见建议，受到省军区首长肯定并被国动部采用。严密组织"一年两征",开展"百名征兵人进千家访'新兵'"活动,依托辖区院校试点开设军事对口专业技能人才预征预储，征兵"五率"连续5年位列全省第一方阵。持续办好"衢州国防"栏目,定期开设"国防之窗"专刊,常态运维"兵道三衢"新媒体平台账号。市县两级分层开展全民国防教育日和省国防教育周系列活动，试点建设少年军校。

【建设发展基础】2022年，专题召开全市民兵工作会议，探索形成"独院、独楼、独层"三种模式"窗口单位",全市乡镇(街道)武装部、村(社区)民兵连硬件设施建设全面达标，持续推进民兵装备仓库规范运行。大力推进市民兵综合训练基地建设，完成项目选址、方案设计、土地征迁等工作。军地联合开展“守护戎装”军服专项整治活动。召开市委议军会研究制定《新时代衢州民兵荣誉体系建设实施意见》，军地纪委联合下发“双管”人员履职情况正负面清单通报，组织6个县(市、区)和市级机关67个部门党管武装实绩考核，武装阵地更加巩固。

【打造新时代少年军校】 11月，衢州军分区组织召开全市“少年军校”建设观摩研讨会，通过组织到龙游县端礼小学参观军魂广场、军史长廊、军种长廊、国防教育馆等红色教育场所，在体验场观看学员练兵，感受校园内军事氛围。各县(市)区人武部及教育局相关领导围绕新时代全民国防教育工作进行经验介绍和研讨交流。

【衢州市民兵荣誉体系建设暨军地协调机制研讨会】 7月，衢州市民兵荣誉体系建设暨军地协调机制研讨会在江山召开。会议通过现场观摩江山市民兵应急连、石门镇江郎山民兵执勤点建设，结合学习江山人武部两项试点成果，围绕民兵荣誉体系建设和军地协调机制开展分组讨论，各县(市、区)人武部政委、政工科负责人、专武干部和民兵代表参会。

【衢州市四套班子领导过“军事日”活动】 12月，衢州军分区组织四套班子领导集体过“军事日”活动，市委书记、军分区党委第一书记高屹、市长徐张艳等市党政军领导，走进市民兵综合训练基地，参加实弹射击训练、体验军营生活、学习优良作风、接受国防教育，进一步密切军地联系，推动党管武装工作落地落实。

【衢州军分区召开第五次党代会】 12月14—15日，衢州军分区举行第五次党代会。15日，衢州军分区召开五届一次全体会议，市委书记高屹当选军分区党委第一书记并讲话。会议强调，衢州军分区新一届党委以建设“全面过硬一流军分区”为目标，推动衢州市国防动员和后备力量建设迈上新台阶。

（李政宏）

2022年7月15日，衢州军分区党委五届一次全体会议召开

武警衢州支队

【概　况】 2022年，武警衢州支队党委坚决贯彻武警部队和总队党委决策部署，围绕迎接保卫学习贯彻党的二十大这条主线，把握“稳中求进”主基调，持续强化政治引领，深化练兵备战，厚实基层基础，深入纠风除弊，部队建设保持向上向好发展态势。

【政治引领】 2022年，落实《改进中校以上军官学风的措施》，严密组织党委中心组带机关理论学习，推动二十大精神学习宣贯，用活用好“红肩章”“云课堂”“学习强军App”等载体，创新“三微”(微课、微文、微视频)教育模式，推动党的声音直达基层、直达官兵。着眼官兵文化需求，组织文化巡展4批，拍摄网络晚会2场，完成军史长廊、书香军营建设9处，支队书香军营建设做法在总队大会交流。规范组织党的二十大、武警部队军人代表大会和省党代会、人大代表候选人推荐工作。

【练兵备战】 2022年，完成231天联勤武装巡逻，完成江山城市内涝、航埠抗洪抢险救援及龙游森林火灾扑救等任务，相关情况被央视报道。协调推进2处新所和火车站备勤点建设，排查治理执勤隐患60处，在总队挂账的隐患全部清零，衢州中队被总队表彰为执勤先进单位，江山中队成功处置错带释放对象险情，受到总队首长批示表扬。年内，3 篇军事训练经验做法被总队转发推广、1 篇训法入选武警部队“两例两法”库，总队指挥员比武支队取得团体第一名。

（陆宇晖）

人民防空

【概　况】2022 年，衢州市人防办全面贯彻落实总体国家安全观和新时代军事战略方针，市委、市政府、军分区决策部署，坚持人民至上、备战牵引、创新驱动、平战结合，推进衢州人民防空现代化。

【人防工程产权制度综合改革】2022 年，衢州市政府办公室出台《关于衢州市人防工程产权制度综合改革的实施意见》，自 9 月 29 日起在全市施行，部分项目在规划条件或建设管理要求中明确人防工程建成后产权登记在政府指定的国有企业。

【人防数字化改革】2022 年，参与全省数字化改革方案配套建设，开展数据归集，推进履职事项标准化、数字化。完成人防工程全生命周期管理系统课题研究，聚焦规划数字化与工程运维管理应用场景，为人防规划在线应用场景建设提供衢州经验。

【人防规划编制】2022 年，抓住城市综合防护和重要经济目标防护两个战略重点，构建人防规划体系。加强单元控规人防元素设置，突出在规划设计条件和土地供应环节中落实人防指标，将人防设置要求纳入土地出让条件及建设要求，其中 1 个控制性详细规划被省国动办评为城市控规单元落实人防设施配置典型项目。

【人防（民防）应急准备】2022 年，严格落实人防指挥所建设“三年行动”方案，市本级、衢江区、开化县指挥工程基本完工，其他县（市、区）全部开工。以市带县的形式，组织开展组织“浙江金盾 –22（衢州）”演习，检验人防指挥部“指挥链”的能力和水平。

【人防宣传教育】2022 年，通过演习和外请专家举办国内外形势讲坛，增强指挥部成员单位和重要经济目标单位人员的国防人防意识。开展重要节点宣传，结合“3·1”国际民防日、“5·12”防灾减灾日等重要时间节点，组织警报试鸣、人员疏散演练及系列人防宣教活动，向民众普及防空防灾知识。持续抓好人防宣教阵地建设，江山市“010 工程”公共安全（防灾）教育中心被评为十大省级人防宣教基地。

（张一帆）

2022 年 2 月 21 日，救援失联群众下山

规划和国土资源管理·城乡建设和管理

城乡规划和国土资源管理

·综　述·

【概　况】2022年，衢州市自然资源和规划局（以下简称“市资源规划局”）聚焦“工业强市、产业兴市”，围绕“拉高标杆、奋发有为、走在前列”要求，全面完成年度目标任务，为打造四省边际共同富裕示范区、四省边际中心城市提供要素保障和生态环境。年内，全面推行“田长制”和“耕地智保”应用场景；完成“百大项目集中攻坚”专项行动；省内首创工业用地全域整治工作；完成国土空间规划“三区三线”（三区指生态空间、农业空间、城镇空间，三线指生态保护红线、永久基本农田、城镇开发边界三条控制线）划定并正式启用；土地综合整治工作绩效评价位居全省第一。

【《衢州市耕地保护三年行动实施方案（2022—2024年）》】5月由市政府出台，提出通过开展耕地保护三年行动，建立最严格的耕地保护体系，落实市、县、乡、村四级田长制和“耕地智治”，力争垦造新增耕地3万亩，恢复耕地属性3万亩，复垦建设用地4500亩，实现全市耕地总量不减少，质量和产能进一步提高；以实施田长制为抓手，在全市开展调查评价、扩面增量、提质增效、系统治理、执法“亮剑”、数字智保“六位一体”耕地保护工程；强调要将严格落实耕地保护党政同责，市、县、乡逐级签订耕地保护目标责任书，作为刚性指标实行严格考核、一票否决、终身追责。

·国土资源工作·

【概　况】2022年，衢州市土地总面积8844.57平方千米，其中，湿地9.01平方千米、耕地1075.79平方千米、园地772.40平方千米、林地5653.26平方千米、草地55.39平方千米、城镇村及工矿用地633.88平方千米、交通运输用地110.75平方千米、水工建筑用地13.24平方千米、水域348.22平方千米、其他土地172.63平方千米。

【自然资源执法督察】2022年，开展国家自然资源督察上海局2021年土地例行督察反馈问题整改工作。涉及衢州市11类488个问题，其中3个为重点督促整改典型问题。全年完成整改432个，整改率88.52%。11月6—13日，国家自然资源督察上海局在衢州开展2022年自然资源督察工作，开展内业核查和外业核查。

【依法行政】2022年，市资源规划局列入衢州市政府重大决策目录事项2项；完成9件行政规范性文件合法性审核，重大合同（协议）审查11件；在土地审批、被征地农民权益保护、行政争议情况等6个方面开展土地审批权限委托下放综合评估工作。依法办理46件依申请公开政府信息件。

【普法宣传】2022年，干部学法用法考试参与率和合格率均为100%；在“4·22”地球日、“5·12”

防灾减灾日、爱鸟周、“6·25”全国土地日、“8·29”《中华人民共和国测绘法》宣传日、“12·4”国家宪法日等节点，开展8090普法宣讲。

【争议化解】2022年，办理行政应复案件12件，无败复案件；办理一审、二审、再审行政应诉案件38件，无败诉案件。全年受理2472件信访件，办结率100%，完成省信访联席会议事权属地双交办积案128件，省厅信访“双清零一创建”专项行动，历史积案化解201件、初次信访事项3件全部清零。柯城区、龙游县、常山县、开化县成功创建2022年全省自然资源系统无信访积案县（市、区）。

【完成全市第三次全国国土调查主要数据公报】2022年，按照省厅部署要求，对全市“三调”主要数据进行汇总分析，于3月29日在市主要新闻媒体发布衢州市“三调”主要数据公报。开展对所辖县（市、区）“三调”主要数据审核，指导各地完成“三调”主要数据公报。

【土地要素保障】2022年，深入研究省厅支持26县跨越式高质量发展系列政策，靠前谋划省级以上重大基础设施项目，对接纳入省级重大项目清单工作，争取专项指标和奖励指标，共争取新增建设用地指标1.44万亩，其中，9个省以上重大基础设施项目0.41万亩；97个市县城市分批次项目1.03万亩。

【“五未”土地处置】2022年，对全市清查出来的历年“五未”土地10.83万亩，采取硬核举措处置。出台《衢州市“五未”土地处置专项行动实施方案（2022—2024年）》，建立例会推进、周报推送、清单落实、销号考评等闭环管理机制，逐条逐块落实工作责任。聚焦问题导向，市委将消化批而未供工作列入“7张问题清单”，作为重大督查问题交办各县（市、区）人民政府。建立赛马机制，根据通报情况予以红黄区警示，结果应用到市委、市政府对各区块的年度综合考核。消化历年批而未供土地35777亩、盘活存量建设用地10983亩，获得奖励指标4285亩。

【土地供应】2022年，全市供应土地606宗，面积4.4万亩，土地出让和划拨价款187.48亿元。加大土地供应，缓解市场需求，平抑房地价格。全年商品住宅用地供应75宗，面积4507.04亩，成交价款137.83亿元。完善住宅供应结构，面向偏远区域、乡镇区域、安置项目加大住宅用地的市场投放，达到满足结构性需求，平抑总体房价的目标。落实全市未来社区建设，在全市住宅用地供应融入未来社区模式。

【土地指标调剂】2022年，按照土地指标对外调剂统筹管理制度和“五个一”（一套机制人马操作、一个小组谈判、一本土地指标预算大账、一个指导价格、一个口子对外）工作机制，有序推进指标外调，促进资源转化。经市政府同意、省自然资源厅批准调剂杭州等山海协作地区土地指标12296亩，取得调剂收入88.8亿元。

【耕地保护成效明显】2022年，完成垦造耕地面积1.63万亩，完成全市千亩方、万亩方永久基本农田集中连片整治任务9.35万亩，超过原定8.5万亩任务0.85万亩。

【百大项目集中攻坚】2022年，市资源规划局开展“百大项目集中攻坚”专项行动，完成寺桥水库等14个重大基础设施项目报批，涉及投资额436亿元，用地面积14791亩，提前完成省百大项目攻坚“清零”，得到省自然资源厅通报表扬。

【全面推行“田长制”】9月29日，市委、市政府出台《关于全面推行耕地保护田长制实施意见》，建立市、县、乡、村四级田长责任体系，层层签订耕地保护责任书，实现市县乡村联动、全覆盖的耕地保护网格化监管机制，加强耕地数量、质量、生态、效益“四位一体”保护，将耕地保护监督管理延伸到“最后一公里”。

【耕地“非农化”整治工作】2022年，全市遵循“增量问题坚决处置、存量问题稳妥处置”的原则开展耕地“非农化”问题整治工作。4宗新增“非农化”问题完成处置，1.75万亩存量问题全部完成处置和销号。

【推进全域土地综合整治与生态修复】2022年，获上年度乡村全域土地综合整治与生态修复绩效评价全省第一，六个县（市、区）均进入全省前十六，其中四个县（市、区）全省前六，柯城区全省第一，并获评省政府督查激励奖励，获奖励指标 100 亩。4 个跨乡镇全域土地综合整治项目列入省第一批试点。4 个项目入选省精品工程，全省第一。正在实施的 54 个列入省计划项目动工率 100%，完成投资 166.07 亿元。钱江源头区域山水林田湖草生态修复国家试点项目基本完成。46 个项目完成投资 63.34 亿元，其中中央资金 10 亿元。中央环保督察信访件涉及的 24 座废弃矿山完成治理修复并销号。第二轮中央环保督察整改涉及的 13 座矿山全部完成整改并销号。

【**查处违法用地**】2022 年，市资源规划局开展"违建别墅""农村乱占耕地建房""常态化扫黑除恶斗争"等专项行动，将专项行动作为重大的政治任务抓紧抓实，聚焦重点，稳妥推进，依法处置。排查出的 13 个违建别墅问题全部整治到位，无反弹无新增；开展常态化扫黑除恶斗争自然资源领域整治工作，立案查处涉砂石矿产资源违法案件 52 起，其中移送公安机关侦办 6 起，作出罚款处罚 51.27 万元、没收违法所得 188.91 万元；推进农村乱占耕地建房问题专项行动，排查发现新增问题 10 个，面积 15.9 亩，耕地面积 15.9 亩，永农面积 0.78 亩，全部启动整改工作。

【**土地整治**】2022 年，完成垦造新增耕地面积 16323 亩，建设用地复垦面积 3882 亩。印发《关于进一步加强和改进土地整治全流程监管工作的通知》《衢州市垦造耕地项目市级抽查复核办法》，聚焦土地整治全流程闭环管理，完善项目薄弱环节，规范项目建设管理，解决项目后期管护问题。

【**土地储备**】2022 年，完成市区土地收储 419.6 亩，土地供应面积 392.1 亩，总收入 7.11 亿元。完成省自然资源厅衢州市级自然资源资产储备制度试点，以"生态优先、保护优先、合理利用、维护权益"要求，探索自然资源资产储备、保护、开发、利用新机制。以衢江区乌溪江溪东平台生态修复项目为实践范本，"小切口"推进符合衢州市实际的自然资源储备路径，试点成果获浙江省土地学会"土地利用优秀成果"一等奖。按照衢州市本级土地储备范围、面积、规划用途和空间分布等要素编制完成衢州市历史上首个土地储备专项规划。

2022 年，推进柯城区万田乡土地综合整治项目工作

【**提升地质灾害防治能力**】2022 年，衢州市地质灾害"整体智治"三年行动收官，完成 18 个乡镇（街道）地质灾害风险调查评价任务，完成 70 个地质灾害专业监测点建设，新增山区雨量监测站 81 处，新增专群结合监测预警点 127 处。通过设置专业监测设备，保证第一时间发现隐患点稳定性的变化情况，及时为决策提供依据，为组织群众转移争分夺秒，提升整体监测预警水平。地质灾害防治基础进一步夯实，补充完善基层行政村防灾责任、巡查预警 AB 岗体系、明白墙制度、应急演练要求等各方面内容，确保地灾防治管理到村、到户、到人。

【**矿产资源管理**】2022 年，完成全市采矿权公示 48 家，探矿权公示 27 家，年度勘查开采信息公示率 100%。完成全市矿产资源开发利用和储量统计工作，年产矿石量 2569.08 万吨，矿业总产值 146156.89 万元，绿色矿山建成入库率 84%。设置矿地综合利用项目采矿权供料 280 万吨保障杭衢高铁建设。公开出让浙江省江山市大陈乡乌龙村铁锤山水泥用灰岩矿资源量 18565.8 万吨，成交价 11.4890 亿元，以及浙江省开化县池淮镇寺坞村建筑石料用灰岩矿资源量8038.97万吨，成交价7.5500亿元。

【不动产登记继续领跑全国】2022年，按照数字化改革任务，提前完成“不动产智治”应用贯通及迭代试点建设任务，打造服务群众企业智治平台，“衢州市依托不动产智治应用探索‘四全四零’集成服务”的经验做法被浙江省自然资源通讯报道推广。持续深化“不动产登记＋公证”一件事改革，“优化三举措创新不动产登记+公证‘100’服务模式”，获评2022年度全省自然资源系统改革创新优秀案例；“创新抵押登记‘五转’举措化解企业融资难”，获评2022年度衢州市优化营商环境十大创新案例。严格按照《自然资源部关于开展不动产登记队伍作风常态化建设的通知》规定，推进不动产登记队伍作风常态化建设，并总结经验做法，《驰而不息强作风，真抓实干出实效——浙江省衢州市不动产登记队伍作风建设小记》一文被中国不动产官方微博报道推广。

【自然资源统一确权登记】2022年，全市计划完成20个自然资源确权登记项目的公告登簿前主体工作。因开化县区域内常山港开化段水资源确权登记项目与省级钱塘江干流自然资源确权登记项目重合，经对接由省厅统一实施，年度实际实施完成19个项目的招投标、预划登记单元、地籍调查及公告登簿前所有主体工作。

·国土空间规划工作·

【概　况】2022年，围绕打造四省边际中心城市、诗画浙江大花园最美核心区目标要求，推进市级、县级和乡镇级国土空间总体规划编制工作，其中“三区三线”划定成果正式启用。在城市发展专项行动统领下，牵头开展规划引领专项行动，初步构建总规引领、专规协同、详规管控的“三级三类”国土空间规划体系，全年启动49项规划编制工作。其中22个国土空间专项规划形成阶段方案，同步运用国土空间规划实施监督信息系统，开展规划成果数据汇交入库、规划方案预审，不断提升规划智治水平。

【国土空间总体规划编制】2022年，市域、市区和4个县（市）国土空间总体规划全部形成征求意见稿，73个乡镇单元总体规划形成阶段方案，初步构建上下有机衔接、层层传导的三级总规体系。9月30日“三区三线”划定成果正式启用，划定国土空间保护开发利用的底线和控制线。划定永久基本农田138.53万亩，生态保护红线321.39万亩，城镇开发边界61.22万亩。全市域形成“一核引领，四极联动，一带和美，全域花园”的国土空间开发保护总体格局。

【城市规划引领专项行动】2022年，落实市委、市政府《关于全面开展城市发展“十大专项”行动加快建设四省边际中心城市的实施方案》文件精神，城市规划引领专项年度任务完成，规划编制类完成方案编制33项，新启动编制15项，完成国土空间规划实施监督信息系统建设。建立“专班抓、专人盯、专报推”工作机制，统目标、统进度、统理念，重点启动老飞机场片区功能定位、高新片区产业工人居住区布局、科教新城市规划、姜家山片区等研究，超前谋划未来发展空间，提升区域能级；统筹推进城市给排水、燃气、电力等基础设施专项规划编制，紧盯“一老一小”，以文教卫体、养老等专项规划编制统领教育、体育、医疗等公共服务设施布局，优化配套设施规划建设，改善民生福祉；落实加快推进新型城镇化建设要求，按照“做强市区、做特县城、做优集镇”的思路，构建形成“14930”城镇体系格局，引导城镇建设拓展空间、公共服务设施配置、农民搬迁集聚点优先向中心城市、县城和重点镇布局，规划引领新型城镇化战略，助力共同富裕。

【城市设计编制】2022年，完成《衢州市国土空间设计（总体设计）》方案成果，在《浙江省国土空间设计技术指南（征求意见稿）》指引下，探索出一套国土空间设计技术路径，为全省推进国土空间设计编制提供先行示范，在全国探索全域全要素的设计路径方法方面率先形成浙江经验。完成《衢州市城市建筑风貌控制导则》《衢州市城市滨水空间设计导则》《衢州市城市风貌控制导则（街道设计）》方案成果，进一步强化城市风貌管控。

【村庄规划编制】2022 年，探索开展石梁镇下村村（集聚建设村）、周家乡丰上清村（整治提升村）、廿里镇塘湖村（城郊融合村）、九华乡源口村 + 新宅村（特色保护村）四类村庄规划编制试点，形成具有推广意义和可持续发展的村庄规划（试点）成果经验。完成省厅 46 个村庄规划编制考核任务。

【推行驻镇村规划师制度】2022 年 2 月，正式印发《关于要求建立驻镇村规划师制度的通知》，明确《衢州市区驻镇村规划师制度实施方案（试行）》《衢州市驻镇村规划师服务考核办法（试行）》《衢州市驻镇村规划师联络员工作制度》等内容。4 月，召开“衢州有礼”诗画风光带建设暨乡村规划工作联络会议，完成驻镇村规划师聘书发放和结对协议签订。5 月起，每季度督促各县（市、区）资规局开展驻镇村规划师服务工作。

【优化规划审批保障项目建设】2022 年，进一步落实行政审批制度改革要求，加快推进项目落地，助力打造最优营商环境，年内研究制定《衢州市建设工程规划许可告知承诺制实施办法（试行）》、《城市市政基础设施配套费征收环节调整操作办法》《衢州市建设工程规划许可“豁免”项目清单》。服务城市有机更新重大项目，推进宫宝宿舍地块有机更新项目、城北片区城市有机更新项目落地。服务民生工程，按照社区生活圈理念，推进一批公共服务配套设施（包括幼儿园、居家养老中心、卫生服务中心、健身中心等）落地建设，开展高新片区产业工人居住区规划研究，服务尼山小学改扩建项目、市实验学校（菱湖校区）体育馆建设及供电线路改造项目、荷花街道清莲里卫生服务中心、宝岩寺修缮提升工程等项目，服务城南初中周边配套道路等一批城市道路改造提升快速落地。

【落实城乡风貌管控】2 月，《衢州市城镇老旧小区改造规划设计导则（试行）》发布并实施，指导全市老旧小区改造工作。8 月，新版《衢州市城乡规划管理（建筑管理）技术规定》发布并推广实施，进一步贯彻落实市委七届八次会议精神明确的大三城、小三城规划控制要求。年内组织 12 次规委办会议，审查项目 40 余个。

【推进“多测合一”改革】2022 年，全市实施“多测合一”项目 308 个，建设工程项目综合测绘成果报告规范化率和技术服务示范合同使用率均超过 90%。强化测绘项目质量监管，市本级组织实施规划验线 291 栋，实施测绘成果复核项目 111 个，建筑面积 274 万平方米，对比测绘成果报告，复核中发现多计算建筑面积 6509.66 平方米，少计算建筑面积 6116.18 平方米；投入多测合一复核费用 775 万元（含质检费用 30 万元）。江山、龙游、衢江、柯城本年度投入复核费用近 610 万元。开展年度质量评价建设，利用“双随机”检查等监管手段，开展对测绘企业的质量监管，检查测绘企业 16 家；委托浙江省测绘质量检验中心对 12 家测绘企事业单位开展 3 大类 29 个子项目成果质检，成果质量良好。以信用管理和行业自律为导向，探索推进“多测合一”服务机构信用评价管理。

【参加全省测绘应急演练】7 月 12 日，2022 年浙江省测绘应急演练在台州市天台县苍山产业集聚区举行，演练竞赛任务为按要求获取指定区域无人机影像并制作专题影像图。衢州市测绘院参加本次演练，参赛队员在影像获取、设备收装、数据处理提交等环节中获得 2 项第二、1 项第三，最终在全省 12 支队伍中排名第三，获二等奖。这是继 2020 年获得优秀组织奖、2021 年获得二等奖之后，市测绘院连续第三年在全省测绘应急演练中取得优秀成绩。

【测绘资质取得突破】11 月 25 日，经省自然资源厅审批，衢州市测绘院申报的工程测量、地理信息系统工程两项甲级测绘资质成功获批，成为衢州首家甲级测绘资质单位，实现测绘甲级“零的突破”。

（杨振家）

乡村建设

【概　况】2022 年，衢州市牢固树立“绿水青山就是金山银山”的发展理念，深化推进“千村示范、万村整治”工程，以“衢州有礼”诗画风光带为主平台，以未来乡村为示范引领，全面推进新时代美丽乡村建设，提升美丽乡村建设品质和内涵，“衢州有礼”诗画风光带和未来乡村逐渐成为展示衢州市“诗画浙江大花园”最美核心区的重要窗口。

【未来乡村建设】2022年，围绕“一统三化九场景”(一统:抓党建统领,三化:人本化、数字化、生态化,九场景:未来邻里、未来产业、未来教育、未来健康、未来文化、未来风貌、未来交通、未来低碳、未来治理)的总体框架,以共同富裕为总体目标，以连片发展为根本原则，以“五个三”(围绕人本化、生态化、数字化,依靠原乡人、归乡人、新乡人,通过造场景、造邻里、造产业,实现有人来、有活干、有钱赚,彰显乡土味、乡亲味、乡愁味)为核心要义,推动改革创新、系统集成、数字赋能、共建共享，持续推进33个未来乡村建设,有25个未来乡村通过省级评价验收，各村集体经济经营性收入和常住居民人均可支配收入跻身县域前列,33个未来乡村（实验区）村集体经济经营性收入5337.15万元。在全省率先谋划建设柯城沟溪、衢江孟姜、龙游团石、江山清湖、常山樊家、开化密赛6个未来乡村连片发展实验区。出台《关于加快推进未来乡村连片发展实验区建设的指导意见》,推进“五个连”(连片规划一蓝图、连片建设一标准、连片发展一链条、连片治理一网络、连片共富一办法)探索。2月,衢州经验写入浙江省人民政府办公厅《关于开展未来乡村建设的指导意见》。4月,衢州做法写入《关于做好2022年全面推进乡村振兴重点工作的实施意见》。5月,“衢州:统筹推进连片发展,建设共富未来乡村”案例获评全省第一批共同富裕最佳实践，为全省未来乡村领域唯一典型。11月,全省第19次深化“千万工程”建设新时代美丽乡村现场会在龙游举办。

【“衢州有礼”诗画风光带建设】2022年,诗画风光带沿江道路全线贯通;全市“1+5”(“1”是“衢州有礼”诗画风光带市级示范段,即衢江区浮石街道宾港大桥—龙游县红船头村示范段，启动区为衢江区浮石街道宾港大桥—云溪乡孟姜村示范段;“5”是柯城区航埠镇叶家大桥—航埠镇严村村示范段、龙游县小南海镇团石村—翠光岩村示范段、江山市四都镇双溪村—双塔街道大夫第村示范段、常山县何家乡长风村—何家村示范段、开化县芹阳办事处密赛村—音坑乡姚家村示范段)示范段完成绿化彩化美化56.75千米;6个“未来农业园区”(柯城区数字农业科创园、衢江区柑橘未来农业园、龙游县国际花菇共富产业园、江山市食用菌现代农业产业园区、常山县农光未蓝共富产业园、开化县池淮未来农业园区)完成投资3.59亿元,完成年度计划的100%;6个未来乡村连片发展实验区完成投资5.1亿元;98个重点项目完成投资105.56亿元，完成年度计划的103.62%。2月,衢江区“诗画有礼、共同富裕”新时代美丽乡村共同富裕示范带入围浙江省第二批新时代美丽乡村共同富裕示范带。7月,龙游县灵山港作为浙江省唯一一条河流入围水利部首批幸福河湖建设试点。11月,柯城区“诗画南孔”新时代美丽乡村共同富裕示范带入围浙江省第三批新时代美丽乡村共同富裕示范带。12月,龙游县“瀔水诗画、活力龙脊”示范带入选浙江省交通运输厅交通服务共同富裕试点;

2022年,龙游县打造团石村美丽乡村升级版,拉动团石夜经济发展

开化县“金溪画廊”成为浙江省第三批城乡风貌样板区。

【美丽乡村建设】2022年，创建新时代美丽乡村精品村157个、达标村272个，省级美丽乡村示范乡镇9个、省级美丽乡村特色精品村26个。江山市获评2022年度浙江省美丽乡村示范县。柯城区、开化县、龙游县获评2022年度全省深化“千万工程”建设新时代美丽乡村（农村人居环境提升）工作优胜县。全市农村生活垃圾分类处理行政村覆盖面、资源化利用率和无害化处理率均达100%，回收利用率61%。衢江区、柯城区、龙游县获评2022年度全省农村生活垃圾分类处理工作优胜县，创建省级高标准农村生活垃圾分类示范村40个。创建省级星级公厕130座，其中，示范性公厕15座。

【省级历史文化(传统)村落保护利用】2022年，按照“保护为主、抢救优先、合理利用、加强管理”的原则，柯城区九华乡九华村、衢江区周家乡上岗头村、龙游县湖镇镇张家埠村等第八批6个省级历史文化(传统)村落保护利用重点村及55个一般村完成项目建设，推进柯城区航埠镇严村村、衢江区黄坛口乡茶坪村等6个省级第九批历史文化(传统)村落保护利用重点村、34个一般村建设。龙游县湖镇镇星火村、江山市清湖街道清湖三村、开化县长虹乡真子坑村获评浙江省历史文化(传统)村落保护利用示范村。浙江常山胡柚筑坎撩壕栽培系统、浙江江山中蜂养殖系统、浙江龙游北乡田莲鱼复合系统列入浙江省第一批省级重要农业文化遗产资源名单。

（卢晓丽）

城市建设

·城市基础设施建设管理·

【概　况】2022年，依托城市发展“十大专项”行动，坚持目标导向、问题导向、效果导向，通过创新举措、完善制度、转变作风等方式，推进项目建设又好又快发展，为加快打造四省边际中心城市奠定坚实基础。全年实施续建、新建项目47个(其中代建项目30个，局属项目17个；续建项目29个，新建项目18个)，项目总投资47.9亿元，计划完成年度投资额10.9亿元。截至12月底，完成投资9.1亿元，其中代建项目完成投资7.4亿元，投资完成率81.4%；局属项目完成投资1.6亿元，投资完成率91.2%；签订合同537份，金额7.8亿元。

【衢化片区市政基础设施提升一期工程】2022年3月竣工并投入使用。项目总投资5369万元，建设范围包括3条道路(秀江路，长456米；滨二路，长177米；南一道东段，长480米)，总长1113米，建设工期为2020年11月至2021年10月。三条道路全部按城市支路（设计时速20千米)等级改造设计，设计轴载BZZ-100型，采用沥青砼路面，配套建设给排水、综合管线、电气照明、绿化、交通安全等附属工程。采用雨污分流排水体系改善本区域原有污水直排及排污不畅等情况。该片区现状电网以架空线路为主，建成时间较长，存在线路老化、容量不足等问题，无法满足用电需求；现有变压器绝缘状况较差，存在安全隐患；为保证居民用电稳定及用电安全，将原有线路改为地下埋设，并对供电设备进行扩容。项目建设对衢化新城的交通秩序改善、有效整合周边资源、完善城市配套、提升城市品味、推进新型城市化进程产生积极作用，也为周边地块开发与发展打下良好的服务基础。

【通荷幼儿园周边公园及规划道路配套工程】5月完工并投入使用。该项目总投资为2921万元，2021年9月开工建设，位于劳动路以南、通荷路以西、新元路以东、南接浙赣林带公园，总用地面积为1.42公顷。建设内容主要为新建道路长250米、宽12米，设置地面停车位46个，新建及改造园林绿化10512平方米，配套建设给排水、综合管线、电气、照明、交通设施等附属工程。

【陶然里安置小区周边道路工程】5月建成并通车。项目总投资1932万元，位于荷花中路以西、劳动路以南、陶然里安置小区周边。新建道路长580米、宽12米，分为“规划道路一、规划道路二、规划道路三、规划道路四”四段，配套建设综合管线、路灯亮化、绿化、交通设施等附属工程。新建道路与片区周边的道路形成完整交通网络，提升居民日常出行通行能力，满足推进衢州城市化进程、确立城市发展战略需求。

【斗潭公园地下停车场项目】4月29日完成竣工验收。项目总投资6085万元，位于斗潭公园内，包括水亭门北停车场和斗潭公园地下停车场两个子项。水亭门北停车场子项工程位于新河沿以北、斗潭公园以南，总用地面积2476.6平方米，总建筑面积3259.53平方米，建筑占地面积为151.50平方米，地上1层，地下4层，地下停车位总数为120个，为室内无人员停留且无车道的智能垂直升降式平面移动类停车库。斗潭公园停车场子项工程位于斗潭公园内北门路西侧，总用地面积1614.0平方米，总建筑面积2728.6平方米，建筑占地面积343.0平方米，地下停车位总数72个，采用地下升降式平面移动停车方式。

【荷一路周边地下停车场】2022年完成竣工验收投入使用。项目总投资5758万元，包括清莲里停车场（位于荷一路以北清莲里停车场地块）和市民健身公园地下停车场（荷花中路以东、荷五路以南市民建设公园内）两个子项。清莲里停车场总建筑面积2785平方米，设停车位99个；市民健身公园地下停车场总建筑面积2850平方米，设停车位90个，均采用地下平面移动机械式停车；配套建设给排水、综合管线、照明、绿化、交通设施等附属工程。

【衢化中央道改造工程】12月完成主道路面层沥青铺设、人行道铺装以及绿化带种植土铺设，总形象进度完成98%。项目总投资5405万元，改造范围西起巨化集团公司东南门、东至孔家桥东端，全长约1120米（除去与文昌路交叉口已实施约160米），宽32米，双向四车道，按城市次干路（设计时速40千米）等级改造设计，对孔家桥进行拆除重建，配套建设给排水、强弱电、绿化、照明、交通设施等附属工程。

【西安路提升改造工程】2022年竣工验收通过。项目总投资6656万元，建设内容包括将西安路西段（衢江中路至浮石路）由双向六车道拓宽为双向八车道，并在道路中央增设绿化隔离带；对西安路东段（浮石路至府东街）进行局部翻新；将衢江中路（北起西安路，向南约240米）由双向六车道拓宽为双向八车道，并改造街边绿化3685平方米；将斗潭路（北起斗潭路，向南长约260米）由双向六车道拓宽为双向七车道，并新建人行天桥1座。

【北门历史街区下街连廊工程】2022年，完成前期管线迁改并开工建设，配套建设顶棚、装饰、照明、排水、地面管线迁改、标识标牌等附属设施。项目总投资826万元，位于下街与县学街交叉口南侧，长46.58米、宽4.3米，净宽3.9米。

【荷一路过江通道工程】5月18日竣工验收，项目总投资10.96亿元。隧道起于双岭南路与九华中大道交叉口，下穿鹰潭西路、常山港支汊、环岛西路、严家淤岛、环岛东路、衢江、衢江南路、双港路，止于荷一路与新元路交叉口；位于常山港与江山港汇水口位置，距离双港大桥约1.1千米，距离衢江大桥约0.7千米；北线全长2156.21米，南线全长2172.69米，平均全长2.16千米，是城市中心区与智慧新城的重要越江通道。

【衢州市城南初中周边道路配套工程】9月完工。建设内容为新增建设规划道路和顺风西路2条城市道路，于2022年4月16日开工建设。其中，规划道路北起双港中路，南至顺风西路，长约330米，宽约18米；顺风西路西起规划道路，东至衢化西路，长约320米，宽约18米；配套建设道路、桥涵、综合管线、交通设施、亮化、绿化等附属设施。道路规划建设与城南初中建设等工作有效结合，同步进行，有效减少道路拥堵，改善城南初中及周边居民交通出行条件。

【丁香里东侧道路工程】2022年，完成管线迁移及道路施工并实现通车，项目总投资261万元。道路改建为双向两车道，全长约137米，宽14米，其中路面宽8米，两侧人行道各3米，配套建设给排水、强弱电、绿化、照明、交通设施等附属设施。

【双叶线（新元路—叶家大桥）道路改造工程】2022年，桥梁下部结构、主桥钢结构拼装完成，道路工程地下管线基本完成，进行水稳层浇筑，完成总体形象进度的60%。项目总投资64703万元，于2021年12月31日开工。工程建设内容包含四条道路，分为1条主线和3条支线。其中，主线双叶线全长3060米（含双港大桥段640米），为双向四车道改双向六车道；双港大桥主桥为主跨200米钢桁架拱桥，长290米、宽42米，双向六车道，采用顶推法施工，即西岸设置拼装场地，岸上带拱整体拼装，河中设置临时钢支墩。

【衢江中路德坪坝段道路及西侧景观优化提升工程】6月28日竣工项目。项目总投资1938万元，2021年12月5日开工。位于衢江中路及西侧公园，南起新河沿，北至夕阳红路，长度约400米。建设内容包括道路改造及西侧沿江景观优化提升。

【府东街（西安路至新桥街沿路段）立面整治项目】6月15日竣工，12月16日完成竣工验收。项目总投资4790万元，2021年12月11日开工。建设地点位于府东街，北起西安路，南至新桥街，全长约550米。建设内容包括沿街两侧街景古城风貌改造，对建筑外墙、防盗窗、店招、空调等进行整治提升。

【南湖补水提升泵站建设工程】8月26日竣工。项目总投资1315万元，位于南湖西公园，2022年1月5日开工。通过新建泵站从衢江提水至南湖，改善南湖水源不足以及高温天气原水管供水不足导致的无活水、流动性差、易滋生绿藻的问题。

【衢江大桥东片区道路优化提升项目】2月26日开工，8月31日竣工，12月7日竣工验收。项目总投资4613万元，位于劳动路，西起新元路、东至上街，长约658米。建设内容为将全长约160米的劳动路（新元路至通荷路段）由双向六车道改造为双向八车道；将全长约498米的劳动路（通荷路至上街段）由双向四车道改造为双向六车道，配套建设道路、照明、绿化、给排水、交通设施、强弱电等附属工程。

【礼贤未来社区城市供电配套排管工程】5月15日开工，8月29日竣工。工程总概算约270万元，包括电力排管工程、市政工程。建设内容包括在衢江南路（北起南湖西路路口，南至四喜路路口）东侧人行道及部分绿地内新建电力排管约600米，在礼贤未来社区G地块内新建电力排管约50米（穿越暗渠），对沿线破损人行道进行改造提升。

【主城区道路整治工程】11月30日开工，年内完成衢化路、上下街、民航大道等沥青路面改造约10万平方米，工程形象进度60%。工程总投资约2777.2万元，建设内容包括对府东街、衢化路、三衢路、新安路、上下街、荷花中路、书院东路、民航大道等主城区主要道路病害、破损井盖进行养护维修，总计整治面积约14.9万平方米。

【主城区雨污水管道开挖改造工程】2022年4月开工，年内完成。项目总投资约为1768万元，分为污水治理及雨污管道修复2个子项。建设内容包括机场生活区污水治理工程，改造DN225管1276米，DN315管1425米，新建一体化泵站一座；南湖菜场片区雨污管道修复工程，新建DN400管约220米，DN500管约200米，DN600污水管约180米，建乙塘清淤量约684立方米，蛟池塘清淤量约190立方米，两塘堤岸修缮约280立方米；府东街（蝴蝶路—荷一路）污水管堵头打通工程，打通DN800管5处，新建闸

2022年，主城区开展雨污水管道非开挖修复工作

门井 1 座；太真路雨污管道修复工程，新建DN315 管约 200 米，DN600 管约 480 米，DN800 管约 400 米。

【市政设施管养】2022 年，完成道路修复 3307.79 平方米，人行道修复 6072.04 平方米，调整修复侧石 447 米，更换各类雨水井、雨水口 561 座，改造积水点 13 处。实施 2022 年市政设施大中修工程，保障市政设施完好率和正常运行。引入市政养护监理，对各养护单位开展考勤、巡查等日常工作，并提供技术支持及专业性建议。借助设施维护微信平台，实行设施养护按月制定计划并维修，加强对辖区内市政设施养护单位督查考核工作，通过月度与日常考核相结合的模式，杜绝突击养护，强化设施维修的计划性、均衡性。

【桥梁管护】2022 年，完成辖区 37 座桥梁的定期检测及浮石大桥、水亭门隧道结构定期检测工作。颁布实施《关于进一步加强衢州市市区城市隧道安全管理的若干意见（试行）》《关于加强全市桥梁隧道建设运行安全管理的通知》《衢州市城市隧道养护工作指导意见》，加强桥梁日常巡查、维修力度，强化桥梁养护单位日常养护考核，定期组织应急物资安全检查，确保桥梁安全运行。

【湖塘水系管护】2022 年，完成城区排水管疏通 160 千米，清理窨井 4100 座次，全年清理淤泥 105 吨、水系漂浮物 190 吨，联动街道、社区劝导不文明行为，采取人工清扫、疏通车冲刷等方式定期对城区河道易积污点进行冲洗，城区水环境有效提升。

【坊门街管理】2022 年，有序开展坊门街街区日常保洁、绿化养护、设施维护、广告店招联合审批、秩序管理等工作。全年清运垃圾 1616 车，更新垃圾桶 6 个、桶盖 30 个、不锈钢果壳箱 13 个，更换窨井盖 11 块，步砖修复 40 平方米，拆除破损标语牌 12 块，定期更换时花 180 平方米，更换补缺花草 5 次，修剪绿化 1100 平方米，审批广告店招 36 个，审批开业店庆活动 25 件，有效改善街区环境和秩序。普及“文明城市创建”知识，落实“门前三包”责任制，安装更新宣传标牌 13 块。联合执法部门开展街区乱贴乱挂、占道经营、空调水直排主街面、餐厨垃圾乱堆放、违规设置广告牌以及非机动车辆乱停乱放等专项整治工作。

【路灯照明养护】2022 年，负责建成区 255 平方千米内约 3.23 万盏路灯管养，主城区、智慧新城、智造新城、衢江区亮灯率保持在 98%以上，达到国家文明城市标准。全年修复更换故障路灯灯具 3725 盏、电缆 5632 米、故障控制箱 424 台，保障路灯照明设施完好和正常运行。

【景观亮化养护】2022 年，对城区故障景观庭院灯、投光灯、灯带、地埋灯等做到随坏随修，保障所辖城区亮化设施正常运行。全年更换亮化电缆及电线 853 米，维修各类灯具 2257 套、各类 LED 灯带 1069 米，重点对上下街、坊门街、县西街、新桥街、斗潭公园、府山公园、市民健身公园、信安阁、书院大桥、西安门大桥等重要节点亮化设施进行日常巡查和维修更新，确保亮化设施正常运行。

（吴　娴）

·城市公用事业建设管理·

【概　况】2022 年，开展“城市体检”，查找“城市病”，为衢州市建设四省边际中心城市战略提供“良方”。持续推进城镇老旧小区改造、海绵城市等城市精细化管理“十大专项”行动，加快推动未来社区及美丽城镇建设，全面实施城市有机更新和城市安全保障专项行动，实现城市供水、供气、排水、污水处理、地下市政基础设施等公用事业稳步发展。

【城市体检】2022 年，衢州市再次被住建部列为“城市体检”59 个样本城市之一。在 2020 年、2021 年“体检”的基础上，围绕 8 个方面 69 个项目指标，科学制定“1+9”（“1”即总的体检报告，包括自体检、第三方体检和社会满意度调查；“9”指 9 个专项体检，分别为城市供水与污水、城市防涝、城市环境卫生、城市园林绿化、城市社区公共服务设施、住房、历史文化保护、城镇燃气、道路交通）“城市体检”工作方案，查找城市建设和发展中的短板与不足。根据“城市体检”结果，发现问题，系统制订建设计划，多方位开展城市有机更新，统筹推进城市发展

"十大专项"行动，不断提升城市风貌、城市品质和服务功能。

【海绵城市】2022年，遵循"示范先行、以点带面、全域覆盖"的工作思路，通过完善顶层设计、抓实工作保障、落实项目管控等工作手段，在全面完成试点工作任务的基础上，推进全市域海绵城市建设。编制《衢州市海绵城市专项规划修编》，同时将海绵城市列入城市发展"十大专项"行动，明确今后5年行动目标。印发《衢州市海绵城市工程项目储备制度（试行）》，确立海绵城市项目储备制度，完善海绵项目库。全市全年建成海绵城市项目24个，建成面积5.3平方千米。

【城镇老旧小区改造】2022年，完成城镇老旧小区改造52个，改造建筑面积90.25万平方米，投入资金4.56亿元，涉及对象8323户；改造内容包括杆线上改下、道路修缮、雨污分流、立面粉刷、绿化景观提升、增设停车位、集中充电桩增设、照明设施升级等。编制完成《衢州城镇老旧小区改造技术导则（试行）》和《衢州市城镇老旧小区改造规划设计导则（试行）》，引导各类设施、业态在空间上合理布局与优化落实，确保"多改合一、一次建成"，打造"5-10-15分钟幸福生活圈"（以居民居住地为圆心，以步行5分钟、10分钟、15分钟距离为半径，在这个半径里划定居住生活圈，配套生活设施）。

【美丽城镇建设】2022年，持续推进美丽城镇建设，创成美丽城镇省级样板11个，山区县县城美丽城镇5个，22个乡镇通过省级基本达标考核，衢州市连续3年获评优秀设区市，排名实现争先进位。开展美丽城镇省级样板星级评价，评定四星级美丽城镇4个、三星级美丽城镇7个、二星级美丽城镇4个、一星级美丽城镇2个。全市全年实施美丽城镇建设项目750个，拉动有效投资71.83亿元，小城镇环境面貌、基础设施水平、公共服务能力、产业发展活力等大幅提升，先后两次在住建部全国电视电话会议上专题介绍衢州市美丽城镇建设经验。

【未来社区建设】2022年，全域推进未来社区建设，全市有48个项目纳入省级六批试点（创建）名单。其中，礼贤未来社区安置房完工交付，邻里中心主体结顶；全省率先完成全域未来社区布点规划；柯城区、龙游县入选全省首批全域未来社区试点；10个未来社区建成运营并通过省级验收，验收下辖县（市、区）数量全省第三，仅次于杭州、宁波；完成城镇社区专项规划133个（市区72个、三县一市61个），市区和常山县专项规划获全省优秀。

【城乡风貌建设】2022年，推进并完成12个样板区试点建设。至年底，"柯城南孔古城传统风貌区"等7个风貌区通过省级验收并命名，其中，"柯城南孔古城传统风貌区""江山'仙霞探古'县域风貌区""龙游溪口—沐尘县域风貌区"等3个风貌区挂牌"新时代富春山居图样板区"。9月15日，确定2023年度14个风貌样板区试点名单，12月完成试点建设方案评审。至年底，全市征集20余个城乡风貌整治提升优秀案例并报送，其中6个入选全省首批100个城乡风貌整治提升优秀案例。衢州市获评2022年全省城乡风貌整治提升工作（未来社区建设、未来乡村建设）年度考核第四

2022年6月15日，礼贤未来社区

2022 年，常山县辉埠镇路里坑 2 号区块终端开展生活污水治理

名（优秀等次）。

【城镇污水处理】2022 年，稳步推进城镇污水处理提质增效，完成高铁新城水环境治理项目——再生水厂工程，新增污水处理能力 1.5 万吨 / 日。全市新建改造污水管网 59.2 千米，排查管网 200 公里，新建改造污水智慧化项目 4 处。统筹截污纳管、基础设施配套等项目建设，全市完成 15 个生活小区“污水零直排区”建设。开展污水零直排区“回头看”工作，委托第三方对市区生活小区“污水零直排区”建设进行综合效益评价，排查 285 个小区，发现问题 300 余个，形成专项报告并落实整改，进一步巩固污水零直排区建设成效。

【城市燃气】至 2022 年底，市区天然气供气管道长度 1699.7 千米，储气能力 28.8 万立方米，最高日供气量 85.5 万立方米，供气总量 23888.36 万立方米，服务对象 14.51 万户。有汽车加气站 4 座，城市门站 2 座（能源公司浮石站、航埠站），液化天然气应急储配站 1 座（新奥公司下张站），液化石油气储气能力 615 吨，供气总量 4743 吨，服务对象 2.33 万户。

【燃气规模化改革】2022 年，通过强化顶层设计、整合市场资源、聚焦数字化赋能等举措，打破瓶装燃气行业“低、小、散、乱”现状，成功引导 9 家市区瓶装燃气企业实施瓶装燃气规模化改革，规范企业经营管理，提升安全管理能力和经营服务能力，完善储存、供应、配送等资源，逐步形成“规模化经营、规范化管理、专业化发展、标准化服务”的市场格局，全面升级瓶装燃气行业安全生产水平，保障人民生命财产安全。注册成立衢州柯燃燃气有限公司，下辖充装储配站 7 座、智慧运营中心 1 个、供应站 3 座，送气工 330 名，配送车辆 364 辆，钢瓶 45 万余只，完成所有场站老旧设施设备数字化更新改造。

【城市节水】2022 年，修订《衢州市市区节约用水统计制度》，完成《衢州市城市节水专项体检》。对市区公共管网供水的 774 家非居民用水户进行计划（定额）用水管理，实行非居民超定额用水累进加价政策。完成衢州市节约用水办公室综合管理信息系统的适配测试工作。落实节水设施“三同时”管理制度（节水设施应当与主体工程同时设计、同时施工、同时投产），参加衢安大厦、衢州第二中学体育设施综合改造项目、高铁新城再生水厂等建设项目的节水设施初步设计审查和竣工验收工作。推进节水载体建设，市区创建及复核 209 家公共机构节水型单位，创成省级节水型企业 10 家，申报创建省级节水型单位 5 家、省级节水型居民小区 12 个。开展节水宣传活动，联合市水利局、市经信局、柯城区住建局等单位，进行节水宣传进企业、单位、社区系列活动，在市区主要路口户外大屏滚动播放节约用水宣传公益短片，开展“节水宣传画”比赛、“节水大使”校园评选活动等节水宣传活动。

（吴　娴）

·城市环境卫生建设管理·

【概　况】2022 年，衢州市住建局落实环卫体制机制改革决策部署，完成市本级环卫“一把扫帚扫到底”改革，并推进各县（市、区）进行改革。构建完善的作业标准、质量标准、考核标准等标准体系，促进全市环卫城市精细化作业管理水平提升。

【精细化管理】2022年，创新“1+3+10+N”(即1个指挥中心,3个片区机动巡查,10条主干道责任包干,市区街道N点位联动的快速反应机制）四级联动指挥体系，实施环卫精细化管理。调整《衢州市环境卫生管理作业规范》,组织开展环境卫生管理作业培训班。制定城区环境卫生管理工作考评办法和考评细则，组建市区环境卫生管理考评组，以日常全面巡查、月度专项检查和季度考核评价相结合的方式，按照高于全国文明城市、国家卫生城市的标准，开展市区环境卫生作业管理和行业指导。

【生活垃圾治理】2022年，持续深化“能卖有害虎哥收,易腐清源光大运,其他垃圾光大处”的生活垃圾处理体系,完善“市级主导、区块主体、街道主责、社区主抓”的生活垃圾管理体系，从前端分类、中端收运和后端处置各个环节入手开展生活垃圾治理工作，全市全年实现生活垃圾处理“零填埋”。建成衢州市区生活垃圾焚烧发电项目、开化绿色能源发电项目、江山市生活垃圾焚烧发电项目和龙游县热解气化项目4处焚烧项目，全市生活垃圾焚烧处理能力2500吨/日。建成衢州市餐厨废弃物资源化利用和无害化处理项目、江山市餐厨垃圾处理中心和衢州市区厨余垃圾处理项目3处易腐垃圾处理项目，全市易腐垃圾处理能力340吨/日。建成市区虎哥分类回收站点118个、分拣中心15000平方米,日收集可回收物和有害垃圾约45吨，全年共计回收20701吨。

【建筑垃圾管理】2022年，围绕“建设施、强管理、树智治”目标，实现建筑垃圾产生、收集、贮存、运输、利用、处置全过程数字化闭环监管，推进建筑垃圾分类处理和回收利用。建设建筑垃圾资源化利用项目及建筑垃圾堆放场，建筑垃圾综合利用率90%,市本级建筑垃圾处置能力50万吨/年。制定《衢州市区工程渣土标准化消纳场所设置管理标准》,联合生态、综合执法等部门开展4次建筑垃圾运输、收运专项检查。建设衢州市建筑垃圾监管平台,完成市区363辆工程渣土车标准化改造，依托建筑垃圾收运车辆监管模块实现实时监管。

【环卫终端监管】2022年，切实做好生活垃圾处置终端日常监管,履行监管职责。派驻现场监管人员，对终端处置厂的污染物控制、垃圾量核实、垃圾规范运输、安全运行等进行全过程监管。引入终端第三方监管，成立专业团队为项目规范运行提供履约咨询技术支持，对企业日常运行进行监督指导并开展季度考核评价，全面提升监管水平。垃圾焚烧厂、餐厨垃圾处理厂运行稳定，市区全年处置生活垃圾385540.64吨,餐厨垃圾22995.54吨;厨余垃圾处理厂于6月1日正式运行，处理厨余垃圾23860.36吨;垃圾填埋场封闭管理安全规范，全年渗滤液处理站运行正常,各项运行数据、处理水质均满足要求,达标排放。

【环卫应急保障】2022年，组建以“单位党员干部力量+保洁公司骨干力量”为主体的环卫应急队伍,进一步加强环境卫生作业、行业指导和应急保障能力建设，配备专业设施设备、应急物资,有效保障市区环境卫生质量和全市环卫行业的平稳有序运行。面对特殊天气、重大活动、抗疫防疫等应急任务,及时制定下发指南,保障全市环卫作业有序开展。

（吴　娴）

·城市园林绿化建设管理·

【概　况】2022年，衢州市建成区新增城市绿地79.77公顷,新增公园绿地15.59公顷,新建(提升)绿道84.9千米。至年末,全市建成区绿化覆盖率约42.54%,建成区绿地率38.48%,人均公园绿地面积16.15平方米，公园绿地服务半径覆盖率90.72%,建成各类绿道约890千米。龙游县溪口镇、常山县青石镇获省级园林镇称号;柯城区新湖景城·牡丹园等6个小区获浙江省园林式居住区称号；衢江区宾港北路等3条道路获浙江省绿化美化示范路称号；衢州市市民公园绿道获浙江省第六届“最美绿道”称号。

【《衢州市国际花园城市促进条例》立法】9月,启动《衢州市国际花园城市促进条例》立法工作，年底完成(草案)初稿。条例草案以2018年衢州市参选国际花园城市评选的6项评选标准（景观改善与公共空间,艺术、文化和遗产管理,环境保护与绿色经济,公共参与及授权,健康的生活方式,可持续的规划及管理政策）为基础框架,结合衢州市实际,建立健全"国际花园城市"发展法规体系,为推进全市生态化、可持续化建设发展提供根本制度保障。

【《衢州市城市绿地系统规划(2021—2035)》编制】2022年完成规划评审稿。该项工作启动于2021年6月,规划依托国土空间规划中对城市性质、发展目标、用地布局等规定，科学制定各类城市绿地发展指标，合理安排市域大环境绿化空间布局及城市各类园林绿地建设，保护改善城市生态环境,优化城市人居环境,促进城市可持续发展。

【《国家重点公园保护发展专项规划(衢州市府山公园)》编制】9月,启动《国家重点公园保护发展专项规划（衢州市府山公园)》编制工作，年内通过省建设厅评审。规划通过合理分析府山公园自然条件、历史人文、建筑建设、植被分布等情况，划定府山公园的保护范围和建设控制地带,并将保护发展规划纳入城市绿线管制范围，对公园周边可能影响景观的建设项目实行严格控制;同时提出府山公园空间格局保护、历史建筑保护、历史文化传承、活动空间活化利用等综合要求。

【文化小品进公园】2022年,市园林中心投资330万元完成"文化小品进公园"试点公园建设。其中,府山公园新设置《闻道慧中》《泗洲同源》《府山之门》《府山脉》4组文化小品，十里江滨景观带新设置《金帆古韵》《三衢道中》《风景》《琴鹤相随》4组文化小品，为广大市民提供公共活动和文化情感体验场所，为衢城增添浓厚艺术气息。

【市区公园绿地微提升改造项目】2022年，全市开展新建改造13个道路绿地、景观节点及18个口袋公园等园林绿化品质提升项目。改造提升主要内容是梳理中上层乔灌木，移植长势差的病态树,增设园路、休闲广场、休闲坐凳、游乐设施、亲水平台等设施,提升公园人性便民功能属性,满足市民休闲、游憩、社交和健身等多样化需求。对府东街机场河绿地、人防路小绿地、法院门口绿地、县学塘等街头绿地进行局部微整和提升,改造面积2.27万平方米；对衢州火车站站前广场绿地、站前环岛进行局部提升和组团布景，改造面积0.47万平方米;对荷花中路、衢江中路、双港西路、府东街部分路段进行提升,改造面积1.23万平方米。

2022年,龙游翠光小区进行改造提升

【园林绿化养护管理】2022年,根据《衢州市园林绿化管理服务中心园林绿化养护考核办法》,全面落实绿化养护质量标准，完善日常巡查制度，落实管理人员点对点巡查,利用微报修平台,从绿地养护、安全生产、内部管理等方面进行量化考核，提高公园绿地管理水平。常态化做好400万平方米绿地、57条道路行道树的日常养护管理工作,完成森林公园、古城墙遗址公园的市场养护服务采购工作。

【柯城礼贤片区规划单元改造提升项目】7月开工建设，年内完成工程总体形象进度约50%。项目总投资6112万元,总改造面积约23万平方米，包括江滨南公园、礼贤公园、双水公园、新元路绿带改造提升。主要建设内容为改造老旧铺装，新增健身活动场地、改造慢行绿道、增设景观小品及廊架驿站、提升绿化品质等。

【迎宾大道绿道建设及底层治理工程】8月开工建设。项目投资估算约4880万元，全长约5.3千米，位于衢州市迎宾大道，东至富衢线、宾港北路，西至盈川东路、府东街，主要建设内容为道路隔离带、两侧绿化带景观提升。新建绿道9千米，涉及改造面积约32万平方米，配套增设驿站、景观小品、健身器材、亮化照明、浇灌等设施。

【南排渠绿化改造工程(衢化路—衢化西路)】7月开工建设，年底完工。项目投资估算约917万元，全长约2.2千米，位于浙西大道南侧排渠，东至衢化路，西至衢化西路，主要建设内容为水渠两侧绿地景观提升。改造园路铺装、排渠水体驳岸，涉及改造面积约5.9万平方米，配套增设卫生服务、景观小品、休憩坐凳、游乐等设施。

【衢化路道路绿化提升工程】7月开工建设，年底完工。项目投资估算约1332万元，全长约6.5千米，位于衢化路，北起蝴蝶路，南至文昌路，主要建设内容为道路隔离带、主要道路交叉口节点绿化梳理提升。更新下层苗木，增加植物组团及彩化，涉及总改造面积约4.4万平方米，配套增设防护栏杆、景石、文化小品雕塑等设施。

【新时代山水花园城市菊花展】11月，在府山公园举办首届“2022新时代山水花园城市菊花展”活动，展出100余个品种近2万盆菊花以及20余盆盆景，吸引广大市民和摄影爱好者打卡参观，提升人民群众的获得感与满意度。活动被衢州广电经济信息频道、无线衢州、衢州电视健康生活频道、浙西健康生活等新闻媒体报道。

【养护技能大比武】12月，在市森林公园举办2022年冬季首届园林养护工人技能比武大赛，对工人割草、修剪等养护技能进行“比晾晒”，进一步提高园林工人养护技能能力、强化工作动力，促进养护工作优质高效发展。

（吴　娴）

·保障性住房建设管理·

【概　况】2022年，衢州市深化“最多跑一次”改革，构建完善城镇住房保障政策体系，规范保障性租赁住房及公租房管理。全市全年发放公共租赁住房租赁补贴2931户，完成计划的152.7%。其中市区(含市本级、柯城区、衢江区)公共租赁住房租赁补贴1419户，完成计划的132%，发放租赁补贴874万元。

【棚户区改造】2022年，坚持“重开工”向“重竣工”“重交付”并重转变，推进在建棚户区改造项目加快施工和交付进度，改善棚户区居民居住条件。全市开工棚户区改造4637套，基本建成2944套，实现2018年底前开工建设的棚改安置住房项目100%竣工。

【推进公租房数字化改革】2022年，深化推进公租房“一件事”改革。通过数字化改造提升，对公租房制度及业务流程重塑再造，打造公租房保障申请全流程线上“一站式”系统集中管理服务，实现保障精准化、数据智能化。完成省建设厅部署的住房保障统一系统贯标工作，实现全市业务流程、合同版本、人员类型统一。完善市本级公租房日常动态监管系统，建立四个模块、八大类预警处置管理应用场景，使用“公租房监督管理数据驾驶舱”对预警和处置情况动态展示和晾晒；构建“快速预警、快速处理、快速督办”的“三快”动态网格管理模式。

【扩大公租房受益覆盖面】2022年，依据省建设厅《公共租赁住房保障基本公共服务导则（试行）》等文件的指导，市本级调整规范公租房准入条件。其中经济准入条件由49630元调整为54638元，家庭人均货币财产由28.4万元调整为35.88万元，进一步拓宽城镇中等偏下及以下收入住房困难家庭受益面。全市全年新增受理申请358户，其中符合保障条件家庭312户，不符合保障条件家庭46户。全年安排摇号选房实物配租2次，82户家庭参加摇号选房，新增实物配租家庭47户。

【公租房日常管理】2022年，修订出台《公租房租金收缴管理办法》《公租房、人才公寓日常巡查制度》。建立公租房网格化管理服务机制，设立8个网格服务片区，落实网格员围绕预警核查、租金收缴、入住腾退、房屋巡查、困难家庭扶助、老年家庭上门服务等开展管理服务工作，通过数字化监管手段促进住房保障长效管理。发放催租通知274份、规范使用提醒通知303份，见面约谈182户，退出保障242户，收回住房54套，对9户欠租家庭作出行政处理决定，对6户欠租家庭申请法院强制执行，对7户历年应腾退住房家庭进行强制腾房。

【人才公寓竣工】2022年，完成竣工验收，所有公寓均为一居室，配备床、衣柜、桌椅、沙发、电视、空调、空气源、洗衣机等生活用品，可拎包入住。该项目位于礼贤未来社区，共计200套公租房作为全市人才公寓使用，建筑面积约12807平方米。由市住建局于2021年回购，回购总价约2.7亿元。

【保障性租赁住房】2022年，着力提升产业工人和人才居住环境，“衢州市区发展保障性租赁住房”被纳入市委、市政府实施的城市发展“十大专项”行动、工业强市十大专项行动、以县域为重要载体的城镇化建设中进行重点推进。4月，《衢州市区保障性租赁住房“十四五”专项规划》通过专家评审。通过深入调研新市民、青年人中的基本公共服务人员、产业园区外来务工人员、新就业大学生三类重点群体的租赁住房特征，全面梳理市区保障性租赁住房发展基础和问题，科学测算保障性租赁住房需求，对“十四五”时期的发展目标、主要任务、空间布局、时序安排和行动计划进行合理划定，为市区保障性租赁住房后续发展提供规划指引。全市全年筹集建设保障性租赁住房4782套，完成目标任务的132.8%。

（吴　娴）

衢州智慧新城

【概　况】2022年，智慧新城固定资产投资完成141.6亿元，同比增长11.3%；规上服务业营业收入52.41亿元，同比增长14.24%；外贸进出口总额1.9亿美元，同比增长32.41%，增速位居全市第一；招商引资到位资金21.49亿元，完成年度目标任务143.27%。签约10亿元以上重大项目3个，签约落地18个数字经济项目和30个税源项目，其中重大产业项目2个，分别为投资20亿元的北航数字经济产业园项目和投资6亿元的中电海康智慧交通产业总部基地项目。数字经济核心产业实现营收28.4亿元，占全市比重62.2%。新增用地指标1163亩，土地出让和划拨价款58.2亿元。供地42宗，供地面积2861亩，供地面积同比增长49.5%。一般公共预算10.92亿元，同比增长5.5%；税收17.3282亿元，同比增长0.77%。新增国家高新技术企业4家(共15家)，省科技型中小企业70家（共114家），省工程技术研究中心2家，省级孵化器3个，省级众创空间5个，高新技术产业投资增速212.5%。省级高新园区全年授权专利378件，实现营收92.94亿元，增幅11.1%。成功入选省现代服务业创新发展区。智慧新城“城市阳台”城市新区风貌区被列为省2023年度城乡风貌样板区“城市新区类”试点名单。

【项目建设】2022年，衢时代未来大厦、西区亭川老村提升改造工程、西区龚家埠头老村提升改造工程、地下综合管廊、第五实验

2022年10月26日，高铁新城衢州客厅项目开工仪式

学校和三江中路连通工程等项目竣工验收，其中回龙小区完成交付，并完成专项债支付任务。全年实施项目71个，其中关于衢州市高铁新城基础设施配套“四网”建设工程——桥梁主体工程、市政广场和市民公园提升改造项目、路网二期等30个项目已完工。谋划前期项目40个，其中智慧岛景观桥、环城北路道路工程、再生水厂项目（一期）再生水处理站等18个项目已转实施。3个省“4+1”重大项目本年累计完成形象进度投资9.55亿元，为年度投资计划的102.69%；2个省集中开工项目、4个三季度新开工项目、5个三季度新入库项目均如期完成任务目标。

【招商引资】2022年，落地3个5亿元以上重大项目，分别为50亿元的衢州客厅项目、20亿元的北航数字经济产业园项目及10亿元的衢州海易智慧交通产业园项目，其中衢州客厅、衢州海易项目于10月开工建设。加快推进7个在建重大招商项目，华夏航空国际飞行培训学校衢州航校于9月28日正式投入使用。全年完成29个税源项目和10个数字经济服务业项目签约；接洽无线电企业31家，签约落地亿元以上项目2个，引进无线电企业7家，无线电“链主型”企业1家，高端生产性服务平台3家。

【城市管理】2022年，完成全国无障碍城市、国家AAAAA级旅游景区、街容示范街、绿色出行创建及相关道路公园“双最”(最佳

2022年10月1日，九华隧道与紫薇路隧道通车

公园绿地、最佳道路绿地)考核等各类创建及考核工作，其中衢州市市民公园绿道入选第八届“浙江最美绿道”。全力推进严家淤环境整治工程、智慧新城一期道路路面铣刨浇筑、“5+2”(月亮湾公园、E地块北岸公园、鹿鸣公园、恒大南公园、江滨北公园，九华北大道、花园东大道)公园改造提升工程等项目建设，完善城市功能，美化城市环境。全面完成三江东路、九龙南路、九龙北路等民生项目建设。“6·20”抗洪救灾中，第一时间将严家淤岛内鹿鸣半岛时尚文化创业园项目310余人、九华隧道项目410余人及智慧岛景观桥工棚内40名工人转移到安全地区，及时处置积水路段通行情况。

【安全生产】2022年，全年自查发现各类问题隐患1266处，完成整改1262处，整改率99.5%。省除险保安督导组八轮检查发现问题132条，均整改完毕。开展项目工地等重点领域监督检查，其中，在建工程项目检查151次，下发整改通知106份，处罚40万元；查处违规渣土运输车辆605起，处罚41万元；开展消防检查213次，处罚10.57万元，排改隐患827余处，完成姜家山柑橘出口产业园整改；开展积水点位专项整治，对排查出的52处积水点位逐一落实整改。制定出台《安全监管网格化管理实施意见》，开展智慧安全巡检，高铁新城巡检半径达3千米。

【国企改革】2022年4月底，成功发行新一期非公开公司债券6亿元，利率3.47%，创衢州市非公开公司债历史最低水平及近一年衢州市同类产品最低水平。通过流动资金贷款模式向商业银行融资14.65亿元；通过项目贷款模式完成融资5.55亿元；通过对接温州银行争取到爱琴海购物公园奥特莱斯项目5亿元银行授信。

（冯彬彬）

城市管理

【概　况】2022年，衢州市综合行政执法局以"大综合一体化"为主线，以"省内做标杆、全国创一流"为目标，以"服务大局、服务群众，让市委、市政府和群众满意"为要求，完成各项目标任务。全省司法厅和建设厅系统综合考评均为优胜单位，获省厅级先进集体荣誉4项，先进个人4人；市级先进集体荣誉4项，先进个人11人。

【"大综合一体化"行政执法改革】2022年，完成"大综合一体化"执法改革"物理整合"：原市综合行政执法局柯城分局、衢江分局下沉至区块统一管理，成立柯城区执法局与衢江区执法局，转隶人员编制213人；整合全市7个领域43支专业执法队，全面形成"1+5"（综合执法+生态环境、卫健、市场监管、交通、应急专业执法队）执法队伍体系，精减率60%；归并23个部门"三高""沉睡"事项，综合执法事项2216项，占比45%；优化"金字塔型"力量布局，市局机关精减40%编制，下沉县（市、区）及乡（镇）占比89%和71%。6月，省人大常委会副主任李学忠在常山县局调研"大综合一体化"行政执法改革工作；7月，省政协副主席周国辉一行在市域治理中心调研"大综合一体化"行政执法改革。7月13—14日，全省"大综合一体化"行政执法改革暨深化基层管理体制改革推进现场会在衢州举行，省委常委、组织部部长王成，副省长高兴夫，37名厅级以上领导以及500名参会代表出席，市委书记高屹作典型发言。8月23—24日，司法部、财政部专题调研"大综合一体化"行政执法改革和综合行政执法制式服装及标志管理工作。全年吸引省内外93批1680余人次到衢州考察交流。年度衢州市"大综合一体化"行政执法改革指数得分96.8分，位居全省首位。

【数字化改革】2022年，完成城市综管服平台（一期）项目建设，迭代升级市域治理平台，开发执法监管、城市运行两大模块，建设并上线运行人行道监管、犬类管理、建筑垃圾、综合管网、排水防汛、瓶装燃气、桥隧安全、环卫综合、园林绿化、户外广告、无人机"综合飞一次"等11个场景应用，自建应用30个指标产生1300万条数据，城市运行平台指挥协调系统（即数字城管系统）日均450余条案件，共产生176544条案件。承接执法监管60个"一件事"应用，实现"一屏统揽"，与26个市级部门及103个乡镇基层治理体系实现数据、业务交互，贯通"1612"体系。

【城市运行中心成立】5月，衢州市综合行政执法局下属正科级事业单位城市运行中心成立，具体承接市域治理平台实体化运作，建立指挥派遣、会商研判、工作例会、应急处置、文明服务、工作人员考核、信息采集员考核等运行制度规范，形成"市域一体、条抓块统"的线上管理格局，推动"多中心"向"一中心"转变。6个县（市、区）同步运行，办件量超20万，问题解决率超98%，按期处置率超96%，实现全市域运行管理问题"发现、立案、派单、核查、处置、结园区案"闭环。年内，接待省内外考察团70余批5000余人次。省人大常委会副主任李学忠、省政协副主席周国辉等省领导和市委书记高屹、市长徐张艳等市领导多次鼓励表扬。

【城市精细化管理】2022年，围绕文明城市复评省测、国测工作和城市精细管理，组织开展各类针对性专项行动。牵头城市发展"十大专项"行动中的"城市精细管理专项行动"，联合30家责任单位，推进完成28类事项52个具体项目，总投资136262.6万元。成立"信安湖联合执法队"，设立5个垂钓区、规范中心医院管理、推动车辆同向停放，治理联防联控。设置65个自产自销摊位，120个枇杷自产自销有礼规范点，增设554个夜间停车位。开展"执法进小区"活动，参与人员2000余人次，清理卫生死角200余处，清理楼道乱堆放600余处，规范楼道电瓶车停放400余处，清除乱张贴及牛皮癣58932处。查处扬尘类违法案件226件，罚款20.36万元。开展燃气安全大检查，检查燃气经营场所201家，检查送气工17人，发现燃气安全隐患48处，提出整改意见40余

2022年9月22日，参加司法部“行政执法监督工作与‘12345’热线建立合作机制”视频调研会议并作交流发言

条，立案查处134宗，罚款70.87万元。致力“让市民有感”，信访投诉量下降30%。通过“综合查一次”，企业月迎5—7天降至2—3天；创新“综合飞一次”，全域巡查1个月降至2—3天。

【执法办案】2022年，出台《衢州市综合行政执法局行政处罚自由裁量权实施规则》《衢州市地方性法规设定行政处罚事项裁量基准》《衢州市综合行政执法局轻微违法行为不予处罚事项清单》，制定5000项涉企合规清单，案件下降21%。聚焦教育“双减”、烟花爆竹“双禁”、建设工程、安全生产等专项领域，推动233个违建信访件办理，查处安全生产领域违法63宗，完成府山别墅违建处置。全年办理各类案件15168起，其中办结普通程序案件3818起。

【衢州某房地产开发有限公司未取得建设工程规划许可证进行建设案】本案作为房开“二改”（改变楼房外立面，改变楼房结构）行为的典型案例，涉及高楼、小高楼、叠排、联排共计40幢998套住宅，违法建筑面积达5000多平方米，违建改造复杂，体量巨大、涉及面广，案件承办人员先后向项目建设方、施工方、监理单位，以及该项目住宅的销售人员，小区业主等制作调查询问笔录20余份，并对接资规部门、住建部门调取大量证据材料，最终于2022年1月5日办结案件，罚没款项6802万元，进一步震慑房开“二改”乱象行为，维护全市房地产市场稳定秩序。

【犬类管理】2022年，衢州市城市管理服务中心更名为综合行政执法保障中心。牵头《衢州市养犬管理条例》起草工作，征集90余个部门意见建议242条、社会面意见建议193条、专家意见69条，经60余次讨论修改，三轮专家论证，11月24日省人大常委会第三十九次会议批准，12月8日与衢州市人大常委会联合举办新闻发布会公布。迭代更新“养犬一点通”应用，将犬类管理平台与智能犬牌、移动端执法互联互通，浙里办、浙政钉和支付宝端应用上线，实现政务服务从一条腿走路向多条腿走路转变，完成市区全域贯通。访问量达15.7万人次，登记犬只1.1万余条。线上办理犬牌3800余个，线下旧牌换新2510个。完成衢州市宠物犬栖养园二期项目，新增2幢隔离检疫犬舍，总建筑面积5200平方米；园区作为省内首个为隔离家庭犬只提供隔离检疫的收容所，有接收、隔离、防护消毒、防疫用品存放等四大功能区，日均存犬只600条。

（吕舒涵）

交通运输·邮政

综 述

【概　况】2022年，衢州市交通运输局落实部省市决策部署，按照“做强自己、辐射周边、创新合作、示范引领”的要求，坚持善攻坚、体系化，主动作为、深谋实干，高起点开展四省边际交通物流桥头堡建设，成功摘取3张国家级金名片，荣记市政府集体三等功1次、嘉奖2次及厅以上领导批示肯定20余次。全市争取政策性项目资金支持近500亿元，中央省补助资金23.42亿元，政策性金融工具9.17亿元；26个重点交通项目纳入“三区三线”调整范围。

【重点交通项目建设】9月29日，市县一体举办交通物流桥头堡攻坚大会，29个交通项目集中开工开通，总投资885亿元。建立健全交通强市暨四省边际交通物流桥头堡重大项目协调推进机制，专班化推进，清单化落实，增强克难攻坚合力。2022年，甬金衢上高速公路项目提前从“预备类”转为“实施类”，并纳入省主导高速公路。机场迁建军地协议获中央军委批准；多式联运枢纽港以全省最高分列入国家多式联运示范工程创建。351国道衢州段、杭金衢高速改扩建二期衢州段提前4个月建成通车，杭金衢改扩建衢州段东西出口收费设施提升改造同步完成并投入使用；205国道开化城关段新建工程11月份提前建成通车。全年完成综合交通投资138亿元，完成排名全省第二。常山江航电枢纽、江玉公路等项目如期实现开工目标。加快建设320国道龙游段、衢江港区二期等在建项目，如期实现节点目标。

【绿色低碳转型】2022年，积极争取交通碳达峰试点示范，提前完成道路运输企业碳账户扩面年度任务。全年完成老旧营运车辆淘汰558辆，年度任务完成率133%。新增和更新新能源出租车（含网约车）708辆，完成率1416%，清洁能源公交车占比100%，绿色出行比例73.7%，成功创建国家绿色出行城市。

2022年5月6日，G351柯城区段正式开通

【优化运输结构】2022年，加快推进港口、铁路等项目建设，引导"公转水""公转铁"。全市综合货运量达1.39亿吨，年度目标完成率107%，水路运输、铁路运输增速不断增长。其中，水路货运量46.99万吨，比上年增长16.9%；港口吞吐量569.69万吨，比上年增长6.6%，增幅排名全省第一；铁路货运量454.37万吨，比上年增长7.6%。成功首发"江山—宁波舟山港"海铁联运专列。

【发展交通产业】2022年，新引进规上货运企业1家，水路运输主体5家，新增营运货车3000辆、船舶12条，水路、公路运输周转量增速分别位列全省第一、第三，物流费用占地区生产总值比重同比下降0.2个百分点。启动顺丰产业园建设，邮政业务总量13.9亿元，排名全省第二。借助交通物流桥头堡攻坚大会契机，签订合作协议11个，总投资168亿元。助力轨道交通产业发展，龙游县中浙高铁高速列车传动系统运行研究重点实验室项目获中央补助资金300万元；华夏航空（衢州）国际飞行培训学校建成并正式启用。启动泛亚铁路冷链运营平台，通过开展区域性国际铁路冷链业务运营，主动融入"一带一路"建设。

【提升政务服务水平】2022年，全年办理各类政务服务事项5.4万余件，未发生行政复议和行政诉讼案件。主动服务，靠前指导，深入企业、港区，上门指导服务35次，举办各种业务培训11次。开展新审批系统2.0版运政模块试点，完成"八统一4.0"版修订工作。开展内河船舶"多证合一"改革，申请材料减少145项，审批时间缩短22个工作日，发放内河船舶综合证书58本，实现"一证"通行长三角。完善领导挂联机制，帮助企业解决突出问题64个。出台市区交通运输行业惠企纾困政策，对市区公交企业、出租车企业和部分物流企业给予各类补贴1440余万元。开展"进百企·连千车·送服务"专项行动，筹建"红色驿站·司机之家"平台，为货车司机群体提供暖心服务1000余次。

【交通领域数字化改革】2022年，试点创新全国首个大宗货物"公转水"在线应用平台，上线以来吸引四省边际120多家企业上线应用，获评省改革突破奖银奖及省交通运输厅数字化改革应用基层和社会实践试点最佳应用，节约企业运输成本超亿元。创新四省边际治超智控平台，提高治超源头管理、跨区域执法和非现场执法效率，跨区域案件查处率同比提升75%，执法效率提升42%，逐步在四省边际周边地市使用推广。推出"龙游智行无忧""四省边际枢纽港碳排放管理平台"等自选改革项目。行政审批一网通办率达99.98%，网上业务办理进度可查询率、业务办结率、满意率全部100%。

【启动农村公路提质创优促共富五年行动】2022年，争取到2.6亿元市级奖励资金，撬动全市农村公路全域提升、全域美丽。完成农村公路投资19.7亿元，实施农村公路新改建工程211.8千米、农村公路养护工程498.6千米、农村公路生命安防工程324.2千米。浙江省"四好农村路"省级示范县创建率83.3%，创建率排名全省第二，常山县列入"四好农村路"全国示范县创建名单，实现"零的突破"。推动农村客货邮融合发展，完成农村客货邮融合班线10条、乡镇及村级物流服务点30个，城乡交通运输一体化发展水平位列全省第三。

【发展公交事业】2022年，全市城乡公交一体化率超85%，较大自然村实现2千米内公交全覆盖；江山市、开化县完成城乡公交"两元一票制"，全域实现"两元一票制"全覆盖。实现3个"1小时交通圈"人口覆盖率达100%，共富指标全省前列。全年新增更新城市公交135辆，优化市区城市公交路线10条，新增特色公交路线5条，投放共享电动车6000辆，群众出行更加便捷。

【除险保安】2022年，深化平安交通年活动，推进安全生产大检查、除险保安百日攻坚等行动，获评省委平安护航党的二十大成绩突出集体。全年全行业未发生消防领域事故。完成高速公路护栏改造9.9万米、普通国省道桥梁维修加固20座，整治8个普通国省道平面交叉及20个省市级事故多发点段。淘汰4家危货运输企业，完成常压液体危险货物罐车专项整治，非现场处罚率达98.7%，高速公路超限率始终

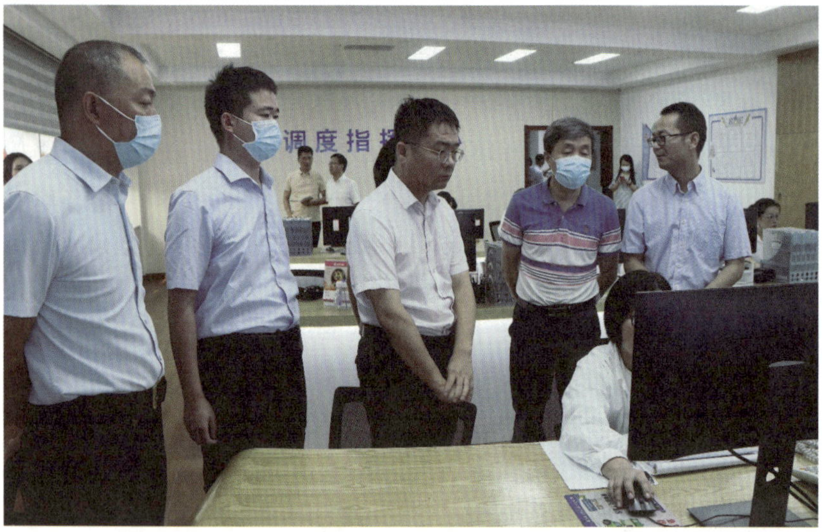

2022 年 9 月 22—23 日，由河南省交通运输厅组成的省际交叉复核工作组在衢州市公交公司检查绿色出行城市创建

控制在 0.01%以下，普通国省道超限率控制在 2%以下。开展内河脱检船舶集中清理工作。完成 2 座船舶碰撞桥的隐患治理，增设防撞设施和桥梁标志等。开展监督检查 205 次，闭环整改问题隐患 823 处，全年未发生生产安全责任事故，在全省交通建设工程监督管理工作考核中排名第一。

【推进执法规范化建设】2022 年，以大综合一体化执法改革为牵引，推进基层站所规范化和执法队伍建设。加强办案流程、工单处置、高频案由分析等专业能力培训，举办各类讲座 30 多场次，培训执法人员 1000 多人次。市交通运输执法队获评“法治政府部门建设成绩突出基层集体”“2022 年度全省交通运输系统法治政府部门建设‘最佳实践’名单”，执法比武蝉联全省前三。

【提升行政治理效能】2022 年，全年办结行政处罚案件 6559 件，探索柔性办案机制，办理轻微违法行为告知 2198 件。出台《打非治违工作规范》，依托“数字打非”系统，精准打击非法营运违法行为。制定《全市普通公路非现场执法车道三年建设计划(2023—2025 年)》，智控指数多次排名全省前三。

（梅新然）

公路建设与管理

【概 况】2022 年，衢州市境内有 8 条国道（其中 4 条国家高速公路）、3 条省道、191 条县道，公路总里程达到 8740.22 千米（包括村道），公路网密度为 98.76 千米 / 百平方千米。全市现有等级公路 8735.082 千米，其中，高速公路 422.37 千米，一级公路 608.154 千米，二级公路 730.576 千米，三级公路 676.267 千米，四级公路 4778.398 千米，准四级公路 1519.317 千米；无等外公路。等级公路占公路总里程的 100%，其中二级及二级以上公路达 1761.1 千米，占公路总里程的 20.16%（国省干线 1093.852 千米均为二级及二级以上公路，占路网二级及二级以上公路的 61.11%），三级公路占公路总里程的 7.74%，四级公路占公路总里程的 54.70%，准四级公路占公路总里程的 17.39%。全市公路有铺装、简易铺装路面里程 8720.788 千米，占公路总里程的 99.84%，其中，高级即有铺装路面里程 8720.788 千米（水泥砼路面 4810.404 千米，沥青砼路面 3910.384 千米）、次高级即简易铺装路面里程 0 千米（国省干线公路路面铺装率达到 100%，农村公路即县乡村道路面铺装率达到 99.81%）；未铺装路面里程为 14.294 千米，未铺装率为 0.16%。

【公路养护】2022 年，完成普通国省道养护大中修项目 43.886 千米，其中涉及沥青路面大修 0.2 公里、中修 29.524 千米、预防性养护 11.417 千米、全寿命周期项目 2.745 千米，总投资约 8025 万元。全市完成普通国省道桥梁维修加固工程 22 座。全市公路已绿化里程 7560.195 千米，国省干线公路绿化率达到 100%。高速公路养护工程实施路面预防性养护(含病害处治)单向里程 11.493 千米，路面大中修单向里程 27.857 千米，护栏改造长度 93605 米，总投资约 8464 万元。

【“四好农村路”建设】2022年，市政府出台《衢州市农村公路提质创优促共富五年行动实施方案》，成立由市长任组长的工作领导小组，制定五年行动考核办法，未来五年预计奖励2.6亿元。6月13日，常山县、衢江区成功创建为“四好农村路”省级示范县，衢州市创建率位居全省第二；7月30日，美丽沿江公路获浙江省首批“十大最美农村路”荣誉称号；11月10日，常山县“四好农村路”全国示范县创建做法得到副市长吴松平肯定批示；12月16日，全省防火巡护道与农村公路共同建设现场会在衢州召开，开化县干河滩至王山建成为全国首条路林共建新模式农村公路，为全省路林共建工作提供衢州经验；12月19日，常山县获交通部2022年“四好农村路”全国示范县创建单位称号；12月23日，衢江区高质量推进农村公路建管养相关做法得到副省长高兴夫的批示肯定。“四好农村路”完成投资19.7亿元，其中，新改建农村公路211.8千米，完成投资13.3亿元；大中修工程完成498.58千米，完成投资4.37亿元；危桥改造完成16座，完成投资2583万元；农村公路生命安防工程完成217.6千米，完成投资5887.9万元。整治省级事故多发点1处，完成投资33万元；整治农村公路平交道口24处，完成投资602.8万元；提升边坡抗灾能力19处；完成路域环境重点整治1676.2千米；农村公路美化工程完成60.4千米，完成投资1990万元；交叉口、三角区整治完成409处，完成投资1576万元；错车道建设完成240处，完成投资1866万元；综合功能提升工程“一点多能”村级农村物流服务点24个，完成投资26.6万元。省政府农村公路民生实事项目——农村公路新改建民生项目完成124.1千米，位列全省第三。

【桥梁普查】2022年，全市公路桥梁总长为284484.51米/3532座，其中互通式立交桥14724.62米/82座，按跨径划分，特大桥长30289.57米/22座，大桥167629.74米/631座，中桥51204.03米/902座，小桥35361.17米/1977座。全市隧道总长173983.9米/215道，其中，特长隧道25089米/6道，长隧道95328米/51道，中隧道22949.7米/32道，短隧道30617.2米/126道。全年公路桥梁增加789座86238.81米，公路隧道增加53道45847米。

【迎国检工作】2022年，完成由交通运输部组织的全国干线公路养护管理评价之国家公路网技术状况监测。根据2022年底检测数据，衢州市普通国省道公路路面技术状况指数PQI均值92.55；高速公路路面技术状况指数PQI均值95.41，较上年提升24%，名列全省第二。

（梅新然）

航运管理

【概　况】2022年，衢州港共完成港口吞吐量569.7万吨，比上年同期增长6.6%，内河增速全省第二，集装箱2228标箱，其中龙游港区完成港口吞吐量343.2万吨、集装箱77标箱；衢江港区完成港口吞吐量226.5万吨、集装箱2151标箱。2022年，衢州完成水路客运量5581人次，周转量8.9万人千米，均为上年同期的37.2%；完成水路货运量47万吨，周转量11668万吨千米，分别比上年同期增长16.8%、26.2%，货物周转量增速排名全省第一。

【航道养护】2022年，航道例行养护工程位于衢江（衢州段）航道上，衢江（衢州段）航道全长57.45公里，等级四级。本次航道养护包括桥梁航标维护工程，航道航标维护工程，疏浚工程，桥梁防撞工程，服务区维护工程，趸船购置工程。项目工期135日历天，12月12日，项目组织验收并获得通过。

【衢州港总体规划】2022年，编制完成《衢州港总体规划（2021—2035年）》，报省政府待批。该规划从地缘优势、区位优势、资源优势、综合交通体系完善优势和港口集疏运通道便利等方面研究衢州港的发展，合理确定港区和作业区的性质与功能，以适应港口转型升级发展的新要求，全面提高港口整体竞争力。

【水上运输监管】2022年，深入推进除险保安百日攻坚行动，加强航区脱检船舶监督管理，完成11艘客渡运、3艘公务船艇、5艘保洁以及1艘本港营运货运等脱检船舶的清理工作。开展内河运输船舶污染防治“百日攻坚”行动，每月开展1次港口船舶防污染督查，与市环保执法队开展跨部门联合督查。全年进出港船舶9605艘次，燃油质量抽检33次，抽查频次34次/万艘；集装箱现场开箱检查19个，检查率6.8%；向航运企业等开展法规宣传4次。联合龙游县农业农村局、龙游县交通运输局等部门开展“清网、清障”专项行动，以保障衢江主干道通航安全。

（梅新然）

交通运输综合执法

【概 况】衢州市交通运输综合行政执法队于2021年11月更名为衢州市交通运输行政执法队，为衢州市交通运输局所属公益一类（执法）事业单位，主要承担辖区公路路政、道路运政、水路运政、航道行政、港口行政、地方海事行政、工程质量监督管理的行政处罚以及与行政处罚相关的行政检查、行政强制等行政执法职责。2022年，全年办结案件5962件，其中告知承诺案件2198件，同比增长586%；处罚金额576.44万元，同比增长97.68%，案件量增幅居全省前列。在2021年、2022年全省交通运输执法比武中，蝉联全省第三，获团体二等奖；全省法审能力考核合格率100%，法审能力以及执法能力均位列全省前三；联合公安交警、环保、水利、住建等部门开展超限超载治理、桥下空间治理、防污染检查、渣土车整治等联动执法，其中，治超工作获得省交通运输厅领导、市委主要领导批示肯定；被交通运输部办公厅授予“2022年度交通运输法治政府部门建设通报表扬基层集体”。

【法治建设】2022年，优化完善交通处罚裁量基准以及治超一件事流程，迭代升级工单处置及案件办理操作流程，统一规范案件文书登记归档；成立案件审理委员会，推行重大复杂案件集体讨论、集中审查制度，实现重大案件法制审核“一案一审”全覆盖；建立内部月度案卷评议制度，并按照省厅要求完成全市交通执法案卷错题本撰稿；建立一支占比超5%标准的骨干法审队伍，并聘用法律顾问2名、法律顾问团队1个、公职律师3人，参与政策、决策合法性审核以及重大案件、难点案件研判，构建完善法治保障体系，年度内未发生重大违法行政案件问责情况，未发生重大行政决策造成重大负面影响。

2022年，创建“涵心说法”法治讲堂，组建一支由队主要领导、业务骨干、法律顾问、公职律师等为成员的宣讲团队，上台讲课、交流，突出办案流程、工单处置、高频案由分析、执法裁量基准等专业能力培训；举办各类讲座30多场次，培训执法人员1000余人次。组织开展“法治护航强国路”、路政宣传月、水上安全进校园以及新修订《浙江省运输条例》等系列普法活动，累计发放各类宣传册5000多份；自编自导自演《阿福的“祸车”》普法“微动漫”、《为了您的平安出行，请拒绝乘坐“黑车”》普法脱口秀等节目视频，其中《阿福的“祸车”》被交通运输部作为优秀法治宣传片推荐至国家司法部。

【数字执法】2022年，开发使用四省边际治超智控平台，平台建成试用以来，普通国省道公路平均超限率由2020年的19.3%降至1.6%，在案“外逃”的790条违法行为全部得到查处，查处率同比提升75%，执法效率提升42%，有效破解区域治超难题，该应用得到省政府领导、衢州市委主要领导等肯定，被省交通厅授予2022年度全省交通运输系统法治政府部门建设“最佳实践”。推广应用“数字打非”系统并出台工作规范，强化部门间协同和省市县高效联动监管，开展“数字打非”联动执法159次，全年掌上执法率100%，非现案件办结率62.29%，跨部门监管率55.4%。

【二十大维稳安保】2022年，开展“两客一危”企业包保督导，关注出租、公交、客运和道路货运等交通运输领域风险隐患，中共二十大会议期间每天对市本级45家“两客一危”企业进行督导检查。其间，共计安排备勤人员1352人次，值班人员140余人次；累计检查危化品运输企业1172家次、道路客运企业104家次，道路普通货运企业22家，客运站10家次、港区27家次、高速

2022 年 7 月 25 日，交通大讲堂第一期，中共二十大代表周国花授课

公路服务区 294 个次，发现并整改各类问题 147 个。

【超限超载治理】 2022 年，坚持源头治超、科技治超、联合治超的原则，稳步推进治超工作。全市新增 43 条非现场执法车道，完成率 100%；完成 22 家重点货运源头企业称重数据和监控视频接入任务，接入率 100%；全年出动交通、公安执法人员 24657 人次，查获超限超载车辆 4175 辆，依法对 3 辆货运车辆作出吊销车辆营运证的处罚，责令 16 家道路运输企业停业整顿，高速公路超限率控制在 0.01%以下，普通国省道控制在 2%以下。

【“两客一危一货”治理】 2022 年，紧盯“两客一危一重”(从事旅游的包车、三类以上班线客车、运输危险化学品、烟花爆竹、民用爆炸物品的道路专用车辆和重型货车)重点车辆，推进“两客一危”企业包保督导工作，系统建立近 3 年发生过有责亡人事故和上一年度信用评价为 D 级的重点监管普货运输企业清单，对其中 32 家企业开展“双随机”执法检查，全年共出动执法人员 4647 人次，检查相关运输企业 845 家次，重点货运企业检查覆盖率 64.4%，查处“两客一危”各类普通货运违法行为 668 起，处罚金额 178 万元。

（梅新然）

交通质监

【概　况】 2022 年，衢州市受理监督的新开工及续建交通建设工程项目共计 34 个。其中，市中心主管监督项目 16 个，县级监督机构主管监督项目 18 个，监督覆盖率 100%。对 15 个项目进行竣(交)工评定(含大中修项目)，工程合格率 100%。

【公路水运工程质量检查】 2022 年，抓好“浙路品质”推广，落实“电子打卡”“质量工单”“数字验收”在线应用，在国省道项目推广安全码。常态化开展“利剑”行动，全市排查整治问题隐患 860 个，下发检查意见书 215 份，实施行政处罚 29 起，挂牌督办 4 起，通报约谈 9 起，有效震慑违法违规行为。委托第三方机构配合对全市 12 个重点公路水运项目进行安全检查。推进全市交通建设工程工点防护标准化建设，工点防护标准化覆盖率 100%。开展违法转分包及工程突出问题专项整治。分别监督抽检原材料及常用产品、工程实体方面抽检实测 321 组、5266 组数据，合格率分别为 94.4%、97%。完成 2021 年度监理检测信用评价，对全市公路水运工程 19 个监理办、8 家试验检测机构、38 个工地试验室、340 名监理人员和 226 名试验检测人员开展信用评价审核。开展检测监理行业文明创建，培育“最美监理窗口”2 个，“检测机构示范窗口”2 个。

（梅新然）

衢州市铁路轨道交通建设管理中心

【概　况】 2022 年，衢州市铁路轨道交通建设管理中心全面贯彻落实市委、市政府战略部署，深化“1133”工作体系，聚焦“构筑米字网、打造桥头堡”核心目标，助力打造“四省边际交通物流桥头堡”。全年完成铁路投资27.7亿元,杭衢铁路主体基本贯通,衢丽铁路先行段开工,衢南、衢黄铁路列入《新时代中长期铁路网规划(征求意见稿)》,重大课题研究持续推进,“数智杭衢”五大场景应用落地。王坚威获衢州市人民政府专项工作表现突出个人记功嘉奖,王植明获评2022年浙江省铁路建设成绩突出个人,汪坚荣获浙江省2020—2021年忠实践行“八八战略”奋力打造“重要窗口”立功竞赛先进个人称号。

【杭衢铁路主线基本贯通】2022年,重要工程节点完成,最长里程天池山隧道贯通,国内最大跨度三线矮塔斜拉桥常山江特大桥合龙,全线唯一转体上跨九景衢铁路的连续梁完成转体施工,无砟轨道道床施工正式启动;站房工程全面启动,衢州西站、江山站、龙游北站等站房完成施工招标,衢州西站、龙游北站实现进场施工。强化项目履约管理,切实履行实施机构主体责任,常态化开展杭衢铁路PPP项目绩效考核工作,年内完成4次绩效考核和1次不定期考核。通过多轮谈判争取等方式,项目贷款利率从4.9%降至3.7%,共计节约项目财务成本约29亿元。全年全线完成形象投资43亿元(衢州段24.4亿元)、开工以来累计完成投资174亿元,完成路基95%、桥梁90%、隧道99%,全线主体工程基本贯通。

【衢丽铁路项目先行段开工建设】2022年,衢丽铁路是浙江省“大花园”铁路运输通道和衢州市“米”字形铁路网重要组成部分,12月,项目先行段工程正式开工建设。年内,项目公司浙江衢松铁路有限公司在龙游县注册成立,衢丽铁路线位走向争得最有利的龙游并站方案,衢江站房规模从2500平方米增至1万平方米;项目争取按盈亏平衡点测算,可少补亏25亿元,征迁费用增加约6亿元,获得国家金融工具支持18亿余元。

2022年11月23日,常山江特大桥合龙

【重大铁路项目纳入相关规划】2022年,衢南铁路、衢黄铁路、金衢城际铁路均纳入《浙江省铁路网中长期布局规划(2022—2050年)》。其中,衢黄铁路列入国家发改委《长江三角洲地区多层次轨道交通规划》和安徽省铁路规划;衢南铁路项目列入福建省铁路规划。同时,推进衢南铁路、衢黄铁路争取列入国家《新时代中长期铁路网规划》。

【重点课题研究成果显著】2022年,完成《衢州至黄山铁路规划方案研究》《衢州至南平(武夷新区)规划方案研究》《衢甬高铁通道研究》等课题;完成衢州地区总图修编并提交上海路局审查。推进机场专用线及货场选址方案研究,持续优化完善货场搬迁选址方案,为市委、市政府决策提供有力支撑;发挥衢江站、新机场区位优势,推进衢江站与航站楼“两站融合”、一体化规划的方案研究。

【铁路领域改革创新亮点】2022年,推进铁路领域数字化改革,“数智杭衢”五大场景应用全面落地推广;创新实施机构监管方式,招标引入华盛兴伟工程咨询公司、北京华审会计师事务所有限公司联合体等第三方专业力量开展杭衢铁路PPP项目跟踪审计与咨询服务,配合开展项目实施过程中绩效考核评价及重大问题决策咨询;衢丽铁路二期项目成为全国第一个全过程咨询铁路项目。

(姜　斌)

铁路客运

【概 况】2022年,衢州市境内有衢州、龙游、江山、龙游东、衢州东、后溪街、上铺、贺村、新塘边、常山、辉埠、开化、杨林、全旺、龙游南15个火车站,分别位于杭长高铁、沪昆线、衢九铁路、衢宁铁路,属中国铁路上海局集团有限公司金华车务段管辖。主要担负衢州市及周边地区的旅客运输、货物运输和沪昆线区段的列车解编任务。其中,位于柯城区城站西路1号的衢州站是办理客运业务的高普混合车站。

【安全生产】2022年,安全生产保持总体稳定。开展安全大检查和专项整治行动,严格落实十五条硬措施,分系统研判管控“灰犀牛”“黑天鹅”风险。坚持科学防洪,有序应对强降雨、强台风、持续高温等恶劣天气,确保高铁和旅客安全万无一失。全面履行消防、反恐、护路等职责,开展火灾等隐患排查整治,重点做好北京冬奥会冬残奥会、全国两会、中共二十大等特殊时期安保检查。至12月31日,车站实现安全运行5491天。

【旅客运输】2022年,密切跟踪市场变化,抓住节假日客流高峰期契机,主动进厂区、进旅行社,开展团体票营销活动。不断完善常态化客运营销机制,强化车站客运营销分析,用数据说话,客运分析更加理性、客观,经营效益稳步提升。衢州站发送旅客349.79万人次,客运收入3.58亿元。

【客运服务】2022年,聚焦创一流目标,持续深化客运服务提质升级。将客运服务工作与“城市窗口”建设深度融合,创建“i浙里·衢州有礼”党内客运服务品牌,践行“用心用情 一路畅行 爱在这里”的服务理念,将“五心 五爱 五畅”特色服务法融入客运服务工作,持续做好老、幼、病、残、孕等特殊重点旅客服务,强化军人、学生、旅游团等团体旅客组织,努力打造一流的车站客运服务。

(刘珂妤)

2022年暑运期间,助理值班员在衢州站普速场进行调车作业

铁路货运

【概 况】2022年,衢州市境内有4个火车站铁路货场(龙游东、衢州、江山上铺、贺村),隶属中国铁路上海局集团有限公司金华货运中心衢州经营部管辖。面对疫情、高温等不利因素影响,连续实现第十个安全年目标,运输经营任务连创历史最高水平。

【货物发送】2022年,贯彻落实“以货补客”目标要求,动态写实定标各站点实际作业能力,有效应对运输高峰冲击。深化推进衢州地区“4+1”卸车组织协调机制,落实“点单式”生产组织方式和横班劳动竞赛制度,做到“统一指挥、分工协作、积极响应、主动配合”,确保衢州地区卸车组织工作高度融合。建立发到两端联动的装卸车协调机制,深挖车站潜力,做到“快进、快卸、快出、快排”,积极消除运输瓶颈。完成卸车25.3万辆,日均693.4辆;完成装车8.0万辆,日均装车219.9辆;装车创历史最好水平。完成运输总收入2.52亿元,境内发送货物454.4万吨。

【标准化创建】2022年,建立管

理人员履职质量办法，明确班组月度考评量化指标精确到人，做到“一月一计划、一旬一公布”。规范关键岗位作业流程，及时组织各货运站动态修订货细及岗位作业指导书，确保《货细》《作业指导书》在江山无水港专用线等相关制度符合岗位作业实际。持续推进标准化规范化货场建设，共计投入费用6.6万元完成货运站及衢宁线新开货场的标识标牌进行补强更新。衢州经营部获2022年度中国铁路上海局集团公司“示范车间”中心“先进集体”等荣誉称号。

【基础保障】2022年，完善补强各货场基础建设和更新改造工作。完成龙游东H6线作业区硬面化改造、伙食团和浴室整体翻修改造；衢州东H6线仓库顶棚整修、货场大门地磅路面改造、经营部和营业大厅楼顶补漏、营业大厅后门人脸识别安装；江山上铺新老货场消防水管抢修补强、伙食团顶棚防水改造，贺村浴室和卫生间改造、雨棚排水管更新施工等项目。争取到上级下拨更新改造资金400余万元、重点零小维修施工项目10余项计20余万元。

（黄建伟）

民用航空

【概　况】2022年，受疫情防控政策调整的影响，衢州机场全年保障航班5898架次，同比下降6.5%；旅客吞吐量31.66万人，同比下降32.7%；货邮吞吐量732.2吨，同比下降27.04%。安全生产形势总体平稳，没有发生重大差错和不安全事件，完成重要时期的航空安全保障。通过“平安民航”考核，实现第30个航空安全年。对标管理成效显著，“衢州中转通程产品”课题被评为浙江省机场集团优秀课题。“礼航”党建品牌被评为省机场集团“党建优秀品牌”。法治建设效果突出，被评为浙江省机场集团法治建设先进单位。

【党的二十大安保】2022年，研究制订“党的二十大安保专项行动”和“党的二十大航空安全保卫”两个工作方案，聚焦核心风险管控，全面分析机场空防安全总体态势，并形成报告，进一步强化和安排安防工作。9月7日至10月31日，公司领导和中层以上干部实行24小时值班。

【安全生产】2022年，完善安全管理制度。完成《机场使用手册》的全面修订，建立完善《机场使用手册实施细则》《公司安全管理体系(SMS)手册》《飞行区场地管理手册》《外来物防范手册》等40余个制度程序，完成10个航空器突发事件应急预案、15个非航空器突发事件应急预案的修订。高质量开展安全专项工作。开展风险隐患排查治理工作，动态管理“两个清单”(危险源清单和安全隐患清单)，及时对排查出的37个隐患，21个风险点进行评估并落实有效管控。开展房屋安全专项整治工作，6月完成机场重点区域内房屋排查，7月完成民航餐厅漏水屋面防水施工。开展安全大检查和民航专项检查工作。开展“小旧偏特军托”风险排查整治工作。逐条对照风险排查清单开展风险排查整治。做好岁末年初安全生产工作。制定《“找短板、查漏洞、强措施、保安全”岁末年初安全生产专项行动方案》《岁末年初安全生产“四大行动”和督导检查方案》，开展安全风险隐患排查治理工作。加强岗位培训标准化。开展“岗位微视频”数字化培训。录制“岗位微视频”，明确规范安全操作标准，覆盖11个岗位，培训员工78人，“岗位微视频”教学入选集团安全示范项目。加强安全作风建设。通过网络平台组织开展安全作风宣教，完成宣教4000余人次；建立作风问题识别程序，动态管理作风负面清单，实施作风考核。大力推进平安民航建设。衢州机场公司制定年度机场平安民航建设计划，各部门紧密配合，10月27日顺利完成平安民航考核。深入践行“军民航融合发展”理念。军民双方在原有联合保障基础上，对消防、防跑道侵入、除冰雪等10余个工作方案进行优化；修订《军航衢州机场飞行管制室与民航衢州机场管理有限公司航务管理部管制工作协议》；双方共同开展净空、设施设备等专项排查8次，召开军民航协调会、跑道安全等专题会议11次，共同开展鸟防培训、消防、医疗救护演练5次；建立军民航融合信息通报

2022 年 12 月,新综合服务柜台投入使用

工作新机制。"军民航融合建设"项目入选华东局中小机场四型机场建设优秀案例。

【品牌建设】2022 年，航班放行正常率达 96.34%，同比增长 5.18%，没有发生机场责任原因造成的航班放行不正常。开通特殊旅客"绿色通道",提供优先、全流程协助与陪伴等服务；开设团队值机柜台,协助团队快速办理；推出"晚到旅客助你行"服务,为晚到旅客出行提供特殊保障;综合服务柜台经改造后全新亮相，将机场公安综合窗口及华夏航司服务窗口统一优化管理，实现多业务"一站式"办结;对标空港贵宾服务有限公司贵宾部,制定"衢航家"规范窗口岗位服务用语、礼仪等标准，开展文明规范专项培训,全方位提升旅客体验感。推进"民航服务创新增效主题活动"和"民航服务规划实施年" 主题活动；举办"提技能、强服务、展风采"衢州机场首届服务技能大赛，推进技能素质双飞跃。

【主营生产】2022 年，夏航季局方审批时刻量 226 个 / 周，同比增加 34 个 / 周,增幅 18.95%。冬航季局方审批时刻量 200 个 / 周，同比增加 8 个 / 周,增幅 4.16%。依托华夏航在衢网络优势推出衢州机场通程中转产品，按照国家民航局中转五项标准，细化提质服务,实现旅客"一次支付、一次值机、一次安检、行李直挂、无忧中转" 的便利化出行，并于 7 月 25 日正式开通。

【科技创新】2022 年，搭建航站楼设施维护维修管理平台，简化传统维修申报流程；创新机坪作业在线填报反馈，实现机坪无纸化监管;推进"浙里飞"旅客服务平台项目的落地,开通"无纸化"乘机服务,实现"一码通"出行;临时身份证明自助办理场景应用落地；完成中国电科成都天奥数字内话系统中数字甚高频电台安装;完成空管 A-CDM 系统终端、防火墙、交换机等硬件安装调试;推进数字化改革科技创新项目，完成道面激光除胶线机器人小样制作。

（王　颖）

2022 年衢州市民航客货运输量统计表

表 17

航　线	客运量(人次)	客座率(%)	货运量(吨)
北　京	21993	45.6	28.9
深　圳	32141	34.4	375.6
大　连	770	8.4	2.3
青　岛	7850	33	2.6
昆　明	10720	45.3	17.1

续表 17

航线	客运量(人次)	客座率(%)	货运量(吨)
济南	11343	33.8	1.2
海口	29126	47.2	26.8
西安	8265	49.9	2.3
阿克苏	2189	5.1	1.8
重庆	38792	56	43.8
成都	26036	47.5	109.6
贵阳	25638	45.2	1.9
广州	27530	41.4	82.5
舟山	17978	40.5	22.6
武汉	2628	19.1	0.1
珠海	2538	36.9	1.2
郑州	11033	49.2	0
太原	10388	49.5	7.2
厦门	6852	46.7	0.3
南宁	10006	48	3.2
三亚	5736	56.5	0.5
天津	3639	45.4	0.3
北海	2572	36.1	0.3
兴义	785	4.5	0
包头	22	0.7	0

邮政业管理

【概　况】2022 年，衢州市邮政管理局按照“服务全领域、激活全要素，打造双高地、畅通双循环”工作思路，服务衢州经济社会发展，完成各项目标任务，为建设四省边际中心城市提供有力支撑。全年，邮政行业寄递业务量完成 18006.7 万件，同比增长 6.8%，增速全省第二。快递服务企业业务量完成 11857.2 万件，同比增长 5.1%。新增批准设立快递法人企业 5 家，分支机构 36 个，备案快递末端网点 391 个。

【“快递进村”工作】2022 年，衢州市邮政管理局指导、配合各县（市、区）推动三级物流体系建设。全市主要快递品牌平均进村率达 82.4%，开通 12 条客货邮路线。全市农村地区快递投递量完成 3189.71 万件，同比增长 13%。助力常山胡柚销售产值 1895.3 万元，江山猕猴桃销售产值 3.1 亿元。“江山猕猴桃”“常山胡柚”2 个项目入选 2022 年浙江省快递服务现代农业银牌项目名单。

【行业安全监管】2022 年，开展安全隐患排查、场所规范化提升、市场秩序整顿、机要通信检查、“扫黄打非”检查、“除险保安百日

2022 年 8 月 25 日，2022 年衢州市快递员暨第三届邮政行业职业技能竞赛现场

攻坚”等专项行动，强化邮政快递行业市场监管。深化与公安、国安等部门的联合检查，开展安全检查 379 次，发放责令改正通知书 127 份，立案处理 31 起。全市邮政快递行业总体安全平稳，未发生安全生产事故。在衢州市年度安全生产和消防工作目标管理责任制考核中为优秀等级，获评省级“扫黄打非”示范点 9 个，“扫黄打非”示范标兵 1 个，省级邮政普遍服务网点示范窗口 2 个。

【保通保畅】2022 年，疫情期间审核发放 259 张干、支线车辆通行证，解决快递车辆通行难题。发动各快递品牌企业提供 50 余辆配送车辆，200 多名快递小哥志愿者加入民生保障、防疫物资运输队伍，为市疫情防控指挥部运送应急物资 7800 件，为居家市民配送生活物资 2758 件，为医院配送药品 4200 件，建立“一对一”送药服务模式，为特殊病患者送药 35 单。

【绿色发展】2022 年，推进“四化”建设（包装绿色化、操作规范化、中转循环化、回收资源化），全市“9917”工程（采购使用符合标准的包装材料比例达到 90%，规范包装操作比例达到 90%，可循环快递箱达到 1000 万个，回收复用瓦楞纸箱 7 亿个）完成情况良好，实现采购使用符合标准的包装材料比例达到 92%，规范包装操作比例达到 93%，可循环快递箱（盒）应用规模达到 5.46 万个，回收复用瓦楞纸箱 155 万个。获评省级邮政业绿色分拨中心 2 个，绿色网点 3 个。

【信访申诉办理】2022 年，加强质量监管，应民所呼，着力保护快递服务消费者合法权益。年内，全市邮政业消费者申诉中心“12305”热线接听各类消费申诉 9381 件，挽回经济损失 342998.73 元；受理“12345”及信访平台转办 752 件，挽回经济损失 65070.16 元，电话呼叫有效接通率 100%。

【暖蜂行动】2022 年，不断凝聚各方力量关心关爱快递小哥。组织 100 名快递员参加疗养、评定“三衢工匠”143 名、省级“最美快递员”2 名。开展暑期爱心托管班、“慰问快递小哥及其家属”露营音乐节、趣味运动会、夏季送清凉和冬季送温暖走访慰问等系列活动。12 月，在购药紧张的情况下为一线员工筹集发放紧缺药品等“防疫礼包”。

（黄俊士）

邮政经营服务

【概　况】2022 年末，衢州市邮政分公司（以下简称“衢州邮政”）全市邮政网点 109 处，邮政储蓄网点（不含邮储银行网点）46 处，邮政汽车 167 辆，邮路 62 条，总长（单程）2823 千米。邮政从业人员 890 人，固定资产 1.86 亿元。邮政业务总收入实现 3.82 亿元，同比增长 18.43%。3 月 13 日，市委副书记、市长高屹检查衢州邮政疫情防控工作。

【敬老兵邮展】8 月 1 日，是 1972 年入伍的江山籍原铁道兵 12 师、东海舰队某 16 支队老兵参军 50 周年纪念日。当天，衢州市集邮协会、江山市集邮协会举办致敬老兵集邮展览，征集展出衢州市集邮爱好者收集的《千秋伟业》《抗日战争》《长征》《中国共产党的辉煌百年》《人民军队》《南昌起义》

2022 年 8 月 1 日，举办致敬老兵集邮展览

《八路军》《新四军》《第二次国内革命战争》《峥嵘岁月》《义务兵免费信件》《重走长征路》《红军邮》《新中国军邮使用》等爱党爱国爱军系列专题邮集 17 部 36 展框。

【服务乡村振兴战略】2022 年，衢州邮政成立服务乡村振兴战略专项工作组，利用邮政多元化经营优势，为新型农业主体和农户提供资金、销售、寄递全环节服务便利，完成常山胡柚等 7 个农产品项目对接。销售胡柚系列产品 542.5 万千克，销售额 1653.94 万元，为农户节约邮费近 860 万元。发放惠农贷款 1178 万元，服务产业链客户 3678 人。

【助推数字化改革】2022 年，衢州邮政开通 47 个警医邮网点，提供交管业务“一站式服务”，服务 3 万余人次，并开展免费寄递服务，全年为老百姓节省寄递费用 19.5 万元。与法院共同设立“共享法庭”，建成快递行业职工之家和 15 个“小哥驿站”。

【推进三级物流体系建设】2022 年，衢州邮政建成村级综合便民服务站点 1483 个，快递进村业务 423 万件。客货邮交邮合作线路 14 条，覆盖 13 个偏远乡镇 43 个偏远建制村，全年代投偏远地区邮件 10.65 万件，为偏远山区百姓解决快递进村“最后一公里”难题。

【绿色邮政业发展】2022 年，投放各类新能源车 103 辆，节油 4.7 万升，实现新型包装箱在全市邮政营业网点 100%出售，实现窄胶带全流程使用，省内循环邮袋 100%使用。

（冯　君）

信息化建设

无线电管理

【概　况】2022年，衢州市无线电管理局办结各类行政许可609件，指配无线电频率31个（组），颁发电台执照22785张。收取无线电频率占用费22.19万元，较上年同比增长48%。注销行政许可30件。浙江省无线电产业基地（衢州）揭牌成立。全市建有无线电监测固定站4座、小型站7座，配备移动监测车2辆、监测设备31台、检测设备12台。市无线电管理局被评为2022年度浙江省经济和信息化厅“争先创优”考评优秀单位。

【无线电频率台站管理】1—3月，组织全市在册用户提交无线电频率、台站使用年度报告106份并完成审核。9月，支持建成衢州市第一张数字集群专用对讲通信网，为衢化氟化、晋巨化工、巨圣氟化等3家用户做好频率预选和互调计算工作，协调供货商优化网络方案设计和实地电测，确保电磁兼容安全，推动区域共建共享，提高频谱资源使用效益。9—10月，在民航、铁路、广电、电力等领域选取14家重点设台单位开展“三服务”活动，了解用户需求和困难。9—12月，征收无线电频率占用费，落实国家关于涉及企业和个体工商户的无线电频率占用费收费缓交政策，指导44家用频单位通过浙江政务服务网完成缴费，年内到费率超82%，居全省第二。11月，编制《浙江省无线电管理行政许可实施办法》规范性文件送审材料，并对无线电频率使用许可、地面无线电业务频率使用许可、无线电台识别码核发行政许可实施规范进行修订细化。

【无线电管理行政执法】2月，在衢州发布官方微博刊登《关于开展无线电频率台站清理整顿工作的通告》。9月，参加浙江省无线电管理行政执法演练活动，获得演练成绩优秀单位第一名、学法用法笔试成绩优秀个人第三名。年内，在互联网+监管平台建立各类监督检查任务18项，与市统计局完成跨部门联合“双随机”检查和频率/台站年报等在册监管对象抽查31次、专项/即时检查42次，发现异常问题28个。对涉嫌违法的立案调查18起，其中9个违法主体受到行政处罚，共计没收违法设备24台（套），没收违法所得3795.55元，罚款金额5万元。9个违法主体经责令改正后依法不予行政处罚。

【无线电发射设备销售市场管理】年内，加强发射设备生产和销售源头治理，共核查销售商家近百户，发现并查实违法销售案件12起，其中向省市场监管局移交涉嫌违反《中华人民共和国产品质量法》和《中华人民共和国商标法》案件1起。10—11月，联合市场监管部门，派出29人次赴金兴数码广场、“通信一条街”等商区开展专项检查，并对衢州发货的淘宝、天猫及政采云等电商卖家开展线索摸排，查处违法行为，下架违规产品。年内，组织13户无线电发射设备销售商家完成设备销售备案登记484台。

【无线电监测和干扰排查】年内，11个无线电监测固定站累计监测47181小时，移动监测766小时。监测并标注无线电信号340个，其中主动发现不明信号40个，查找并定位非法无线电台(站)23个。受理各类无线电干扰申诉9起,其中通信运营商7起。1月，完成春运期间航空及铁路专用频率保护性监测工作并开展702—798兆赫兹专项监测。3月，完成3400—3600兆赫兹专项监测。9月,在浙江省无线电信号分析专项演练活动中获团队一等奖。

【杭州2022年第19届亚运会无线电安全保障】3月,完成高楼、高山、高塔无线电台站专项检查工作,检查淳安火炉尖、桐庐舞象山6家设台单位的24个台站,处置违规设台行为2起；面向场馆保障团队就无线电频率使用需求和设台问题开展无线电管理业务培训2次，宣贯频率申请和电台设备核验、准入等规定。3—4月，完成淳安、桐庐2个亚运场馆的无线电监测节点设备安装、联网,满足场馆周边无线电信号采集监测需要。4月,完成“韵味杭州”2022年千岛湖山地自行车邀请赛无线电安全保障任务;6月,完成“韵味杭州”2022年桐庐马术三项邀请赛无线电安全保障任务，开展无线电发射设备贴签846张，为浙江广电媒体转播团队视频传播设备排除无线电干扰2起。

【社会服务与安全保障】年内,出动17人次参加市疫情防控、交通劝导、路面巡查等志愿服务;完成学考选考、全国高考、衢州市中考、衢州市属事业单位招考、省公务员考试、二级建造师和社会工作者资格考试等无线电监测保障19次。8月,指导编制衢州机场迁建工程项目电磁环境测试方案和报告，并出具衢州机场迁建工程预选场址电磁环境情况说明文件。10月,按照全省除险保安百日攻坚行动部署和衢州市委、市政府安排,加强航空、铁路、广播电视、移动通信等重要业务保护性监测，开展无线电安全风险隐患排查，确保党的二十大召开期间全市电磁环境总体安全、稳定,1人被衢州市政法委推荐为平安护航党的二十大省级先进个人。11月,配合完成浙江省第十七届运动会开闭幕式无线电安全保障工作。12月,1人参加驻企服务,帮助浙江康德药业解决原材料供应问题，协调两个产品临时纳入医保目录。

【赋能无线电相关产业发展】2月,对接华为光产品部门、东南大学国家毫米波重点实验室，推动FTTR+Q-Band产业合作与校企合作。3月,《浙江省无线电产业基地(衢州)建设发展规划》由衢州市人民政府、省经信厅、电子科技大学三方正式发布。4月,对接衢州安沿科技、衢州海易智能等企业，做好产品选频用频咨询服务，加强项目频谱保护监测。5月，浙江省无线电产业基地（衢州）建设纳入浙江省人民政府与工信部签订的《部省推进浙江经信领域高质量发展建设共同富裕示范区合作协议》,支持衢州市建设国内先进水平的无线电检测平台,创建无线电产业基地。5—12月,梳理无线电产业内涵外延,研究浙江省无线电产业发展现状，编制产业招商图册，相关课题获

2022年7月15日,浙江省无线电产业基地(衢州)揭牌

浙江省无线电监测中心年度优秀课题。6月，为做好检测中心建设方案编制，协同广东集成电路与系统应用研究所、天衡仪器专家团队调研衢州无线电发射设备检测业务与人才实训市场需求。7月，衢州市市长徐张艳、电子科技大学校长曾勇、省经信厅副厅长许小月共同为浙江省无线电产业基地（衢州）揭牌，工信部无管局副局长林啸在产业对接会上致辞。10月，对衢州市未来工厂、智能车间、无线电发射设备生产等9家相关企业开展“三服务”活动，征集频谱资源利用和助力发展的意见建议，首次将衢州生产的无线电发射设备列入工信部“双随机”抽检目录并检测合格。12月，协助制定《衢州智慧新城无线电产业发展的政策意见（试行）》。

【无线电管理普法与科普】年内，组织开展“世界无线电日”、无线电管理宣传月活动，在全市热点街区33块户外大屏常年播放国家和浙江省《无线电管理条例》普法视频7部。2月，在FM105.3衢州电台新闻综合频道播出《衢州市无线电管理局关于开展无线电频率台站清理整顿工作的通告》，开展浙江省无线电行政执法典型案例宣讲，播放无线电普法音频。3月，策划制作业余无线电爱好者助力抗疫一线主题视频，在“中国无线电杂志”微信公众号发布。9月，选取衢州市行政处罚典型案件，形成“以案释法”材料3份并印制普法展板10块和《无线电管理政策法规辅导手册》1000份；邀请5G技术专家，组织全市普法与科普培训，并通过群直播等方式60余人参会，新闻简讯在“学习强国”学习平台登出；通过无线电主题沙画创作、知识问答等方式开展社会面宣传，活动新闻在人民网、浙江在线等10余家主流媒体登出；3人参加掌上衢州App“守法普法季”诵读《习近平法治思想》主播活动；通过衢州科普、“衢州法源”微信公众号发布无线电管理普法与科普系列文章；协调通信运营商发送公益宣传短信近109万条。

【无线电技术设施建设】4月，完成移动监测车原子服务改造，接入浙江省无线电管理一体化云平台。9月，完成出租车众包监测节点建设2个，减小监测网格颗粒度，提升无线电监测数据采集区域覆盖能力。11月，完成常山小型站改造升级，优化站点设备技术指标，提升监测效率。

（汪　萍）

长途电信传输

【概　况】2022年，衢州长途电信传输局围绕“2022，畅字当先”思路，聚焦主责主业，立足国防光缆，拓展服务，转型升级，提质增效，建设“红色基因，长线铁军”党建品牌和红色阵地，完成重大活动和防汛抗台等通信保障，打造“最多跑一地 服务大项目”品牌，助力衢州四省边际中心城市建设。年内，继续保持全国“安康杯”竞赛优胜单位，获2021年度市级“平安单位”称号。

【光缆维护】2022年，精心维护国防光缆，确保全年国防光缆无责任性线障。夯实基础维护，落实一天两次均衡巡回；创新维护方式，探索“数智”维护。借助56个“全球眼”视频监控点动态循环进行光缆防障点管理，提高防障现场管控力度，改善线路维护防障环境；采用执法记录仪记录外界处理，避免推诿扯皮，提升业主和施工方履约自觉性；探索使用无人机巡线，有效应对疫情时期的干线保障；开展智能井盖的使用，动态管控管道光缆；通过“ECP短信”“微信群”和短视频开展护线宣传，通过科技平台与挖机业主和操作手等强化互动、紧密联系，提升挖机手安全意识和主动联系意识，有效阻止光缆障碍的发生。

【防障配合】2022年，接应当地政府做好320国道龙游横山至会泽里段改建工程、528国道龙游城东十里铺至环线段道路改建工程、205国道开化县音坑至华埠段改建工程、开化县第二医院处205国道拓宽工程、开化县华埠镇渔梁滩地块改造项目、江山市民声片区老旧小区改造提升工程、江山市解放路雨污管网改造及配套设施建设工程、江山市上余镇江东化工园区村庄搬迁项目安置地建设、江山经济开发区江贺产业平台基础设施建设项目、常山县狮子口片区拆迁改造、常山宋诗之河之“赵鼎考古文化”项目、常山江航道开发前期配套设施建设(蒲塘口段)、衢州港衢江港区大路章作业区二期工程、衢江区信安东路东延伸段（川汇路—上山溪东岸）工程、衢江区城东片区城市基础设施建设项目、荷一路(新元路—府东街)改造工程、衢州市曙光路道路改造工程、衢江区廿里镇工业园区市政配套建设项目、衢州市航埠镇上下河东公寓式安置点建设、柯城区航埠镇智尚小镇基础配套设施建设提升项目等的外界防障配合工作。全年,新增干线防障点48个,结束防障点45个。至年末,干线防障点28个，其中,A级1个、B级1个。各防障点添设宣传标志牌200多块、彩带布线环境4万多米、毛竹条护线围栏2000多米。对外签订各类迁改及防障协议书93份,发送护线宣传单100多份,处理违章不合格隔距3处。配合完成320国道改建项目建龙衢光缆迁改（含百米大道)12千米;G528改造兰龙线迁改3千米，杭贵成、衢上解放南路迁改4.5公里,杭贵成及衢江贺万里扬迁改4.6千米，二中—公交公司门口防鼠光缆迁改1.2千米,港区项目光缆迁改36千米,信安东路项目光缆迁改2千米，下张鼠咬隐患更换1.7千米铠装光缆，振兴中路项目布放主干光缆1.6千米。完成各类管线交越加固保护43处1020米。

【重要通信保障】2022年，在全国两会、党的二十大、世界互联网大会等关键节点，走访沿线的乡镇、企业、相关部门,开展恶劣天气后的联动、巡回、排查、整治工作,开展架空线路专项整治工作,确保重要通信保障业务的安全畅通。

2022年5月17日,军警民护线小组开展集中巡线

【护线宣传月活动】 5月,与市线路管道保护协会共同承办衢州市军警民联合护线宣传活动。动用军车、警车等在干线沿线开展巡查、护线宣传,通过巡查、粘贴宣传通告等方式,提高群众爱线护线意识。走访座谈各级政府机关、部门单位、乡镇村77家,在干线沿线乡镇设护线宣传摊点1处。在线路沿线张贴护线通告500多份，送护线宣传手册和护线函以及上门宣传等。加强与建设施工点的防障联系和协作配合，将护线责任落实到单位到人。在战略支援部队和公安机关协助下,处理1起违章建筑危害光缆安全事件,制止6处危及线路施工,整改危及通信安全隐患40处。

（袁　谨）

中国电信

【概　况】2022年，中国电信股份有限公司衢州分公司（以下简称“衢州电信”)坚持党建统领,勇担央企责任，全方位推进网络强基赋能，全力支撑地方经济社会数字化转型。全年,移动电话用户数49.5万,互联网宽带接入用户数40.7万，电信业务收入6.3亿元。中国电信衢州分公司号码百事通运营中心(“12345”政府服务热线)获评2022年全国政务服务热线服务创新优秀单位，西安路营业厅被中华全国总工会办公厅评为2022年最美工会户外劳动者服务站点，员工方文俊获全国

2022 年度衢州市“12345”政务服务热线所获荣誉

五一劳动奖章。

【践行网络强国战略】2022 年，衢州电信深入贯彻网络强国战略。全面打造 5G 精品网络，新建 5G 基站 512 个，5G 基站达到 1508 个，深化 5G 共建共享，推进高中低频协同组网，实现全市主城区、县城及重点乡镇的连片覆盖。助推千兆城市建设，全年建成千兆光端口 46.7 万个，城市区域千兆网络覆盖能力达 100%，43 个镇、31 个乡、1106 个行政村具备千兆覆盖能力。

【天翼云建设】2022 年，中国电信天翼云入选 2022 年度央企十大超级工程，以“云网融合、安全可信、专享定制”的优势，为用户提供安全、普惠云服务。衢州电信按照集团“千城千池”战略规划，2022 年完成“天翼云”一城一池的建设和 CT 云的扩容，为 DICT 项目及本地行业上云提供本地接入能力。同时总结云电脑办公、医学影像存储、网站云主机、酒店云电脑、内网混合云等成熟案例并形成复制能力，实现全市 9 个行业上云标杆的复制推广。

【深耕 5G 定制网】2022 年，衢州电信持续深耕 5G 定制网领域，以网络、AI、云计算、区块链等关键核心技术推动科技创新，为巨化集团、一道新能源等提供 5G 定制专网。其中助力巨化集团打造的 5G 定制网，成为工业行业数字化设计、智能化生产、智慧化管理等现代创新标杆，获第五届“绽放杯”5G 应用征集大赛全国优秀奖、工业赛道三等奖，浙江区域赛二等奖。

【助力乡村振兴】2022 年，衢州电信全面接应落实《中国电信数字乡村建设实施方案》，通过搭建数字乡村云平台，提供乡村智慧党建、平安乡村、环境监测、视频会议、天翼大喇叭等标准化应用服务。全市签约数字乡村 698 个，开通数字乡村云平台 757 个，签约金额 363.62 万元，建成数字乡村文化大礼堂 20 个。2022 浙江数字乡村“金翼奖”评选中，衢江区获“浙江数字乡村十佳县”，柯城区沟溪乡余东村等 7 个村获“百优村”，为打造“五化十场景”（未来人本化、生态化、数字化、融合化、共享化和未来邻里、教育、健康、创业、建筑、交通、低碳、服务、治理）提供数字场景化解决方案优秀案例。

【做好信息帮扶】根据浙江省教育技术中心开展小规模学校网络提升项目的要求，承接全市 11 所小规模学校网络提升项目，对 11 所学校进行千兆网络升级。承接市级、柯城、衢江、龙游、江山、常山、开化共 7 个主体方舱医院建设，同时完成 4 个气膜实验室建设，有效缓解疫情期间防控压力。

【通信保障服务】2022 年，完成党的二十大、互联网大会、浙江省深化“千万工程”建设新时代美丽乡村现场会、衢州“两会”等 26 场重大通信保障任务。

【“12345”政府服务热线和“114”民生服务运营】2022 年，“12345”政府服务热线共受理来电 106.04 万次，同比增长 27.7%，按期受理率、按期办结率均达 100%，群众满意率 99.56%；2022 年被授予“全国政务服务热线服务创新优秀单位”。“114”民生服务热线共受理来电 180.24 万次，同比增长 18%，满意率 98.9%，同比提升 2%。同时，衢州“114”上线的微信移车小程序，对占移车总量 70% 的物业和社区创文移车使用全面引流，有效缓解话务高峰，减少等待时间，年度点击率升至全省 11

地市“114”小程序第一。

（周睿智）

中国移动

【概　况】2022年，中国移动衢州分公司（以下简称“衢州移动”）勇担网络强国、数字中国、智慧社会主力军，充分发挥拉动投资、促进消费的“扁担效应”，全力推进信息技术服务地方发展大局和经济社会民生，取得积极成效，系统内经营业绩考核全省第一，通信服务收入增幅全省第一，手机客户、家庭宽带客户、政企客户规模稳步增长。

【通信基础建设】2022年，推进5G网络建设，新建5G基站2000余个，实现全市所有城区、乡镇、行政村和AAAA级以上旅游景区、工业园区、杭长高铁、杭金衢高速的5G信号连续覆盖。深入开展农村区域宽带网络建设攻坚，全市所有城区、乡镇及行政村宽带网络实现全覆盖，20户以上自然村宽带网络覆盖率提升至99.6%，千兆网络用户接入能力超87万户。着力锻造新型算网能力，建成柯城（北门）融合边缘云，初步形成省、市、县三级算力架构，IDC机房出口带宽超1200G。

【应急通信保障】2022年，完成全国田径大奖赛、市两会、衢州马拉松、全国新年登山大会等大型会议、重大赛事通信保障97起，出动保障人员381人、应急保障车辆275辆次，实现“零重大网络事故、零重大安全事件、零重大客户投诉、零负面焦点事件”的目标。

【打击治理电信网络诈骗】2022年，落实“断卡”“打猫”（打击多卡宝、GoIP等插卡集群设备）专项行动，加强涉诈涉案号码分析监控，强化渠道合规管理和日常督查，持续加大源头管控力度，开展反诈宣传教育0.6万场、覆盖超7万人次，发送公益短信690万条，处置疑似异常号码6.2万个，协助公安抓获本地诈骗团伙2起、打击诈骗窝点18个、缴获作案设备27台。

2022年7月12日，衢州市实现移动5G网络行政村全覆盖

【开展“银龄跨越数字鸿沟”行动】2022年，参与“银龄跨越数字鸿沟”科普专项行动，组建“百人讲师团”“科技服务志愿者队伍”，进社区、进农村开展宣讲志愿服务300余场、服务老人1.3万余人次。依托自有营业厅打造定点科普教学点，定期开展科普授课活动，为老年客户设立绿色通道、爱心专席等便民服务。

【助力“全国文明城市”创建】2022年，主动对接社区网格，收集飞线整治需求850个，统筹投入资金近300万元、调配施工力量1200人次，完成荷花街道、信安街道、花园街道等154个区域的路线整改和688个包干小区的隐患排查整治，并组织公司员工参与全市各类创文志愿服务5000余人次。

【浙江省“智慧医保”衢州上线启动仪式】1月27日，浙江省“智慧医保”衢州上线启动仪式在衢州移动举行，衢州移动、市医保局等单位领导出席。浙江省“智慧医保”衢州上线成功，为全面形成全省医保报销“一张网”，实现数据互联互通和医保业务跨系统、跨层级、跨部门“一网通办”贡献衢

2022 年 5 月 17 日,衢州移动举行“工会户外劳动者服务站点暨移动之家”揭牌仪式

州经验、衢州速度。

【衢州市首批“工会户外劳动者服务站点暨移动之家”正式揭牌】 5 月 17 日,“工会户外劳动者服务站点暨移动之家”揭牌仪式在衢州移动举行,衢州移动、市委宣传部、市总工会等单位领导出席。2022 年,衢州移动打造“移动之家”服务站点 31 家,为环卫工人、快递小哥、外卖小哥等户外劳动者提供喝水、歇脚、充电等暖心服务。

【举办在衢央企“党建联建话共富”活动】 11 月 9 日,衢州移动联合国网衢州供电公司等 7 家在衢央企联合举办“党建联建话共富”活动。围绕数字化改革、新型基础设施建设、乡村振兴等课题,深入讨论研究共富落地举措,并发布《支持衢州建设四省边际共同富裕示范区倡议书》。

(朱林峰)

中国联通

【概 况】 2022 年,中国联合网络通信有限公司衢州市分公司(以下简称“衢州联通”)全面贯彻集团新战略,实干争先、踔厉奋进,各项工作取得明显成效。至年末,衢州联通移动网用户 41.8 万户,互联网宽带用户 5 万户,实现主营业务收入 2.6 亿元,同比增长 12.9%。11 月 10—11 日,中国联通集团公司党组成员、副总经理梁宝骏一行赴衢州开展专题调研。

【网络建设】 2022 年,坚持打造 5G 精品网、千兆宽带网、政企精品网和云算力建设,保障网络安全,支撑市数字经济高速发展。打造 5G 精品网,深化 5G 共建共享,实现城区县城、重点场景 5G 网络连续覆盖;加快 900M 打底网建设,移动网行政村覆盖率 100%、人口覆盖率 98.5%;建设千兆宽带网,完成 136 个小区千兆宽带建设,新增宽带端口 1.5 万个,具备城区县城、重要乡镇千兆网络接入能力。推进政企精品网和云算力网络建设,完善衢州联通数据中心全市一体化布局,包括云数据中心、5G 本地 DC 中心、边缘计算 DC 机房布局,构建技术领先、绿色低碳的新型数据中心发展格局。

【建成江山市域共建共享 4G 一张网】 至 3 月底,衢州联通顺利完成江山市域共建共享 4G 一张网建设。江山市域内联通站址提升 71.11%,江山城区、2 个街道、7 个乡镇实现 4G 全覆盖,江山北区域,尤其是农村乡镇长期无 4G 问题得到妥善解决,江山区域联通 MR 由 87%提升至 95%,4G 共享流量吸收 6.25T,节约投资成本 1435 万元,有效改善江山市域网络覆盖情况。

【打造华友 5G+MEC+AI 化工生产智能化云平台项目】 4 月,衢州联通充分发挥 5G 技术在 AI、AR 以及边缘计算方面的优势,为浙江华友钴业量身打造一个 5G+MEC+AI 化工安全生产智能化平台,以应对企业在安全生产管理方面的挑战,实现企业在安全生产管控领域网络 5G 化、数据本地化、安全可视化。该项目主要是在整个生产区域部署 5G 专网,通过对感知层、物联层、通信层全面整合,将无线侧进行切片,可分别保障生产制造、生产安全、办公生活等不同方面的需求，为市重要企业安全化管控保驾护航。9月，在工信部举办的第五届“绽放杯”5G应用征集大赛浙江区域赛中，该项目获浙江区域赛决赛三等奖。

【与衢州市退役军人事务局签订战略合作协议】5月7日，衢州联通与衢州市退役军人事务局签订拥军优抚战略合作协议，为衢州市退役军人和其他优抚对象提供优先、优质、优惠的通信网络服务。特推出“联通拥军卡”，为退役军人和优抚对象定制专属化个性通信服务产品。与市退役军人事务局约定，凭军官证、士兵证、优待证等有效证件，衢州联通为现、退役军人和优抚对象提供专属客户经理接待办理，提供优质、高效、贴心的服务体验。

【中标浙江省文物安全应用场景建设项目】5月10日，衢州联通中标浙江省文物安全应用场景（龙游县古塔及牌坊沉降监测模块）建设项目。该项目从“文物保护一件事”角度出发，以一体化智能化公告数据平台、省域空间治理数字化平台为基础，运用物联网技术、大数据技术、BIM等数字化手段，构建龙游古塔及牌坊沉降监测模块，打造龙游县文物保护数字化应用，对国、省、市、县四级文物单位进行精细化保护。该项目推进原有线下古塔牌坊沉降勘测向数字化文物治理转型，推动龙游县文物保护数字治理走在前列。

【强降雨天气通信抢险保障】6月20日8时50分，衢江区防汛应急响应等级由Ⅲ级升至Ⅱ级；14时，柯城区防汛Ⅱ级应急响应提升至Ⅰ级。当晚19时，衢州联通接到衢州市应急管理局紧急保障通知，支援强降雨受灾最严重的航埠镇北一、北二村的网络通信保障。衢州联通立即组织抢修人员和物资，出动橡皮艇、对讲机、海事卫星电话、移动油机等应急装备迅速赶赴一线。经过抢修人员4小时高效配合协作，成功修复柯城航埠北一、北二村受灾基站，确保通信网络的畅通。至21日上午，出动移动油机、橡皮艇等应急装备15台次，抢修人员67人次，抢修车辆31车次。

【联合柯城公安开展反诈直播宣传】8月18日，衢州联通携手柯城公安在衢州市大润发警务室开展以“防范通信诈骗 保障资金安全”为主题的反诈宣传直播。通过哔哩哔哩网站（B站）“浙江联通客服”进行，重点介绍并分析出租或出借自己的银行卡电话卡身份证、微信QQ、支付宝账号等可能存在的风险。秋季开学在即，考虑到学生社会阅历浅、容易相信陌生人等情况，直播间专门介绍冒充熟人诈骗、高校入学诈骗、新开学诈骗的相关内容。整场直播1.4小时，弹幕数达2000多条，取得良好的防诈宣传效果。

【承建常山油茶产业大脑项目建设】8月24日，衢州联通中标常山县油茶产业大脑项目。该项目是全省联通系统内首个农业智慧大脑标杆项目，主要以山茶油产业为突破口，依托5G、云计算、物联网、区块链等新一代信息技术，围绕油茶“产研销”全环节，开发产前、产中、产后一条龙服务和管理应用，搭建“1+5+N管理服务架构”，其中，1是指1个油茶产业数据仓，整合气象、邮政、金融、保险等部门政策、业务数据；5是指绘制产业资源一张图、油茶加工一张图、销售流程一张图、要素服务一张图、碳汇主题一张图形成油茶产业的驾驶舱，通过地图、图标、坐标等形式形成数据分析；N是品牌管理、种植生产数字化、油茶主题服务、病虫害应用等N个应用模块。油茶产业大脑建成后，可实时进行土壤墒情监测、气象监测、油茶种植面积变化监测、油茶病虫害监测等，为领导决策提供整个产业态势分析，为农户提供科学、高效的种植培育指导。

【完成全国田径大奖赛网络保障】10月28—30日，2022年全国田径大奖赛（第二站）在衢州市体育中心开赛。本届大奖赛是年内国内田径界等级最高、规模最大的赛事，也是衢州首次承办的国家级田径项目竞技体育赛事。大奖赛网络保障期间，衢州联通以“零重大网络事故、零重大安全事件、零重大客户投诉”为目标，将覆盖基站列入重保清单，每日安排现场巡检，机房24小时值守，实时监控小区负荷、KPI。在衢州联通的全力保障下，活动现场联通网络稳定、网速流畅。4G网络平均速率45兆比特/秒，5G网络平均速率 500 兆比特 / 秒，有效确保奖赛活动顺利开展。

【浙江“千万工程”建设新时代美丽乡村现场会网络保障】 11 月 10 日下午，“千万工程”建设新时代美丽乡村现场会在龙游县召开，省委书记袁家军，省委副书记、省长王浩，以及省内各地市有关部门领导出席会议。为保障大会现场网络通信畅通，衢州联通加班加点新建 5G 站点 15 个，优化站点 32 个，优化测试 60 人次，落实技术专家实时开展 4G/5G 网络监控和保障。在龙游团石未来乡村，衢州联通现场向省内各级领导演示联通 5G 无人机 +VR 智慧医疗项目，通过 5G 专网远程会诊杭州邵逸夫医院，画面、音质流畅清晰，赢得现场领导的肯定。

2022 年 10 月 28 日，开展全国田径大奖赛网络保障

（季志航）

水 利

【概 况】2022年，衢州市水利局坚持“大干项目，大干民生”，以重大水利项目为支撑，扎实推进美丽河湖建设、水利数字化改革等各项重点工作，超额完成水利民生实事任务，水资源与水土保持工作持续领跑全省。获省、市级以上荣誉30项，为历史最高。在2022年度全省水利工作综合绩效考评中获得优秀，位居全省第二。获评水利部全国水土保持工作先进集体，获2021年度省政府最严格水资源管理制度考核、水土保持目标责任制考核“双优秀”，其中水土保持目标责任制考核获得全省第二。

【水利规划与建设】2022年，加快推进一批重点水利项目建设，全社会完成水利投资和向上争取资金均创历史新高，完成水利投资58.8亿元；争取到位省级以上水利补助资金23.2亿元，占全省补助总额的1/5，位居全省第一。重点推进重大水利工程30项，其中，建设类项目14项，前期类项目16项。加快推进市本级衢江治理二期、衢州市西片区水系综合整治、乌溪江引水工程灌区（衢州片）“十四五”续建配套与现代化改造项目、柯城区常山港治理、柯城区寺桥水库、江山市江山港流域综合治理、常山县芳村溪流域综合治理、开化水库、龙游县灵山港综合治理工程、衢江区芝溪流域综合治理工程等10项主体工程建设。新开工建设乌溪江西干渠灌区引调水工程（一期）、铜山源水库灌区“十四五”续建配套与现代化改造工程、柯城区水系连通及水美乡村建设试点县、钱塘江源头重点流域水生态治理工程（龙游县）幸福水岸龙南片区一期等4项工程。重点推进衢州市湖南镇水库防洪能力提升工程、龙游县佛乡水库工程、常山县龙潭水库工程、江山市张村水库工程等16项前期工作。

【防汛抗旱防台】2022年，衢州市年平均降水量1978.5毫米，较多年平均（1837.8毫米）偏多7.7%。6月10日入梅，6月26日出梅，梅期16天，较常年偏少14天。平均梅雨量368.5毫米，较常年梅雨量（449.8毫米）偏少18%，但梅雨量仍为全省首位。6月18—20日，出现连续性、区域性大暴雨过程，平均雨量239毫米，最大为开化县下庄村448.4毫米。6月20日22时30分，衢州站出现最高水位64.58米（警戒水位61.20米，保证水位63.70米），实测洪峰流量8100立方米每秒，创下新中国成立以来最大流量洪峰纪录，水利经济直接损失达1.63亿元。水利部门做好各项应对工作，发送预警短信86.92万条，下发水库及水利枢纽调度令55份，强降雨期间15座大中型水库总拦洪水量4.4亿立方米，特别是6月20日湖南镇水库在上游入库流量较大的情况下停止发电6小时为下游错峰，沐尘水库、高坪桥水库等均停止泄洪和发电，最大程度发挥大中型水库调蓄防洪效益，为金华、杭州等下游地区的防洪减灾发挥重要作用。出梅后，衢州市出现持续晴热高温少雨天气，7—10月降水总量仅158.5毫米，较常年同期偏少68.0%（其中7月、8月、9月、10月分别偏少65.4%、59.9%、91.0%、56.2%）。各地均出现不同程度旱情，市（区）、开化县、龙游县、常山县先后发布水利干旱蓝色预警，作物受旱面积1.95万公顷，影响供水人口1.71万人。全市早研判、早预警，及时编制城乡群众生活供水保障方案，突出抓好农饮水安全，科学调度水资源，调度乌引工程向下游供水1.34亿立方米（向龙游供水5300万立方米、向金华供水2200万立方米），市水利局向柯城区、龙游县多个旱情严重乡镇派发22台水泵，由乡镇直接派发至村民，确保全市居民生活基本用水不受影响。

【河（湖）长制管理】2022年5月，根据《国务院办公厅关于同意调整完善全面推行河湖长制工作部际联席会议制度的函》和《浙江省人民政府办公室关于建立浙江省全面推行河湖长制工作联席会议制度的通知》等精神，衢州市建立全面推行河（湖）长制工作联席会议制度。联席会议办公室与市河长制办公室合署，设在市水利局。通过重塑河（湖）长机制、压实河湖长履职责任、创新治理模式、坚持项目引领等方式，持续深化落实河（湖）长制，取得显著成效。全市国控、省控等五类断面连续3年达到Ⅱ类水以上，监测断面水质连续6个月跻身全国339个地级市前十，连续9个月位列全省第一。

【水利民生实事】2022年，全面完成省、市民生实事，包括病险水库除险加固26座、山塘综合整治17座、农业灌溉设施更新改造85座、农饮水管网改造405.37千米、中小河流综合治理94.99千米。

【水土保持】2022年，审批水土保持项目469个，其中市本级117个。人为水土流失防治责任面积26.97平方千米。开展监督检查8次，监督检查项目442个。新增治理水土流失面积77平方千米。完成水土保持重点工程，包括衢江区周家、龙游县天池，江山市横渡等6条、苗青头等5条，开化县曹门、三里亭、张湾等片区生态清洁小流域水土流失综合治理项目，总治理任务64.34平方千米。开化县钱江源齐溪小流域成功创建全国水土保持示范工程。衢州市水利局成功入选全国水土保持工作先进集体。6月和10月，水利部副部长陆桂华、太湖流域管理局先后到江山市、开化县调研水土保持工作，对衢州市水土保持工作表示肯定。

【河湖管理与保护】2022年，完成钱塘江（杭州八堡—衢州双港口）三级航道整治工程、智慧岛景观桥等涉河项目审批11个，保障市重点工程建设的推进。参加亭川雨水泵站等各类涉河项目方案会，反馈涉河管理和防洪影响等各类意见50余个。完成6个县（市、区）水域保护规划政府批复，为河湖空间管控提供有力支撑。完成整改水利部下发的碍洪问题29个、“四乱”问题403个，完成堤防安全鉴定21条。龙游县、常山县、开化县被确定为水域监管一件事试点单位，全市水域监管一件事覆盖率100%。建成美丽河湖10条，分别为乌溪江（黄坛口水库大坝—衢江汇合口）、常山港（沟溪—衢江汇合口）、衢江高家段、胜塘源、下山溪（虹峰村—衢江）、灵山港（塔山—石角大桥）、江山港上余四都段、丰足溪、常山港阁底段、龙山溪华埠段，经省级抽查复核，全部获评2022年浙江省级“美丽河湖”。至年底，建成美丽河湖51条，创建长度520.25千米，其中省级美丽河湖44条。2022灵山港幸福河湖建设试点入选全国首批7个（浙江省唯一）幸福河湖试点之一，获中央奖补资金7373万元。

【水利工程运行管理】2022年，探索小型水库管理体制改革，推动水库资源资产化、资本化，吸引社会力量参与水库管理，多渠道筹集管护经费，建立“以大带小”“国资公司代管”“物业公司代管”等县级统管模式。深化并推广龙游县水库管理体制改革等经验，将水库作为生态资源在“两山银行”进行“储蓄、抵押和经营权竞拍”，实现水库资源的“两山转化”，水库收益分红惠及农村群众，助力共同富裕。

【水利行业监督】2022年，受理监督铜山源水库灌区"十四五"续建配套与现代化改造工程等25个项目，其中新开工项目12个、续建项目13个，高峰期质监项目总数22个，施工合同总价约9.7亿元。完成市本级鸡鸣护岸防护工程等4个工程单位工程暨合同工程完工验收。开展4次"三色管理"季度考评，检查项目39个(次)、检查单位70家(次)，发出绿牌(好)5次、黄牌(一般)51次、红牌(差)14次。全省面上项目质量抽检取得历史最好成绩，省水利厅开展的全省面上项目质量抽检，常山县、江山市、衢江区分别位列全省第三、第八和第15。省质量强市办对2021年度衢州市政府质量工作考核的反馈意见中对衢州市将在建水利工程进行"三色管理"的做法进行肯定。龙游县高坪桥水库工程、铜山源水库灌区节水改造与续建配套项目(2016—2020年)2个项目获2022年度浙江省工程领域最高奖项"钱江杯"优质工程奖。

【涉水依法行政】 2022年，在美丽河湖建设、河道违建、"清四乱"、打击河道非法采砂等专项工作中将检查重点向管理纵深进行拓展。5月，与市公安局联合开展节约用水行政检查。9月，与市综合执法局开展水工程运行联合检查；结合碍洪排查整治行动目标任务、全年河湖"清四乱"专项整治行动等重点目标，会同综合执法部门对省、市级重要水域开展联合执法行动，出动人员300余人次，开展30个事项的行政检查。全年无行政处罚案件。行政许可件179件，便民服务事项248件，群众满意率100%。

【"互联网+监管"行政执法监督检查】 2022年，发布《衢州市水利局"双随机"抽查监管办法》和《2022年度衢州市水利局"双随机、一公开"抽查工作计划》。开展"互联网+监管"即时检查29次。"互联网+监管"平台认领省监管事项48项，其中含关联国家事项数31项。制定检查实施清单48个，零对象申报12项，执法人员全员入库。行政监管事项覆盖34项（覆盖率100%），其中关联的国家事项覆盖31项（覆盖率100%）。开展执法检查次数414次，掌上执法率100%；"双随机、一公开"抽查事项数7个，设置随机抽查任务数47个，抽查事项覆盖率达100%，抽查任务完成率100%，抽查计划公示率100%。

（胡文佳）

2022年7月22日，水利部到衢州调研REITs试点

乌引工程管理

【概　况】 2022年，衢州乌溪江引水工程管理中心(以下简称"乌引中心")按照年度工作目标，推进供水服务、防汛抗旱、项目建设、安全生产等重点工作。全年录用信息17篇，其中省级以上媒体录用4篇；完成"12345"热线答复件7件，及时回应群众信访，做到件件有回复，提升群众满意度。

【供水服务】 2022年，坚持"计划供水、科学调水"的供水方针，以保证灌区居民生活、工农业生产等用水为首要目标，突出生态供水，确保各类用水需求。乌引工程向灌区供水1.344亿立方米，其中向金华供水2200万立方米，向衢州城区供水6300万立方米，保障灌区生态用水。柯山电站发电量 2107 万千瓦时，发电产值 927 万元。

【防汛工作】2022 年总降雨量 1820 毫米，接近常年，但梅汛期降雨集中，短时强降雨天气频繁。乌引中心防汛工作始终贯彻“安全第一、常备不懈、以防为主、全力抢险”的防汛方针，围绕“不死人、少伤人、少损失”的防汛总目标，做到防汛早部署、早检查、早整改、早落实。建立健全防汛机制，修改完善《乌引工程防汛抗旱预案》。组织开展 2022 年防汛演练活动，模拟开闸过程中拦河闸断电、油路故障等突发情况，以演练为实战。认真落实 24 小时防汛值班制度，在非常时期严格按《防汛值班规程》落实领导带队值守，确保全年安全度汛。

【项目建设】2022 年，乌引中心组建项目专班，加快推进乌引灌区“十四五”续建配套与现代化改造工程建设进度。乌引灌区（衢州片）改造工程概算总投资 35680 万元。12 月完成投资 1.2 亿元，完成上级下达的计划任务。省水利厅党组成员、副厅长朱留沙带队调研乌引灌区“十四五”续建配套改造工程，对该项工作给予肯定。

（徐　柔）

铜山源水库管理

【概　况】2022 年，衢州市铜山源水库管理中心推动防汛抗旱、项目攻坚、除险保安、疫情防控等各项工作取得实效。获国家级节水型灌区，被列入水利部数字孪生灌区先行先试建设单位，争创省级深化农业水价综合改革推进现代化灌区建设试点。铜山源水库灌区续建配套与节水改造工程（2016—2020 年）获 2022 年度浙江省建设工程钱江杯（优质工程）。

【防汛抗旱】2022 年，全年库区降雨 1787 毫米，入库径流 2.13 亿立方米。其中，汛期降雨 1048.6 毫米，入库径流 1.49 亿立方米。水库泄洪洞于 6 月 20 日 5 时开始泄洪，至 6 月 23 日 8 时结束，下泄水量 904.716 万立方米。工作闸门共泄洪 3 次，第一次 6 月 4 日 17 时至 7 日 8 时，泄洪流量 14 立方米 / 秒；第二次 6 月 10 日 14 时至 16 日 8 时，泄洪流量 18.6 立方米 / 秒；第三次 6 月 19 日 22 时至 24 日 9 时，泄洪流量

2022 年 6 月 20 日，铜山源水库开始泄洪

2022 年 6 月 20 日，铜山源水库泄洪期间开展巡查

18.6 立方米每秒。总共泄洪 3170.98 万立方米。11 月 13 日 8 时，铜山源水库水位 121.55 米，为近 20 年来最低值，管理中心多次召开协调会，深入实地调研，发挥“渠长制”机制优势，制定切合灌区用水实际的具体实施灌溉供水方案。全年实施抗旱用水 8150.83 万立方米，生活用水 1500 万立方米。

【项目攻坚】 8 月 12 日，铜山源水库灌区“十四五”续建配套与现代化改造工程获省发改委正式批复(浙发改项字〔2022〕307 号)，概算总投资 2.37 亿元，主要建设内容为改造干支渠 7 条、配套改造(新建)建筑物 75 座、改造管理用房 3 座等。项目于 2022 年 9 月底正式开工建设，分 4 个标段合力推进。截至 2022 年 12 月底，完成东村渡槽、石佛渡槽拆除工作，推进东、西干渠提升改造约 4.8 千米。全年投资计划为 8400 万元，完成投资 8650 万元，投资完成率 103%，超额完成年度投资任务。

【除险保安】 2022 年，联合水库周边乡镇、公安派出所启动三方联动机制。泄洪期间，划定泄洪安全防范区域，实行“封闭式管理+24 小时值班”制度，把责任落实到乡镇，合力开展巡查、值守、劝导，保障水库下游及周边群众生命财产安全。枯水时节，针对库尾游客日渐增多的现象，实行“卡点验码 + 库区常态化巡查”，劝导游客文明游玩，防止发生溺水安全及山林着火事件。

（李育星）

电 力

【概 况】 2022 年，国网衢州供电公司坚定践行习近平总书记“电等发展”重要嘱托，坚决贯彻市委、市政府各项决策部署，聚焦聚力衢州市“工业强市、产业兴市”发展战略和全力打造十个“桥头堡”重点任务，打赢党的二十大保电、抗疫保电、历史同期极限高温、电力负荷屡创新高、供用电形势严峻复杂、省、市重大项目大干快上等大战役，被衢州市政府记“集体三等功”。全年，衢州地区全社会用电量 225.05 亿千瓦时，同比增长 6.86%；全社会最高负荷 358.60 万千瓦，同比增长 4.90%。

【安全生产】 2022 年，安全生产专项整治三年行动收官。深化安全督查中心建设，加强“四不两直”督查。推进设备隐患治理，完成 10 座变电站综合检修和 12 条线路防灾抗灾能力提升。有效应对特高压宾金线地线断股、500 千伏芝信芝安线路通道重大山火等突发情况。运用全流域水电智能优化、水电一键群发等数字化手段，深挖水电顶峰能力 20 万千瓦。成立市、县两级电力负荷管理中心，建成全时间尺度需求响应资源池，平稳有序完成为期 29 天的需求响应和有序用电。推进分路负控建设，具备 28 万千瓦分钟级可中断能力。促请市政府出台空调负荷管理支持政策，完成全市 236 户空调感知设备安装调试，建成最大空调可调负荷 3.28 万千瓦。科学防御台风“轩岚诺”“梅花”，完成党的二十大、省四体会等重大保电及各类网络安全保障任务。

【电网建设】 2022 年，推动衢州第三座 500 千伏礼贤变建设时序提前，“十四五”纳规项目可研前期完成率 73.2%，全年投产线路、变电规模同比分别增长 91.8%和 164%。投产华友首座 110 千伏引领变电站。吉利项目电力迁改刷新 35 千伏迁改全流程最短用时纪录，获市委书记高屹批示点赞。全年电网基建投资 10.7 亿元，配电网投资首次突破 8 亿元。投运 110 千伏白马变、城东变、西站变等工程，建成上方光伏、龙游固废发电等 5 个新能源发电项目并网线路。投运衢江抽蓄电站配套 35 千伏备用电源工程。有力保障浙西南电网补强工程衢州段无障碍施工。推进“双高”配网建设，建成标准网格 23 个，全口径供电可靠率 99.98%，停电时户数同比压降 45.51%。深化配电自动化推广及应用，有效覆盖率提升至 95.03%。

【经营管理】 2022 年，促成省公司与衢州市全面深化合作。与 2 个县区政府和 7 家省电力公司直属单位签订发展合作协议。保障性租赁住房建设项目通过国网公司立项审批。建成全国首个拆回计量器具“库线一体化”实验室，节省电能表拆回分拣费用约 100 万元。深化智慧供应链数字化运营，完成到货款、投运款、质保金清理 4.51 亿元。落地全省首个基础资源运营项目。深化 RPA（机器人流程自动化技术）等新技术与业务融会贯通，推出各类 RPA 应用 60 个，减少重复工时 8000 余小时。

【服务社会】 2022 年，率先全省落地电力接入工程费用分担机制，首创分担机制数字化服务平台并出台管理办法，获评衢州市优化营商环境十大创新案例。深度运营实践衢州市能源大数据中心，深化“碳账户”体系建设，推出全省首个用能预算化产品。成立全市重大项目供电保障专班，应用设计—施工总承包模式，科学优化设计工作时序，保障华友、杭衢铁路等项目配套工程提前开工，3 个 220 千伏线路工程刷新工程前期最快时间纪录。推动出台住宅小区供配电设施建设技术管理规定、新能源汽车推广应用实施方案等多项标准制度。实施供电所管理提升三年行动，推进供电所布局优化和数智化转型，新增设立 5 个供电所，完成 6 家供电所“一所一品”打造，实现数智化供电所全覆盖。完成营销 2.0 系统示范推广。拓展“供电 + 能效服务”，在伊利、维达等企业落地推广“绿能 + 能效”商业模式。

2022 年 11 月 25 日，全国首次在超 1000 米的特高压线路山区复杂环境大跨越档开展直升机吊篮法带电作业

（伊长春）

生态环境

综 述

【概　况】2022 年，衢州市生态环境系统学习贯彻习近平生态文明思想，锚定打造“诗画浙江”大花园最美核心区、四省边际绿色生态桥头堡的目标，以数字化改革为牵引，扎实推进污染防治攻坚、绿色低碳发展、环保督察整改，推动生态环境保护各项工作取得新进展。全市水质继续保持“5 个 100%达标”且全部达Ⅱ类及以上，即 12 个国控断面、15 个省控断面、21 个市控断面、5 个跨行政区域交接断面、8 个集中式饮用水水源水质均实现 100%达标，地表水环境质量在全国 339 个地市中排名第 16 位。衢州市连续 8 年夺得“五水共治”大禹鼎，连续 2 年获得“大禹鼎”金鼎。市区 $PM_{2.5}$ 浓度均值 26 微克 / 米 ^{3}，空气质量优良率 92.6%，衢州市大气环境质量在全国 168 个重点城市中排名第 23 位。“五水共治”满意度列全省第一，生态环境公众满意度位列全省第二。

【四省边际绿色生态桥头堡建设】2022 年，成立四省边际绿色生态桥头堡专项推进小组，牵头编制《四省边际绿色生态桥头堡分工抓落实方案》，科学设定 8 项定性目标、9 项定量目标和 7 个标志性成果，谋划明确 9 项重大工作事项、6 项重大改革事项、20 个重大项目、4 项重大政策，制订年度重点任务攻坚计划表，有力推动四省边际绿色生态桥头堡建设。

【美丽衢州建设】2022 年，召开全市建设新时代美丽衢州推进大会暨生物多样性保护大会，市委书记高屹作重要讲话，省生态环境厅党组书记、厅长郎文荣到会讲话。市政府与省生态环境厅签署《浙江省生态环境厅 衢州市人民政府 共同打造“诗画浙江”大花园最美核心区合作协议》。优化美丽衢州建设议事机构，成立由市委、市政府主要领导任双组长

2022 年 11 月 2 日，衢州市生态环境局与上饶市生态环境局在江西省玉山县举办赣浙 2022 年突发环境事件应急演练工作会

的美丽衢州建设领导小组，领导小组下设办公室和市生态环境保护、市耕地保护和国土空间整治、市绿化与自然保护地、市美丽河湖、市城乡风貌整治提升等5个工作专班。

【水环境保护数字化改革】2022年，依托省生态环境厅“浙里碧水”数字化应用场景建设试点，对接水利、农业农村、住建、气象、自然资源、水业等10多个部门，关联部级、省级、市级、县级20多个系统，汇聚水质、水文、气象、工业污染源、污水处理厂、农业面源等涉水数据1亿余条。综合运用在线监测、视频AI、卫星遥感等科技手段，构建“水质预警预报”“污染溯源”等思维运算模型，形成“碧水提质”应用场景，并入选省治水办“五水智治”综合试点。

（吴超群）

环境质量

【概 况】2022年，衢州市区环境空气质量优良天数为338天（优146天、良192天），占全年总有效监测天数的92.6%。县级以上集中式饮用水源水质达标率100%，衢江及支流水质持续稳定。全市声环境质量较好，辐射环境安全。

【环境空气质量】2022年，衢州市区环境空气质量评价结果以优、良为主。其中，优为146天，良为192天，轻度污染有25天，中度污染2天，无重度污染以上天气，其中23天为臭氧污染物超标，4天为$PM_{2.5}$超标。衢州市区环境空气质量六项常规监测指标中，二氧化硫、二氧化氮和一氧化碳达到国家环境空气质量一级标准，$PM_{2.5}$、PM_{10}和臭氧达到国家环境空气质量二级标准。市区$PM_{2.5}$年均浓度值为26微克/米^3，日均浓度范围为2—112微克/米^3，日达标率为98.9%。市区PM_{10}年均浓度值为46微克/米^3，日均浓度范围为4—140微克/米^3，日达标率为100%。市区二氧化硫年均浓度值为7微克/米^3，日均浓度范围为3—17微克/米^3，日达标率为100%。市区二氧化氮年均浓度值为25微克/米^3，日均浓度范围为9—69微克/米^3，日达标率为100%。市区臭氧日最大8小时滑动平均浓度第90百分位数为151微克/米^3，日最大8小时滑动平均浓度范围为5—229微克/米^3，日达标率为93.7%。市区一氧化碳24小时平均浓度第95百分位数为0.8毫克/米^3，日均浓度范围为0.3—1.1毫克/米^3，日达标率为100%。

【酸 雨】2022年，全市采集有效降水样品390个，单次降水pH值范围为4.38～7.51。市区及各县（市）的降水pH年均值范围为5.18～6.16，降水pH年均值最小为江山市5.18，最大为龙游县6.16，全市降水pH年均值为5.55。全市酸雨率为60.1%。其中，江山市酸雨率最高，达96.2%，其余依次为开化县75.6%、常山县67.4%、衢州市区27.9%、龙游县5.5%。与2021年相比，除江山市酸雨率上升6.4个百分点外，其他县（市）酸雨率均有所下降。

【地表水环境】2022年，21个市控以上地表水监测断面均满足水环境功能区目标水质要求，达标率为100%，与2021年相比持平。招贤、峡口大桥和苏庄断面水质由Ⅱ类上升为Ⅰ类，其余断面水质类别均与2021年持平。

与2021年相比，常山港、江山港、乌溪江、灵山江、衢江水质无明显变化。常山港3个监测断面均符合水环境功能要求。与2021年相比，招贤断面水质由Ⅱ类上升为Ⅰ类，其余2个监测断面水质均维持Ⅱ类。江山港5个监测断面均符合水环境功能要求。与2021年相比，峡口大桥断面水质由Ⅱ类上升为Ⅰ类，其余4个监测断面水质均维持Ⅱ类。衢江4个监测断面均符合水环境功能要求。与2021年相比，4个监测断面水质均维持Ⅱ类。马金溪3个监测断面均符合水环境功能要求。与2021年相比，2个监测断面水质维持Ⅰ类、1个监测断面水质维持Ⅱ类。苏庄溪1个监测断面符合水环境功能要求。与2021年相比，苏庄断面水质由Ⅱ类上升为Ⅰ类。乌溪江1个监测断面符合水环境功能要求。与2021年相比，1个监测断面水质维持Ⅱ类。灵山江1个监测断面符合水环境功能要求。与2021年相比，1个监测断面水质维持Ⅱ

类。水库3个监测断面符合水环境功能要求。与2021年相比，黄坛口水库、铜山源水库大坝监测断面水质维持Ⅱ类、湖南镇水库大坝监测断面水质维持Ⅰ类。

【国控地下水】2022年，全市国控地下水点位7个，其中，区域点位6个，污染风险监控点1个。自测（国采测结果未公布）结果：常山县哲丰能源厂（区域）Ⅲ、龙游县童家村（区域）Ⅳ、江山市峡里自然村（区域）Ⅳ、柯城区（双港路）Ⅳ、衢江区安仁责任区（区域）Ⅲ、开化县龙潭路（区域）Ⅳ、智造新城衢州高新产业园（污染风险监控）Ⅳ。与2021年国家采测分离相比，常山县、江山市、柯城区、智造新城维持不变；龙游县由Ⅴ类上升为Ⅳ类，衢江区由Ⅳ类上升为Ⅲ类；开化县由Ⅲ类下降为Ⅳ类。

【集中式饮用水源地】2022年，全市县级以上集中式饮用水源地包括黄坛口、龙潭、枧头、峡口水库、碗窑水库坝头、洪畈水库、社阳水库大坝和芙蓉水库8个，均符合《地表水环境质量标准》（GB 3838—2002）Ⅲ类标准，其中3个监测断面水质为Ⅰ类，占比37.5%；5个监测断面水质为Ⅱ类，占比62.5%。与2021年同比，2个监测断面水质维持Ⅰ类，4个监测断面水质维持Ⅱ类，1个监测断面水质由Ⅱ类上升为Ⅰ类，1个监测断面水质由Ⅰ类下降为Ⅱ类。

【城市声环境】2022年，衢州市区、常山县、开化县、龙游县、江山市城市区域环境噪声昼间平均等效声级分别为56.0分贝、53.5分贝、53.4分贝、52.3分贝、51.9分贝。与2021年相比，衢州市区区域环境噪声昼间平均等效声级持平，龙游县区域环境噪声昼间平均等效声级上升2.5分贝，江山市、开化县和常山县区域环境噪声昼间平均等效声级分别下降0.8分贝、0.4分贝和1.5分贝。衢州市区、常山县、开化县、龙游县、江山市昼间的点次达标率均为100%，夜间点次达标率分别为88.6%、100%、89.3%、100%和97.0%。与2021年相比，除开化县和江山市夜间点次达标率有所下降外，其余均持平或有所好转。衢州市区、常山县、开化县、龙游县、江山市道路交通噪声昼间平均等效声级分别为66.4分贝、68.6分贝、65.2分贝、65.8分贝、65.5分贝，除常山县声环境质量较好外，其余各县（市、区）声环境质量均为好。衢州市区及各县（市）的交通噪声昼间等效声级均值均低于国家70分贝控制值内。与2021年相比，衢州市区、江山市和开化县的交通噪声昼间等效声级均值有所下降，常山县和龙游县的交通噪声昼间等效声级均值有所上升。

【辐射环境】2022年，衢州市辐射环境质量与2021年相比无明显变化。陆地辐射监测点瞬时环境γ辐射剂量率（未扣除宇宙射线响应值），按监测点统计，范围为70.3—74.1纳戈瑞/小时，年均值为72.2纳戈瑞/小时，考虑宇宙射线的影响，与1983—1990年全国环境天然放射性水平的测

2022年8月17日，全国首批18个美丽河湖优秀（提名）案例——开化马金溪齐溪段风光

量结果（范围为 11.3—172.5 纳戈瑞 / 小时，平均值为 72.2 纳戈瑞 / 小时）相比，无明显变化；与历年监测结果相比，为同一水平。环境电磁辐射与历年监测结果相比无明显变化。2022 年衢州市环境电磁综合场强测值范围为 0.31—0.35 伏 / 米，平均值为 0.33 伏 / 米，远低于《电磁环境控制限值》（GB 8702—2014）规定的公众照射参考导出限值 12 伏 / 米。

（吴超群）

综合整治

【概　况】2022 年，深入推进治水长效战、治气攻坚战、治土（清废）持久战三大战役，开展“无废城市”建设，不断巩固和改善全市生态环境质量。

【治水长效战】2022 年，深入打好治水长效战，不断推进碧水行动，巩固提升水环境质量。落实 12 个国控断面走航“一点一策”治理任务，完成 3 个省控断面走航报告及“一点一策”方案编制，开展 10 个重点乡镇交接断面水质提升攻坚行动。推进衢江流域蓝藻防控，获钱塘江蓝藻防控先进集体。印发《关于进一步提升医疗机构污水治理能力的实施方案》《关于做好医疗机构污水自动监测设施安装联网工作的通知》，全市 77 家 20 张床位及以上的医疗机构整改问题 300 余个，9 家定点医疗机构全部完成在线监测联网。深化工业园区“污水零直排区”建设，开展 2022 年度工业园区“污水零直排区”回头看检查，全市 25 个工业园区全部完成“污水零直排区”长效管理方案制定，衢州高新技术产业开发区、常山县生态工业园区入选省级标杆工业园区“污水零直排区”培育名单。加强饮用水水源保护，完成县级以上集中式饮用水水源保护区矢量图调整和“一源一策”方案制定，建立一体化管理数据库，并完成 8 个县级以上集中式饮用水水源保护区勘界定标和饮用水源电子围栏建设。常山县芙蓉水库和常山港饮用水水源保护区优化调整通过省级评审。出台《衢州市江河流域生态修复和生物多样性保护行动方案（2021—2025 年）》，完成河湖生态缓冲带修复工程建设 36.47 千米。衢州市在太湖流域片美丽河湖保护与建设交流研讨会上作典型发言，开化马金溪入选全国首批 18 个美丽河湖优秀（提名）案例。

【治气攻坚战】2022 年，持续开展治气攻坚战。实施 $PM_{2.5}$ 和臭氧“双控双减”，完成水泥、钢铁超低排放改造项目 10 个，治理工业炉窑 10 个，推动低 VOCs 含量原辅材料源头替代 66 家，改造升级低效 VOCs 治理设施 195 个，排查整治 VOCs 突出问题 677 个，江山市 243 家木门企业完成整治提升。推进移动源综合治理，淘汰营运柴油货车 558 辆，完成非道路移动机械新能源替代 61 辆。推动减污降碳协同增效，编制《衢州市减污降碳协同增效技术报告》，龙游县经济开发区入选省级减污降碳协同试点，7 个乡镇和 56 个村入选省低（零）碳乡镇（街道）村（社区）试点。制定《衢州市区扬尘综合整治工作方案》《城市主要道路精细化洒水保洁方案》，出台城区施工扬尘红黑榜制度，建立露天禁烧管控机制，常态化监督检查建筑工地等“七个 100%”及精细化洒水保洁执行情况。

【治土（清废）持久战】2022 年，持续开展治土清废持久战，构建土壤污染“防控治”体系，推进固体废物减量化、资源化、无害化。加强涉疫废物处置监管，全年共安全处置涉疫医疗废物 9542.11 吨。推进全域“无废城市”建设，成立衢州市全域国家“无废城市”建设工作领导小组，印发《衢州市全域国家“无废城市”建设实施方案（2022—2025 年）》，完成固废源头减量和资源化利用项目 32 个，创建“无废细胞”121 个。推进地下水调查管控，常山县生态工业园区、浙江开化工业园区新材料新装备产业园、龙游经济开发区化工集中区、衢江区廿里镇工业功能区完成地下水专项调查，衢州高新技术产业园区、江山经济开发区江东化工园区完成地下水详细调查评估，常山县生态工业园区完成地下水污染污染扩散试点年度任务，全市 7 个国家地下水考核点位水质均满足考核要求。推进建设用地管控修复，组织土壤调查报告评审 56 个，开展 4 宗地块调查评估和修复效果评估质控抽查，推进 10 个污染地块治理修复，建设用地安全利用率达100%。开展农村环境污染防治，新增农村环境整治行政村15个，完成4851个农村生活污水集中处理设施水污染物排放执行标准确认工作。推进受污染耕地“源解析”，龙游县、江山市制定受污染耕地“源解析”工作方案并落实年度任务，常山县、开化县制定污染源管控与成效评估方案并落实断源控源措施。

（吴超群）

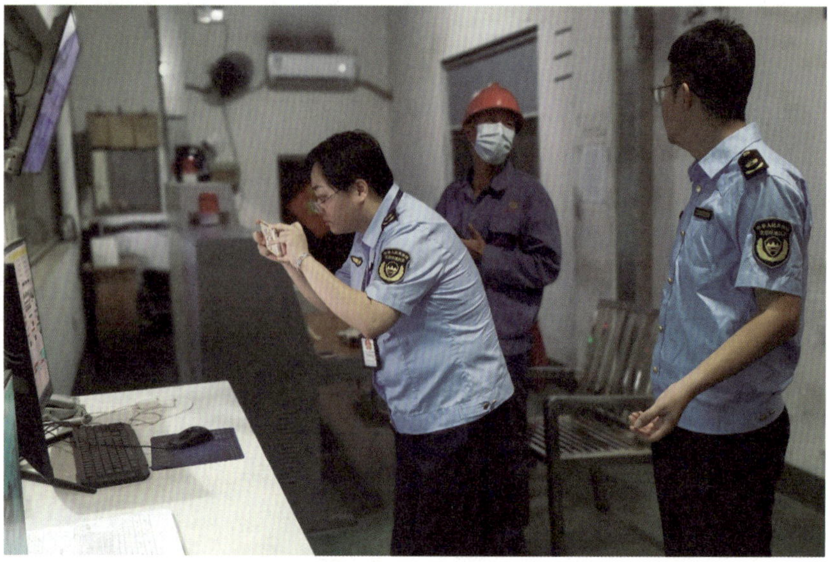

2022年10月3日，生态环境执法人员在龙游县某能源公司开展异味专项检查行动

生态环境执法

【概　况】2022年，以“七张问题清单”为抓手，推进生态环保督察发现问题整改，开展各类生态环境专项执法行动，未发生一般及以上突发环境事件。

【生态环境保护督察整改】2022年，建立市领导联系督导重点问题机制，各项督察整改任务按序时推进。第一轮中央环保督察反馈涉及的7项整改任务、交办的343件信访件均完成整改。第一轮省级环保督察反馈涉及的26项整改任务，完成整改25项，交办的216件信访件均完成整改。2019年长江经济带警示片披露问题，涉及衢州市1项整改任务，已通过省级验收销号，并被国家长江办列为整改正面典型。第二轮中央生态环保督察反馈涉及的11项整改任务，完成整改10项，交办的213件信访件，完成整改212件。2020年省委生态环境保护专项督察，交办的10个问题均完成整改。2021年省委生态环境保护专项督察涉及的20项整改任务，完成整改18项，交办的45件信访件，完成整改44件。涉及衢州市的11项整改任务，完成整改3项；交办的16个信访件，完成整改12个，剩余4项按计划时序推进。

【“除险保安”百日攻坚】2022年，制定《衢州市生态环境系统“除险保安”百日攻坚行动方案》，完成1194家企业环保设施基础信息排查，实现441家风险源企业隐患排查全覆盖，承办全省生态环境应急管理岗位第二期培训班暨生态环境应急工作现场会，衢州市与上饶市、黄山市、南平市签订行政边界区域突发水污染事件联防联控合作协议。加大应急和救援队伍建设力度，推进衢州智造新城高新园区突发环境事件多级防控体系建设，新增专业化救援队伍9支、环境应急物资库10个，完成江山、开化3条河流环境应急“南阳实践”实施工作。

【生态环境监管执法】2022年，落实环境执法“双随机、一公开”监管，持续开展生态环境问题“大排查、大整治、大曝光”“绿剑2022”等专项执法检查行动，组织了清废、蓝天、净水、混凝土行业、排污许可、电镀行业、除险保安等专项执法检查。全年出动执法人员2万余人次，排查企业7376家次，发现问题1339个，立案调查环境违法案件223件，其中下达行政处罚决定书172件，不予处罚决定书27件，处罚金额1761.555万元，免予处罚金额256.842万元；五类案件19件，其中查封扣押6件、行政拘留6件、刑事移送3件、刑事拘留1件，行政拘留5人。印发《衢州市生态环境违法行为举报奖励实施细则》，兑现生态环境违法行为举报奖励

15 件，奖励金额 8700 元。

【生态环境信访办理】年内，开展重点信访件排查化解行动，解决信访积案 39 件。全年共受理生态环境信访问题 788 个，同比下降 18.85%，信访件办结率 100%，满意率 100%。

（吴超群）

生态建设

【概　况】2022 年，以生态文明示范创建为着力点，统筹推进生态系统保护修复、生物多样性保护、生态损害赔偿等工作。

【生态示范创建】年内，柯城区创成国家生态文明建设示范区，江山市荣获中华环境优秀奖（城镇环境类），开化县入选全省第一批生态文明建设实践体验地。

【生态系统保护与修复】年内，探索生态环境导向的开发（EOD）模式，推进柯城区“两溪”流域国家 EOD 模式试点建设，开化县国家公园城市生态环境导向的开发项目入选国家 EOD 模式试点，两项试点累计获得低息贷款 60 多亿元。联合市资源规划局开展自然保护地“双随机”检查，完成古田山国家级自然保护区 15 个遥感监测疑似问题核查上报。

【生物多样性保护】年内，推进生物多样性保护，完成衢江、江山、开化 3 个重点地区生物多样性本底调查，举办“5·22”国际生物多样性日浙江主场活动，开化县被授予生物多样性保护与可持续利

2022 年 5 月 20 日，5·22 国际生物多样性日浙江主场活动在衢州市开化县举办

用试验区，钱江源国家科普馆入选全省第一批生物多样性体验地培育名单。衢州市受邀参加《生物多样性公约》第 15 次缔约方大会（COP15）第二阶段会议，在中国角·浙江主题日介绍衢州生物多样性保护经验，钱江源国家公园入选世界自然保护联盟绿色名录。

【生态环境损害赔偿】年内，编制《衢州市生态环境局生态环境损害赔偿工作制度》，建立生态环境损害鉴定评估与修复效果评估专家库，办结生态环境损害赔偿案件 35 件。其中，破坏林地类案件 15 件、非法采矿类案件 3 件、非法占用耕地类案件 1 件、非法捕捞类案件 1 件、非法移栽国家重点保护植物类案件 4 件、环境污染类案件 11 件，赔偿金额共计 103.45 万元。1 件案例入选全省第二批生态环境损害赔偿磋商典型案例，1 件案件入选全省生态环境和资源破坏典型案件，1 件案例入选长三角区域生态环境损害赔偿十大典型案例。

（吴超群）

治水工作

【概　况】2022 年，衢州市推进“五水共治”共建生态家园工作领导小组办公室贯彻落实省主要领导关于治水工作“持续发力、加压奋进、成效明显”的重要批示精神，按照“保三争一”的要求，找准突破性抓手，打造标志性成果，深入推进“五水共治”碧水行动，坚决打赢打好“五水共治”巩固提升长效战，为高质量建设四省边际共同富裕示范区和四省边际中心城市助力赋能。在 2022 年 7 月召开的全省建设新时代美丽浙江工作推进大会上，衢州市“五水共治”工作获全

2022 年 7 月 8 日，获颁的“大禹鼎”金鼎

省“五水共治”工作优秀市“大禹鼎”金鼎。至此，8 次夺得“大禹鼎”，再次夺得金鼎。

【巩固水质】2022 年，通过走航分析、“一点一策”治理和水质预警提醒等措施，1—12 月，衢州市出境水水质连续 6 年稳定保持Ⅱ类；全市 12 个国控、15 个省控断面、21 个市控断面、5 个跨行政区域河流交接断面、8 个县级以上集中式饮用水源地水质实现 5 个“100%”达标，全部达Ⅱ类以上水质。总氮、总磷浓度均达到目标控制要求。在全国 339 个地级市地表水环境质量排名中，衢州位列第 16 名，2021 年同期为第 21 名，市委书记高屹专门作肯定性批示。在省治水办、省生态环境厅部署下，开展钱塘江蓝藻防控，保障钱塘江下游水环境安全；开展汛期污染防治工作，重点抓好水土流失和农业面源污染防治，衢州市汛期污染防治纳入省级试点。

【率先开展污水管网非开挖修复】2022 年，市委、市政府高度重视城市污水管网等治水基础设施的建设和改造，每月召开一次内河治理工作推进会，全年实施内河水系治理项目 20 余个，投入资金 10 亿元。2022 年，新增 1.5 万吨 / 日再生水厂 1 家，完成新建雨水管网 44.53 千米，改造雨污分流管网 38.2 千米，清淤排水管网 1210 千米，提标改造管网 37 千米，易涝区域改造 4 处，完成 5 个海绵城市示范工程。在全省率先实施污水管网非开挖修复工程，8 月以来，从全省各地抽调管道检测骨干力量 120 名，组建起 12 支专业化排查检测队伍，采用“区域包干”工作方式，压茬推进，完成市区范围内 285 个小区、306 千米道路管网以及 7 个片区社会面的排查检测任务，排查出管网破损、雨污混接等问题 9726 处，出具检测成果报告 635 份。2022 年完成非开挖修复市区地下管网 22.3 千米，5 条城市内河水质普遍提升，其中黑溪河、城市老西排两条内河跃升到三类水，主城区污水管网非开挖修复工程建设中。加强城市黑臭水体整治长效管理，2022 年度衢州市唯一一个返黑返臭点治理——城市新西排兴华苑排口整治通过省级验收。

【“碧水提质”（五水共治）成为全省试点】2022 年，衢州市治水办与市生态环境局对标数字政府系统生态环境跑道“浙里碧水”的子场景，在全省率先打造“碧水提质”（五水共治）应用场景，成为“一地创新、全省共享”样板，实现水环境“一图”管治、“一链”智控、“一网”护航，促进水生态环境治理提质重塑。6 月，“碧水提质”（五水共治）上线运行，并由省生态环境厅在全省推广试用。9 月，被省治水办列入全省“五水智治”试点。自应用上线试运行以来，自动预警各类涉水问题 6849 个，分级分类处置问题 6838 个，并在双港口、东迹渡等断面水质异常的排查整改中发挥实战实效作用。各县（市、区）均开展“五水共治”多跨场景应用，覆盖 2 个以上主要镇街、工业园区，完成省定考核目标任务。其中列入全省试点的衢江区污水管网“一张图”数字化建设，省级考核评估为优秀等次。

【污水零直排提质增效和标杆培育】2022 年，衢州市治水办牢固树立精品意识，积极选塑示范典型。衢州高新技术产业开发区、常山县生态工业园区等入选省级工业污水零直排标杆园区培育名单。结合旧城改造计划，全市完成 15 个污水零直排区标杆小区创建和 20 个镇街污水零直排区提质增效建设工程。组织开展镇街零直排互学互看互评活动，通过现场晾晒、专家点评、量化打分的形式，推选出衢江区大洲镇等 11 个省级“污水零直排区”建设标杆镇街。衢江区城乡生活污水一体化治理作为全市“一市一样板”工程项目申报，项目建设基本完成，衢江区委托市水业集团负责全区所有 17 个污水处理厂（站）、1800

千米主次管网及1004个农污终端的管理运维，实现城乡污水零直排区运维全覆盖。

【治水督查】 2022年，高质量组织开展“找寻查挖”专项行动。3月4日，召开全市“五水共治”暨“找寻查挖”专项行动推进会，对专项行动进行部署并提出要求。围绕专项行动“十查”要求，治水系统充分发挥基层网格员作用，开展全方位、地毯式查找，通过聘请有资质的第三方机构、借助无人机、快速检测设备等高科技手段提高问题排查效率和质量。先后组织县乡自查、县级互查、市级督查、市级互查等多轮行动，形成专项行动周报21期，对排查发现的问题全部纳入“督察在线系统”进行闭环销号管理。排查发现的3391个问题完成整改3390个，问题整改率99.97%。省级督查在线挂牌的B类问题10个，完成整改10个，问题整改率100%。“七张问题清单”污水溢流“治反复反复治”7项工作均全面完成。

2022年8月12日，江山市丰足溪

【美丽河湖创建】 2022年，持续推进河湖长制提档升级，市委书记、市级总河长高屹年内专门听取和研究“五水共治”工作，市委副书记、市长、市级总河长徐张艳，市委常委、副市长廉俊参加携手共护信安湖活动；各级河湖长精准指挥，平安防御新中国成立以来衢江最大洪水；科学调度，有效应对历史罕见连续旱情。龙游灵山港入选全国幸福河湖建设7个试点之一，获中央奖补资金2.73亿元；柯城区入选全国水系连通及水美乡村建设试点县，获中央、省级补助资金1.6亿元。加快构建安全水网、幸福河湖圈、15分钟亲水圈，做活“水旅融合”，助推共同富裕。全年增创水美乡镇11个，增建省级美丽河湖10条。完成省级民生实事病险水库除险加固25座，整治病险山塘17座；改造泵站机埠、堰坝水闸85座、农村供水管网448.01千米、中小河流综合治理94.99千米，均超额完成年度目标任务。柯城区“两溪”流域生态环境导向的开发模式入选国家EOD模式试点；开化县马金溪入选生态环境部美丽河湖提名案例。

【提升治水满意度】 2022年，挖掘治水亮点工作，扩大治水影响力。《人民日报》、央视《新闻联播》、《浙江日报》头版先后12次点赞衢州治水亮点。全年在省治水办简报刊发信息12篇，在省治水微信公众号刊出微信65篇，在市级主流媒体报道“治水助力共同富裕”新闻6篇。本地新闻媒体先后推出《治水点睛》《碧水润共富》等专栏或系列报道，引领全民治水。群众治水满意度“六进六个一”系列活动声势浩大，高潮迭起。全年举办各类治水活动12个，全市20多万名群众参与巡河护水。蓝马甲志愿治水、全民治水品牌日渐深入人心。持续推出“五水共治”宣传品，反映7年治水历程的纪念画册《治水印记》、反映跨省合作治水故事的婺剧现代戏《嫁给两江口》等一批治水宣传品，广泛传播衢州治水文化。2022年衢州“五水共治”公众幸福感（满意度）列全省第一，实现“五连冠”。

（徐卯瑛）

农业农村

农村经济

【**概　况**】2022年，衢州市有101个涉农乡镇（街道）、1482个行政村，农户74.85万户，农村人口212.62万人。家庭承包经营农户60.2万户，家庭承包经营耕地面积136.55万亩。市级农经机构（农村合作经济指导处）1个、县级农经机构7个、乡级农经机构101个，农经队伍实有265人。

【**农民“两项收入”**】2022年，农村常住居民人均可支配收入为31468元，同比增长7.5%，增幅全省第二；低收入农户人均可支配收入18402元，同比增长14.9%，增幅全省第三。

【**巩固提升村级集体经济**】2022年，全面实施村级集体经济巩固提升行动，全市所有行政村集体经济总收入19.05亿元，村均128.54万元，同比增长18.91%；经营性收入9.14亿元，村均61.67万元，同比增长41.05%；村级集体经济总收入增幅较全市农民人均可支配收入增幅高出9.07个百分点。全市1482个行政村经营性收入50万元以上村770个，占比51.96%，同比增长154.97%；经营性收入100万元以上村204个，占比13.77%，同比增长98.06%。衢州市在2021年度全省集体经济巩固提升工作考评中位列全省第四。

【**深化强村富民乡村集成改革**】2022年，在新时代乡村集成改革全市域试点基础上，迭代开展强村富民乡村集成改革，以集体经济为核心，以诗画风光带为载体，以建设党建联建共富综合体、未来农业园区、未来乡村连片发展实验区、“两山合作社”为切口，打好“市场化改革＋集体经济”“标准地改革＋农业‘双强’”“宅基地改革＋乡村建设”“数字化改革＋强村富民”四套组合拳，走出一条高质量推进乡村振兴、实现共同富裕的改革之路。《衢州市打好强村富民集成改革组合拳实现村强民富》入选全省十大乡村振兴最佳实践案例；衢江区、常山县入选

2022年1月15日，龙游县湖镇镇星火村脱节龙表演

全省强村富民乡村集成改革实践试点；6个县（市、区）均入选农业标准地改革全省试点，成为全省唯一一个全市域入选的地级市。

（卢晓丽）

农 业

【概 况】2022年，衢州市农业农村系统紧扣“全力打造四省边际共同富裕示范区”的战略目标，扎实推进重要农产品稳产保供、“3+X”（3个特色主导产业、X个新兴特色产业）特色农业产业发展、农业“双强”（科技强农、机械强农）、三产融合发展等重点工作，推动现代农业发展取得新成效。全市农林牧渔业总产值和增加值分别为148.02亿元、95.70亿元，分别同比增长3.8%、3.7%。

【农业“碳账户”建设】2022年，推进农业“碳账户”试点主体扩面提质，在水稻、生猪、有机肥三大产业基础上新增胡柚产业，覆盖果园面积50亩以上胡柚种植主体，规模主体扩面至1000家。搭建农业“碳账户”数字化平台，四大产业均开发高频应用场景，建立数据校核机制，创新平台自动纠错与预警筛查方法，数据达标率96.46%，农业“碳账户”入选浙江省农业农村系统数字化改革先行先试重大应用场景。开展低碳生态农场创建，共创建省级低碳生态农场46家，其中入围国家级生态农场4家。8月，衢州市获批部市共建全国绿色低碳农业先行区。10月，农业碳账户工作获得农业农村部副部长张桃林批示肯定。

【农业生态环境治理】2022年，持续开展农药包装废弃物回收处置，建立健全农药废弃包装物政策支撑、回收处置和监管机制，进一步完善“经营单位回收、专业机构运输、资质单位处理、财政补助扶持、部门监督协调”的回收处置模式，全年回收农药废弃物305.47吨，实际处置319.08吨；开展秸秆资源综合利用，推进秸秆资源化、商品化利用进行技术攻关，示范推广秸秆培养食用菌、秸秆饲料化利用，探索区域性农作物秸秆换肥机制，全市农作物秸秆综合利用率98.2%；狠抓畜禽粪污资源化利用，集中开展新建万头猪场建设投产“双月攻坚”，衢江区畜禽养殖粪污整县制资源化利用项目（浙江一海新能源公司）建成投产，全市1800多家畜禽规模养殖场全部纳入定点定量农牧对接范围或实现污水纳管处理，粪污处理设施设备装备配套率100%，粪污资源化利用率稳定在99%以上。持续完善氮磷生态拦截沟渠系统，全年启动建设7条，总长度6914米，总投资587.56万元，农田覆盖面积4800亩。

【农产品质量安全监管】2022年，加强农产品质量安全风险预警机制建设，加大农产品质量安全监督抽检监管执法力度，全市开展农产品质量安全监测4556批次，农产品质量安全省级例行监测合格率99.35%，全市出动监管执法人员2.1万余人次，检查生产经营主体1.86万家次，发放和张贴宣传资料9.86万份，开展执法检查和用药安全培训7场次，培训630余人次，立案农产品质量执法案件21起。持续推进全市农业生产标准化、产业化、现代化农产品质量安全体系建设，开展农产品标准化生产绩效评价。推广“浙农优品”场景应用开具食用农产品合格证，有农产品生产企业159家，合作社169家，家庭农场675家，个体户和小农319家，开具合格证19.15万张，附带合格证上市的农产品2.20万吨。

【农业行政执法】2022年，根据“大综合一体化”行政执法改革方案，全市农业行政处罚及有关行政检查和行政强制职能划转至综合行政执法部门，完成划转行政处罚事项343项，根据“编随事走，人随编走”的原则，完成执法人员的转隶工作。逐步推进工作重心由执法监管向监管执法的转变，抓好“绿剑”护农执法、“利剑”保供执法、“亮剑”渔政执法，开展各类监督检查760余次，出动执法人员1.11万人次，查办、移送各类案件51起。

【农业保险】2022年，在做好中央及省级农业保险的基础上，进一步探索农业保险的险种设计和覆盖面提升，创新增设“药材保”，由“衢农保”拓展至“农场保”“农机保”“农质保”“农粮保”“生猪保”“柑橘保”“药材保”等七项套餐，并开发水稻、油菜、蔬菜、柑橘树、小麦、大麦、葡萄、西瓜、茶叶、猕猴桃等24类作物的地方特色农业保险，基本覆盖衢州农林牧渔业主要农产品。农业保险在抵御6月南方暴雨、7月长江流域旱灾等灾害中发挥积极作用，全年支付赔款1.55亿元，受益农业主体1.38万户次。

·种 植 业·

【概 况】2022年，衢州市粮食播种面积8.99万公顷，粮食总产量55.60万吨，实现面积、产量“双增”，其中，水稻播种面积6.42万公顷，占粮食播种面积的71.41%；总产量45.83万吨，占粮食总产量的82.43%。全市创建大米品牌33个，销售大米3.97万吨。油菜播种面积2.90万公顷，产量5.83万吨，油菜播种面积全省第一。衢州市、江山市荣获浙江省第四届“河姆渡杯”粮食生产先进市、县铜奖，龙游县种植业发展中心陈宏伟获粮食生产先进工作者，衢州市柯城区万田乡冯坦村郑华丽获优秀种粮大户。

【粮食生产功能区“非粮化”整治优化】2022年，全市完成粮食生产功能区“非粮化”整治优化10.83万亩，其中清理腾退3.66万亩、调整补划7.17万亩。整治优化后，全市粮食生产功能区1689个，面积59.08万亩，其中柯城区45个、1.05万亩，衢江区305个、12.29万亩，龙游县602个、14.51万亩，江山市249个、16.86万亩，常山县188个、7.34万亩，开化县300个、7.05万亩。

【高标准农田建设】2022年，编制完成全市高标准农田“十四五”规划，完成高标准农田竣工验收项目18个，落实高标准农田建设3.86万亩，高效节水灌溉0.29万亩，建成高标准农田156.1万亩。争取柯城、龙游、开化3个项目列入2023年全省绿色农田建设项目，建设面积5300亩，争取省级资金2650万元。12月8日，全省冬修农田水利衢州分会场集中开工仪式在江山市大桥镇举办，有31个农田水利项目参加集中开工，总投资1.28亿元，建设面积4.04万亩。

2022年3月13日，龙游县团石未来乡村连片发展实验区油菜花海

【耕地质量管理】2022年，衢州市开展各类田间试验58个，柯城区完成健康土壤示范方3个，示范面积1730亩，柯城入选全省土壤健康培育试点县，龙游入选全省酸化耕地治理试点县。全面开展受污染耕地安全利用，对严格管控类耕地实行种植结构100%调整，全市受污染耕地安全利用率95.4%。规范开展耕地质量监测评价，推进“三区四情”耕地质量综合监测体系建设，针对高标准农田建设区和粮食生产功能提标区开展耕地质量变更调查。开展2020年耕地质量等级分析，编制2020年度自然资源资产负债表(耕地)，2020年度耕地质量等级由4.17等提升至4.16等。

【农业技术推广】2022年，持续推进农业生产技术创新和推广，衢州市农业技术推广中心、龙游县种植业发展中心、龙游县耕地质量与肥料管理站、龙游涵萱家庭农场有限公司联合起草并发布地方标准《早稻—鲜食秋大豆水旱轮作模式生产技术规程》，建成水稻千亩高产示范方50个、百亩高产示范方89个，开展水稻技术培训班32期，培训0.57万人次，印发技术材料0.88万份，市级水稻高产竞赛13个主体获奖。成功举办“2022衢州好稻米”评选活动，江山市奋发农业发展有限公司的“新生”牌稻花鱼香米等5个产品获评金奖，浙江百泽坊食品有限公司的“百泽坊”牌桃园世家等5个产品获评优质奖。全市推荐16个产品参评“2022浙江好稻米”,其中常山县金兰家庭农场的“乡里侬”牌大熊家的米、浙江中兴粮油有限公司的“中兴”牌开化生态米获评金奖,浙江百泽坊食品有限公司的“百泽坊”牌桃源世家、江山市峰田家庭农场的“贡贤”牌峰田生态米获评优质奖。

【浙江农业之最】2022年,龙游王正伟家庭农场王虎种植的鲜食春糯玉米品种“彩甜糯168”,经浙江农业之最委员会办公室组织专家测产验收,百亩方亩产1398.62千克、攻关田亩产1442.98千克,双双创下“浙江农业之最”鲜食春糯玉米最高百亩方亩产、最高亩产新纪录。龙游涵萱家庭农场有限公司李正泉种植的鲜食秋大豆品种“浙鲜86”,经浙江农业之最委员会办公室组织专家测产验收,百亩方亩产1096.69千克、攻关田亩产1169.53千克,双双创下“浙江农业之最”鲜食秋大豆最高百亩方亩产、最高亩产新纪录。常山县佳伟家庭农场王小华种植的再生稻品种“甬优1540”,经浙江农业之最委员会办公室组织专家测产验收,百亩方亩产1197.35千克、攻关田亩产1237.31千克,双双创下“浙江农业之最”再生稻最高百亩方亩产、最高亩产新纪录。

【种子管理】2022年,全市推广水稻主导品种33个,分别为中早39、甬籼15、中嘉早17、中组143、中组18、中组53、中组100、株两优831、浙粳99、秀水14、秀水121、嘉67、浙辐粳83、浙粳96、宁84、嘉禾247、甬优1540、甬优15、甬优7850、嘉丰优2号、浙优18、浙粳优1578、华浙优1号、中浙优8号、泰两优217、春优927、旱优73、甬优7860、中浙优H7、嘉禾优7245、泰两优1332、浙两优274、华中优1号。全市主导品种推广面积61993.3公顷,占全市水稻总面积的90.62%。全市落实储备种子701.6吨,其中,早稻中早39、中嘉早17、甬籼15、金早47、中组143、金早09、台早518等种子689.5吨,油菜浙油51、浙双72、浙大622、浙油50等种子11.5吨,郑单958种子0.5吨,蔬菜苏州青种子0.1吨,全市动用储备种子196.35吨。全市农作物制繁种面积1329.4公顷,涉及衢江、龙游、常山、江山4地,18个品种、11家公司。早稻繁种面积较上年大幅增加291.5公顷,增幅30.39%,其中龙游繁种面积最大,764.7公顷。

【植物保护检疫】2022年,衢州市召开病虫趋势分析会3次,发布市级病虫情报10期。全年水稻病虫发生面积541.73万亩次,防治面积698.02万亩次,检疫性有害生物发生总面积1534.83亩。全市抽检送浙江省检验检疫科学技术研究所PCR检测柑橘黄龙病样本3214个,检出病原4个;抽检送浙江大学PCR检测黄瓜绿斑驳花叶病毒197个样,检出阳性4个;抽检梨树疫病23个样品,未检出阳性。全市认定10家市级示范性统防统治服务组织和15个病虫害绿色防控示范区,其中2家服务组织和15个示范区获评省级示范性统防统治服务组织和绿色防控示范区。全市统防统治面积88万亩,其中主要农作物统防统治实施面积69.44万亩,主要农作物病虫害统防统治覆盖率46.21%。全市病虫害绿色防控技术推广面积110万亩,促进农药减量31.97吨。开化县获评第二批全国农作物病虫害绿色防控整建制推进县,衢江区获评第二批全国农作物病虫害专业化“统防统治百强县”。

·畜禽养殖·

【概　况】2022年,衢州市生猪存栏85.68万头,同比减少6.33%,其中能繁母猪存栏8.78万头,同比减少7.29%;生猪出栏124.02万头,同比增长2.96%。羊存栏9.86万只,同比增长105.42%;出栏4.07万只,同比减少9.56%。家禽存栏1599.11万羽,同比增长3.52%;出栏4402.50万羽,同比减少4.74%。牛存栏18600头,同比减少15.20%;出栏16338头,同比减少18.27%。蜂存栏32.61万箱,同比减少0.57%。禽蛋产量4.90万吨,同比减少6.37%。牛奶产量9727.75吨,同比增长8.10%。全年未发生重大动物疫情和畜产品质量安全事故。

【创建美丽牧场】2022年,继续推进全市域畜牧业绿色发展示范创建,完成创建省级美丽牧场11

2022 年 4 月 12 日，浙江华欣牧业有限公司牧场

2022 年 10 月 18 日，衢州市动物疫病预防控制中心实验室

家，分别是牧子家庭农场(衢州柯城)有限公司、衢州市翔龙农业发展有限公司、龙游康源养猪场、龙游兴丰养殖场、龙游茗荣家庭农场、浙江华欣牧业有限公司、江山市童浩家庭农场、江山市新耀家庭农场、常山县汪军芳生猪养殖场、开化县探灶坞家庭农场、开化桦兴牧业有限公司。

【病死畜禽无害化处理】 2022 年，持续优化病死畜禽无害化处理体系建设，将猪牛羊禽兔等畜禽品种全面纳入无害化处理实施范围，加强集中专业化处理，合理布局专业无害化处理中心 5 个。健全无害化处理数字化监管体系，将病死畜禽处理数据、无害化处理中心的视频、病死动物收集车 GPS 定位上传数字监管平台，实现病死畜禽无害化处理信息化管理。全年无害化处理病死猪 40.55 万头、牛羊 0.62 万只、禽 150.3 万羽，集中专业处理率 99.5%。

【实验室能力建设】 2022 年，衢州市动物疫病预防控制中心实验室完成提升改造并交付使用，投入资金 215 万元，改造面积 710 平方米，其中实验区域 462 平方米，实验室生物安全水平、污染物处理能力、疫病检测能力显著提升，病毒核酸检测覆盖 15 种动物疫病 20 多个项目，实验室各项参数指标位于全省前列。

【人畜共患病监测】 2022 年，做好 H7N9 防控、奶牛“两病”(奶牛布鲁氏菌病、结核病)、牛羊布病和牛血吸虫病监测等工作，对 6 个场点 1474 头奶牛开展结核病检测，未检出阳性病例；对 7 个场点 1454 头奶牛开展布病监测，未检出阳性病例；对 73 个场点 1934 头肉牛开展布病监测，检出布病阳性肉牛 1 头，按规定扑杀并作无害化处理；对 77 个场点 1294 头其他牛开展布病监测，未检出布病阳性病例；对 186 个场点 6786 头羊开展布病监测，未检出阳性病例；对 5 个场点 187 头猪开展布病监测，未检出阳性病例；对 65 个场点 1375 头牛、14 个场点 676 只羊开展血吸虫病血清学监测，对 11 个场点 130 头牛开展血吸虫病原监测，均未检出阳性病例。

【重大动物疫病免疫评估】2022年,开展4次免疫效果分析评估,全市检测各类免疫抗体样品43990份,合格40105份,总体合格率91.17%。其中,口蹄疫抗体7134份,合格6124份,合格率85.84%;禽流感抗体24745份,合格23837份,合格率96.33%;猪高致病性蓝耳抗体1316份,合格1067份,合格率81.08%;猪瘟抗体4612份,合格4170份,合格率90.42%;新城疫抗体4358份,合格4254份,合格率97.61%;小反刍兽疫抗体1825份,合格1653份,合格率90.58%;非洲猪瘟检测样品数27546份,均为阴性。

【"两化"创建】2022年,衢州市有28个畜禽养殖场通过兽用抗菌药减量化和饲料环保化(以下简称"两化")评估,其中兽用抗菌药减量化试点场14个、饲料环保化试点场14个。至此,通过第一轮"两化"评估的场点155个,其中兽用抗菌药减量化示范场7个、试点场120个,饲料环保化示范场3个、试点场25个。印发《衢州市农业农村局关于开展兽用抗菌药减量化和饲料环保化扩面行动(2022—2025年)》,计划2025年底前建成省级兽用抗菌药减量化达标场455家,其中巩固减量化示范场7家、提升减量化试点场120家、扩面建设减量化达标场328家;建成育肥猪饲料中粗蛋白和铜锌指标达到省《环保节约型猪配合饲料》团体标准的规模猪场95家,其中,巩固示范场3家、提升试点场25家、扩面养殖场67家。

·水产养殖·

【概　况】2022年,衢州市水产养殖业紧扣乡村振兴战略具体要求,在服务渔业经济发展、保护渔业生态环境、推动渔业现代化建设、促进渔民持续增收和保障水产品安全有效供给等方面取得新成效。全市水产养殖面积9196公顷,水产品总产量7.71万吨,渔业经济总产出30.8亿元,其中一产产值16.2亿元。

【洁水渔业】2022年,以开展健康养殖示范创建活动为抓手,以规范行业管理、提高质量效益为重点,推动全市渔业绿色高质量发展,成功创建渔业健康养殖示范县1个,国家级、省级水产健康养殖示范场4家。以实施省级地方标准《山塘小型水库洁水养殖技术规范》为契机,开展洁水养殖和增殖放流,放流各类鱼苗1.2亿单位。

【区域特色渔业】2022年,巩固壮大柯城鲟鱼、龙游"西湖醋鱼"、原料草鱼、开化清水鱼等"一县一品",发展稻渔综合种养、溪流性鱼类开发利用等特色产业。组织实施省土著溪流性鱼类规模化人工繁育项目,开展土著溪流性鱼类种质资源采集保存与开发利用研究。以稳粮促增收为目的发展稻渔综合种养,创建省级稻渔综合种养示范基地3个。

【水产养殖互助保险】2022年,成立省渔业互保协会衢州办事处,探索金融保险支持渔业发展机制,全市水产养殖互助保险总保费242万元,总保额2.2亿元,受益面积4000余亩,其中衢州鲟龙水产食品科技有限公司总保额2.04亿元,为国内最大水产养殖互助保单。

【生态洁水渔业精品示范基地】2022年,创建龙游溪流性特种鱼类省级原种场1家,集成优化洁水养殖模式技术,重点打造洁水

2022年10月,衢州鲟龙水产食品科技开发有限公司入选省农业农村厅百家渔业共富主体名单,图为公司鲟鱼养殖基地

渔业示范点5个。推动水产养殖肥药双减，打造“肥药两制”“用药减量”示范点12个。

·农业产业化·

【概　况】2022年，衢州市围绕“高质量发展建设四省边际共同富裕示范区”战略目标，聚焦“3+X”特色农业产业，即每个县（市、区）聚焦培育3个特色优势产业、若干个新兴农业产业，深入推动农业“双强”行动，推动农业产业取得新发展、新突破。

【“菜篮子”产品稳产保供】2022年，全面压实“菜篮子”市长负责制，出台8种重要农产品区域布局和生产供给方案，全方位推动蔬菜、肉类、渔业等生产，全市全年生猪出栏124.02万头，生猪自给率稳定在150%以上，家禽出栏4402.51万羽，出栏量稳居全省第一，蔬菜播种面积3.97万公顷，产量110.5万吨，水产品总产量7.71万吨。2020—2021年度“菜篮子”市长负责制考核优秀，全省第一，创历史佳绩。

【打造四省边际现代产业桥头堡（农业）】2022年，制定四省边际现代产业桥头堡（农业）实施方案，精准聚焦“3+X”特色优势产业，以现代农业全产业链建设为抓手，以招大育强新型农业经营主体为核心，加快推进六个现代化农业（现代化农业主体、农业平台、农业科技、农业机械、农业品牌、农业富民），使现代农业基础地位更加巩固。年内，成功争取常山国家农业现代化示范区和三衢省级现代农业园区创建，常山省级现代农业园区获评2022年度十佳省级现代农业园区，江山湖羊项目入选国家级优势特色产业集群项目，明辉项目作为全省唯一农业项目在第六届世界浙商大会上签约，基本建成柯城柑橘和蔬菜、衢江生猪和蔬菜、龙游畜禽、江山蜂蜜和猕猴桃、常山胡柚和油茶、开化茶产业等10条产值超10亿元全产业链，农业产业化水平实现大幅提升。

【未来农业园区建设】2022年，全市首次安排“大三农”竞争性分配资金9500万元，在诗画风光带沿线布局建设6个规模化、现代化未来农业园区，通过竞争性比选确定首批6个园区项目为柯城区数字农业科创园、衢江区高家镇柑橘未来农业园区、龙游国际花菇共富产业园、江山市食用菌现代农业产业园区、浙江常山农光未蓝共富产业园、开化池淮未来农业园区，项目总投资6.23亿元，其中各级财政补助资金3.05亿元。年内，龙游国际花菇产业园和江山市食用菌现代农业产业园实现建成投产。

【壮大新型经营主体】2022年，出台《衢州市市级农业龙头企业申报认定和运行监测管理办法的通知》，监测认定市级农业龙头企业154家。组织开展省级农业龙头企业申报工作，浙江巨香食品有限公司等36家农业企业通过省级骨干农业龙头企业监测，保留省级骨干农业龙头企业资格，衢州市龙印农副产品有限公司等14家企业被新认定为省级骨干农业龙头企业。大力培育壮大农创客、家庭农场等新型农业经营主体，全年新培育农创客1831名，2家农创客企业入选第二批省农创客示范基地，两名农创客获2022年度乡村振兴共富带头人“金牛奖”；全市现有家庭农场11975家，其中省级示范性家庭农场226家；农民专业合作社3513家，其中省级示范社58家，国家级示范社19家。创新推出“3+X”特色产业共富合伙人计划，出台《关于实施“3+X”农业特色产业共富合伙人行动计划的通知》，推动大学生、农创客投身现代农业，做大做强农业特色产业。

【农业品牌建设】2022年，继续实施品牌战略，推进农产品品牌化建设，衢江区高家镇获评全国一村一品示范村镇，衢州玉露茶、江山猕猴桃列入国家地标工程项目建设，完成常山胡柚、江山猕猴桃两个省级绿色精品示范基地建设项目，争取到常山山茶油、龙游莲子两个省级精品基地项目。全市有效期内绿色食品156个，国家农产品地理标志11个。

【乡村休闲游】2022年，打造休闲农业精品路线，诗画余东乡村研学精品线等7条路线入选2022年“浙里田园”百条休闲农业与乡村旅游精品路线，江山峡口镇枫石村入选中国美丽休闲乡村。持续推进农家乐规范化发展，评定新一轮星级农家乐345家，争取省级五星级农家乐5家，全年农家乐接待游客 1586.05 万人次、营业总收入 14.82 亿元。

【参展浙江农博会】 2022 年 11 月 25 日至 12 月 8 日，受新冠疫情影响，2022 浙江网上农业博览会先行开幕，全市 500 多家优质农产品商家主体、3000 多款优质农产品参与，衢州馆成交额在全省地市级场馆中位列第二，其中江山馆销售额 113.7 万元，位列全省县级馆第二、山区 26 县(市、区)第一。因新冠疫情防控政策调整，2023 年 1 月 9—12 日，2022 浙江农业博览会在杭州国际博览中心开幕，衢州馆以“四省边际农业农村高质量发展示范市”“全国绿色低碳农业先行区”为主题，全面展示衢州现代农业高质量发展的最新成果和各县(市、区)名特优新农产品。全市 75 家主体、近千余款农产品参与展销，线上线下销售额近 400 万元。1 月 9 日，衢州市举办“衢州有礼”诗画风光带招商推介会，精彩展示诗画风光带沿线风光旖旎、产业兴旺、强村富民的建设成果，开化龙顶、常山双柚、江山山茶油、柯城南孔圣柑、衢江鸡尾葡萄柚、龙游花菇等特色农产品受到各省、市领导和市民的广泛好评。同时，江山市举办农产品区域公用品牌——江山味道品牌发布会、开化县举办开化钱江源生态珍品推介会。

【举办精品柑橘擂台赛】 2022 年 12 月 14 日，由衢州市农业农村局主办、衢州市柑桔产业农民合作经济组织联合会承办、衢州市农业林业科学研究院协办的“2022 年衢州市精品柑橘擂台赛”在柯城区柏丽大酒店举办。本次参赛的柑橘分为椪柑类、胡柚类、红美人类、鸡尾葡萄柚类、甜橘柚类和综合类六个大类，由专家组从外观、口感和可溶性固形物等三个维度进行考评打分。活动评选出龙游敏阳家庭农场、常山柚谷农业开发有限公司、浙江韵泽盈农业科技发展有限公司等一等奖 6 名；衢江区余氏家庭农场、常山县利卿果业专业合作社、柯城区鑫铺家庭农场等二等奖 8 名；柯城区柴家柑橘专业合作社、柯城区园中园家庭农场、柯城区卸龙家庭农场等三等奖 8 名。

【“双十佳”评选】 2022 年，根据《关于实施“3+X”农业特色产业共富合伙人行动计划的通知》和《关于开展 2022 年衢州市“3+X”农业特色产业“十佳共富龙头企业”和“十佳农创客”评选工作的通知》等文件精神，通过专家量化考评和网络投票，评选衢州早田农业科技开发有限公司等 10 家农业龙头企业为“十佳共富龙头企业”，饶胜男等 10 名农创客为“十佳农创客”。

·农业机械化·

【概　况】 2022 年，衢州市农机总动力 126.34 万千瓦，农机具拥有量 26.10 万台(套)，其中拖拉机 1164 台，拖拉机配套农具 6825 台，水稻插秧机 730 台，排灌机械 97255 台(套)，田间管理机械 42288 台，农用航空器 269 架，谷物联合收割机 501 台，谷物烘干机 879 台。设施农业温室面积 0.44 万公顷。全市农作物耕种收综合机械化水平 71.9%，水稻耕种收综合机械化水平 87.6%，畜禽养殖机械化率 62.47%，水产养殖机械化率 50.96%，林果业机械化水平 45.34%，设施农业机械化率 41.09%。

【农机安全生产】 2022 年，衢州市农机安全生产形势平稳，全年未发生拖拉机道路交通甲方事故，未发生道路外农机亡人事故，未发生较大及以上农机安全生产事故，农机道路交通实现零事故、零伤亡。6 月 23 日，浙江省暨衢州市农业机械事故应急处置演练活动在柯城区举办，省农业农村厅党组成员、省畜牧农机发展中心主任陈良伟、衢州市副市长徐利水等领导参加活动，全省各地农机监理部门负责人，衢州市各县(市、区)部分农机管理员、农机、种粮、柑橘大户代表 200 余人参加，演练现场通过网络视频同步直播。9—11 月，衢江区和常山县的粮食烘干中心消防安全隐患专项整治列入市级安全生产“七张问题清单”，完成问题整改 91 个并于 11 月底销号。11—12 月，失去机动车驾驶资格的上道路拖拉机运输机组驾驶人危害道路交通安全问题分别列入省、市级重大安全生产“七张问题清单”，计划于 2023 年 3 月底前全部整改到位。12 月 5 日，全面完成 2022 年度拖拉机和收割机检验工作，全市拖拉机和联合收割机年检率在全省率先达到100%,检验拖拉机和收割机1268台。实施农机“亮尾工程”,全市统一采购张贴农机发光警示标识1.2万张,采购发放农机作业警示牌200个。

【机械强农】2022年,全市22个机械强农类项目列入省农业“双强”建设项目,争取省财政扶持资金4765万元、占全省相应项目资金补助总额15.04%。年内,全市22个省农业“双强”在建项目完成投资9550.76万元,占年度投资额115.16%、占项目总投资96.11%。9月,衢州市农业“双强”工作获得省政府“赛马”激励。衢州“滴滴农机”应用上线浙里办等3个端口,录入种植大户和农机服务组织信息1100多家。11月,常山县、龙游县、衢州市先后分别在全省果园机械化生产现场会、全省水产养殖机械化现场会、全省丘陵山区农业机械化现场推进会上作典型交流。龙游县入列中央财政扶持的油菜全程机械化试点。年内,建成省级综合性农业“机器换人”高质量发展先行县1个、省级特色产业农业“机器换人”高质量发展先行县2个、全程机械化农机服务中心4个、重点环节农机服务中心10个、全程机械化应用基地17个,农机创新试验基地3个,数字农机应用基地16个。全市使用农机购置补贴资金2548.07万元、补贴农机具2908台(套)、受益农户1523个,同比分别增长22.86%、17.26%和5.33%。

【农机队伍能力建设】2022年,强化农业机械化专业培训,组织农机操作技能培训385人次。6月25日,全市农用无人机操作培训在龙游县龙和渔业农民培训基地举办,全市97名无人机操作手参加培训。8月25日,衢州市代表队参加2022年全省农机修理工职业技能竞赛,衢州代表队选手徐卫民获三等奖,毛宇杰获优胜奖。10月26日,衢州市衢江区收割机驾驶员王成参加全省水稻机收减损技能比赛,获三等奖。

·农业科技·

【概 况】2022年,衢州市大力推进科技强农,加强农业科技创新体系和队伍建设,持续开展新农人培育,农业成果加速产出,农业科技水平不断提升。

【农民教育培训】2022年,以衢州共富学院为重要平台,扎实推进新农人、新工匠培养培育工作,举办农村实用人才和高素质农民培训班435期,培训农民2.08万人次,其中市级举办培训班142期,培训农民6871人次,市级培训人数创历史新高。选育乡村头雁人才,68名头雁入选省级研修班。在全省率先开展乡村工匠评选,评选一星至五星乡村工匠623名,其中五星乡村工匠20名,在《衢州日报》推出“寻找乡村工匠”专栏。举办全市农业职业技能大赛,选送27名选手参加全省农业行业技能大赛,14名选手省赛获奖。举办全市新农人培育促共富讲课大赛,选拔8位优秀讲师参加省农民培训名师名课大赛,毛奇海获省一等奖。开展农民大专学历教育100人,中专学历教育425人。

【农业科技创新】2022年,衢州市加大农业领域科研技术攻关,深化农业科技成果转化,农业科技创新水平实现新突破。开展新品种引育,全年引进试种作物、蔬菜、水果、中药材、花卉等航天育种新品种57个,新登记、审定农作物新品种6个,数量为历年最多。制定发布柑橘防冻栽培技术、鸡尾葡萄柚生产技术、衢枳壳生产技术、山药定向栽培技术等市级地方标准4项。授权专利4项,其中,国家发明专利1项。发表科技论文28篇,其中,中文核心期刊4篇。参与的“‘浙大系列’高油高产抗逆油菜品种选育推广与综合开发”获全国农牧渔业丰收奖一等奖,创近年来最好成绩。8月23日,2021年度省农业科技奖励项目揭晓,市农林科学院的“优质辣椒种质资源创制、新品种选育与应用”获省技术进步奖二等奖、“浙西地区油菜超稀植配套栽培技术集成研究及推广应用”获农业丰收奖二等奖,开化县中蜂养殖新技术集成与推广、常山胡柚提质增效关键技术集成与示范推广、鸡尾葡萄柚避雨栽培模式示范与推广获农业丰收奖三等奖,黄晓清等7人获农业推广贡献奖。

【农业科技队伍培育】2022年6月30日,全面完成15名定向培养的基层农技人员招生工作,其中衢江3人、龙游2人、常山5人、开化5人，专业需求分别为农学5人、园艺4人、动物医学3人、农林经济管理3人。年内，486名基层农技推广人员参加浙大、省农科院、省农林大等高校科研院所组织的知识更新培训，全市获农业中级职称18人、农业副高级职称13人、农业正高级职称8人。

·数字乡村建设·

【概　况】2022年，衢州市围绕乡村信息基础设施建设、乡村数字经济发展、乡村服务效能、农村新业态新模式发展、乡村智慧治理水平5项工作内容，稳步推进数字化改革走深走实，打造出一批“三农”特色成果，“浙农”系列应用贯通工作综合评价持续走在全省前列，2次获评市级数字化改革月度“五星部门”，获评年度市级全面深化改革（数字化改革）优秀单位。年内，争取省级以上数字化改革试点12个，推进建设特色应用4个，形成理论成果22项、制度成果8项；相关工作获省级以上媒体刊发信息21次、中央电视台报道2次；成功争取8个案例入选浙江省数字乡村“金翼奖”，3个案例入选《浙江数字乡村和农业农村数字化改革案例集》，亮相全国数字乡村建设现场推进会，4个案例入选《数字赋能产业高质量发展促进共同富裕案例集》，亮相乌镇世界互联网大会。

【信息进村入户】2022年，衢州市益农社1506个，其中，柯城区177个、衢江区277个、龙游县267个、江山市316个、常山县202个、开化县267个，行政村覆盖率100%；“衢州市示范性益农信息社”30个；全市注册农民信箱用户176051人；万村联网工程建设行政村（社区）网站1456个，自主建站率100%。

【“浙农”系列应用贯通】2022年，先后启动实施农业农村数字化改革“双月攻坚”“双月争先”等行动，部署推进重大改革（重大应用）、先行先试、应用贯通，农业农村数字化改革成效明显。持续推进“1+16+N”的“浙农”系列应用落地工作，其中“浙农富裕”“浙农优品”“浙农经管”等应用贯通持续走在全省前列，衢州市“帮农促富”重大应用连续3次双月综合评价全省第一。年内，全市“浙农”系列总用户5.38万户，乡村大脑激活率100%，“浙农码”赋码用码量超1620万次。市县联动争取到数字化改革试点12个，其中数字政府领域3个：衢州市获批部市共建全国绿色低碳农业先行区，柯城区、江山市、常山县被列入农房盘活数字化场景“先行先试”单位，衢江区、龙游县、江山市被列入“浙农险服务直通车”先行先试单位；数字社会领域4个：衢江区被列为“浙农帮扶”子场景试点，江山市被列入“浙农经管”合同管理模块、农民信箱先行先试单位，衢江区、常山县被确定为强村富民乡村集成改革全省实践试点；数字经济领域5个：柯城区被列入“农业产业大脑”（柑橘）建设试点单位，开化县被列入“农业产业大脑”（渔业）第一批先行单位，衢州市本级、开化县被列入“浙农优品”第一批“先行先试”名单，江山市被列入“浙农机”第一批“先行先试”名单，开化县被列入“浙茶香”（茶产业大脑）第一批“先行先试”名单。持续推进数字乡村试点建设工作，全市有省级数字乡村建设试点示范市1个（衢州市）、示范县3个（衢江区、江山市、常山县）。

【特色应用建设】2022年，谋划建设“农业碳账户”“农企共富桥”2个应用，迭代升级“浙里柑橘”“滴滴农机”2个应用，“农业碳账户”“浙里柑橘”“智享生态牧场”3个应用入选全省农业农村数字化改革“优秀应用”，其中“农业碳账户”覆盖试点主体1000余个，发布全国首个农业碳排放核算与评价地方标准；“浙里柑橘”应用整合全市柑橘产业数字化资源，打造种植服务、生产服务、仓储加工服务、销售服务、扶持服务五大模块，发布技术规范2项，实现亩均种植成本降低1000元以上，典型做法在《浙江信息（增刊）》第70期刊登；“滴滴农机”应用着力破解农机资源闲置、农机主体效益不高、农机化率偏低等问题，实现在线需求配对、线上发单抢单、在线申报政策等功能，完成订单1100多条，农机社会化服务6500多亩，监测作业面积7500余亩；“农企共富桥”依托龙头企业联农富农核心业务，打造农业龙头企业、农户、网格员、村集体、职能部门等多角色联动的共富模式，架起农户有增收、村集体有收入、龙头企业有盈利的“致富桥”，争取到省厅“浙农帮扶”子模块试点；“智享生态牧场”应用聚焦破解养殖风险防范难、产业全链条构建难、行业监管落实难等难题，探索牧业生态化、数字化、现代化转型，其中江山市联结173家规上养殖场，实现养殖风险多元管控、产业链条精准匹配、行业监管智能覆盖。

【智慧农业和数字农业】 2022年，组织开展省级数字农业工厂(含数字农场、数字牧场、数字渔场)认定申报工作，经县(市、区)自评、市级复核、省级择优认定，7家入选省级数字农业工厂。年内，安排“大三农”资金600万元，在柯城区、衢江区建设市级未来数字农场6个。

（卢晓丽）

农林科技

【概　况】 2022年，衢州市农业林业科学研究院(以下简称“市农林科学院”)按照市委、市政府推进“三农”高质量发展、乡村全面振兴的决策部署，加大农业科技的研究、示范、推广力度。全院在编干部职工48人，其中，专业技术人员41人，正高级职称7人，副高级职称7人，中级职称19人；博士研究生3人(其中全日制1人，在职在读2人)，全日制硕士研究生20人。刘慧琴被评为全国三八红旗手，张富仙荣获全国农业技术推广贡献奖，有2人被评为浙江省有突出贡献中青年专家，4人被评为浙江省农业科技先进工作者，4人被评为浙江省“151”人才。

【科研成果】 2022年，市农林科学院组织实施科研项目47个，预算科研经费483.5万元，同比分别增长2.2%、5.0%；其中省级以上科研项目26个，预算科研经费346.1万元，同比分别增长13.0%、25.8%。以第一完成单位获得2022年度省农业丰收奖二等奖1项（浙西地区油菜超稀植配套栽培技术集成研究及推广应用)、省农业农村厅技术进步奖二等奖1项(优质辣椒种质资源创制、新品种选育与应用)，以参与单位获得全国农牧渔业丰收奖一等奖1项。当年新登记、审定农作物新品种6个，数量为历年最多；授权专利4项，其中国家发明专利1项；发表科技论文28篇，其中中文核心期刊4篇。引进航天育成品种12个，其中浙鲜9号、中芝13适宜衢州种植。大豆衢春豆1号通过国家审定，衢鲜11号通过浙江省审定，衢鲜9号和衢春豆1号获得植物新品种权；浙大635、浙大649油菜新品种通过国家登记；获农业农村部农业技术推广成果一等奖1项（“浙大系列”高油高产抗逆油菜品种选育推广与综合开发)。甘薯新品种衢薯6号、衢薯2号通过国家登记。油菜新品种浙大635通过浙江科技成果竞价(拍卖)会公开拍卖进行成果转化，衢鲜5号继续列入2022年浙江省种植业主导品种，落实大豆衢鲜5号、衢鲜8号、衢秋7号等繁育示范基地9个面积1000余亩，累计推广自主选育大豆品种11.38万亩。首次选择2

2022年4月，组织农业科普进校园活动

份辣椒高代自交系材料种子衢州白辣椒(HL19)和辣椒地方土品种(HYG),进行航空诱变,对筛选出的早熟 M2 株系(H19-635),进行早熟、果色等主要关键农艺性状 BSA 定位,迈出航天育种的第一步,实现零的突破。在浙江省种博会衢州分中心集中展示瓜菜新品种 211 个,新优品种示范数量达历年最高。完成 33 个柑橘新品种引进工作,柑橘种质资源圃品种数量达到 138 个,发布衢州市地方标准《柑橘黑点病综合防控技术规范》。完成《山药定向栽培技术规程》《中药材衢枳壳生产技术规程》两项市级标准制定,参与农业农村部国家和行业标准《九制黄精加工技术规程》的制定工作。与中国高科技产业化研究会合作,全年引进试种作物、蔬菜、水果、中药材、花卉等航天育种新品种 57 个,其中引进试种的太空南瓜、芝麻、辣椒等多次在《浙江日报》等新闻媒体上报道。

【科技助农服务】 2022 年,市农林科学院发挥科研人员的优势,开展形式多样的科技服务,加快农业科技成果转化。年初确定 11 个重点打造的共富示范村,支持常山县新昌乡发展络用丝瓜,提供从种植到加工的全产业链技术支持,2022 年产值达 900 万元,带动 230 余人就业;支持开化县林山乡菖蒲村发展山药种植,开发山药米、山药粉等系列产品,亩产值达 2 万元以上。开展科技强农促共富系列活动,组建小分队赴 6 个县(市、区)开展抗旱抗寒等服务,服务农业主体 100 余家,在《衢州日报》发布服务方案,通过微信公众号推送农业技术类文章 30 篇。配合全省“千万工程”现场会召开,在考察沿线溪口、浦山、团石 3 个未来乡村指导建设“一米菜园”30 余亩,为现场会增色添彩。

2022 年 9 月 28 日,科研人员到柯城区沟溪乡指导农户种植蔬菜

(王家强)

林 业

【概　况】 2022 年,衢州市森林覆盖率 69.26%,比上年增加 0.18 个百分点;森林蓄积量 3580.36 万立方米,同比增长 5.65%;湿地保护率 58.66%;各项指标持续走在全省前列。全面推行林长制。衢州被国家林草局列为 2022 年度全国林业碳汇试点市。

【高质量森林浙江建设目标责任制考核优秀】 2 月 28 日,浙江省林业局印发《关于 2021 年度高质量森林浙江建设目标责任制考核结果的通报》,衢州市获评 2021 年度高质量森林浙江建设目标责任制考核优秀单位。

【市第一次市级总林长会议】 4 月 22 日,市第一次市级总林长会议召开,市委书记、市总林长高屹出席并讲话。他强调,要坚持以习近平生态文明思想为指导,发挥林长制的牵引作用,推进增绿、护绿、用绿,让绿色成为衢州发展最动人的色彩,让绿水青山加快转化为金山银山,高水平建设林业现代化先行市,以优异的绿色答卷为高质量发展建设四省边际共同富裕示范区赋能助力。

【钱江源—百山祖国家公园被列入《国家公园空间布局方案》】 11 月 8 日,国务院批复同意《国家公园空间布局方案》。全国设立 49 个国家公园,“钱江源—百山祖国家公园”位列其中。该国家公园地处浙江省西南部,面积约 754 平方千米,分为钱江源和百山祖两个园区，范围涉及衢州市、丽水市2个设区市。

【“万名小小林长进森林”自然教育体验活动启动仪式】12月18日，为号召社会力量参与林长制工作，衢州市举行“万名小小林长进森林”自然教育体验活动启动仪式。仪式由市自然资源和规划局（市林业局、市林长办）主办，钱江源国家公园管理局协办，衢州市新闻传媒中心承办。仪式结束后，首批数十位小小林长开启活动第一站——钱江源国家公园。

【2个镇（村）上榜第二批“浙江省自然保护地融合发展示范镇（村）”名单】12月，省林业局公布第二批“浙江省自然保护地融合发展示范镇（村）”名单，衢江区灰坪乡（衢江千里岗省级自然保护区）、龙游县溪口镇（大竹海国家森林公园）等2个镇（村）上榜。

【林长制工作】2022年，市委、市政府主要领导担任市总林长并签发推进林长履职和森林防火专项巡林两个总林长令，印发《市级林长会议制度》《部门协作制度》等配套制度，明确市对县林长制工作考核办法、考核细则等内容。全市设立林长5875人，设置各级林长制公示牌1500余块。市委书记、总林长高屹利用周末时间带头开展巡林，9名市级林长开展巡林14次。

【构建资源保护体系】2022年，全市建设林地补充库1937.74公顷，确保次年重点项目林地指标充足。完成林草湿数据与国土“三调”数据对接融合、林草生态综合监测评价、省级以上公益林优化等重要任务。开展打击破坏森林资源专项行动，全面完成森林资源督查问题整改275个、自然保护地图斑核查任务58个。

【义务植树】2022年，以“我为亚运种棵树”为主题，市四套班子领导和100余名干部群众到柯城区信安街道沙湾村信安湖畔参加义务植树活动，种植苗木400余株。全年累计义务植树327.20万株，参与184万人次。开发“浙里种树”应用程序并在全省推广。

钱江源国家公园体制试点区生态智治平台（2022年拍摄于钱江源国家公园管理局）

【新增百万亩国土绿化行动全省领跑】2022年，全市新增造林施工完成面积3.92万亩，完成年度任务的104.81%。2020—2022年，全市完成“新增百万亩国土绿化造林”12.50万亩，完成省定任务的105.4%，实现5年任务3年完成。

【国土绿化试点示范项目】2022年，国土绿化试点示范项目获中央财政支持1.5亿元，总体建设进度顺利。至年底，项目完成投资2.068亿元，预算执行率55.2%，中央资金执行数1.13亿元，执行率75.4%。完成人工造林2.3万亩、森林抚育8.31万亩、退化林修复1.98万亩、油茶营造2.22万亩、林区道路建成55.7千米、一村万树示范村建成26个。《浙江林业》专版刊登项目实施经验与做法。

【千万亩森林质量精准提升工程】2022年，全市6个县（市、区）完成千万亩森林质量精准提升工程五年实施方案市级统一评审。围绕战略储备林、美丽生态廊道和健康森林3大建设任务，完成建设16.92万亩，任务完成率为147.5%。

【探索开展林业碳汇工作】2022年，印发《衢州市林业碳账户建设三年行动方案》和《衢州市林业碳账户建设2022年工作要点》，高水平推进林业碳账户建设。6月17日，召开林业碳账户专家评审会，由中国工程院院士张守攻领衔、省特级专家周国模为组长的专家组高度肯定林业碳账户应用场景，一致同意通过评审，应用场景 1.0 版上线运行。经验做法获得全国政协常委、国家林草局副局长刘东生批示肯定。全市试点开展浙林碳汇项目开发，2.97 万亩林地开发省碳普惠减排量 4.94 万吨。衢州市获批列入全国林业碳汇试点市，开化县列入首批省级林业增汇试点县，常山县森然林业开发有限公司列入首批省级林业碳汇先行基地。

【森林品牌系列创建扩面】2022 年，开化县通过开展义务植树、主题宣传活动，做好国家森林城市创建验收准备工作。常山县、龙游县开展《国家森林城市建设总体规划》编制。全市成功创建省级森林城镇 15 个，建成“一村万树”示范村 24 个。

【油茶保供行动】2022 年，全市油茶新造林面积 6309 亩，抚育改造面积 13584 亩，完成年度任务的 112%。油茶籽产量 2.28 万吨。

【林业产业发展】2022 年，开化县华埠镇成功创建省级森林康养名镇。全市创建省级森林人家 5 个、省级森林氧吧 15 个、省林下道地中药材种植基地 7 个，省级林业重点龙头企业新培育 2 家、监测合格 26 家，新（改）建林区道路 150 公里。完成食用林产品安全专项监测和例行监测的年度任务，监测合格率 98%以上，不合格处置率 100%。

【森林防火】2022 年，启动实施森林防火能力提升“十百千”工程三年专项行动。年内建成森林防火市级示范村 24 个、生物防护林带 107 千米、整治森林火灾隐患点 1012 个。三项工作纳入全省试点，衢江区纳入全省护林员规范化管理试点，创新提出微网格和小树苗管理机制；江山市纳入早期处置队伍示范，在全省最早出台早期处置队伍建设标准；常山县、开化县纳入全省防火巡护道建设试点，为全省防火巡护道建设提供样板，全省森林防火巡护道与农村公路共同建设现场会于 12 月 15 日在开化县召开。

【野生动植物保护】2022 年，实施 3 个珍稀濒危野生动植物（伯乐树、藏酋猴、黑麂）抢救保护项目，取得阶段性保护成效。开化县通过国家防控野猪危害综合试点工作成效评估。龙游县野生动植物资源本底调查试点项目争取到 2022 年度中央林业财政资金 142 万元。全市野生动物保护宣传月期间，推送爱鸟周宣传主题信 135112 条。

【松材线虫病疫情除治】2022 年，全市清理枯死松树 13.82 万株，粉碎、烧毁、掩埋等无害化处理疫木 169.52 立方米，销毁疫木 1.26 万吨，注射免疫针剂 46.38 万支，拔除江山市保安乡和开化县何田乡 2 个疫点乡镇。在 2022 年松材线虫病秋季普查中，松材线虫病致死松树较上年同期减少 1.97 万株，发生面积较上年同期减少 5.63 万亩。

（杨振家）

工业

综述

【概 况】2022年，衢州市统筹疫情防控和经济社会发展工作，工业经济主要指标实现快速增长。全市有规模以上工业企业1346家，实现规模以上工业总产值2857.6亿元，同比增长11.6%，其中，实现新产品产值1190.96亿元，同比增长42.2%；实现规模以上工业增加值609.7亿元，同比增长9.6%，全省第三。全市有亿元以上企业417家（按法人统计），其中百亿元以上企业2家（衢州元立金属制品有限公司、衢州华友钴新材料有限公司），全市10亿元以上企业47家，较上年增加2家。全市新增A股IPO排队企业3家，新增上市公司3家，上市总数14家。

【工业强市十大专项】2022年，衢州市签约亿元以上制造业项目170个，其中100亿元以上项目4个；新培育产值300亿元以上企业系2家，百亿元企业系1家；新认定国家高新技术企业181家，新认定省科技型中小企业702家；全市进出口总额612.51亿元，同比增长24.3%，增幅位居全省第二。出台《衢州市工业强市领导小组办公室关于开展2022年工业强市十大专项行动“亮晒比”活动方案》，组织召开工业强市推进会6次，刊发工业强市工作专刊42期。

【“五链”融合】12月14日，衢州市委、衢州市人民政府印发《关于推进“五链”融合深化工业强市战略的实施意见》，围绕“工业强市、产业兴市”战略，按照“五链融合、链长抓总、迭代推进、标志示范”总体要求，精准打造产业链、全面完善创新链、聚力建强人才链、深耕厚植资本链、优化提升服务链，奋力打造工业强市2.0版。

【“腾笼换鸟、凤凰涅槃”攻坚行动】2022年，衢州市规模以上工业亩均税收和亩均增加值分别达到21.1万元/亩和119万元/亩，同比分别增长27.3%和17.4%，规模以上制造业全员劳

2022年12月16日，衢州市全面实施“五链”融合深化工业强市双月例会召开

动生产率32.17万元/人，规模以上工业单位增加值能耗下降率为3.2%。加快推进低效企业整治，高耗低效企业整治提升完成465家、盘活用地9924亩、腾出用能28万吨标煤，工业用地全域整治协议签订5745亩、拆除腾退1658亩，化工企业淘汰退出36家、两年缩减32%。全年通过资源要素优化配置正向激励A、B类企业，减免城镇土地使用税2.1亿元、兑现各类财政奖补16.6亿元（占工业企业比重81.3%）、新增用地3467亩、用能47.5万吨标煤；反向倒逼末档企业，征收差别化电价2311万元、削减用能指标2.7万吨标煤。

【衢州巨化一体化发展】2022年，召开衢州巨化一体化融合高质量发展推进会3次，滚动形成工作清单39项，项目清单21项。39项工作中，以12月前为时间节点的31项，完成16项，基本完成10项；21个项目中，包括16个投资类项目和5个基础设施类项目，以12月底为时间节点的项目11项，其中投资类项目9项、基础设施类2项全部完成。巨化集团21家规模以上工业企业全年实现工业总产值308亿元，完成年度目标的110%；外贸出口27.35亿元，完成年度目标的124%。

【产业链提升工程】2022年，衢州市六大标志性产业实现规上产值1712亿元，同比增长23.8%，增速高出全市规上工业总产值增速12.2个百分点；占全市规上工业总产值比重60%。全市制造业投资同比增长60.3%，位居全省第一，为衢州市近10年来投资增长最快。制造业投资占固定资产投资比重25.6%。11月，浙大衢州“两院”迁址入驻，衢州市省高端化学品技术创新中心成功争创。同时，“万亩千亿”新产业平台带动作用进一步发挥，平台全年实现规上工业产值907.3亿元，同比增长58.6%；主导产业产值859.2亿元，占比94.7%，同比增长64.7%。

【数字经济一号工程】2022年，衢州市规上数字经济核心产业营业收入559.98亿元，同比增长41.1%，增速全省第三；衢州市数字经济核心产业增加值99.17亿元，现价增速23.7%，增速全省第二；衢州市数字经济核心产业增加值占地区生产总值比重5.0%。市本级全年兑现数字经济相关政策资金8200余万元，决策通过数字经济项目60余个，引进投资百亿元项目3个、10亿元项目14个，累计培育省级“未来工厂”企业2家、省级智能工厂/数字化车间46家，全市实施数字化改造项目265个，完成投资额31.6亿元，“工业强市在线”应用获评2022年度省数字经济系统最佳应用。4月，出台《衢州市高质量推进数字经济发展2022年工作要点》；5月，召开衢州市数字经济示范应用场景优秀案例评审会；7月，组织参加全省数字经济高质量发展大会，电子科技大学长三角研究院启用暨浙江省无线电产业基地揭牌仪式举行，举办全省细分行业中小企业数字化改造推进现场会，江山木门行业轻量化智改相关做法获得国务院副总理刘鹤批示肯定；10月，召开衢州市加快打造数字经济“一号工程”宣讲活动；编制《衢州市关于大力实施数字经济创新提质“一号发展工程”的意见》。

【工业项目决策咨询和投资】2022年，全市919个工业项目通过决策咨询服务，同比下降10.1%；项目计划固定资产总投资1406.72亿元，同比增长18.6%；计划出让土地15537.79亩，同比增长13.2%。同时，因不符合产业政策和园区布局、存在较大环保安全风险等原因，被拒绝入园项目62个，涉及固定资产投资约56.71亿元。其中，市咨询服务办完成350个工业项目的决策咨询服务，同比下降3.3%；项目计划固定资产总投资1226.69亿元，同比增长60.4%；计划出让土地15075.9亩，同比增长102.7%；否决项目10个，涉及固定资产投资约36.43亿元。

【创新驱动】2022年，衢州市规上工业新产品产值1190.96亿元，同比增长42.2%，新产品产值率41.68%，增速8.97%，增速位居全省第一。省级工业新产品通过立项202个，完成评价验收160个。浙江玖维电子科技有限公司开发的“软灯条专用晶片电阻”等9个产品列入“浙江制造精品”名单；浙江中宁硅业有限公司等3家企业技术中心列入第29

批省级企业技术中心名单；浙江象睿机电设备有限公司等5家企业技术中心列入第二十批市级企业技术中心名单；衢州市政园林股份有限公司等3家企业技术中心列入第五批市级建设行业企业技术中心名单。

【绿色制造建设】2022年，全年推进51家企业开展清洁生产审核，完成120家企业主要产品碳足迹建模核算。全市创建国家绿色工厂2家、绿色设计产品3个、国家工业产品绿色设计示范企业2家、国家工业和信息化领域节能技术装备推荐目录（2022年版）企业1家、国家工业废水循环利用试点园区（龙游经济开发区）1个；创建省级绿色低碳工业园区1个、省级绿色低碳工厂4家，创建省级节水标杆园区1个、省级节水标杆企业11家、省级节水型企业10家；创建市级绿色低碳工厂43家、市级绿色低碳工业园区1个。

【企业服务和降本减负】2022年，进一步深化服务企业机制，组织开展"千名干部助千企"服务活动，持续优化企业发展环境。研究制定《推动减负降本政策落实方案》，全年为全市企业减负降本104亿元。创新惠企政策即申即享、免申即享、预拨付制，全年兑现大科创政策4.9亿元。

【现代产业桥头堡】2022年8月至9月，修改完善"打造四省边际现代产业（工业）桥头堡"分工抓落实方案、"一图四清单"和年度重点任务攻坚计划表。10月，市经信局及工业强市相关职能部门，以打造现代产业桥头堡建设为目标，围绕年度重点任务攻坚计划表及四张重大清单，协同推进各项任务。经过全市上下共同努力，8项产业发展核心指标增速均实现"保三争二拼第一"，其中工业投资、制造业投资、规上服务业营收位居全省第一；农民收入、服务业增加值、网络零售总额位居全省第二；工业增加值、社会消费品零售总额位居全省第三。工业增加值增速位居四省九市第一；规上工业亩均增加值增速位居全省第一；巨化系、华友系2家企业产值均突破300亿元；部、市共建全国绿色低碳农业先行区；菜篮子市长负责制考核位居全省第一；农业"双强"行动获省赛马激励；省级数字生活新服务样板县试点"全覆盖"；衢州义甬舟西延开放枢纽成功创建全省首批义甬舟开放大通道综合性战略平台。现代产业桥头堡以评分第一获得年度五星桥头堡。

【市县一体化】2022年8月，衢州市出台《衢州市工业市县一体化高质量发展实施意见》，通过推动市县产业布局一体化、企业培育一体化、平台建设一体化、要素保障一体化等四个一体化，强化市县联动、优势互补、产业协同，推进全市工业经济一体化融合发展。

【"415X"先进制造业集群】2022年，衢州市对标"415X"先进制造业集群培育，以高端化智能化绿色化为主攻方向，以智造新城为工业主平台，积极构建以新材料、新能源、集成电路、高端装备、特种纸、生命健康六大产业链为核心的现代化产业体系，全力推进更多优势产业进入"415X"先进制造业集群，其中衢州智造新城电子化学材料产业群、衢州智造新城动力电池材料产业群分别入选第一批、第二批省级"新星"产业群培育名单。

（陈景安）

六大主导产业

·新材料·

【概　况】2022年，衢州市新材料产业以氟硅新材料、新能源材料、电子化学材料产业为特色，形成三大较为完备的新材料体系，拥有"氟硅新材料国家新型工业化示范基地、中国电子化学材料产业基地"两个国家级基地，同时，也是浙江省重要的动力电池材料基地和钴化学品生产基地。经过多年积淀，新材料产业链生态完备，成为衢州市"体量最大、速度最快"、发展势头"最强劲"的首位产业。

【氟硅新材料、电子化学材料】2022年，氟硅新材料、电子化学材料实现产值435.7亿元，同比增长17.5%。含氟新材料，按大类分为萤石矿、氢氟酸、单体、聚合物、下游应用。其中部分饱和单体可直接作为制冷剂或中间体，聚合物为各种橡胶、塑料材料，可直接通过物理加工形成各种终端制品、薄膜。有机硅新材料，按大类分为硅粉、硅烷、硅氧烷、聚合物（硅橡胶、硅烷偶联剂、硅油、硅树脂）。在氟硅新材料中，衢州市在其产业链各个环节均有涉及，产业体系完备。电子化学材料主要为满足在光伏、集成电路、液晶显示生产过程的刻蚀、清洗、钝化、掺杂等工艺，而使用到高纯度的酸、碱、特气、溶剂及其混配功能性化学品。衢州电子化学材料以氟、硅元素为基础，衍生出一系列电子化学材料，主要包括：电子级氢氟酸、氟化铵、超净高纯试剂（BOE）、高纯硅烷、三氟化氮等60余种本地特色的湿电子化学品和特气。

·新能源·

【概　况】2022年，衢州市新能源产业以锂电池材料、光伏产业为特色，并形成向电芯、电池包的产业延伸。以新工艺为代表TOPCon电池激活光伏产业新活力，而随着新能源汽车渗透率不断提高、双碳背景下储能产业蓬勃发展，市域新能源产业发展潜力巨大，以当前在建的储备项目看，2025年将实现千亿产值。

【锂电池材料、太阳能光伏】2022年，华友新能源上榜2022年浙江省电子信息产业百家重点企业名单。衢州市光伏企业发展有新突破，一道新能源科技（衢州）有限公司入选省“未来工厂”名单、省级工业互联网平台创建名单和省第八批大数据应用示范企业名单；浙江泰明新能源有限公司入选省智能工厂（数字化车间）。

·高端装备·

【概　况】2022年，衢州市装备制造业规上企业468家，实现工业产值730.87亿元，增加值143.47亿元，增加值增速14.3%，增速位居全省第三。高端装备制造业增加值67.3亿元，同比下降2.6%。浙江开山离心机械有限公司开发的“齿轮增速离心式空气和氮气双介质组合压缩机”等4个项目列入浙江省首台（套）技术攻关项目名单；浙江福瑞科流控机械有限公司开发“高压大口径强制双关断无摩擦上装式球阀”等3个产品列入浙江省首台（套）装备技术指标认定清单；浙江上洋机械股份有限公司开发的“安吉白茶智能化高产能加工生产线”等10个产品被认定为省内首台（套）装备；浙江志高机械股份有限公司和科润智能控制股份有限公司2家企业列入2022年浙江省首台（套）装备保险补偿项目清单。组织常山正丽机电有限公司等15家企业实施铸造产能置换。

【空气动力与掘进机械】2022年，主要分布在市本级，是国家火炬计划空气动力机械特色产业基地，新型液压驱动掘进机械、空压机和液压支柱生产能力全国领先。全年整机生产企业近30家，累计实现产值约48亿元。志高机械获得工信部专精特新小巨人、浙江省服务型制造示范企业，下属子公司志高动力被认定为省级科技型中小企业；开山控股有2个项目列入浙江省首台（套）技术攻关项目名单，1个产品被认定为省内首台（套）装备。

【轨道交通】2022年，主要分布在市本级、常山和龙游，产品有轴承、钢轨、道岔、扣件等轨道交通专用设备及配件。规上企业61家，累计实现产值60.37亿元。常山有轴承成品生产线150余条和锻造生产线70余条，形成涵盖锻造、退火、车加工、热处理、轴承成品的一整套较为完整的产业链，代表企业有皮尔轴承、捷姆轴承。中浙高铁公司承担实施国家“卡脖子”高铁轴承研制等科技攻关项目，建成台架检测平台，新研制的高铁及大功率机车等轴箱轴承相继完成耐久性试验；贝尔轨道专利较多，其合金钢道岔在市场中有优势。

【智能电力装备】2022年，主要分布在江山和市本级，规上企业有95家，实现产值260.42亿元，同比增长10.74%，高低压开关柜、电力变压器、电器元配件、电线电缆等系列产品产业链相对完善，拥有省级输配电产业基地和输变电装备制造业高新技术特色产业基地，科润智能、浙江江变、申达电气等多家企业成为国家电网、南方电网的合格供应商。7月，科润智能在北交所上市，公开发行募资约1.5亿元，用于年产500万千伏安节能型变压器生产线建设项目。

【光伏新能源装备】2022年，主要分布在市本级和开化，产品涉及光伏薄片化硅片、太阳能组件、光伏设备等。规上企业11家，累计实现产值116亿元。一道新能源专业从事高效光伏电池、组件及系统应用的研发、制造和销售，组件出货量位居全球第八，N型组件出货量全球第三，成为光伏行业的新一线品牌。衢州纤纳新能源科技年产20万—25万平方米光伏发电玻璃项目于7月正式投产，纤纳光电钙钛矿电池技术的材料成本仅为传统晶硅光伏材料的1/20，大规模应用后，可降低至传统晶硅太阳能电池的一半左右，与当前煤电价格相当，有望实现光伏发电的平价上网。

【数控机床】2022年，主要分布在龙游，规上企业18家，累计实现产值20.3亿元。禾川科技推进工业自动化核心产品实现进口替代，伺服电机位居国内品牌第一方阵，4月该公司成为山区26县首家科创板上市企业；威仕喜在电磁阀等方面取得技术突破，有望实现高端电磁阀进口替代；鑫佳硕具备5G基站组件和精密夹治具及非标自动化设备的生产能力。

·集成电路产业·

【概　况】2022年，衢州市规模以上电子信息企业121家，实现工业总产值416亿元，同比增长34%，位居全省第二；实现工业增加值81.65亿元，同比增长32%，位居全省第二；实现营业收入509.6亿元，同比增长46.2%，位居全省第三。衢州市有规上集成电路企业34家，实现营收69.8亿元，同比增长40.9%，主要集中在产业链上游材料部分。

2022年9月7日，仙鹤股份有限公司入选中国制造业民营企业500强，图为公司办公楼

【产业发展】6月，成功创建浙江省高端化学品技术创新中心。海纳半导体总投资1.5亿元年产120万片半导体级硅单晶抛光片技改项目和年产196万片半导体级硅单晶抛光片智能化生产线项目均已达产。

·特种纸产业·

【概　况】2022年，衢州市有规模以上造纸业（含其他纸制品）企业85家，实现工业总产值275.20亿元，同比增长8.84%，占全市规模以上工业比重的9.63%；实现新产品产值182.37亿元，同比增长19.47%；实现出口交货值28.95亿元，同比增长28.28%；规模以上工业造纸和纸制品业1—12月平均用工15218人。主板上市2家（仙鹤股份、五洲特纸），新三板上市5家（金昌股份、华邦特西诺采、恒达新材、凯丰新材、特美新材料）。

【制造业民营企业500强】2022年，仙鹤控股集团作为主要起草单位参与《造纸行业绿色工厂评价规范》团体标准的制定，为中国绿色制造行业标准化发展做出突出贡献。入选2022中国制造业民营企业500强，实现衢州民营企业新突破。

·生命健康产业·

【概　况】2022年，衢州市生命健康产业有规模以上企业90家，实现工业总产值149亿元，同比增长12.34%。全市医药产业规模以上企业20家，实现规模以上产值30.24亿元，同比增长31.48%。全市食品饮料规模以上企业70家，实现工业总产值118.79亿元，同比增长8.35%。食品饮料规模以上企业中农副食品加工业企业32家，实现产值44.00亿元，同比增长13.08%；食品制造业企业23家，实现产值34.15亿元，同比增长19.64%；酒、饮料和精制茶制造业企业15家，实现产值40.65亿元，同比下降3.65%。主要代表企业有明旺乳业、衢江娃哈哈、龙游伊利、浙江华康药业等。

【国家级博士后工作站】2022年，浙江华康药业股份有限公司获准设立国家级博士后科研工作站，成为衢州市在建的首家国家级博士后科研工作站。

（陈景安）

中小企业

【概　况】2022年，衢州市规模以上工业企业中有中小微企业1337家，其中中型企业97家，实现工业总产值860.25亿元，同比增长18.9%；小型企业1098家，实现工业总产值1231.03亿元，同比增长9.6%；微型企业142家，实现工业总产值55.39亿元，同比下降52.1%。

【中小企业培育】2022年，开展企业"小升规"工作，全市完成企业升规160家。推进优质中小企业梯度培育，全市新增工信部专精特新"小巨人"企业13家，新增省级隐形冠军企业2家，新增省级专精特新企业110家，新增省创新型中小企业347家。

【小微企业园建设】2022年，出台《衢州市小微企业园高质量发展三年行动计划（2023—2025年）》，开展全市小微企业园绩效评价及安全整治工作，全年新增省级认定小微企业园3个，新增三星级小微企业园2个，衢州颐高科技创业园成功创建省四星级小微园，江山美家园门业小微园成功创建省数字化示范小微园。

【中小企业公共服务平台】2022年，服务平台发布2003条信息，其中政策类信息发布1592条。聚集专业服务机构371家，满足企业个性化需求，累计吸引注册企业33291家，其中2022年新增注册企业1781家。组织举办《2022年度工业和信息化工程系列专业技术人才研修班》系列课程、《中小企业服务日》系列培训和《碳足迹核算业务培训》等培训班19期，服务企业3012家次，培训各类企业经营管理人才3765人次。开展企业码线上直播课程27期，直播观看人数8153人次。进一步推广企业码，充分发挥企业码平台集成、业务集成、应用集成优势，用好助企走访、公益活动、在线直播、政策兑现等功能，打造立体化综合服务架构。全年走访服务企业98547家，累计收集企业各类问题诉求2378个，累计办结2368个，办结率达99.58%；举办线上线下活动212场，受益24550人次，其中政策宣讲4场，培训1500人次；组织举办2022创客中国·浙江好项目中小微企业创新创业大赛（衢州赛区），其中衢州市推荐的《空间电推进宇航级疝气产品的开发》等2个项目获大赛三等奖。

（陈景安）

巨化集团有限公司

综 述

【概 况】 2022年，巨化集团围绕“绿色化发展、数字化改革、新巨化远航”工作主线，大力弘扬“一个巨化”文化，充分发挥产业链、供应链、创新链优势，统筹安全发展，抓好稳进提质，坚定不移推进数字化改革，持续深化一流企业创建，企业的创新力、竞争力、影响力和抗风险能力进一步增强。全年实现营业收入404.39亿元，同比上升13.25%；主业盈利能力稳步提升，在参股公司浙石化投资收益大幅下降的前提下完成利润35.49亿元；利税43.62亿元，同比下降27.33%；外贸进出口5.98亿美元，同比增加17.40%；资产负债率54.29%，同比上升0.03个百分点。发挥氟氯核心产业链联动优势，主要装置高负荷运行，烧碱等9类产品产量创历史最高，R125等24种产品产量同比增长10%以上，6家子企业利润超亿元。全年固定资产投资37.09亿元，股权投资14.68亿元，研发费用11.89亿元，均创历史最高纪录。获授权专利104件，获石化联合会科学技术进步奖一等奖1项，省科学技术进步奖二等奖2项，承担国家和省级科技项目5项，入选省“尖兵”“领雁”项目3项，完成工业新产品鉴定、新技术鉴定和科技成果鉴定各1项，4个产品、事迹入展浙江创新馆。巨化位列中国石油和化工企业500强第40位、中国制造业企业500强第306位，浙江省百强企业。被工信部等四部门授予“2022年度智能制造示范工厂”，被浙江省委省政府授予浙江省“未来工厂”，连续三年获衢州市政府特别奖“杰出贡献奖”一等奖。

【人才培育】 2022年，承接国家部委人才引育工程，与7家著名高校签订协议共同培养国家新材料紧缺人才，承接科技部“揭榜挂帅”专题项目稳步推进，与浙大衢州两院、浙大高分子系联合打造浙江大学专业学位研究生实践基

2022年2月8日，巨化集团蝉联衢州市杰出贡献奖

2022 年 4 月 28 日，巨化集团疫情期间向社会无偿捐赠消毒液

地和产学研基地。拥有大专学历及以上各类人才 6825 人，人才总量占员工总数的 57%。聘请院士 15 人，拥有国家引才计划人才 1 人，省特级专家 1 人，省万人计划人才 2 人，享受国务院特殊津贴人才 1 人，符合《浙江省省属企业人才分类目录》的人才 152 人，入选浙江省“新世纪 151 人才工程”13 人，全国技术能手 3 人，浙江杰出工匠 3 人，浙江工匠 9 人，省“新八级”特级技师 2 人。截至年底，共有员工 9764 人，全员劳动生产率 210 万元 /(人·年)。

经 营

【完成国企改革三年行动】2022 年，按照国务院国资委和省国资委总体部署，全面完成国企改革三年行动。规范经理层依法行权履职，完成集团本级和 33 家子企业董事会向经理层授权。推行经理层成员任期制和契约化管理，完成首轮经营业绩目标责任书签订。参与科改示范，锦华公司、中巨芯公司纳入国家“科改示范行动企业”，技术中心等 3 家公司纳入省级“科改示范行动企业”。持续推进集团混改，相关方案进入省政府决策流程。响应“凤凰行动”计划，中巨芯科创板 IPO 申请获上交所审核通过，锦华公司“新三板”挂牌工作稳步推进。巨化在全省国企改革三年行动收官攻坚工作会上分享经验。

【推进数字化改革“三零”工程】2022 年，按照 124N 工作体系，聚焦“零手动、零备机、零距离”推进智能制造和智慧管理。智能制造方面，全面完成 148 套主要化工装置“零手动”改造，产生经济效益 3.4 亿元 / 年，入选全国智能制造试点示范工厂揭榜单位，成为浙江省化工行业和省属企业首家“未来工厂”。开展精良装备建设工作，完成 44 套装置、106 台设备“零备机”改造，全年检维修总量同比下降 20.1%，高故障动设备故障率下降 71.8%。探索管理“零距离”，将现代化企业转型的需求转化为数字化应用场景，合同管理、招采平台上线运行，ERP 三期、巨化 e 人计划加速推进，人力资源数字化项目进入上线准备阶段。

【打造数字化“问题动态清零”系统】2022 年，以数字化改革为驱动，出台《巨化集团“七张问题清单”数字化动态清零工作体系建设实施意见》，建立完善抓党建促“七张问题清单”落实机制，积极构建问题数字化动态清零工作平台，通过试点先行、精准发力、以点带面，推进巡视、审计、督查、生态环保、安全、网络舆情、群众信访等七大领域问题的全面梳理、集中交办、一体落实，实现“问题动态清零、管理迭代提升”的目标，推动形成党建统领问题管控的新机制、新应用、新格局。

【对标融合行业最佳实践】2022 年，创新对标工作“十步法”，全面对展向行业一流企业开展对标学习。对标霍尼韦尔公司卓越运营体系（JES）、人力资源和战略管理，其中 JES 部署实现主业板块全覆盖，全年挖潜增效 6.16 亿元。持续巩固杜邦公司最佳实践成效，通过融合消化吸收再创新，安全管理能力再上台阶。与化工行业领先企业巴斯夫开展市场商务、战略和研发、组织和管控架构的对标学习，与华为对标数字化转型、数据治理、员工绩效管理，与埃森哲合力推进人力资源数字化、多职能共享服务中心建设等项目。通过对标融合行业最佳实践，逐步构建起具有巨化特色的管理管控体系。

【省高端化学品技术创新中心成立】2022年，浙江省高端化学品技术创新中心以巨化集团和浙江大学衢州研究院为核心共建单位，中巨芯、衢州学院、北京化工大学等企业和院校参与，1月获批建设，6月16日正式揭牌成立。该中心旨在构建从基础研究到工程化和应用的技术创新体系，大规模引育省乃至国家高端化学品产业急需高端人才，攻克高端化学品"卡脖子"技术，基本实现国产化替代，保障供应链自主可控。中心主要围绕高端电子化学品、高端特种聚合物、高端专用化学品和高端化学品制造生态化等四大方向，重点攻关14纳米级集成电路先进制程用电子化学材料、新能源和5G用含氟聚合物、数据中心液冷剂和半导体制程用清洗剂、高端化学品绿色化、低碳化和智能化制造。

【氟制冷剂（HFC）配额战获胜】2022年，根据《蒙特利尔议定书》基加利修正案，2020—2022年为三代制冷剂（HFC）配额的基准期。集团重塑指挥领导体系，健全工作推进机制，超前谋划下先手棋，深度整合外部资源，全力打好第三代制冷剂配额基准年收官战，三年累计销量超过第二、第三名的总额，全球市场占有率40%以上，取得完胜战绩，为确保未来全球氟化工龙头地位夯实基础。

【成功建设"e企廉"智慧监督系统】2022年，应浙江省纪委要求，巨化2021年起在全省国有企业中率先试点"e企廉"智慧监督系统。年内，"e企廉"智慧监督系统聚焦企业资金密集、风险易发多发的关键领域、关键环节、关键人员，将核心业务数据转化为行权数据，将党规党纪制度要求转化为预警模型，建立62个预警模型，归集核心业务数据163.02万条，挽回（节约）资金239.3万元，为全省国资国企系统公权力数字化监督整体"智"治先行探路。该系统获"浙江清廉单元建设十大创新经验"创新提名奖，在全省国企推广应用。

【热电公司6号机组成为省内首套延役燃煤机组】2022年，巨化集团热电公司6号机组于1992年10月正式投入运行，根据电力业务许可证中机组设计寿命年限30年的规定，于2022年11月达到设计使用年限。集团系统谋划6号机组延役工作，强化机组安全稳定运行、环保达标排放，使各项指标均在安全范围，争取国家、省市相关政策支持，11月30日获省能监办延役许可批复。6号机组延长服役许可政策争取成功，是省内燃煤机组延寿的历史性突破，盘活固定资产7800万元，增加供热发电能力20%，对集团及市高新园区安全保供起到有力支撑作用。

（王云峰）

经济开发区

衢州智造新城

【概　况】2022年，衢州智造新城规上工业总产值1583.9亿元，同比增长16.0%。工业增加值329亿元，同比增长13.7%。2022年财政收入48.9亿元，同比下降16.1%。

【经济发展】2022年，实现地区生产总值369.15亿元，按可比价格计算，比上年增长8.1%。其中，第二产业增加值完成339亿元，同比增长8.5%，第三产业增加值完成30.15亿元，同比增长3.4%。税收收入45.89亿元，同比下降17.76%。“四上”(即规模以上工业企业、资质等级建筑业企业、限额以上批零住餐企业、国家重点服务业企业等这四类规模以上企业的统称)。企业主营业务收入2070.74亿元，同比增长17.06%，“四上”企业利润总额99.56亿元，同比下降68.43%。其中，规上工业企业营业收入1811.14亿元，上年同期数1533.99亿元，同比增长18.07%；利润总额95.96亿元，上年同期数141.74亿元，同比下降67.70%。

2022年12月13日，衢州市首家企业社区——衢州智造新城高新企业社区挂牌成立

【产业发展】2022年，有氟硅新材料、电子化学材料、锂电新材料、芯片及传感器、生物医药与大健康、智能装备制造六大主导产业，产业集群效应初具规模。锂电新材料产业总产值476.7亿元，氟硅新材料产业总产值298.3亿元，电子化学材料产业总产值117亿元，芯片及传感器产业总产值21.2亿元，智能装备制造产业总产值93亿元，生物医药与大健康产业总产值52.7亿元。

【科技创新】2022年，高新技术产业总产值915.6亿元。至年末，拥有国家级工程技术研发中心1家（国家氟材料工程技术研究中心），国家级技术中心3家(巨化集团公司国家级企业技术中心、开山集团国家级企业技术中心、仙鹤股份国家级企业技术中心），国家级高新技术企业254家，省级企业研究院31家，省级高新技术研发中心67个，省级科技型企业575家；市级重点创新团队8家。

【"万亩千亿"新产业平台建设】衢州高端电子材料"万亩千亿"新产业平台于2020年2月被省发改委列入第二批平台培育名单。2022年，平台实现工业总产值907.3亿元（2021年为572亿元），同比增长59%，其中主导产业工业总产值844.4亿元；累计完成固定资产投资133.2亿元，同比增长78%，其中产业项目投资120.8亿元；累计新引进标志性项目17个，同比增长143%，实现产业发展加速、平台能级跨越的阶段性目标。引进省级高层次人才13人，国家引才计划3人，省引才计划4人，杰出工匠3人，省"海外工程师"2人。动力电池材料产业群入选第二批省级"新星"产业集群培育名单，浙江省高端化学技术创新中心正式揭牌成立。高端电子化学材料、高端动力电池材料、高端电子信息材料三大产业的产业集聚度94.8%。

【投融资服务】2022年，主板上市企业5家，新三板挂牌企业10家。主板5家：浙江巨化股份有限公司、牧高笛户外用品股份有限公司、仙鹤股份有限公司、衢州五洲特种纸业股份有限公司、浙江永和制冷股份有限公司。新三板10家：浙江海昇药业股份有限公司、浙江圣安化工股份有限公司、浙江海力股份有限公司、浙江美安普矿山机械股份有限公司、浙江上洋机械股份有限公司、浙江启超电缆股份有限公司、浙江永力达数控科技股份有限公司、浙江爱吉仁科技股份有限公司、衢州龙威新材料股份有限公司、浙江明辉蔬果配送股份有限公司。

【创新平台建设】2022年，衢州高新技术产业开发区在全国600余家化工园区2022年高质量发展综合评价中位列24位，这是衢州高新园区连续第五年跻身中国化工园区30强。衢州高新技术产业开发区入围中国石油和化学工业联合会"绿色化工园区（2022年建设期单位）"名单。

【重大项目招引】2022年，聚焦主导产业，高标准招商、高门槛选商，全年新引进项目43个，协议总投资约650.05亿元，其中100亿元以上项目2个，50亿元以上项目3个，20亿元以上项目6个，10亿元以上项目13个，亿元以上项目42个；全年实现到位资金150.11亿元，其中制造业占比99.19%；全年利用外资4600万美元，占全市到位外资比重为43.94%。先后签约落地吉利新能源"三电"、金瑞泓集成电路用硅片等2个百亿元级项目，以及鹏辉储能电池、晓星薄膜、瑞泰电解液、三时纪新材料等一批延链补链强链的"大好高"项目。

【项目审批改革】2022年，进一步"减事项、减材料、减次数、减时间"，全面实现企业开办全流程"一件事"一日办结。迭代升级注销"一网服务"平台，提供简易注销、一般注销、复杂注销等三大常态注销场景，简化企业退出程序。推广"一键申报"模块应用，实现纳税人端纳税申报表由财务软件自动生成，推行增值税、消费税及附加税费合并申报，财产和行为税合并申报，实现纳税时间压缩至90小时以内。首创易制毒化学品审批智能秒核模式，申请材料由原先的50份减至5份，办理时间由法定3天压缩为1分钟。

2022年5月28日，衢州市人民政府与吉利控股集团投资项目签约仪式举行

【服务业发展】2022年，全区规上服务业营业收入26.02亿元，同比增长16.14%。智造新城规上服务业企业具有明显的工业属性特点，物流、检测、技术服务、中介服务等生产性服务业企业约占企业总数的70%，营业收入约占总营业收入的80%。2022年新入库规上(限上)服务业企业17家，同比增加5家。

【外贸发展】2022年，全区实现外贸进出口392.67亿元，同比增长24.62%，占全市的64.11%。其中，出口总额209.62亿元，同比增长28.54%，占全市的52.15%；进口总额183.05亿元，同比增长20.41%,占全市的86.92%。

【电子商务】2022年，跨境电商监管方式出口3.83亿元，同比增长35%。衢州市电子商务产业园入围浙江省首批2022年省级跨境电子商务产业园名单。园区打造以衢州市传统产业转型升级为特色的出口跨境园区，总面积约2万平方米，入驻跨境电商企业52家，其中，36家跨境电商经营企业，16家跨境电商服务企业。园区为入驻跨境电商企业提供跨境电商仓储物流、网络技术支持、报关报检、法律和知识产权咨询等综合服务。

【基础设施建设】2022年，实施政府投资基础设施建设项目128个，全年完成投资约11.8亿元，其中投资超亿元基础设施项目3个(慧谷工业设计院、5吉瓦高效单晶电池+3吉瓦高效组件项目厂房及配套设施建设工程、宾港南路延伸至315省道工程)。新建城市道路5.587千米，建成道路面积13万平方米；清淤排水管网80千米，新增、改造雨污水管网10千米，新建改造供水管网2公里；新增公园绿化面积2.45公顷。

(陈淮贵)

柯城区航埠工业园区

【概　况】2022年，柯城区生态工业服务中心贯彻落实市委“六治六提”作风建设行动，开展“六比六晒”活动，坚持“大抓落实、快抓落实、狠抓落实”工作导向，强化干部服务意识，完善企业服务保障机制，做好企业管家。园区52个项目完成投资90849万元，同比增长55.49%。其中，民间投资完成70887万元，同比增长56.34%；高新技术投资完成29370万元，同比增长58.94%；制造业投资完成48531万元，同比增长58.35%。29家规上工业企业总产值29.02亿元。

【招商引资】2022年，锚定光电和高端装备制造两大主导产业，推进强链补链延链工作，加大优质项目招引力度。准确把握深圳等地光电产业转移的机遇，加强与驻点招商组对接，加快布局光电产业，引进关联配套企业。全年接收上报工业项目30个，其中通过决策咨询项目24个(万洋小微园项目15个)，总投资106.66亿元，其中，亿元以上项目8个，10亿元以上项目4个。完成土地出让6宗240余亩。东巨康项目百天实现落地到生产，当年产值突破3亿元。8月成功列入引领性重大产业项目，赢得351亩土地指标奖励，占全市重大项目奖励指标近一半(全市779亩)。百豪、洲驰、中唯、元森等一批好项目陆续入驻园区。

【低效整治】2022年，按照“四个一批”(改造提升一批、回购收储一批、集聚入园一批、关停搬离一批)整治要求，组织网格员对园区企业进行全面摸排，对标亩均税收3万元标准，梳理形成高耗低效整治企业113家(含43家2021年整治扫尾企业)，明确责任单位，全面启动园区高耗低效企业整治工作。至年底，2021年扫尾企业中，签约22家，关停搬离或签订关停搬离承诺书14家；整治企业中，回购收储企业签约19家(含整治提升6家)，全部关停搬离或签订关停搬离承诺书47家。收回土地440余亩，土地腾退初见成效。

【营商环境】2022年，强化基础设施配套。启动凤凰山片区拓展道路建设，完成主干道规划道路一设计招标及方案设计，启动主干道规划道路二设计招标工作。完成凤山路、刘山一路及兴航一、二、三等9条道路改造新建任务，新开工凤山三路、通航一路、凤山路延伸段等道路建设，启动通航二路、兴航三路东段等道路设计招标工作。完善生态工业园区服务功能配套，完成小微企业孵化园设计招标，人才公寓项目开工建设。抓好安全生产，与企业签订安全管理目标责任书152份；出动900余人次，对企业有限空间、涉爆粉尘、危化品使用等方面进行6轮安全隐患排查，检查企业156家，发现隐患1307条，完成整改1056条，实现园区未发生较大以上事故。全面落实省、市、区有关环境保护工作要求，强化园区环境保护、"污水零直排"日常监管；参与生态环境问题"大排查、大整治、大曝光"行动，及时上报自查问题，检查企业304家(次)，发现隐患427个，下发整改通知书282份，完成整改365个。开展"三服务"工作，建立领导班子联企制度、网格化管理服务制度，常态化开展"上门服务企业"活动，打通服务企业"最后一公里"，多渠道、多方式实施惠企政策，及时解决企业的困难问题，不断提高服务的有效性和针对性，优化营商环境，为企业发展提升动力。

（严　晨　周浩伟）

江山经济开发区

【概　况】2022年，江山经济开发区深入践行"产业为王、兴工强市"大战略、大决策，拿出"衢州当龙头、全省争上游"的使命担当，以工业强市九大专项为引领，全力推动工业主平台高质量发展。园区规上工业总产值243.5亿元。完成固定资产投资38.5亿元，同比增长40.9%，其中工业投资29.7亿元，同比增长41.7%；政府投资8.7亿元，同比增长38.7%；实现规上税收收入13.64亿元，同比增长17.89%；新增国家高新技术企业26家、小升规企业31家；规上工业企业研发经费8.14亿元，同比增长13.19%，占规上工业营业收入比重3.13%。

2022年，被省商务厅评为全省开发区产业链"链长制"示范试点单位，获评省级直播电商基地、省级跨境电子商务产业园。两新产业园通过省化工园区首批复评。江山—柯桥山海协作产业园考核连续6年获得浙江省一等奖。承办全省山区26县开放平台产业对接会和衢州土地全域整治现场会。

【党建统领】2022年，在江山"领雁强基 亮剑比拼"两新党建品牌谋划擂台赛中，全市评出13个六星级党组织参赛，其中开发区企业占7家，均获前三名。指导同景集团打造"逐梦追光"共富工坊、健盛集团打造"织梦起航"共富工坊，并获评江山示范性共富工坊典型上报衢州，红色强基工程增添新引擎。

【土地整治】2022年，启动实施江山史上体量最大的两新产业园"园中村"搬迁、非化企业腾退、低小散化工企业整合整治等工作，首创"开发区+专班+领办"运作模式，15天时间完成山头、一都江等2个行政村444户房屋签约"清零"，21天实现108家宗地企业签约"清零"。村企搬迁腾退后，可拓展空间5051亩。同步推进江贺经济走廊转型升级，提前完成先行启动区块12家宗地企业收储，为后续攻坚战的全面启动提供坚实保障。

【产城融合】2022年，编制完成两新产业园总体规划及控制性详细规划、城南工业功能区块城市设计、城南核心区块城市设计以及莲华山工业园控规(修编)。开工建设产业邻里中心、邻里服务点、人才公寓、职工宿舍楼、化工园区污水处理厂、小微园等一批生产生活性功能配套项目。强化水电气网路等基础设施建设，S316—S315连接线、姜家公路山塘—敖坪段改建、长丰大道辅道等一批园区道路建成通车。

【招商引资】2022年，围绕时尚门业智能家居和智慧能源装备两大着力培育的特色主导产业，紧盯锂电新能源新材料重点领域，精准开展产业招商。招引项目11个，协议总投资208.5亿元，固定资产投资127.5亿元，新增用地1731亩。其中，碳一、南方水泥、万里扬、习谷科技等4个重大产业项目成功落地。

【项目建设】2022年，项目开工率90%以上，研一一期、永利百合链传动产业园、希尔化工、朗群瑜伽垫等7个项目竣工投产投用，研一二期、金石资源一期二期、碳一负极材料、天际未来工厂、产业邻里中心、邻里服务点、职工公寓楼等一大批项目快推快建。

【产业培育】2022年，全力推动

2022 年 12 月，浙江天际互感器有限公司建成省级智能工厂

企业股改上市，科润智控公司在北交所成功上市，成为衢州地区首家在北交所上市的企业；伦宝钢管挂牌新三板，天际互感器、百家万安等企业加快股改进程。重点推进 83 个智能制造试点和提质扩面项目，完成投资 6.4 亿元，完成验收 39 个。

【要素保障】 2022 年，完成农转用征收报批 2914 亩，争取指标约 2235 亩，为近 10 年之最。完成特色生态产业平台至 315 省道上余连接线工程等 3 个项目“一县一县道”争列工作，研一、碳一争列为省重大产业项目。发挥开投集团融资主渠道作用，全年新增融资 39.16 亿元，申报政府债券资金 13.9 亿元。

【服务企业】 2022 年，探索试行《开发区干部职工绩效管理考核办法》，整合优化企业网格化服务和工业项目推进保障机制，健全完善各类问题收集、交办、督办、反馈等闭环管理运行，依托网格员和店小二队伍，常态化抓好园区企业项目“大走访”，推动难题“大化解”，全年收集交办督办各类问题清单近 300 项，其中完成办理 270 项，办结率 90%以上。

（侯晨捷）

龙游经济开发区

【概　况】 2022 年，龙游经济开发区工商登记市场主体 3300 余个，企业 1500 余家、个体工商户 1700 余家。全年 204 家规上企业实现产值 268.70 亿元，同比增长 8.14%，全县占比 70.90%；进出口总额 53.95 亿元，同比增长 16.87%，全县占比 81.30%。实现入库税收 12.07 亿元，同比增长 38.89%。28 家限上贸易企业完成销售额 23.22 亿元，同比增长 7.97%，全县占比 9.70%；完成全社会固定资产投资 56.55 亿元，同比增长 43.60%，其中工业投资 40.37 亿元，同比增长 63.51%；基础设施投资及其他 14.39 亿元，同比增长 21.54%。入围国家级工业废水循环利用试点园区、首批浙江省现代服务业创新发展区、全省第二批减污降碳协同试点创

2022 年 11 月 10 日，机器人产业园

2022 年 11 月 9 日，泰和综合体建设

建单位、浙江省节水标杆园区，完成省级化工集中区风险降级考核、省级循环经济示范试点顺利验收，开发区劳动人事争议调解中心获全省工作突出基层劳动人事争议调解组织，龙游轨道交通装备研发制造示范基地入围浙江省交通强国建设优秀试点项目。

【招商引资】 累计招引落地亿元以上项目 22 个，协议总投资约 115.28 亿元，其中自引亿元以上项目 14 个，20 亿元以上项目 2 个（元嘉生物、仙鹤芳纶），10 亿元以上项目 1 个（新航特材），5 亿元以上项目 3 个（恒鑫电力、小派科技、谨汇机器人）。全年新开工新增用地招商项目 35 个，完成入库 33 个，实现招商到位资金 33.18 亿元，同比增长 39.59%。

【项目建设】 全年开工政府性（含国资）投资项目 52 个，完工 29 个，累计完成投资 6.15 亿元，同比增长 46%。补齐基础设施短板，完成游四路、同舟路、阜财路等 5 条道路延伸工程，推进北片区敬贤路、南片区开发大道、龙腾路等 12 条道路改造提升工程，累计完成道路新建（提升）9.6 千米；完成中水回用、城南污水零直排一期、二期、宏达路、开发大道、龙腾路等雨污管道改造 17.2 公里，港区天然气管道迁改开工。完善生产配套设施，完成纸浆物流交易中心一期、云墨碳谷厂房一期等近 4 万平方米厂房建设，港区现期货交易基地一期、机器人产业园四期、喜尔康产业园等 6 个项目加快建设中。加快生活配套建设，全季酒店正式投用，产业创新服务综合体建设完成，美食城、泰和综合体、阜新公寓、虎龙安置小区等推进，谋划青年广场、康养综合体等项目。2022 年获得龙游县项目谋划擂台赛铜奖，开泰东路改造提升项目获评 2022 年龙游县优质工程。

【国资改革】 全面深化国资改革，采取开发区主导下的市场化运作模式。2022 年新发集团（含子公司）资产总额达到 49.96 亿元，同比增长 262.3%；营业总收入 2.47 亿元，同比增长 47%；项目投入 4.77 亿元，同比增长 128%；累计获批银行授信 54.7 亿元（含腾笼换鸟专项 23.57 亿元），累计投放到位 28.94 亿元，其中 2022 年到位 23.57 亿元。

【腾笼换鸟】 贯彻落实省、市新一

2022 年 4 月 27 日，浙江禾川科技股份有限公司首次公开发行股票并在科创板举行上市仪式

轮制造业“腾笼换鸟、凤凰涅槃”攻坚行动，开发区企业累计完成评估签约 85 家，涉及土地 2911.38 亩，资产 28.44 亿元。完成过户 76 家，涉及土地 2622.95 亩，资产 25.55 亿元。

【除险保安】常态化、全覆盖开展安全生产、道路交通、市容市貌、生态环保、违章建筑等领域的监督管理，全年未发生较大及以上安全生产、消防治保、环境污染、道路交通等事件。

【禾川上市】4 月 28 日，浙江禾川科技股份有限公司在上海证券交易所科创板上市，成为山区 26 县首家科创板上市企业。

【浙西南大宗物资进口仓配交易中心项目开工】9 月 17 日，浙西南大宗物资进口仓配交易中心项目争取农发行政策性金融工具资本金 4.6 亿元。11 月 2 日，该项目于临港物流园区正式开工，总投资 45.6 亿元，规划用地 1402 亩。主要新建大宗物资仓储中心、交割中心、散货临时堆场、公路运输物流等功能设施，配套建设综合供能站、污水站、综合服务中心等产业配套提升设施，以及道路、综合管线、河道生态治理等基础设施。

（王　萍）

常山经济开发区

【概　况】2022 年，常山经济开发区（以下简称“县开发区”）在县委、县政府坚强领导下，坚决贯彻落实上级决策部署，扎实做好稳进提质、塑造变革、除险保安各项工作，众志成城抗疫情、精准高效抓发展，“两手硬、两战赢”取得实效，经济高质量发展实现“全年红”，全年实现税收收入 12.14 亿元，增长 12.5%，实现规上工业总产值 175.09 亿元，占全县总量的 86%，增长 4.8%；工业增加值 43.24 亿元，增长 11.6%。11 月 4 日，省发改委发文公布常山经济开发区列入第二批省级先进制造业和现代服务业融合发展试点区域名单；11 月 7 日，省生态环境厅与省经信厅、省治水办联合发文认定常山县生态工业园区入选 2022 年度省级标杆工业园区“污水零直排区”培育名单。

【项目建设】2022 年，县开发区有 144 个在建项目，全年完成固定资产投资 37.34 亿元，其中新入园项目 64 个，完成投资 15.8 亿元，续建项目 80 个，完成投资 21.54 亿元。大和二期、宇帆化纤等 7 个重点项目建成投产。

【招商成效】2022 年，县开发区全年决策入园项目 58 个，计划总投资 136.5 亿元，其中亿元以上项目 18 个，计划总投资 130.2 亿元，占通过决策项目总投资的 95.4%，亿元项目“落地率”“签约率”位列全市第一。斯凯孚二期、大和三期、小乔二期等一批 10 亿元以上强链、补链型产业项目相继落地。至年底，斯凯孚二期、大和三期厂房主体建设结顶、小乔二期落地开工。

【基础设施建设】2022 年，县开发区完成投入 2.2 亿元建设基础配套设施。其中，全面完成 7 千米的新都片区道路提升改造（一期）、龙江路改造提升等重点项目以及生态园区基础设施建设；全面启动 20 余千米的新都片区道路二期、三期和辉埠片区万友大道、金川片区云耕大道改造提升工程；完成先导三期、斯凯孚二期、常林二期等项目场地土石方平整，面积 50 万平方米，为企业项目落地提供坚强要素保障。

【园区转型】2022 年，县开发区生态园区实现产业提质、空间优化，永合新材料二期、利安隆科润二期等一批优质项目落地，实现三年洽谈项目首次“零的突破”。生态园区安全风险等级获评 C 类，高分通过国家部委验收，并通过合格化工园区复审。中央环保督察反馈的“化工园区地下水污染”问题，按要求完成整改，并通过省级验收销号。整改工作在省政务信息（专报）全文刊发，获副省长卢山批示肯定，创造中小园区综合治理常山样板。

【服务管理】2022 年，坚持以最大诚意、最优服务、最快速度为项目落地和企业发展提供坚强保障和支撑，以服务企业的“加速度”树立优化营商环境的“新标杆”。充分发挥“百名干部联百企”“常青藤专班”“开发区企业联系群”等服务载体，搭建政企交流“直通车”，24 小时全天候接收企业反馈问题，及时交办、限期办理。建立供电、水务、天然气等要素保障单位联勤联动协调响应机制，构建涉企问题“发现—交办—办理—反馈”完整闭环，为园区企业提供“多对一”菜单式服务，实现问题一站式汇总、多部门协调解决。全年，协调解决企业问题百余个。

（何欣欣　张　涛）

开化经济开发区

【概　况】2022年，开化经济开发区规上工业企业有69家，同比增加6家，实现总产值125.87亿元，同比增长24.7%；4家限上贸易企业实现商品销售额19.41亿元，同比增长329%；完成固定资产投资12亿元，同比增长117.8%，其中工业投资10.1亿元，同比增长148.3%，高新技术产业投资5.7亿元，同比增长150.8%。

【平台提质增效】2022年，经济开发区通过强化平台拓展、基建完善、低效整治等工作，进一步优化空间布局、功能要素，推动平台提质增效。推动平台提质“八大行动”16个重点基础项目开工建设，完成投资约3.24亿元；完成杨村三期场地平整1100亩；开展化工园区整治提升，2022年4月通过省级安全风险评估，消除高风险等级；先后完成汇宝衣车、古田山、金西园等9宗闲置、低效土地盘活，累计447.68亩；完成省级高新技术产业开发区创建、特色产业平台创建、开发区深化整合提升和产业链“链长制”创建申报工作。

【双招双引】2022年，经济开发区聚焦大项目、好项目，瞄准“3+1”主导产业链（新能源、新材料、大健康+数字经济），关注链主型、长链型企业，开展双招双引工作，实现全年红。全年签约项目14个，含20亿元以上项目1个、亿元以上项目5个，协议总投资33.8亿元，同比增长180%。其中，年产1500万件（套）动漫衍生品产业园项目总投资达到23亿元。

【项目建设】2022年，经济开发区扭住项目建设“牛鼻子”，通过开展政策宣讲、深入联企、代办跑腿等活动，持续推进项目落地、开工、竣工、生产。推动合成生产区、中试二期、普康化工、胡涂硅等搬迁项目的有序建设；力促源头酒业、宝宏钢结构等竣工投产；靠前服务卡游二期、矽盛切片、海纳抛光片等技改项目，全年完成土地技改投入4亿元。

【安全环保】2022年，经济开发区学习贯彻上级安全环保会议精神，树牢安全环保理念，强化主体责任落实，扎实推进问题整改，抓细抓实各项工作，守好安全环保底线，辖区内未发生较大及以上安全生产事故。

【联企服务】2022年，经济开发区深化“分片联网+组团联企”机制，做细做实“三服务”工作。全体机关干部累计实地走访企业900余次，利用微信、短信、电话等线上对接2000余次。通过包车组织有意愿就业的返乡人员，前往企业实地参观等实招真招，解决企业招工等困难问题66个，帮助100余家企业落实各项惠企政策，共收集初审129份政策兑现材料申请，涉及金额1.02亿元。

（陈元龙）

2022年伊始，位于开化经济开发区绿色产业孵化园的浙江卡游科技有限公司复工复产，图为公司生产的玩具

建筑业·房地产业

建筑业

【概　况】2022年，衢州市建筑业总产值496.9亿元，同比增长11.2%，增速位居全省第三。其中省内建筑业产值448.2亿元，同比增长14%，增速位居全省第二；实现增加值159.07亿元，同比增长4.9%，增加值占全市地区生产总值的7.9 %；建筑业税收收入占全市税收总收入的9.96%。全市建筑业产值超亿元企业101家，较2021年增加18家。全市759家施工总承包企业，其中施工总承包一级资质41家（较2021年新增6家），施工总承包二级资质118家，施工总承包三级资质600家。

【建筑市场监管】2022年，市住建局牵头印发《衢州市工程建设领域“挂证”专项整治行动方案》，组织开展“挂证”专项整治工作，排查整治房建市政工程296个、水利工程150个、交通工程14个及在建限额以下项目若干。采用交叉互查的方式开展各区块专项整治行动情况督查，抽查8个区块14个项目，下发整改督办单14份、执法建议书5份。建筑市场监管工作被省建设厅通报表扬。

【建筑施工领域安全生产】2022年，市住建局开展一系列安全生产整治工作，制发相关安全文件（通知）143份，获建筑工程安全生产考核优秀单位称号。开展建设施工领域“铁拳行动”，推进建设施工领域安全风险隐患排查整治，严厉打击违法违规行为，出动检查组1109个，9590人，检查在建工地5511次，发现整改隐患问题13260项，责令限期整改1942次，停工整顿110次。开展建筑施工“防高坠”专项整治月行动，印发《衢州市建筑施工领域集中开展“防高坠”专项整治月实施方案》，检查在建工地339个，下发整改通知书124份，提出整改意见840条，停工整顿7个，对7家企业进行信用扣分。开展建筑工地定期专项检查，对重点项目“红

2022年9月9月，衢州市第二届农村建筑工匠技能竞赛

黑榜”、节后复工复产、深基坑、起重机械、脚手架、支模架等内容进行专项检查，检查在建工地1215个，下发整改通知书460份、执法建议书6份，提出整改意见2110条，对74家施工企业进行信用扣分。开展护航二十大除险保安百日攻坚检查，出动检查人员1100余人，检查建筑工地410个，发现问题隐患820个，下发整改通知单135份，确保各项目工地整改到位。

【监理巡查服务试点】2022年是衢州市政府购买监理巡查服务试点工作的收官之年，根据《衢州市政府购买监理巡查服务试点工作方案》，全市持续推进监理巡查服务试点工作，安排资金543.8万元，完成9家监理单位招标工作，派驻监理人员31名，从建筑市场、质量安全和投诉处理等方面开展巡查服务，有效解决监管人员力量、检查专业性不足的问题，强化工程建设全过程监管，提升建筑工地现场管理水平。

【建筑工业化】2022年，衢州市装配式建筑面积完成487.5万平方米，完成率139.3%，建筑工业化任务完成率全省第二。探索实施“四步工作法”（事前承诺+事中核实+事后验收+全程信息化），构建装配式建筑监管新机制，获评建设部装配式建筑发展可复制推广经验典型案例示范。

【创优夺杯】2022年，设立县级优质工程评选，全市创县级及以上优质工程数量占全年竣工项目比例12%，超额完成8%的年度考核目标任务，基本实现县级优质工程全域全覆盖。有10个项目获省“钱江杯”（较2021年新增5个），9个工法被评为2022年省级工法，获奖数量创历史新高。

【建设职业教育】2022年6月，市住建局经省建设厅批准成立“浙江省建筑业现代化衢州产业学院”。开展105批次的建设行业从业人员培训，考核26549人。其中建筑施工现场管理人员、三类人员岗位培训考试3210人，年度安全培训120人，建筑施工特种作业人员培训考核610人，农村建筑工匠新考、继续教育1599人，建造师、建筑施工现场管理人员、三类人员、建筑工程技术人员、特种作业人员的继续教育19118人，检测人员培训考试629人，燃气行业从业人员培训677人，物业行业从业人员培训531人，建筑施工企业持有省外特种作业证55人。

（吴　娴）

2022年7月16日，江山市第一期农村建筑工匠培训会召开

房地产业

【概　况】2022年，衢州市完成房地产开发投资265.57亿元，同比增长4.4%；其中住宅投资207.67亿元，同比增长0.1%。全年商品房新上市205.1万平方米，下降28.3%。其中商品住宅新上市164.7万平方米，同比下降20.8%；非住宅新上市40.4万平方米，下降48.2%。全年商品房销售面积175.66万平方米，下降28.7%；其中住宅销售121.66万平方米，下降32.6%；非住宅销售54.0万平方米，增长13.6%。全年商品房销售额201.26亿元，下降42.7%；其中住宅销售额173.06亿元，下降40.3%；非住宅销售额28.2亿元，下降4.1%。

【房地产市场调控】2022年，始终坚持“房子是用来住的、不是用来炒”的定位，围绕省专班制定的

“26+12+10+9”条政策举措和省政府“一城一策”要求，结合衢州市实际情况，严格对照下辖各县（市、区）备案的房地产市场平稳健康发展长效机制工作方案，逐条逐项落实到位。6月18日起，市区发布多个房地产激励新政，出台《关于促进市区房地产业良性循环和健康发展的通知》《关于进一步促进市区房地产市场平稳健康发展的通知》《关于进一步促进市区房地产市场平稳健康发展若干措施的通知》，从放开市区限购限售政策、调整个人住房转让增值税免征年限、给予购房契税补助、发放房交会期间的购房消费补贴、开展团购活动补贴、推动人口集聚、支持大学生安居等多个方面激励房地产市场发展，满足购房者合理住房需求，营造房地产市场发展良好氛围。举办浙江衢州首届四省边际中心城市线上房交会活动，活动期间接待电话、现场咨询3000余人次，开展政策宣传10余场，市区成交新建商品房住宅2277套，二手房住宅3909套；市区受理及公示的第一批1001户补助及补贴2091.68万元全部发放到位。贯彻落实房地产长效机制，市区33个地块实行限房价政策，地价、房价、房租水平均保持在合理区间。落实商品住宅销售备案价格会商机制和房地产市场分析联席会议工作机制，市区办理23个项目30次预（现）售方案备案，通过加强房地产市场形势分析研判，实现稳地价、稳房价、稳预期目标，促进房地产市场良性循环和健康发展。

【规范房地产市场秩序】2022年，建立项目交付前联合提醒交底机制，完善落实联合监管服务机制，指导企业做好交付风险防范等工作，助推房地产项目顺利验收交付。出台《关于做好市区商品房预售相关信息公开的通知》，建立商品房预售前三个工作日公示制度。牵头制定《关于制定商品房预售资金监管细则的通知》及《衢州市商品房预售资金监管协议书》示范文本，招标确立资金银行库并引入第三方工程造价咨询机构审核机制，打造全流程线上智能化监管模式；该线上系统自9月上线运行实现新建商品房项目100%监管，监管资金22.35亿元。修订《衢州市区存量房买卖交易资金监管办法（试行）》，规范存量房交易市场秩序，维护交易双方合法权益，保障交易资金安全；在二手房交易资金监管中引入司法公证参与机制，办理监管业务280余件，监管金额2.35亿元。修订《衢州市房地产经纪行业信用评价实施细则》，加强对经纪机构及从业经纪人员信用评价管理，健全完善经纪行业信用评价体系，规范经纪行业市场行为，保障房地产经纪市场健康发展。

【物业管理】2022年，衢州市有物业服务企业196个，从业人数6935人；物业管理项目570个，管理面积4149.65万平方米；物业服务企业全年营业收入6.14亿元，营业利润0.26亿元；物业专项维修资金归集234912.44万元，其中，商品房233145.97万元，公房1766.65万元。全年1家本地企业获评信用AAA级物业服务企业、1家获评信用AA级物业服务企业。持续健全行业监管制度体系，出台《衢州市物业管理条例》配套规范性政策规定21项。组织开展“红色物业”项目创建工作，获评省级“红色物业”项目10个。根据省、市现代社区建

2022年11月12日，衢州物业管理从业人员技能培训开班仪式

设无物业管理小区清零行动要求，对零散楼幢、院落多的老旧小区重新划片合并管理，将全市范围内原915个小区整合为761个小区，灵活运用物业企业进驻、业主自管、社区托底管理等多种模式，基本达成全市范围内无物业小区清零目标。探索“六禾港盟”村社合作、荷花小区“国企社区”等老旧小区物业管理长效模式，让无物业清零成果落到实处，成果获评2022年省城市体检优秀案例。

【白蚁防治】2022年，全市完成新建房屋白蚁预防面积约490万平方米，安装白蚁监测控制装置2.6万个，监测控制技术应用率100%；老旧房屋灭治1456户，面积37.23万平方米；监测控制装置回访3.5万余个，回访面积约400万平方米；园林绿化白蚁危害检查和灭治面积约250万平方米；白蚁防治工作群众满意度100%。与浙江省白蚁防治中心合作开展《全域白蚁防治技术规程》地方标准研究，补齐房屋建筑、园林绿化、水库堤坝、文物古建等领域的白蚁防治质量控制和监督管理体系，已通过立项审查，预计于2023年6月底前完成报批工作。完成“一村三名”白蚁治理112处，完成率95%，完成“一村三名”全面推广阶段任务。“城市公共绿化白蚁综合治理的设计与研究”“白蚁全域治理的创新研究”“全域白蚁标准化研究”3项科技项目全部立项通过。全面加大全市白蚁防治工程质量抽查力度，市住建局在2022年度全省白蚁防治32个机构白蚁防治工程质量检查中获第二名，衢州市白蚁防治工程质量在11个地市中综合排名第三。

【房屋使用安全】2022年，全面开展自建房安全专项整治工作，排查全市国有土地上自建房2.8万栋，其中经营性自建房8175栋，发现疑似危房136栋，进行安全鉴定28栋，其中C级危房15栋，D级危房4栋，全部完成人员撤离、腾空管控等管理措施。完成年底全国房屋建筑和市政调查系统自建房安全板块的质量修正审核工作，指导并审核通过自建房系统信息修正658栋。协调全市城乡自建房联络沟通，参与拟稿三版《市自建房安全专项整治工作实施方案》。开展自建房安全专项整治常态化督查检查工作，查出各类问题几十余次。推进全市第三次城镇房屋调查登记工作，调查登记并录入系统5.67万栋，完成率85.92%。

【国有土地上房屋征收】2022年，出台《衢州市区国有土地上房屋征收房票安置实施办法（试行）》，进一步完善市区国有土地上房屋征收与补偿政策，拓宽安置渠道。市区完成国有土地上房屋征收项目2个，分别为衢州市区城北片区城市有机更新——宫宝宿舍地块国有土地上房屋征收项目及衢江区东迹大道沿线及周边国有土地上房屋征收项目，涉及房屋征收面积19.12万平方米，被征收576户。

（吴 娴）

商贸流通

【概　况】2022年，衢州市商务局按照经济稳进提质攻坚行动工作要求，科学统筹疫情防控和经济发展，合力攻坚促消费，全力推动商务经济企稳回升。年内，衢州市社会消费品零售总额878.06亿元，增长4.6%，增幅位列全省第三；衢州市电商网络零售额606.1亿元，同比增长20.3%，增幅位列全省第二。

【社零指标提升】2022年，扎实开展规上工业企业设立贸易公司工作，全市规上工业企业共新设贸易公司38家，升规入统30家，实现销售额88.62亿元。市县联动开展"三衢暖心"促消费系列惠民行动，促进消费市场复苏回暖。全市发放消费券1.94亿元，拉动消费23.81亿元，消费拉动比1：14.5；开展金秋购物节等系列精品活动，指导企业举办促消费活动189场次，发放优惠券约2.5亿元，拉动消费约85亿元；举办美好生活浙播季直播专项活动120场，集中开展直播带货活动百余场，实现销售额2.39亿元。紧盯权重商品，发放6670万元汽车促消费补贴，举办首届四省边际汽车嘉年华活动，实现汽车销售额19.71亿元，拉动比1：29.55；举办8·18四省边际汽车嘉年华活动，其间市内共销售826台汽车，销售金额约1.2亿元。市外来衢州购车419辆，销售额8800余万元。举办家电惠民消费月、"好吃衢州"餐饮消费月、"鲜辣衢州"菜品展示活动，实现总销售额1.15亿元。推进"夜间经济"发展和文旅消费集聚，围绕水亭门省级高品质步行街，打造信安湖夜游项目、草坪音乐会等夜游精品路线，解锁消费新场景。

【商贸业转型升级】2022年，实施流通惠民工程，指导4个县(市)列入全省县域商业体系建设试点县(全省共15个)，2个商圈纳入省级智慧商圈试点，8家企业入围中央农商互联农产品供应链试点，数字生活新服务样板县实现全市域覆盖。以打造省际商贸中心城市为导向，推进传统商贸零售企业数字化改造提升，打造线上线下融合发展的产业集群，其中五金机械产业集聚企业200余家，实现跨境电商零售出口10亿元，带动出口16.8亿元。实达实"工业购"获省级现代服务业与先进制造业深度融合试点；东方集团与同程网创立富享联盟平台上线以来，私域用户超10万，交易额超亿元。《"数商兴农服务"应用促进农村数字商贸高质量发展》获省委副书记、政法委书记黄建发批示肯定。

【电商产业发展】2022年，构建"人才孵化—供应链支撑—产业转化"村播模式，带动全市农产品销售22.7亿元，其中柯城村播获全国消费扶贫优秀典型案例、省共同富裕试点，国务院副总理胡春华专题调研并予以肯定。建成82家电商直播式"共富工坊"，《浙江新闻联播》栏目予以报道。5个工坊列入市委组织部首批示范和建设典型案例，7个工坊入选浙江省首批典型案例，5个工坊短视频分别获2022首届电商直播式“共富工坊”短视频大赛金奖、铜奖和优胜奖。“柯城村播”《共同富裕高质量发展的浙江样本》荣获中宣部2022年重点出版物选题，获商务部副部长盛秋平批示肯定。打造四省边际“它经济”直播产业主题街区，举办大学生直播创业大赛等系列赛事。创新“车间直播＋工匠主播”模式，直播1000余场次，江山试水厂播收获“云”上订单金额3000余万元，《浙江日报》专题予以报道。获评省级直播电商基地2家、省级电商产业示范基地3家。

（祝飘枫）

外向型经济

【概 况】2022年，衢州市外贸进出口总值612.51亿元，同比增长24.3%，进出口增幅位列全省第二。全市新设外资企业21家，实际使用外资1.05亿美元，首破1亿美元，增长36.4%。全市对外投资共审批新设项目7个，投资总额259.4万美元，中方投资总额259.4万美元。

衢州市商务局获评2021年度全省稳外贸稳外资和开发区建设成绩突出集体。衢州跨境电商综试区跻身全国综试区50强。承办“之江创客”2022全球电子商务创业创新大赛供应链赛区决赛、2022中国·衢州中日投资合作对接活动、全球首届数贸会配套活动2022衢通四海—RCEP背景下泛亚铁路冷链运营合作论坛等十余场高规格活动。

【对外贸易】2022年，探索开发外贸提档升级数字化应用平台，建立重点外贸企业30强动态监测机制。首次出台进口政策，创新推动信安国贸集团为龙头企业开展“代理进口”业务，进一步做大进口盘。采取商务包机、代参展等多种形式组织全市外贸企业参加进博会、广交会等各类重点展会125场，利用省厅“闭环泡泡”免隔离接待政策，全力创造会谈条件、提振企业信心。组织企业“出海”拓市场抢订单，首批团涵盖20余家企业，收获2.2亿元订单。建设提升跨境电商产业园13个，打造省级跨境电商产业园3家，推动户外休闲等四大产业集群列入省级试点。联合多部门开展“送政策 送服务”大商贸政策巡回宣讲，印制外贸政策“白皮书”点对点送达企业。牵头联系海运集团，组织企业“抱团议价”实现降本增效。与中国出口信用保险公司浙江分公司签订小微企业出口信用政府联保补充协议，加大对小微出口企业保障力度。

【利用外资和对外投资】2022年，承办浙江省山区26县开放平台产业对接会，总投资30.7亿元年产20万吨高精密新能源汽车结构件等项目签约落地。举办2022中国·衢州中日投资合作对接活动，组织三菱、雅马哈、东芝等日企赴智造新城、常山、江山经济开发区考察洽谈。加强对企业申报境外经贸合作区的支持与服务，推动通天星集团及其位于柬埔寨的工业园纳入省级培育名单。优化服务贸易结构，大力发展动漫游戏、数字出版等数字商品贸易，探索以高端服务为先导的“数字＋服务”新业态，并成功引进魔域网络公司。

2022年11月3日，举办“之江创客”2022全球电子商务创业创新大赛供应链赛区决赛暨颁奖典礼

2022 年 12 月 7 日，由浙江省商务厅、衢州市人民政府主办的 2022 衢通四海—RCEP 背景下泛亚铁路冷链运营合作论坛在衢州举行

【外向型平台建设】2022 年，整合提升经济开发区核心竞争力。深化开发区整合提升，通过反复沟通汇报，最终争取到省政府办公厅复函同意整合设立衢州智造新城。申建海关特殊监管区。统筹布局综保区、保税仓等海关特殊监管区建设，完成综保区选址方案比选、拟入区项目筛选、可行性研究报告的编制。衢州综合保税区申建工作纳入海关总署和浙江省署省合作备忘录、杭州海关和衢州市关地战略合作协议，并得到省政府大力支持、作为全省第一序位向上推荐海关总署。建设自贸联动创新区。打造四省边际商贸物流、产业发展、开放协同新高地，复制推广 121 项自贸试验区改革创新成果，“电子营业执照‘一照集成’推动涉企服务电子化”获评 2022 年中国（浙江）自由贸易试验区最佳集成性制度创新成果和联动创新区优秀案例。启动实施“双循环”枢纽平台。致力平台搭建，谋划建设以衢州为核心、四省九方为重点、辐射全国的水果生鲜特色冷链物流枢纽和集配中心，填补衢州缺国际商贸合作枢纽平台的空白。依托中老铁路打通衢州与东盟的国际贸易物流新通道，引入易豹集团开展区域性国际铁路冷链业务运营，投资 1800 万元完成铁路临时货场一期项目改造。成功举办全球首届数贸会配套活动 2022 四海通衢—RCEP 背景下泛亚铁路冷链运营合作论坛，四省边际开放开发桥头堡发布暨泛亚铁路冷链运营平台正式启动。

（祝飘枫）

粮食和物资储备

【概　况】2022 年，衢州市粮食和物资储备工作将保障区域粮食安全作为重大政治任务，压实责任、狠抓落实、不断深化、持之以恒，为构建更高层次、更高质量、更有效率、更可持续的粮食安全和应急物资储备安全保障体系持续发力。

【粮食收购和储备】2022 年，发放预购定金 1586 万元、订单质押贷款 5586.2 万元，多渠道破解粮农融资难问题，支持粮农扩大粮食生产。不断优化粮食收购服务体系，深入应用“浙江粮仓”数字化平台，让农民卖“明白粮”“舒心粮”。全市收购早稻较上年增长 16%。严格落实新增储备任务，明确储备轮空期及各月末库存数量等规定。

【打造“浙江粮仓”衢州样板】2022 年，抢抓“浙江粮仓”数字化改革机遇，成功争取省粮食物资局在衢州全域部署“浙江粮仓”数字化平台市县贯通试点工作。为加快试点工作，市发改委先后两次组织召开全市“浙江粮仓”工作推进会，倒排工作计划，协调存在问题，部署推进试点任务，于 9 月 15 日前全面完成试点建设任务，为“浙江粮仓”在全省的推广提供衢州样板经验，成功打造具有衢州辨识度的标志性成果。

【重金属污染粮食源头治理】2022 年，与中国水稻所对接，争取 300 千克重金属低吸附稻种中安早 7 号在衢州地区开展试点种植。印发《衢州市受污染耕地安全利用实施方案》，鼓励各县（市、区）开展受污染耕地集中连片安全利用，减少粮食重金属污染。常山县以“揭榜招贤”模式，发布招标公告，邀请第三方科研机构分

2022年12月3日，浙江省2022年世界粮食日和粮食安全宣传周主会场活动在水亭门举行

两年开展2000亩左右的受污染耕地集中连片安全利用试验。从收获粮食质量检验看，两项探索试验均取得一定成效，并被列入浙江省保障粮食安全先进典型案例。

【举办全省世界粮食日主会场活动】12月3日，浙江省2022年世界粮食日和粮食安全宣传周主会场活动在市水亭门历史文化街区举办，活动获得时任副省长刘忻的高度评价。同时，活动也在全省粮食物资系统和市内获得一致好评，实现了提升全社会粮食安全意识、形成“人人关心粮食、人人爱惜粮食”良好氛围的活动举办目标。在活动中，衢州市多项粮食工作成果作为全省先进典型发布，充分展现衢州粮食工作亮点特色。

【粮食产业发展】年内，印发《关于做好2022年度粮食流通企业“主力军”推进储粮新格局扶持工作的通知》，支持粮食批发、加工、贸易企业等粮食流通主力军、主渠道、主平台企业做大做强，充分调动发挥粮食加工企业“藏粮于企”的积极性，提高粮食市场调控能力，推动形成储粮新格局。加强“放心粮油”体系建设，给予全市19家“放心粮油”企业、84家供应店共35.8万元的扶持资金；鼓励粮油加工企业开展品牌创建，浙江巨香食品有限公司的“荞麦风味挂面”获评2021年度“中国好粮油”，衢州刘家香食品有限公司的“刘家香山茶油”获评“浙江好粮油”。

【专项整治整改】年内，针对专项整治、专项巡察、专项审计以及上级各类督查中发现的问题，建立工作清单、问题清单、责任清单，确定整改期限，逐项开展问题整改工作。建立完善各项规章制度，印发《关于加强政策性粮食收储和销售出库工作的通知》等制度文件14个；国有粮食收储企业完善各类制度64项，细化粮食物资部门监管责任和收储企业主体责任，有效构建地方储备粮管理规范化制度体系和常态化长效机制。开展警示教育工作，形成粮食购销领域正风肃纪反腐的高压态势，2022年全市粮食系统共开展警示教育39次、通报学习案例65个、参加学习1000余人次，实现警示教育与自查自纠、整改落实、建章立制等工作同步推进。

【应急物资保障】年内，落实抢险救灾、公共卫生应急物资年度储备计划任务，着力做好应急情况下物资调拨工作。在中秋和国庆期间安排冻猪肉储备（折合成活猪2520头）投放市场，有力保障全市猪肉的市场供应和价格稳定。

（毛阳炎）

供销合作服务

【概　况】2022年，落实市委、市政府和省供销社决策部署，坚持为农服务根本宗旨，锚定“保五争三拼第一”的目标，完善体制机制，拓展服务领域，谋划创新促进农民增收的“衢州模式”，谱写共富新篇章。各项主要经济指标保持平稳增长态势，全市供销系统实现总经营收入108.4亿元，同比增长12%；实现销售总额106.8亿元，同比增长16.7%。衢州市供销社获2022年度全省系统综合业绩考评优秀、2022年度

2022年衢州市供销社为农服务情况统计表

表18

指 标		单 位	数 量
农资供应		万元	64807
其中	化 肥	吨	177100
	农 药	吨	5351
为农推销农产品		万元	946173
专业合作社(累计)		家	175
入社社员(累计)		户	16047
带动农户		户	90011
种植(养殖)面积		公顷	26845

市级部门综合考核优秀等次“双优秀”,是建社以来首次获评“双优秀”;被评为全国总社监事会社情民意信息先进联系点;连续2年获全国总社信息报送工作先进单位称号,连续4年获全省供销社信息宣传工作先进单位称号。

【“三衢味”品牌培育深入推进】2022年,“三衢味”授权企业产品年销售额近90亿元,“三衢味”品牌公司销售额9507万元;授权企业192家,授权产品500个,建成示范营销网点70家,组织“三衢味”参加各类展销活动87场。委托中国检验认证集团浙江有限公司开展“三衢味”农产品检验检测及编制“三衢味”综合报告(白皮书)工作。强化标准引领,完成5个品类团体标准制定及发布。线上入驻天猫旗舰店、政采云扶贫馆等;线下推进“三衢味·共富供销汇”项目,进军社区新零售。举办“三衢味”年货节等各类促销售活动,销售额1600万元。“三衢味”成为杭州亚运会、亚残运会官方供应商中唯一入选的区域公用品牌;“三衢味 共富味”案例入选2022年中国企业家博鳌论坛消费高质量发展典型案例、衢州市高质量发展建设共同富裕示范区最佳实践(第一批)。

【“三位一体”改革持续深化】2022年,“三位一体”(生产合作、供销合作、信用合作)改革进入新阶段。开展“三位一体”共富示范带建设,以党建为牵引,以乡村产业为纽带,引导村集体、基层供销社、金融机构、农业龙头企业等抱团发展,构建以农合联党建联盟为基础的联农带农共富体系。全市启动6条“三位一体”共富示范带建设。推广龙头富民“四定”(产前定心、田头定标、产品定质、市场定量)共富法。打造形成6大产业“四定”共富共同体,“四定”共富法工作被列入2022年市人大3号重点议案。与多家金融机构达成“供富贷”金融服务战略合作,“十四五”期间为农合联会员等主体提供超过350亿元的意向性投融资支持。“三衢共富贷”为“三衢味”授权企业提供2.8亿元低息贷款。“衢州椪柑”地理标志证明商标质押贷款授信贷款1.03亿元。

【衢州市农民合作经济组织联合会第二届会员大会召开】11月2日,衢州市召开市农民合作经济组织联合会第二届会员大会暨换届选举大会。会议听取衢州市农合联第一届理事会工作报告;审议通过《市农合联第一届监事会工作报告》《衢州市农合联章程(修订案)》《市农合联财务管理制度(草案)》等;选举产生衢州市农合联第二届理事会理事、监事会监事,副市长田俊当选市农合联第二届理事会理事长。浙江省供销社党委委员、理事会副主任张建出席会议并致辞。

【衢州市供销合作社第二届理事会第五次全体会议、第二届监事会第五次全体会议召开】5月20日，衢州市供销合作社第二届理事会第五次全体会议、第二届监事会第五次全体会议召开。会议调整部分理事、监事；听取市供销社主任周群丽作的市供销社理事会工作报告；审议市供销社监事会工作报告。市供销社第二届理事会理事、第二届监事会监事参加会议，市供销社处室负责人列席会议。

【“鲜辣衢州 共富@未来”三衢味杭州亚运会、亚残运会官方供应商发布会举办】7月29日，“鲜辣衢州 共富@未来”三衢味杭州亚运会、亚残运会官方供应商发布会系列活动在杭州奥体中心小莲花体育馆举办。活动将“三衢味”品牌“绿色、健康、放心、好吃”的产品理念与杭州亚运会“绿色、智能、节俭、文明”的办赛理念结合，围绕“南孔圣地·衢州有礼”城市品牌标签以及“鲜辣衢州 共富@未来”主题，宣传推广“以鲜为源，以辣而名，以融为礼”的衢州味道，9家新媒体平台全程直播，20余家主流媒体参与报道，抖音达人全程深度宣传，黄雅琼等运动明星加油打call，总关注人数超3600万人。此外，活动还在衢州水亭门分会场同步直播，合力打响“长三角唯一一座吃辣的城市”的丰富内涵和文化魅力，让亚运回归公众视野，让“鲜辣衢州”深入人心，社会反响热烈。

【浙农集团股份有限公司多功能综合性为农服务项目落地衢州】7月11日，浙农集团股份有限公司与开化县人民政府项目投资合作签约仪式在开化县举行，浙农集团股份有限公司在开化县投资建设以绿色肥料研发生产中心和省级化肥储备中心为主的多功能综合性为农服务项目。该项目为浙农集团成立以来最大的新型肥料生产基地项目，投资10亿元，年产销各类化肥40万吨左右。省供销社副主任郭峻，兴合集团副总裁夏晓峰，衢州市供销社党委书记、理事会主任周群丽，开化县县长毛献明，浙农股份董事长包中海等出席仪式并见证签约。开化县与浙农股份签署协议。

【“衢州椪柑”地理标志证明商标质押融资授信签约仪式举行】9月14日，衢州市供销社（农民合作经济组织联合会）、工商银行衢州分行共同举行“衢州椪柑”地理标志证明商标质押融资授信签约仪式。工商银行衢州分行宣布“衢州椪柑”地理标志证明商标市场品牌价值为20亿元，统一为柑桔产业协会集体质押授信10亿元，向第一批15家企业直接授信8000万元，并与柑橘产业协会签订“衢州椪柑”商标质押融资战略合作协议。市场监管局知识产权分局负责人介绍省市地理商标质押授信贷款的相关政策。市级柑橘产业农合联代表进行经验介绍。

【全省供销社支持山区26县高质量发展工作推进会暨“供富大篷车”发车仪式在衢州举行】11月29日，浙江省供销社支持山区26县高质量发展工作推进会暨“供富大篷车”发车仪式在衢州举行。省供销社发布“供富大篷车”标识标志系统及《供富大篷车服务管理团体标准》；与会领导为山区26县代表赠送“供富大篷车”钥匙；山区26县代表发言。会上，

2022年9月14日，衢州市供销社（农民合作经济组织联合会）、工商银行衢州分行共同举行“衢州椪柑”地理标志证明商标质押融资授信签约仪式

2022年,各县(市、区)“供富大篷车”助力群众增收

浙江省兴合集团有限责任公司、嘉兴市、衢州市、丽水市、文成县、绍兴市上虞区供销社6个单位交流发言，并举办项目集中签约仪式,杭州市与衢州市供销社、宁波市与丽水市供销社合作签约;金华农批市场与“三衢味”品牌发展有限公司合作签约；浙农股份公司与淳安县、江山市、常山县、开化县、龙泉市供销社签订现代化农事服务中心共建合作协议。浙茶集团与淳安县、武义县、缙云县、开化县供销社签订茶叶采购合作协议。

【“衢州市数字供销两中心体验馆”开馆】 10月8日,“鲜辣衢州·共同奔富供销汇——衢州市数字供销两中心（市文化艺术中心和便民服务中心)体验馆”在市政务服务综合体正式开馆，设共同奔富供销汇·三衢味馆（援疆馆)、进口商品馆、衢州小吃馆、24小时馆，成为联结未来乡村和未来社区的供销平台，构建山区农户可持续增收、城镇居民可持续受益的CSA（社区支持农业)模式。

【助农增收途径有效拓宽】 2022年，聚力打造 “供富大篷车”2.0版。以日用消费品下乡、农资农技进村、农产品进城为主要服务内容，统一服务标识，规范运行机制,保障服务质量,助力偏远山区群众共同富裕。全市开通大篷车34辆，覆盖全市44个乡镇、499个行政村，服务群众26.5万人次,为山区群众提供代购、代销、代办服务14.1万件次,收购山区群众农产品2547万元,消费品下行53.24万元。江山市供销社在全省支持山区26县高质量发展工作现场会暨“供富大篷车”集中赠车仪式上作典型发言。成立全省首家未来社区基层供销社白云社区供销社,线上打造“邻礼通+邻礼团”,线下依托“邻礼柜+邻礼节(周六共富市集)”,打通农产品生产销售两端，把基层组织的触角延伸到未来社区。

【推动社会化服务平台建设】 2022年,建成有服务平台的产业农合联6家;认定三星级产业农合联24家、四星级产业农合联12家。建成农事服务中心6家，浙农江山现代化农事服务中心被评为首批省级现代化农事服务中心。

（雷益芳）

烟草业

【概　况】 2022年,实现烟草批发销量97439箱，同比增长1.51%;实现批发销售额50.29亿元,同比增长3.77%；实现单箱销售额5.16万元,同比增长2.23%;实现税利13.9亿元，同比增长3.59%;上缴财政总额9.69亿元,其中,上缴中央7.17亿元、上缴地方2.52亿元。

【市场监管】 2022年,立足“管好市场”核心职责,联合多方力量打击涉烟违法犯罪，查获涉烟违法案件543起，查获卷烟8908.6件,案值5777.86万元,有力净化市场环境。融入衢州政务服务2.0工程,开发行政许可前置服务“智能咨询”工具并在“浙里办”上线应用，有效解决群众申办许可证“反复跑”“反复询” 等痛点问题，群众平均咨询时长降低50%，

2022 年 4 月 21 日，查获假烟现场

“满意指数”不断提升。严厉打击向未成年人销售电子烟和涉电子烟违法犯罪行为，清理校园周边电子烟销售网点 7 个，查处向未成年人销售电子烟案件 2 起，侦破涉电子烟毒品案件 1 起。

【数字化转型】2022 年，以浙江烟草“六大智慧工程”（智慧营销、智慧专卖、智慧终端、智慧物流、智慧治理、智慧队伍）建设为契机，集中力量建设“1+N”全域数字运营体系，开发完成数字运营主题站点、企业级数字驾驶舱各 1 个，部门级、所部级、岗位级数字驾驶舱各 2 个，研发各类数据产品 50 多个，数据团队占全体员工近 1/6，掌握低代码开发能力人员占数据团队的 34%左右，初步形成“全流程业务上云、重点场景数据支撑”的管理格局。优化衢烟数据分中心整体架构和建设方向，持续丰富全市数据资源池，2022 年分中心共汇聚数据表 760 张，累计数据量达 11.8 太字节。

【履行社会责任】2022 年，深入实施“四大共富行动”。实施香溢助农助企行动。推广衢州本土优质农副产品，实现销售额 1005.7 万元，同比增长近 150%；减免全地区 15 户承租户租金 28 万元。实施香溢乡村帮扶行动，选定开化县潭头村作为省级结对帮扶村，投入建设资金 200 万元。实施香溢公益行动，在全市建成 80 家“香溢红色驿站”，与市总工会联合挂牌成立 22 家“劳动者港湾”，依托驿站开展特色活动 20 余场，惠及社会公众千余人。组建 8 支“香溢”志愿服务分队，开展志愿活动 240 余场，参与志愿服务 3000 多人次。实施终端赋能行动。面向零售终端投入双屏机、扫码枪等智能化设备 2000 余台，服务小微个体发展。

（章 贽 李承倩）

盐 业

【概 况】2022 年，衢州盐业对照专营公司设立的各项经营管理目标，主动应对市场经济发展变化，持续优化产品结构，巩固和拓展渠道下沉，全面完成各项目标任务。销售各类盐产品 13481 吨（剔除工业盐销量 59894 吨），其中，小包装食盐销售 5800 吨，同比减少 1.96%；大包装销量 7681 吨，同比增加 81 吨，增幅 1.07%。

【市场管控】2022 年，疫情期间，为切实抓好政府食盐储备落实工作，公司进行规范化储备管理，定期向主管部门报送相关数据。主动联系政府部门办理疫情防控车辆专用通行证，与生产企业沟通调货事宜，保障特殊时期盐产品配送运输不脱节，筑牢市场保供的底线。联系市、县（市、区）疾控中心等，开展进社区、进学校等宣传活动，普及科学用盐预防碘缺乏的基本常识。

（鲁 艳）

旅游业

【概 况】2022 年，衢州市文旅局坚决贯彻落实市委八届二次全会和市八届政府一次全会精神，围绕加快建设四省边际中心城市，争当“两个先行”示范窗口的目标，打造四省边际全域旅游桥头堡，推动文化事业和文旅产业稳

2022 年 11 月 19 日，常山 UU 音乐节

2022 年 10 月，南孔圣地文化旅游区通过 AAAA 级景区扩容验收，图为景区水亭门景点夜景

进提质。2022 年，全市接待游客 1321.3 万人次，同比下降 14.1%，旅游总收入 158.9 亿元，同比下降 12.1%。

【南孔圣地文化旅游区通过 AAAA 级景区扩容验收】 2022 年，围绕全力争取南孔圣地文化旅游区AAAAA 级景区创建通过文化和旅游部景观质评的阶段性目标，对景区存在的问题进行整改，于 10 月底通过 AAAA 级景区扩容验收，符合 AAAAA 级景区创建要求。

【文旅项目建设】 2022 年，衢州市 381 个文旅项目，实际完成投资 582.02 亿元，完成率 120%，同比增长 93.01%，位列全省第一方阵。10 月，总投资约 100 亿元、总建筑面积约 95 万平方米的衢州龙之梦旅游度假区项目开工建设。全年梳理入库微改造项目 1501 个，实际完成投资 57.21 亿元，同比增长 40.36%，完成率 102.73%。10 月，省旅游专班下发文件，衢州 2021 年旅游业“微改造、精提升”综合指数全省第二，完成率全省第一，将获约 400 亩规划建设用地指标奖励。

【乡村旅游】 2022 年，省高等级民宿从 2021 年的 60 家增至 75 家，十一黄金周期间，全市民宿客房平均出租率 95%。全市乡村旅游接待游客 437.2 万人次，同比下降 15.4%；旅游经营总收入约为 15 亿元，同比增长 15%；人均旅游消费 345 元，同比增长 37.7%。新增省 AAAA 级景区镇 14 家，省 AAA 级景区镇 8 家，省 AAA 级景区村 31 家，国家级乡村旅游重点村 1 家，省级乡村旅游重点村 9 家。柯城区沟溪乡余东村等 3 家单位列入省金 AAA 级景区村庄培育名单。全市 A 级景区村 1253 个，位居全省前列。

【文旅消费成效显现】 以衢州市入选国家文化和旅游消费试点城市为契机，壮大文旅消费新业态新模式。水亭门历史文化街区入选“2021 浙江文化和旅游总评榜”最具人气夜间文旅消费目的地。开化根宫佛国文化旅游区被评为省级夜间文化和旅游消费集聚区。

【采购大会持续举办】 继 2021 年首次文旅采购大会取得成功后，2022 年 7 月再次举办衢州文旅产品采购大会，通过发布助企纾困政策、签订客源互送协议、民宿协会与民宿集聚村结对帮扶、推出百条乡村旅游精品路线、促进文旅业态融合签约等方式实现业内结盟、行业同盟、跨业联盟，签订 68 万客源输送协议。

【区域协作持续深入】 “95 联盟大道”建设有序推进，黄山完成沿线标识建设、上饶完成三清山示范段建设。运用数字化思维和技术，打造集展示、宣传、服务、销售等功能为一体的“一码游”智慧旅游平台，全年上线景区 99 家、入驻商户 188 家、上架商品 449 件，累计留存用户 2.5 万户，交易订单近 6000 笔。推出“联盟花园”免费游政策，包括 9 个 AAAAA 级景区在内的 80 余个景区面向浙江衢州、安徽黄山、福建南平、江西上饶四市市民免费开放。

（程梓朔）

“一码游”智慧旅游平台界面

招商引资

【概　况】 2022 年，衢州市招商投资促进中心（以下简称“市招商中心”）紧扣“工业强市、产业兴市”战略，坚持优机制、强队伍、抓统筹，打好招大引强攻坚战。全市招商引资项目到位资金 393.3 亿元，新签约亿元以上项目 206 个，分别同比增长 29.9%和 5.1%。9 月 22 日，市招商中心承担的山海协作和区域合作职责划转至市发改委。

【优化招商工作机制】 2022 年，出台《关于进一步优化招商引资工作机制的补充意见》，从工作体系、招引机制、队伍建设、绩效考核四个方面进行优化完善，增强招商引资工作的针对性和实效性。实施制造业招商项目市县统筹联动机制，87 个统筹流转制造业项目（总投资 1383 亿元）中 3 个投产、7 个开工、5 个正式签约，市县合力引进东巨康、百豪、洲驰等 7 个 20 亿元以上光电产业项目，光电一体化产业快速形成、初见雏形。建立市级部门服务重大制造业招商项目机制，按照“一条信息、一个部门、一名领导、一个服务跟进小组”的要求开展精准服务，3 批 61 个部门服务项目中 6 个正式签约（总投资 54.7 亿元）、2 个通过决策（总投资 20.3 亿元），实现招商项目从信息获取到转化落地的全贯通。

【驻外招商工作】 2022 年，驻外产业招商组获取有效信息 649 条、占全部有效信息的 90.5%，申报“双领计划”人才项目 137 个、通过评审 53 个、转化落地 10 个，分别占全市申报总数、通过总数和落地总数的 88%、85%和 71%。签约亿元以上产业项目 28 个，占全市签约总数的 15.9%，引进税源型项目 12 个。10 月，新增驻武汉（成都、西安）片区产业招商组，驻外招商人员增至 109 名。各驻外招商组设组长 1 名（由市管领导干部担任）、副组长若干名；实行组长负责制，负责片区招商引资、招才引智项目信息收集和招商干部日常管理。

【招大引强】 2022 年，引进 10 亿元以上项目 48 个、20 亿元以上项目 28 个、50 亿元以上项目 7 个、100 亿元以上项目 4 个。引进世界 500 强、新能源汽车前 10 强——吉利控股集团投资 202 亿元的“三电”（动力电芯、动力电池包及储能、电驱）系列项目；A 股上市公司——天马股份总部迁址常山，主板上市公司达到县（市、区）全覆盖；国家级技术服务平台——造纸工业生产力促进中心迁移衢州。

【海创园运营管理】 2022 年，制定出台《海创园入园管理办法（试行）》，明确“产业导流、税源招引、企业服务”作为园区招商引资主攻方向，建立项目研判、入园决策、企业服务等制度，强化产业项目导入。建立海创园包楼服务企业、入园项目协议会签和政策兑

2022 年 8 月 19 日，衢州相关单位代表与投资主体进行项目签约

现审核等系列机制。年内，完成入园项目决策 86 个、正式入园 58 个。

【衢州创投大厦暨浙商驿站揭牌仪式】 8 月 19 日，衢州创投大厦暨浙商驿站揭牌仪式在杭州未来科技城衢州海创园二期举行，市领导和省市有关部门、协会、企业负责人出席。揭牌仪式上，对衢州市现代服务业招商引资政策作介绍，杭州市创投协会、浙江赛智伯乐股权投资管理有限公司负责人发言。衢州相关单位代表与投资主体进行项目签约，浙江启迪科创集团等 14 家企业完成入园签约。仪式结束后，与会领导和嘉宾参观衢州海创园园区。

【举办杭州市创业投资协会年会暨衢州创投大厦品牌推介会】 11 月 18 日，杭州市创业投资协会年会暨衢州创投大厦品牌推介会在衢州海创园二期创投大厦举行，介绍衢州创投招商政策。

【举办 2022 浙江省股权投资行业协会年会暨衢州股权与创业投资高峰论坛】 11 月 24 日，2022 浙江省股权投资行业协会年会暨衢州股权与创业投资高峰论坛在衢州海创园举办，介绍衢州市创业投资政策。市招商中心党组书记、主任兰国云与浙江省股权投资行业协会、浙江金顾事务所、天堂硅谷资产管理集团有限公司签订合作协议，“2021 股权投资年度榜单”在此次年会上发布。

（方胜利）

金融业

金融管理

【概　况】2022年，衢州市人民政府金融工作办公室（以下简称“市金融办”）围绕市委、市政府打造四省边际共同富裕示范区和四省边际中心城市战略目标，以金融服务实体经济为根本，以数字化改革为引领，通过改革创新、先行先试，为经济高质量发展提供金融支撑。至年末，全市金融业增加值146.62亿元，比上年增长9.8%，占地区生产总值比重7.32%。全市金融机构本外币存款余额4159.90亿元，增速为17.9%，位列全省第三；全市金融机构本外币贷款余额4275.95亿元，增速为19.5%，位列全省第三。全市银行业不良贷款率0.5%，低于全省平均值0.12个百分点。全市7家政府性担保机构注册资本12.44亿元，担保贷款余额71.14亿元，担保余额增速80%，放大倍数5.36。新增3家上市企业，全市计14家。非金融企业直接融资314.3亿元，同比增长47%。

【深化绿色金融改革】2022年，市金融办以争创绿色金融改革示范区为目标，在各试点地区中率先编制并在全市金融工作会议发布《衢州市绿色金融改革报告》，高标准完成《衢州市绿色金融改革示范区建设方案》，举办第四届（2022）钱塘江论坛衢州平行峰会。绿色贷款余额1040.53亿元，占比从2021年末的16.9%增至24.33%，余额同比增长71.30%，增速列10个试验区第一。碳账户贷款发放从2021年末的67亿元增至533亿元，完成年度目标（200亿元）的266%。《数智金融推动金融供给侧结构性改革》案例入围市级改革突破奖提名奖。

【实施融资畅通工程改革】2022年，深入实施融资畅通工程，存贷总量明显提升。至年末，本外币存款余额4159.90亿元，高于全省平均2.92个百分点；本外币贷款余额4275.95亿元，高于全省平均5.03个百分点。贷款结构持续优化，绿色贷款余额1040.53亿元，占比从2021年末的16.9%增至24.33%，余额同比增长71.30%，位列10个试验区第一；普惠型小微企业无还本续贷率超过60%，连续5年列全省第一；制造业中长期贷款余额290.57亿元，同比增长77.23%；全市信用贷款占比从2021年末的20.16%增至21%；全市企业贷款平均利率4.49%，同比下降0.4个百分点；小微企业贷款利率4.7%，同比下降0.48个百分点。深化政府性融资担保体系改革，全市7家政府性担保机构注册资本从2018年的7.8亿元增至12.44亿元，增幅59.49%，政府性融资担保贷款余额从2018年末的4.76亿元增至71.14亿元，增长15倍，担保户数从2018年末的360户增至9180户，增长25.5倍，放大倍数为5.36倍，4项主要指标全省第一，任务完成率237%，担保余额占地区生产总值比重从2018年的0.36%增至

3.29%，排名从 2018 年的全省末位升至全省第一，风险防范测评获全省唯一 A+，全省唯一获国担省担风险代偿审批权限的地市。“衢融通”平台注册企业 90773 家，入驻金融机构 344 家，贷款 36379 笔、贷款额 1889 亿元，兑现各类惠企资金 81.82 亿元，惠及市场主体 7.36 万家次，惠企面达 86.82%。

【企业上市扩面提质】2022 年，围绕市委“工业强市、产业兴市”战略部署，锚定企业上市“3030”(2025 年末全市上市公司达 30 家以上，总市值达 3000 亿元以上)总体目标，系统强化企业上市资金全过程参与、政策全周期支持和服务全链条保障，全面推进梯队企业扩容、培育企业成长、上市公司提质、企业上市畅通四大工程，统筹推动上市公司扩量提质增效。出台《衢州市人民政府高质量实施企业上市“3030”行动的若干意见配套政策》。全市新增上市公司 3 家(首发上市 2 家:禾川科技、科润智控，市外引入 1 家:天马股份)，总数达到 14 家，实现区块、交易所、各板块三个全覆盖。上市公司总市值 1507.93 亿元，同比增长 15%，高于全省平均水平 25 个百分点。

2022 年 11 月 14—16 日，浙江证监局调研衢州市企业上市工作座谈会

2022 年 6 月 29 日，衢州市企业上市与投资并购促进会成立

【签订战略合作协议】2022 年，中信银行股份有限公司杭州分行、中国人民财产保险股份有限公司浙江省分公司、浙商银行股份有限公司、杭州银行股份有限公司、浙江农商联合银行股份有限公司、中国农业银行股份有限公司浙江省分行 6 家省级金融机构与市政府签订战略合作协议，约定为衢州提供授信 4700 亿元、提供风险保障 10 万亿元。

【全市金融工作会议暨企业上市推进会】6 月 9 日，市政府召开全市金融工作会议暨企业上市推进会，会上正式发布《衢州市绿色金融改革报告》，举行银团贷款、产业基金和政银战略合作签约仪式。

【成立衢州市企业上市与投资并购促进会】6 月 29 日，召开衢州市企业上市与投资并购促进会成立大会。截至 2022 年末吸纳会员 143 名，邀请三大交易所等 10 个单位担任顾问单位，推进“智库”“项目库”两库建设，构建专家服务体系，搭建银项对接桥梁，常态化开展企业调研和业务培训，提供融资融智支持。

【成立浙江省股权交易中心衢州服务中心】8 月 26 日，召开浙江省股权交易中心衢州服务中心成立大会暨衢州智造板开板仪式。年内，推动辰阳化工等 21 家企业在省股交中心挂牌，戴孚斯等 100 家企业在“衢州智造板”

挂牌。

【绿色金融发展竞争力连续4年位列长三角第一名】11月26日，在中国高校绿色金融研究联盟2022年会暨长三角绿色金融发展峰会上，衢州连续4年位列长三角"40+1"城市群绿色金融发展竞争力评级第一。

（方伟翔）

银行业监管

【概　况】2022年，中国银行保险监督管理委员会衢州监管分局贯彻落实上级各项决策部署，加强监管保障，为建设四省边际中心城市、四省边际共同富裕示范区提供金融支持。截至12月末，辖内银行业金融机构共33家，各项本外币存款余额4159.90亿元，同比增速17.9%；各项本外币贷款余额4266.41亿元，同比增速19.7%。

【服务实体经济稳进提质】2022年，全力落实稳经济一揽子政策措施，配合市政府出台助力复工复产复市40条、金融稳经济20条等多项金融助企纾困政策，细化形成银行业保险业18项44条政策清单，指导辖内银行机构出台内部配套政策文件159项。截至12月末，"连续贷+灵活贷"机制贷款余额1201.74亿元，企业"连续贷+灵活贷"机制贷款余额占企业流动资金贷款余额比例67.17%，位居全省第一；小微企业信用贷款余额312.56亿元，占小微企业贷款余额比例的16.45%，位居全省第二，较年初提升1.24个百分点。

2022年5月25日，衢州银保监分局组织开展银行业保险业"全民反诈在行动、打击整治养老诈骗"集中宣传活动

【特色推进农户家庭资产负债表融资模式】2022年，指导银行机构特色推进农户家庭资产负债表融资模式，优化授信评价模型实现农户精准画像，探索在"衢融通"平台设计开发融资专区，推动实现农户基础信息表一键生成，农户查询、申贷、提额全流程线上办理。截至12月末，累计为1843个行政村中的70.9万户农户进行家庭资产负债信息的建档立册，建档率超89.4%，其中江山市建档覆盖率达100%；农户授信率96.42%，户均授信额度较2021年末增加5.64万元，用信率27.9%。

【防范化解重点领域金融风险】2022年，加强重点领域风险监测，加快存量风险出清，加大房地产行业风险、电信诈骗等重点领域风险防范化解力度。截至12月末，全辖不良贷款余额21.52亿元、不良率0.50%，全辖不良率持续控制在1%以内。深化金融消费者权益保护，推动金融纠纷多元化解，指导衢州市银行业保险业人民调解委员会扩大调解范围、完善考评体系。联合人民法院深化金融"共享法庭"建设，截至12月末，全市共设立金融"共享法庭"46个，成功调解案件334件。

（汪婉盈）

中国人民银行衢州市中心支行

【概　况】2022年，中国人民银行衢州市中心支行（以下简称"市人行"）按照"疫情要防住、经济要稳住、发展要安全"的目标要求，落实落细各项金融稳经济大盘政策，深化金融改革与服务创新，维护辖区金融安全稳定，夯实疫情防控的金融支持，保持信贷增长的稳定性，做好稳经济与防风险的平衡。至年末，全市存贷款总量突破8000亿元。其中，本外币存款余额4159.9亿元，比年初新增630.36亿元，同比增长17.86%。人民币存款余额4125.84亿元，比年初新增632.63亿元，同比增长18.11%。本外币贷款余额4275.95亿元，比年初新增698.93亿元，同比增长19.54%。人民币贷款余额4266.41亿元，比年初新增701.51亿元，同比增长19.68%。

【金融助企纾困】2022年，贯彻落实总行总局“金融23条”政策，以及省行省局14条助企帮扶举措，推动市政府召开金融政策宣传贯彻会、企业复工复产政策会，组织召开全市货币政策通报会，指导金融机构加快政策落实，加大金融支持。鼓励银行做好受疫情影响还款困难企业、个人的延期、展期或续贷安排。全市发放支持复工复产复市贷款超300亿元，通过续贷、展期、延期还本付息等方式为企业解决周转资金超200亿元；给予法人金融机构央行普惠小微贷款支持工具激励资金1.85亿元，撬动9家法人金融机构新增普惠小微贷款101.83亿元。

【金融支持经济】2022年，坚持稳中求进工作总基调，召开专题会3次，约谈金融机构14家次，做好信贷投放的窗口指导，确保党中央大政方针，总行、省行最新工作要求落实到位。全市新增贷款698.93亿元，同比多增168.56亿元，同比增长19.54%，高于全省增速5.03%，增速位居全省第三。牵头开展科创、绿色、普惠小微、乡村振兴四大金融服务提升行动，创新“共富贷”、“职创贷”、农村生态资产抵（质）押贷款等信贷产品，支持山区县高质量发展，助力共同富裕。全市小微企业贷款、涉农贷款分别比2021年多增172.15亿元、155.64亿元，增长30.37%和25.56%，分别高出各项贷款平均增速15.86%、11.05%。不断提升外汇服务地方经济水平，推动中小微外贸企业贷款的增量扩面以及外汇便利化政策的推广应用，帮助企业开展汇率避险工作。衢州远期结售汇履约额、外汇履约套保比率提升幅度两项指标全省第一。

【金融改革创新】2022年，持续深化碳账户金融建设，为争创绿色金融改革示范区打好基础。碳账户5e系统上载4065家企业、215万户居民碳账户信息，上传3003家工业企业的碳征信报告、215万户居民个人碳报告，上挂40项碳政策制度，上架70款碳金融产品，全年新发放碳账户贷款488亿元，其中个人碳账户贷款70亿元。全市金融机构如期完成银行系统接口开发和辅助系统建设，实现银行端业务系统与碳账户金融系统的对接。全市28家金融机构的三季度环披报告中均披露碳排信息。加强转型金融研究，衢州市碳账户金融作为中国应对气候变化政策与行动的地方实践优秀案例在第二十届联合国气候变化大会上展出，主要负责人在“中国角”圆桌讨论会上作专题发言。

【金融监管】2022年，持续打击治理电信网络诈骗，创新建立金融联合惩戒机制、联动开发“智卡通”涉网犯罪综合整治平台，以劳动竞赛、双线督查暗访、“以案倒查”责任追究等方式，压实账户管理的主体责任。至年末，开展走访、监管约谈24次，部署全市银行机构排查存量账户1670万户，采取管控措施557万户，调整非柜面支付限额238万户。银行堵截异常开户791起，系统预警风险账户2.39万户，对662名涉诈涉赌人员实施联合惩戒。全市银行机构主动发现并拦截电信网络诈骗342起，为群众挽回损失3132.3万元。加强重点领域金融管理，将“保交楼、稳民生”工作作为践行金融为民的关键点，引导金融机构落实差异化房地产政策。完成“亚健康”银行风险化解，摸排重点领域金融风险，动态监测出险企业、大型民营企业、潜在风险企业等，配合政府做好风险防范化解。联合司法、税务等部门共同打击金融犯罪，移送重点可疑交易线索31条。

【金融服务】2022年，推进金融领域数字化改革，聚焦信息共享、数字赋能、系统集成，率先全国推动电子证照在金融领域的应用，实现银行机构部分业务的“一证通办”。有序推进银行业移动支付应用，依托“云闪付”承接政府消费券项目，至 12 月末，发放政府消费券 543 万张，惠及 26 万人次，带动消费 3.5 亿元。稳妥做好征信异议投诉处理，持续推广应收账款融资服务平台应用。配合财政部门做好疫情拨款和增值税留抵退税工作，支持地方财政预算管理一体化改革。科学有序保障现金供应，抓好疫情防控下现金消毒管理，持续做好整治拒收现金、反假货币等重点工作。

中国农业发展银行衢州市分行

【概　况】2022 年，中国农业发展银行衢州市分行（以下简称“市农发行”）贯彻落实市委、市政府

2022 年末衢州市银行业金融机构本外币存贷款情况统计表

表 19

单位名称	存款		贷款	
	余额（万元）	同比增长（%）	余额（万元）	同比增长（%）
农业发展银行	345301	83.34	2035890	66.09
工商银行	5361313	14.38	5069476	16.11
农业银行	4590430	17.29	6265621	17.34
中国银行	2307631	19.49	3040835	20.18
建设银行	3034682	9.24	4288122	13.77
交通银行	487466	12.87	779208	17.50
中信银行	494987	20.90	645462	40.91
华夏银行	284429	-15.00	354680	25.70
招商银行	725338	13.51	926712	26.59
浙商银行	1226817	57.87	992617	19.50
浦发银行	671273	44.73	908793	12.77
北京银行	283110	16.58	322497	-7.12
宁波银行	933537	156.50	686632	39.21
杭州银行	409452	11.53	813168	12.84
温州银行	754411	21.78	776023	45.40
金华银行	395245	11.55	237609	-3.29
稠州银行	167544	15.29	130483	-21.51
台州银行	305546	40.87	454539	15.64

续表 19

单位名称	存款		贷款	
	余额(万元)	同比增长(%)	余额(万元)	同比增长(%)
泰隆银行	1290258	17.88	978171	12.38
民泰银行	325524	30.84	273002	39.49
柯城农商行	2642015	8.21	2100765	18.11
衢江农商行	2304873	13.97	1756193	18.59
龙游农商行	2119892	12.53	1744711	17.45
江山农商行	3324044	13.63	2431680	21.61
常山农商行	1532232	19.24	1187805	22.13
开化农商行	1638969	10.60	1344183	22.05
邮政储蓄	1976177	16.56	1517912	14.73
龙游义商村镇银行	66027	13.28	80262	6.41
常山联合村镇银行	122939	23.49	125118	7.83
衢江上银村镇银行	34827	2.66	34431	5.24
江山中银富登村镇银行	54076	10.61	60141	8.15
巨化财务公司	436286	31.37	364977	3.72

（严心怡）

及上级行各项决策部署，紧扣“小地方也要有大作为”工作主线，支农工作稳中有进、成效明显。全年净增贷款81亿元，是过去十年贷款总增量的1.2倍，占衢州市金融机构对公贷款总增量的16%；贷款增幅66%，在全省农发行系统和全市金融机构中均列第一位。

【助稳经济大盘】2022年，坚守主责主业，投放粮棉油贷款15.5亿元，占粮食收购市场份额90%以上、供应市场份额64%，有效发挥粮食购销领域资金供应主渠道作用。主动对接联系，投放农发基础设施基金项目7个，金额18.61亿元，投放量占衢州市开发性政策性金融工具投放量的86%，拉动项目投资近190亿元，为稳经济大盘贡献农发行力量。

【服务共同富裕】2022年，坚持以带动山区百姓共同富裕为出发点，制定支持全域6县共同富裕“一县一策”方案，完善重大项目工作周报，形成“一项目一方案一专班”的推进模式，支持范围涵盖农村水利、农村交通、全域土地综合整治、长江大保护等领域。全年评估中长期项目43个，金额462亿元；获批项目25个，金额270亿元，评估金额和获批金额分别是2021年全年的2.8倍和2.1倍；全年投放贷款116亿元，超过近4年贷款投放总量。开展“万企兴万村”行动，衢江区企业结对共建“浮石共富联盟”项目被列入省“万企兴万村”行动实验项目。践行普惠金融，投放小微及农业产业贷款8.7亿元，助推农业现代化。2022年,发动员工捐款及购买农产品、引进无偿帮扶资金近70万元;投放扶贫贷款2.5亿元,带动292名脱贫地区农户每人增收1.3万元。

【发展绿色金融】 2022年,坚持绿色发展,完成10个项目39亿元绿色信贷事项变更。年末绿色信贷余额127亿元,较年初增加54亿元,增幅74%,高于全省系统平均增速13个百分点。绿色信贷余额和占比均列衢州市银行业第二位,绿色信贷绩效考核居全省农发行系统第二位。

(陈俊杰　朱芳珍)

中国工商银行股份有限公司衢州分行

【概　况】 2022年,工商银行衢州分行坚持"市委市政府决策部署到哪里、工行服务就跟进到哪里",存贷款业务全面完成目标任务。全年存贷款总量"破千亿",较年初净增137.56亿元、增幅在全省工行系统排名第三;全部贷款总量较年初净增70.34亿元、增幅在全省工行系统排名第四,充分展现国有大行在助推衢州经济高质量发展中的责任担当。

【支持重点项目】 2022年,积极发挥信贷服务实体经济的支撑作用,以实际行动为衢州经济发展注入"金融活水",当年新增存贷比倒挂,年末各项贷款余额迈上500亿元台阶,达506.94亿元。成立项目专职营销服务团队,积极对接全市重点项目,全年向上级行申报项目贷款56个、同比增幅19.15%。积极与上级行沟通联系,提高项目审批通过率,落地全国工行系统首笔EOD项目(开化化工园区综合提升项目),获批近几年全省工行系统唯一一个内河港口项目(龙游港区建设项目)。全年获批项目贷款51个,审批通过率91.07%、高于全省平均水平,获批授信总额327.22亿元、同比增幅143%。积极争取信贷规模,全年实现项目贷款投放57.63亿元,同比增幅60.80%。

【支持实体经济】 2022年,围绕六大特色产业链提升工程以及传统制造业改造提升项目,先后支持时代锂电、吉利三电等全市重点制造业项目,制造业贷款总量达107.80亿元;落实结构性货币政策,投放全省工行系统首笔设备更新改造再贷款,科技创新、交通物流、碳减排支持工具、设备更新购置再贷款投放量均居全市前列,合计投放贷款超12亿元。针对衢州区域小微企业占比高的特点,创新推出"E企贷/经营快贷+小微固定资产购建贷"特色组合产品,民营企业贷款余额达120.5亿元,民营企业有贷户覆盖率达4.3%,居全省工行系统首位;普惠业务发展再创新高,成为辖内首家突破100亿元的国有大行,首贷户占比全省工行系统第二高,银保监口径普惠贷款余额118.7亿元,较年初净增21.23亿元,余额、增量实现四行"双第一"。加大对科创平台建设的信贷支持力度,先后为龙游县城北创业孵化基地、开化县电子信息产业基地等11个创业孵化园地项目投放贷款17亿元;发挥在产业金融、综合金融服务方面的传统优势,与市内416家国家高新技术企业建立合作关系,占全市国家高新技术企业总数的75%,同时为18家专精特新小巨人企业提供金融服务,占全市专精特新

2022年4月,衢州工行客户经理(右)向农户介绍普惠贷款业务

2022 年 6 月，衢州工行与航埠镇政府签署乡村振兴战略合作协议

小巨人企业总数的 90%。

【支持乡村振兴】 2022 年，围绕分行“四化一提升”（城镇化、产业化、市民化、特色化，服务能力提升）的乡村振兴工作路径，大力支持山区 26 县跨越式高质量发展，新型农业经营主体贷款、农村承包土地的经营权抵押贷款、农户信用贷款等结构性指标保持全省工行系统内领先，涉农贷款余额 148.33 亿元，较年初净增 39.55 亿元，增幅 36.35%。与衢州市供销合作社、柯城区航埠镇等签订战略合作协议，创新开发“衢州椪柑”地理标志商标质押融资以及“光伏共富贷”特色贷款，创新推进“兴农通”金融服务点建设，在全市挂牌并投入运营“兴农通”服务点 13 家，进一步延伸金融服务触角。

【支持绿色金融】 2022 年，融入“双碳”战略，持续加大对绿色金融产业的融资支持，绿色贷款保持快速增长态势，年末绿色贷款余额 120.9 亿元，较年初净增 73.4 亿元，增幅 154.5%，占全部贷款比重 23.85%，完成人行、银保监分局以及上级行的目标。创新绿色金融服务，落实全市首笔排污权抵押贷款以及“节水贷”业务。拓展碳账户应用场景，对接“衢融通”平台“碳账户”系统，完善分行自主开发的“碳账户辅助系统”，企业发起碳账户融资申请 630 笔，全年发放碳账户贷款 103.44 亿元，较年初新增 68.23 亿元，投放量居全市金融系统首位。

（周江波）

中国农业银行股份有限公司衢州分行

【概　况】 2022 年，中国农业银行股份有限公司衢州分行（以下简称“市农行”）践行“八八战略”，聚焦聚力市委、市政府建设四省边际中心城市、争当“两个先行”示范窗口的各项部署，为衢州打造十个“桥头堡”注入金融力量，各项业务稳中有进。年末，市农行各项存款总量454.18 亿元，各项贷款总量 626.56 亿元，存贷款规模居四大行首位。其中，各项贷款增量92.59 亿元、增速 17.34%，存贷款总量在四大行中首次突破千亿元大关。

【促成省农行与市政府签订 1200 亿元战略合作协议】 11 月 24

2022 年 11 月 24 日，省农行与市政府签订战略合作协议

日，省农行与市政府签署战略合作协议，聚焦衢州工业强市、城市赋能、创新驱动、改革攻坚、绿色转型、共同富裕等六大重点领域，5年内为衢州地区提供总额不低于1200亿元的意向性专项融资额度，为衢州高质量发展建设四省边际共同富裕示范区、四省边际中心城市提供持续稳定的金融支持。签约现场，市农行为鹿鸣山文化院街项目、常山县大桥头乡现场授信，为五洲特纸、衢州市政园林有限公司现场放款。

【服务地方经济】2022年，根据市委关于经济社会发展各项决策部署，围绕衢州"工业强市、产业兴市"战略，专门出台支持衢州助企纾困稳经济15条措施，全力支持经济回稳向好，得到市委、市政府肯定批示。市委书记高屹、市长徐张艳、副市长杨圆华均对市农行《以高质量金融助力衢州打造四省边际共同富裕示范样板——2022年上半年市农行支持地方经济社会发展情况报告》作出批示肯定。

【银医合作】12月21日，与江山市卫生健康局市属医疗单位（江山市人民医院、江山市中医院、江山市妇幼保健院、江山市第四人民医院）签署全面战略合作协议，探索国有商业银行与医疗单位业务合作的新模式。双方在对公结算服务、代收服务、综合授信业务、智慧医疗建设、员工专属金融服务等方面开展深入合作。

【服务乡村振兴】2022年，围绕农业银行建设服务乡村振兴领军银行目标，制定《农行衢州分行"两区四县"一县一策服务衢州高质量发展建设四省边际共同富裕示范区方案》，通过"三级联动""一县一策""一行一策"，服务全市县域"三农"。全年，县域贷款增量42.66亿元，增速19.64%；涉农贷款增量41.21亿元，增速17.65%；普惠型小微企业贷款增量17.89亿元，增速19.49%。创新推出"供富贷"，满足供销系统融资需求，发放贷款1.09亿元。践行"两山"理念，重点围绕扩大"两山"转化面、延伸"两山"转化链，落地土地整治项目贷款7亿元、"治水贷"1.3亿元、"村流贷"380万元。

【投身社会公益】2022年，组织公益行动，与市农业农村局和石梁镇在植树节开展"共富林"创建，植果树120棵；7月13日，为烈日下工作的环卫工人、建筑工人送出价值2万元清凉物资；组织开展"户外劳动者服务站点"建设，建服务点35个。创建全国文明单位，全年组织1200人次参加全市交通文明劝导志愿活动。开展爱心捐赠，组织开展2022年"慈善一日捐"活动，145人参与，捐赠23100元，交由市慈善总会统筹使用，全部用于扶贫济困、扶老救孤、恤病助残、优抚救灾。

【践行绿色金融】2022年，市农行紧扣衢州创建国家绿色金融改革示范区建设，获市政府2022年度绿色金融考评第一名。全年绿色贷款总量198.52亿元，增量39.42亿元，同比增速24.78%，高于各项贷款增速7.44个百分点。绿色贷款占各项贷款比重31.68%，提升2个百分点，贷款总量和占比均居四大行首位。

【发放全市首笔设备购置与更新改造贷款】10月4日，市农行率先落地政策性开发性金融工具，发放全市首笔设备购置与更新改造贷款。9月28日，中国人民银行宣布，设立设备更新改造专项

2022年3月11日，在石梁镇静岩村共植共富之树

再贷款。为推动该政策尽快落地，市农行第一时间成立专班，成功向国家三级综合性医院树兰（衢州）医院有限公司发放设备购置与更新改造项目贷款1800万元，支持其采购影像设备、临床检验设备、手术麻醉设备等。全年市农行投放设备购置与更新改造贷款8790万元。

【发行全市首笔境外美元绿色债券】1月18日，市农行作为牵头全球协调人，协助举办境外绿色债券发行路演，得到多方投资者响应。正式开簿后，建簿高峰期认购倍数超过总规模的5倍。1月26日，市农行协助衢州市交通投资集团有限公司在香港交易所、澳门金交所发行首笔3年期2亿美元境外美元绿色债券，票面利率2.5%。

【联合上促会举办“金穗启航”】11月2日，市农行联合衢州市企业上市与投资并购促进会举办“金穗·启航”企业融智赋能活动，参与嘉宾涵盖衢州本地IPO排队企业、拟上市企业、上市培育企业和有发展潜力的中小型企业。本次活动旨在响应市委、市政府“工业强市、产业兴市”战略，推进企业上市“3030”行动。

【多项工作获监管部门表彰】2022年，严格落实省分行和人民银行反洗钱工作要求，贯彻落实反洗钱法规政策，获市人行反洗钱履职考评第一名；一体推进案防、内控、运营、安保等工作，银保监晾晒投诉件四行最少，获评衢州市2022年反电诈劳动竞赛先进集体称号；围绕外汇管理“三年”活动要求，抓合规提升、监管重点、便民惠企，以全市第一的成绩，获外汇管理“A类”银行；优化小微企业简易开户，推广电子营业执照应用，推广本外币合一银行结算账户，全力打击治理电信网络诈骗和跨境赌博，获市人行支付结算工作综合评价A等行和结算管理A等行；成立服务乡村振兴行动工作领导小组，与基层网点联动组成35个工作小组共同开展服务乡村振兴工作，获2022年衢州市金融机构服务乡村振兴考评优秀行。

（申旭珂）

中国银行衢州市分行

【概　况】2022年，中国银行衢州市分行(以下简称“分行”)围绕国家宏观调控和监管政策，践行金融工作的政治性、人民性，全力推进服务实体经济、防范金融风险、加快改革创新三大重点工作，主动融入衢州市四省边际共同富裕示范区建设和助推山区26县跨越式发展，助力稳住地方经济大盘，履行国有大行的责任和担当，各项工作取得良好成效。年末，分行本外币各项存款余额231.86亿元，较年初新增37.54亿元，增幅19.42%；各项贷款余额303.92亿元，较年初新增50.98亿元，增幅20.15%。

【与江山市政府签订战略合作协议】11月2日，中国银行浙江省分行与江山市签订战略合作协议。根据协议，中国银行浙江省分行将通过“信贷政策配套”“服务渠道优化”“普惠金融助力”“乡村振兴助航”等方式，深化对江山市全方位差异化的金融服务，在未来五年期间提供总额不低于100亿元的意向性融资额度，全力支

2022年11月1日，中国银行浙江省分行为常山县青石镇飞碓村捐赠乡村振兴帮促资金50万元

持江山市经济社会发展。

【助力保供地方】3月11日，在省、市、县三级联动下，分行为防疫企业开辟绿色通道，提供某防疫企业批复与市供销社合作“惠如愿·三衢共富贷”线上贷款额度74万元，为某粮油企业批复信用额度300万元。以专项产品为“三衢味”品牌授权企业提供资金支持，为疫情严峻时期食品保供提供金融支持。

【服务乡村振兴】11月1日，分行前往常山县开展帮促飞碓村乡村振兴活动，向常山县青石镇飞碓村捐赠乡村振兴帮促资金50万元，用于飞碓村共富果园的建设。

【成功发行衢州市首笔境外债业务】1月19日，分行作为联席账簿管理人协助衢州某公司成功发行3年期2亿美元绿色债，实现衢州市首笔境外债业务“零的突破”。

【助推地方经济发展】9月3日，分行成功中选某国家“十四五”规划期间的重点水利工程项目唯一融资合作银行，授信合作总量9.5亿元，并为其开立5000万元建设履约保函，金融支持重大产业项目建设，助推地方乡村振兴发展。

（周稼雨）

中国建设银行股份有限公司衢州分行

【概　况】2022年，中国建设银行股份有限公司衢州分行遵循“守规矩、强基础、重创新、比贡献”的主基调，深化新金融行动，持续实现“业务发展有面子、收入增长有里子、系统内外有美誉”的目标。至年底，有网点机构24个，其中，营业部1个、综合型支行4个、单点型4个、网点型支行15个。自助银行65个，其中附行式24个、离行式41个；自助设备134台，其中存取款一体机133台、ATM机1台。年底，一般性存款（核心口径，下同）时点余额298.63亿元，较上年新增29.21亿元；日均余额297.12亿元，新增35.88亿元。各项贷款余额428.81亿元，新增51.89亿元。不良贷款额1.54亿元，较年初增加0.6亿元；不良率0.36%，较年初增加0.11个百分点。

【推进“三大战略”】2022年，推进普惠金融、住房租赁、金融科技等“三大战略”。住房租赁平台企业达标数3户，公租房实质性应用3159笔。“惠懂你”授信户新增1276户，计划完成率127.6%；为174家受疫情影响的临时性困难企业发放“双保助力融资贷款”6.08亿元；助力乡村振兴，涉农贷款较上年新增29.12亿元。承接金融科技需求117项，增加310%。开发上线对公碳账户辅助系统、信贷业务填单一点通、衢融通电子证照系统、龙游公权力大数据监督应用共享项目、浙大研究院和电子科大建融慧学“E码通”、以智慧政务、智慧校园赋能整体智治等项目。

【固本强基】2022年，与衢州市两山生态资源管理公司签订业务合作协议，成为衢州市农村产权交易平台独家合作银行；在医保移动支付清算项目合作医院营销中取得3家三级医院支付清算银行资格，当地三级医院独家合作率50%，居同业首位；成为全市农村产权交易平台独家合作银行；与市残疾人联合会签署全面战略合作协议；成功营销市新闻传媒中心、市老干部活动中心、市老干部党建服务中心等单位账户；中标市商品房预售资金监管账户。年末单位人民币结算账户净新增2083户；个人全量客户当年增速系统第三；建行生活新注册用户7.6万户，上架商户新增600户。为巨化集团承销科创票据10亿元，为科创票据全国首单，债券承销规模4亿元；对公全口径理财规模新增2.73亿元；同业债券业务中收60.18万元，完成率222.89%。开展特色化消保宣教活动217次，触达客户超100万人次；开展“银龄跨越数字鸿沟”科普专项行动，获省科协表彰；连续多年列市“12345”效能榜满分单位。上报省分行30项创新，其中自主创新12项，移植创新12项，管理创新6项。

【提升“三个能力”】2022年，推动服务国家经济建设、化解金融风险、参与国际竞争等“三个能力”提升。基础设施贷款新增19.2亿元，增速21.88%；制造业非贴贷款新增8.29亿元；制造业中长期贷款较年初新增11.35亿元，增速 63.15%，高于各项贷款平均增速，计划完成率 174.62%；民营企业贷款新增 30.80 亿元，新增占比 60.05%；“碳账户”贷款累计投放 36.86 亿元，计划完成率 153.58%；处置不良贷款 2.59 亿元，核销回收总额 0.46 亿元，核销回收案例在省分行保全优秀案例展示评比中取得第二名，获银奖。合融市场业务 KPI 考核指标名列系统前茅。

【践行新金融】 2022 年末，普惠型小微企业贷款新增 10.26 亿元，较年初增速 21.64%，较年初增速 7.87 个百分点；聚焦块状经济，丰富“市场经营贷”系列产品体系，为辖内两区四县定制特色经营贷产品。与市住建局合作上线保障性租赁住房管理系统，完成该系统录入房源 558 户，发放项目贷款 6500 万元。与农业农村局、妇联、工商联、行业协会等多线协同，加大农业重点领域、农村重点客群的信贷投放；年末涉农贷款余额 137.03 亿元，增速 26.99%。承接金融科技需求 117 项，增长 310%。自主开发上线信贷业务填单一点通，上线衢融通电子证照系统，落地公权力大数据监督应用龙游县监察委员会数据共享项目，与浙大研究院和电子科大合作上线建融慧学“E 码通”项目。以新金融行动助推衢州绿色金改试验区建设，绿色贷款新增 44.38 亿元，增长 99.72%。打造对公碳账户辅助系统，实现金融端业务系统与碳账户应用系统数据直联，扩展碳账户金融应用场景，得到总行认可。“碳账户”贷款投放 34.4 亿元；碳减排重点支持领域投放项目 6 个，发放贷款 6.03 亿元。绿色信贷业务资产保持“零不良”纪录。

（蓝凌浩）

交通银行衢州分行

【概　况】 2022 年，交通银行衢州分行锚定“高质量发展”总目标，着力价值创造，降低债务风险，夯实客户基础，凝聚全行合力。年末，本外币资产总额 115.74 亿元，较年初增加 32 亿元，增幅 27.65%；负债总额 76.54 亿元，较年初增加 11.94 亿元，增幅为 18.48%。资产负债率为 99.04%，较年初上升 1.25 个百分点，年度绩效考核列全省系统内第二位。

【优化服务质量】 2022 年，以“高频度走访、高效率对接、高质量服务”拓展普惠小微业务，普惠小微两增贷款指标完成率位列全省系统内第一位。制定贯彻落实稳经济一揽子政策 32 条举措，开展“揭榜挂帅”行动，召开专题会议研究解决资产投放；重点业务重点项目投放带动服务实体经济相关指标全面完成，至 12 月末，对公贷款 56.72 亿元，较年初增长 8.67 亿元，增速 18.04%。对接人行碳账户金融服务要求，持续推进“碳达通”系列产品落地，至 12 月末，为 12 户碳账户企业提供信贷支持 6.08 亿元，完成人行 2022 年碳账户金融场景应用信贷投放任务的 152.06%。

【科技助力发展】 2022 年，依托线上科技优势，国际业务应用实现多项“零”的突破，落地首笔境外直接投资业务、首笔远期结售汇业务、首笔预付款保函、首笔担保政策项下汇率避险业务及航运管家业务。在线办理抵押登记，提高信贷效率，中介岗主动梳理抵押业务流程，落地全省首笔个贷直联业务，获得省分行放款中心肯定。多次对接衢州市相关政府部门，健全完善可开办业务品种，支持市政府及营商办主推的“商品房一件事”改革、“一证通办”业务、公积金“不见面”贷款、个人碳账户应用等流程。

【内控风险管理】 2022 年，通过“一户一策”加快存量不良贷款出清和高风险贷款化解，至 12 月末，不良贷款率 0.05%。开展审计及内外部检查问题整改和内控考核，提高考核权重，以问题整改率为考核主线，将考核结果与机构季度绩效奖金相挂钩。开展行长讲合规、信贷领域案件防控集中教育活动和反洗钱专题培训。通过自上而下传导“内控优先、合规为本”理念，警示教育员工提升合规意识，进一步夯实内控管理基础，全年无发生案件。

（方佳慧）

中国邮政储蓄银行股份有限公司衢州市分行

【概　况】 2022 年，中国邮政储蓄银行股份有限公司衢州市分行(以下简称“市邮储银行”)有网点66个,其中银行自营网点20个,从业人员466人;邮政代理网点46个。年末,全行总资产达到202.70亿元,增长16.30%;各项贷款结余151.79亿元,净增19.49亿元,增长14.73%;各项存款结余197.60亿元,净增28.15亿元,增长16.61%。

【**服务乡村振兴**】2022年,市邮储银行始终围绕乡村振兴和普惠小微等重点领域,贯彻落实稳经济一揽子政策措施,年内实现民营小微企业贷款净增2.58亿元,增幅18.92%;个人经营性贷款净增6.96亿元,增幅18.32%;制造业小微企业贷款净增1.07亿元,增幅11.60%;“专精特新”小微企业贷款及中长期小微企业制造业贷款实现零的突破。加大对受疫情影响较大客户群体的支撑帮扶,给予贷款展期、低价优惠利率等专项帮扶政策支持,减免利息295.55万元,减轻财务成本1061.53万元。加快推进农村信用体系建设,开展“共富乡村”整村授信工作,建成信用村1137个,评定信用户2.49万户;加大特色农业行业扶持,创新推出“低碳邮礼贷”“共富贷”等特色贷款,对特色农业行业做好精准支持,全年涉农贷款结余67.35亿元,净增6.52亿元。

2022年,市邮储银行开发特色农贷产品“邮柚贷”,图为该行客户经理在众柚胡柚专业合作社走访了解用贷情况

2022年8月25日,市邮蓄银行组织开展衢化金融知识宣传的公益活动

【**深化碳账户建设**】2022年,市邮储银行以碳账户为切口,全面推进绿色金融发展。制定落实碳达峰碳中和行动方案,成立工作专班,创新运用“衢融通碳账户系统”,不断完善碳账户体系建设;加大对绿色交通、新能源、节能环保设备制造等绿色、低碳项目资金支持,辖内碳金融贷款投放9.54亿元,绿色贷款结余28.18亿元,增速61.94%。

【**助推金融数字化转型**】2022年,市邮储银行以数字化改革为路径,进一步打造零接触、有温度、无边界、高效率、开放式的“五种银行”。成功落地系统内全省首家ETC无感加油项目,建成移动支付受理示范县3个;推动票据业务线上化,创新推出“邮E贴”业务,开通线上保函业务;持续优化线上贷款产品,小企业线上类贷款规模达到12.03亿元,占比70%;零售类线上贷款规模达到48.56亿元,占比43%。

【**提升金融管理和服务水平**】2022年,市邮储银行全力推进社保卡、军人优待证项目，全年实现军人优待证开卡 3.38 万户，成功落成第三代社保卡准入工作，全年社保卡开卡 1.62 万户；持续优化农村金融基础服务，加快移动支付向农村地区延伸；打造“邮储生活”消费圈，以“邮惠付”收单为主，与第三方公司合作为补充，提升居民金融服务水平。

【助推产业转型升级】2022 年，市邮储银行积极对接轨道交通、高速公路、未来社区等“两新一重”项目，全年公司信贷投放 12.67 亿元（含贸融），净增 4.29 亿元，增幅 23.6%；深化对杭衢铁路、开山股份等绿色交通项目、节能环保设备制造企业的支持，实现公贷绿色信贷结余 12.19 亿元，增速 32.88%。

【助力共同富裕】2022 年，市邮储银行加大县域金融资源配置力度，将“两小贷款”信贷规模和经济资本限额纳入专项管理，对普惠型小微企业贷款设置收入补贴和小微企业贷款专项费用奖励，2022 年辖内获得总行收入补贴 194 万元、专项费用奖励 23 万元。

（郑祖惠）

浙江农商联合银行衢州管理部

【概　况】2022 年，浙江农商联合银行衢州管理部（以下简称“衢州农信”）充分发挥金融标杆作用，聚焦助力经济稳进提质、服务全面推进乡村振兴和共同富裕等大事要事，坚守主责主业，以数字化改革为引领，助力山区 26 县跨越式发展，推进“以人为核心的全方位普惠金融”。至年末，各项存款余额 1356.2 亿元，年增量 152.2 亿元，年增幅 12.64%；各项贷款余额 1056.53 亿元，年增量 174.68 亿元，年增幅 19.81%。存款及贷款总量、增量、份额和服务客户数均居全市银行业首位，税收贡献居当地服务业前列。

【助力经济稳进提质十大举措】6 月 2 日，出台助力经济稳进提质十大举措，在《衢州日报》上整版刊登，同时启动“金融支持万家市场主体专项行动”及“金融支持百万对私客户增贷专项攻坚行动”，推动一揽子政策措施及专项行动落地生效。落实贷款延还本息、无缝续贷等各项支持民营和小微企业发展的有关政策，帮助企业降低融资成本，与企业共克时艰。不盲目抽贷、压贷、断贷，做到“应延尽延”“应续尽续”“应贷尽贷”，为企业输血造血。至 2022 年末，为企业和经营业主延期还本付息 158.37 亿元，办理续贷 364.59 亿元。

【“四个办”政务服务】2022 年，衢州农商银行系统与市营商办合作，通过线上、线下构建多场景政银服务合作体系，发挥衢州农商银行系统网点多、范围广等优势，围绕“掌上办”“就近办”“自助办”“上门办”四个“办”服务功能，打通“金融 + 政务服务”服务最后一公里，助力政务“最多跑一次”改革和数字化转型服务，驱动普惠金融发展；通过配套便企便民的金融服务，方便企业和群众政务事项的“就近办”，提高服务群众办事效率，共同推动“一网通办”政务服务向基层延伸，助力高质量发展建设共同富裕示范区。至年末，全市农商银行系统通过“政

2022 年，衢州农商银行推进政银合作“四个办”服务体系，图为服务现场

务 2.0”平台收件近 12 万件，其中柜面办理 9.5 万余件，工作人员上门办理 2.1 万余件。

【小额普惠足额工程】2022 年，为深入贯彻省行以人为核心全方位普惠金融目标，做深做实全市各行农户小额普惠贷款工作，坚持为农户提供足额、便捷、实惠的普惠金融服务。持续打造农户小额普惠贷款品牌，以足额工程为抓手，通过推广“农户家庭资产负债表管理模式”，以数据建模、授信复评相结合的方式，在原有授信额度的基础上进行提额，确保“授信全覆盖”向更深层次递进。全面满足农户的信贷需求，农户足额授信覆盖率 100%，年轻客户授信覆盖率 100%。年末，全市小额普惠贷款授信人数 81.03 万人，授信金额达 1537.89 亿元，增幅 67.65%，人均授信金额由 12.99 万元提高至 18.98 万元。

【支持山区 26 县跨越式发展】2022 年，衢州管理部指导辖内 6 家农商行出台“一县一策”金融工作机制，推动更多金融资源向重点领域和薄弱环节流动。至年末，全市系统涉农贷款余额 902.97 亿元，较年初新增 141.62 亿元，增幅达到 18.60%，农户贷款户数 233689 户，较年初新增 3650 户。

【推进“山海协作”】2022 年，衢州管理部指导辖内 6 家农商行出台“一县一策”工作指导意见，“问海借力”，共建金融山海协作机制。推动辖内 6 家农商行与沿海地区先进行社达成战略合作，通过现场观摩系统操作、查阅管理制度、面对面交流等方式，学习他行的先进经营理念、管理机制、系统支撑和企业文化等，并转化学习成效，建立落地项目计划 82 项，形成“走出去、带回来、谋转化”的高效链条。

【推动灵活就业人员公积金建缴】8 月，衢州管理部与市住房公积金中心签订战略合作协议并联合举办全市农商银行系统住房公积金归集账户启动仪式，推动辖内 6 家农商行与当地县市区级公积金中心合作，获得住房公积金账户的归集、缴存权益，打破国有行垄断地位，成为全省第一个公积金账户农商银行全覆盖的地区。以灵活就业人员参加住房公积金试点为契机，推动住房公积金服务向农村乡镇延伸，扩大服务覆盖面。至年末，全市系统公积金缴存新增 13207 户，其中灵活就业人员新增占比 91.26%。

（黄　飞）

保险业监管

【概　况】截至 2022 年末，辖内共有保险机构 39 家，其中财险公司 16 家、寿险公司 24 家，另有保险中介机构 43 家，其中专业法人中介机构 1 家。2022 年，辖内保险业实现保费收入 77.49 亿元，同比增长 8.2%；赔付支出 28.49 亿元，同比增长 11.3%。辖内保险业为全社会提供风险保障 84428.99 亿元，同比增长 51.42%。其中，财险领域中，机动车辆保险风险保障 13911.23 亿元；责任保险风险保障 4656.12 亿元。人身险领域中，人寿保险风险保障 1493.6 亿元；健康保险风险保障 28668.11 亿元；意外保险风险保障 4504.27 亿元。

【推进保险服务社会民生】2022 年，制定《2022 年农业保险服务乡村振兴工作要点》，指导保险机构因地制宜推出县域特色农险品种，推动农业保险高质量发展。截至 12 月末，辖内农业保险保费收入 1.74 亿元，同比增长 21.79%。大力发展普惠型商业补充医疗保险，对“惠衢保”产品宣导、承保、服务、赔付等各环节进行全流程合规监督，督促承保机构推动产品迭代升级。2022 年“惠衢保”产品参保人数约 186 万人，保费收入约 1.86 亿元，参保率 81.46%，位居全省第三。

【保险助力绿色金融】2022 年，印发《关于开展碳账户保险专区建设相关工作的通知》，指导保险机构创新碳账户在保险领域运用，依托“衢融通”平台建立碳账户保险专区。截至 12 月末，已上线碳账户安环险、碳账户个人意外伤害险等多场景碳账户保险产品 32 个，提供风险保障 513 亿元。制定个人保险业务碳减排计量规则，规范保险机构碳减排数据管理标准，指导保险机构按业务范围和数据规则定期归集相关数据。截至 12 月末，首批参与试点的 4 家保险机构累计实现减碳 1809 吨。

【整治保险市场乱象】2022年，财险领域，开展车险领域“两难”问题专项整治工作，部署各财险机构紧盯车险“投保难”和“理赔难”顽疾开展专项自查，并实地督导5家机构。人身险领域，开展“代理退保”乱象专项整治工作，联动公安机关、市场监管部门，稳步推进联席工作机制和专班建设，指导衢州市保险行业协会针对“代理退保”行为制定识别标准和应对处理流程。

（汪婉盈）

保险业

【概　况】2022年，衢州市保险业坚持不懈做好疫情防控，精准开展打击“代理退保”、打击新型诈骗等多个专项行动，持续开拓创新，推动保险业高质量发展。至年末，全市有市级保险机构39家（财产险15家、人身险24家），其中，分公司2家、中心支公司34家、营销服务部3家。保险从业人员9988人，其中保险营销员7986人（财产险1545人、寿险6441人）。

全市实现保费总收入77.49亿元，同比增长8.2%。其中，财产险保费收入24.12亿元，同比增长13.0%；寿险保费收入53.38亿元，同比增长6.2%。保险深度4.13%，保险密度3601.56元/人。赔款与给付28.49亿元，同比增长11.3%。财产险赔款支出16.17亿元，同比增长5.6%，简单赔付率64.33%。车险赔款12.84亿元，同比增长8.2%，简单赔付率71.46%。其中，交强险4.67亿元，同比增长2.48%，简单赔付率104.7%；非车险赔款5.58亿元，同比增长13.35%，简单赔付率52.29%。人身险公司累计发生赔（给）付支出10.41亿元,同比增长12.81%。其中，满期给付3.27亿元，同比增长7.71%；年金给付2.06亿元，同比减少2.11%；死伤医疗给付1.92亿元，同比增长5%；短险赔款支出3.15亿元，同比增长69.01%。

【协会换届】8月16日，衢州市保险行业协会召开第九次会员大会，进行换届选举。根据新的选举要求，新一届理事会不设常务理事会。理事单位从原来的39家减为12家，会员单位从原来的133家减为39家。大会选举产生保险协会第九届理事会理事、会长、副会长、专职副会长，秘书长、监事。

【打击新型诈骗】2022年，保险业贯彻政府有关部门的工作要求，开展防范治理电信诈骗、养老诈骗专项行动，组建8090讲师团，精心制作反诈课件PPT，在市级保险公司开展为期1个月的反诈防诈宣讲培训。组织机构员工、营销员签订《防范电信网络诈骗责任书》，全员下载安装国家反诈中心App，开启身份核实和来电预警。保险机构从业人员遭受电诈涉案、损失额同比分别下降50%、88.13%。

【打击“代理退保”】2022年，中国银保监会衢州监管分局、衢州市公安局、衢州市市场监管局在《衢州日报》等主流媒体上发布《关于防范和打击非法“代理退保”切实保护消费者权益的通告》。制作小视频，邀请人大代表作代言人，通过抖音、朋友圈等进行广泛宣传，转发量达2000人次。发布《关于组织化“代理退保”识别标准和应对处理流程》。

【举办技能比赛】2022年，联合市财贸工会、交通技院，举办首届保险业车险查勘理赔专业技能比赛。辖内14家财产险公司32名车险理赔员参加比武。

【“唤醒沉睡保单”工作】2022年，针对近年来大量客户因住址变更、信息失真、遗忘等原因，保险公司联系不上客户、保险生存金到期无人领取、形成“沉睡保单”的情况，开展寻找保险生存金领取人专项活动。通过“掌上衢州App”等新媒体平台发布“寻找4000名保险生存金领取人——衢州市保险行业协会致衢州市保险客户的一封公开信”，工作人员全员出动四处寻访。全市满期生存金领取支付件数2878件，待付（已通知）1103件，应付4170件，完成率95.46%；满期生存金通知领取金额已付1551.16万元，待付（已通知）971万元，应付2658.54万元，完成率94.87%。其中，5家保险公司领取金额、件数完成100%，达成“清零”目标。

【电摩保险试点】2022年，深化“最多跑一次”服务，解决摩托车

(含电摩)投保难问题。鼓励人保财险等6家机构签署《关于衢州市本级摩托车保险业务共保体的协议》,从4月开始以共保体方式运行市本级摩托车保险业务统一出单点,提前发布公告相关流程,简便手续,实现“保险和年检”一站式服务。

【完善农业保障】2022年,开办水稻完全成本保险,承保覆盖率67%;水稻种植保险覆盖面首次突破70%,达到72%,完成省政府对主粮作物农业保险覆盖率的要求。开办省内最大一笔生猪期货价格保险,从保障疾病风险转向多元化保险服务,为全市247户生猪养殖户提供3.8亿元风险保障。根据衢州市特色农业发展需要,开办龙游毛竹价格指数保险等创新产品,面向农村开办“乡村振兴保”,为1.16万户村民提供多重风险保障。

2022年衢州市财产险公司保费和赔付情况统计表

表20

公　司	保费收入(万元)	比上年增长(%)	市场份额(%)	赔　付(万元)
人保财险	143907.35	11.78	50.17	94874.45
太保财险	26114.48	9.18	9.18	17397.77
天安财险	5380.23	38.10	1.88	2203.76
中华财险	13648.46	39.80	4.76	8077.68
平安财险	36783.40	15.27	12.82	24852.81
永安财险	1651.83	5.75	0.58	1158.36
大地财险	5162.36	1.54	1.80	2862.77
大家财险	2289.25	884.28	0.80	852.33
阳光财险	10963.26	4	3.82	9626.32
中银财险	2174.95	-1.15	0.76	1114.70
国寿财险	31335.33	33.46	10.92	18057.81
太平财险	2102.99	4.57	0.73	1383.13
浙商保险	3507.85	19.74	1.22	1374.36
英大保险	1788.38	20.79	0.62	674.37
太安农险	19.99	5	0.01	9.94

2022 年衢州市寿险公司保费和赔(给)付情况统计表

表 21

公 司	保费收入(万元)	比上年增长(%)	市场份额(%)	赔(给)付(万元)
中国人寿	169572	-3.43	31.33	45496
太保寿险	56210.76	19.94	10.38	17505.09
泰康人寿	28260.65	8.40	5.22	4705.63
新华人寿	27143.16	3.28	5.01	4730.85
民生人寿	4002.01	-6.20	0.74	1009.98
合众人寿	5840.42	-5.57	1.08	837.61
农银人寿	10312.10	15.48	1.91	2874.37
安联人寿	6706.15	1.91	1.24	868.75
平安人寿	17713.68	2.4	3.27	1374.66
富德生命人寿	6706.15	1.91	4.12	1123
信泰人寿	22982.05	2.66	4.25	1547.17
华泰人寿	4780.23	-5.41	0.88	543.81
君康人寿	11831.3	28.29	2.19	242.31
阳光人寿	17946.89	8	3.32	3024.37
人保人寿	22946.14	10.45	4.24	5124.43
长生人寿	9571.63	3.24	1.77	502.6
太平人寿	12323.77	11.38	2.28	864.49
中韩人寿	9472.45	-4.64	1.75	906.89
君龙人寿	1947.37	-5.98	0.36	135.96
国华人寿	5,780.22	-7.77	1.07	387.36
华夏人寿	48549.75	-3.61	8.97	9455.66
百年人寿	15064.29	29.39	2.78	509.05
幸福人寿	3955.96	16.41	0.73	164.90
建信人寿	6068.49	-4.25	1.12	169.15

2022年衢州市财产险公司一览表

（排名不分先后）

表22

序号	财产险公司名称
1	中国人民财产保险股份有限公司衢州市分公司
2	中国太平洋财产保险股份有限公司衢州中心支公司
3	中华联合财产保险股份有限公司衢州中心支公司
4	天安财产保险股份有限公司衢州中心支公司
5	中国平安财产保险股份有限公司衢州中心支公司
6	永安财产保险股份有限公司衢州中心支公司
7	中国大地财产保险股份有限公司衢州中心支公司
8	大家财产保险股份有限公司浙江分公司衢州中心支公司
9	阳光财产保险股份有限公司衢州中心支公司
10	中银保险有限公司浙江分公司衢州营销服务部
11	中国人寿财产保险股份有限公司衢州中心支公司
12	太平财产保险有限公司衢州中心支公司
13	浙商财产保险有限公司衢州中心支公司
14	英大财产保险有限公司衢州中心支公司
15	太平洋安信农业保险股份有限公司浙江分公司衢州营销服务部

2022年衢州市寿险公司一览表

（排名不分先后）

表23

序号	寿险公司名称
1	中国人寿保险股份有限公司衢州分公司
2	中国太平洋人寿保险股份有限公司衢州中心支公司
3	泰康人寿保险股份有限公司衢州中心支公司
4	新华人寿保险股份有限公司衢州中心支公司
5	民生人寿保险股份有限公司衢州中心支公司

续表 23

序号	寿险公司名称
6	合众人寿保险股份有限公司浙江分公司衢州中心支公司
7	农银人寿保险股份有限公司衢州中心支公司
8	安联人寿保险有限公司浙江分公司衢州营销服务部
9	中国平安人寿保险股份有限公司衢州中心支公司
10	富德生命人寿保险股份有限公司衢州中心支公司
11	信泰人寿保险股份有限公司衢州中心支公司
12	君康人寿保险股份有限公司衢州中心支公司
13	华泰人寿保险股份有限公司衢州中心支公司
14	阳光人寿保险股份有限公司衢州中心支公司
15	中国人民人寿保险股份有限公司衢州市中心支公司
16	长生人寿保险有限公司衢州市营销服务部
17	太平人寿保险有限公司衢州中心支公司
18	中韩人寿保险有限公司衢州中心支公司
19	君龙人寿保险有限公司浙江分公司衢州中心支公司
20	华夏人寿保险有限公司衢州中心支公司
21	国华人寿保险有限公司衢州中心支公司
22	百年人寿保险有限公司衢州中心支公司
23	幸福人寿保险有限公司衢州中心支公司
24	建信人寿保险股份有限公司衢州中心支公司

（张信芳）

证券业

【概　况】2022 年，全市有证券分公司、营业部 27 家，新增 1 家分公司，1 家营业部。全年证券交易量 6982.87 亿元，同比下降 10.86%；实现佣金收入 1.81 亿元，同比下降 19.79%；期末保证金余额 21.22 亿元，下降 12.10%；托管市值 604.78 亿元，下降 8.26%；实现利润 1.49 亿元，增长 52.87%；新开证券账户 56767 个，上升 14.59%。全市上市企业 14 家，2022 年新增上市企业 3 家。

【财通证券衢州分公司（含营业部）】2022 年，新开账户 8036 户，客户 106533 户，全年股基交易量 1094.12 亿元，为国家和地方实现税收 2.08 亿元。分公司全面实施“137N”战略体系，打造一流现代投资银行，提升投行服务面和影响力，开展“千人进千企融千亿”助企攻坚行动，全年拜访企业超130家次，助力企业发展，构建“投行+投资+财富”三驾马车并驾齐驱的新态势，争当“凤凰行动”和“雏鹰伴飞”主力军，助力衢州实体经济跨越式高质量发展。年内，分公司承揽的科润智控在北交所上市，成为衢州第一家北交所上市企业；签订IPO服务企业3家、新三板挂牌持续督导5家；财务顾问服务企业4家；债券业务创下多个“衢州首单”，债券发行规模衢州地区市占率连续多年位居前列。由衢州分公司牵头的“衢州市金融顾问工作室”被浙商总会金服会评为2022年优秀金融顾问工作室。

【浙商证券股份有限公司衢州分公司】2022年，浙商证券衢州分公司以财富管理为头号工程、机构业务为一号工程及经纪业务为基础工程，三驾马车迈步前进。在衢州区域合计布局五家分支机构，其中衢州荷花中路营业部翻牌为衢州分公司，作为区域中心携手龙游、江山、开化、衢化四家营业部共同发展。在A股行情相对低靡的环境下，全年实现利润合计6974万元，财富管理创收1736万元，服务覆盖率45%，新增标准客户1691户，新增标准资产10.89亿元。着力投行业务，债券发行品种和规模均有创新突破，IPO项目取得重大进展，12月通过浙江证监局验收。配合监管要求，多次组织线下反洗钱、打击非法证券、反诈骗金融知识宣传教育活动，取得良好的社会效果。

【申万宏源证券衢州县西街证券营业部】2022年，新开账户8839户，客户7万户，全年股基交易量834.3亿元，为国家和地方实现税收216.38万元。围绕“做衢州人投资理财首选顾问”和“争当企业转型发展好帮手”两大战略目标，履行社会责任。以衢上会“3030计划”为契机，全年走访企业50余次，助力龙游恒盛能源在上海证券交易所主板挂牌上市，实现龙游本土企业A股上市“破零”；为拟上市企业提供股改、新三板业务、北交所IPO上市等综合金融服务，助推企业做优做强。

【国泰君安证券股份有限公司衢州柯城证券营业部】2022年，营业部秉持“诚信、责任、亲和、专业、创新”的核心价值观，坚持稳中求进，持续创新发展。年内，营业部引进私募机构2家，引进私募资金近1亿元，全年新开账户3675户，客户52887户，全年股基交易量875亿元，为国家和地方实现税收1676万元，年末员工人数19人。

【东方财富证券股份有限公司衢州须江路证券营业部】2022年，新开账户238户，客户5358户，年股基交易量172.5亿元，为国家和地方实现税收3784.9万元。年内，致力于构建人与财富的金融生态圈，打造互联网金融服务平台；以“为用户创造更多价值”为己任，让用户更简单、更安全、更高效地理财。全年走访企业50余次，引进上市公司证券托管市值超0.73亿元。

衢州市上市企业一览表

表24

序号	上市企业名称	上市时间	股票代码
1	巨化股份	1998年6月26日	600160.SH
2	江山欧派	2017年2月10日	603208.SH
3	仙鹤股份	2018年4月20日	603733.SH
4	牧高笛	2017年3月7日	603908.SH
5	五洲特纸	2020年11月10日	605007.SH

续表 24

序号	上市企业名称	上市时间	股票代码
6	永和股份	2021 年 7 月 9 日	605020.SH
7	新湖中宝	2021 年迁入衢州	600208.SH
8	华康股份	2021 年 2 月 9 日	605077.SH
9	恒盛能源	2021 年 8 月 19 日	605580.SH
10	浙江交科	2006 年 8 月 16 日	002061.SZ
11	金沃股份	2021 年 6 月 18 日	300984.SZ
12	天马股份	2022 年迁入衢州	002122.SZ
13	禾川科技	2022 年 4 月 28 日	688320.SH
14	科润智控	2022 年 7 月 13 日	834062.BJ

说明：以上衢州市上市公司名单截止时间为 2022 年末

2022 年衢州市证券机构一览表

表 25

序号	分支机构类型	分支机构名称
1	分公司	财通证券股份有限公司衢州分公司
2	分公司	浙商证券股份有限公司衢州分公司
3	营业部	财通证券股份有限公司衢州世纪大道证券营业部
4	营业部	财通证券股份有限公司江山中山路证券营业部
5	营业部	财通证券股份有限公司龙游人民路证券营业部
6	营业部	财通证券股份有限公司衢州常山大街证券营业部
7	营业部	财通证券股份有限公司衢州开化积魁路证券营业部
8	营业部	浙商证券股份有限公司衢州衢化学院路证券营业部
9	营业部	浙商证券股份有限公司江山南市街证券营业部
10	营业部	浙商证券股份有限公司开化芹南路证券营业部
11	营业部	浙商证券股份有限公司龙游荣昌大道证券营业部
12	营业部	国泰君安证券股份有限公司衢州柯城证券营业部

续表 25

序号	分支机构类型	分支机构名称
13	营业部	国泰君安证券股份有限公司衢州荷花中路证券营业部
14	营业部	申万宏源证券有限公司衢州县西街证券营业部
15	营业部	申万宏源证券有限公司常山定阳北路证券营业部
16	营业部	中信证券股份有限公司衢州新桥街证券营业部
17	营业部	方正证券股份有限公司衢州龙游人民路证券营业部
18	营业部	方正证券衢州世纪大道营业部
19	营业部	光大证券股份有限公司衢州白云中大道证券营业部
20	营业部	国信证券股份有限公司衢州白云北大道证券营业部
21	营业部	华金证券股份有限公司衢州花园东大道证券营业部
22	营业部	中国银河证券股份有限公司衢州须江路证券营业部
23	营业部	东方财富证券股份有限公司衢州须江路证券营业部
24	营业部	中航证券有限公司衢州五圣街证券营业部
25	营业部	中泰证券股份有限公司衢州须江路证券营业部
26	营业部	中金财富衢州花园大道证券营业部
27	营业部	湘财证券股份有限公司衢州灵溪路证券营业部

（赵含雨）

财政·税务

财 政

【概　况】2022年，衢州市财政总收入277.88亿元，同比增长2.1%；一般公共预算收入173.10亿元，同比增长5.6%，其中税收收入139.96亿元，同比增长0.1%；一般公共预算支出567.70亿元，同比增长9.6%。市本级（含两区）财政总收入144.42亿元，同比下降3.8%；一般公共预算收入87.42亿元，同比下降2.0%，其中税收收入70.66亿元，同比下降5.0%；一般公共预算支出264.22亿元，同比增长12.0%。全市及市本级财政收支平衡。市财政局以市级第一名的成绩成功申报中央财政支持普惠金融改革示范区，获市级机关部门（B类）综合考核优秀单位、全省规范化离退休干部党支部、2021年度全省企业职工基本养老保险工作考核优秀等次等表彰荣誉。

【收支管理】2022年，加强收支分析研判，注重结构优化，着力稳住收支运行基本盘。做好组织收入工作。围绕财源培植、收入组织，强化财税、财银、财审协同联动，打造“预测、执行、评价”全过程管理体系，确保完成收入目标任务。全市一般公共预算收入增幅位列全省第一。规范非税收入征缴。建立与资规、法院、公安、检察等部门合作交流机制，推动各执收单位应收尽收、应缴尽缴。建立动态通报、大额非税入库预告机制，全市实现非税收入413.09亿元，同比下降20.0%，其中纳入一般公共预算管理的非税收入33.14亿元，同比增长37.3%。优化财政支出结构。坚持党政机关过紧日子，压减非急需非刚性等一般性支出，削减“三公”经费预算。推行“公务餐”一件事改革，源头规范公务接待，全市减少公务接待支出30.0%。发挥政府投资项目评审职能，累计评审项目760个，审减资金10.67亿元。

【战略保障】2022年，保障“工业强市、产业兴市”“十个桥头堡”等重大战略任务落地实施，助力经济企稳回升向好。落实减税降负措施。承接增值税留抵退税政策，全市增值税留抵退税规模56.61亿元。取消政府采购领域投标保

2022年11月24日，全市清廉财政建设推进会召开

证金、降低履约保证金，减少企业资金占用10.84亿元。发放政采贷1901笔2.74亿元。落实国有房屋租金减免政策，为1205户承租户减免租金1583万元。强化政策集成落地。对照省“8+4”稳进提质经济政策体系，梳理形成衢州政策清单、项目清单、资金清单，兑现大科创、大商贸、大农业、大文旅专项资金15.90亿元。调整科创平台支持政策，落实9.64亿元资金，支持浙大衢州“两院”、电子科大长三角研究院（衢州）等科创平台建设。支持扩大有效投资。出台《衢州市政府产业基金管理暂行办法》，打造政府产业基金3.0版，全市政府产业基金规模104.00亿元，撬动社会资本115.82亿元，扶持招引时代锂电等产业项目落地衢州。争取政策性、开发性金融工具资金24.69亿元，支持衢丽铁路等项目建设。建立专项债券项目储备、审核、申报、督查机制，强化市县联动、部门协同，全市争取新增政府债券资金156.49亿元，年内支付进度100%。

【推进共同富裕】2022年，扎实推进共同富裕理论创新、制度创新、实践创新。推进扩中提低、强村富民、一老一小、家庭共富等领域小切口改革，重点攻关财政政策研究和项目工作。全市财政系统争取省财政厅试点12项，其中“一事一议”打造共富村等试点工作形成阶段性成果，3项试点工作在省厅年度最佳评选中获奖。推进基本医疗保险市域统筹，归集基本医疗保险基金102.98亿元，实现低收入群体医疗补充政策性保险全覆盖。建立企业职工基本养老保险省级统筹后地方政府责任分担机制。构建教育“双减”成本分担机制，投入5722万元，支持义务教育阶段课后服务。开展财金协同支农数字化改革，打造“聚财兴农”应用场景，促进涉农资金直达基层。“统筹推进连片发展、建设共富未来乡村”等2个案例分别获评全省、全市首批共同富裕“最佳实践”。

2022年2月16日，浙江省财政厅有关负责人到衢州开展“扩中提低”专题督查调研

【保障民生事业】2022年，全市民生支出395.51亿元，增长9.5%，占一般公共预算支出的69.7%。推动教育事业发展。落实义务教育经费保障机制，将市级义务教育学校中小学生均公用经费分别调整为1250元/(人·年)、1050元/人·年。投入5500万元，支持衢州学院创建硕士学位授予单位、衢州职业技术学院建设高水平高职院校。完善社会保障体系。探索实施与企业稳岗扩岗相挂钩的财政补贴政策，全市兑付企业失业保险稳岗返还补贴1.36亿元。将基本公共卫生服务财政补助标准提至97元/(人·年)。支持文旅融合发展。落实7000万元，支持“南孔圣地·衢州有礼”城市品牌建设。落实健身驿站、南孔书屋与建设运营资金8109万元，支持打造“15分钟品质文化生活圈”。推进衢黄南饶“联盟花园”区域协作平台建设，投入1800万元，带动区域资源共享、产品共拓、客源互送。

【优化财政管理】2022年，加强数字赋能，深化财政改革和风险防控，推动财政管理提质增效。打造数字财政。上线“大三农”直达监控、政府投资项目智慧化评审、政府采购数据共享等数字应用，以数字赋能财政治理。实现市级210家预算单位预算管理一体化系统、全市所有公立医院和乡镇卫生院电子医疗票据改革“两个”

全覆盖。依托资产云平台，打造“公物仓”模块，调配闲置资产4615件，节省财政资金2151万元。规范绩效管理。健全以绩效为核心的资金管理机制，取消市级低效或无效预算项目91个，调整不合理预算项目166个，核减预算资金2.95亿元。加强直达资金动态监控管理，直达资金分配进度、支出执行进度分别位列全省第一位、第四位。强化风险防控。实施防范化解地方政府隐性债务风险专项行动，稳妥有序化解存量隐性债务。出台衢州市本级地方政府性债务风险应急处置预案，严格落实“三个不得立项”，切实筑牢新增隐性债务防线。完善社保风险准备金筹措机制，全市筹集年度社会保障风险准备金22.91亿元。列明公务支出公款消费正负面清单七方面138条，加强基层财务管理。

（何昳彦）

税　务

【概　况】2022年，衢州市税务系统组织税费收入624.5亿元，同比增长25.7%。全年落实新的组合式税费支持政策91.66亿元，办理出口退税28.23亿元，实现经济税收协调发展。年内，市税务局获全国“节约型机关”称号，市税务局老干部科获全省老干部工作先进集体称号，江山市税务局、开化县税务局获“浙江省青年文明号”称号，全年获得市县级以上荣誉62项。税收宣传视频获全国青少年普法视频二等奖、全国税收公益广告三等奖等奖项。

【税收征管】2022年，稳步推进国家税务总局《关于进一步深化税收征管改革的意见》直报联系点和精准监管专项试点。统筹推进省税务局8个“揭榜挂帅”项目，均达到可推广水平，其中，上线企业社保费注销协同联办平台，在全省率先实现企业社保费注销“零次跑”“掌上办”。有序推开全电发票受票扩围试点工作，开展出租车电子发票“县县通”行动，在全省率先实现出租车电子发票市域全覆盖。迭代升级“税收智治”平台，一站整合41个部门6.6亿条涉税数据，编制297项数据分析指标，动态更新重点行业风险模型，新增入库税款1.48亿元。全面落实税收法定原则，推动《印花税法》平稳落地。

【优化税收营商环境】2022年，开展便民办税春风行动，细化实施130项便民办税缴费措施，联合市县两级工商联召开税企恳谈会8场次，在全市设立营商环境监测点260个，组织开展“一把手走流程”“税务体验师”等活动，走访服务纳税人7.58万户。深化银税合作，为全市3866户小微企业授信36.05亿元。推进“办问协同”模式，打造“三衢智税”云服务中台，联合邮政集团设立“税邮微厅”，联合市营商办、住建局等部门全面实现代开私房出租普通发票业务和增量房、存量房交易申报业务“掌上办”，全市综合网上办税率97%以上。

【税务稽查】2022年，深入推进行政执法“三项制度”，全面实行“首违不罚”清单，严格落实税收执法责任制，全年完成各类督察审计项目6个。严厉打击涉税违法行为，成立实体化运转的警税联合办案研判中心，实现统一接案、联合执法和集中办案。全年稽查立案检查295件，查补收入3.13亿元。

【红色税务】2022年，聚焦党的二十大精神，部署实施“六学五讲四争做”（领导干部示范学、基层组织全面学、青年干部创新学、线上线下结合学、“追随足迹”现场学、交流研讨深入学，党委班子带头讲、支部书记专题讲、“80·90·00”巡回讲、先进典型示范讲、万名党员基层讲，积极争做“学习宣传”标兵、积极争做“实干创新”标兵、积极争做“服务群众”标兵、积极争做“崇德向善”标兵）学习实践活动，开展“税收现代化服务中国式现代化”大讨论。持续推进清廉机关、模范机关“双建争先”工程，在地方党建考核中稳居同级各部门第一方阵。推动成立2个“红色地标”党建联盟，连续4个季度在全市“赛马比拼”中获得“强基之星”称号或优胜奖。

（陈　述）

经济管理

综 述

【概 况】2022年，衢州市发展和改革委员会(以下简称“市发改委”)锚定建设四省边际中心城市、争当“两个先行”示范窗口的奋斗目标，推动经济社会平稳健康发展，主要经济指标增速位居全省前列，改革创新亮点纷呈，开放格局不断打开。全市固定资产投资增长17.7%，投资总量1043亿元，连续4个季度获得投资赛马激励。规上服务业营收229.88亿元，增长15%，位居全省第一。累计开展向上对接245批次，对接588人次，取得常山江航电枢纽项目建议书成功获批等一批对接成果。完成57个年综合能耗5000吨标煤以上工业固定资产投资项目节能审查批复，腾出33.26万吨标准煤存量用能空间。全力推动以县城为重要载体的城镇化建设，打造推动高质量发展的重要载体。

【机构改革】2022年，根据中共衢州市委机构编制委员会《关于调整山海协作、区域合作职责及相关机构编制的通知》，市招商投资促进中心有关职责划转至市发改委，机关增设区域协调发展处(挂九方秘书处牌子)，核增科级领导职数1名(正科长级)；核增衢州市对口支援和区域合作中心事业编制2名。9月30日，根据中共衢州市委机构编制委员会办公室《关于调整衢州市发展和改革委员会内设机构职责的复函》，对区域协调发展处、发展战略和规划处、农业和城镇发展处有关职责事项作出相应调整。提拔任用2名正科级干部、3名副科级干部，新招录公务员2名、事业人员2名、事业人才引进1名。

计划管理

【概 况】2022年，牢牢把握“疫情要防住、经济要稳住、发展要安全”三件大事，全力打好稳进提质、塑造变革、改善民生等“组合拳”，加快四省边际中心城市建设，推动衢州高质量发展。

【要素保障规划与实施】2022年，衢州机场迁建项目双跑道建设通过专家论证，四省边际中心城市、衢黄南饶联盟花园、常山江航道整治等一批衢州元素、衢州项目纳入《2022年浙江省推动长三角一体化发展工作要点》。政策性、开发性金融工具，争取项目10个、基金额度24.68亿元，实际投放9个项目、额度23.9亿元，投放率96.8%，居全省第一。设备更新改造贷款财政贴息，争取项目36个、27.1亿元，实际投放5.76亿元。地方政府专项债券，争取项目197个，资金需求200.9亿元，实际发行148个、债券额度115.4亿元，个数、额度均创历史新高，开工率、支付率全省领先。中央预算内投资方面，争取项目21个，补助资金8.2亿元。

【融入长三角一体化发展】2022年，全市深度融入长三角一体化高质量发展成效明显，获省政府督查激励。深度融入义甬舟开放大通道枢纽一体化协同发展，打造义甬舟开放大通道第三核。全省义甬舟开放大通道建设现场会在衢召开，衢州市义甬舟西延开放枢纽获批综合性战略平台。深入开展浙皖闽赣生态旅游协作，95联盟大道衢州段全线贯通，80个核心景区开展互为“免费游”活动，衢黄南饶“联盟花园”建设、衢饶共建省际产业合作平台两个案例分别入选浙江省推进长三角一体化发展最佳实践第一批、第二批名单，获奖补资金500万元。联合省发展规划院完成《创新省际合作建设四省边际中心城市研究报告》，明确将创新省际合作作为全面融入长三角、承接一体化红利的重要载体和工作重点。

【浙赣边际合作(衢饶)示范区建设】2022年，衢州、上饶两市发改委联合印发《浙赣边际合作(衢饶)示范区建设2022年工作要点》，在推进基础设施配套建设、推进产业入园和招商引资、完善规划体系、强化要素保障四个方面进行部署安排。常山县与玉山县签订《战略合作框架协议》，明确合作原则、合作目标、合作重点、合作机制等内容，并梳理第一批24项任务清单。启动浙赣边际合作(衢饶)示范区“水、电、路、气”等基础设施配套项目建设。

【对口支援合作】2022年，高质量推进对口支援、东西部协作和对口合作各项工作。实施援疆项目34个，安排援疆资金2.8亿元，青少年活动中心、电商产业基地、乌什衢州高级中学等大型基建项目相继完工，持续推进“十城百店”工程，年内共销售农特产品9600吨，实现销售收入1.3亿元，扎实推进8090南孔文化宣讲工作，打造文化浸润衢乌样板。坚持“1+2+4”结对帮扶模式，持续深化推动衢绵东西部协作工作任务落地落实，柯城和北川作为代表通过东西部协作国家考核，“诊间支付”“衢绵通办”“3‘三’教育”入选省级案例，打造共建产业园区6个，11家入驻企业年度投资8289万元，协同绵阳市开展“绵品出川衢州行”活动，实现线上线下销售金额589万元，签订购销协议17个，签约金额5.7亿元。完成吉浙(公主岭)产业园建设规划编制，推动公主岭市汽车产业对接浙江资源，引入浙商汽车零部件制造企业16家，总投资10亿元，年产值超18亿元，税收贡献超1亿元。

【经济和社会发展计划执行情况】2022年，衢州市地区生产总值同比增长4.8%，第一、二、三产业增加值分别增长3.6%、6.2%、3.8%。固定资产投资增长17.7%，其中制造业投资增长60.3%。社会消费品零售总额增长4.6%。货物贸易进出口额增长24.3%。一般公共预算收入（自然口径）增长5.6%。全体居民人均可支配收入、城镇及农村居民人均可支配收入增速分别为6.1%、5.3%、7.5%。研发经费支出占地区生产总值比重2.2%。新增城镇就业3.08万人，调查失业率控制在5.5%以内。居民消费价格涨幅2.5%。

项目投资

【概　况】2022年，衢州市上下开展扩投资优结构攻坚行动，借力“三重机制”，打好周监测、半月调度、每月“红黄绿”三色预警等组合拳，全力抓好投资落实。全年固定资产投资增长17.7%，跃居全省第一。投资结构不断优化，5个结构性指标4个高于全省平均水平，其中制造业投资增长60.3%、高新技术产业投资增长116.4%、民间项目投资增长29.9%，均位居全省第一；生态环保、城市更新和水利设施投资增长42.2%，全省第二；交通投资下降5%，位居全省第八。连续4个季度获全省投资“赛马”激励。

【重大项目攻坚】2022年，制定出台《衢州市扩投资优结构攻坚行动方案》，建立扩投资优结构攻坚行动专班，完善一周一例会、半月一协调、一月一分析机制，上线运行“项目通”，全方位、全流程监测推进重点项目。攻坚“百个前期”“百个问题”重大项目，编制“一项目一方案”，实行市县领导领衔挂联服务推进机制，对重大项目做到资金、能耗、土地等要素应保尽保。945个市重点项目完成投资1351亿元，完成年度计划投资的119%。66个省集中开工项目开工率100%。省“4+1”重大项目开工率100%、位居全省第一，投资完成率121.6%。

2022年1月5日，全省扩大有效投资重大项目集中开工衢州活动现场——江山市溪东村保障房建设项目

【争取要素保障】2022年，紧抓政策机遇，向上争取成效显著。资金方面，争取政策性开放性金融工具项目10个，基金额度24.68亿元，投放23.9亿元，投放率96.8%。设备更新改造贷款财政贴息项目36个，通过国家发改委审核27.1亿元。地方政府专项债券累计发行148个、债券额度115.4亿元，较上年增加36.7亿元，个数、金额均创历史新高。中央预算内投资项目21个，补助资金8.2亿元。用地方面73个项目列入省重点项目计划，其中29个独立选址项目拟争取用地指标4.3万亩。7个项目列入省重大产业计划，涉及奖励用地指标778亩。积极争列“三区三线”补划，78个涉及3.216万亩稳定耕地列入省带帽核减永农任务，切实解决项目用地问题。

【重大活动载体】2022年，举办重大制造业项目开工仪式和重大项目集中签约活动。瑞泰年产30万吨锂电材料、天赐年产4.1万吨锂电池材料等2个重大制造业项目奠基开工；全市63个、总投资824亿元招引项目集中签约。举办全市扩大有效投资暨重大项目谋划专题研讨班，围绕产业发展、项目谋划、向上争取、要素保障、统计入库等项目工作的重点难点，系统开展项目工作业务培训。组织开展全市重大项目谋划落地PK赛，谋划形成制造业、文旅、基础设施等领域重大项目102个、总投资1305亿元，进一步充实重大项目储备库。

能源建设

【概　况】2022年，能源工作重点突出，抽蓄、光伏、电网设施等能源重点项目落地见效，能源运行调节、能耗双控工作等取得新成效。

【能源运行调节】2022年，衢州市能源消费总量1386.1万吨标准煤。全社会用电量225.05亿千瓦时，同比增长6.86%；全市发电总装机容量549.80万千瓦(含省统调电厂，其中光伏总装机222.625万千瓦)，同比增长10.95%；全社会发电量114.99亿千瓦时，同比增长0.14%，其中光伏发电量19.44亿千瓦时，同比增长25.87%。天然气全年用气量8亿立方米，同比增长0.5%；市域内有3条长输管道，总长度477.1千米，2022年输气量20.4973亿立方米、下载油量86.7万吨、往江西输油量77.6万吨，有高后果区113处，运行平稳。

【能耗双控】2022年，严格落实“十四五”能耗双控工作要求，优化能耗双控制度，根据经济发展、重大项目投产时序等因素，合理安排能耗强度下降进度。全面落实用能预算管理，衢州市列入全省用能预算管理工作首批试点市，切实做好“节能降碳e本账”重大应用省市贯通；深入挖掘节能潜力，全年腾出存量用能空间33万吨标准煤。坚决遏制“两高”项目盲目发展，对单位工业增加值能耗高于全省控制目标的新增能耗项目，严格落实能耗减量或等量替代措施，对新增用煤项目，严格实施煤炭减量或等量替代政策。“十四五”新增能耗指标跨年度跨地区统筹使用，全力做好优质项目能耗指标保障，全市完成年综合能耗5000吨标煤以上工业固定资产项目节能审查批复57个，涉及能耗总量134.2万吨标煤，平均单耗0.41吨标煤/万元；江山碳一、鹏辉能源储能电池、吉利电芯等一批重点项目用能获省发改委支持。加强事中事后监管，对30家重点用能单位开展节能监察；开展重点行业节能降碳专项监察行动，对8家水泥熟料生产企业开展专项监察。

【**支持绿色能源发展**】2022年，编制印发《衢州市加快推进能源绿色低碳发展和保供稳价工作三年行动方案》。扎实推进重大能源项目建设，全年完成投资35.3亿元，完成率138.9%。衢江抽蓄主体工程正式进场施工，全年完成投资6.34亿元；乌溪江混合抽蓄基本具备核准条件；柯城、江山、衢江蛟垄等3个抽蓄项目均完成预可研报告审查，其中江山抽蓄已完成三大专题审查。大唐吕岗、华电上余、国能开化等3个地面电站建成并实现部分并网，新增光伏并网装机容量41.47万千瓦，为历年来首次突破40万千瓦。以即申即享方式完成31个工商业屋顶光伏项目723万元补助资金兑现，扶持清洁能源产业发展，助力企业节能降碳。

【**电力稳定保供**】2022年，编制完成电力保供方案，成立电力保供专班，以"既要做好负荷压降工作，又要保住重点经济指标"为目标，连续执行有序用电19天，期间开展移峰填谷，充分发挥全社会节电助力作用，实现"降负荷不降电量"。开展空调、景观亮化负荷柔性调控以及分路负荷控制改造工作，具备2.5万千瓦调控以及12万千瓦可中断能力。优化制定电力需求响应补贴政策。在省级补贴金额的基础上，对成功参与企业补足补贴至4元/千瓦时，进一步激发企业错峰用电的积极性。

【**推进电力市场化交易**】2022年，高质高效做好电力市场化交易政策贯彻和推进，全面开展政策宣传培训，强化交易指导和分析，确保全部工商业用户平稳入市，其中1543户电力用户完成自主签约，均未触发1.5倍电价。争取助企纾困政策，成功申请减免企业因受疫情影响而产生的电量偏差考核，惠及企业178家，减免费用177.97万元。

【**完善能源应急机制**】2022年，完成《衢州市大面积停电事件应急预案》《衢州市石油天然气长输管道突发事件应急预案》修订，完善能源领域突发事件应急机制，提高应对效率。

【**支持新能源汽车充电基础设施建设**】2022年，印发《衢州市2022年度中央财政节能减排补助资金（新能源汽车充电基础设施奖励）使用方案》，兑现补助资金1193万元。全年新建公共领域充电站71座，充电桩1048个。完成6个老旧小区的充电桩建设布点、7个小区充电桩供电配套"整体加装"。实现全市高速公路服务区充电基础设施100%全覆盖。

【**长输油气管道安全管理**】2022年，强化对第三方施工管控，重点做好浙西窗口衢州服务区南北通道第三方施工管控工作，防范化解风险。持续加强对油气长输管道安全生产监督管理，及时组织开展天然气长输管道突发事件应急演练，业务培训以及现场检查等工作，最大限度防范化解重大风险隐患，全力确保人民群众生命财产安全，社会和谐稳定。

【**公共机构节能管理**】2022年，开展"零碳"公共机构创建，以先进示范单位创建，引领全市公共机构节能工作。推进能源监控平台建设，强化公共机构能耗统计工作，加强节能目标管理控制，抓好节能管理体系的构建完善，公共机构实行人均能耗下降率目标管理。开展全国节能宣传周活动，倡导勤俭节约的社会风尚，形成节能低碳的办公和生活方式。

生态环保

【**概　况**】2022年，创新以共富为导向的生态资源全流程标准化开发模式，开展"一县一品"生态共富"标准地"改革试点，初步打通生态资源开发各个环节堵点，碳账户体系建设从"建"到"用"，从金融单一应用到各领域广泛应用，持续实现迭代升级。

【**推动长江经济带发展**】2022年，针对国家长江办移交的问题，衢州成立以市政府主要领导为组长的整改工作领导小组，按照"一点一方案"的要求完成整改。大气环境质量在全国168个重点城市中排名第23位，提升4位，地表水环境质量在全国339个地级及以上城市中排名第16位，创历史新高。

【加快推进碳账户体系建设】2022年,碳账户体系建设持续推进,覆盖工业、能源、建筑、交通、农业、居民生活、林业碳汇七大领域碳账户239.6万个,全国首创碳智能监测的核算评价体系。碳账户省市共建已实现数据贯通,部分实现标准贯通,率先上线的碳账户金融、用能预算化管理、大宗货物"公转水"在线等应用,在全省推广或在省平台上线。其中碳账户金融推出55款碳金融专属产品,累计发放碳账户贷款533亿元。依托碳账户,衢州市获批国家林业碳汇试点城市、部市共建全国绿色低碳农业先行区、国家绿色出行创建城市,龙游县、衢江区成功创建省级低碳试点县。应邀在国家发改委国际合作中心"双碳"高层论坛、联合国气候大会、低碳转型融资国际高级别政策论坛等会议上介绍碳账户。衢州碳账户工作被写入生态环境部发布的《中国应对气候变化的政策与行动2022年度报告》。

【做大"碳经济"规模】2022年,全市牢牢把握"双碳"背景下的产业发展机遇,坚定不移地走生态优先、绿色低碳发展道路,激活市场主体,发挥市场力量,做大"碳经济"规模。在发展"碳产业"方面,紧抓碳达峰前产业转型的"最后窗口期",大力发展新能源、新材料、节能环保等"双碳"受益产业。相继落地时代锂电、吉利动力和储能电池等一大批重大项目,5个抽蓄项目纳入国家能源局"抽水蓄能中长期发展规划",其中4个为"十四五"重点实施类项目。在创新"碳服务"方面,成立国资主导的"双碳"公司,与上海碳市场签订战略合作协议,导入吉利集团等市场主体,开展企业碳资产管理服务,创新节能绿能储能一体化服务模式,探索第三方投资的节能绿能储能整体解决方案。市市场监管局、柯城区与虎哥公司合作开发"零废生活"应用,探索垃圾回收市场化运营机制,回收生活垃圾2.2万吨、实现碳减排2.9万吨,帮助闲置劳动力家门口就业增收1127万余元,促成投资5.6亿元的数字"零碳"产业园落户衢州。

【塑料污染治理】2022年,制定印发《衢州市塑料污染治理2022年重点工作清单》,出台全国首个《居民碳账户生活垃圾资源回收碳减排工作规范》。将塑料制品纳入可回收物资,打通塑料回收量与碳减排量之间的转化通道,使得个人治塑行为"有规可依"地量化为个人碳积分,鼓励个人循环利用。将塑料垃圾分类回收、农药废弃物农膜回收等任务纳入"无废城市"建设工作内容,以"无废城市"建设为抓手推进各项禁限塑料措施落实。利用各类大型活动、公共载体宣传塑料污染治理工作,累计开展各类形式的宣传活动20余场,各类经营主体签订"限塑"承诺书1002份。

服务业发展

【概　况】2022年,围绕服务业高质量发展,构建"342"(优先发展新型消费业、文化旅游业、健康养老业等3大品质生活服务业,着力发展现代金融业、科技服务业、软件信息业、人力资源服务业等4大生产性服务业,优化发展现代商贸业、物流服务业等2大商贸流通业)现代服务业产业体系,打造四省边际现代服务业桥头堡,实现服务业逆势进位,成为经济社会发展的主引擎。

【服务业指标争先进位】2022年,市委书记高屹专题调研服务业发展工作,召开全市服务业高质量发展会议,提出构建"342"现代服务业产业体系,印发《衢州市服务业高质量分工抓落实方案》,成立衢州市现代服务业发展工作领导小组,强化统筹,合力推进全市现代服务业高质量发展。全年服务业增加值1036.12亿元,首次突破千亿元,同比增长3.8%,增速全省排名第二,占地区生产总值比重51.7%,拉动地区生产总值增长2%。规上服务业营收实现229.88亿元,增长15%,增速全省排名第一,实现服务业重点指标排名争先进位。

【服务业企业纾困工作】2022年,成立促进服务业领域困难行业恢复发展工作专班,全力推动国家、省服务业纾困各项政策落地落实落细,部分政策落实上级要求顶格制定，服务业企业减免“六税两费”金额3.67亿元、增值税加计抵减金额6695万元、其他税费减免900万元，旅游保证金100%退返，服务业企业国有房屋租金全部完成减租工作，提前一个月完成省定任务。

【物流降本增效】2022年，印发《衢州市物流降本增效2022年工作安排》，安能·常山众卡产业园省物流园区提质增效试点通过省级验收，推进天子股份、衢州农商城、常山艾佳果蔬等首批省冷链物流骨干基地（园区）建设，衢州新农都被列入第二批省级冷链物流园区。

【消费提质升级】2022年，印发衢州市2022年促进消费十件实事，全年31项重点工作均较好完成，促进消费重点项目完成投资44亿元，完成年度计划的105.6%。

【服务业能级提升和数字化工作】2022年，推进柯城区供应链数字贸易创新发展区、衢江区数字贸易创新发展区、龙游县现代服务业创新发展区等首批现代服务业创新发展区，智慧新城现代服务业创新发展区、常山县科技服务现代物流创新发展区列入省第二批现代服务业创新发展区。开展全市服务业领域产业大脑和特色应用场景的征集活动，并组织申报省级服务业领域产业大脑和特色应用场景，龙游乡村物流智达通列入省级服务业领域特色应用场景。巨化物流列入省“降本增效e物流应用场景”——电子回单试点，并参与电子回单相关标准制定。

经济改革

【概　况】2022年，着力推进经济体制改革，协调推进社会事业发展，坚持在高质量发展中促进共同富裕，聚焦产业融合、平台共建、乡村振兴等重点领域，形成一批标志性成果。

【健全收入分配制度改革】2022年，编制印发《衢州市“扩中”“提低”行动方案》，为加快构建橄榄型分配格局提供政策保障。“扩中”方面，开展新产业工人培训、工匠队伍培养、新农人培育等“三培”行动，实施新蓝领培训8.1万人次、新农人培育1.02万人次、星级工匠评定近5000人，成功打造农民画、衢州月嫂、衢州大厨、衢州工匠等特色品牌。“提低”方面，开展“农业龙头企业+”产业致富、开发公益性岗位就业致富、推进异地搬迁转移共富等“三富”行动，开发公益性岗位5024个、异地搬迁11456人。城镇居民和农村居民人均可支配收入增速，分别位列全省第一、第二。

【促进公共服务优质共享】2022年，坚持用“小财政”办好“大民生”，不断提升群众的获得感和幸福感。教育方面，纵深推进职业教育“五统筹”改革，一县一特色，实体化运作浙闽赣皖四省边际职业培训联盟。稳步推进“双控”“双减”，率先实现全市域学科类培训机构100%压减。医疗方面，树兰（衢州）医院正式开业，温州医科大学、浙江中医药大学合作项目顺利实施，江山市人民医院、衢州市第二人民医院、开化县中医院创成三级乙等医院。

【健全“一老一小”服务体系】2022年，出台《衢州市“一老一小”整体解决方案》，持续完善养老托育服务体系。推进“浙里善育”体系改革，研究制定《衢州市关于优化生育政策促进人口长期均衡发展的实施意见》，启动国家儿童友好城市创建工作，全市每千人口托位数3.93个，居全省前列，争取到普惠托育中央预算内投资项目4个、中央资金140万元。加快推进“老有康养”建设，探索推动养老服务“爱心卡”试点，全市新建共享食堂75家，实现城镇社区助餐、配送餐服务全覆盖。印发实施《衢州市乡村生活馆建设行动方案（2022—2027年）》，创新提出乡村公共服务27项标配和27项选配服务清单，建成全市首批18个乡村生活馆。

【加快城乡融合发展】2022年，推进未来社区、未来乡村建设，柯城余东、龙游溪口、开化下淤等3个未来乡村被列入全省首批未来乡村名单，全市有32个未来乡村被列入省级前两批创建名单，未来社区创建总数48个。10月28日，召开以县城为重要载体的城镇化建设推进会，加快推进以人为核心的新型城镇化，推动人口集聚、公共服务优质共享，助力共同富裕示范区建设。开展《以县城为主要载体加快城镇化建设推进公共服务优质共享》课题调研，形成专题报告，获省长王浩批示。

【强化社会治理创新】2022年，深化“县乡一体、条抓块统”改革，成功争取基层智治大脑市级节点试点等省级重要改革试点，基层智治系统建设排名各设区市第一，基层智治综合应用在全省数字化改革推进会上作典型发言。推进“大综合一体化”行政执法改革，率先构建全市域“1+5”（综合执法＋市场监管、生态环境、交通运输、应急管理、卫生健康）行政执法体系，执法领域信访投诉量同比下降近30%。承办全省“大综合一体化”行政执法改革暨深化基层管理体制改革推进现场会。

【迭代数字社会改革】2022年，围绕数字社会系统架构3.1，体系化推进7项重大改革，迭代上线28个应用场景。“邻礼通”获评全省数字化改革最佳应用，衢州协同推进的浙里民生“关键小事”智能速办、浙里急救、“数智山海”医疗协作等3个应用获评全省数字化改革最佳应用。“共富培训在线”纳入省数字社会典型案例集。“智享用工”纳入“一地创新、全省共享”一本账。新生儿参保登记等3个地方创新“关键小事”迭代进入省浙里民生“关键小事”智能速办清单，入选数量全省前三。首创的浙里民生“关键小事”智能速办宣传视频被全省推广，形成宣传上的“一地创新、全省共享”。8个应用在全省复制推广，形成《数字社会助推共同富裕路径》等制度文件23个、制定标准化文件4项。获得省级以上领导批示21次。龙游县翠光社区、常山县文昌社区、柯城区余东村、龙游县蒲山村获最暖家园。《浙江常山——关爱“常”在》等亮点工作被央媒宣传报道；《浙江衢州柯城迭代升级“三民工程”打造线上线下联动的社区治理新模式》在浙里改刊登，并上报中改办；《开化未来乡村——“硬核”改革向未来》等被《浙江日报》等媒体报道。

【深化山海协作工程】2022年，全市实施山海协作产业合作项目179个，实现到位资金202.5亿元，覆盖新材料、新能源、集成电路、智能装备、生物医药、文化旅游等多个领域。浙江时代锂电材料国际产业合作园、吉利“三电”等一批重大项目加速落地。分布在杭州、绍兴、宁波等地区的6个山海协作“产业飞地”，全部进入实质性运作，全部完成首轮资金注入，全部实现入园项目开工，23个入园项目实现到位资金36.6亿元。其中柯桥—江山“产业飞地”总投资100亿元的光学级功能性膜材料项目被列入省特别重大项目。以《2022年衢州市推进26县跨越式高质量发展重点工作任务清单》为抓手，统筹市、县两级力量，推进落实110项重点工作，制定13项配套扶持政策，全市重点项目完成投资1351亿元，禾川科技成为山区26县首家科创板上市企业，6个山区县的“一县一业”实现总产值333.32亿元、特色生态产业平台实现到位资金40.57亿元。

【“两山合作社”改革继续领跑】2022年，创新生态产品价值实现机制，流转归集总价值26.9亿元的农村闲置半闲置资源，包装整合99个项目，并开工91个，累计完成投资37.7亿元。探索创新生态“标准地”开发建设模式，累计出台65项全流程标准化开发政策文件，按照生态通、产权通、配

2022年12月14—15日，全省义甬舟开放大通道建设现场推进会在衢州召开

套通、信息通、金融通、共富通的“六通”要求,开工建设生态“标准地”开发项目47个,招商成功43个,招商成功率91%。全国首创生态账户、生态资源入股分红、生态产品抵质押贷款、生态占补平衡交易等机制,完成全国首笔生态占补平衡市场交易,全市新增生态产品金融授信36亿元。常山县在2022年2月召开的浙江省高质量发展建设共同富裕示范区推进大会上作交流发言,介绍以“两山合作社”为平台,促进山区共同富裕的典型案例。

物价管理

【概　况】 2022年,坚持稳中求进总基调,推进重点领域价格改革、完善价格机制,严格落实助企纾困政策。深化资源、殡葬、教育等领域改革,提升社会公众满意度。实施电力接入工程,用电、用气、用水“欠费不停供”等价格优惠政策,涉及企业及个体工商户超4万户,涉及优惠资金累计约1.5亿元。

【资源领域改革】 2022年,推进实施电力接入工程优惠政策。协调落实政策真空期项目工程退费事项,会同营商办完成电力接入工程分担机制数字化平台,全年服务低压小微企业12246户、高压中大型企业18户,减少接电成本超1.21亿元。严格落实按现行标准的80%收取水资源费、水土保持补偿费、人防工程异地建设费,全年优惠1942.3万元。对受疫情影响暂时出现生产经营困难的小微企业和个体工商户,设立6个月用电、用气、用水费用缓缴期,缓缴期间免收欠费滞纳金。全年有31104家企业享受欠费不停供政策,涉及资金1303.3万元。协调蒸汽价格矛盾,供热企业让利超800余万元,妥善解决市区供用汽双方供汽价格矛盾。牵头建立违规收费专项整治动态工作交流机制,成立涉企违规收费专项整治综合工作小组,统筹推进交通物流、教育、财经、水电气、金融、行业协会商会、行政审批中介6个领域专项整治。全年退还176万余元,主动减免和降低收费300余万元。

【殡葬服务改革】 2022年,在市区殡葬基本服务全流程免费基础上,进一步规范殡葬服务和公墓收费管理。殡葬服务收费,基本服务收费取消遗体消毒和普通花圈租赁;延伸服务项目由原来的24项减少至10项。公墓服务收费,第一公墓新增组合墓、新静苑墓两种墓型,墓穴使用费分别为19800元和23800元;第三公墓艺术墓墓穴使用费由原来的8万元下调至4.8万元。引导殡葬服务回归公益性,深入推进移风易俗,提供惠民利民社会服务。

【教育收费改革】 2022年,科学合理调整民办高中学费标准,开展衢州博文中学、衢州市仲尼中学、衢州市求益中学三所民办高中2021年度生均教育成本监审工作,推进市区民办高中收费标准调整政策平稳出台。指导各县(市、区)开展公办园放学后园内托管服务成本调查,推进公办幼儿园放学后园内托管服务收费政策,规范幼儿园收费。

【农业水价改革】 2022年,根据全省农业水价综合改革部署和安排,推进出台乌溪江引水工程灌区(衢州片)农业水价调整政策,取消基本田亩收费方式,全部采用按立方米计量方式,按立方米计量标准调整为0.047元/立方米。

【价格服务】 2022年,积极向上对接,为企业争取政策。与省发改委价格处对接关于生活垃圾发电补贴、上网电价等事项近10次,为光大环保处理嘉兴生活垃圾争取国家补贴,明确峡口电站上网电价;及时反馈咨询,解答群众关于天然气、物业收费、停车收费等政策咨询问题30余个。

【成本调查监审】 2022年,准确核定经营者成本,夯实成本数据,完成天然气配气成本、民办高中生均教育成本、出租车运营成本等监审项目10个,出具成本监审报告10份,核减不合理成本1.9亿元,为制定价格调整政策提供有力数据支撑。开展早籼稻、农户种植意向、农资购买情况、农户存粮情况、生猪情况等成本调查工作,被国家发改委评为“2019—2021年全国农产品成本调查工作先进集体”。

（毛阳炎）

国有资产监督管理

【概　况】2022年,衢州市人民政府国有资产监督管理委员会(以下简称"市国资委")深入贯彻党的二十大、省第十五次党代会、市第八次党代会精神,扎实做好国资国企改革发展和党的建设工作,积极推动国资国企功能重塑、制度重塑、优势重塑,为打造十个"桥头堡"、建设四省边际中心城市贡献国资国企力量。截至2022年底,市属国企资产总额达到2150亿元、净资产975亿元、营收160亿元,较2021年分别增长24%、14%和59%,增幅均列全省第一,高标准实现"保五争三拼第一"目标。

【服务大局】2022年,国资国企始终在紧贴中心、顺应大势中找准定位、搭建舞台,不断拓展平台与空间。保障重大项目建设,主动融入工业强市、现代交通、城市有机更新、未来社区建设等战略任务,推动浙大衢州"两院"、电子科大长三角研究院等一批重大项目建成投运。推动产业基金招大引强,投资项目12个,为时代锂电、金瑞泓等争取国家和省级产业基金38亿元,撬动各类社会资本116亿元。推动市属国企实施项目245个,完成投资264.05亿元。指导6个县(市、区)分别与6家省属国企签订124.9亿元项目投资协议。充分发挥国资国企在大战大考中的顶梁柱作用,全面推动助企纾困,为6200余户中小微企业提供担保近45亿元,为5700余户个体工商户和小微企业减免租金近1亿元。出动1.5万多人次奋战一线,积极参与抗疫、创文等重大任务。

【改革攻坚】2022年,以深化国企改革为突破口,以数字化改革为攻坚点,努力改出更强活力、更高效率、更好机制。国企改革三年行动圆满收官,完成外部董事选派、专职监事委派,大花园集团参与的"两山合作社"改革获评全省国资国企改革最佳实践案例。谋划启动进一步深化国资国企改革,出台《进一步深化市属国资国企改革的实施意见》和《衢州市市属国企主责主业整合工作方案》,明确国资国企未来改革发展的时间表、路线图。稳步实施混合所有制改革,先后引入阿里巴巴、太平洋医疗、安恒信息、同程旅游等优质资本参与衢州东方集团、信安数智公司混合所有制改革,探索核心员工持股,指导信安数智公司成功入选省级科改示范行动名单,公司营业收入、利润总额、科研经费投入与混改前相比分别同比增长113.6%、22.25%、90.5%。数字化改革扎实推进,对标国资监管数字化、企业运行数字化、惠民服务数字化"三条跑道",推动国资监管系统和智慧水务、智慧公交、"联盟花园"一码游等应用建设。

【布局优化】2022年,聚焦"工业强市、产业兴市"战略,组建衢州工业发展集团;聚焦打造四省边际人才科创桥头堡战略,组建市人才(科创)发展集团;聚焦国资国企发展战略,组建"双碳"公司、国贸集团等。推进评级工作,新增AA+企业2家(衢控集团、工业集团),AA企业1家(衢江农投);实施国企发展能力提升工程,新增300亿元国企4家(衢控

2022年5月31日,市国资系统举办"全企一体 双融共促"工程推进会暨第一次"比晾晒"活动

2022年，由衢通集团投资建设的智慧产业园项目一期至六期投入使用

集团、市交投集团、工业集团、衢江控股），500亿元以上1家（衢州资本）。开展国企低效无效资产处置专项行动，处置全市国企低效无效资产89宗，账面值2.18亿元，回收值1.68亿元，有力提高国有资产使用效益。

【国资监管】2022年，着力构建系统完备、科学规范、运行高效的国资监管体系，将监管体系外的优质企业及机关事业单位的有效经营性资产划入相关市属国企；扎实推进"弱小散"企业清理及国有出资企业股权转让工作，截至2022年底，纳入市国资委监管企业资产占比达99.89%。统筹市属国企投融资，开展市属国企投资项目跟踪，完成投资264.05亿元，较上年增长2.4%，其中固定资产投资185.5亿元，股权投资78.55亿元。按照"非主业、非必要"的思路，严格落实新设公司审核把关，完成15家公司设立审批。统筹编制市属国企融资计划，开展融资空间测算，做好融资进度跟踪，完成融资503.99亿元，其中，直接融资208.65亿元，间接融资295.34亿元。指导工业集团、城投集团等企业梳理可注入的资产清单，完成55亿元矿山资源评估入账等工作。国企产权管理逐步规范，全力推进县（市、区）"浙交汇"平台整合工作，实现全市国有资产交易统一信息披露、统一交易规则等"六统一"目标，挂牌596宗，完成交易330宗，成交额1.58亿元。迭代升级全市国有产权登记系统，完成391家市本级国企的产权登记。

【公司治理】2022年，完善公司法人治理结构和治理能力，出台《衢州市市属国有企业外部董事管理办法》，建立外部董事人才库，完成5家市属国企的4名兼职外部董事委派。健全"外派内设"工作机制，出台《衢州市市属国有企业专职监事管理办法》，向5家市属国企委派2名专职监事，为企业"三重一大"及重要经营投资管理事项决策保驾护航。落实董事会和经理层职权，指导各市属国企制定出台《董事会授权管理制度》，确保授权对象能够承接授权事项，依法合规行权决策。进一步完善企业领导人考核评价机制，制定出台《市管企业负责人违法违纪薪酬扣减规定》，进一步明确适用对象、薪酬扣减标准、特殊情况等要求。加大市属国企招才引智力度，开展招聘20余次，招聘人数超200人。推动市属国企加强用工编制管理，明确集团本部各部室人员数量，合理设置各级子公司内设机构和用工需求，按照分级分类管理原则，对各所属企业方案进行审批或备案。

【周国花当选党的二十大基层党代表】9月25日，衢州公交集团有限公司公交车驾驶员周国花当选党的二十大党代表，成为全市唯一一名党的二十大基层党代表。周国花19岁进入公交系统工作，近30年的130多万千米行车里程中，保持零投诉、零事故。在全市国资国企学习宣传贯彻党的二十大精神、"喜迎二十大、奋进新时代"系列活动中，周国花发挥示范带动作用，举行专场宣讲72次，受众1.5万余人次。

（郑孝增）

衢州市国有资本运营有限公司、衢州控股集团有限公司

【概　况】2022年，衢州市国有资本运营有限公司、衢州控股集团有限公司（以下简称"衢州资本""衢控集团"，统称"集团"）聚焦"工业强市、产业兴市"战略和打

造十个“桥头堡”目标任务，深化落实“疫情要防住、经济要稳住、发展要安全”重要要求，创新开展资金管控、资本运作、产业投资、金融服务等主营业务，努力承担好责任、发挥好功能，发展好企业，推动集团各项工作实现新突破、取得新成效，为四省边际中心城市建设和十个“桥头堡”打造提供有力支撑。年内，集团下属信安资本获评浙江优秀政府引导基金管理机构、浙江股权投资优秀机构、浙江优秀天使投资机构；信保公司荣获2021年度政府特别奖——绿色金融之星奖，被省担保集团评为2021年度先进担保机构，其业务产品“乡贤保”被评为2021年度优秀担保产品；信安租赁获浙江省融资租赁行业诚信企业A级单位、奋进之星、绿色租赁贡献奖、统计先进单位等多项荣誉。

衢州资本根据市国资委授权履行部分出资人职责，负责国资“资金池”管理，主体信用评级AA+；衢控集团下辖投资、小微、交易、供应链四大业务板块，负责类金融与投资管理，主体信用评级AA+。截至2022年12月末，衢州资本总资产1969.45亿元，净资产927.80亿元，同比分别增长13.61%和8.23%，资产负债率52.89%；营业收入162.10亿元，利润总额10.80亿元。衢控集团总资产398.88亿元，净资产285.32亿元，资产负债率28.47%；营业收入28.77亿元，利润总额4.59亿元，同比分别增长54.06%和122.35%。

【全体系资金支撑】2022年，新增融资154.57亿元，净新增融资54.45亿元。为市属国有企业提供资金支持97.46亿元，提供融资担保246.49亿元。至12月末，“资金池”归集资金138.31亿元，实现收益约6.22亿元，平均收益率约3.64%。

【全市域产业赋能】2022年，信安资本全年投资项目21个，投资规模21.96亿元，撬动社会资本129.27亿元。推动时代锂电项目资本金66亿元落地，成功引入国、省基金30.9亿元(引入资金规模在省内分列第一、第二)，追加32亿元贷款解决二期项目所需投资；深入落实企业上市“3030”行动，已投一道新能源、奥首科技等6个本地拟上市项目，投资规模约8000万元；引进上市公司天马股份，与新湖中宝深化合作关系。联合省金控省市县三级联动组建首期规模30亿元的衢州共富基金，为全省首批、地市规模最大；联合巨化集团、华泰证券组建规模10亿元的新材料产业基金，推动衢州巨化一体化融合高质量发展；联合工业集团组建规模20亿元的信安智造招商基金、组建50亿元级并购基金。赴合肥产投集团、宁波通商集团、南湖基金小镇等地考察学习产业投资、基金运作等成熟做法，结合衢州实际和投资实践探索创新。

【全过程金融服务】2022年，信保公司在保余额44.54亿元，服务户数6286户，同比分别增长93.43%和68.62%，在保余额GDP占比全省第二，占全市担保余额62.55%，带动全市在保余额地区生产总值占比从全省末位提升至全省第一；全年为381户企业提供28.4亿元转贷支持，两项业务为企业减少开支近3600万元。集团下属产交中心全年交易额39.3亿元，同比增长411%；启动搭建阳光交易平台，规范国企采购和小额工程交易，在降低成本的同时助力清廉国企建设，其中衢江、龙游国企集采平台已上线，小额工程交易平台建设有序推进。集团下属信安租赁投放融资租赁业务规模112.91亿元，投放项目87个。利润总额1.21亿元，其中2022年利润5800万元；累计纳税3000余万元，其中在衢纳税2273万元。创新“租赁＋贸易”模式，结合“国内信用证”、票据等金融工具，为企业降低融资成本近20%。集团下属信安供应链围绕衢州本地产业，将资金流整合到供应链管理过程中，助力缓解供应链各环节企业融资难问题。2022年，供应链贸易实现营业收入8.5亿元，营业利润599.6万元，净利润461.82万元。

【市域一体化推进】2022年，协同全市域招引资金、项目、税收、以及上市公司和拟上市公司，其中天马股份落户常山，丰能医药落地衢江，桢诚投资注册柯城，同时招引10余支基金注册智慧新城等。信保公司县域业务占比超50%，在各县(市、区)放大倍数最低的超过8倍。国有资产交易实现市域一体化，完成省国资委交办任务。信安租赁服务衢州本地企业金额近30亿元，助力县级国企平台发债和县域产业发展。

【公司治理优化】2022年，信息化标准化“两化协同”工作被评为“2021年全省国有重点企业创建管理提升标杆项目”。获“公司律师”资质，为全市首家。信保公司在年度风险测评中获A级评价，被省担保集团授予代偿终审权限，为全省唯一。

（叶添祺）

衢州市衢通发展集团有限公司

【概　况】2022年，衢州市衢通发展集团有限公司（以下简称“集团”）以深化改革年、项目推进年、效益提升年“三年”活动为抓手，全力以赴推进集团高质量发展。截至2022年12月底，集团总资产365.45亿元，比2021年同期增加84.11亿元，增长29.9%；净资产177.5亿元，比2021年同期增加23.57亿元，增长15.3%；资产负债率51.4%；完成营业收入36.26亿元，同比增长74.8%；实现利润总额3.14亿元，同比增长54.5%；完成固定资产投资31.86亿元，完成融资90.17亿元；上缴税金3.07亿元，同比增长72.8%。集团有员工1235人，下属企业69家。

【企业管理】2022年，集团大力开展“深化改革年”活动，围绕改革破题，不断增强企业管理能力、发展能力和核心竞争力。新增修订完善87项制度，研究制定各级党组织前置研究讨论重大经营管理事项清单，厘清各治理主体权责边界。制定出台《董事会授权管理办法》，发挥经理层经营管理作用，健全运转高效的法人治理结构。全面实施子企业经理层任期制和契约化管理，与11家子企业签订聘任协议，按照约定业绩目标，实行市场化绩效考核。结合企业实际，制定出台《职业经理人管理办法（试行）》。制定《国有资产交易监督管理办法（试行）》，规范和完善集团国有资产交易活动。盘活存量资产，实现国有房屋经营性租赁收入2333万元，同比增长35.8%。推进资金集中化管理，资金池利息收益1932万元，同比增长4.8%；优化财务报表，通过开展杭衢铁路用地划拨土地按成本价评估、投资性房地产入账等举措，增加净资产近20亿元。完善内审工作机制，加强审计法务工作高效闭环管理。整合监督资源，推动“大监督”体系建设，开展内部巡察2次、内部审计8次。深化安全管理。聚焦重点领域，盯紧薄弱环节、重点部位和关键点，实施“除险保安”风险防范化解专项行动，排查具体问题隐患490项并全部整改到位。

【项目建设】2022年，集团大力

2022年6月18日，浙江大学工程师学院衢州分院、浙江大学衢州研究院常山港院区启用仪式举行

开展“项目推进年”活动，确保项目全流程快速有序推进。智慧产业园项目一期至六期、求益中学、华夏航校及人才公寓均已完工；高铁西站客运枢纽完成形象进度52%，按时序节点有序推进。信安大厦、常山江航电枢纽工程（柯城段）、钱塘江三级航道整治工程（衢州段）分别于3月底、9月底、12月正式开工建设。共同富裕数字经济产业园、电子科大智慧谷科技园、高铁新城GT-08-03/04地块开发等项目前期工作有序推进。积极对接和参与轨道交通、浙大衢州“两院”二期、智慧产业园科创体育综合体、浙江哈工智能职业学院、四省边际职教中心、衢州港柯城港区航埠作业区、公交场站综合开发、常山港生态公园、四省边际机动车考试示范基地等重点项目前期工作，项目储备不断优化和充实。

【市场化运营】2022年，集团大力开展“效益提升年”活动，“内提能力、外拓市场”，市场化板块完成营业收入35.82亿元，完成年度目标的143.3%，同比增长73.7%；实现利润总额0.59亿元，完成年度目标的107.0%，同比增长68.7%。综合能源业务方面。依托信安能源公司有序拓展新能源业务，提前1个月完成光伏一期项目建设并成功并网；加油站建设项目稳步推进，闽江大道综合供能服务站提前布局，启动前期工作；航运电站发电营收7358万元。综合检测业务方面。依托智信工程公司，整合交科、方圆、建设工程公司检测业务，成立智信集团，市场投标并中标25个项目，完成营收3398万元、利润858万元，同比分别增长272.1%、356.1%，竣（交）工检测业务在衢州市场份额占比98%。汽车服务业务方面。依托瑞达汽车公司完成营收1608万元，同比增长84.4%。运营服务业务方面。依托瑞城科技公司，多元化综合管理服务业务有序拓展，完成营收2.49亿元。工程建设业务方面。依托衢交建设公司，承接施工、代建项目28个，完成营收6473万元、利润480万元。与中石化、中铁五院、省交工集团、省资源集团、宝业集团、华夏航空等央企省企民企的合作进一步巩固深化。抓住“省属国企走进衢州”活动机会，与物产中大下属国贸、金属公司有序拓展贸易业务，与省海港集团下属内河港口公司达成战略合作，与省资源集团就龙游石佛矿项目达成合作共识。

【融资业务】至2022年12月底，集团融资余额147.73亿元，同比增加52.83亿元；平均融资利率3.75%，同比下降0.28个百分点。全年完成融资90.17亿元，完成年度计划的180.3%。现有直接融资产品超短融批复20亿元，存续发行16亿元；中票批复10亿元，存续发行6亿元；境外债批复3亿美元，存续发行2亿美元；企业债批复10亿元，存续发行10亿元；绿色公司债批复10亿元，存续发行5亿元；公司债批复25亿元，存续发行7亿元。各类直融产品平均融资成本2.99%。有序推进新注册发行专项债、基础设施证券化、ABS（资产支持型证券）等直融产品，创新直融产品发行类型。2022年，发行衢州市首单2亿美元境外债，票面利率2.5%，并获得香港金融管理局的境外债绿色债券补贴261.3万港币。

【公益服务】2022年，集团聚焦公用事业，优服务惠民生收获新成果。公交公司运营公交线路138条，日运营班次2542次、日

公交集团新增采购60台新能源公交车（2022年11月23日摄）

运营车辆542辆。2022年完成客运量2843万人次，对14条线路进行优化，增设10个站点，新增采购60台新能源公交车，主城区新能源、绿色能源公交车比例达100%；配置有公共自行车8000辆，点位314个，租借量达到209万人次。2022年综合客运枢纽安全通行旅客298万人次，实现“四零”（零滞留、零上访、零事故、零伤亡）。落实船舶过闸免费通行优惠政策，航运枢纽四大船闸完成过闸量594万吨，为货运企业直接节约过闸费用950万元。快速落实助企纾困政策，为39户承租户减免租金约556万元。

【数字化转型】 2022年，集团全面推进智慧公交等十大数字化改革应用场景，有六项场景投入使用并发挥效益，涵盖经营管理、业务发展、公益服务各领域。数字公交管理平台，实现“人、车、线、网、站、场”的数据存储、维护、统计、筛查等功能。每年预计可节约直接运营成本43.2万元，下浮4.3%，乘客平均候车时长缩短2分钟；居民服务“一卡通”实现在交通、医保、养老、文旅等民生领域“一卡通”的智能化精准服务，实现便民功能130项，普及第三代社保卡超132万张；在省港航管理中心牵头下，集团与各地市船闸公司合作建成船户“一键式”过闸服务平台“浙闸通”系统，下载超2万余次，注册船舶近5700艘，日活跃超3000艘，实现过闸零上岸、享受船闸服务零距离；市综合客运枢纽实现无线网络升级、5G网络信号全覆盖，综合客运枢纽长途客运中心在全市率先实施电子客票，提高乘客购票便捷度和出行效率；集团智慧办公系统建立健全“集团—子公司—合作伙伴”安全融合互通的数字化闭环管理机制，涵盖行政、资产、财务、投融资、合同管理等多领域各模块。建立集团人资、财务管理智能化体系，构建HR智能服务框架，实现27家子企业财务集中管理，打通国资系统财资管理和银行结算两大系统。

（余　蓉）

衢州市城市建设投资集团有限公司

【概　况】 2022年，衢州市城市建设投资集团有限公司（以下简称“集团”）按照“当好城市建设者，做好投资运营商”的发展目标，在攻坚克难中砥砺奋进，在服务大局中担当作为，为四省边际中心城市建设书写新篇章、实现快增长。全年集团资产总额282.80亿元，同比增长28.63%，完成年度目标的120.34%；营业收入36.49亿元，同比增长69.25%，完成年度目标的182.45%；净资产133.48亿元，上缴税收1.7亿元；融资成本降低13个基点。

【项目建设】 2022年，集团实施项目42个，总投资约118亿元，完成固定资产投资40亿元，同比增长43%。古城双修四大项目（儒学文化配套工程府山南、府山西片区、历史风貌衔接工程、游客服务中心）国庆节期间正式向市民群众开放亮相，高铁新城水环境治理项目再生水厂工程于12月底实现具备通水条件，烂柯山片区开发建设“一径”“一园”（王质遇仙山径、世界围棋公园）进入实质性建设阶段。

【民生保障服务】 2022年，集团售水8613万吨，同比增长5%；处

2022年7月19日，柯城区魁星里小区竣工备案

理污水4328万吨，同比增长14.89%；供水、排污业务收入为1.98亿元，同比增长11.24%；供水上门服务20500次，市区供排水安全平稳，夏季最高日供水量37.84万吨，创历史新高；组织专业团队开展百日攻坚实现第四水厂顺利接管；市区80个直饮水点位建成投运；招贤里、魁星里、陶然里安置小区，679户安置房顺利交房；新增市区停车泊位7055个；投放共享电动车4297辆，注册用户超14.5万人次，租借超173万次；全年商铺减免租金3000余万元。

【国企改革】2022年，全省首创“公务餐”一件事改革成功应用落地，实现全市公务出差浙政钉扫码就餐；首个国有资产管理信息系统上线运行，全市6大国企4007处资产全部录入，实现统一全过程监管；智慧水务一期正式运行，集团数字化改革成效持续显现；成立房产营销专业团队，销售额近11亿元；通过市场化竞争，集团物业服务合同额突破一亿元、总面积突破360万平方米，项目建设业务范围走出“老城区”迈向“两城两区”，全年合同金额超6亿元。贸易公司实行“一企一策”成功转型，承接中林时代、中铁隧道等央企服务合同，实现贸易合同金额约9亿元。

【厚植南孔文化底蕴】2022年，策划主办端午游园、天王塔亲子市集、宋韵七夕、“非同遗般”等街区主题活动34场，协办省、市各级各类活动25场。水亭门历史文化街区先后获得首批省级夜间文化和旅游消费集聚区、省级旅游休闲街区称号，并入围浙江省“百县千碗”街区（镇）获奖名单；南孔圣地文化旅游区AAAA扩容正式通过省文旅厅验收；儒学产业园创建书面材料通过文旅部专家组定性定量评估。

（缪明　翁冰）

衢州市大花园建设投资发展集团有限公司

【概　况】2022年，衢州市大花园建设投资发展集团有限公司（以下简称“大花园集团”）围绕全市建设四省边际中心城市战略定位和打造“十个桥头堡”战略目标，以国有资产保值增值为重点，大力推动农、水、文、旅设施建设运营。至12月31日，集团资产总额128.23亿元，净资产115.86亿元；负债总额12.37亿元。全年实现营业收入4.34亿元，利润总额1716万元，净利润1569万元。有干部职工103人，下设职能部室8个，下属企业16家全资子公司8家，控股子公司7家，参股子公司1家。

【“衢州有礼”诗画风光带项目】2022年，按照市县联合直投模式，实现衢江北岸花园生态综合体样板区常态运营，接待游客3万余人；获得浙江省农村综合改革集成建设项目首批补助资金300万元。按照“孟姜未来乡村片区实验区”建设要求，完成孟姜村农村产权交易展示中心建设工作，带动各村共富。谋划诗画风光带沿线配套服务提升项目，围绕诗画风光带沿线全域旅游产品体系优化、服务功能和业态提升，整合沿线资产，完善基础配套设施，健全“市县一体”统一运营机制。

【“两山银行”建设项目】2022年5月，“两山合作社”改革试点获评2021年度浙江国资国企“一件事”最佳改革实践案例。统筹市县生态资源运营，构建市、县、乡三级生态资源交易市场体系，农村产权交易业务范围覆盖全市域，完成交易587宗，较上年同期增长24.36%；交易总金额4.01亿元，较上年同期增长37%；溢价总金额4102万元，溢价率11.37%。

【“联盟花园”建设项目】2022年1月，配合专班举办“联盟花园”潮农年货节活动，依托四市达人视频造势启动抖音平台；发起“打卡联盟花园”“联盟花园潮农年货节”等相关话题，话题总播放量超9000万人次。上线并推进“联盟花园”一码游平台试运行，上线景区99个，商户188家，商品449件，留存2.5万余名用户。8月斩获全国第五届“绽放杯”5G应用征集大赛智慧文旅专题赛（智慧旅游）三等奖；12月亮相首届全球数字贸易博览会。优化升级花园驿站、云朵花园、精神堡垒等网红打卡点，举办衢州花语世界露营音乐会、飞盘露营派对等活动，全年接待游客20余万人次。

【围棋文化产业建设项目】2022年，受中国围棋协会授牌成立北

2022 年 8 月 1 日，衢州烂柯队出征仪式举行

京以外首个国家围棋队集训基地、首个国家青少年职业棋手训练基地、首个中国围棋少体校(衢州);配合编撰首部围棋地方性法规《衢州围棋发展振兴条例》及系列政策措施；运营衢州唯一一支围棋甲级队伍，推进围棋职业梯队建设；运营全国首个投入使用的国际围棋文化交流中心，承办首届“衢州烂柯杯”世界围棋公开赛、2022 围棋文化展全国首展及中拉美、中欧、中亚系列海外巡回赛等大型国内外围棋赛事活动，覆盖约 10 万人;推进实施“围棋七进”,2022 年组织开展全市领导干部围棋培训班、公益围棋课等 100 余场 “进机关”“进社区”“进学校”活动，市域内覆盖1000余人。成功引进国内头部围棋道场葛道总部落户衢州，聚集围棋类优秀人才和师资力量,2022 年招收长训学员 70 余人,职业教练 6 人,定段职业棋手 1 人。

【水利工程建设项目】 2022 年，实施乌溪江西干渠灌区引调水工程(一期)、衢江治理二期工程等 5 个省市重点水利建设项目。其中衢江治理二期工程 2022 年完成压潮堤、百家塘堤南村段建设，开工建设百家塘堤皂角段，并超额完成年度投资计划；乌溪江西干渠灌区引调水工程(一期)仅用 5 个月即实现项目谋划到开工建设，并列入 2022 年全省重点建设项目。2022 年完成投资 1.82 亿元，完成年度计划投资的114%。

【信安湖水上项目】 2022 年，全新谋划信安湖夜游项目，位于衢州市柯城区信安湖核心区域，北起西安门大桥，南至衢江大桥、西至紫薇南路，东至衢江中路，环线约 5.3 公里。游览时间约 50 分钟。新增信安湖水上运动项目，引进 SUP 桨板、冲锋舟、皮划艇等无动力项目，7 月启动试运营，全年游客 5000 余人次。信安湖水上画舫游客量较上年同期增长 50%，接收游客数较上年同期增长 40%。

【碳达峰碳中和项目】 2022 年 5 月 13 日，注册成立全市首家“双碳”公司，稳步推进“双碳”市场化探索。持续试行农村集体绿色低碳采购机制，2022 年向 19 家单位颁发“碳中和承诺示范单位”证书，为全市政府和国企采购中推行低碳采购积累有效经验；探索开发国际绿证 I-REC、储能等项目，推进可再生能源和新能源的利用，研究碳标签、碳足迹报告在市场上的应用。

【市本级机关事业单位疗休养资金结算及承办单位监管】 2022 年，全面承接市本级机关事业单位疗休养资金结算及承办单位监管工作，通过“联盟花园”一码游平台成功上线四市疗休养线路、开展服务质量评价等，进一步提升疗休养服务质量，全年实现疗休养相关业务收入 3225 万元。

【全市首家农科超市成立】 2022 年 11 月 12 日，农科超市开业，推出 100 余种本地农副产品，客户转化率 30%以上。联同常山农投集团、衢江山农公司开展贸易合作，代销山珍类、胡柚及胡柚生加工产品等 70 余类农业产品，营业额近 5 万元。同各县(市、区)农业产品龙头企业及优质家庭农场合作，打通销售渠道。

【2022 年衢州市首届文旅产品创意设计大赛】 2022 年 9—12 月，承办 “文创共富·创意你我”2022 年衢州市首届文旅产品创意设计大赛，收到来自中国、德国、美国、俄罗斯等 34 个国家 2500 余件参赛作品。本次大赛特邀 260 余位国内优秀设计师，获得清华大学、

中央美术学院等100多所国内外高校的支持和参与，同时多形式、多渠道、多维度开展线上线下宣传，得到90余家官方公众号、网站及媒体转发，其中抖音、今日头条等媒体平台曝光量1200余万次。

（巫荟蕙）

衢州工业发展集团有限公司

【概　况】2022年，衢州工业发展集团有限公司(以下简称“集团”)根据“工业强市、产业兴市”战略部署完成年度工作任务。至年末，集团资产总额423.82亿元，同比增长44.3%，净资产达到186.62亿元，增长70.88%，利润总额1.54亿元。

【衢州工业发展集团有限公司改组】6月30日，集团在原衢州绿色产业发展集团有限公司的基础上完成改组。集团践行“工业产业平台投资建设和运营服务”使命，聚焦产业投资、工业贸易、工程建设、房地产开发、园区服务等五大主业，重点推动智造新城服务保障与国有企业改革发展两项任务。年内集团初步完成组织架构搭建，获评AA+主体信用等级，领衔全市完成出表“股改”。

【产业投资】2022年，由集团下属公司衢州智造产投集团有限公司作为资本运作板块主体，以产融结合为导向，新城产业规划为背景，充分利用融资租赁和基金两块牌照，逐步布局资本运营板块，投资园区范围内优质项目或企业。至年底，共持有各类基金15个，其中母基金4个、产业基金11个，加快在电子化学品、高新技术等领域布局，深度参与ST天马股权重组，完成金浦临港等产业投资项目5个，完成投资3亿元。

【工业贸易】2022年，由集团下属公司浙江信安国际贸易集团有限公司作为供应链服务板块主体，借助区位优势，为衢州市进出口企业提供代采、建设、管理服务；搭建国际贸易数字化平台，为智造新城企业提供供应链服务和供应链金融服务。年内，与新湖中宝、物产中大等多家企业合作为园区内华友钴业等多家企业提供供应链服务，完成国际贸易额5.9亿美元，完成国内贸易额4亿元，位列全市贸易主体第二名，市属国企第一名。

【工程建设】2022年，由集团下属公司浙江汇盛投资集团有限公司作为公建配套板块主体，围绕智造新城城市基础设施建设拓宽空间，寻找发展新动能，以工程建设为核心，沿产业链上下游拓展服务，逐步形成涵盖城市建设全生命周期的服务能力。高品质推动产城融合，实施项目87个，完成投资20.33亿元，推动彩虹幼儿园等一批项目建成投用，新增城市道路13万平方米，供水管网80千米，新开、整治河道5.4千米。全方位提升片区基础设施品质，修缮道路10万平方米，修补侧石等市政设施2000米，补植提升绿化2000平方米。以3个月超常规速度完成东港七路99号厂房提升改造，保障吉利“三电”项目投产使用。

【房地产开发】2022年，由集团下属公司衢州通盛投资开发有限公司作为置业房产板块主体，以一级开发为先导，二级项目开发为支柱，加快推进东港北片整域土地综合治理，总体提升片区业态、产业效能及供应链完善程度，对城市住宅地产、商业地产、保障性住房进行开发和整合，改善人居环境，提升新城项目承载力、吸引力和竞争力。谋划、实施房开项目4个，开发地块5处，计划建设保障性住房约5200套、商用住宅约1300套。

【园区服务】2022年，由集团下属公司衢州绿色发展集团有限公司作为城市运维板块主体，以“政府所想、市场所需、企业所求、集团所能”为导向，建立面向智造企业和人才的一站式综合服务体系，聚合各类服务资源。对物料管廊、物业管理、人力资源等进行有效整合，并在原有服务体系基础上，继续拓展绿化养护、市政运维、城市治理等服务。持有飞地、厂房、办公楼、营业综合性用房等投资性房产753宗(其中，市内房产457宗，市外房产296宗)，合计账面价值35.08亿元(其中，市内23.55亿元，市外11.53亿元)。

（徐智鸿）

统 计

【概 况】2022 年，衢州市统计局忠实履行统计职责使命，着力夯实统计基层基础，强化统计监督职能作用，扎实推进统计现代化改革，为党委政府科学决策提供可靠统计支撑。

【提升统计服务水平】2022 年，围绕市第八次党代会指明的今后五年发展方向和“保五争三拼第一”的年度目标，及时分析预判主要经济指标增长波动的原因，跟踪反映市委、市政府有关举措的落实情况和政策效应。《“活力新衢州、美丽大花园”从蓝图走向现实——浙江省第十四次党代会以来衢州市经济社会发展成就》编入《浙江省第十四次党代会以来经济社会发展成就》。全年撰写报送重要信息专报 17 篇、领导参阅 19 篇、分析专刊 44 篇；在全省统计局系统“统计当参谋·分析助决策”优秀统计分析报告评选中，衢州市 1 篇分析报告获二等奖，2 篇获三等奖，1 篇获优秀奖；4 篇课题论文编入《新时代统计制度方法改革课题论文选编》。

【夯实统计基层基础】2022 年，在结合 2021 年迎接国家统计督察自查情况及前期基层基础调研情况的基础上，进一步排查衢州市统计生态系统存在的薄弱环节，深入调研，形成关于进一步夯实统计基础、优化统计生态的意见建议，提交市委常委会审议通过后于 9 月 15 日正式印发。制定基层基础建设规划，明确年度重点任务和协调机制，开展年度考核、评价。推动“统计 e 家”建设，基层统计单元智治应用的网格覆盖率、企业覆盖率均达 100%。

【普查调查】2022 年，启动第五次全国经济普查筹备工作，全面完成市本级、智造新城、智慧新城及各县(市、区)“五经普”筹备领导小组及办公室组建，扎实推进村级边界更新维护工作，为“五经普”划区绘图工作打好基础。全年围绕新时代制造业、新时代衢州人文精神、衢州城市品牌、助企纾困等方面开展 9 个社情民意调查项目，掌握工作开展成效，征求群众意见建议。

【统计普法宣传】 2022 年，抓住统计开放日、《中华人民共和国统计法》颁布纪念日等节点，“线下 + 线上 + 区块联动”模式组织全市统计系统开展集中宣传活动，通过广场宣传活动，统计知识有奖答题等宣传统计法律法规，覆盖 3000 余人次，有效提升统计宣传影响力。利用微信公众号开展统计宣传，普及统计知识，全年 7 次入选全国市级统计调查系统微信公众号综合影响力月榜前 50。创作统计宣传作品，衢州市选送的歌曲《为你守护》获国家局统计行业原创歌曲作品征集评选二等奖，市统计局创作的《依法统计 做诚信企业》在省统计法治微视频作品评选活动获最佳动漫类作品。

【统计监督】2022 年，制定贯彻《关于更加有效发挥统计监督职能作用的意见》分工落实方案，实行清单化管理，明确重点事项、责任人、完成时限，紧盯各个环节合理布局，做好全流程闭环管理。开展统计造假不收手不收敛专项纠治和国家统计督查问题整改，结合衢州实际，分别成立两项工作的领导小组，制定细化落实措施。围绕国家督察反馈问题整改五项必查内容和统计造假不收手不收敛问题纠治四项必查内容，对

2022 年 1 月 12—13 日，省统计局到衢州开展“助企开门红”活动

2017 年以来的情况开展督查。全面加强统计部门和纪检监察机关协同，开展全市统计数据真实性专项督查工作。

【统计改革】2022 年，争取推动省统计局高素质农民画像试点落地江山市，探索运用数字化改革的理念、方法，从“群体素质结构、养殖规模状况、示范引领带动”三个维度为高素质农民畜牧业群体进行统计画像。争取“未来社区”统计监测试点落地衢州，从个体未来社区建设和区块未来社区推进两个层面构建未来社区统计监测体系，充分结合浙江省及衢州未来社区发展实际情况，建立科学、合理、便于使用的统计监测指标体系。在省统计局 2022 年度全面深化统计改革“最系列”评选中，衢州市统计局系统相关成果分别获得“最佳实践”二等奖、三等奖各 1 个，“最佳理论”三等奖 1 个。

（季圣凯）

国家统计调查

2022 年 9 月 29 日，国家统计局衢州调查队赴衢江区开展住户样本轮换督导检查工作

【概　况】2022 年，国家统计局衢州调查队开展住户收支与生活状况调查、工业生产者价格调查、居民消费价格调查、房地产价格调查、农作物播种面积和产量调查、畜牧业调查、劳动力调查、采购经理调查、小微企业跟踪调查等常规调查工作。开展全面从严治党民意调查、衢州“有礼指数”（CI）测评等重大专项调查和社情民意类调查工作。

【统计调查】2022 年，据住户收支与生活状况调查，全市居民人均可支配收入 45276 元，同比增长 6.1%。其中，城镇居民人均可支配收入 57465 元，同比增长 5.3%；农村居民人均可支配收入 31468 元，同比增长 7.5%。据工业生产者价格调查，全市工业生产者出厂价格下降 0.4%，购进价格上涨 4.1%。据居民消费价格调查，衢州市区居民消费价格上涨 2.5%。

（朱乔琪　周童旭）

市场监管

·综　述·

【概　况】2022 年，衢州市市场监管局深入贯彻市委、市政府各项决策部署，聚焦“稳进提质、除险保安、塑造变革”总要求，坚持“智治法治、专业专注、精准精彩”的工作目标定位，推进“34130”争先创优体系（“3”是三个聚焦：对标对表，实现争先进位；变革重塑，打造标志性成果；补短板强弱项，争取走在前列；“4”是四个重点：保持制高点、打造新亮点、提升薄弱点、补上空白点；“1”是一套保障机制：市县联动、协同作战，精准督考、争先创优；“30”是三十项具体工作任务），全年获省、市各级领导批示 33 条，争取国家、省级试点 6 项。企业开办指标持续列入全国营商环境评价标杆指标保持全国领先，全国率先制定 9 项“公筷公勺”系列地方标准填补国内空白，GM2D（全球二维码迁移计划）工作商贸流通领域全省领先，高规格召开全市知识产权保护和发展大会，与省市场监管局签订局市合作协议，各项工作取得积极成效。

【惠企助企】2022年，联合15个部门配套制定个体工商户纾困方案，出台“纾困33条”，其中新增“衢味”政策7条。推动45家非国有商品交易市场减免经营户租金1691.07万元，惠及2869家经营户，引导带动社会私人房东为承租经营户减免房租1315万余元。开展“1+1+5”专项服务和首届“个体工商户服务月”活动，解决主体发展各类问题493个。加快检验检测“最多跑一次”改革向公共服务领域延伸覆盖，以非营利方式向企业开放实验室1166家（次），为企业减负降本金额达122.95万元。

【优化营商环境】2022年，深化“证照分离”改革，实现企业开办“零干预、零材料、零费用、零跑动”，主体开办全流程网办率96%，开办“一日办结”率100%，“市场监管”指标列入全省营商环境评价第一档。争取餐馆经营、食品销售准入准营“一件事”全省改革应用试点，通过部门协同、流程再造、制度重塑，推动高频事项办理“一件事一次办”。联合市营商办等8个部门印发出台《衢州市歇业备案“一件事”实施方案（试行）》，完成466家市场主体歇业登记，降低了市场主体存续成本。持续畅通市场主体退出渠道，扩大简易注销适用范围，提升企业简易注销占比，年内企业简易注销占比79.86%。

【多报合一】2022年，持续推进企业年报“多报合一”改革，在浙江省企业年报系统中创新上线“衢州多报合一”模块，实现年报与工业产品许可证获证企业自查报告（包括食品相关产品许可证获证企业）多报合一。获批全省“多报合一”改革试点，将标准化统计监测、食品生产加工企业落实质量安全主体责任自查报告、医疗器械生产企业质量管理体系自查报告、第三类医疗器械经营企业质量管理体系自查报告等4张报表纳入“多报合一”系统。

【小微企业提质】2022年，印发《2022年衢州市“小微企业三年成长计划”工作检查方案》，明确工作任务分解，围绕主体培育、科技创新、外向发展、精准服务、知识产权保护、金融扶持、政策落实、数字赋能等8个方面指标以及创新和重点工作开展检查。建立小微企业和个体工商户无贷户“两张名单”，持续加大首贷、续贷、信用贷款支持力度。强化融资精准滴灌，结合信用融资“白名单”和银行存量数据匹配、个体工商户资信评价得分，给市场主体批量预授信，客户根据授信结果实现“秒申、秒审、秒到账”，缩短市场主体融资周期。

【桥头堡建设】2022年，全力推进四省边际检验检测联盟建设，举办空气动力与掘进装备产业创新论坛、四省边际承压类特种设备检测能力比对，参加首届浙闽赣皖四省边际检验检测技术线上交流会等活动，推进与周边地市强化经验互促，共同发展。衢州市特种设备检验中心的“场内机动车智能检测系统”入选全国特种设备安全与节能科技成果展览，并推广到国内14个省份40家特种设备检验机构使用。

【除险保安】2022年，牢牢把准“全面安全、全域安全、全程安全、全量安全”的主航向，构建“8+33”工作体系（“8”是8大领域：政治安全、防疫安全、食品安全、药品安全、重点工业品安全、特种设备安全、市场秩序安全、内控安全；“33”是33项除险保安任务），成立工作专班，一体推进33项除险保安任务。聚焦“除险保安”开展大排查大整治，检查相关主体1531家次，排查风险隐患306项，市场监管领域“除险保安”工作平稳有序，未发生重大安全及群体性事件。

【食品安全】2022年，聚焦重点领域安全隐患排查治理，开展食品领域全时段“守底线、查隐患、保安全”专项行动，闭环处置各类风险隐患4810个。成立浙江省食品安全风险预警交流中心衢州分中心，创新开展食品安全风险监测吹哨预警，完成8963批次食品检验，靶向问题发现率位居全省第一。

【“GM2D”示范区建设】2022年，聚焦“浙食链”在推进食品行业率先实现GM2D推广应用的关键作用，推动食品生产企业产品“全域、全类、全量”赋“浙食链”二维码，有效提升食品安全治理能力。依托本地产业优势，完成“二维码”扫码结算，改造门店1369家，实现订单码交易4573单，产

2022年9月2日，衢州市市场监管局以新国标为指引，围绕月饼质量、价格、包装等方面开展专项检查

生交易数据回流317万条。

【食品经营许可“跨省通办”】2022年，立足浙闽赣三省边际城市，塑造“跨省同城”意识，推进浙江省江山市、江西省广丰区、福建省浦城县市场监管局，创新探索构建三省三县(市、区)食品经营许可和仅销售预包装食品备案在线跨省通办、线下跨省联办、信息跨省联通、资源跨省共享的“四元架构”便利化改革工作新模式。

【公平竞争审查】2022年，进一步强化公平竞争审查工作，建立“靶向性抽查”机制，在全省率先建立投诉举报机制，强化抽查督查力度，将抽查和投诉受理作为落实公平竞争审查的有力抓手，及时发现并纠正全市8起滥用行政权力排除、限制竞争的案例。在全市组织开展破除地方保护和市场分割专项行动，增量审查市政府及所属部门文件182份，县级政府及所属部门文件311份，存量清理市政府及所属部门文件188份，县级政府及所属部门文件544份。

【电子营业执照“一照通”改革】2022年，深入推进电子营业执照在“互联网+”环境下跨区域、跨领域、跨行业应用，出台《衢州市电子营业执照“一照通”实施方案》，持续完善电子营业执照“一照集成、一照联通、一照畅行”功能体系。

【“中药富衢”数智管家平台】2022年，以中药趁鲜加工提升药材品质、实现优质优价为突破口，谋划构建“中药富衢”数智管家平台，创新打造“四大场景”(千里眼望药、顺风耳闻药、直通车问药、云大脑切药)，探索中药材在数字赋能、科技兴药上的新突破，全年中药工业产值实现明显增长，达到9.1亿元。

【化妆品多元共治系统】2022年，以化妆品行业“我诚信，您美丽”活动为契机，谋划“e齐美”化妆品多元共治系统，全力打造“整体智治、部门法治、企业自治、社会共治”的“四治融合”监管模式，纳入化妆品经营试点单位191家，实现“公众打call”6万余条，公众留言评价4200余条。

【衢州可视化直播监测系统】2022年，面对网络直播监管新形势、新要求，上线应用“衢州可视化直播监测系统”，在全市设置500个监测点位，自动监测采集全市771家主体的直播行为，实现“一屏看、主体清、线索明，可存档、可跟踪、能追溯”等功能。

【民生实事】2022年，扎实开展现代社区药事服务便民行动，新建民生药事服务站14家，全市39家服务站为群众提供合理用药咨询、个人药物使用档案、安全用药知识讲座、中药代工等公益性服务。深入开展商品市场改造提升工作，创建8家“五化”市场、20家放心农贸市场、1家有礼市场，改造1家无废菜场。持续推进农村家宴放心厨房、阳光厨房建设，全市完成农村家宴放心厨房、阳光厨房190家建设。

【放心消费】2022年，在全省先行试点，率先进行信访“12345”民呼我为系统投诉举报件全部转全国“12315”平台工作，营造安全放心的消费环境。深入推进放心消费建设，全市培育2022年放心消费单位7646家，培育放心消费示范商圈(街区)25个，创建放心消

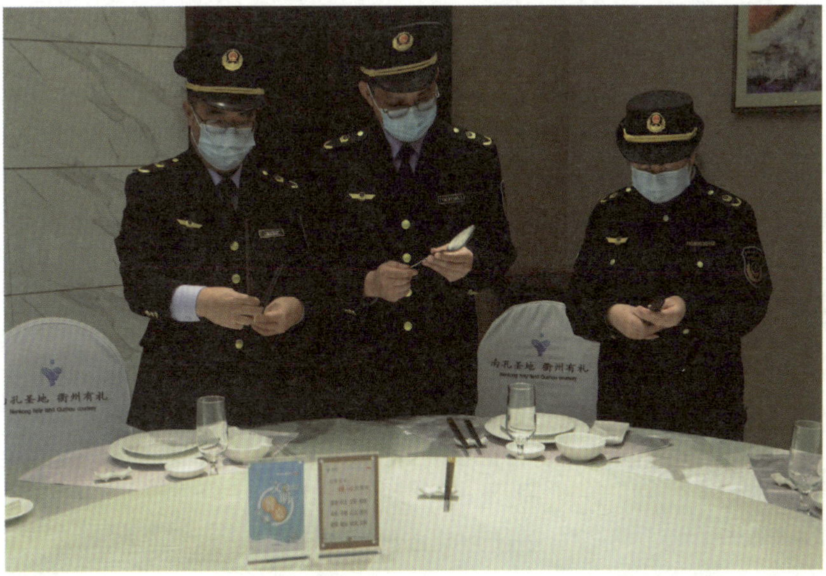

2022 年 11 月 29 日，在餐饮单位开展公筷公勺使用情况检查

费乡村 14 个，在册消费维权服务站 200 家。

【监管执法】2022 年，根据“治漠行动”部署，开展网络直播营销违法行为专项治理，制定各类规范 45 项，约谈直播营销主体 318 家次，推动直播间承诺、亮诺和践诺 283 家，公开曝光典型案例 18 起。聚焦医疗服务、美容与养生等 10 个重点领域，办理违法广告、虚假宣传案件 264 起，罚款 287.83 万元。持续开展粮食收购价格秩序专项整治，检查国有粮企、粮库 43 家，发现并闭环整改问题 12 个，立案 7 件，罚没款 217.84 万元，办理粮食价格案件数和罚没款数均列全省第一。开展民生领域案件查办“铁拳”行动，严厉查处食用油掺杂掺假、虚假违法广告、虚假宣传、面向未成年人开展“无底线营销”等违法行为，立案查处 100 起，罚没款 819.8 万元。持续开展“亮剑 2022”消费安全综合执法行动，加大对食品安全、产品质量、消费安全等领域突出问题执法力度，立案查处 1782 起，罚没款 2062.3 万元。

（梅昕知）

·市场主体发展·

【概　况】2022 年 12 月底，衢州市在册市场主体 290026 户，同比增长 8.62%。其中，企业 64999 户，同比增长 8.45%；个体工商户 221758 户，同比增长 9.01%；农民专业合作社 3203 户，同比增长 –10.66%。1—12 月，全市新登记市场主体 43072 户，同比增长 –0.75%。其中，新登记企业 9789 户，同比增长 –3.45%；新登记个体工商户 33254 户，同比增长 0.17%；新登记农民专业合作社 29 户，同比增长 –52.46%。

【市场主体规模和结构特点】2022 年，衢州市在册企业户均注册资本 937 万元，为全省企业户均注册资本 974 万元的 96.2%。从市场主体结构来看，衢州市企业占比 22.41%、个体工商户占比 76.46%。个体工商户占比超市场主体总量的 3/4，转型升级空间有待拓宽。全年衢州市完成“个转企”607 户，同比增长 19.02%。

【市场主体行业特点】2022 年，第三产业占据主导地位，登记最多的是批发和零售业，在册市场主体 146341 户，占比 50.46%。年度新增户数排名前三位的分别是批发和零售业（21246 户）、租赁和商务服务业（4149 户）及居民服务、修理和其他服务业（3105 户）。与上一年度同比增长最快的前三个行业分别是文化、体育和娱乐服务业增长 21.62%，信息传输、软件和信息技术服务业增长 16.64%，科学研究和技术服务业增长 14.19%。

衢州市私营企业绝大部分集中于批发和零售业、科学研究和技术服务业、租赁和商务服务业、制造业和建筑业。尤其是批发和零售业，实有 19626 户，占总户数的 32.78%；新开业 2935 户，占本期开业总数的 33.04%。（冯旭娟）

·知识产权工作·

【概　况】2022 年，衢州市市场监管局以加强知识产权保护建设为宗旨，以国家知识产权示范城市创建为目标，不断完善政策和健全机制，积极调解知识产权侵权纠纷，严厉打击恶意侵犯知识产权行为，提升知识产权综合实力，激发社会创新活力，推进全市知

2022 年 1—12 月衢州市不同行业私营企业分布及占比情况统计表

表 26

行业分类	期末实有企业数(户)	占总户数的比例(%)	户数同比增长(%)	期末实有注册资本金(万元)	占总资本比重(%)	资本同比增长(%)
农、林、牧、渔业	3072	5.13	2.61	917059	2.49	41.14
采矿业	73	0.12	-3.95	28228	0.077	26.12
制造业	6716	11.22	3.87	5678944	15.4	6.05
电力、热力、燃气及水生产供应	300	0.5	14.07	373658	1.01	73.63
建筑业	5178	8.65	20.19	6766783	18.34	40.29
交通运输、仓储和邮政业	1958	3.27	1.35	979348	2.65	0.29
住宿餐饮	457	0.76	9.86	142637	0.39	8.99
信息传输、软件和信息技术服务业	2007	3.35	9.08	974086	2.64	48.91
批发和零售业	19626	32.78	8.01	5803165	15.73	12.8
租赁和商务服务业	6886	11.5	9.7	5446809	14.77	18.08
科学研究和技术服务业	7205	12.03	11	4985251	13.51	15.63
金融业	389	0.65	9.89	1969549	5.34	79.91
房地产业	1354	2.26	-1.6	1501319	4.07	-1.88
水利、环境和公共设施管理业	465	0.78	4.49	374111	1.01	5.07
居民服务、修理和其他服务业	1390	2.32	8.59	292969	0.79	11.46
教育	858	1.43	-3.81	47304	0.128	-3.22
卫生和社会工作	303	0.51	14.34	156135	0.42	1.51
文化、体育和娱乐业	1620	2.71	18.16	447585	1.21	16.73
其他	20	0.03	100	2110	0.006	-86.41
合计	59877			36887050		

识产权创造、运用和保护工作。

【知识产权行政执法】2022 年，全面推进专利执法权下放县(市)基层，强化商品交易市场、流通领域、防疫物资生产等重点领域行政执法专项行动，加强“互联网＋监管”工作。组织开展保护知识产权综合执法“铁拳”“蓝天”整治等专项行动，市县联动查处侵犯知识产权案件 84 起，罚没款 256 万。严厉打击非正常专利申请、商标恶意注册等行为，年度非正常专利申请撤回率 95.1%。

【知识产权司法保护】2022 年，推动实施知识产权民事、刑事、行政案件“三合一”审判，以省高院《关于全面加强知识产权司法保护的实施意见》为行为纲领，落实工作方案和责任清单，坚持“法院＋社会”“专业＋群众”“线上＋线下”等形式，切实增强知识产权司法保护。

【知识产权维权援助】2022年，加强完善知识产权维权援助制度，推进各县（市、区）创建区域产业维权机构。发挥浙江省（衢州）维权援助中心、市知识产权保护联席会议、市特色商标保护和发展联席会议统筹协调作用，开展知识产权行政、刑事、司法等领域纠纷调解、维权援助工作。建立衢州市企业高频服务事项“知识产权快速维权援助”机制，便利化服务企业。通过“浙江知识产权在线”平台受理知识产权维权援助需求12件，开展专利侵权纠纷行政裁决5起。

【知识产权服务】2022年，持续完善知识产权服务窗口建设，进一步融合商标受理、知识产权质押登记、专利许可登记等业务办理，提升衢州及周边市场主体知识产权业务便利化服务水平，受理商标业务386件、咨询500余件次，办理质押登记52件、专利许可咨询3件次。融合“浙江知识产权在线”全面推行衢州市知识产权线上服务，发展和引导创新型企业上线1021家、线上银行知识产权质押产品10余件。以浙江省知识产权交易中心、衢州市科技大市场为平台积极开展知识产权成果交易、网上拍卖活动，中小企业开展知识产权托管631家，知识产权交易日益活跃。

【农创客知识产权联盟】2022年，以支持农业创新为宗旨，在全国率先打造余东农民画产业知识产权联盟，将农家风情与产品外观设计专利紧密结合，发展上下游产业链企业32家，建立产业专利池，公共存证50件，引导联盟申请外观设计专利5件。以科技特派员服务“产业兴旺”为切入点，发挥农创客们的创新引领作用，创建国家农业科技园区1个、省级农业科技园区4个、省级重点农业企业研究院2个、国家级星创天地6个、省级星创天地11个，农业领域省级、市级产业创新服务综合体各2家。

2022年4月27日，通过网络直播开展“百名主播共宣知识产权”活动

【地理标志助农】2022年，地理标志商标（产品）推动特色农产品发展带动明显，“常山胡柚”率先列入中欧地理标志协定第二批保护名录，全产业链总产值25亿元，帮助柚农增加收入30%以上。“衢州椪柑”国家地理标志产品保护示范区按照“政府引导、项目带动、企业主推、农户参与、市场运作”的总体思路，培育国家级龙头企业2家、省级龙头企业2家、市级龙头企业8家，发展从事柑橘相关家庭农场453家，业态富民的优势得到彰显。

【专利兴农】2022年，支持和推动农业类专利获权与许可，实施农业重点科研项目和科技特派员专项行动，积极争取政策经费向科研人员倾斜。通过提纯复壮农家丝瓜品种，推广穴盘育苗、地膜覆盖、肥水一体化等专利技术，使“下傅丝瓜”的品质、产量实现质的飞跃，带动农民每人年均增收3000余元。

（梅昕知）

·质量技术监督·

【概　况】2022年，衢州市市场监管局坚定不移实施“工业强市、产业兴市”战略，锚定建设四省边际中心城市、争当“两个先行”示范窗口目标，深入贯彻质量强市战略，不断向纵深推进特种设备安全监管、标准化建设、产品质量监管、计量帮扶等工作，为衢州高质量发展注入强劲动力。

【质量基础设施】2022年，围绕新材料、新能源、集成电路、高端装备、生命健康、特种纸六大产业链，强化质量基础设施建设，为全市企业提高产品一致性、可靠性、稳定性提供强有力的技术支撑。全市设立13个质量基础设施“一站式”服务平台，全部接入浙江省市场监管局“一站式”服务数字平台，实现线上线下联动服务，帮助企业解决各类问题168个，帮助企业节约成本2672万元。全市检验检测机构109家，建成4个县级法定计量检定机构，全部达到B级以上。

【质量品牌培育】2022年，完善构建政府质量奖、“品字标”、知识产权为三核心的质量品牌培育体系，质量品牌数量增加明显，质量品牌效益提升显著。226家企业入库浙江省市场监管局政府质量奖、“品字标”培育库，新创品字标企业36家，新增“品字标”产品47个，新创各级政府质量奖企业17家，新增省级品牌指导服务站6家。

【千企创牌】2022年，全面开展“千企创牌”行动，市、县两级积极与经信、科技、统计等相关部门联动，深入分析域内优势产业，围绕雄鹰企业、单项冠军企业、隐形冠军和“小巨人”企业等进行梳理筛选，选出重点培育对象加入“品字标”品牌培育库和各级政府质量奖培育库。加大各项奖补政策实施力度，全年市、县两级兑现质量奖、“品字标”奖补资金2645万元，涉及企业87家。

【首席质量官】2022年，全力推动企业“首席质量官”制度建设，与省质量协会合作，搭建线上“首席质量官”培训模块，实现“统一教材、统一师资、统一证书”的“三统一”规范管理模式。兑现全省首个企业“首席质量官”个人财政奖补资金47万元。邀请30名企业“首席质量官”入驻“浙江质量在线”质量基础“一站式”服务平台，为企业提供超过500次线上线下质量帮扶服务，及时有效地解决企业各类质量问题。

2022年5月25日，对开化龙顶等特色优势产业开展质量帮扶

【缺陷产品召回】2022年，建立浙江省缺陷产品技术评价中心衢州分中心，迭代升级“缺陷产品召回＋产业质量提升”模式，以辖区内医院、学校、商场、社区、儿童游乐园、检验检测机构、行业协会、消费品生产企业等为重点，开展伤害信息监测点建设工作，全年新增设立20个产品质量安全伤害信息监测点，实现各县（市、区）全覆盖。

【碳账户建设】2022年，进一步扩大小微（规下）工业企业碳账户建设规模，梳理小微（规下）工业企业名单信息，新增412家小微（规下）工业企业碳账户，完成1694家碳账户建设。开展居民碳账户“零废生活”应用迭代升级，扩大“零废生活”应用覆盖面，覆盖8个街道71个社区，活跃用户14万人，回收生活垃圾2.4万吨，实现碳减排3.2万吨。

【绿色产品认证】2022年，对照国家推行18类绿色产品、51类绿色建材产品清单和绿色产品评价标准，从管理体系建设、工艺技术现状、节能环保情况等方面就衢州优势特色产业产品进行筛选、摸排，建立涵盖木门、纸制品、家具、纺织、玻璃等10余个产品类别，涉及54家企业的绿色认证培育库。全市获得中国绿色产品认证企业13家、绿色认证产品证书20张。

【特种设备安全】2022年，全面推进特种设备"除险保安"大排查大整治专项行动，部署开展超期未检专项整治、电梯质量安全提升、深化起重机械隐患排查治理、叉车安全隐患专项整治等多项专项行动，检查特种设备使用单位1731家，排查隐患1664项，查处特种设备领域违法案件52件，罚没款215.59万元。

【电梯物联智控】2022年，探索深化电梯物联智控建设，搭建衢州市物联网汇聚平台，对汇聚平台功能需求进行研讨分析，拓宽平台功能，加强物联数据应用。针对全市电梯物联智控设备在线率低、数据使用率低的问题，加强与电梯制造单位、平台建设单位对接，摸排电梯物联智控建设中存在的问题，提升全市电梯物联智控建设质量。

【标准体系建设】2022年，按照"国际一流、国内领先"要求，依托地方优势产业大力推进"浙江制造"标准工作，新增"浙江制造"标准11项。积极为企业提供标准化工作信息、标准研制指导，牵头或参与制定修订国家标准20项、行业标准12项，制定发布市级地方标准34项。衢江区农业社会化服务项目被授予2022年浙江省标准创新重大贡献奖。

【公筷公勺推广使用标准化试点】2022年，以开展"公筷公勺"推广使用国家级标准化试点创建为重要抓手，通过系统化思维、标准化方式和规范化手段，在全国率先制定并发布9个公筷公勺系列地方标准（《公筷公勺设计通用要求》《旅游饭店公筷公勺使用服务规范》《中小型餐馆公筷公勺使用服务规范》《机关事业单位食堂公筷公勺使用服务规范》《村（社区）集体聚餐公筷公勺使用服务规范》《公筷公勺卫生管理技术规范》《公筷公勺宣传规范》《公筷公勺服务监督规范》《公筷公勺使用服务顾客满意度评价规范》），填补国内公筷公勺领域相关标准空白，形成可复制、可推广的"衢州样板"。

【电动自行车综合治理集成改革】2022年，全方位聚焦"社会稳定、市场有序、群众有感"，加强备案非标电动自行车全链条安全监管，淘汰注销备案非标电动自行车62.3万辆，淘汰率97.03%。聚焦销售和维修门店的解码调速、加装车架、加装后备箱、虚假宣传、未明码标价等违法行为，开展电动自行车专项执法检查，立案查处53件，罚没款3.7万元。

（梅昕知）

审计监督

【概　况】2022年，衢州市审计局完成审计项目30个，查出主要问题金额64567万元，其中违规金额29176万元、管理不规范金额35289万元。审计处理处罚金额41358万元；移送司法机关、纪检监察机关和有关部门处理事项62件，移送处理人75人，移送处理金额1266万元；审计促进整改落实有关问题金额78691万元。出具审计报告和专项审计调查报告43篇，审计提出建议96条，被采纳96条；促进被审计单位制定、完善规章制12项；提交审计信息68篇，被批示、采用73篇。向社会公告审计结果6篇。

【财政审计】2022年，紧紧围绕"十四五"全市经济社会发展规划，实施赶超发展战略目标任务，统筹组织财政审计工作。以"大格局"统筹审计资源，以财政预算执行审计为主线，把重大政策执行跟踪审计贯穿全过程，实现"一果多用"。依托浙江省审计厅数据分析大平台，深入开展数据关联分析，以信息技术解放人力资源、以非现场审计引领现场审计，提升审计效率，实现"一审多项"。持续关注国家和省重大政策措施的落实情况、公共财政运行中的风险隐患和体制机制性问题，聚焦揭示地方政府债务、重大国有资产等重点领域风险，全力保障财政资金运行安全，预算执行审计共反映6大类25项问题，问题金额总计1.46亿元，审计报告、审计专报多次获市领导批示。

在2021年度市级预算执行和其他财政收支的审计工作报告中，从紧扣预算管理和财政政策执行审计情况、紧扣高质量发展建设四省边际共同富裕示范区审计情况、紧扣民生保障改善和公共服务优质共享审计情况、紧扣国有资产和国有资源审计情况、紧扣深化公共投资审计情况、紧扣清廉衢州建设查处违法违规问

2022年5月27日,全市审计整改暨“重大审计问题清单”工作例会召开

题情况6个角度反映49大问题事项，市八届人大常委会第三次会议听取审议审计工作报告并给予肯定,“三个报告”(本级预算执行及其他财政支出情况的审计报告、本级预算执行及其他财政收支审计工作报告、审计结果报告)获市领导批示6篇次。

【经济责任审计】2022年，开展领导干部经济责任和自然资源资产审计项目8个。审计对象覆盖党政工作部门领导、事业单位领导、经济强镇领导和国有企业领导等多种类型。配合完成18家单位市管领导离任交接。制定《衢州市党政主要领导干部和国有企事业单位主要领导人员离任经济事项交接实施办法》,细化离任交接对象、组织实施、交接内容和工作要求，进一步加强经济责任日常管理工作。完善《衢州市领导干部经济责任审计分类管理办法》,调整被审计单位分类模式、整合审计对象、优化审计频次、明确立项程序，将全部被审计单位分为重点单位和一般单位两大类，推动经济责任审计工作科学化管理、高质量发展、全覆盖推进。

【农业农村审计】2022年，实施审计项目5个，移送审计线索8条,撰写的审计专报18篇,获市委市政府领导批示15篇次,推动出台制度10余项,上报多篇信息被《浙江审计简报》等采用。江山市农业高质量发展专项审计调查项目,移送审计线索7条,审计专报和审计报告获市委、市政府主要领导批示4篇次，推进完善制度6项。

【企业审计】2022年，组织国有企业领导人经济责任审计，助力市本级国有企业管理运营进一步规范。组织实施市交投集团、市大花园集团领导人任期经济责任审计，根据集团业务性质和组织架构，重点关注企业运营和内部控制制度建设，对管理薄弱环节问诊把脉、查找漏洞,通过报告和审计专报提出审计意见和建议,促进企业制度完善、管理加强。共推动主管部门及被审计单位完善制度文件8项，审计报告及专报获领导批示4篇次。

【大数据审计】2022年，组织开展全市大数据审计案例评选交流研讨活动,着力提高计算机骨干人才对数字化改革的把握能力、引领能力、驾驭能力。全年入选浙江省审计厅优秀大数据审计案例4个、优秀大数据审计方法12个,案例首次获得浙江省审计厅一等奖。

【审计整改】2022年,出台《衢州市审计局“重大审计问题清单”工作内部操作细则》,压紧压实市县两级重大审计问题清单管控责任，将重大审计问题清单工作融入日常,抓在经常。重大审计问题清单月度指数最高冲至全省第三,2个案例入选省级示范案例总榜单,1个案例入选省级示范案例分榜单。

【审计质量管控】2022年，推进审计质量标准化体系建设，印发《衢州市审计局审计项目质量控制导图》,以两张流程图、八张责任清单明确审计各环节质量控制节点以及相关责任人员控制责任。完善审计项目内部控制机制，推行审计项目流转单制度，明确项目各环节进度安排，实现对审计项目实施效能的“精准化”管控。审计质量和审计成效提升明显,在浙江省审计厅表彰的2022年优秀项目中,上报的3个项目全部获奖，相关质量管控做法，在全省审计质量培训班上进行经验交流。

（聂　红）

海　关

【概　况】2022年，衢州海关坚持统筹疫情防控和促进外贸保稳提质，聚焦重点工作，促进开放开发，为衢州市高质量发展建设四省边际共同富裕示范区、全力打造四省边际中心城市贡献海关力量。全年，衢州海关审核报关单1254份；征收入库税款1.98亿元；监管进出境货运量4.6万吨；新增海关进出口收发货人备案336家，其中高级认证企业5家；开展稽查作业21家次；办理加工贸易手册75份；缉私行政立案13起；办理快办案件6起；检验检疫出入境货物1.72万批，货值71.6亿元；签发各类原产地证书1.51万份，货值19.59亿美元；签发各类检验检疫证书8653份。是年，衢州海关获全国“节约型机关”称号。

【关地战略合作】2月21日，经衢州海关积极汇报对接，杭州海关与衢州市人民政府签订战略合作框架协议。助力衢州综保区申建工作，请示报告签批流转至海关总署，9月14日，该工作被纳入海关总署与浙江省政府《共同推进浙江高质量发展建设共同富裕示范区合作备忘录》。跟进指导衢江港保税仓库筹建项目，该项目于11月正式开工建设。做好四省边际枢纽港海关监管作业场所建设和泛亚铁路冷链运营平台运行涉及海关监管作业相关工作的对接服务。

【助力外贸发展】2022年，衢州海关推进跨境电商综试区建设，联合贸促会开展跨境电商政策宣讲，全年办理海外仓备案23家。支持贸易新业态发展，定期对衢州市外贸综合服务平台融易通公司进行一对一培训指导；跨境电商（9710、9810）备案企业300余家；全年通过海关跨境电商管理平台出口18.1亿元。在杭州关区率先开展跨境电商出口商品质量安全风险监测工作。培育海关高级认证企业3家，新增海关高级认证企业1家。帮扶衢州输欧盟鱼子酱产品、出口印度竹签制品应对技术贸易壁垒并破壁通关，两项工作均获评杭州关区“我为群众办实事”实践活动“十佳案例”。

【深化业务改革】2022年，衢州海关深化通关一体化改革，优化外贸营商环境，两步申报率、整体通关时长、原产地证书自助打印率均位居关区前列。指导3家高级认证企业获批RCEP“经核准出口商”。实现进出口收发货人备案、电子口岸IC卡“一窗办理、一链办理”。开展加工贸易及保税监管领域“百日大排查、大起底”专项活动，推广以企业为单元、以企业集团为单元的加工贸易监管模式改革。开展转属地查检模式审批试点业务，实现“口岸自动转属地”无感通关。

【加强统计分析研究】2022年，衢州海关加强全市外贸数据的及时获取、统计分析和对比研究，充分发挥海关统计数据监测预警作用。健全快报机制，第一时间向市委、市政府主要领导报送全市外贸数据情况；完善专报机制，向市委、市政府报送统计分析专报8篇、统计快报11篇；建立简报机制，每月向各县（市、

2022年2月21日，杭州海关和衢州市政府战略合作框架协议签约仪式举行

2022 年 10 年 14 日，开展危化品现场查验

区）报送外贸简报。向衢州市级部门、企业提供数据查询服务 200 余次。

【筑牢国门安全防线】2022 年，衢州海关慎始如终抓好常态化疫情防控，因时因势不断优化完善疫情防控工作。强化进出口危化品检验监管，扎实开展“口岸危险品综合治理”专项行动，高质量建成全省首个进出口危化品及包装检验检测实训教学点。加强进出口食品、农产品检验检疫，开展输非茶叶专项整治。全年检出各类不合格 145 批，不合格检出率增长 302.8%。开展杂草监测 57 次，首次监测发现 3 种外来有害生物并积极采取风险消减措施，确保国门生物安全。

【深化综合治税和反走私综合治理】2022 年，衢州海关深化综合治税，新增第二批 5 家、计 10 家重点企业纳入属地纳税人管理试点，加强进出口环节税收应收尽收，完成年度 1.98 亿元税收指标。进一步规范税费管理，全年完成审价补税 657.8 万元，较上年同期增长 887%。用足用好税收优惠政策，办理减免税业务 224 份，同比增长 98.2%。深化反走私综合治理，加强部门协作，形成打私合力，全年行政立案 19 起，立案案件数增长 110%。

【建立健全网格化服务机制】2022 年，衢州海关依据海关总署及杭州海关促进外贸保稳提质服务措施、衢州市外贸提档升级千亿行动实施方案，出台《衢州海关促进外贸保稳提质十八条措施》，实施网格化服务，结合“十地百团助千企”精准服务活动，将 420 家企业纳入网格管理，组建 7 支网格化队伍，调整海关专业服务小分队成员，走访调研 239 家企业、13 个部门，组织涉企培训 12 场，座谈会 21 次，解决涉企难题 58 个。编印《促进外贸保稳提质海关政策指南》等，编制 6 期衢州海关网格化服务工作动态，其中获杭州海关《“十地百团助千企”精准服务活动信息通报》录用 29 条信息。

（郑龙仙）

科学技术

综 述

【概　况】2022 年，衢州市科技局锚定打造四省边际人才科创桥头堡战略目标，聚焦“创新制胜”主方向，着力构建创新生态体系，谋划四省边际科创走廊，推动“五链”深度融合，构建“一产业一研究院”“一县一产业一高校”产业技术创新体系，在创新平台建设、院士团队引进、创新主体培育、创新生态营造等方面取得显著成效，为争当“两个先行”示范窗口和推进中国式现代化衢州实践提供坚强科技支撑。7 月 11 日，衢江区、龙游县被省委、省政府评为 2021 年度浙江省党政领导科技进步目标责任制考核优秀单位。

【四省边际人才科创桥头堡计划】9 月，市科技局联合市委人才办等部门下发《四省边际人才科创桥头堡分工抓落实方案》。该方案提出：到 2026 年，衢州市要在科技创新能力方面领先四省边际，成为全省创新发展新增长极、四省边际重要人才中心，建成全国创新生态最优城市；实施产业创新集群培育等十大专项行动，全社会科研经费投入占 GDP 比重 3.0%以上，每万名就业人员中科研人员 120 人，培育国家高新技术企业 1500 家、省科技型中小企业 4700 家。

【编制四省边际科创走廊规划】4 月，组织开展《衢州四省边际科创走廊发展规划》（以下简称《规划》）编制工作，经各地调研、框架构思、文本起草、项目摸排、形成初稿、意见征求、修改完善、专家评审等环节。12 月，《规划》经市委市政府主要领导审定通过，形成送审稿，内含建设背景、基本原则、战略定位、发展目标、空间布局、实施路径、保障措施等 7 个方面内容，报送省级层面开展意见征求。

【省高端化学品技术创新中心揭牌】1 月 15 日，浙江省人民政府下发《关于建设智能工厂操作系统等 6 家省技术创新中心的通知》，省高端化学品技术创新中心

2022 年 6 月 16 日，浙江省高端化学品技术创新中心揭牌成立

获批成立，依托浙江大学衢州研究院、巨化集团公司，围绕高端电子化学品、高端特种聚合物、高端专用化学品、高端化学品制造生态化等4大方向开展关键技术攻关，建设高附加值、高能级的高端化学品技术创新平台。6月16日，省高端化学品技术创新中心成立仪式在浙大衢州“两院”常山港院区举行，省科技厅厅长高鹰忠、衢州市委书记高屹共同为中心揭牌。

【衢州资源化工创新研究院创建】10月9日，市人民政府与化工资源有效利用国家重点实验室签订合作框架协议书，共建化工资源有效利用国家重点实验室衢州基地和衢州资源化工创新研究院。11月11日，衢州资源化工创新研究院理事会第一次会议召开，会议确定理事会组成名单，审议通过《衢州资源化工创新研究院章程》，选举确定衢州资源化工创新研究院理事长，确定衢州资源化工创新研究院院长、管理层、法定代表人。12月6日，市人民政府印发《关于同意衢州资源化工创新研究院理事会第一次会议选举结果的通知》文件，同意衢州资源化工创新研究院理事会第一次会议选举结果：段雪任衢州资源化工创新研究院院长；宋宇飞、戴伟(David G.Evans)、胡姣良、林彦军任衢州资源化工创新研究院副院长；周新任衢州资源化工创新研究院执行院长。12月12日，衢州资源化工创新研究院取得事业单位法人证书，标志着段雪院士团队领衔的高能级平台正式在衢州市落地。

【科技企业“双倍增”行动计划】2022年，根据《衢州市科技型中小企业培育专项行动方案》，全市计划新增国家高新技术企业90家、科技型中小企业280家。5月26日，由衢州市科技局和省科技宣传教育中心联合举办2022年度衢州市高新技术企业申报管理线上培训，国家高新区管委会、各县(市、区)科技局分管领导和相关负责人，拟申报高新技术企业的企业负责人和财务人员，企业科技特派员等500余人参加线上培训。年末，根据全国高新技术认定管理工作领导小组办公室《关于对浙江省2022年认定的高新技术企业进行备案的函》及《关于对浙江省2022年认定的高新技术企业进行补充备案的函》，全市新增国家高新技术企业181家，累计有效国家高新技术企业719家。市科技局分别认定4批省级科技型中小企业702家，全市累计省级科技型中小企业2281家。

【全市人才科创会议】10月9日，全市人才科创会议举行。市委书记高屹强调，要突出创新制胜、强化人才支撑，全力打造四省边际人才科创桥头堡。市委副书记、市长徐张艳主持，中国科学院院士段雪、中国工程院院士任其龙和市领导吴国升、方健忠、周黎旸、王波、邓崴、陈玲芳、周向军、何海彬、廉俊、张晓峰等出席。会上，衢州市政府与段雪院士团队、智造新城与4个高层次人才团队进行项目签约，电子科大长三角研究院与衢州极电电动汽车技术有限公司签订合作框架协议。

【数字化改革】2022年，持续推进省级重大应用贯通工作，形成《衢州市科技型企业培育“四色管理库”标准体系》《企业科创研值评定及应用场景初探》等一系列制度成果。推进四省边际仪器共享平台、科技攻关项目管理、四色管理库等一批地方特色应用建设上线。上架组件6个，调用1619次，

2022年10月8日，全市人才科创会议召开

完成 7 类企业标签分类，涉及企业 1069 家次。

（王霞君）

科技研究

【概　况】2022 年，全市争取到国家、省财政科技补助经费 8653 万元。组织 9 批“大科创”专项资金经费兑现，兑现 15791.56 万元。

【科技攻关项目】2022 年，承担中央引导地方科技发展资金项目 6 项，获得财政补助 1700 万元；承担省级重点研发计划项目 18 项，获财政补助经费 5920 万元。实施市级科技计划项目 132 项，安排项目经费 3971 万元。

衢州市 2022 年度中央引导地方科技发展资金项目一览表

表 27

序号	项目名称	项目承担单位
1	浙江省高速列车传动系统运行研究重点实验室建设	中浙高铁轴承有限公司
2	浙江省高性能锂电材料智能制造重点企业研究院创新能力建设	华友新能源科技（衢州）有限公司
3	浙江省高性能纸基功能材料重点企业研究院创新能力建设	仙鹤股份有限公司
4	高端化学品创新平台建设	浙江大学衢州研究院
5	金昌特种纸省级企业研究院建设	浙江金昌特种纸股份有限公司
6	浙江省高性能锂电材料智能制造重点企业研究院创新能力建设	华友新能源科技（衢州）有限公司

衢州市 2022 年度浙江省“尖兵”“领雁”研发攻关计划立项项目一览表

表 28

序号	项目名称	项目承担单位	组织方式
一、“尖兵计划”项目			
1	面向航空高性能制造的精密五轴联动加工中心研发及应用	浙江永力达数控科技股份有限公司	竞争性
2	纺织品表面质量机器视觉在线检测技术研究及装备研制	浙江灿宇纺织有限公司	竞争性
3	光学级碳酸酯共聚物研发与产业化	拓烯科技（衢州）有限公司	竞争性
4	高性能超高分子量聚乙烯纤维基复合材料研发及产业化	龙游龙纤新材料有限公司	竞争性
5	正辛基三乙氧基硅烷生产工艺开发	浙江开化合成材料有限公司	竞争性
6	功能性糖与糖醇绿色生物制造关键技术开发及产业化	浙江华康药业股份有限公司	竞争性
7	PEM 水电解制氢用全氟磺酸树脂的开发与应用	浙江巨圣氟化学有限公司	竞争性
8	面向高端聚合物材料规模化制备的高黏聚合与高效脱挥关键技术与装备	浙江大学衢州研究院	竞争性

续表 28

序号	项目名称	项目承担单位	组织方式
二、“领雁计划”项目			
9	高性能防护膜研发与产业化-高性能 *AG/HC* 抗污防护涂层的研发与产业化	浙江巨化汉正新材料有限公司	竞争性
10	高性能全氟聚醚关键制备技术及应用	浙江巨化技术中心有限公司	竞争性
11	复合纤维基阻菌无尘医用透析袋关键技术研发及产业化示范	华邦古楼新材料有限公司	竞争性
12	拟均相硝化加氢连续化生产技术开发	浙江省常山长盛化工有限公司	竞争性
13	名优茶智能化加工关键技术与装备研发	浙江上洋机械股份有限公司	竞争性
14	轴承套圈高效节能加工技术研究及应用——套圈工艺方法研究和自动化数字车间示范	浙江金沃精工股份有限公司	竞争性
15	高性能阻燃胶合板关键技术研发及防火门应用与产业化	江山欧派门业股份有限公司	竞争性
三、其他类(重大社会公益等)项目			
16	竹生物质资源化能源化炭气联产技术研发与示范应用	衢州市浙工大生态工业创新研究院	竞争性
四、26 县高质量发展项目			
17	荛花良种选育与人工林高效培育技术研究	开化县开化纸传统技艺研究中心	竞争性
18	胡柚药用资源综合利用关键技术研究与产业化示范	浙江艾佳食品有限公司	竞争性

2022 年衢州市省自然科学、公益性基金项目一览表

表 29

序号	项目名称	项目承担单位	项目类型
1	肥料运筹对大豆—玉米轮作体系下养分资源利用及土壤微生物环境变化的应用研究	衢州市农业林业科学研究院	公益性
2	光学相干光断层扫描和血管成像定量分析视网膜血管结构的改变及其与颈内动脉狭窄之间的相关性	衢州市人民医院	公益性
3	基于 5G+ 物联网的“滴滴”式医院后勤人员管理系统研究	衢州市人民医院	公益性
4	具有高效和鲁棒性的皮革外观缺陷自动检测技术研究及应用	衢州学院	公益性
5	贝叶斯学习驱动的长距离供热负荷预测研究及应用	衢州学院	公益性
6	电子级 H_2O_2 纯化用富氧型活性炭制备及产业化研究	衢州学院	公益性
7	高速精密数控机床双主轴部件系统研发及关键技术应用	衢州学院	公益性
8	新型调光绝热防弹防砸复合玻璃的关键技术研发	衢州学院	公益性
9	胡柚黄龙病可视化波谱检测系统研究	衢州学院	公益性
10	基于全生命期城市基础设施系统韧性研究及提升策略	衢州学院	公益性

续表 29

序号	项目名称	项目承担单位	项目类型
11	基于混合学习的电动汽车智能充电实时风险评估系统研发	衢州学院	公益性
12	基于视觉显著性的薄壁轴承表面缺陷快速检测系统的研发	衢州职业技术学院	公益性
13	多模式融合驱动的电动汽车充电智能预测与优化方法	衢州职业技术学院	公益性
14	发展新型固体核磁共振方法研究金属有机框架材料的微观结构和主客体相互作用	浙江大学衢州研究院	公益性
15	PLGA 静电纺丝纳米纤维鞘管联合 SS/SF 线性化导向的多通道神经导管修复周围神经缺损的实验研究	衢州市人民医院	省自然科学基金
16	脊髓 ErbB 调控 TRPV1 介导骨癌痛大鼠中枢敏化及电针干预机制研究	衢州市中医医院	省自然科学基金
17	TiAl 复合材料多组元多尺度增强相调控与强化性机制	衢州学院	省自然科学基金
18	含氟废弃光伏背板再生合成含氟共聚酯合金及其结晶行为	衢州学院	省自然科学基金
19	对象级高分辨率 SAR 图像城市精细变化监测方法研究	衢州学院	省自然科学基金
20	时变拓扑结构下的移动机器人集群分布式估计方法研究	衢州学院	省自然科学基金
21	高压凝固 Mg-Ni-RE 合金中 LPSO 形成机理与储氢性能研究	衢州学院	省自然科学基金
22	融合约束和反馈信息的变桨系统状态监测与故障诊断	衢州学院	省自然科学基金
23	高效去除水中全氟辛酸污染物的铋基光催化剂的构筑	衢州学院	省自然科学基金
24	R290 旋转压缩机壳体内制冷剂非稳态相变机理研究	衢州学院	省自然科学基金
25	基于激光辅助的蓝宝石基片高效水合抛光方法研究	衢州学院	省自然科学基金
26	高性能含氟双酚 A 类聚芳酯可控制备	浙江大学衢州研究院	省自然科学基金
27	基于新型绿色溶剂的乏燃料中镧系、锕系元素分离技术研究	浙江大学衢州研究院	省自然科学基金
28	硅负极用高性能含氟高分子黏结剂的设计与结构演化原位表征	浙江大学衢州研究院	省自然科学基金

2022 年衢州市揭榜挂帅项目一览表

表 30

序号	项目名称	项目承担单位
1	高性能纤维基医疗阻菌功能纸关键技术研发	华邦古楼新材料有限公司
2	高性能数码热升华转印纸关键技术	衢州东大复合材料科技有限公司
3	高端硅基热界面复合材料的开发与应用研究	浙江中天东方氟硅材料股份有限公司
4	全息智能中压真空断路器关键技术研发	科润智能控制股份有限公司
5	应用于下一代 *Bimodal* 型 *NCMA* 正极的 *Ni87~Ni89* 单晶三元前驱体产品开发	华友新能源科技(衢州)有限公司
6	燃料电池用碳基纸基新材料关键技术开发	浙江凯丰新材料股份有限公司

续表 30

序号	项目名称	项目承担单位
7	竹材生物质绿色分离及组分定向转化关键技术研发及其应用	浙江华康药业股份有限公司
8	新能源电动汽车动力电池用高端导热胶粘剂的研发	浙江创基有机硅材料有限公司
9	高抗压电解电容器纸的研究	仙鹤股份有限公司

（王霞君）

产业赋能

【高新技术产业开发区】2022年，衢州国家高新区在2022年全国化工园区高质量发展综合评价中位列第24，连续5年跻身全国30强。

【企业研发机构】12月31日，浙江省科技厅下发《关于公布2022年新认定省级企业研发机构名单的通知》，浙江省一道新能高效电池与组件高新技术企业研究开发中心等21家研发中心被认定为省级高新技术企业研究开发中心，全省现有187家；浙江省先导精密半导体装备制造企业研究院等2家被认定为省级企业研究院，全省省级（重点）企业研究院62家。8月1日，市科技局下发《关于公布2022年度市级工程技术研究开发中心名单的通知》，金维克家庭用品市级工程技术研究开发中心等33家研发中心被认定为市级工程技术研究开发中心，累计318家。

【众创空间】12月14日，浙江省科技厅下发《关于公布2022年度省级备案众创空间名单的通知》，衢州市1家众创空间被纳入备案名单，位于柯城区村播基地。衢州市现有19家省级众创空间，4家国家级众创空间。

【农业科技园区和重点农业企业研究院】12月7日，省科技厅对省级农业科技园区和重点农业企业研究院开展绩效评价并公示结果，衢州市柯城区、衢江区、江山市3家参评园区全部评价合格，茗皇茶深加工省级重点农业企业研究院获评优秀。

【农业双强行动方案】5月30日，市科技局发文印发《衢州市科技强农专项行动方案（2021—2025）》，确定到2025年要实现的任务目标：实施省市县农业科技攻关项目100个以上，取得标志性成果20项以上，推广农业新品种面积45万亩以上，培育农业省科技型中小企业100家以上（其中农业高新技术企业30家以上），选派市县级科技特派员90人，培育省级及以上农业科技园区6个、星创天地6家。

【科技特派员】9月27日，衢州市科技特派员工作领导小组印发《衢州市深化科技特派员制度助力共同富裕示范区建设的实施意见》，明确到2025年动态保持省市县特派员（个人或团队）400人以上，为科技强农、共同富裕提供

2022年5月21日，科技活动周启动仪式举行

科技和人才保障。12 月 7 日，省科技厅公示 26 县增派省级个人科技特派员拟派人员名单，衢州地区增派 22 人，共有省级个人科技特派员 89 人，实现乡镇全覆盖。

【科技活动周】5 月 21 日，市委宣传部、市科技局、市科协以“走进科技 你我同行”为主题，联合举办 2022 年衢州市科技活动周启动仪式暨特派员助力共同富裕专题会。活动周期间，全市宣传、科技、科协系统举办“云上科普”、科技下乡、科技惠企、科普进社区进校园等活动，营造讲科学、爱科学、学科学、用科学的社会氛围。

【科技双碳】1 月 11 日，衢州市科技领导小组办公室印发《衢州市碳达峰碳中和科技创新行动方案》，确定到 2025 年要实现的任务目标：在绿色低碳领域，组织实施关键核心技术攻关 20 项以上，取得标志性成果 5 个以上，引进培育创新型人才 100 人以上，建成高水平团队 8 个以上，培育高能级创新平台 5 家以上，国家高新技术企业达 100 家以上、产业链头部企业 5 家以上。1 月 6 日，成立衢州市双碳研究中心，特聘 9 名技术专家，组建碳循环、碳利用、低碳优化、零碳能源、减可信碳大数据 6 个技术团队。5 月，“科技双碳”应用上线运行，实现一站征集双碳需求、一键发布双碳专项攻关榜单、一网整合科技资源；全年在线申报并立项 17 项“双碳专项”，拨付财政经费 455 万元。

【规范科技类校外培训机构】4 月 23 日，市科技局、市教育局共同印发《衢州市科技类校外培训机构准入指引(试行)》，从机构设置、场地设施、从业人员、培训内容、审批登记、资金监管等方面进一步规范科技类校外培训机构的审批和管理。

（王霞君）

科技合作与交流

【概　况】2022 年，持续加强重大科创平台建设，加快推动院企合作，进一步拓宽区域协作范围，促进科技成果转化。深入开展校企“双走进”活动，衢州学院、衢州职业技术学院、浙江大学衢州研究院、电子科技大学长三角研究院(衢州)、东南数字经济发展研究院、浙工大生态工业创新研究院、浙江理工大学常山研究院等 7 家重大科创平台开展产学研对接活动 320 余场。谋划成立四省边际科创圈，赴上饶、南平、黄山等地调研对接，推动实现四省边际城市互通共融、协作共赢；拓展校地

2022 年衢州市科技合作对接交流一览表

表 31

序号	活动名称	时 间	部门、企业	对 接 单 位	活动地点
1	第二十届中国国际人才交流大会	5 月 26 日	浙江大学衢州研究院、电子科大长三角研究院		线上
2	科技成果转化工作会议	8 月 3 日	衢州学院、衢州职业技术学院，浙大衢州“两院”、电子科大长三角研究院、东南数字经济发展研究院、衢州市人民医院、衢州市中医院等 28 家高校、科研院所、公立医疗机构、国有企业、技术转移和中介机构	省科技厅成果处、省科技成果转化和评估中心	衢州
3	第二十四届中国国际高新技术成果交易会	11 月 15—19 日	电子科技大学长三角研究院、江山市人民政府、艺康化学、天蓬集团、茶之语科技、金航钢管科技、博旭电子、富达化工等		深圳
4	科技成果“转移支付”衢州专场	12 月 2 日	志高机械、台威精工、中巨芯、杉杉新材料等 160 余名企业和技术转移机构代表	浙江大学、浙江师范大学、浙江理工大学、杭州电子科技大学等	线上

合作资源，加强与浙江理工大学对接交流。推动科技成果使用权、处置权和收益权改革，进一步激发科研人员成果转化积极性，支持浙大衢州研究院、电子科大长三角研究院争取赋予科研人员职务科技成果所有权或长期使用权改革试点。

【推进院地合作】 2022年，加快推进浙大衢州“两院”二期建设。4月22日，委托省科技项目管理服务中心组织召开浙大衢州“两院”二期发展规划论证会，邀请郑裕国、陈文兴、王建国、孙立成、兰建平、邓元、袁坚刚等7位专家参加。6月18日，浙大衢州“两院”常山港院区正式启用。围绕衢州六大主导产业，加快引进高水平科技创新资源，延伸拓展市校合作，与浙江理工大学市校开展交流合作，5月，李宁副市长带队赴浙江理工大学就市校合作、项目引进等进行深入洽谈。

【深化院企合作】 2月18日，组织召开“五院联席、赋能助力”——衢州市重大科创平台联席会议，“五院”及各区块分管领导齐聚共商推动融合发展。将衢州市浙工大生态工业创新研究院、浙江理工大学常山研究院纳入衢州重大科创平台体系，以科技赋能推动县域高质量发展。深入开展校企“双走进”活动，深化产学研用深度融合。2022年，7家重大科创平台开展产学研对接活动320余场，参与企业千余家；与企业开展联合攻关、签订横向合同422项，合同经费1.42亿元，与衢州企业合作占比72.03%；为企业提供技术服务近3000次，转化科技成果73项；与企业共建产学研合作平台36个，引进落地孵

2022年衢州市发明专利产业化项目一览表

表32　　单位：万元

序号	专利名称	承担单位	当地财政补助金额
1	一种三乙酰氧基烃基硅烷的制备方法	浙江衢州硅宝化工有限公司	20
2	一种动力锂离子电池全金属回收循环利用的方法	衢州华友资源再生科技有限公司	20
3	一种抗卷曲热转印纸　一种耐高温热转印纸 一种热转印纸用耐高温涂层液	浙江锦旺新材料科技有限公司	20
4	以网布增强的平板式多孔膜为基体的阳离子交换膜及其制造方法	衢州蓝然新材料有限公司	15
5	一种天然柔性透明纸的制备方法	阿尔诺维根斯(衢州)特种纸有限公司	15
6	挤压型中压直流电缆	浙江启超电缆股份有限公司	15
7	一种玻璃减薄系统无废酸无玻璃渣排放的方法	衢州市鼎盛化工科技有限公司	15
8	多边形截面的PCB板载电阻及其成型工艺	衢州顺络电路板有限公司	10
9	一种无醛、阻燃、耐水胶合木质层压板及其生产方法	浙江雁杰建筑模板有限公司	10
10	一种注射液的多级灭菌消毒设备及其消毒工艺	浙江都邦药业股份有限公司	10
11	一种自粘宽幅发泡地毯式地板膜及其制备方法	衢州龙威新材料股份有限公司	10
12	中空注浆锚杆回转头三工位摆动机构	浙江志高机械股份有限公司	10
13	一种变温杯及其加工工艺	浙江金维克家庭用品科技有限公司	10
14	一种基于指纹识别的电动车防盗系统及电动车	浙江衢州星月神电动车有限公司	10

续表 32

序号	专利名称	承担单位	当地财政补助金额
15	高精度深沟球轴承外圈加工方法	浙江金沃精工股份有限公司	0
16	一种智能消防泵	贝德科技集团有限公司	0
17	一种污水提升一体化装置	浙江海贝机电科技有限公司	0
18	一种返封式耐酸混凝土及其制备方法	浙江顺通建筑工业化有限公司	9
19	一种压缩空气干燥系统及其使用方法	浙江瑞鸿机电设备有限公司	7
20	一种自密实混凝土及其制备方法	浙江龙游通衢建材有限公司	15
21	一种双先导式滑阀	威仕喜(浙江)流体技术有限公司	10
22	一种铝合金抗腐蚀表面处理方法	浙江春旭铝业有限公司	15
23	一种石材废料制作仿花岗岩透水砖及其制备工艺	浙江寰龙环境科技有限公司	15
24	一种抗剪力防脱落的防盗门把手	浙江德洲五金有限公司	10
25	高强度灰板纸及其制备方法	浙江金励环保纸业有限公司	10
26	一种高品质 PC 构件结构及其成型方法	浙江省建材集团浙西建筑产业化有限公司	10
27	一种立体印纹的凹版印辊及制作方法	龙游运申制版有限公司	10
28	一种色纺纱计算机测配色方法	浙江省常山纺织有限责任公司	10
29	一种轴承加工用两次加热下料工艺及其设备	浙江赛赛轴承有限公司	10
30	一种轴承加工用固定装置	浙江宏毅轴承有限公司	10
31	一种专用于水泥生产的节能离心风机	浙江卫邦风机有限公司	10
32	一种可直接压片的高纯度粒状木糖醇及其制备方法专利	浙江华康药业股份有限公司	0
33	一种磁珠法核酸检测试剂盒	浙江爱津生物技术有限公司	0
34	一种透水仿真花岗岩板材及其制备方法	开化县锦新建筑材料有限公司	0
35	折边线条批量化出榫生产系统	江山欧派门业股份有限公司	0
36	一种木线条折边生产系统及生产工艺	江山花木匠家居有限公司	0
37	多 site ATE 项目的元器件丝印摆放的调整方法	江山季丰电子科技有限公司	0
38	一种高压断路器局部放电监测预警方法	科润智能控制股份有限公司	0
39	一种具有车辆车身高度调节功能的减震器及其控制方法	衢州龙鼎汽车零部件制造有限公司	0
40	一种带校正功能的 PCB 型电流互感器	浙江天际互感器有限公司	0
41	一种垃圾焚烧废气处理设备及其使用方法、一种废气颗粒处理装置及其使用方法	浙江宏电环保装备有限公司	0
42	一种环保型干式电力变压器	浙江江山源光电气有限公司	0

化企业14家。

【发明专利产业化】2022年，持续开展实施授权发明专利产业化项目，增强企业核心竞争力。实施发明专利产业化项目46项，财政补助经费341万元，新增产值24.76亿元，新增利润2.1亿元。

【科技成果拍卖会】3月23日，2022浙江科技成果竞价（拍卖）会线上专场在杭州举行，拍卖科技成果1项。6月6日，浙江科技成果竞价（拍卖）会衢州职业技术学院专场在衢州举行，来自衢州职业技术学院及衢州市农业林业科学研究院6项科技成果成交。6月30日，2022浙江科技成果竞价（拍卖）会衢州专场在衢州线上举办，来自电子科技大学长三角研究院（衢州）6项科技成果顺利成交，总成交价104万元。10月9日，2022浙江科技成果竞价（拍卖）会衢州专场（秋）在衢州线上举办。来自电子科技大学长三角研究院（衢州）、浙江工业大学、中国计量大学的3项科技成果成交，总成交价160万元。12月23日，第四届浙闽赣皖四省边际应用型大学联盟科技成果竞价（拍卖）会线上专场在衢州举行，来自衢州学院的5项科技成果成交，总成交价300万元。

【科技大市场】2022年，组织线上线下各类技术培训、科技沙龙、成果拍卖、校企对接等科技活动16场。

2022年浙江科技成果竞价（拍卖）会3月专场一览表

表33　　单位：万元

序号	成果名称	转化方单位	竞得单位	成交价
1	产衣康酸土曲霉基因工程菌株	中国科学院青岛生物能源与过程研究所	浙江国光生化股份有限公司	45

2022年浙江科技成果竞价（拍卖）会衢州职业技术学院专场一览表

表34　　单位：万元

序号	成果名称	转化方单位	竞得单位	成交价
1	一种断路器运行状态云监测技术	衢州职业技术学院	浙江联能电气有限公司	10
2	一种车辆智能排气电磁阀门系统关键技术	衢州职业技术学院	衢州森凯科技有限公司	15
3	一种医用低温等离子主机的系统	衢州职业技术学院	衢州思汉医疗设备有限公司	32
4	一种基于数字孪生的餐饮社交服务综合系统	衢州职业技术学院	衢州云利科技有限责任公司	30
5	一种低接触电阻率的选择发射极制备技术	衢州职业技术学院	一道新能源科技（衢州）有限公司	30
6	基于NB-IoT的小型压力容器压力持续监测系统	衢州职业技术学院	项目流拍	
7	“浙大635”油菜品种培育技术	衢州市农业林业科学研究院	浙江乐土种业有限公司	3

2022 浙江科技成果竞价(拍卖)会衢州专场一览表

表 35　　单位:万元

序号	成果名称	转化方单位	竞得单位	成交价
1	面向智能数据处理的区块链算力优化调度方法	电子科技大学长三角研究院(衢州)	浙江电科慧诚科技有限公司	7
2	数字交换与传输系统 V1.0	电子科技大学长三角研究院(衢州)	浙江电科智盛科技有限公司	2
3	一种基于多路特征感知长短期记忆的异常流量检测方法	电子科技大学长三角研究院(衢州)	衢州迈可行数字技术有限公司	26
4	一种基于驾驶风格和意图的个性化自适应轨迹预测方法	电子科技大学长三角研究院(衢州)	项目流拍	
5	一种基于区块链的入侵检测功能分布式部署方法	电子科技大学长三角研究院(衢州)	浙江电科智盛科技有限公司	19
6	一种单相接地故障管理系统	电子科技大学长三角研究院(衢州)	浙江日新电气有限公司	50

2022 浙江科技成果竞价(拍卖)会衢州专场(秋)一览表

表 36　　单位:万元

序号	成果名称	转化方单位	竞得单位	成交价
1	基于多智能体深度强化学习与最小二乘的室内定位软件和基于室内定位系统等三个软件著作	电子科技大学长三角研究院(衢州)	四川中景创新软件有限公司	30
2	一种钛酸钠粉体的制备方法等五项专利	浙江工业大学	宇恒电池股份有限公司	30
3	面向 5G 行波管的磁组件材料关键制备技术	中国计量大学	东阳富仕特磁业有限公司	100

第四届浙闽赣皖四省边际应用型大学联盟科技成果竞价(拍卖)会一览表

表 37　　单位:万元

序号	成果名称	转化方单位	竞得单位	成交价
1	智能仓储出入库检测与控制关键技术	衢州学院	浙江尚唯机电科技有限公司	50
2	一种对辊制砂机内驱式辊筒总成技术	衢州学院	浙江辰泰机械制造有限公司	100
3	一种全自动羽毛球整形机技术	衢州学院	衢州市永瑞机械有限公司	50
4	一种高强度耐腐蚀金属材料设计和制备技术	衢州学院	江山永利百合实业有限公司	50
5	一种具有抗菌功能的木塑复合材料	衢州学院	浙江金立方门业有限公司	50

2022年衢州市科技活动一览表

表38

序号	活动名称	日期
1	科技成果转化产学研培训会	1月7日
2	衢州学院与浙江国光生化股份有限公司的校企对接活动	3月8日
3	加强学习以促进科技合作活动	4月14日
4	加强科技交流合作活动	5月31日
5	浙江科技成果竞价(拍卖)会衢州职业技术学院专场	6月6日
6	浙江科技成果竞价(拍卖)会衢州专场	6月30日
7	国家科技型中小企业入库评价培训及第七届创新挑战赛常山启动会	7月15日
8	新昌县茶产业科技山海协作团来常山考察交流会	8月4日
9	浙江省科技型中小企业申报培训会	9月7日
10	专利实施转化校企对接线上活动	9月19日
11	“产业创新－智能制造”交流会	9月23日
12	浙江科技成果竞价(拍卖)会衢州专场(秋)	10月9日
13	常山县首席科技官比拼活动	11月24日
14	第七届中国创新挑战赛(浙江)暨2022年浙江省技术需求“揭榜挂帅”大赛	11月22—28日
15	常山县企业首席科技官交流培训活动	12月13日
16	第四届浙闽赣皖四省边际应用型大学联盟科技成果竞价(拍卖)会	12月23日

（王霞君）

科技成果与应用

【概　况】2022年，开发省级新产品试制计划项目302个，登记技术成果95个；全市技术合同登记441份，技术市场实现交易总额55.32亿元。

【浙江省科学技术奖】7月11日，浙江省科技创新大会在省人民大会堂召开，衢州市企事业单位完成的10项科技成果获奖，其中作为牵头单位完成的获二等奖2项，作为参与单位完成的获二等奖4项、三等奖4项。作为第一完成单位的浙江巨化股份有限公司“含氟聚合物生产工艺数字化建模提质增效与推广应用”和浙江锦华新材料股份有限公司“肟循环产业链绿色制造关键技术及产业化”2个项目获省科学技术进步奖二等奖。

衢州市获 2021 年度浙江省科学技术奖项目一览表

表 39

获奖项目	获奖单位	奖励等级
含氟聚合物生产工艺数字化建模提质增效与推广应用	浙江巨化股份有限公司(牵头单位)	二等奖
肟循环产业链绿色制造关键技术及产业化	浙江锦华新材料股份有限公司(牵头单位)	二等奖
基于工业以太网的多轴运动控制关键技术及应用	浙江禾川科技股份有限公司	二等奖
高浓度多方存证视频安全关键技术与应用	衢州供电公司	二等奖
茶叶生产加工一体化信息管理与智能化装备研究	浙江上洋机械股份有限公司	二等奖
集约经营竹林土壤提质增效关键技术研究与应用	衢州市柯城区美丽乡村建设中心	二等奖
汽车自动调整臂智能制造及测试技术产业化	浙江科力车辆控制系统有限公司	三等奖
新能源无人驾驶辅助转向电液泵的研发产业化	衢州职业技术学院	三等奖
杉木人工林提质增效关键技术及应用	开化县林场	三等奖
油茶、香榧等木本油料绿色加工和质量控制技术与应用	常山富而康山茶油有限公司	三等奖

防震减灾

【概　况】2022 年，以建设工程地震安全监管检查和地震灾害风险普查为重点，做好防震减灾各项工作。

【建设工程地震安全监管检查】11 月，对新建一般工程、学校、医院抗震设防要求执行情况，重大建设工程地震安全性评价开展情况，区域地震安全性评价抗震设防要求落实情况进行检查，确保工程地震安全。通过行业自查、统一核查，全市检查建设工程项目 484 项，其中学校、医院等人员密集场所 41 项。经检查，一般建设工程都按照《中国地震动参数区划图》(GB 18306—2015）确定的抗震设防要求进行抗震设防，合格率 100%；学校、医院等人员密集场所建设项目合格率 97.6%。

【地震灾害风险普查】2022 年，全市 6 个县(市、区)地震灾害风险普查第一阶段工作全面完成，取得阶段性成果。5 月，江山市作为浙江省 16 个成果应用评估与区划工作试点县，率先完成地震风险评估与区划工作，为全市全面完成普查任务提供可借鉴经验。

（王霞君）

气象服务

【概　况】2022 年，市气象局牢牢把握建设四省边际中心城市争当“两个先行”示范窗口的时代机遇，取得较为突出的亮点成绩，获评全省气象部门综合考评优秀和优秀领导班子，获评全省气象部门先进党组织，1 人获“全国气象先进工作者”称号。

【发挥气象防灾减灾“第一道防线”作用】2022 年，衢州极端天气气候事件频发。市气象局实施共同富裕和乡村振兴气象保障服务行动计划，推进服务保障生态文明建设的“绿色 + 气象”行动等，气象对经济社会发展的全方位保障作用更加凸显。尤其是针对夏秋连旱，全市实施人工增雨作业 71 次，发射弹药 602 枚，比上年同期增长 283%，增水 9300 万吨（相当于一个黄坛口水库的蓄水量），作业规模历年最大，为缓解旱情发挥重要作用。

【夯实防灾减灾体系】2022 年，坚持"防灾就是维稳、减灾就是增效"，全力应对暴雨、强对流、高温干旱等重大突发性灾害天气过程，启动全网发布 14 次，通过"网格 + 气象"平台向 3.8 万名基层网格员推送平台信息 150 余万条，发布各类气象预警橙色以上 85 次，特别是成功应对梅汛期 6 月 18—20 日大暴雨，叫应 27 次，叫应党政领导 429 人次，部门负责人、乡镇协理员、信息员、网格员等 4.7 万人次，有效避免人员伤亡。联合应急、资规、水利印发《衢州市气象灾害应急预案》《衢州市气象、地质灾害、山洪灾害预警和应急联动工作的指导意见（试行）》《气象灾害公众防御指引（试行）》，在全省范围内率先推进气象防灾减灾职责入乡入村入格。

【融入政府智治】2022 年，坚持开放融入，全力打造气象数字化改革新高地，通过数字赋能气象监测、预报、预警、服务、监管等，不断提升气象业务服务质量效益。加力补短板、强弱项、夯基础，一大批国家级、省级先进技术成果在全省有效落地应用。防雷安全数字化监管获评全国"质量提升年"先进典型成果，"质量提升年"行动取得积极成效。"网格 + 气象防灾减灾应用"获衢州争创全省"最佳应用"比拼晾晒活动第四名，做法在省委办公厅《浙江信息》刊登；"气象指数保险智能速办"应用入选全省"一地创新、全省共享"一本账 S0，被评为全省数字经济系统首批地方特色应用和 2022 年度数字经济系统最佳应用；打造"气象安全政企共治系统"，助力提升气象安全数字化监管水平，共享公安、营商办、市场监管等 16 个部门涉企关联数据，构建新型"互联网监管 + 信用 + 服务"体系，形成气象安全政府监管、企业自治、社会监督等多元共治生态，获中国气象局领导肯定。

2022 年 1 月 29 日，举行春节天气媒体通报会

【气象服务保障】2022 年，坚持绿色发展，持续深化气象生态品牌。继续推动开化钱江源国家公园生态气象保障服务、龙游六春湖高山旅游气象服务等关键技术研究，建成 2 个温室气体监测站，开展温室气体源汇评估及减排对策研究，项目获市科技局重点科技攻关立项。全市域 6 县区均创成"中国天然氧吧"，全市新增 6 地（村或景区）上榜浙江避暑气候胜地、乡村氧吧、气候康养乡村，推出油菜花、杜鹃花等系列观赏出游专题，并通过连线中国天气微博直播的方式向全国观众推荐衢州。

2022 年 2 月 22 日，气象装备保障人员到六春湖高山自动观测站维护称重雨量传感器等设备

【提升气象现代化水平】2022 年，坚持规划引领项目带动，深入贯彻落实国务院《气象高质量发

2022 年 5 月 12 日，气象主播走进坊门街社区开展科普宣传

展纲要（2022—2035 年）》和省政府《关于加快推进气象高质量发展的实施意见》文件精神，实施监测预报能力提升工程，新建区域气象站 68 个，298 个区域站完成分钟数据升级，完成市县两级北斗通信和辐射站建设全覆盖，有序推进全市 4 部 X 波段天气雷达建设，启动衢州地基遥感垂直观测系统五条廓线建设，观测设备种类增加至 20 种。全面完成气象灾害风险普查专项任务，普查成果得到初步应用。开展线上线下相结合的系列科普活动 30 余场，参与达 3 万人，开化科普馆成功创建全国气象科普教育基地，有效提升市民气象灾害防御避险能力。

（周良女）

浙江省绿色产业发展研究院

【概　况】2022 年，浙江省绿色产业发展研究院（以下简称“绿研院”）聚焦“工业强市、产业兴市”战略和四省边际人才科创桥头堡建设，构建数字化工作体系、完善人才政策体系、优化人才生态体系，不断提升人才集聚和服务水平，为市级各项中心工作做好人才智力支撑。年内，协助市级各事业单位引进硕士以上学历人才 12 名，协调重点人才平台、企业等举办人才活动 140 余场，利用人才码等应用服务全市人才 70 万人次。

【构建数字智理体系】2022 年，配合市委人才办构建“1415”数字化治理体系（第一个“1”指 1 个人才全息数据库；“4”指人才码、政策智兑、人岗智配、项目智管 4 大应用；第二个“1”指 1 个人才分类谱系；“5”指人才服务指数、产才匹配指数、项目管理指数、工作考评指数、人才生态指数等 5 类指数）。年内，全息数据库收录人才 13.03 万人，人才码开通“本地热门服务、政务服务、双创服务、生活服务、其他服务、区县特色”六大模块，上线 100 余项人才服务场景，人才领码数达 8.3 万个，各场景累计服务人才 70 万人次。协同智造新城、东南院开发人才项目智管应用，初步实现衢州市“双领”计划项目线上评审，全面减少人才申报程序及纸质材料，提高评审效益。

【完善人才政策体系】2022 年，协助市委人才办创新人才认定机制，调研起草《衢州市高层次人才认定办法》，坚持以能力、实绩、贡献为导向，通过设定人才层次、业绩贡献、用人主体行业影响力等定性定量指标，建立健全“直接认定、评审认定、自主认定”三类人才认定机制，完善全市人才认定和评价体系。研究修订“政企双聘”政策，基于现行“政企双聘”政策聘用条件较为严苛、人才交流调动难等问题，将引才范围扩大到新业态、新社会组织，前移引才关口，推行“落地同步落编”模式；同时，拓宽聘用人才交流调动渠道，进一步提升政策适配性，增强企业人才申报积极性。

【优化人才生态体系】2022 年，持续建强人才引育留服务体系。依托人才“编制池”引进市属事业单位急需紧缺高层次人才 12 名，按照“部门需要、人岗适配、注重培养”原则将人才分配至最适合单位，把好引才关。首次开展新引进人才的综合评价，从工作成效、岗位匹配度、成长空间等方面对人才、用人单位进行双向考评，充分发挥人才“两专”效益，抓好育

2022 年 6 月 29 日，举办衢州市人才“智汇圈”系列活动——智能装备领域“博士沙龙”

才关。建立“人才服务窗口 + 人才码”线上线下服务体系，为 4227 名市级人才在线认定人才层次，帮助 12 名高层次人才子女解决就学问题，为 60 余名人才解决人才公寓入住问题，协助办理人才公积金优惠贷款 4.87 亿元，守好留才关。

【打响人才活动品牌】 2022 年，侧重人才软环境打造，打响高层次人才“智汇圈”活动品牌（在现有组织部门、人才飞地、高校院所、链主型企业共同参与基础上，不断吸纳优质人才平台，扩大高端人才“朋友圈”），协助浙大衢州“两院”、电科大长研院、东南院、华友集团等举办论坛讲座、联谊联络、暑期实践、技术比武等活动 140 余场次（其中绿研院牵头组织“博士沙龙”“人才服务宣传月”等大型活动 2 场），吸引海内外 3000 余名高层次人才参加。

（金泽环）

东南数字经济发展研究院

【概　况】 东南数字经济发展研究院（以下简称“东南院”）成立于 2018 年，经过三年发展，基本完成引才聚才任务，工作重心向技术攻关和产业数字化服务转移。2022 年，东南院正式进入“理事会领导下的院长负责制”的新阶段，通过“揭榜挂帅”项目新引进研发团队 1 个，自主引进 74 名数字经济高层次人才，包括硕士 1 名、博士 1 名、博士后 1 名；高水平通过省级产业创新服务综合体中期考核评估；申请知识产权 16 项、授权知识产权 32 项，申报各类科研项目 19 项，服务企业 1050 家次，签订技术开发合同 59 项，合同金额 3893 万元。

【创新体制机制改革】 2022 年，东南院召开全院职工大会 1 次，内部务虚会、体制机制改革吹风会等会议 6 次，先后赴市委组织部、市科技局、市财政局等部门对接汇报工作 8 次，就内部管理体制改革相关事项进行反复讨论研究、征求意见，制定东南院内部管理体制改革配套方案，进一步明确发展定位，创新组织架构，聚焦核心业务，规范管理制度，推进新体制机制实施。6 月 24 日，东南院理事会第一次会议在杭州海创

2022 年 6 月 24 日，东南数字经济发展研究院理事会第一次会议召开

园召开，会议就东南院理事会组成人员、理事会章程、东南院人事以及相关制度文件进行审议，并达成一致意见，东南院正式进入到“理事会领导下的院长负责制”的新阶段。

【打造人才科创高地】2022年，组建浙江省衢州数字经济（智慧产业）产业创新服务综合体（以下简称“综合体”）运营团队，确保综合体工作顺利推进，建设任务完成71%，引进服务机构24家；打造区域级工业互联网和无人机智慧巡检服务网两大平台，高水平通过中期考核答辩。宣传举办创新创业活动10余次，入选第二批“衢州市博士创新站”，博士后科研工作站挂牌，荣获首批“衢州市人才工作示范单位”称号。创建的市科技工作者之家考核优秀，得到市科协6万元的经费补助。以学生为主体，以市场为导向，与衢州职业技术学院达成产学研合作协议，成立数智产业实训中心，将东南院及其孵化公司作为衢职院学生的实习基地。举办“工业互联网数字孪生技术创新应用”省级高研班、“前沿数字技术助推农村农民共同富裕”省级高研班、博士论坛、院企对接会等20余场活动，覆盖培训、交流近1000人次。

【坚守关键核心技术】2022年，授权8项专利和24项软著，申请国家级项目1项，省级项目12项，市级项目6项；成功获批2项省高研班项目，其中1项被浙江省人社厅列为重点资助项目，1项科技项目获得市科技局50万元资助，2项被市科协列为重点学术活动项目。数字孪生技术和无人化智慧巡检技术取得突破，基于5G+云上工业互联网平台的应用实践在全国第五届“绽放杯”5G应用征集大赛中荣获二等奖；龙游县“造纸产业中枢应用”入围浙江省首批数字经济系统地方特色应用目录；“综合飞一次”应用获评全省第五批“数字司法好应用”荣誉称号，并先后在“‘浙’十年·衢州”主题新闻发布会、浙江卫视电视理论节目《中国共产党为什么能》亮相，受到中国新闻网、《中国青年报》、浙江卫视、《浙江日报》、《衢州日报》等多家媒体的关注与报道。

2022年8月14—16日，举办省级专业技术人员“工业场景数字孪生技术创新应用”高级研修班

【促进技术成果转化】2022年，东南院聚焦企业数字化转型、基层治理、数字健康、数字政务、传感器智能制造等领域，深入开展产业服务。建设完成东南工业互联网平台、四省边际中心工业数字孪生云平台以及龙游造纸产业中枢平台。维达纸业“5G+头雁工厂”项目签约开建，是全市首家省级生活用纸行业示范型项目。龙游县造纸行业工业互联网平台在华邦古楼新材料、恒川新材料、一树纸业、天耀纸业、旭荣纸业等7家中小造纸企业试点应用。“无人化智慧巡检”助力全市“大综合一体化”行政执法改革，至年末，全市部署无人机32架，助力全域巡查效率提升15倍、发现问题量提升8倍、交办处置率提升至90%以上、执法类投诉下降30%。为衢州人才码提供主要技术支撑，至年末，衢州人才码已上线“本地热门服务、政务服务、双创服务、生活服务、其他服务”五大模块，开通20余个大项160余个小项的人才服务场景；全市人才领码数超6万个，各场景服务人才量超40万次。

（蒋刘莹）

综 述

【概 况】2022 年，衢州市有全日制学校和幼儿园 730 所，其中民办学校 339 所。幼儿园、小学、初中、普高、中职、特教专任教师学历合格率分别为 100%、100%、100%、99.61%、97.68%、100%，小学、初中高学历比例分别为 99.93%、97.74%。中职双师型教师分别占专业课教师数的 83.24%。

全市报考高中考生 17750 人，较上年增加 1114 人。报考普通高校考生 13760 人（其中，普通类 11455 人，艺术类 1684 人，体育类 621 人），增加 173 人。普通高校共录取新生 13092 人，增加 713 人，录取率 95.15%，提高 4.04%。单独考试招生共录取新生 3793 人，增加 1022 人，录取率 95.06%，提高 4.18%。高职报名人数 3990 人，增加 941 人；高职提前招生共录取新生 766 人，减少 136 人，其中普通高中考生被高职提前招生录取 579 人，中职类考生被高职提前招生录取 187 人。

【“南孔学地·教育有礼”党建品牌】2022 年，成立市委教育工委。在全省率先探索推行学前教育“红领·巾”党建联建机制，率先实现中小学校党组织领导的校长负责制全覆盖。在全市市直系统率先开展领导干部和党支部书记二十大精神培训班，推动党的二十大精神第一时间进课堂、进教材、进头脑。在全省率先谋划开展全市中小学校“培根铸魂 整校建强”专项行动，开展季度互看互学“赛马比拼”，评选强基之星 10 名。优化更新“南孔学地 教育有礼”党建品牌标识，培育首批“红色印记”德育示范校 15 家，4 个案例获评省党建德育典型案例，占比位居全省第一。衢州二中党建工作亮点登上《光明日报》。

【职业教育改革获全省示范】2022 年，出台全国地级市首部职业教育校企合作法规《衢州市职业教育校企合作促进条例》。职教“五统筹”（专业统筹、师资统筹、招生统筹、实训统筹、就业统筹）改革成为全省示范，承办全省中职教育市域统筹改革现场会，市长徐张艳作为全省唯一地级市代表在全省职教大会作经验介绍，省政务信息专刊专报获副省长成岳冲批示肯定。央视《神州纪实》栏目两次 15 分钟报道衢州“五统筹”改革经验。连续 3 年获评全省职教考核优秀单位一类地区一等奖。

【教育数改获全国试点】2022 年，衢州全市域被列为国家智慧教育平台试点；“5G+ 智慧教育” 项目作为省发改委唯一的教育类数字新基建项目，被工信部、教育部列为全国试点；龙游“走心驿站”、江山“慧劳动”同时入选教育部信息技术与教育教学深度融合示范案例。回阙里大学生引智回乡等 12 个应用列入全省教育领域数字化改革头两批试点，数量位列全省第四；省数字社会双月综合评价考核连续两次位列全省前二，全省 2022 教育数据应用创新大赛

2022 年 5 月 21 日,衢州市教育领域数字化改革推进会召开

斩获第一名。“暖心教育”集成应用延伸扩面至全市 140 余所学校,服务师生、家长约 36 万人次。知名经济学者叶檀称赞衢州市教育“疫警通”平台发挥大能量。

【“一文一武”行动】 2022 年,出台《全面推进新时代南孔学子“一文一武”专项行动的实施方案》。推动围棋体教深度融合。将心肺复苏、急救知识纳入学校健康教育,全面普及基本生存技能和野外急救能力。承办浙江省中学生田径锦标赛暨浙江省第十五届中学生运动会田径比赛,省高校新生学生体质健康测试总成绩合格率(92.69%)、优良率(22.26%)均位列全省第二。出台《新时代衢州人文精神浸润校园实施方案》,积极融通校园和地方儒学文化建设,在全省首发推广“南孔圣地·崇贤有礼”开蒙礼,得到省教育厅推广支持,受到海内外广泛关注。

【教育人才“引培育”全链条构建】 2022 年,加大“双招双引”力度,开展高层次人才引进 4 场次,招录新教师 1000 余人,其中高层次人才超过 300 人,双一流高校毕业生占比大幅提升,公办学校硕士研究生占比 55%。通过以才引才、柔性引才,会聚一批来自鹏城实验室、之江实验室等一流院所的优秀青年人才。出台覆盖教师职业全生涯培育计划,开设中青年校长“领航班、启航班”,选拔培养 50 名中青年校长人选。与浙师大签订合作协议,借力高校加强全市各级教师队伍建设。17 人获评省第十三批特级教师创历史最高。助力科教新城建设,得到省教育厅大力支持并共同组建推进专班。加大对长三角研究院等科研院所人才支持培养力度,已在衢培养博士后 11 人,4 人获批国家自然科学基金优秀青年科学基金项目。聚焦“五链”融合,加快成果转化,与巨化、华友等龙头企业签订横向技术合同 73 项,总金额超过 5000 万元。 (何 音)

学前教育

【概 况】 2022 年,衢州市幼儿园 422 所,其中公办幼儿园 185 所,占 43.84%,比上年提升 9.44 个百分点。在园幼儿 70625 人,学前三年入园率 98.4%,提升 0.06 个百分点。全市幼儿园专任教师 5425 人,学历合格率 100%,大专以上学历 5312 人,占 97.92%。

【推进补短提质计划】 2022 年,市教育局等十三部门联合印发《衢州市发展学前教育第四轮行动计划(2021—2025 年)》,市教育局、市财政局联合印发《衢州市级学前教育经费管理办法》,抓住学前教育发展的战略机遇期,加强顶层设计和顶层推进,统筹推动学前教育事业走深走实。11—12 月,市教育局会同市财政局对各县(市、区)2021 年学前教育进行实地核查,根据考核情况提出市级学前教育经费分配方案,下达学前教育市级奖补经费 1000 万元,通过以奖代补的方式引导和支持全市学前教育快速发展。

【推动扩容改薄工程】 2022 年,加大财政投入力度,以乡镇中心园和小区配套园建设为两大抓手,扩充公办资源,优质学位资源显著增长。完成新改扩建公办幼儿园项目 30 个,新增公办幼儿学位 7410 个,投入资金 6.92 亿元。以民生实事为抓手,完成市民生实事项目新改扩建公办幼儿园

2022 年 5 月 26—27 日,衢州市第二届幼儿园教师专业素养大赛在开化县举行

12 所,完成率 240%;新增公办幼儿学位 3840 个,完成率 320%。以等级园创建为平台,推进办园行为规范。新创建省一级园 4 所,省二级园 48 所(含预评),等级园比例 98.57%。

【开展学前教育宣传月活动】 2022 年,结合 2022 年全国学前教育宣传月主题——“幼小衔接,我们在行动”,下发《开展 2022 年全国学前教育宣传月活动的通知》,制定衢州市 2022 年学前教育宣传月活动方案,在全市范围开展各类宣传活动。利用省教育厅官方网站、市县教育局官方微信等平台,开展优秀视频案例巡展、典型经验推送、专家视频讲座等活动,在宣传月期间推动“流量”、输出“质量”,提高衢州市学前教育的社会知晓率、影响力和美誉度。

【举办幼儿园教师专业素养大赛】 5 月,在开化县举办衢州市第二届幼儿园教师专业素养大赛,以县(市、区)为单位 6 支队伍、48 位选手参赛。大赛评委及出题专家采用外聘形式,由温州市教育局推荐产生。评委组计 6 人,分两组每组 3 人进行独立打分。大赛分个人赛与团队赛,评出个人赛一等奖 16 人、二等奖 32 人,团队赛一等奖 2 个、二等奖 4 个,优秀组织奖 3 个。

(何　音)

义务教育

【概　况】 2022 年,衢州市有义务教育普通中小学 253 所,在校学生 199972 人,比上年减少 712 人;专任教师 14907 人,减少 31 人。义务教育入学率、小学巩固率、小学毕业生升入初中比例、初中阶段巩固率、九年义务教育完成率均为 100%。切实保障女童、进城务工随迁子女、少数民族和残疾儿童同步接受义务教育。小学 189 所,招生 22205 人,毕业 20573 人,在校生 133667 人,增加 1452 人,校均规模为 707 人,专任教师 9195 人,专任教师学历合格率 100%,大专及以上学历占比 99.93%,生师比 14.54∶1。初中 64 所(含九年一贯制学校 7 所);招生 20908 人,毕业生 23193 人,在校生 66305 人,校均规模 1036 人。专任教师 5712 人,专任教师学历合格率 100%,本科及以上学历占比 97.74%,生师比 11.61∶1。

【义务教育招生入学】 2022 年,衢州市 45924 人次通过网上报名平台报名,其中,小学 23091 人次,初中 22833 人次。民办义务教育学校网上报名人数 3377 人(以第一志愿为准),其中,小学 597 人,初中 2780 人。录取义务教育段新生 43197 人,其中,小学 22268 人,初中 20929 人。录取政策保障生 526 人,其中,小学 370 人,初中 156 人。录取外来务工人员子女 4981 人,其中,小学 2881 人,初中 2100 人。

【“双减”校内提质减负】 2022 年,衢州市有 9 个案例先后被评为浙江省“双减”优秀实践案例,其中常山县第一小学的案例是全省年度十佳案例。9 月 21 日,举办四省九地市“双减”工作校长论坛暨“双减”校内减负提质工作一周年总结会。

【开展跨地区教共体建设】 2022 年,在全省率先举办“衢教有你·浙教同行”衢杭甬越禾跨地区教共体云上结对仪式,与杭州市、宁

2022 年 9 月 21 日，四省九地市"双减"工作校长论坛暨"双减"校内减负提质工作一周年总结会在常山县第一小学召开

2022 年 2 月 23 日，"衢教有你·浙教同行"——衢杭甬越禾跨地区教共体云上结对仪式在开化县城东小学举行

波市、绍兴市、嘉兴市新组建 51 对跨地区教共体结对学校。结对百校之间师徒结对教师 704 人，设立名师工作室 119 个，异地跟岗锻炼教师)52 人，支教教师 162 人，示范课 1030 节，集体教研 781 次，共享线上拓展课程 62 门，学生集体交流活动 90 次，并在 12 月底通过省政府督查室和省教育厅线上线下核验，评估认定结果为优秀。在 2022 年浙江省城乡义务教育共同体区域和学校典型案例项目评比中，衢州市有 4 个区域案例和 6 个学校案例被确定为浙江省城乡义务教育共同体典型案例。

（何 音）

普通高中教育

【概　况】 2022 年，衢州市有普通高中学校 32 所，其中，完全中学 4 所，高级中学 27 所，十二年一贯制学校 1 所。招生 12930 人，比上年增加 275 人；在校生 38546 人，减少 57 人。专任教师 3547 人，增加 30 人，学历合格率为 99.61%，生师比 10.87∶1。

【推进普通高中分类办学改革】 2022 年，推进新时代普通高中育人方式改革，引导全市普高学校不断丰富和提升学校内涵，探索普通高中学校分类办学、特色发展的有效做法和经验。评出第一批 6 所体艺特色高中，按照各校项目特点，实行特色项目全市统筹招生，为特色高中人才培养提供政策支持。召开普通高中八校联盟校长会议，印发《衢州市普通高中学科教学创新团队（学科基地）考核管理办法（试行）》，联合市发改委、财政局、人社局、资源规划局等五部门印发《衢州市"县中崛起"行动计划》，加快区域内优质高中资源合作。

【深化课程改革】 2022 年，组织普高新课程标准学习培训活动，开展限制学生选课选考等违规行为督查。召开 2022 年全市高中、初中教育质量提升研讨会，推进学校管理方式创新、深化课程改革、促进教学组织形式变革、合理调配教师及有关资源。根据教育部、省教育厅的统一部署，全市普通高中2022年秋季普通高中所有年级全面实施《普通高中课程方案（2017年版2020年修订）》和配套课程标准，全面使用新教材。

【推进考试招生改革】2022年，推进义务教育均衡发展，区域内每所优质普通高中学校招生指标名额的65%定向分配到区域内所有初中学校，定向指标分配生录取分数线控制在招生学校统招生最低录取分数线25分以内。加强四类高考研究课题项目成果转化应用，加强学业规划、三位一体等高招模式应对能力。连续多年本科录取率超过全省均值。高度重视涉考舆情防控工作，根据省厅要求制订相应的风险防控预案，建立防控工作机制，成立应对工作专班，建立舆情研判和管控机制。

（何　音）

职业教育

【概　况】2022年，衢州市中等职业教育学校14所，其中，国家级改革发展示范校3所、国家级重点职校6所、省级改革发展示范校5所，省中职名校3所，省三级以上中职学校11所。列入秋季招生计划的12所学校，完成招生7273人，中职学生占市高中段学校招生比例36%。中职学校在校生23693人，毕业生8470人，其中获职业技术证书6817人，占毕业生总数80.48%。专任教师1735人，生师比13.66：1，专业（技能）课程教师895人，其中“双师型”教师745人，“双师型”教师占专业课、实习指导教师总数83.24%。

【全省中等职业教育市域统筹改革现场会】6月28日在衢州召开。省级有关单位、各设区市政府分管领导和教育局负责人参加。会前，与会人员赴红五环集团股份有限公司、仙鹤股份有限公司、衢州理工学校、衢州交通学校、衢州中等专业学校考察。市长徐张艳以《市域一体、强化统筹，探索职业教育改革新路子》为题，市教育局党委书记、局长季根寿以《聚焦问题导向 扛起责任担当 争做“五统筹”职业教育改革的排头兵》为题，分别作衢州中职教育“五统筹”改革的探索与实践报告。

【坚持立德树人】2022年，两所学校获全市中小学校“以抓促学整校建强”党建品牌提升赛马比拼活动“优胜奖”。2个案例入选省职业教育活动周管理育人案例展示。举办2022年衢州市中职学校“技能成才 强国有我”主题教育活动，共收到作品32个，择优推荐10个作品参加省级评选。举办2022年衢州市职教活动周。全市13所职业院校（含1所高职、1所特育）开展活动121项，参与师生32987人，学生覆盖率97.9%。衢州中专职教活动周典型做法在教育部官方微信“职教之音”上宣传展示。举办2022年衢州市中职师生技能大赛暨省级选拔赛23项，其中教师项目10项、学生项目13项。获评省职业教育“三全育人”典型学校1个、省中职学校名班主任工作室4个、省职业教育德育特色案例2个。2022年省中小学生艺术节中，获优秀组织奖1项，一、二、三等奖分别为3项、5项、7项。

【政策保障】2022年，制定出台《关于实施衢州市职业院校教师素质提升计划（2021—2025年）的通知》，实施学历攀登计划。出台全国地级市有立法权以来首部《衢州市职业教育校企合作促进条例》，从合作设置专业、开发特色教材、学生实习、教师实践、职工培训等实质性问题出发，实现职业学校与企业的互通联系，让产教融合更加密切、校企合作更加深入和广泛。鼓励职业学校与市、县（市、区）主导产业相关企业开展校企合作，优化学科专业设置，助力产业转型升级。

【专业建设】2022年，主动对标衢州“六大产业链”，完善专业随产业发展动态调整机制，实施“传统专业转型升级、新兴专业孵化建设”计划。结合学校发展方向，新增“跨境电子商务”“航空服务”“直播电商服务”“美发与形象设计”“化工机械与设备”“增材制造技术应用”6个当地产业急需的专业布点，撤销“工业分析与检验”“数控技术应用”2个原有专业。动态调整专业布点近6.32%，遴选教学改革试点专业建设14个，实现专业布局更优化、方向更精准、发展更集群。

【课程改革】2022年，召开全市职教教学研讨会议，围绕“专题研讨、教研活动和专项培训”推进开展“三教”改革。年初衢州疫情期间，对236名教师开展听课巡课398节。开展专业教师培训32学时。组织84名教师参加全省职教中高职一体化课改专题研修。完成中职学校数学、英语、化学等7门公共基础课程教材遴选及公示。获评省职业教育在线精品课程4门。首次举办中职学生素养展示进企业。

【产教融合】2022年，全力构建教育和产业良性互动、学校和企业优势互补的发展格局。深入推广红五环“五共”模式、仙鹤“双进双融”模式，实施“四进工程”（企业进校园、课堂进车间、师傅进课堂、教师进企业）强化“五对接”。启动“千名教师访百企，百名大师进校园”活动，市教育局领导带队开展教育助企行，先后走进拓稀科技、华友新材料、中巨芯科技等多家企业实地调研，密切政行企校多方合作。创设“丝路学院”“华友新材料学院”“驻企工作站”产教融合平台3个。入选省级产教融合型试点企业和培育对象企业17家，进校设立大师工作室30余个，校企人员师徒结对30对，其中中专生给硕士研究生当师傅这一做法广受媒体关注。建立教师企业实践流动站25个，其中2022年建立11个，占比44%。衢职院和衢州中专联合浙江锂电时代公司成立衢职院智慧学院，开展区域中高职一体化人才培养改革，开设化工机械与设备专业，首批招生45人。

【打造“双师”队伍】2022年，提高衢州市职业院校教师队伍建设水平，打造专兼结合的双师型教师队伍。8月开展衢州市首届职业院校校长论坛暨暑期读书会。遴选市级职业教育创新团队建设对象23个（中职18个、高职5个）、市级职业教育领军人才及培养对象46名。获批浙江省职业教育教师教学创新团队2支。在省“信息化教学”教学设计和说课比赛中，获省二等奖2项、三等奖12项。

【质量提升】2022年，加大中高职、中本一体化贯通培养，打通中职升学通道。12所中职学校招收中高职、中本一体化人才2660名，其中3所中职学校开展中本一体化培养试点，招收中本一体化学生119名。升入各类高一级学校毕业生5663人，占毕业生总数63.69%。高考质量稳步提升，本科录取266人，上线率7.68%，高于全省1.87%，6人位列全省专业前十名。单考单招升入高等职业院校学生3412人，中高职一体升学1610人，自主招生185人，升入技师学院等其他途径356人，中本一体化升学100人。实施以赛促学，举办“面向人人”职业能力大赛。“面向人人”专业技能抽测中，建筑专业获得第2名，外贸专业和零件测绘综合技术专业分别获第五名和第11名。全市11所职校9205名参加语数英三门学科考试。在省级以上中职学生职业能力大赛中，获得国家三等奖2个，市级一等奖1个、二等奖4个、三等奖27个。组织评选“青苗工匠”星级评定，评选出三星工匠20名、二星工匠30名、一星工匠50名。

【社会服务】2022年，推动中职学校履行育训并举并重法定职责，下发《关于做好2022年中等职业学校职业培训工作的通知》。中职学校长学时职业培训5.49万人次，完成省级目标的109.8%。开展部门、学校领导访企拓岗促就业专项行动，走访华友集团、泰隆银行衢州分行、树兰（衢州）医院等本地企业40余家，拓展本地就业岗位700余个。年度中职毕业生就业率（含升学）达98.79%，其中本地就业率55.83%。

（何 音）

特殊教育

【概 况】2022年，衢州市独立设置特殊教育学校7所；特殊教育学校在校学生524人，专任教师218人，专任教师学历合格率100%。学前段持证残障儿童352人，入园253人，在各类康复机构康复79人，安置率为97.44%，其中随园就读人数226人，占比72.28%。义教段持证残障儿童少年1657人，安置率100%，其中义务教育阶段安置人数1507人，非义务教育阶段安置人数97人，缓学等其他情况53人；在特教学校就读371人，占比24.61%，随班就读1018人，占比67.55%，送教上门118人，占比7.83%。高中段持证人数659人，已安置553人，不具备接受教育能力等其他情况66人，总安置率为93.93%，其中随班就读为258人，占比39.15%，特教学校就读232人，占比35.20%。

【合力推进】12月底，联合市发改委、民政局、财政局、人社局、卫健委、残联等部门印发《衢州市“十四五”特殊教育发展提升行动计划》，进一步推进特殊教育质量全面发展。

【融合教育】2022年，按照“有5个以上随班就读学生的学校资源教室建设全覆盖”和“学前、小学、初中、高中全学段覆盖”要求，重点推进学前和高中段资源教室建设。6月底，完成第四批市级示范性资源教室评估验收工作，全市评出第三批示范性资源教室16个。加强卫星班建设“学段链”，争取卫星班建设向“学前教育和高中教育”两头延伸，9月龙游县完成学前卫星班建设。3月，组织全市特殊教育教研员和教研大组组长赴龙游开展融合教育课程建设调研，谋划融合教育推进策略。4月和11月，分别在江山市碗窑小学、柯城区礼贤小学开展小学段融合教育教研活动。6月，在开化芹阳小学开展康复教研活动。11月，在江山云宾幼儿园开展“特幼共研口语交际教学策略”主题教研活动。

【师资队伍】2022年，开展分层分级培训。各县（市、区）组织随班就读资源教师和随班就读学校管理人员全员初级培训；市级组织中级培训2次，7月组织特殊教育教师以“知觉—动作”为核心的学习适应课程中级培训；10月组织全市随班就读巡回指导教师和骨干资源教师个案评估和干预技能提升培训；组织全市随班就读巡回指导教师参加省级巡回指导教师第三期培训。6个市级特殊教育教研大组全年开展各类教研活动13次，通过线上线下、走出去与请进来相结合的方式开展形式丰富的活动，在省内打响“衢州特教教研”品牌。选送7位特教教师参加省特殊教育教师基本功大赛，获一等奖2人、二等奖5人，单项二等奖2人。衢州市教育局获得“优秀组织奖”。11月，在2022年全国特殊教育教师教学基本功展示和融合教育优秀教学案例遴选活动中，衢州市有1节课例入围全国遴选，3节课例入围省“之江汇”教育平台展示，入选率100%，占全省入选数的1/6，另有2个融合教育案例入选。

（何　音）

成人教育

【概　况】2022年，衢州市有乡镇（街道）成人文化技术学校103所，其中省级现代化成校16所，省级标准化成校102所，标准化达标率99%。省成教品牌项目17个，省学习型城市5所，省现代化学校（社区学校）6所。

【推进全民终身学习】2022年，全市有成人中等学历教育在册学生3357人，毕业5930人，成人高等学历教育在册学生9954人，毕业3065人。举办2022年衢州市暨衢江区全民终身学习活动周。11月，挂牌成立衢州市社区教育指导中心，加快构建终身教育体系，学分银行开户387033人，非学历教育成果数844002人次。“乡村振兴大讲堂 农民共富推动机”获省、全国终身学习品牌项目，评选市级“百姓学习之星”10位、“终身学习品牌”10个。衢州老年开放大学优秀成果获国家级奖项4项、省级1项。新增省现代化学校（社区学校）3所。

【社会培训】2022年，全市教育系统成人非学历培训103024人次，其中面向企业职工培训29985人次，农村转移就业劳动者培训5776人次，职业农民培训6432人次，“两后生”（初、高中毕业未能继续升学的学生）培训5660人次，家政及养老服务从业人员培训10819人次。

【老年人智能技术应用培训】2022年，全面推进老年人智能技术应用培训，助力老年人跨越数字鸿沟。组织培训1533场（班）次，服务80212人次，投入经费97.72万元。编写教材17本，录制视频资源92个。组织“三入”志愿服务1147次，服务56452人次。国家首批“智慧助老”优质教育培训项目1项。全国老年教育成果展朗诵类一等奖1项、三等奖2

项。全省老年诗歌朗诵比赛一等奖1项。

【推进学分银行建设】2022年，扎实开展终身教育学分银行工作，召开社区教育和学分银行工作推进会暨培训会，各级各类成人教育学校和社区教育学校培训学习成果数录入82.75万人次，占全市常住人口比例36.18%。建立市、县(市、区)、乡镇(街道)、村(社区)四级老年教育网络，依托市老年开放大学，开展各类老年教育培训活动，在全市各级电大、老年大学及教育、文化、体育、民政、农办等系统广泛开展老年学习教育活动，全年老年教育培训学习成果数录入84.4万人次，占全市老年人口比例55.37%。

（何 音）

教师队伍

【概 况】2022年，衢州市有中小学(含中等职业学校、特教学校、幼儿园)教职工31299人，其中，专任教师25832人。专任教师中幼儿园5425人，小学9195人，初中5712人，普高3547人，中职1735人，特教218人。

【人才新政】2022年，对《关于印发〈关于加快培育"两专"教师队伍推动教育事业高质量发展的实施意见〉的通知》的各项兑现政策予以细化，明确兑现口径和人才考核奖励细则。先后出台《衢州市中小学教师"青蓝工程"实施办法》《衢州市中小学新入职教师岗位规范培养的指导意见》《衢州市中小学星级导师评定办法》《衢州市中小学名师、名班主任评选管理办法》《衢州市中小学教师"学历攀登计划"实施方案》《衢州市中小学中青年校长培养计划实施方案》《衢州市名优教师工作室经费管理及使用办法》《衢州市教育专家工作站建设管理办法》《衢州市教育人才考核管理办法》等配套文件，将"两专"教育人才新政落细落实。市本级使用人才专项经费2000余万元，用于高层次人才津贴、名师工作室、引进人才的购房补助、学科创新团队奖励等人才项目。

【招考引才】2022年，全市中小学幼儿园(含民办)招聘新教师1376人，规范民办义务教育工作招聘民转公教师361人。市直学校开展各类招聘9场，其中高层次人才引进暨硕博招聘3场，公开招聘(含公开选调)3场、民转公专项招聘1场，赴高校招聘2场。录用新教师208人(含民办学校68人)，民转公专项招聘128人。下半年赴高校招聘2023届优秀毕业生，签约94人，其中硕研66人，占比70.21%。

【优秀教师评比】2022年，推荐全国评优项目3项(长江学者、国家教学名师、全国最美教师)，推荐人选10人；省级评优项目8项(省教学名师、省春蚕、省绿叶、省思政课年度人物、省乡村青年教师培养计划、省特级教师、省特教园丁奖、省浙商证券红烛奖)，推荐人选85人，获评省杰出教师1人，省教书育人楷模1人，省特级教师17人(定向8人)，省春蚕奖12人，省"绿叶奖"7人，省思政课年度人物3人(含提名2人)，省特教园丁奖2人，省最美教师提名奖1人，省浙商证券红烛奖26人。评选市名师80人，市名班主任20人，市"绿叶奖"20人。

【职称评审】2022年，26所自主评聘学校继续深入推进中小学校教师专业技术职务自主评聘改革，进一步落实以业绩、能力、贡献为指标的评价导向，深化专业技术职务评聘制度改革，更好发挥用人单位主体地位，为全市全面推进自主评聘改革提供可学习、可借鉴、可参考样本。全市自主评聘学校评审通过初级70人、中级189人，高级129人；非自主评聘学校(单位)评审通过中小学高级职称(含教管)310人，其中，中学段(含教管)135人、小学段(含幼教、特教)175人。52人申报正高级教师(讲师)，推荐21人参与省级评选。全年新增二级岗教师1人。

【教师培训】2022年，组织进行国家级、省级各类骨干教师培训的选拔推荐工作，推荐91人参加国家级培训(含网络培训84人)，129人参加省级培训。在浙江省师训平台申报并完成75个教师自主选课培训项目。举办衢州市名师名校长高端研修培训，107名市名师、名校长参加。举办全市中小学新任校长岗位培训，87人参加。举办幼儿园园长岗位培训班，118人参加。启动市直新教师

2022年11月15日，中国科学院院士施一公应邀作《科技强国和拔尖创新人才培养》讲座

三年规培，162名新入职教师参训，电科大实验学校、央美附中、第五实验学校教师首次参加。举办市直学校师德培训，222人参加。开展"浙派名师进衢州"和"上海专家进衢州"两大专场活动。引进14个省特级教师、正高级教师网络工作室，组成14个"名师团队+学校"实践共同体。6县（市、区）教师进修学校与杭州、宁波等地师训部门签署山区26县教师发展机构结对帮扶协议。

【教师资格评定及注册】2022年，全市收到2449人申报教师资格认定，于5月10—12日、11月1—3日组织教资现场确认。经资格审查、犯罪记录查询等，最终认定321人具有高级中学教师资格，21人具有中等职业学校教师资格。各县（市、区）有1866人次通过幼儿园教师资格、小学教师资格和初级中学教师资格认定。教师资格证书补发换发123本。全市有15565名在职教师进行教师资格定期注册，其中，市直学校1515人，各县（市、区）14050人。

【银龄讲学】2022年，向社会公开招募有教育情怀的优秀退休教师到全市中小学校，特别是到山区、农村学校和薄弱学校任教，年内招募37人，其中高级职称教师15人。

【援派教师】2022年，推荐3名老师作为2022年衢州市赴港澳交流协助推荐人选；选派援助青海校长1人、援助西藏教师2人，于8月中旬前往受援地。选派长三角交流研修教师2人，选派长三角交流挂职管理干部3人。

（何　音）

校园安全保障

【概　况】2022年，校园安全工作以平安护航党的二十大为主线，把校园"除险保安"作为教育系统重点工作，贯彻落实上级部门关于学校安全工作的决策部署，确保校园安全稳定，未发生校园安全责任事故和师生群体性事件。

【平安护航党的二十大】2022年，制定"除险保安"问题、责任、整改三张清单。召开全市校园安全工作会议11次，召开全市教育系统"除险保安"会商研判会5次，指导督促学校做好安全工作。出台《衢州市教育系统安全工作"党政同责、一岗双责"实施办法》，切实构建"管教学必须管安全、管学生必须管安全、管后勤基建必须管安全"的责任体系，确保校园安全管理工作"全员负责、全面落实、全程监管"。分解落实省平安综治考评、省教育厅教育业绩考核及安全生产、食品药品安全、消防安全等各项考核任务，制定安全工作目标责任书。开展隐患排查落实情况专项督查，下发通报文件4个、专项交办单15个、校园安全工作预警提示单4个。

【安全教育】2022年，完成学校师生安全素养提升三年行动计划（2020—2022年）。充分利用衢州市安全教育平台，确保每一名学生及家长安全教育全覆盖。全市教师授课8万余节，学生及家长完成安全作业330万余份，完成率97.1%。5月21日，组织开展预防学生溺水和防范电信网络诈骗讲座，在线点击观看350万余人次。8月3—6日，组织200余名校园安全管理干部赴嘉兴开展校园安全管理干部综合素养提升培训。9 月 24 日至 11 月 30 日，组织 150 名校园安全管理干部参加 2022 年全国中小学（幼儿园）安全管理干部网络培训示范班学习。

【预防溺水】2022 年，印发《衢州市教育局办公室关于加强防汛防台防溺水工作的通知》，4—6 月，在衢州市安全教育平台组织开展“衢州市 2022 年中小学生（幼儿）防溺水专题教育”活动。5 月 25 日，在龙游县北辰小学举办全市学校防灾减灾应急演练暨防溺水安全教育现场会，部署开展“学生安全千万家”教师家访、发放《致学生家长的一封信》等宣传教育工作。7 月、8 月，分别赴各县（市、区）开展衢州市 2022 年预防溺水安全教育宣传活动，组织开展防溺水宣传车进村入户宣教活动。联合市平安办、市水利局开展全市中小学（幼儿园）防溺水工作专项督查。

【三防建设】2022 年，深化中小学幼儿园安全防范建设三年行动计划，全市所有中小学（幼儿园）按标准配备安全防护器械。学校专职保安员配备率、校园封闭化管理落实率、一键式紧急报警和视频监控系统达标率、城市校园“护学岗”设置率等均 100%达标。8 月 12 日，组织开展学校保安员职业技能“大比武”，以赛代练，促进全市保安员职业技能提升。至年底，创建 AAAAA 级平安校园 124 所、AAAA 级平安校园 169 所、AAA 级平安校园 82 所、AA 级平安校园 17 所。

【食品安全管理】2022 年，衢州市 528 家学校食堂全面使用“食堂智治”应用系统，实现基础信息等 8 大模块常态化应用并接入省系统。中小学和二级（含）以上幼儿园食堂智能“阳光厨房”建成率 100%。全市中小学（幼儿园）建立并落实学校负责人陪餐制度、食品安全自查制度、食品安全应急管理和突发事故报告制度。学校大宗食材统一配送或定点采购率、品牌超市校园入驻率均达 100%。至年底，全市 A、B 级食堂占比达 99.56%，未发生校园食品中毒事故。

【消防安全】2022 年，推进消防安全“百日攻坚”整治行动。开展全市教育系统消防安全隐患大排查大整治。印发《衢州市教育局办公室关于深刻汲取河南安阳“11·21”火灾事故教训切实做好当前校园安全工作的通知》，开展消防安全隐患专项排查整治，常态化开展火灾疏散逃生演练活动。联合市消防救援支队开展全市校园突发事件应急演练和消防安全工作专项检查。印发《衢州市教育局 衢州市消防救援支队关于进一步深化全市学校消防安全标准化管理工作的通知》，开展全市中小学校（幼儿园）消防标准化学校创建工作。

【隐患排查整治】2022 年，常态化开展“护航亚运会 喜迎二十大”隐患大排查大整治，结合校园安全工作特点，加强学校防汛、防内涝、防地质灾害、防火灾、安保维稳等方面的隐患排查和整治，强化校园“三防”建设和周边综合治理，全力保障学校平安稳定。

【校园及周边安全防控“一件事”】2022 年，承接校园及周边安全防控“一件事”省级试点项目，在完善校园周边安全防控体系的基础上，开发建设校园内部安全防控闭环治理体系，增设日常发现、定期排查、督查检查和指导服务等功能模块，做到定人定岗定责，实现校内安全隐患网格化管理。对照浙江省校园安全数字化管理平台中包含三防建设、消防安全、食品卫生、设施设备等在内的十二项隐患类别，进一步细化事件分类，完善“一件事”系统架构。校园及周边安全防控“一件事”通过精准化的人事匹配，可视化的流程监控，实现安全预警、指令传达、联动处置、办结反馈、任务评价等全流程的一屏掌控。至 12 月 31 日，上报 662 件，办结 594 件，办结率为 89.73%。

【防范电信网络诈骗】2022 年，明确市、县、校、班四级反诈网格，实时动态掌握风险苗头。签订反诈责任书 38 万余份，师生责任书签订率达 100%。发动教职员工安装“国家反诈中心”App，师生反诈知识培训全覆盖。教职工电诈案件数和案损数较 2020 年分别下降 79.8%和 70.5%，学生案件数、案损数分别下降 32.2%和 27.9%。市教育局被评为全省防范电信网络诈骗工作成绩突出集体。

【学生交通保障工程】2022 年，坚持“政府统筹领导、各方配合参

2022年5月21日，组织开展防范电信网络诈骗讲座

与、属地为主负责、依法安全管理”的工作方针，全面实施学生交通安全保障水平提升工程。投入6000余万元采购专用智慧校车210辆，智慧校车通过人脸识别、远程监控、违章提示、异常情况报警等，实现校车实时监控，保障学生出行安全。全年涉及学生道路交通事故亡人数下降66.67%，较前三年平均数下降60%。联合市公安局、衢州广电传媒集团印发《2022年“衢州有礼＋护航成长”警校共建校园护航行动方案》，在城区16所学校试点“一校一策”融警务工作，解决城区上下学交通接送拥堵问题。《衢州市老城区学校接送系统优化》案例入选公安部交管局精品案例。

（何　音）

素质教育

【衢州特色德育品牌打造】 2022年，出台《新时代衢州人文精神浸润校园实施方案》《全面推进新时代南孔学子“一文一武”专项行动的实施方案》，组织开展全市中小学生“衢州有礼·知书达礼”主题读书征文活动，开展“孩子眼中的抗疫故事”评比活动，举行“百年潮涌·红星闪闪放光彩”主题读书教育演讲复赛，举行“我的家乡在浙里”爱国主义教育主题演讲活动。举办中华经典诵写讲等系列活动。全市8000余名一年级新生参与“南孔圣地·崇贤有礼”开蒙礼仪式。与市文明办等部门联合举办以“游南孔圣地 品有礼文化”为主题的衢州古城亲子研学系列活动。班主任基本功大赛获省一等奖4项、二等奖9项，综合奖二等奖5名的优异成绩。

【儿童青少年近视防控】 2022年，开展近视防控宣传月活动，邀请浙江大学眼科医院视光中心主任倪海龙为青少年、家长、教师开展护眼公益科普讲座《大咖护眼“视”界更美好》，活动全网阅读量突破1000万。出台《关于衢州市儿童青少年明眸工程实施方案（2022—2025）》，形成“政府主导，医教结合，家庭社会多方联动”的衢州特色近视防控模式。儿童青少年近视率为53.18%，较上年下降1.29%。

【青少年心理健康】 2022年，下发《全市中小学开展心理健康“一二五七”行动》等3份专项文件，全面推进心理健康教育工作。31位心理专家构成的衢州市“心理人才库”和257名成员构成的心理健康服务团队专业助力青少年心理健康教育。聘请百余名心理健康专家为学校心理健康教育副校长。开展考试季、毕业季、升学季学生（家长）线上心理健康专题讲座，收看量超20万人次。龙游县教育局《“走心”的服务最“暖心”——县域推进青少年心理健康服务的龙游探索》被《浙江教育报》头版头条报道。

【研学与劳动教育】 2022年，下发《衢州市中小学劳动教育实施方案》，召开衢州市中小学研学实践和劳动教育现场会，着力构建新时代劳动教育体系。举办市中小学生劳动教育和研学实践征文比赛。衢州玫瑰岛月山99研学实践教育基地等8家基地为衢州市第四批中小学生研学实践教育基地，军扬凤林国防体育实训基地等8家基地获评浙江省中小学研学实践教育基地。

【家庭教育】 2022年，出台《关于在全市教育系统推进家庭家教家风建设的通知》实施九项硬核措施，实现全市中小学、幼儿园实现家长学校全覆盖，该项目被列为2022年衢州市未成年人思想道德建设十件实事项目。组织中小学教师开展“千名教师访万家”活动，推进“互联网+家庭教育”共筑模式。数字家长学校比例超65.4%。

【学生体质健康】2022年，举办全市阳光大课间现场推进会。衢州高级中学承办2022年浙江省中学生田径锦标赛暨省第十五届中学生运动会田径比赛，衢州市初中组男女组团体总分首次拼得全省第五。2021学年浙江省高校新生体质健康测试成绩公布，全市总成绩合格率92.69%，优秀率22.26%，均排名全省第二。

【艺术教育】2022年，完成中小学生艺术素养监测市级抽测等工作。举办2022年中小学生(幼儿园)独唱、独奏、独舞比赛。组织中小学生艺术节现场展演、现场书画大赛等赛事，3个节目入选2022年浙江省艺术节现场展演并获一等奖。组建衢州有礼少年合唱团，举办婺剧进校园等活动。衢州市柯城区大成小学戏剧作品《生灵之歌》获全国第七届中小学生艺术展演二等奖。

【健康促进行动】2022年，参与实施“健康衢州”行动计划，举办健康促进学校建设培训会，指导创建省、市级健康促进学校。新增健康促进学校金牌7所，银牌16所，铜牌36所。新创建健康促进学校59家，新建率为19.09%。全市现有健康促进学校297家，累计创建率为96.12%。

【国防“双拥”工作】2022年，全市各普通高中、职业高中均组织开展军训活动，完成年度学生军训任务。举行“少年军校”建设观摩探讨会。有125名驻衢州部队军人子女分别享受入园、入学优待，17名学生享受中考加分政策。

【语言文字工作】2022年，下发《关于调整衢州市语言文字工作委员会组成人员及成员单位的通知》《衢州市语言文字工作委员会成员单位语言文字工作职责》《衢州市“十四五”语言文字工作实施方案》，明确市语委成员单位构成及各自在语言文字工作方面需承担的职责。开展全市学前阶段在岗教师普通话水平提升行动，计划到2025年实现全市幼儿教师普通话水平二甲过半的目标。经典诵读4个作品获得省一等奖，并入围教育部复赛。柯城、龙游和开化3地通过语言文字工作督导评估。市语委办获得由教育部 国家语委颁发的“国家通用语言文字推广普及先进集体”荣誉称号。

【推普宣传活动】9月14日，衢州市作为年度推普周全省唯一重点推介城市举行推普周启动仪式，央视频移动网、新华社现场云等网络平台与省主会场节目同步播出，点击量超8.8万人次。全年完成普通话测试8903人次。

(何　音)

衢州学院

【概　况】2022年，衢州学院(以下简称“学院”)全面贯彻党的教育方针，落实立德树人根本任务，紧扣“抓改革、增动能、促升级”的主基调，聚焦年度“五双”(双融合、双整改、双驱动、双基建、双提升)重点任务，团结带领全体师生踔厉奋发、勇毅前行，推动各项事业稳进提质、再创佳绩。学院在2022年软科中国大学排名中位列第384名，居于四省边际应用型联盟高校之首，比2021年提升80位次。

2022年，学院占地面积863亩，设有10个学院(部)，开设29个本科专业；现有全日制普通本专科学生8300余人，教职员工746人，专任教师580人，其中正高级职称教师80人、副高级职称教师185人，具有博士学位教师220人。拥有国家级一流本科专业1个、国家级一流本科课程2门，省级一流本科专业11个、省级优势特色专业6个、省级一流课程118门，入选中职与应用型本科一体化培养试点专业1个。校舍总建筑面积22.7万平方米，教学科研仪器设备资产总值2.82亿元，馆藏纸质图书108万余册。设有附属学校教育集团1个。

【党建引领】2022年，学院坚持党建与业务有机融合，开展喜迎和学习宣传贯彻党的二十大精神系列活动，建立健全党建与业务融合的一系列制度，不断夯实党建基础，一以贯之推进全面从严治党，持续深化清廉校园建设，锻造高素质专业干部队伍；扎实做好巡视整改“后半篇文章”，提前完成所有38个问题整改销号;落实“抓院促系、整校建强”铸魂行动,机械工程学院机自系教师党支部通过第二批“全国党建工作样板支部”建设单位验收;机械工程学院党委、机械工程学院机自系教师党支部、化学与材料工程学院环境系教师党支部分别通过首批全省高校党建工作标杆院系、样板支部培育创建单位验收。

【教育科研】2022年,获批省级一流本科专业2个、省级一流本科课程40门,2个专业通过国家级专业认证,3个专业完成专家考查;新建4个校级现代产业学院,其中1个获批省级重点支持现代产业学院建设点;出台“非遗进校·三育融通”实施方案和新时代劳动教育实施方案,立项首批“非遗进校·三育融通”项目12项,首次设立并评出学院学生最高荣誉“力行学子奖”2名,获批浙江省深化新时代教育评价改革试点项目1项。研究制定学历继续教育改革方案,推进继续教育规范发展。年度到校科研活动经费首次突破5000万元,获全国性社会力量设奖5项,省级人文类重大项目和省自然科学基金重点项目实现零的突破。

【人才培养】2022年,坚持学生考研升学、就业创业、学科竞赛一体推进,考研上线率连续4年达20%以上;毕业生就业率93.8%,居于全省本科高校前列;首获中国国际“互联网+”大学生创新创业大赛银奖;获省级一等奖及以上奖项170项,学科竞赛排名在全国670多所新建本科高校中位列第22名。根据2022中国大学本科毕业生质量排行榜,学院人才培养质量实现从本科新生质量等级E+到毕业生质量等级C的跃升。

【申硕攻坚】2022年,市委、市政府高度重视和大力支持学院申硕工作,市政府牵头成立申硕攻坚工作领导小组及推进办,校内外协同推进申硕建设,学院以及第一批拟申报的材料与化工、机械、教育等3个专业,均达到新增硕士学位授予单位及学位授权点申请基本条件。

【数字化改革】2022年,学院健全完善数字化改革组织体系和推进机制,迭代构建“141”(“1”即一体化智能化校园公共数据平台建设;“4”即“四大建设”,分别为党政部门整体智治和改革场景建设,教师一体化服务系统建设,学生一体化服务系统建设,资源管理一体化系统建设;“1”即一套完善的配套管理制度和评价体系)智治体系、多跨协同场景、变革重塑清单,聚焦痛点和需求,一批教师“行”系列、学生“好”系列等应用场景上线运行,其中“好心育”大学生心理健康服务应用获批省教育领域2022年数字化改革创新试点项目。

【办学条件】2022年,智慧教室、校园安防设施提升改造等项目如期竣工投用,学生公寓启动建设,篮球改造、图书馆内部改造等一批项目加速推进。全年工程及修缮项目实际投入约1.6亿元,是学院自迁建以来基础设施建设投资最多、力度最大、项目最集中的一年。

【师资队伍建设】2022年,学院营造待遇加厚、宣传加力、情感加温、合作加码、责任加压的“5+”人才环境,博士及以上高层次人才引进38人、净增41人,创历年新高;新增教授12人、副教授21人、正高级工程师1人、高级工程师2人;整体推进人事制度改革,全员岗聘平稳有序,考评机制更加健全;启动实施“雁阵”人才计划,16名教师和8个团队入选,加强中青年带头人、学科团队的梯次培育。

【社会服务】2022年,召开第三届服务发展大会,开展服务共富建设“八大专项行动”;筹建设立衢州市高端装备产业创新研究院、衢州市省际合作发展研究院、浙江未来乡村学院、中国(衢州)围棋学院等创新服务平台,助力赋能衢州建设四省边际中心城市、争当“两个先行”示范窗口。以地方人才需求为导向,全程全域推动留衢州就业,2022届毕业生留衢就业率21.32%,同比增长近50%;服务普惠性人力资本提升,继续教育和服务收入突破1000万元;主动服务共建“一带一路”,合作成立“衢州学院·牧高笛丝路商学院”及越南、孟加拉培训基地。

【入选浙江省2022年教育助力乡村振兴典型案例】2022年,学院美丽经济学院申报的《衢州学院“一体三全”普惠教育助力山区教育共富》入选浙江省2022年教育助力乡村振兴典型案例。

【电子化学与化工新材料创新国际论坛召开】 11月18—20日，由学院承办的电子化学与化工新材料创新国际论坛在衢州举行，浙江大学院士任其龙，浙江工业大学校长李小年，浙江省自然科学基金委研究员宣晓冬，浙江省化工学会秘书长黄新艳等嘉宾及30余家高校、企业和研究机构的100余名代表出席大会开幕式，与会人员围绕电子化工新材料密切相关的新技术、新趋势和新理念进行探讨交流。

【获浙江省高技能人才（劳模）创新工作室称号】 11月19日，浙江省总工会、浙江省科技厅下发《关于命名第十二批浙江省高技能人才（劳模）创新工作室的决定》，命名浙江省70家创新工作室为“第十二批浙江省高技能人才(劳模)创新工作室”，学院“邓小雷劳模工作室”获“第十二批浙江省高技能人才(劳模)创新工作室”。

【位列全国高校机器人竞赛指数（本科）前5%—10%】 12月11日，中国高等教育学会工程教育专业委员会联合浙江大学机器人研究院发布第四轮全国普通高校大学生机器人竞赛指数2022版(本科)，学院在874所本科院校中位列前5%—10%，评级为A-级，位列浙江省本科高校第三。

【获浙江文化研究工程重大项目】 2022年，学院申报的《南孔文化传承发展系列研究》被立项为2022年度浙江文化研究工程重大项目，这是学院首次获得浙江文化研究工程重大项目。

【获第五届中国智能机器人创意大赛多项奖项】 8月27—28日，第五届中国智能机器人创意大赛采用线上、线下结合方式进行决赛。学院在该项赛事中获特等奖1项、一等奖1项、二等奖6项、三等奖6项。机械工程学院团队作品“智能咖啡机器人”获得无实物组特等奖(全国仅5项)，这是衢州学院首次获得该项赛事特等奖，同时也是浙江省该赛道唯一一项特等奖。

【第一届智能制造与人工智能技术国际学术会议召开】 8月19日，由澳门大学和学院联合举办的第一届智能制造与人工智能技术国际学术会议通过线上线下相结合的方式举行，来自国内外20余所高校近80名专家学者围绕智能制造与人工智能理论、技术和应用等进行交流探讨。

【第三届服务发展大会暨绿色低碳发展院士报告会召开】 7月7日，学院召开以“联校联企大联盟共建共享共富裕”为主题的第三届服务发展大会暨绿色低碳发展院士报告会。中国工程院院士高翔，省科协副主席武传宇，市委副书记、市长徐张艳，副市长李宁及学院党委书记杨玲、院长郑友取，各县(市、区)政府、市直有关部门单位相关负责人，浙闽赣皖省际绿色制造产教融合联盟常务理事单位、市碳账户工作专班、双碳研究中心相关负责人，有关高校、科研院所、行业、企事业单位代表等出席大会。

【衢州市第二届“大学生留衢回衢就业促进月”在学院开幕】 6月1日，衢州市第二届“大学生留衢回衢就业促进月”活动在学院举行开幕式，活动以“才聚衢州·畅享未来”为主题，由学院和市人力社保局、市教育局等主办，市商务局、市总工会、智造新城管委会、

2022年6月1日，衢州市第二届“大学生留衢回衢就业促进月”开幕式举行

2022 年 5 月 31 日，学院氟硅钴新材料绿色制造训研创基地开工奠基仪式举行

智慧新城管委会、衢州中专等单位承办，针对在衢院校毕业生、衢籍毕业生提供精准化、全方位、多层次的服务，提高供需对接效率，促进高校毕业生就业。

【氟硅钴新材料绿色制造训研创基地项目开工】5 月 31 日，学院氟硅钴新材料绿色制造训研创基地项目正式开工并举行奠基仪式。该项目整体由训研创大楼和学生公寓两部分组成，训研创大楼项目总建筑面积 2.8 万平方米，项目投资预算 2.14 亿元；学生公寓项目建筑面积 1.8 万平方米，项目投资 0.74 亿元。

【六校对口帮扶衢州学院座谈会召开】5 月 27 日，六校对口帮扶衢州学院座谈会召开，会议总结前两轮对口帮扶经验成效，对下一轮帮扶工作进行部署。省教育厅高等教育处处长、学位办主任吕华，浙江科技学院党委书记赵东福，中国计量大学校长徐江荣、浙江工业大学副校长金晓明、浙江师范大学副校长钟依均、杭州电子科技大学副校长李文钧、浙江工商大学副校长陈衍泰等出席座谈会。

【7 位博士领衔的创新站入选浙江省博士创新站】2022 年，学院 7 位博士领衔的创新站成功入选全省首批“浙江省博士创新站”（全省共 25 个），入选总数占全省的近 1/3。

【新增旅游管理与服务教育本科专业】2022 年，根据教育部公布的 2021 年度普通高等学校本科专业备案和审批结果，学院申报的旅游管理与服务教育专业成功获批。至此，学院本科专业总数增至 29 个，朝着做大经管学科的方向迈进坚实一步。

【党史学习教育总结会议暨巡视整改工作推进会】2 月 18 日，学院召开党史学习教育总结会议暨巡视整改工作推进会，全面总结党史学习教育开展情况，扎实推进省委巡视反馈意见整改工作，系统部署新学期重点工作。

【浙闽赣皖省际绿色制造产教融合联盟研讨会召开】1 月 18 日，学院牵头召开浙闽赣皖省际绿色制造产教融合联盟研讨会，以绿色、低碳、发展为引领，共谋创新人才培养新思路，共同打造区域产教融合新生态。市科技局、市工程技术学校、衢州中专、巨化集团、开山集团、红五环集团、华友钴新材料有限公司等单位代表出席会议。武夷学院、上饶师范学院、黄山学院、浙江大学衢州研究院、仙鹤股份有限公司等联盟成员代表通过线上参加会议。

2022 年 5 月 27 日，六校对口帮扶衢州学院座谈会召开

2022 年 1 月 6 日，衢州市双碳研究中心授牌仪式在学院举行

【学院 2021 年度教育工作会议召开】 1 月 13—14 日，学院召开以“深入推进专业认证，打造一流本科教育体系”为主题的 2021 年度教育工作会议。会议总结一年来教育教学工作取得的成绩，分析下一阶段面临的新形势和新任务，立足“十四五”期间全面推进专业认证工作，进一步解放思想、开拓创新，为全力提升应用型人才培养质量，构筑一流本科教育体系谋篇布局。

【衢州市双碳研究中心成立】 1 月 6 日，衢州市双碳研究中心授牌仪式在学院举行。副市长王良春，学院院长郑友取，市碳账户专班负责人，各牵头部门分管负责人，浙大衢州“两院”、电子科大长三角研究相关人员，各县（市、区）科技局主要负责人等参加。该中心由学院和浙江大学衢州“两院”、电子科大长三角研究院（衢州）等相关机构联合组建，聚焦“双碳”领域技术研究、服务衢州绿色低碳发展的重要科研平台。学院院长郑友取担任中心主任。

（王宏奕　贾凯锋）

衢州职业技术学院

【概　况】 2022 年，衢州职业技术学院（以下简称“衢职院”）持续抢抓职业高等教育大发展历史机遇，锚定“双高”（“双高计划”高职院校，是“中国特色高水平高职学校和专业建设计划”的简称。“双高”是指“高水平学校”和“高水平专业群”）建设目标、胸怀职教本科愿景，以创“双高”、强服务、育人才为工作主线，坚持社会主义办学方向，全面落实立德树人根本任务，着力提升人才培养质量，主动服务地方经济社会发展，完成建校 20 周年各项活动，深入开展党建提升年、“双高”攻坚年、管理质量年行动，各项事业齐头并进，推动高质量发展迈出坚实步伐。设有医学院、艺术设计学院、经济管理学院、信息工程学院、机电工程学院、文化旅游学院、华友新材料学院（材料与化工智能制造学院）、继续教育学院等 8 个二级学院，25 个高职专业。其中，教育部骨干专业 2 个，中央财政支持专业 2 个，省高校优势和特色专业 6 个，列入省高水平专业群建设目录 2 个。有全日制在校生 7000 余人，教职工 515 人，具有高级专业技术职务 150 人、硕士及以上学位 389 人。省高职院校督导评估中，衢职院以 928 分（满分 1000 分）的成绩，列全省 47 所参评高职院校第 11 名，跃升至全省高职院校前 30%的行列。

【党的建设】 2022 年，始终坚持把政治建设放在首位，持续深入学习贯彻习近平中国特色社会主义思想，学习、宣传、宣讲、贯彻党的二十大精神，系统推进“八学六讲四坚持”活动，组织师生党员集中收看党的二十大开幕式，撰写心得体会，11 名师生热议在《浙江新闻》《教育之江》等省级媒体刊载。实施“党建提升年”行动，开展党建质量创优和示范创建工作。计算机应用技术党支部通过全省首批样板支部验收，各党总支（直属党支部）培育党建品牌 10 个，各基层党支部培育党建特色项目 27 个，形成“一总支一品牌、一支部一特色、一书记一项目、一党员一风采”党建特色创建格局。

【“双高”建设】 2022 年，围绕“双高”院校奋斗目标，以目标为导向，以创新求突破，建立健全“双高”攻坚的目标体系、政策体系、工作体系和责任体系。《新能源无人驾驶辅助转向电液泵的研发及产业化》科技成果获省科技进步奖三等奖（省科技奖中唯一获奖的高职院校）；《基于“乡村振兴综合体”培育高素质农民的探索与实践》等3项教学成果获省教学成果奖一等奖1项、二等奖2项；在省高职院校教学能力比赛中获得一等奖1项、二等奖2项、三等奖3项；计算机应用技术教师教学团队被认定为首批省职业教育教师教学创新团队；校长吕延文主持的项目通过省“尖兵”“领雁”研发攻关计划项目立项；在全国大学生机械创新设计大赛、全国职业院校技能大赛等重大赛项中荣获一等奖3项、二等奖3项、三等奖1项；获省级各类技能大赛一等奖（金奖）7项、二等奖（银奖）20项、三等奖（铜奖）25项。

【专业结构优化】2022年，围绕市委、市政府“工业强市、产业兴市”战略部署，紧密对接衢州主导产业和战略新兴产业，深化专业设置与动态调整机制，停招市场营销专业，新增网络营销与直播电商、人工智能技术应用、化工装备技术等3个专业，积极申报体育运营与管理、应用化工技术、中医学等3个新专业，专业结构与地方产业衔接更加紧密。

【产教融合】2022年，与华友集团深度合作，共建华友新材料学院，首批招收化工装备技术专业学生86人；衢州市消防救援学院、衢职—鑫焱羽毛球学院等产业学院建成。与日本佐久大学中外合作办学项目获批，与通天星集团共建柬埔寨“丝路学院”。落实衢州市职业教育“五统筹”改革试点，牵头成立衢州职业教育集团，有18家成员企业和14家成员学校；与衢州中专合作开展区域中高职一体化人才培养试点，共建衢职院智慧学院，首批化工机械专业招生45人。

【师资队伍建设】2022年，引培博士15人，引进全国技术能手等高技能人才3人，客座教授和产业导师14人。有全国技术能手4人，入选浙江省“151人才工程”4人，省黄炎培职业教育奖杰出教师、优秀教师、专业带头人、杰出工匠、拔尖技能人才等20余人，市拔尖人才、“115人才”、职业教育领军人才、首席技师等80余人，建成市专家工作站4个、市技能大师工作室4个，构成了素质优良、结构合理的人才队伍。

【人才培养】2022年，以“铸魂育人”为目标，推进思政课程和课程思政建设，立项2022年省级课程思政示范课程6门，省级课程思政教学研究项目4项，省级课程思政示范基层教学组织1个。立项省新时代教育评价改革试点项目1项，教育部2022年度《虚拟仿真技术在职业教育教学中的创新应用》专项课题1项，教育部2022年全国“终身学习品牌项目”1项；10门课程入选2022年度国家开放大学终身教育平台，2门课程入选教育部“智慧助老”优质课程资源。5名学生获全国大学生自强之星、省优秀共青团员、中国电信奖学金、省思政微课大赛三等奖等荣誉。2022年录取新生2504人，普通类一段线录取人

2022年6月27日，衢职院联合市农业农村局、市农业机械化技术推广中心，在四省边际共富学院龙和渔业教学基地举办农用无人机操作培训班

数 147 人，较往年大幅增加，省内普通类各专业平均录取分数线大幅提高，位次号提升 7100 名。2022 届毕业生就业率 98.66%、留衢就业率 24.63%以上。

【社会服务】2022 年，坚持“俯身贴地、提升能力，服务衢州经济社会发展”办学理念，深入对接衢州产业和经济社会发展重点领域，持续开展“六个一批”专项行动，正式签订横向技术服务合同 85 项，技术服务到款额 671.55 万元，较上年增长约 50%，科研经费投入突破 1000 万元。建成 8 个市级、1 个省级博士创新站，智慧助老志愿服务项目被评为省级科技志愿服务先进典型。四省边际(衢州)共富学院开展“新蓝领”培训、“新农人”培育、“新工匠”培养，打造以技能培训带动高质量就业创业“致富衢”品牌，全年培训 3.8 万人次。持续推进四省边际职业培训联盟建设，成员单位和基地 57 家，年职业培训超 6 万人次，“衢职培训”模式向上饶、武夷山、黄山等地辐射。

【举办建校 20 周年庆祝系列活动】2022 年，以“二十正青春、奋斗新时代”为主题，举办建校 20 周年庆祝大会、校志首发式、四省边际“双高”建设发展论坛、校友代表座谈会、首批客座教授产业导师聘任仪式暨专业发展座谈会等系列活动，全面总结 20 年办学经验，展示立德树人、教育教学、科学研究、文化建设、服务地方发展等方面成果。

【获省领导批示】8 月 29 日，《衢州市创新建设“共富学院”推动四省边际重点人群就业创业能力提升》作为《浙江政务信息》第 589 期专报信息刊登，推动四省边际重点人群就业创业能力提升相关做法。

【首批“科创中国”创新基地】2022 年，衢职院联合杨继洲医院、杨继洲针灸医院共同建设“产学研协作创新基地”，并成功入选首批“科创中国”创新基地，是全国唯一入选高职院校。聘请国内 50 余名针灸领域权威知名专家开展产学研协作，成立杨继洲学院，建立世界针联浙闽赣皖针灸技能培训中心和中国针灸学会衢州科技创新服务站。

2022 年 11 月 18 日，衢州职业技术学院建校 20 周年纪念大会举行

【中国针灸学会衢州科技创新服务站在衢职院揭牌】8 月 3 日，中国针灸学会衢州科技创新服务站揭牌仪式暨服务站建设研讨会在衢职院隆重举行。世界针灸学会联合会主席、中国针灸学会会长刘保延出席揭牌仪式。衢职院以中国针灸学会衢州科技创新服务站的揭牌成立为契机，以推进杨继洲针灸传承创新为己任，聚焦一流、抢抓机遇，推进特色鲜明、守正创新的针灸学会衢州科技创新服务站建设。

【四省边际(衢州)共富学院挂牌成立】4 月 22 日，在市委农村工作会议暨粮食安全工作会议上，市委书记高屹为“四省边际共富学院”授牌，衢职院党委书记徐须实接牌。四省边际(衢州)共富学院按照“校企融合、工学交替、产训一体、创业导向、技能为本、体现实效”的原则，联动专业职业(技工)院校、龙头企业、社会机构等组织，搭建“线上 + 线下”四省边际共富培训平台。5 月 26 日，四省边际(衢州)共富学院培训集中开班仪式在衢职院举行。

【获第八届中国国际“互联网 +”大学生创新创业大赛金奖】11 月 10—13 日，第八届中国国际“互联网 +”大学生创新创业大赛总决赛中，衢职院《芸香生物科技——中草药精油原料引领者征战千亿蓝海》项目获得总决赛职教赛道项目金奖，是浙江省 5 所获得金奖的高职院校之一。中国国际“互联网 +”大学生创新创业大赛是覆盖全国所有高校、面向全体大学生、影响最大的大学生创新创业盛会，成为深化高校创新创业教育改革，促进高校学生全面发展的重要平台。

【华友新材料学院成立】6 月 20 日，衢职院与华友钴业共建华友新材料学院成立大会在衢职院举行。华友新材料学院是华友集团和衢职院为全面深化校企合作，本着“优势互补、资源共享、互惠双赢、共同发展”的原则，共建共管共享的现代产业学院。校企双方将围绕互认挂牌、就业推荐、顶岗实习、实训基地建设、订单班培养、学历提升、技能培训、产业学院等内容全方位开展合作。衢职院华友新材料学院的成立迈出本市行业龙头企业全面参与职业教育改革、共建产业学院的关键一步，对提升技术技能人才培养水平和产业发展水平具有重要意义。

【智慧学院挂牌成立】9 月 19 日，与衢州中专合作开展区域中高职一体化人才培养试点，智慧学院正式挂牌成立。参与区域中高职一体化人才培养改革工作，主动联合衢州中等专业学校、浙江时代锂电材料有限公司申报改革试点，经省教育厅、省发改委批准，作为全省 12 所高职院校试点单位之一，在衢州中专成立衢州职业技术学院智慧学院。2022 年，首批化工机械专业招生 45 人。

2022 年 6 月 20 日，衢职院与华友钴业共建华友新材料学院签约仪式举行

2022 年 9 月 19 日，衢职院智慧学院揭牌仪式举行

【“8090+” 新时代理论宣讲】2022 年，着力打造“青春信仰 青年讲”“8090+” 宣讲团思政品牌，以党的二十大精神“四进”宣讲活动为引领，全年开展宣讲 150 余场次。1 名宣讲员作品获得全省思政微课大赛决赛特等奖，“石榴红”宣讲团队获 2022 年省暑期社会实践百强团队。“青春信仰 青年讲”——8090 新时代理论宣讲思政工作品牌项目入选省高校思想政治工作精品项目。

【数字化改革】2022 年，衢职院系统推进“1523”数字化改革，“三线 + 四环” 教学日志智治系统入选 2022 年省高校数改优秀案例，启航 e 账户系统立项 2022 年省教育领域数字化改革创新试点，学校被列入省智慧教育平台试点学校，是 2022 年省教育信息化试点示范三项评比中都有成果的 5 所高职院校之一。在 2022 年省智慧校园建设评价中得分突破 900 分，跻身全省高职院校前 30%行列。

【通过 AAAA 等级平安校园评估检查】11 月 22 日，省高校等级平安校园考评专家组对衢职院等级平安校园建设情况进行检查考评，衢职院通过AAAA等级平安校园评估检查。2022年，衢职院以AAAA等级平安校园创建为抓手，压紧压实压细校园安全工作责任，健全校园安全治理体系，实现安全责任“零缺位”、重特大事故“零发生”。配合完成“拆墙透绿”改造工程，强化“拆墙透绿”后校园安全管理措施，为师生学习工作生活营造安全稳定和谐的环境。

（严 友 薛 晶）

衢州开放大学

【概 况】2022年是学校完成开放大学综合改革、实施转型发展的关键之年。学校全面贯彻党的教育方针，坚持立德树人根本任务，围绕“探索终身学习型社会的衢州示范”的新思路新要求，持续推动各项事业有序发展。学校获评2021—2022年度全省开放大学体系办学业绩突出单位，2022年全省开放大学教务管理先进单位，2022年度全省开放大学新闻宣传先进单位。

【推进市域开放大学办学体系综合改革】2022年，按照开放大学综合改革工作要求，学校完成综合改革工作。6月30日，经市政府批复正式更名为衢州开放大学。11月11日，举行衢州开放大学揭牌暨新校园启用仪式，学校整体搬迁至智慧新城教育小镇新校区办学。以综合改革为契机，进一步理顺办学体制机制，学校内设机构由7个调整增加为8个，编制数由44个调整增加为60个，在原有职能基础上，挂牌成立“衢州市社区教育指导中心”“衢州市社区家庭教育指导服务中心”，服务社会职能得到加强。指导4个县（市）开放学院完成综合改革更名工作，有力推动市域办学体系整体转型，初步构建完善以衢州开放大学为主要支撑的全市服务全民终身学习的高水平终身教育体系。

【作为全省试点实施社区矫正教育帮扶项目】2022年，针对全市社区矫正对象文化程度不高、社区矫正队伍不强等实际情况，作为全省唯一试点地市级开放大学，与市及柯城区、衢江区司法局联动开展社区矫正教育帮扶战略合作。面向全市（18周岁以上、60周岁以下）社区矫正对象808名，制定“学历＋培训”“文化理论＋职业技能”等个性化学历提升方案，增设契合社区矫正对象职业发展需求和个人自我发展需求的相关专业。同步引入职业技能、心理健康、家庭教育和亲职教育等培训内容，学校3名教师获聘柯城区社区矫正公益大使。

【开放教育招生水平居全省之首】2022年，多渠道多途径拓宽学校招生生源，实现成人学历教育招生3257人，其中，开放教育招生2964人，网络教育招生58人，“单考单招”招生235人。学校成人学历教育招生规模创历史新高，其中开放教育招生数居全省开放大学办学系统第一。

【开展全市社会人员学历提升项目】2022年，按照省、市两级社会人员学历提升行动计划（2022—2025年）要求，实施访企助企大走访、乡镇街道“点对点”全覆盖学历提升服务等项目，精准摸排、分类汇总智造新城284家规上企业和柯城区18个乡镇（街道）95个村（社区）的学历层

2022年11月11日，衢州开放大学校门

次提升需求、对象意愿以及职业教育培训需求等情况，以指标分解、挂图作战的模式，融通学历教育与非学历教育培训，送教下沉、送需上门，扎实推动项目落实。同时对原有专业进行职业化改造，增设公共事业管理、化工技术、移动互联应用技术、酒店管理等契合社会人员职业发展需求和个人自我发展需求的专业，营造社会人员“愿学尽学”“能学尽学”的良好氛围。

【首创市县联动机制推进“单考单招”落地】2022年，围绕助力山区26县跨越式高质量发展，针对市县域之间学历教育招生水平不平衡，县域电大师资紧缺等问题，以浙江开放大学成人高等学历教育单独考试单独招生人才培养模式改革试点项目为载体，开展市县联动合作机制，明确职责、分工合作，共同推进成人单考单招工作，促进市县开放大学办学体系一体化均衡发展，2022年单考单招招生数为198人。

【持续推动社区教育发展】2022年，组织召开全市社区教育工作推进会。开展全市“浙学通”钉钉线上业务培训，做好全市“浙学通”、学分银行相关业务指导工作，推动“衢学通”落地。持续深化“衢州有礼”未成年人社区教育品牌建设，开展2022年度“游南孔圣地 品有礼文化”古城亲子研学系列活动，探索“家—校—社”共育模式。发动组织全市社区教育工作单位参加各类特色课程、教学成果参评，实验项目、基地申报119项。其中衢州开放大学“携手同行e伴乐龄”老年智能手机培训项目入选教育部首批“智慧助老”优质项目，《“游南孔圣地 品有礼文化”亲子共研学》入选教育部“能者为师”家庭教育与阅读表达典型案例，e伴乐龄、家长好好学习，孩子天天向上入选教育部“能者为师”特色课程。

【创新老年开放大学实体办学机制】2022年，按照围绕“以点带面、合力推进”老年教育模式，积极与市卫健委、团市委对接，分别在衢州市老年人活动中心、衢州市“两中心”共富教育空间站增设衢州老年开放大学直属教学点，引入“衢学通”交互式学习场景，建设打造“空中课堂”“共享课堂”，构建老年精神共富新高地。首期开设9个专业17个教学班，提升老年教育学习实效。

（何　苗）

2022年9月10日，“游南孔圣地 品有礼文化”之“师恩深似海”主题活动举办

浙江大学工程师学院衢州分院、浙江大学衢州研究院

【概　况】2022年，浙江大学工程师学院衢州分院、浙江大学衢州研究院围绕衢州特色主导产业，大力实施创新驱动发展战略，做强高能级科创平台，开展科普服务，集聚高层次创新人才，增设生物基化学品研究所，形成8个研究所、1个分析测试中心和1个中试实验实训基地的“8+1+1”全链条科研布局。获批建设浙江省高端化学品技术创新中心、高端医用聚合物材料浙江省工程研究中心、国家自然科学基金“化工纳微尺度过程强化”基础科学中心参与单位，入选浙江省研究生联合培养基地、衢州市人才工作示范单位，取得检验检测机构资质认定证书（CMA）和中国合格评定国家认可委员会（CNAS）颁发的实验室认可证书。

年内，有教职工212人，其中

2022 年 6 月 18 日，常山港院区启用仪式举行

科研人员 145 人，包括中国工程院院士 1 人，国家级人才计划入选者 7 人，国家级青年人才计划入选者 14 人；教授 29 人，“百人计划”研究员 8 人，副教授 13 人，特聘专家 1 人，特聘研究员 24 人，特聘副研究员 37 人，博士后 4 人。招收专业学位工程硕士研究生 39 人。

【院区建设】6 月 18 日，浙大衢州“两院”常山港院区启用。常山港院区位于衢州市高铁新城教育小镇，占地 163 亩，建筑面积 15.8 万平方米，主要包括综合教学生活区(北区)、科研实验区(南区)、中央共享景观广场三部分；北区包括教学、科研及行政办公用房、会议中心、文体中心、体育场地、食堂、公寓等师生生活所需场地；南区包括科研实验室、分析测试中心和创新孵化平台。常山港院区二期约 140 亩物理空间、中试实验实训基地二期约 180 亩物理空间建设进入规划设计阶段。

【人才引育】2022 年，强化高端创新人才引育，构建有国际竞争力的人才集群。发挥浙江大学人才优势，新增浙大 2 个科研团队的 6 名教师入驻；招录海内外具有博士学位研究人员 64 人，新增国家级人才 3 人（包括全职引进国家级人才 1 人)，招录硕士学位技术人员和行政管理人员 13 人。鲍宗必入选国家级人才计划；侯阳获卢嘉锡优秀导师奖；肖成梁获侯德榜化工科学技术奖青年奖；张庆华团队获浙江省科学技术进步二等奖，中国工业防腐蚀技术协会技术发明一等奖；杨轩、Lim Khak Ho、王文俊团队获第七届中国创新挑战赛（浙江）暨2022 年浙江省技术需求“揭榜挂帅”大赛碳达峰碳中和行业现场赛一等奖。院士任其龙浙大衢州“两院”团队被聘为新时代衢州人文精神代言人；5 家博士创新站被认定为第三批衢州市博士创新站；11 位教师被聘为衢州市“博士讲科普”志愿服务队队员。

【学术交流】7 月 18—19 日，“浙江大学衢州研究院海内外优秀青年学者论坛”在衢举行。吸引来自美国耶鲁大学、荷兰莱顿大学、加拿大国立科学研究院、北京大学、清华大学等 21 所海内外高水平科研院校与高科技公司的 30 名青年学者及海内外专家学者 200 余人参会。10 月 10 日，“院士大讲堂·创新分享会”在衢举行。中国科学院院士段雪、中国工程院

2022 年 11 月 28 日，科研团队获第七届中国创新挑战赛(浙江)暨 2022 年浙江省技术需求“揭榜挂帅”大赛一等奖

2022年10月10日,“院士大讲堂·创新分享会”举办

院士任其龙分别作主题报告,分享科技创新发展经验,助力衢州打造四省边际人才科创桥头堡。

【科技创新】2022年,研究院科研人员主持及参与国家级项目30项,省部级项目20项,申请各项专利55件,授权发明专利32件,发表高水平论文150余篇。获批国家自然科学基金优秀青年科学基金项目(海外)1项;获批国家自然科学基金资助30项,其中15项的项目负责人为衢州全职科研人员,包括面上项目2项、青年科学基金项目13项,面上项目立项率达33.3%,青年科学基金项目立项率达39.4%,均远高于国家自然科学基金委的平均立项率。李伯耿主持、王青月参与的“废弃聚合物的可控,开展科普服务断链机理、过程强化与高值化利用”项目获批国家自然科学基金重大项目;获批浙江省自然科学基金项目3项;获批浙江省“尖兵”“领雁”计划项目立项14项,其中牵头1项,冯连芳主持的“面向高端聚合物材料规模化制备的高黏聚合与高效脱挥关键技术与装备”项目是研究院连续2年获批牵头承担的省尖兵领雁项目。

【科技活动】2022年,开展校企“双走进”活动10余次,与近100家衢州企业进行深入对接,签订技术开发横向合同54项,合同金额超3200万元。其中,项目金额50万元(含)以上18项、100万元以上项目7项。与企业共建联合研发中心2家,5家洽谈中;培育孵化企业7家,吸引校友企业1家。成立浙江求真中试科技有限公司,开启市场化运营,开展科普服务育培自我造血功能,聚焦衢州市“五链”融合,赋能衢州招商引资,构建集中试研究、成果转化、高新技术孵化、分析检测、培训于一体的专业技术支撑服务体系,打通科技成果转化“最后一公里”。承接中试项目10余项,建有中试生产线20余条;签订全流程反应热风险评估等项目69个,测试近1200次,为化工企业、高校培训逾500人次。分析测试中心提供对外测试近3000次,总机时超11000小时,收入近200万元,服务对象从浙江省内各地市辐射到江西、福建、安徽等周边省份;36台大型仪器纳入浙江省大型科研仪器开放共享平台。

【研究生培养】2022年,与浙江大学、巨化集团有限公司合作共建的研究生联合培养基地获批浙江大学校级专业学位研究生实践基地、浙江省研究生联合培养基地。依托联合培养基地,2021级34名硕士生于7月开展为期41天的暑期集中专业实践训练,通过实习实训提升工程实践能力。依托高端化学品先进制造项目,招收工程硕士研究生39名,“双一流”建设高校生源比例达69%。首届26名硕士生毕业,5人获浙江大学优秀毕业生称号,实现高质量100%就业,多人留衢服务地方产业。学生直接参与企业产学研合作项目3项,项目经费逾700万元;以学生为主要作者的高水平论文5篇;已受理或获批国家发明专利14件;以学生为第一完成人为企业(巨化)设计全自动粉末喂料器样机1套。与衢州学院联合共建“绿色低碳化工新材料”科教融合学院,第一届科创融合班招生16人,配备10名校外导师,其中2名获浙江大学材料与化工专业学位硕士研究生指导资格。开展8场前沿科技讲座,受益学生273人次。

【领导专家调研指导】2022年,省政协主席黄莉新(4月13日),

2022 年 8 月 23 日，暑期专业实践答辩会举行

省委常委、组织部部长王成(7 月 14 日)，省委常委、省纪委书记傅明先(10 月 29 日)，国家应急管理部副部长刘伟(2 月 20 日)，省人大常委会党组书记、副主任梁黎明(9 月 21 日)，省人大常委会副主任、省科协主席姒健敏(11 月 2 日)，省教育厅厅长毛宏芳(11 月 9 日)，省科技厅党组书记何杏仁(10 月 13 日)，省科技厅厅长高鹰忠(6 月 16 日)，省委组织部常务副部长张学伟(10 月 13 日)，省科技厅副厅长周土法(10 月 27 日)，市委书记高屹(2 月 26 日)，市委副书记、市长徐张艳(6 月 16 日、10 月 13 日、10 月 17 日)等各级领导；浙江大学党委常委、副校长王立忠(6 月 6 日)，浙江大学党委常委、副校长严建华(7 月 30 日)；中国科学院院士、浙江大学学术委员会主任张泽(7 月 30 日)、中国科学院院士、北京化工大学教授段雪（7 月 1 日）、中国科学院院士、厦门大学教授孙世刚(7 月 7 日)、中国工程院院士、浙江大学能源工程学院院长高翔(7 月 8 日)、日本学士院院士、美国国家工程院院士井上明久(9 月 16 日)等专家实地调研浙大衢州“两院”，对各项工作给予充分肯定，并对今后发展提出建设性意见和建议。

【党建工作】2022 年，浙大衢州“两院”党支部有党员 55 人，教工党员 28 人，学生党员 27 人。常态化推进支部党建工作，召开党员大会 12 次，支委会 11 次，开展“科普进校园”“实验室开放日”等主题党日系列活动 20 场，受益中小学生逾 1500 人次。

（郑家琪）

电子科技大学长三角研究院（衢州）

【概　况】2022 年，电子科技大学长三角研究院(以下简称“研究院”)围绕“两个先行”奋斗目标，扛起“高质量发展建设四省边际中心城市”的政治责任，秉持服务衢州经济高质量发展初心与使命，认真落实市校双方协议及历次理事会会议确定的目标任务，对准跑道，坚持高层次人才引育、创新性科学研究、导向性成果转化和需求型产业吸附，扎实推进产学研用高质量融合发展，院地联动、全面起势，为实现共同富裕注入增量。1 月 11 日，获评衢州市人才工作示范单位。

【人才引进】2022 年，研究院新引进长江学者、杰青等国家级人才 4 人，新建设 8 个特色科研团队(中心)，吸引来自鹏城实验室、之江实验室等一流科研机构和高校青年人才加入。新录用高水平博士人才 40 余名，依托研究院申报浙江省人才工程 6 名。新增全职博士后 6 人，5 人成功申报国家自然科学基金青年科学基金资助项目，1 名博士后获中国博士后科学基金资助，1 名博士后获 2022 年度浙江省博士后科研项目一等资助（衢州唯一入选）。3 名老师申报项目入选衢州市“双领计划”，创业项目即将在衢州落地转化。

【应用型人才培养】2022 年，研究院学生规模稳定在 200 人以上，在培硕博研究生 285 名，其中，硕士研究生 261 名，博士研究生 24 名。“创新驱动、产教融合、协同育人”应用型高水平人才培养体系持续完善，基于院地联合创新研究的科研育人范式更加成

2022年5月31日至6月1日，电子科大长研院(衢州)2022年硕士学位论文答辩会以线上+线下的方式举行

熟。参与“华为杯”中国研究生数学建模竞赛等研究生国家级高水平科研竞赛。2022年毕业研究生就业或深造率100%，毕业研究生留衢州人数4人。开展研究生综合素质提升计划，丰富学术研讨氛围、文体竞赛活动，建设心理健康咨询室，密切关注心理健康发展，以知衢融衢爱衢教育开展企业走访实践、实习实训。

【建设高能级平台】2022年，研究院围绕创新强省首位战略，深入实施科创兴院战略，成功获批浙江省工程研究中心，新增联合实验室3个，新增国家行业/标准制定的标准组成员单位3个，包括“中国电子工业标准化技术协会供应链信息化”标准组成员单位、“建筑用门锁智能化改造技术要求”标准制定工作组成员单位和“供应链信息化标准的研制”标准制定工作组成员单位，高能级平台建设矩阵效应日益明显。

【科技创新】2022年，研究院获批2022年度国家自然科学基金项目13项，项目总合同经费1045万元，其中，重点项目2项，面上项目6项，青年科学基金项目5项，支持四省边际医院获批面上项目一项。申报浙江省“尖兵”“领雁”研发攻关计划11项，牵头7项；参与2项2022年度市科技攻关项目。与中山大学联合体成功中标广东粤海珠三角供水有限公司“珠江三角洲水资源配置工程——基于多源数据融合的智能决策支持系统关键技术研究及应用项目”，项目金额为348.5万元，以国家172个重大水利建设工程之一“珠江三角洲水资源配置工程”建设为服务对象，从智能化、数字化支持管理决策需求出发，助推基础建设工程智能化发展。

【科研成果】2022年，研究院一科技成果“超宽带高线性调频连续波扫频光源技术”经浙江省科技厅推荐入围第二十四届中国高交会清单。向省科技馆推介科技成果可展示实物一套。教授吴磊与企业联合开放项目形成的“渣土车在线集成应用”平台产品被市公安局应用并发布，助力打造为民服务智慧交通，赋能建设四省边际中心城市“公安大脑”。产出国际领先肿瘤早期检测技术、基因测序工具、新的雷达感知技术以及新能源存能技术等高水平

2022年2月18日，以“五院联席、赋能助力”为主题的衢州市重大科创平台联席会在研究院召开

科创成果30余项并发表在国际顶尖学术期刊上。发表高水平论文54篇，已申请国内发明专利39件、国际专利5件，已授权发明专利12件，已申请并授权软件著作权22件。新增横向项目21项，合同总经费为1352万元。

【成果转化】2022年，研究院承担的国家全面创新改革任务——横向科研项目结余经费出资科技成果转化试点改革已由理论探索进入实操阶段，探索“知识产权作价入股+横向课题结余经费现金跟投”的改革模式获省科技厅认可。此外，成果转移转化取得历史性突破，第一批完全拥有自主知识产权的7项科技成果被成功拍卖给衢州市本地企业，已经开展产业化应用并孵化出江山智同科技有限公司、衢州智简科技有限公司2家科技型企业。

【基地建设】2022年，研究院作为浙江省无线电产业基地的共建单位参与产业规划制定、推进和落实工作。研究院委托中国通信院起草《浙江省无线电产业孵化基地（衢州）发展规划（2021—2025）》，提出规划建设集科研、应用、制造、产能为一体的无线电产业孵化基地建议，发展规划已由衢州市人民政府、浙江省经济和信息化厅、电子科技大学三方共同印发。参与共建的浙江省无线电产业基地被明确写入工信部和浙江省《共同推进浙江工业和信息化领域高质量发展 建设共同富裕示范区合作协议》，“支持浙江衢州建设国内先进水平的无线电检测平台，创建无线电产业基地”。举行浙江省无线电产业基地揭牌仪式，基地聚焦五大重点领域，聚力无线电产业链重要节点，完善优化产业政策、产业基金、公共服务等资源要素保障，创新赋能无线电产业发展，营造良好无线电产业生态氛围。

【吸附高精尖产业】2022年，研究院举办首届“南孔杯”电子科技大学全球校友创新创业大赛，组建电子科大产业招商服务专班，发挥校友资源优势，走访调研惠州亿纬锂能股份有限公司等10余家优质企业，引导校友及校友企业到衢投资创业，力争在衢形成较为完整且相对高端的产业链集群。邀请40余家校友企业到衢考察交流，新增吸引衢州森维技术有限公司、衢州无端网络科技有限公司、衢州锦惠科技有限公司、衢州成电邦集微股权投资合伙企业（有限合伙）等4家企业落户衢州。其中，无端科技游戏研发与运营中心项目在衢州创投大厦暨浙商驿站揭牌仪式上集中签约。

【助力高尖端研究】2022年，研究院作为衢州市双碳研究中心三家核心成员单位之一，成立以欧洲科学院院士杨鲲领衔的可信碳大数据技术研究团队。团队成员包括张亚刚（国家级青年人才）、陈俊松（国家级青年人才）、廖家轩教授等在内的国字号及高端人才16人，助力双碳关键核心技术攻关。

【推动合作】2022年，研究院致力于服务衢州县域发展，与衢州极电电动汽车技术有限公司、浙江香满亭生物科技有限公司、浙江启超电缆股份有限公司等签署战略合作框架协议。与四省边际中心医院签订医工合作协议，共建医工交叉创新中心，支持该中心建设写入市委、市政府《关于支持衢州市人民医院加快做大做强的若干意见》，发表一系列业内顶级期刊论文，助力获批国家自然科学基金面上项目，提升科研水平和国考排名。与江山市人民政府共同成立“江山国家应急产业示范基地数字消防创新服务中心”。

【与江山市政府签订产学研用全面战略合作协议】2月16日，电子科技大学长三角研究院（衢州）执行院长胡进峰，江山市副市长朱永平代表双方签订《江山市人民政府—电子科技大学长三角研究院（衢州）产学研用全面战略合作协议》。根据协议，双方以江山国家应急产业示范基地为基础，成立“江山国家应急产业示范基地数字消防创新服务中心”逐步开展全方位战略合作，最终全面服务于江山市地方产业的发展。

【研究院启用暨浙江省无线电产业基地揭牌仪式举行】7月15日，电子科技大学长三角研究院启用暨浙江省无线电产业基地揭牌仪式举行。会上，发布浙江省无线电产业基地（衢州）发展规划，举行企业集中签约仪式，衢州智慧新城管委会、杭州谷钉纹信息技术有限公司等代表上台签约。

其间，举行研究院第五次理事会暨校地合作座谈会和浙江省无线电产业基地产业对接会等会议。

【承办国家自然科学基金委信息科学部“高性能电磁计算软件”重点项目群启动会暨学科战略研讨会】 11月6日，国家自然科学基金委信息科学部“高性能电磁计算软件”重点项目群启动会暨学科战略研讨会在衢州市举行。国家自然科学基金委信息科学部有关负责人以及项目群顾问专家、国内高层次科技创新领域专家学者和衢州市相关部门负责人参加本次活动。国家自然科学基金作为国家支持基础研究的主要渠道之一，是中国高校基础研究领域的重要资金来源。本次研讨会由电子科技大学主办、电子科技大学长三角研究院（衢州）承办，既深化科技对外开放合作，又强化区域科技创新支撑社会发展的能力。

（魏昕瑜）

2022年6月23日，研究院与浙江香满亨生物科技有限公司战略合作框架协议签约仪式举行

综 述

【概　况】2022年，衢州市卫健委坚持市县一体、上下联动，统筹抓好新冠疫情防控、共同富裕示范区建设、数字化改革和卫生健康改革发展各项工作，取得明显成效。获评全省医学高峰高地建设工作成绩突出集体，是唯一获此殊荣的非副省级城市；连续3年获健康浙江建设考核优秀等次；连续8次获“浙江省无偿献血先进市”称号。卫生健康信息化发展总指数位居全国地市级城市第八、全省第三。成功入选省数字化改革最佳应用成果项目2个、省卫生健康委基层创新储备项目8个、省卫生健康数字化改革试点3个、省卫生健康数字化改革优秀案例1个，7家单位获批省星级智慧健康站。在全省首批开通医疗健康数据高铁，数据质量稳居全省前三。成为全省获批建设中医药综合改革先行区的5个地市之一。

【医疗卫生服务体系】2022年，衢州市医疗卫生机构总数1813家，包括医院83家，基层医疗卫生机构1688家(社区卫生服务中心(站)66家，卫生院89家、门诊部37家，诊所、卫生所和医务室544家，村卫生室952家)，专业公共卫生机构29家，其他医疗卫生机构13家。

【医疗卫生服务能力】2022年，医疗卫生机构总床位17275张，其中，医院床位14979张，基层医疗卫生机构床位1531张，专业公共卫生机构床位数612张，其他卫生机构床位153张。卫生人员(在岗职工)总数25963人，按人员类别，卫生技术人员21591人，执业(助理)医师8378人，注册护士9406人，药师(士)1272人，较上年均有增长。

【医疗卫生基础设施】2022年，医疗卫生机构房屋建筑面积176.26万平方米，其中医院108.44万平方米，社区卫生服务中心(站)4.38万平方米。万元以上设备台数25897台。

【人才学科】2022年，衢州市有卫生高级职称2704人、博士研究生20人、硕士研究生672人。其中，市本级卫生高级职称910人、博士研究生19人、硕士研究生460人；各县(市、区)卫生高级职称1794人、博士研究生1人、硕士研究生212人。全系统获国务院特殊津贴1人；有省级名中医3人、省级基层名中医9人、省卫生创新人才培养对象10人、省医坛新秀培养对象47人；入选市拔尖人才28人次(其中3人连续三年入选获拔尖人才荣誉称号)、市青年拔尖人才4人、市新“115人才工程”第二层次24人和第三层次69人。全市有省级重点学(专)科27个，其中省市共建学科5个、省中医药(中西医结合)重点学(专)科8个、县级龙头学科13个、特色学科1个；浙江省区域专病中心建设单位1个。全市有省部级及以上科研立项23项，其中，国家级3项、省部级20项。

【医疗救治】2022年，先后制定

2022 年 8 月 4—8 日，第四期衢州市卫健系统管理干部综合能力提升培训班在浙江大学华家池校区举办

印发《衢州市新冠肺炎疫情应急期间保障有序就医工作预案（试行）》等三个文件。全市确定市、县新冠救治定点医院（院区）9 家。按照重症床位建设要求，分两批启动实施升级改造项目，重点配备呼吸机、监护仪、DSA（数字减影血管造影）等设备设施，用于集中收治重症、危重症患者，真正实现重症床位"床等人"。实施全市医疗机构发热门诊（诊室）扩容行动，全市设置发热诊间 333 间，完成省定目标任务（206 间）的 161.65%。全面摸底全市二级及以上医院开放床位、医护人员、主要救治设备，按照全域"一张床"要求，持续整合强化医疗资源，统筹调配床位、呼吸机、抗病毒药物等资源。每日了解掌握市县两级综合（中医）医院 ICU 收治人数、呼吸机上机人数等情况，统筹重症医疗资源配置。

【共同富裕】 2022 年，坚持以"共同富裕、健康先行"为主线，聚焦补齐全民健康"短板"，筑牢共同富裕基础，推动优质医疗、县级强院、"一老一小"等卫生健康事业发展提质提标。全市有 3 家县级医院创成三级乙等医院；全市每千人拥有婴幼儿照护托位数 3.93 个，居全省第一；"衢州市领先打造市域一体智能化院前急救云服务"被纳入第一批衢州市高质量发展建设共同富裕示范区最佳实践——公共服务优质共享示范。柯城区成为普惠托育基本公共服务首批省级试点。

【健康衢州建设】 2022 年，印发《2022 年健康衢州建设工作要点》《关于高质量推进"浙里健康"建设的实施意见》《衢州市健康影响评价工作实施方案（试行）》等文件，健康衢州建设工作列入党委政府综合目标考核内容。居民健康素养水平达到 38.97%，较 2021 年提升 3.04 个百分点。新增健康家庭 3.98 万户，累计建设健康家庭 9.22 万户。常山县通过省健康促进县评估验收。新创 6 个健康乡镇、341 个健康村。推进数字化理念在爱国卫生工作中的应用，衢州市"疾病预防控制机构（CDC）'四害'密度监测预警场景"项目列为"爱国卫生在线"核心模块省级试点。衢州市及 4 个县（市）建成区"四害"密度控制水平均达国标 C 级以上，新创省级除"四害"村 33 个。

【系统党建】 2022 年，深入学习贯彻习近平新时代中国特色社会主义思想和党的二十大精神，"九个一"活动成效显著。市卫健委增设党建工作处，同时组建衢州市医院党建工作指导委员会，统筹推进全市医院党的建设各项工作的落实。各级公立医院均按照医院在编职工总数的 0.50%配齐配强专职党务工作人员。全面推进"院科两优 德医双强"工程，全市有 3 家医院被评为省"院科两优德医双强"公立医院。医院科室负责人担任党支部书记的比例达到 85.36%，高知党员占比达到 45.09%。全年，市直卫健系统共发展党员 45 名，其中高级知识分子 30 名，占比 66.67%，达到历史新高。建立党建工作争先创优赛马机制，在全系统开展 3 轮"领雁强基、卫健竞驰"赛马比拼活动，共评选出 13 名强基之星。4 个基层党支部获评全省卫健系统"先锋党支部"，3 家民营医院获评全省卫健系统"双强六好"民营医院，衢州市第二人民医院获评全省清廉建设突出单位。

（谢云芳）

卫生健康数字化改革

【概　况】2022年，制定并印发《2022年衢州市卫生健康数字化改革工作要点》《衢州市医疗机构数字化改革实施方案》，成立医疗机构数字化改革领导小组，健全“一把手亲自抓、业务牵头、技术支撑”“常态化向上对接”等推进机制，编制形成智慧医院“1+4+N”体系，并全面融入健康大脑+“1+3+N”体系架构，建立涵盖“健康大脑、重大应用贯通、医疗机构数字化改革”为核心指标的全市卫健数字化改革“争三保五拼第一”考核督查体系。

【数字化改革项目】2022年，云网中心迭代提速至千兆，在全省首批建成数据高铁，数据质量稳居全省前三。汇聚全市207.63万份电子健康档案，399.12万份中西医门诊电子病历等信息，为各级各类卫生健康系统建设与应用提供数据支撑。成为全省首批试点贯通浙里健康e生居民端、医生端的地市，其中医生端已覆盖全市20家二级及以上医疗机构和各基层医疗机构。搭建市级核酸数据实时交互平台，为全市22家具备核酸检测能力的医疗卫生机构、第三方实验室分秒级输送60余万份核酸检查报告至省健康大脑，为疫情防控常态化提供有力的数字支撑保障。实现省托育平台全市域覆盖，办托入托服务上线浙里办“一网通办”，已在线管理238家托育机构（驿站）。围绕“婚、生、养、教”四个环节，谋划实施“衢有善育妇幼健康服务应用”数字化改革项目，“善育集成改革”纳入市数字化改革“一本账S1”。数智妇幼、善育有约（服务通子场景）等场景已实战实效，并得到省卫健委肯定与推广。

【医学检查检验结果互认共享】2022年，浙医互认实现市、县、乡三级131家医疗机构全覆盖，互认项目增至436项，提前半年超额完成省定目标，全年检查检验互认30.96万次，为群众看病就医减负1126.31万元。

【浙里急救应用】2022年，衢州市院前急救数字化改革经验做法先后在“第九届互联网+健康中国大会”、省院前急救一件事改革推进会上作典型交流，并被国家卫健委《卫生健康工作交流》简报刊发推广。

【医疗机构数字化改革】2022年，统筹贯通衢州市人民医院、衢州市中医医院、浙医健衢州医院等9家市县级医院入口闸机，做到疫情防控精准查验与看病就医快速通行，人均通行速度从30秒缩短至10秒内。创新试点以人脸为通行证，贯通院前、院中和院后就医流程，群众就医环节由5个减少至3个、就医时间平均减少30分钟左右，为就医群众提供3.1万余人次服务，群众就医满意度从原来的93%提升至98%。无感就医获省卫生健康数字化改革优秀案例，相关理论成果在省级媒体和市级数改专刊发表，并向衢州市中医医院、浙医健衢州医院、开化县人民医院等医院进行复制推广。

【网络数据安全】2022年，制定《衢州市卫生健康网络与信息安全年活动实施方案》，明确年度网络安全重点任务。联合衢州市公安局、衢州市委网信办开展网络安全线上线下大检查，有效处置各类网络数据安全隐患10余起。落实制防、人防、技防，确保重大活动和会议期间的网络数据安全。

（谢云芳）

医疗服务与质量安全

【概　况】2022年，衢州市医疗卫生机构总诊疗2040.69万人次，较上年增加57.12万人次，同比增长2.88%。其中，医院880.28万人次，占比43.10%；基层医疗卫生机构1054.34万人次，占比51.70%；专业公共卫生机构104.80万人次，占比5.14%。全年全市医疗卫生机构出院人数47.25万人，同比增长3%。其中，医院42.27万人，占比89.46%；基层医疗卫生机构2.37万人，占比5.02%；专业公共卫生机构出院人数2.50万人，占比5.29%。

【县域医共体建设】2022年，衢州市以打造县级强院为牵引，围绕硬件提升、资源下沉、岗位统筹、同质管理、数据共享五个关键环节，联动推进县域医共体建设持续深化。衢江区投资 7.20 亿元，实施衢州市第二人民医院二期、衢江区妇保院迁建、衢江区杜泽中心卫生院住院楼建设、衢江区高家中心卫生院迁建以及 12 家分院整体改造提升；龙游县通过与邵逸夫医院、省立同德医院等三甲医院建立的山海合作关系，有效实施医疗、教学、科研、人才培训、学科建设精准帮扶，龙游县人民医院疑难病例 RW≥2、三四级手术例数、医疗安全、MDC 等代表医院诊治能力的指标跻身全省前 20 名；年内衢州市第二人民医院、江山市人民医院和开化县中医院分别通过三乙评审，实现市域县级三级医院零的突破。柯城区实施医共体人员“区招乡用”，使用医共体总院报备员额编制招录基层分院人员，集中破解基层人才招录难题，年内通过“区招乡用”共招聘 20 名，全部安排到基层分院岗位。

【医疗卫生“山海”提升工程】 2022 年，深入推进医疗卫生“山海”提升工程，全市 6 家与省级医院建立医疗卫生“山海”提升工程的县级医院有 77 个临床科室接受省级医院帮扶（其中重点托管的临床科室 24 个），引进应用新技术、新项目 79 个，上派至省级医院进修学习 122 人次，省级帮扶医院下派专家 181 人（初级职称占比 1.10%、中级职称占比 32.60%、高级职称占比 66.30%），下派专家累计在岗天数 15358 天，开展门诊服务 26061 人次、手术 4209 台次、查房 35298 人次，带教培训 21346 人次。

【三医联动综合医改】 2022 年，协同衢州市医保局推进 DRGs 点数法付费改革，联合印发《衢州市定点医疗机构医保预付资金管理办法（试行）》，明确市级统筹下的基本医疗保险基金支出总额预算管理规则；联合印发《关于进一步规范处方管理的通知》，保障医疗质量和医疗安全。协同衢州市市场监管局制定印发《衢州市医疗机构药品使用质量管理指引》，加强对全市医疗机构特别是二级及以下基层医疗机构药品使用质量管理。统一全市县级以上同等级公立医院医疗服务价格，动态调整提高反映医务人员技术、劳务价值和价格偏低的医疗服务项目价格 55 项。在组织进行全面测算分析基础上，协同衢州市医保局出台《关于调整部分中医医疗服务项目价格的通知》，专项调高体现中医劳务技术价值的贴敷疗法等 38 项中医类技术操作收费标准，并纳入医保支付范围。

【中医药传承与发展】 2022 年，以衢州市政府名义正式向省中医药工作联席办提交《关于申请创建浙江省中医药综合改革先行市的函》，以针灸为切入点探索具有衢州辨识度、可复制可推广的行业发展模式和路径。8 月，省中医药管理局等 9 部门正式批复，同意包括衢州市在内的 5 个地市和 8 个县（市、区）建设全省中医药综合改革先行区。12 月 12 日，副市长李宁召集衢州市卫健委、衢州市财政局、衢州市人社局、衢州市司法局，听取关于《衢州市建设浙江省中医药综合改革先行区促进中医药传承创新发展实施方案（送审稿）》汇报。12 月 20 日，市长徐张艳召集衢州市财政局、衢州市农业农村局、衢州市卫健委、衢州市医保局听取方案汇报，原则上同意方案内容。先后出台《关

2022 年 12 月 2 日，由浙江省医学会、衢州市医学会联合举办的“山海”提升专场活动在衢州举行

于开展中医门诊基金总额预算管理试点工作的通知》《关于医保支持中医药传承创新发展的实施意见》等文件，支持中医医疗机构发展。

【医疗质量管理】2022 年，调整市级各临床质控中心和医疗技术指导中心人员，新设立 3 个质控中心和衢州市防盲技术指导中心。市级设立 34 个质控中心、7 个技术指导中心。组织开展包涵院感、病历、护理、检验、透析、口腔等 6 个专业的联合质控检测，范围覆盖市县两级公立和民营医疗机构。制定印发《衢州市“医疗质量安全改进目标”监测工作方案(试行)》，每季组织专家对全市县级及以上医院医疗核心指标进行监测分析，及时发现短板问题。完成县级“三大救治中心”标准化建设民生实事项目，落实推进国家标准化认证取证。将医疗运行绩效评价范围从全市二级以上公立医院拓展到所有县级及以上公立医院，组织召开专题会议进行全面分析和反馈，全年完成三期评价报告。

【院前急救】2022 年，依托浙江省急救云管理系统，强化全市院前急救质控管理，优化院前急救流程，不断改进服务质量，提升工作效率。同比 2021 年，“120”电话平均摘机时间从 3 秒缩短至 2.02 秒，10 秒摘机接警符合率从 99.20%提升至 99.91%；平均派车时间从 49 秒缩短至 35 秒，2 分钟派车符合率 99.91%；平均出车时间从 1.85 分钟缩短至 1.22 分钟，2 分钟出车率从 69.20%提升至 90.54%；主城区平均反应时间从 9.57 分钟缩短至 8.73 分钟，主城区反应时间符合率从 73.90%提升至 81.68%。衢州市院前急救质控指标在全省地级市综合排名第四，其中院前急救调度指标排名处于全省前列。10 月，成立衢州市医学会院前急救分会，建立院前急救专业学术建设专项机制，加快急救体系标准化、规范化建设，提升全市院前医疗急救综合服务能力。

【医疗保障服务】2022 年，完成市两会、2022 衢州马拉松赛、第九届“烂柯杯”中国围棋冠军赛、衢州市第八次党代会、打造四省边际中心城市工作推进会、电子科技大学长三角研究院启动仪式、第一届“衢州烂柯杯”世界围棋公开赛、衢州市第六届残疾人运动会、2022 南孔文化季启动仪式暨第三届南孔文化创造性转化创新性发展研讨会、衢州有礼·2022 浙江大湾区自行车公开赛(衢州站)暨第八届浙皖闽赣四省边际自行车挑战赛、2022 世界儿童日主题活动暨衢州市儿童友好城市标志标识推广使用发布会、2022 年义甬舟开放大通道建设现场推进会等活动期间的医疗保障任务计 60 余次。

(谢云芳)

卫健规划

【概　况】2022 年，指导各县(市)规范印发执行《医疗卫生服务体系暨医疗机构设置“十四五”规划》。10 月，启动编制《衢州市区医疗卫生设施专项规划》。

【重点项目建设】2022 年，市老年人活动中心项目、市医学应急救治中心（衢州市人民医院浮石院区）改造提升项目完工并投入使用。市公共卫生服务中心项目、市第三医院精神疾病伴发传染病

2022 年 9 月 15 日，衢州市老年人活动中心揭牌

隔离病区项目主体结顶。10月，市中医医院改造提升项目、市托育综合服务中心项目完成立项审批。

【社会办医】2022年，继续服务和推进树兰（衢州）医院、衢州骨伤科医院、衢州中西医结合医院、衢州康复医院、衢州仁乙中医医院、衢州达康康复医院等社会办医项目优质发展。

（谢云芳）

人口与家庭

【概　况】2022年，衢州市出生人口（含补报）12268人，同比减少3128人，同比下降20.32个百分点，二孩率37.48%，同比下降6.18个百分点。

【出生"一件事"】2022年，迭代升级出生"一件事"原有场景应用，持续深化生育登记一网通办和出生"一件事"多证联办，为13169对夫妇办理生育登记，线上办件占比99.91%；办理出生"一件事"11301人次，掌上办人次达到同期分娩数的95%以上，"好差评"评价系统服务环节零差评。

【优化生育政策】2022年，牵头制定《衢州市关于优化生育政策促进人口长期均衡发展的实施方案》。推动黄荷凤院士"衢州市生殖医学中心"落户衢州市，加快提升衢州市辅助生殖领域医疗技术。

【生育关怀服务】2022年，探索实现医联体医共体模式下的联系人制度、家庭医生签约服务、优先便利医疗服务模式。在全省试点开展将计生特别扶助对象中60周岁以上老年人纳入"爱心卡"普惠养老服务范围。依托暖心家园为计生特殊家庭举办暖心行动。

（谢云芳）

疾病防控与应急

【概　况】2022年，做好新冠疫情和重点传染病防控工作，不断提升公共卫生应急工作能力和检验检测能力，加强卫生应急体系建设能力，全力推动疾病预防控制工作再上新台阶，全面提升院前急救和突发公共卫生事件应急处置能力，保障全市公共卫生安全。

【重点传染病防控】2022年，印发《衢州市结核病防治提升年行动实施方案》，根据结核病30个工作指标完成情况对各县（市、区）、定点医院、疾控中心进行定期排名，全面加强结核病防治工作。全市筛查农村65岁以上老年人23.51万人，新发现肺结核216例；传染性肺结核患者住院治疗率从2021年55.32%上升到92.67%；龙游县继续实行免费治疗结核病政策，常山县政府出台《常山县肺结核病免费防治工作实施方案》。

【70岁流感免费接种】2022年，为有效降低重点人群流感疾病负担和病死率，减少流感相关疾病带来的危害，9月起，对全市70周岁以上的老年人，按照自愿的原则，实施流感疫苗免费接种。全年全市70周岁以上老年人接种免费流感疫苗63128人，任务完成率为101.98%，6个县（市、区）均完成原定任务目标。

【重点人群结直肠筛查】2022年，全市完成筛查（完成问卷调查及至少一次粪便隐血检查）85747人，初筛阳性12995人，初筛阳性率15.16%；完成结直肠镜检4914人，结直肠镜检参与率37.81%，超过33%的预测参与率；1760人进行病理检查，总病理检查率35.82%；检出结直肠癌26例，检出率0.53%；进展期息肉433例，检出率8.81%；非进展期息肉765例，检出率15.57%；良性病变917例，检出率18.66%。未检出高级别上皮内瘤变。患者得到及早救治，提高患者的生存率和生存质量，有效降低全市医保基金支出和个人卫生支出占卫生总费用的比重。

【慢性非传染疾病防制】2022年，在全省首个全市域实施65周岁及以上原发性高血压、2型糖尿病患者免费服药政策，对"两慢病"患者所需的20种药物及相关检测项目、一般诊疗费等予以免费。全市65周岁及以上高血压、糖尿病患者免费服药人数分别达149449人和35044人，65周岁以上老年人家庭医生签约服务率提高3.50个百分点，基层医疗机构就诊比上升5个百分点。高血压管理人数新增30422人，糖尿病管理人数新增6752人。65周岁及以上高血压、糖尿病患者控制率分别从项目实施前的66.87%、59.89%上升到74.37%、64.27%。

【健康危害因素监测】2022年，开展饮水安全和环境健康危害因素监测与评价，全市完成城市320份水样监测，合格320份，合格率100%；完成农村440份水样监测，合格409份，合格率92.95%，及时发布城乡饮用水水质监测信息。做好环境污染（雾霾）与人群健康影响监测项目和人体生物监测，开展环境污染与健康影响评估与研究。统筹职业病防治项目监测，开展271家企业职业病危害因素监测，监测县（市、区）覆盖率100%；完成重点职业病常规、主动监测，开展2300个尘肺病人信息核查与随访；落实放射危害因素监测，对装备放射设备的6家医疗机构和9家企业开展基本情况调查与放射危害因素监测，县（市、区）全覆盖。实施国家地方病防治项目，开展重点人群碘营养与碘缺乏病监测、地氟病区饮用水型氟中毒监测，保持地方病消除或控制状态。完成食品安全风险监测任务2633份，达到1.16份/千人。贯彻落实学生常见病和健康影响因素监测与干预工作，全市总体近视率53.18%，6—18周岁学生营养不良率10.71%，超重率12.74%，肥胖率9.12%，龋齿检出率44.73%，脊柱弯曲初筛结果异常率3.68%（姿态不良3.05%，脊柱弯曲0.63%），贫血检出率4.75%。

【严重精神障碍管理治疗】2022年，坚持以加强部门协作、加强基层能力建设、落实监测评估、强化数据质控、宣传普及知识及开展心理健康服务为重点，扎实做好医疗救助，进一步规范严重精神障碍社区管理治疗。全市有精神疾病专科医院7家，其中公立2家、民营5家，核定床位1297张，实际开放床位2290张；全市9家二甲以上综合性医院按标准开设精神专科门诊。精神科执业医师和执业助理医师134人，从事精神科护理的执业护士383人，心理治疗师13人，心理咨询师6人。建立市、县、乡、村四级精防业务网络，与各相关医疗机构上下联动，确保各项工作有序开展。制定《衢州市严重精神障碍患者闭环管控工作实施方案》，在全省率先建立“严重精神障碍社区同质化管理模式”，在全省精神卫生工作会议上做经验交流。组建衢州市“心理人才库”，成立市级跨部门、跨行业心理健康服务专家组成员30人，市心理健康服务团队132人，区县级心理健康服务团队124人。截至年末，登记在册六大类患者数11657人，报告患病率5.12‰；规范管理率为99.96%；面访率99.95%；规律服药率97.67%；体检率89.93%。严重精神障碍管理治疗工作综合评分位居全省第一。

【职业病防治项目】2022年，开展重点职业病监测、工作场所职业病危害因素监测、尘肺病信息核查与随访专题调查、职业性放射性疾病监测、医疗卫生机构医用辐射防护监测、非医疗机构放射性危害因素监测等职业病防治项目，在全市范围内开展以“一切为了劳动者健康”为主题的《中华人民共和国职业病防治法》宣传周活动。新闻媒体报道2次；短信、微信等新闻平台报道10次；线下现场宣传15次。全市发放宣传材料3500份，现场咨询人数390人次，深入企业发放材料4000余份，督促职业健康体检230余人次。

【院前急救】2022年，新增配置负压监护型智慧救护车5辆、便携式救护车消毒机5台、负压隔离舱1台及除颤监护仪、便携式呼吸机等车载急救设备50台，扩增应急调度席位12个，启用标准化救护车洗消中心2个。组织开展衢州市重大突发交通事故多部门应急演练和院前急救人员岗前培训考核13期；6月份，举办第七届衢州市院前急救知识和技能操作竞赛。组织救护师资通过现场教学、模拟场景演练等进学校、社区、农村、企事业单位开展急救知识和技能普及培训11次，联合衢州市红十字会、衢州市教育局、衢报传媒集团等单位开展大型急救知识普及宣传活动2次，发放宣传资料450余份，线上观摩学习人数80万余人次，线下受益人数550余人。全市接听“120”报警电话97307次，调派救护车21882次，有效出车17885次，救治人数19280人。有效处置3人以上重大突发事件102起，电话回访院前急救服务对象2539人，总满意度97.99%。

（谢云芳）

老龄工作

【概　况】2022年，衢州市60岁及以上老年人口63.80万人，占比25.02%；其中65岁及以上人口占比18.79%。

【新时代老龄工作】1月14日，召开全市老龄工作委员会工作会议。12月，印发《关于加强新时代老龄工作打造“世界长寿之都”金名片实施方案》，推进社会保障体系、养老服务体系、老年健康支撑体系协调发展。市县两级财政为全市年满80周岁及以上的老年人购买老年人意外伤害保险。10月，衢江区峡川镇下叶村、柯城区信安街道斗潭社区被国家卫生健康委、全国老龄办命名为全国示范性老年友好型社区。衢州市老年人活动中心项目于6月竣工，9月启用，内设衢州市老年电视大学、衢州老年开放大学直属教学点和衢州市中医医院老年人活动中心医疗服务站。

【老年健康服务体系】2022年，优化老年医疗资源，全市12家二级及以上综合性公立医院全部设置老年医学科，其中规范设置老年医学科的比例达到66.7%，衢州市中医医院试点建设市级安宁疗护病区。全市完成122个老年友善医疗机构创建。7月25—31日，围绕“改善老年营养，促进老年健康”主题开展老年健康宣传周活动。10月全国“敬老月”，围绕“反诈防骗，敬老助老”主题开展“八个一”敬老助老活动。推进落实浙江省老年人健康管理与医养结合服务项目，为65岁及以上老年人提供医养结合服务，为失能老年人提供健康评估与健康服务。开化县试点实施老年健康服务专项行动，开化县音坑乡下淤村设为老年人心理关爱点。

【医养结合工作】2022年，衢州市有医养结合机构24家，其中开展养老服务的医疗卫生机构13家，设立医疗卫生机构的养老机构10家，嵌入式1家。10月，衢州市卫健委等10部门联合印发《关于深入推进医养康养结合发展的实施意见》，明确目标任务，协调相关部门，制定落实各项支持政策。12月，印发《衢州市老龄工作委员会关于建立衢州市医养结合工作联席会议制度的通知》，建立联席会议制度，明确职责分工，推动解决工作中的重大问题。各县（市、区）均设立县老年健康（医养结合）质量控制中心，成立医养结合质控小组，指导本地医养结合机构落实医疗安全核心制度，开展2022年衢州市医养结合机构服务质量提升行动。

（谢云芳）

1月14日，全市血防工作暨老龄工作委员会工作会议召开

预防保健

【概　况】2022年，衢州市未发生户籍和流动孕产妇死亡，新生儿、婴儿、5岁儿童死亡率分别为0.54‰、1.45‰、2.89‰。市每千人口托位数达到3.93个；衢州市妇保院、常山县妇保院分别通过省第四周期三乙、二甲评审；市县两级建成7家标准化危重孕产妇和新生儿救治中心；常山县、开化县入选国家婴幼儿营养喂养咨询指导能力培训提升项目试点县。

【健康体检与医疗保健】2022年，通过组织召开体检项目专题论证会，增加体检套餐内基本公卫服务项目，加强对承检医院的走访和督查，加强检后体检结论反馈和疾病追踪，切实提高精准健康管理水平。换届结束后及时完成保健对象名单和医疗保健就诊卡的更新及绿色医疗通道开通工作。通过定期开展健康室咨询、上门巡诊服务等方式，进一步提升个性化保健服务，得到市一级保健对象的充分肯定。完成全国、省两会代表、委员的健康情况评估工作和临时性保健工作。根据季节性变化，做好保健药盒的采购、发放等工作，“冬病夏治”三伏贴活动受到广大保健对象的欢迎，发放夏令保健药盒879份。

【健康教育与健康管理】2022年，编发《干部保健知识专辑》24期1万余册，健康锦囊40条。持续推广“心动浙里”服务云平台，健全心理健康服务网络。举办健康管理学分会委员会议、健康管理学分会年度会议和全市保健工作人员培训班等，构建具有中医养生特色的预防保健服务体系，提高保健工作人员中医药服务能力；开展多种形式的健康宣教活动，普及健康知识，提高大众增进和维护健康水平的自主行为能力。定期召开保健工作联络员座谈会及各县(市、区)干部保健工作座谈会，促进保健工作人员保健服务能力的提升。

【免疫规划】2022年，衢州市国家免疫规划疫苗基础免疫和加强免疫报告接种率继续维持在较高水平；全市卡介苗、脊髓灰质炎疫苗3、百白破疫苗3、麻腮风疫苗1、乙肝疫苗3、乙脑疫苗1、流脑A2和甲肝疫苗报告接种率均在99%以上；全市乙肝疫苗首针及时接种率为99.50%；全市脊髓灰质炎疫苗4、百白破疫苗4、麻腮风疫苗2、白破疫苗、乙脑疫苗和流脑AC疫苗1接种率均在99%以上。下发《加强疫苗全流程管理》相关工作制度13项；开展接种门诊的预防接种服务排查工作，按月对疫苗扫码接种情况进行通报；持续推进全市预防接种门诊规范化和数字化建设。免疫针对性传染病疫情平稳，无重大疫情发生；非免疫规划疫苗供应稳中有升，全市免疫规划工作有序实施。

【出生缺陷综合防治】2022年，深入实施出生缺陷综合防治“九免两减”政策，构建起覆盖城乡居民，涵盖婚前、孕前、孕期、新生儿和儿童各阶段的“九免两减”出生缺陷综合防治体系，严重致残出生缺陷发生率低至0.09‰。

【婴幼儿照护服务】2022年，在婴幼儿照护服务驿站、公办托育机构、用人单位办托、医育结合模式等方面均实现零的突破，提前超额完成省市托育服务民生项目，新增12家纯托育机构，新增13个乡镇(街道)建有托育机构，新增托位2128个(其中普惠托位2008个)，全市每千人口托位数达到3.93个，位列全省前列，建成“向日葵亲子小屋”8家，开展活动76场。市县两级建成7家3岁以下婴幼儿照护服务指导中心和实训基地。

【妇幼信息化】2022年，迭代升级衢州市数智妇幼应用系统，数据治理成果明显。积极谋划1个善育中心(健康大脑妇幼数据舱)和4大善育应用(安心托、免费享、妇儿宝、联动办)8个子应用。其中，衢州市妇保院在全省率先开通分娩床位预约服务，全市12家医院顺利上线；“柯爱宝”“两癌一件事”“无陷未来”等子应用顺利推进。

(谢云芳)

基层卫生

【概　况】2022年，深入推进民生实事项目，不断优化家庭医生签约服务，全力保障城乡居民健康体检。

【基层疫情防控】2022年底，衢州市104家乡镇卫生院(社区卫生服务中心)发热诊室全覆盖，开设诊间190个，安排医护人员坐诊，规范日常运行。贯彻落实新冠重点人群健康服务工作方案，对老年人、0～6岁儿童和孕产妇按照基础疾病、感染风险程度、新冠疫苗接种等情况分级分类管理，加强医疗服务，对有需求的65周岁以上老年人签约全覆盖，保障居民健康平稳度过疫情高峰期。

【村级医疗机构提升改造】2022年，衢州市新改(扩)建村卫生室

(社区卫生服务站)80家，纳入省、市两级民生实事项目，总建设资金1792.84万元，其中，新建29家，改建51家。村级医疗机构规范化率85.94%，较2021年提高6.19个百分点。

【家庭医生签约服务】 2022年，衢州市卫健委、衢州市财政局、衢州市医保局三部门联合印发《关于进一步做好家庭医生签约服务经费保障工作的通知》，进一步完善经费长效筹措机制，签约服务按每人每月不低于5元标准筹措，由医保基金、基本公共卫生服务经费和签约居民付费等分担，其中医保基金、基本公共卫生服务经费分担比例分别按30%、40%执行。结合"世界家庭医生日"宣传活动，通过"健康衢州"微信公众号等媒体平台，对获2022年度浙江省"优秀家庭医生""优秀党员先锋团队""优秀乡村医生"医务人员先进事迹进行报道，提高居民对家庭医生的认可和信任度。至年底，全市组建签约服务团队817个，常住人口签约覆盖率54.56%，十类重点人群签约覆盖率90.12%。

【基本公共卫生服务项目】 2022年，印发《关于调整公布基本公共卫生服务项目市级技术专家库成员的通知》《关于印发衢州市2022年基本公共卫生服务项目技术指导和人员培训工作计划的通知》，充实市级技术专家库，通过日常、季度、年度过程性指导、培训、督导等方式，以老带新，相互促进，共同发展。联合市公安局建立常态化数据比对信息共享工作机制，落实季度档案质控通报制度，通过规范数据采集与填报，提高档案数据的完整性、准确性、规范性与一致性。

【"两慢病"医防融合改革】 2022年，联合衢州市财政局、衢州市医保局下发《关于进一步做好高血压糖尿病全周期健康管理推进分级诊疗改革实施方案》，深化创新"两慢病"管理分级诊疗服务模式，签约覆盖率96.47%。下发《关于印发衢州市高血压、糖尿病分级诊疗技术方案及管理规范的通知》，各县(市、区)对照标准推进慢性病一体化门诊建设，全市4家基层分院通过慢性病一体化门诊省级验收。开化县完成AI慢病医防融合路径化管理系统建设，将"诊前服务、诊中服务、诊后管理"三个服务环节融合到全科门诊诊疗流程中，为慢性病一体化门诊提供高度契合的业务流程支撑，有效促进医防融合信息化建设。以未来社区(乡村)建设为契机，推进星级智慧健康站(室)分级分类建设，全市7家单位获批省三星级、四星级评定，为居民提供自助诊疗、远程会诊、预约转诊、智能随访、健康评估、居家监测等智慧化的医疗服务和健康管理，实现数字健康服务在未来社区和未来乡村的落地见效。

【优质服务基层行】 2022年，按照"面上全覆盖、达标分批次"的原则，全市98家机构达到国家能力标准，覆盖率94.23%，其中，25家机构达到国家推荐能力标准，新建成1家社区医院。

【参保城乡居民免费健康体检】 2022年，制定下发《关于进一步做好衢州市参保城乡居民健康体检工作的通知》，整合统一农民健康体检和城镇居民健康体检的项目内容、体检频次和补助经费，实行城乡同质同标的免费体检制度，截至年底，共完成城乡居民健康体检67.77万人。开展癌胚抗原检测、前列腺特异抗原检测、骨密度检测、糖化血红蛋白检测等项目5.28万次。以县域医共体为单位统一《体检结果报告》式样，通过上门随访、集中反馈等方式对居民提出的疑问进行详细解答，并做出针对性健康指导，有效提高城乡居民健康体检服务质量和管理水平，实现长效动态健康管理，提升居民获得感。

(谢云芳)

卫生监管

【概　况】 2022年，执法效能考核排名较上年度有较大提升，江山市执法效能考核取得满分，全省并列第一，龙游县、常山县查办的案件获省非法医疗美容十大典型案例、职业卫生典型案例。市卫生监督所、开化县卫生监督所2人驰援河北疫情防控，受到国务院疫情联防联控机制综合组表扬。

【智慧卫监】 2022年，完成衢州市卫生信誉度等级A级宾馆酒店100%、政府定点接待宾馆酒店

50%、营业面积≥10000平方米的宾馆旅店50%接入省“住宿场所透明保洁智能监管系统”；餐饮具集中消毒企业100%接入省“集中消毒餐饮具企业智能监管系统”；推广省“诊疗行为监督在线”系统，公立医疗机构接入155家，社会办医机构611家，村卫生室300家，完成省卫健委规定接入任务要求；口腔智慧监管在线监测已经接入253家，接入率为97.60%。对“口腔诊疗智慧监管”“重点传染病防控”“餐饮具清洗消毒监管”“医疗废物智慧监管”“消毒供应中心监管”“宾馆场所监管”“粉尘浓度监管”等7个模块、1779个监控点位、522个监测点位进行实时监控、在线监测，确保点位每日在线率96%以上，实现事中事后监管全领域、全时段、全覆盖。2022年，全市通过线上巡查发现并处理的异常事件达到1699件。

【妇幼健康执法实训】2022年，发挥国家级妇幼健康服务执法基地优势，开展省级学员实训工作。7月组织开展浙江省妇幼健康服务执法骨干实训班，通过线上远程教学与现场教学相结合方式，对24名省内学员开展实训。

【“双随机”执法】2022年，衢州市各卫生监督机构领取并执行“双随机”任务1783家，其中市本级领取并执行“双随机”任务242家。国家、省级“双随机”任务全面完成。

【行政审批制度改革】2022年，持续保持卫健群众最满意窗口金名片。优化审批服务四种方式，落实17项许可事项“证照分离”工作，全年实施告知承诺发证403件。开展卫健行政备案规范管理改革试点工作，全面规范统一卫健行政备案事项名称、申报材料、备案流程。通过“一网通办”改革，引领政务服务卫健事项由“可办”转向“好办”“易办”，实现“一地创新、全省共享”。全年卫生行政审批许可窗口完成各类行政审批事项2865件，期内办结率、一网通办率均达到100%，为群众提供“延时服务”等各类特色服务200余次，收到办事群众表扬（感谢）信42封、锦旗7面，连续199个月蝉联“五星级”窗口，5月获“浙江省巾帼文明岗”荣誉称号。

【行政处罚】2022年，全市卫生监督机构行政处罚结案数2170起，罚没款总额628.50万元，较2021年上升45.20万元。人均办案17件。

【投诉举报管理】2022年，衢州市卫生监督机构受理投诉举报139起，立案处罚53起。市本级受理投诉举报40起，立案处罚8起。

【公共场所卫生监督】2022年，开展餐（饮）具集中消毒企业专项整治，全市检查餐（饮）具集中消毒服务单位13家，发现存在问题7家，2家给予罚款处罚，共处罚金1.80万元。开展夏季游泳场所专项整治，全市对正常经营的68家游泳场所进行全覆盖监督检查及水质抽检，立案查处违法行为40起。开展涉水产品卫生安全百日攻坚专项整治，全市检查12家涉水产品生产企业，52家线下实体销售单位，抽检2家企业，3类产品，检测结果均合格。巩固“两城”创建成果。通过购买协管服务方式，安排10名巡查人员分组分片对市区范围内“四小行业”等重点公共场所进行巡查，劝导业主按卫生规范经营，同时对业主提供证照办理流程、卫生制度规范、信息公示牌等物资配送等方面的服务。全年巡查经营单位8952家次，发现并指导整改问题1059个，立案查处公共场所经营单位50家。做好供水单位水质安全监督监测。全年采集水样572份，检测结果中衢江区有6份管网末梢水、2份出厂水不合格，已出具监督意见书，责令不合格单位整改。开展学校直饮水专项监督抽检工作，全市抽取直饮水样品49份，抽检结果均合格。全年全市查处集中式供水单位及涉水产品案件4起，共处罚款3.12万元。

【医疗机构卫生监督】2022年，开展全市医疗机构依法执业检查工作。全市出动监督员1932人次，检查医疗机构943家次，办理处罚案件806件，罚没款总额169.44万元。其中对公立医疗机构行政处罚90家，罚款金额11.26万元，社会办医疗机构行政处罚534家次，罚款金额115.79万元，没收违法所得22.68万元。对个人处罚182起，罚没款总额19.72万元。开展打击非法医疗美容专项整治。查办医疗美容机构的案件13起，罚没款22.70万元，非法医疗美容案件24起，罚没款230.70万元。开展消毒产品生产企业和使用单位的监督检查，抽检184家抗（抑）菌制剂经营使用单位，抽查产品数113件，对5个抗抑菌制剂产品进行采样送检，经检测均合格。办理处罚案件数24件（其中16件来源于检察院移交线索），罚款金额3.41万元。开展放射卫生监督执法工作。完成放射诊疗建设项目竣工验收审核11件，完成放射卫生技术服务机构校验2件。全市监督抽查152家次，办理处罚案件24件，其中市本级监督抽查45家次，办理处罚案件3件。

【职业病防治卫生监督】 2022年，强化职业病防治先服务后执法理念。开展用人单位职业卫生行政指导服务，帮助企业查找职业卫生方面存在的问题，对53家企业发放行政指导意见书。通过“职业健康在线”系统，开展用人单位职业卫生管理状况自查工作和职业卫生分类分级监督执法工作。市本级企业纳入分类分级管理的有131家，其中丙类12家，全市企业纳入分类分级管理的有1005家，其中丙类82家。全市用人单位职业卫生管理状况自查率达95%。对违法违规企业进行依法查处，全市查办一般程序案件65起（其中不予处罚29起），罚没款总额161.90万元，简易程序案件82起。

（谢云芳）

医教科研

【概　况】 2022年，围绕人才“引、育、留、用”各环节全周期，创新思路、细化举措、强力推进，人才工作取得突破性成效，人才资源总量稳步增长，人才素质持续提高，人才结构得到优化，人才使用效能不断提升。

【人才招引】 2022年，人才工作全年滚动持续发力。先后组团赴温州医科大学、南京医科大学、中南大学湘雅医学院、四川大学华西医学中心等高等院校开展衢州专场校园宣讲活动；借助衢籍名人发声、“浙江引才”公众号、知名医学平台丁香园及各高校微信群向全国发布重点学科、高端人才招聘信息，广撒网、重策略，提高衢州曝光率。全市引进硕博（含高级职称）高层次人才184人，较上年度增长84%；其中市本级引进121人（含博士11人），较上年度增长124%，医卫人才新增指数位列全省第一。市本级各单位与高层次人才签订聘用协议后15日内落实安家费、租房补助、科研启动金等待遇，全年发放2236万余元，发放人才购房补助460万元。

【人才培育】 2022年，市直医院全年外派进修人员108人，计划完成率105.9%。鼓励学历提升，实行“学费全报、待遇不变、分层奖励、职称挂钩”政策，市本级卫生专业技术人员申报在职读博10人，在职读硕48人。深化浙大衢州高水平医联体“五横平台”培训教育基地合作项目，举办第四期卫健管理干部综合能力提升培训班。年内，全市有14人入选2022年度卫生高层次人才培养对象，入选总数全省并列第四。全市卫生专业技术资格考试通过率在全省11个地市中位居

2022年9月16日，沈贤专家工作站签约暨敦聘仪式在四省边际中心医院（衢州市人民医院）举行

2022 年 12 月 2 日，衢州市直卫健系统院士（专家）“师带徒”动员大会召开

第一。

【学科建设】 2022 年，组织开展卫生领域市级专家工作站申报评审工作，积极推进市级第五批医学重点学科终期验收及制定第六批市级重点学科申报评审标准并开展申报评审工作。黄荷凤院士“衢州市生殖医学中心”、李校堃院士“肤生工程衢州站”等相继落户衢州市人民医院。衢州市人民医院、江山市人民医院胸痛中心通过国家认证，衢州市人民医院呼吸与危重症学成功申报国家临床重点专科。“十三五”省中医药(中西医结合)重点学科——衢州市中医医院针灸推拿学科、江山市中医院眼科通过省中医药管理局验收。省市共建学科——衢州市人民医院肿瘤学、实验诊断学 2 个学科通过周期验收。组织完成首批 24 个品牌学科、特色专科的年度评估工作。全系统行业精英在省级及以上学科竞赛比武中获 16 个奖项。全市各级各类科技项目立项数 170 项，比 2021 年增长 60%；获得纵向经费支持 1265.50 万元，比 2021 年增长 419%。

【继续医学教育】 2022 年，完成住院医师规范化培训报名招录工作和新模式住院医师规范化培训年度考核工作，招录 97 名新学员，全年 213 名学员参加住院医师规范化培训年度考核考试。获批国家级西医继教项目 30 项、国家级中医药项目 1 项，省级西医继教项目 69 项、省级中医药继教项目 1 项。申报 2023 年国家级西医继教项目 41 项，省西医继教项目 167 项；申报 2023 年国家级中医药继教项目 5 项，省中医药继教项目 33 项。全市审批通过市级继续医学教育项目 174 项。完成乡村医生注册培训的教学管理工作，有 858 名乡村医生参加培训。开展 2021 级社区护士岗位培训(41 人)的理论培训、考试，结业审定 41 人合格领证。

【科研申报】 2022 年，获 1 项国家自然基金会项目立项，国家中管局局省共建重大项目 1 项，省自然基金会 2 项，省医药卫生科技计划项目 26 项立项，省中医药科技计划项目 14 项立项。衢州市人民医院眼科、浙医健衢州医院烧伤科分别位列 2021 年度中国医院 / 中国医学院校科技量值(STEM) 全国第 36 名和第 32 名。

【医学鉴定】 2022 年，依法依规开展医疗事故、医疗损害等医学鉴定工作。全年收到医学鉴定委托 25 起，其中，医疗损害鉴定 21 起、医疗事故鉴定 3 起、非法行医鉴定 1 起；职业病诊断鉴定 1 起，为衢州市医学会首例。经审核受理，完成鉴定 18 起和职业病诊断鉴定 1 起。衢州医鉴办推荐的鉴定案例荣获 2022 年浙江省医学鉴定典型案例展评二等奖。

(谢云芳)

爱国卫生

【概　况】 2022 年是爱国卫生运动 70 周年，衢州市深入学习贯彻习近平总书记关于爱国卫生运动的重要指示精神，贯彻落实党中央、国务院关于爱国卫生运动的决策部署，做好各项爱国卫生工作，更有针对性推动爱国卫生运动，助力打造四省边际共同富裕示范区。

【宣传贯彻习近平总书记重要指示精神】 2022 年，制定下发《衢州市爱卫会贯彻落实习近平总书记关于开展爱国卫生运动重要指示精神的通知》。《衢州日报》头版全文报道习近平总书记重要指示精神，衢州市委常委会将其纳入常委会学习议题，市委书记高屹作强调部署。柯城区、江山市等地相继召开常委会议进行学习贯彻，相关成员单位分别召开专题会议集中学习。

【爱国卫生运动70周年系列纪念活动】2022年，衢州市爱卫办和各县(市、区)爱卫办均制定具体活动方案。衢州市爱卫会通过微信公众号发出《人人参与爱国卫生运动 做自己健康的第一责任人》倡议。举办爱国卫生运动70周年征文比赛、线上知识竞答活动及健康家庭大奖赛活动，累计受益群众达20余万人次。向浙江省爱卫办推荐报送典型案例5个，市爱卫中心1人获“全国爱国卫生运动70周年先进个人”荣誉称号。打造爱国卫生运动70周年主题公交车5辆、主题站点15个，在衢江区杜泽镇举办衢州市爱国卫生运动70周年历史资料展并成功入选全国爱国卫生运动70个网红打卡点之一。“学习强国”学习平台、浙江新闻、《衢州晚报》等各类新闻媒体对衢州市爱国卫生运动70周年纪念活动作专版、专题报道。

【卫生(城市)创建巩固】2022年，建立国家卫生城市巩固和城市精细化管理协同工作机制，开展市区国家卫生城市管理月度专项督查12次，发布通报12期、国卫交办单50份，通过2022年度国家卫生城市省级综合评估。筹备衢州市第四次国家卫生城市复审工作，举办衢州市国家卫生城市新标准专题培训班。加强对4个县(市)国家卫生县巩固指导工作，龙游县通过省级暗访。每季度以随机抽查的方式对新创和复审的国家卫生乡镇进行量化分级评审，评审结果以文件的形式定期排名通报，全市26个已命名国家卫生乡镇量化分级良好率达73.1%，其中7个乡镇通过省级暗访评审。新创建浙江省卫生村78个、衢州市卫生村61个，复评浙江省卫生村70个、衢州市卫生村299个。

【健康城镇及健康细胞建设】2022年，做好衢州市、江山市2021年度健康城市评价和2021年度健康浙江建设监测相关数据填报工作。开展倡导文明健康绿色环保生活方式中期自评，全市发放文明健康绿色环保生活方式调查问卷4699份。2021年衢州市推荐申报的15个乡镇、198个行政村全部通过省级评估，开化县音坑乡下淤村现场评估成绩位列全省第一。新创浙江省健康促进学校金牌9家、银牌22家、铜牌2家，3家金牌学校、1家健康促进医院通过省级复评。新增健康家庭3.98万户，举办衢州市第二届健康家庭大奖赛活动，在全省第三届健康家庭大奖赛中获优秀组织奖。开展市本级无烟党政机关督查，委托第三方对县(市、区)180家党政机关开展无烟党政机关建设实地暗访。

【病媒生物防制】2022年，组织开展市区春秋两季集中灭鼠活动及夏季、秋冬两次病媒生物防制进社区公益活动。组织第三方专业机构开展建成区病媒生物防制效果和公共外环境PCO服务质量情况效果评估，对建成区12个街道进行排名通报。衢州市“疾病预防控制机构(CDC)‘四害’密度监测预警场景”建设工作被省爱卫办列为“爱国卫生在线”核心模块省级试点。组织开展县城病媒生物密度控制水平评估认可工作，4县(市)均达C级以上。新增柯城区新新街道、常山县紫港街道、江山市双塔街道等病媒生物控制水平C级达标街道3个。新创除“四害”达标村19个，推荐省级样板村14个，在全省除“四害”村建设现场推进会上作典型经验交流。开展病媒生物监测与防制工作专项市级自查并下发通报，江山市通过省级检查。

【农村改厕】2022年，衢州市被列为全省农村改厕系统唯一试运行地市，完成全省农村改厕系统试运行工作及2021年改厕数据录入工作，得到省爱卫办通报表扬。衢江区和龙游县接受省爱卫办农村户厕改造工作现场核查。组织开展2022年衢州市农村户厕问题摸排及2022年改厕数据录入工作，全市农村卫生厕所普及率99.79%。

(谢云芳)

无偿献血

【概　况】2022年，衢州市无偿献血人次与献血总量再创新高，无偿献血32645人次，献血总量10068.30升。其中献全血29629人次，同比增长4.74%；献全血总量9157.60升，同比增长4.13%；献机采血小板3016人次，同比增长13.04%；临床用红细胞总量10192.42升，同比增长12.28%，临床用血小板总量913.12升，同比增长18.10%。300毫升及以上比例为79.00%；输红细胞类手术患者总例次2925人次，手术患者回输自体血总量5311单位，自体输血率42.10%。继续保持临床用血100%来自自愿无偿献血。浙江省人民政府授予"2019—2021年度无偿献血先进市"称号。

【用血费用报销】2022年，继续以"最多跑一次"改革为抓手，优化"用血服务不用跑"。实现献血者本人用血直免率100%，家属用血直免率98%以上。有1173人报销血费836329.25元。其中本人135人报销血费136884.25元，直免率100%；家属1038人报销血费699445元，直免率98%。

【无偿献血宣传】2022年，开展不同形式的无偿献血主题志愿活动17次，有272人次参与志愿服务，服务时长达1072小时，无偿献血知识宣传覆盖面2万余人次。充分发挥8090宣讲团职能，线上线下相结合宣讲无偿献血知识，受众1万余人次。"6·14"世界献血者日期间，全市400余辆公交车及全市多家A级景区、市本级20余处醒目处LED大屏循环播放以"献血是一种团结行为。加入我们，拯救生命"为主题的宣传海报及视频；以香樟奖获得者及200次以上献血者为典型，分别在衢州电视公共频道、"学习强国"衢州学习平台刊出，美丽浙江、中国蓝新闻、掌上衢州等平台播出，宣传先进事迹，弘扬奉献精神；在市区两中心、市府大楼、市城市展览馆，衢江区东方广场、江滨等城市标志性建筑同步开展点亮衢城灯光秀活动；开展无偿献血知识竞赛活动；开展"爱在笔端下，墨香赠英雄"公益赠书画活动。由衢州市书法家协会会员或社会各界书画艺术家们，以"风尚衢州献血有礼"为主题向献血者现场赠送书法作品，用艺术形式表达对无偿献血者奉献精神的赞颂。

【关心关爱献血者】2022年，通过衢州发布等平台表扬一批关心支持、积极参与无偿献血事业发展的爱心单位和个人，共表扬153家爱心单位和117个爱心个人、1个爱心家庭以及高校13个爱心团体和24个爱心个人；衢州市政府领导开展专项慰问，衢州市献血办联合市红十字会开展"博爱有礼 关爱生命"困难献血者家庭人道救助活动，救助贫困家庭献血者10人，发放救助金5万元。联合深圳血之缘公益基金会开展关爱献血者项目，为困难献血者提供扶贫济困，完成衢州学院及衢州市工程技术学校两所学校共8人的捐助，合计资助1万元。参与市红十字会腾讯公益开展的"99公益日"为无偿献血家庭帮扶筹集活动，共筹集捐款9887.07元，用于无偿献血公益帮扶。

【创新无偿献血激励政策】2022年，为贯彻落实《浙江省实施〈中华人民共和国献血法〉办法》，进一步加强献血者关爱和保障，更好地营造无偿献血良好社会氛围，让无偿献血者受尊敬、有荣光、得实惠。拟定《衢州市鼓励无偿献血的若干政策措施》，让献血者真正感受到关爱措施的惠民、便利和温暖。

【推动无偿献血事业健康发展】2022年，联合衢州市红十字会下发《关于印发〈衢州市红十字会参与推动无偿献血工作实施方案〉的通知》。依据《中华人民共和国红十字会法》《中华人民共和国献血法》开展无偿献血工作。成立"血脉相连"无偿献血志愿服务队，各县(市、区)红十字会成立无偿献血志愿服务分队。建立2022年度稀有血型献血者应急名库，搭建交流平台，为促进队伍稳定和壮大队伍发展征集对策建议，凝聚人心共识，全市阴性献血者1000余人，应急队伍300余人。经衢州市人才和就业管理中心审核通过，由柯城残联公开招聘无偿献血公益岗志愿者3名，成功招聘1名，协助做好无偿献血宣传招募与献血服务。

（谢云芳）

财务审计

【概　况】2022年，每季度开展市直公立医院财务报告分析，从医院财政保障水平、医疗费用控制、收入费用结构、成本管理能力等多维度，对各家医院运行情况进行分析归纳，并对业务量和业务收入等关键点作出重点分析，推动业财融合、提质增效。

【内部控制建设】2022年，为进一步强化内控管理，提升卫健系统单位风险意识，制定下发《"内控管理提升年"活动实施方案》，在全市各级各类卫生健康单位开展"内控管理提升年"活动。在风险自查评估工作中，设置单位层面风险点应重点关注内容5项，共计16个参考风险点；设置业务层面风险点应重点关注内容13类48项，共计217个参考风险点。在内控评价工作中，设置内部控制设计有效性评价内容5项，设置内部控制执行有效性评价内容4项。各级各单位按照方案要求及时间节点开展工作，并提交单位实施方案。同步完成2家医院的内控相关内容培训。完成对市直13家卫生健康单位和县（市、区）18家单位的重点督查，并将督查中发现的问题予以反馈，督促相关单位进行整改。

【公务支出管理】2022年，在市直卫健系统中开展差旅费、夜餐费管理规定执行情况检查和重点抽查工作，并下发问题整改交办单，进一步规范公务支出。同时，开展"浙里报"线上报销试点工作，并于7月1日起机关人员出差审批及报销全部实行在线操作，不再受理纸质出差审批及报销事宜。

【科研立项】2022年，推动财会人员踊跃参与各项论文评选及科研立项，获浙江省财政厅全省"财会职业精神大讨论"征文评选二等奖、衢州市财政局会计学会2021年度优秀调研文章二等奖、第二十届衢州市卫生健康系统自然科学优秀论文评选三等奖；获2023年浙江省卫生经济学会课题立项。

（谢云芳）

体育

综述

【概　况】2022年，衢州体育事业高质量发展，取得一系列重要成果。提出“十四五”期间衢州体育的“1123”战略目标体系，即实现1个目标——建成现代化体育强市；办好1个盛会——浙江省第十八届运动会；补齐2个短板——建成市体校，实现“一场两馆”全覆盖；推进3大创建——世界围棋圣地、全国全民运动健身模范市、四省边际体育高地。推进依法治体步入快车道，加快完善具有衢州地方特色的体育法治体系。

【国内首部围棋立法发布实施】4月1日，施行国内首部地方性围棋法规《衢州市围棋发展振兴条例》。该条例共7章45条，以建设世界围棋圣地为目标，从围棋文化弘扬、围棋教育普及、围棋水平提升以及围棋产业融合发展等方面做出规定，明确建立“烂柯”系列围棋赛事体系，规定对衢州围棋发展振兴有突出贡献的8种情形予以奖励，标志着衢州市用法律保护和弘扬围棋文化进入实质性阶段。

【《衢州市体育产业发展专项资金管理办法》出台】12月出台。《衢州市体育产业发展专项资金管理办法》以“规范运行、突出重点、择优引导、公正透明、体现绩效”为原则，将上级财政安排专项支持体育产业项目发展的资金，用于扶持衢州市体育产业发展前景较好的优秀体育企业、机构、组织和重点体育产业项目，引导和带动更多社会资本投入体育产业。市体育产业发展资金项目库实行入库管理，资金补助分为4个档次，最高奖励标准分别为30万元、20万元、10万元和5万元。

【规范体育类培训机构】2022年，市“双减”工作专班和全市体育行政部门“双减”条线做好体育类校外培训机构的审批规范工作。4月13日，市体育局出台《衢州市体育类校外培训机构准入指引（试行）》，各县（市、区）体育行政部门按照属地管理原则，制定详细准入指引、审批流程。这是我

2022年3月29日，中国围棋协会、中共衢州市委、衢州市人大常委会、衢州市人民政府联合举行《衢州市围棋发展振兴条例》新闻发布会

市第一次对体育类校外培训机构系统性地纳入准入、审批及有效监管体系。

（钟 睿）

群众体育

【概 况】2022年，落实全民健身和健康中国国家战略，围绕以人民为中心的发展理念，谋划编制《衢州市区体育设施专项规划（2022—2035年）》，颁布施行《衢州市全民健身实施计划（2022—2025年）》，确保“一场两馆”（主体育场、主体育馆、游泳馆）2025年全覆盖，通过实施“六个群众身边”（指健全群众身边的体育健身组织、建设群众身边的体育健身设施、丰富群众身边的体育健身活动、支持群众身边的体育健身赛事、加强群众身边的体育健身指导、弘扬群众身边的体育健身文化）工程，不断完善惠及全市人民的全民健身公共服务体系。至年底，市政务服务中心建成体卫融合综合体，国民体质测试合格率达到94%、经常参加体育锻炼人数比例42.8%、人均体育场地面积达到2.7平方米、每千人拥有注册社会体育指导员2.18名、体育社会社团AAA级以上达标率68.75%。

【市首届围棋后备人才选拔赛】9月22—23日，“烂柯杯”衢州市首届围棋后备人才选拔赛（市本级决赛）幼儿园大班组和小学六年级组的比赛顺利举行，共有经县（市、区）选拔出的159名小棋手参赛。叶可晗、陈文凯分别获得小学六年级组、幼儿园大班组冠军。获小学六年级组前10名和幼儿园大班组前20名的棋手，可依照“属地就近”原则，入读市围棋后备人才基地学校。

【2022绿城衢州马拉松】12月11日，2022绿城衢州马拉松如期开跑。本届衢州马拉松是国务院联防联控“新十条优化措施”公布后，全国首个万人规模的马拉松赛事。赛事分为全程马拉松、半程马拉松和迷你马拉松，比赛线路起点均位于衢州两中心西侧。张剑以2小时46分14秒的成绩获得全程马拉松男子冠军，胡志珍以3小时10分18秒的成绩获得全程马拉松女子冠军。郑哲亮和王珍燕分别摘得半程马拉松男、女冠军。

【探索“体卫融合”新模式】2022年，以市政务服务综合体布局调整优化为契机，启动国民体质监测与科学健身指导中心建设，用时1个月打造出集“筛查—评估—干预—管理—优化”于一体的全省功能最全、辐射最广的体卫融合场所。整合省体育科学研究所、中科院、市卫健委等13家科研单位、医疗机构资源，成立运动促进健康专家库。面向全体市民开展“体质监测促健康，科学健身强体魄”活动，无偿提供体质监测、运动咨询和健身指导服务，初步建成1.0版衢州体育医院。

【体育现代化县（市、区）创建】2022年，依据创建标准，指导衢江、江山、常山、开化完成省级第二批（2022—2024年）体育现代化县（市、区）创建申报工作，并获得创建资格。2022年度创建考核，常山县在全省23个第二批创建县（市、区）中，位列第一。

【优化体育场地设施供给】2022年，市政府召开县（市、区）“一场两馆”建设推进会，利用“七张问题清单”应用高速推进，江山市虎山运动公园体育馆和群众体育中心、常山县全民健身中心（含游泳馆）建成投用。基层体育场地设施不断完善，新增82个基层体育场地设施，其中，社区多功能运动场25个、笼式足球场2个、村级全民健身广场5个、百姓健身房47个、体育公园（体育设施进公园）3个。

【全民健身活动】2022年，举办各级各类赛事活动345场次。其中省级以上赛事有省第三届生态运动会首站赛6个项目比赛、省2022年木球锦标赛暨大学生木球锦标赛、长三角都市圈龙舟邀请赛暨浙江省2022年龙舟锦标赛、2022年省社区运动会（柯城站）、省农村文化礼堂运动会（衢江站）、省第三十四届地掷球锦标赛、省第十六届幼儿棋类表演大赛和第二届幼儿啦啦操表演大赛等；其他赛事包括衢州市第六届残疾人运动会、市直单位女职工庆“三八”广播体操比赛（第一阶段线上赛）、全市健身气功站点展示交流大赛、2022年度市级职工篮球比赛、迎亚运2022衢州市青少年象棋比赛、市青少年地掷球比赛、2021 第七届和 2022 第八届“衢州有礼”诗画风光带自行车骑行挑战赛、全民健身小金属球走进乡村以及 23 期运动促进科学健身大讲堂、篮球二级社会体育指导员培训班等。

（钟 睿）

竞技体育

【概 况】2022 年，围绕省十七运和省十八运两条工作主线，完成省十七运参赛工作，谋划省十八运备战参赛工作。完成第六届市运会最后 5 个项目办赛任务及 16 项市级比赛，组织参加 70 项省级比赛。推进体育人才培养，申报国家一级运动员 27 人次，授予国家二级运动员 162 人次，牵头起草《推动竞技体育高质量发展的若干意见》。谋划建设市体校，牵头起草市体校项目建设方案。推进项目布局工作，共建合作男子足球丙组，完成市青少年羽毛球队组建，与市教育局对接完成 2023—2025 年体育特长生招生项目设置。

【第九届“衢州·烂柯杯”中国围棋冠军赛举行】4 月 22—29 日在衢江区举行，有全国等级分最高的 32 位职业棋手参赛。李轩豪九段在决赛中执黑中盘战胜范廷钰九段，夺得冠军。同月，围棋世界冠军、第八届“衢州·烂柯杯”中国围棋冠军赛冠军许嘉阳九段户籍迁入衢州，助力衢州“世界围棋圣地”建设。

【参加省第十七届运动会】7—11 月，省第十七届运动会在金华举行。衢州组建 41 支运动队 845 人参赛，参赛人数、参赛规模和参加项目均创衢州历史之最，获 36 枚金牌。射箭获 7 枚金牌 3 枚银牌 4 枚铜牌，位列该项目全省金牌榜首位，创衢州射箭项目省运会历史最佳成绩；射击获 7 枚金牌 7 枚银牌 4 枚铜牌，创衢州射击项目省运会历史最好成绩；羽毛球获 1.5 枚金牌 1 枚银牌 1 枚铜牌；男子足球甲组获 1.5 枚金牌（第四名）；举重获 1 枚金牌 3 枚银牌 5 枚铜牌。

【举办衢州有礼·2022 全国田径大奖赛（第 2 站）】10 月 28—29 日在市体育中心体育场举办，全国 20 个省（直辖市、自治区）代表队的 439 名运动员、裁判员、工作人员参加。通过网上预约报名等措施，有 1 万余人到现场观战。杭州亚运会组委会、中国工程院和中国建筑学会观摩团莅临现场。赛前，中国田径协会、省体育局和衢州市政府签订三方战略合作协议，支持衢州在未来五年连续举办全国性田径大赛，优先申办亚洲、国际田径顶级赛事，打造“浙江赛事之城”“中国田径之城”。

【衢州获省十八运承办权】3 月 31 日，省政府批复同意衢州市承办浙江省第十八届运动会，要求衢市按照简约、安全、精彩的办会要求，加强组织领导，有序推进省运会各项筹备工作；11 月 28 日，衢州代表团在金华举行的省十七运闭幕式上表演长达 8 分钟的大型文艺节目《礼婺》，市长徐张艳代表衢州接过省运会会旗，标志着省运会正式进入“衢州时间”，2026 年第十八届省运会由省体育局、衢州市人民政府承办。这是衢州市历史上首次获得省运会承办资格，届时预计有 2 万余名运动员、教练员、领队、裁判员等到

2022 年 4 月 22—29 日，第九届“衢州·烂柯杯”中国围棋冠军赛举行

衢参赛。

（钟　睿）

体育产业

【概　况】2022年，建成北接杭州淳安，南启丽水遂昌的110千米“环浙步道”省级主线。12月，出台《衢州市体育产业发展专项资金管理办法》，进一步规范体育产业资金的管理使用。衢州马拉松、浙江大湾区自行车公开赛（衢州站）、烂柯杯全国围棋冠军赛、中国常山山地自行车公开赛、“中国·江山”“美丽乡村”全国攀岩系列赛、全国新年登高健身大会中心主会场进入年度省重点培育品牌赛事名录库，数量位列全省第二。

【体彩销售】2022年，市体育彩票管理中心完成从单一传统实体店销售窗口到人流集聚的商业经济商圈、办公场所转型，出台《衢州市商业综合体特殊渠道拓展维护扶持补助办法》，职工严文韬被认证为国家级责任彩票培训师，填补市体彩行业空白。体育彩票年度销售额创衢州历史最佳，全年为5.29亿元，增长38.61%，增幅位列全省第二，超额完成4.54亿元的“争先创优”销售目标任务，为国家筹集彩票公益金1.29亿元。龙游县中出2113万元大奖，创衢州体彩历史单票中奖金额之最。

【运动休闲旅游平台建设】2022年，常山不老泉景区的飞越丛林、江山浮盖山的峡谷漂流、开化花牵谷景区的卡丁车、衢州神网谷的坡地滑车入选2022年省运动休闲旅游优秀项目，柯城大荫山丛林飞越探险乐园（丛林穿越）—木可集·源春（露营）—千里岗营道（登山）入选省运动休闲旅游精品路线。在江山举办的全国新年登高健身大会获评长三角地区体育旅游精品赛事，龙游G60汽车运动小镇入选长三角地区汽车自驾运动营地。

【首次发放衢州体育消费券】8月25日，在市本级（主城区柯城区，包括智慧新城、智造新城）通过银联云闪付平台发放2022年体育消费券，总金额30万元，这在衢州历史上尚属首次。本次发放的消费券分3种，分别为25元券（每满100元可抵用1张）、20元券（满50元可抵用1张）、5元券（满20元可抵用1张）。消费者可在参加活动的商户进行并仅限于体育类消费，满足消费券使用金额条件的，消费券自动生效，在商家自主折扣基础上可叠加使用。

（钟　睿）

衢州日报报业传媒集团

【概　况】2022年，衢州日报报业传媒集团(以下简称“衢报传媒集团”)以党的二十大精神和省、市党代会精神为指导，以媒体融合为抓手，在新闻宣传上及时、准确完成各项报道任务，报业经营上稳定主业，推进集约经营，壮大媒体实力，围绕“掌上衢州”App、“兴衢班”微信公众号、掌上衢州抖音号三大平台，强化众筹、力拓稿源，抢抓热点、快速出手，媒体融合指数首次进入全省前10。

【全媒体报道中国共产党衢州市第八次代表大会】4月，《衢州日报》《衢州晚报》和掌上衢州App在市党代会前中后期，以文字、图片、视频等多种形式推出相应专栏报道。《衢州日报》《衢州晚报》“两会圆桌”“两会话题”等专栏刊发特刊70多个。“掌上衢州”App完成会议的开、闭幕式现场直播，快速发布专题新闻100多条，全网点击率超200多万人次，其中，通过图解、H5、GIF动图、虚拟主持人等多形式、多角度解读报告，3篇被全网推送、阅读量达10万人次以上。“学习强国”衢州学习平台“聚焦党代会专题”共发稿84篇、总阅读量超60万人次。

【党的二十大相关报道】2022年，衢报传媒集团精心策划、统筹推进，抓好党的二十大会前、会中、会后全过程宣传工作。7月27日，举行“喜迎二十大·共富探源”大型融媒体采访活动出征仪式，市委常委、宣传部部长邓崴出席并为采访团授旗；开设“喜迎二十大”专栏，全面宣传党的十八大以来各行各业取得的伟大成就。大会期间，按照大会议程做好开闭幕式、大会讨论和选举等程序性报道和社会反响报道。10月24日，启动“贯彻二十大精神·踔厉奋进新征程”大型融媒体采访行动，采访团深入基层，按照每个区块一周时间的安排，在市级各主要媒体平台推出一组海报、一场书记专访、一系列主题稿件、一场特色直播、一组亮点工作图片专版、一系列新媒体产品等“六个一”系列新闻产品，集团掌上衢州客户端、微信、微博、抖音等新媒体矩阵通过图文、视频、H5页面

2022年7月27日，“喜迎二十大·共富探源”大型融媒体采访出征仪式举行

2022年11月28日，衢州市新闻传媒中心（衢州传媒集团）挂牌仪式举行

等技术，多平台投送。截至10月31日，推出党的二十大相关报道1100余篇，网络阅读量累计超2000万人次。

【衢报传媒集团衢江工作部成立】5月24日，衢报传媒集团衢江工作部正式揭牌成立。衢报传媒集团响应市委、市政府关于市域一体化发展的要求，以成立衢江工作部为契机，深化"三贴近"、践行"走转改"，推进"六治六提"作风建设，发挥平台、资源、技术、人才、品牌等方面的优势，实行"开放办报"，推进媒体融合向纵深发展。

【衢州市新闻传媒中心挂牌成立】11月28日，衢州市新闻传媒中心（衢州传媒集团）正式挂牌，衢州成为浙江本轮市级媒体融合改革中首个挂牌的地级市。省委宣传部副部长赵磊、市委书记高屹等领导到会为衢州市新闻传媒中心、衢州传媒集团揭牌，并共同启动三衢客户端，市新闻传媒中心整合电视、广播、报纸、客户端等平台资源，秉持移动优先战略，利用媒体融合成果，以衢州"媒体之进"添彩浙江"重要窗口"。

【"新时代衢州人文精神"关键词征集活动】4月20日，"新时代衢州人文精神"关键词征集活动启动以来，衢报传媒集团创新形式，创作系列海报、短视频产品，通过掌上衢州、兴衢班、衢州发布等平台进行宣传报道，面向全网征集，得到广大网民的广泛关注和踊跃参与，各平台征集到800多组关键词，累计阅读量达100万人次以上，活动互动效果明显，公众参与度高。

【太真路"枇杷一条街"报道】5月，受疫情和修路影响，柯城区信安街道"枇杷一条街"被临时取消，集团记者通过采访第一时间作报道，为果农发声，并形成内参《顺应市场需求 助推产业转型——关于恢复太真路枇杷销售一条街的建议》上报市委、市政府，推动解决枇杷的销售难题，系列稿件和评论引起上级媒体的关注，《浙江日报》发表评论《衢州"枇杷一条街"的启示》点赞衢州："这个故事的传播，是对干部好作风的充分肯定。"

【作风建设系列评论】5月11日，市委召开"转作风、讲担当、抓落实"动员大会后，衢报传媒集团围绕"六治六提"作风建设要求，在《衢州日报》一版连续推出8篇评论员文章，围绕"庸、懒、散、慢、推、拖"展开论述，画像精准、言简意赅、剖析深刻，进一步营造全市上下转作风、谋发展的氛围。

【内参报道为企纾困解难】6月，衢报传媒集团内参报道组抓住"消防检查首罚录入系统，对企业的信用产生影响"，进而"影响森日公司上市"这一典型，进行多方采访，并进行客观分析，给出建设性意见，并在全市营商环境建设工作推进会召开之后，刊发内参《一纸罚单给企业上市带来负面影响 消防行政执法能否多点人性化》。

2022年5月27日，"枇杷一条街"现场

2022年4月3日，护眼科普公益讲座现场

2022年9月21—23日，省报业协会报纸发行委员会年度会员大会召开，图为受邀专家在会上作学术报告

【“最美典型”廖美娣系列报道】7月，《衢州日报》独家推出“最美典型”廖美娣系列报道，记者先后三次深入偏远的衢江区岭洋乡，挖掘不为人知的细节，刻画出一个“亲和、尽职、业务能力强、接地气”的乡村卫生院院长形象，引起较大社会反响，吸引人民日报客户端、新华网、《中国青年报》、《浙江日报》等20多家国家级、省级媒体跟进报道，衢州故事、衢州声音推向全国。

【“边际通”应用】2022年，衢报传媒集团紧密围绕“数字、数据、平台”，先后参与开发谋划享家政、兴衢商城等一批改革导向鲜明、体现实战实效的应用，其中集团“边际通”应用作为浙报集团“融媒通”协同内容生产场景试点项目，深化落实集团与浙江日报报业集团媒体融合发展技术方面的合作，进一步为全省提供数字化改革经验和实践路径。

【护眼科普公益讲座】4月3日，衢报传媒集团联合市教育局、市实验学校菱湖校区推出特别活动——《大咖护眼“视”界更美好》，邀请浙江大学附属第二医院眼科中心（浙江大学眼科医院）视光中心主任倪海龙做护眼科普公益讲座。集团各新媒体平台全程同步直播讲座，吸引100多万人次观看。

【浙江省报业协会报纸发行委员会2022年度会员大会】9月21—23日，衢报传媒集团承办的浙江省报业协会报纸发行委员会2022年会员大会在开化召开，各会员单位围绕报纸发行转型发展战略思路、经营管理改革成效、创新经营成果、媒体融合等议题进行探讨和交流，衢州市作典型发言。

（徐亚琴）

广播电视

【概　况】2022年，衢州广电传媒集团（以下简称“集团”）牢记新时代党的新闻舆论工作职责使命，围绕中心工作奋勇拼搏，努力推动衢州广电事业高质量发展，为全力打造四省边际中心城市作出广电贡献。

【新闻宣传】2022年，推出“工业强市 产业兴市”“数字化改革进行时”“献给市第八次党代会的特别报道”“聚焦‘双过半’全力稳增长”“转作风 讲担当 抓落实”“喜迎二十大·十年蝶变”“学习贯彻二十大·踔厉奋进新征程”“新时代 新征程 新伟业”“主播说桥头堡”等主题宣传报道20多个，推出系列报道和专题专栏40多个。

【舆论监督】2022年，电视新闻综合频道通过电视问政《请人民阅卷》《聚焦时刻》，在舆论监督中持续发力。电视问政《请人民阅卷》围绕“聚焦‘稳经济、促发展’中的作风建设问题”“聚焦‘除险保安’中的作风建设问题”“聚焦营商环境优化提升中的能力提升”3个主题，举办3场现场问政，为推动衢州统筹做好“发展与安全”营造氛围，问政直播点击量超过200万人次。《聚焦时刻》全年采制、刊播报道60多篇。综合广播（FM105.3）《作风建设零距离》节目，全年开设直播62场，共65家部门单位的工作人员走进直播间，解答群众反映的热点、难点、堵点问题。该节目全年接听听众热线700多个，回复率达100%，解决率达98%。交通音乐广播（FM97.5）全新升级《小路有话说之12345民情直播间》，以市领导与部门一把手接听热线参与直播的方式，针对群众反映的各类民生问题展开热线互动，共10期节目中在线办理及交办处理问题150余件。

【宣传报道】2022年，集团电视媒体全年实现央视《新闻联播》发稿21条，其中头条综合稿3条，分别是《〈沿着总书记的足迹〉勇担新使命 大潮起之江》《〈奋进新征程 建功新时代·非凡十年〉持续增进民生福祉 不断提升生活品质》《新思想引领新征程：八项规定深刻改变中国》。集团广播媒体在央广主要新闻栏目发稿42条。8月27日衢州广电传媒集团综合广播（FM105.3）主播与中国之声主播共同主持的《跟着声音去远方》节目，吸引多个国家级新媒体平台和自媒体平台同步播出，收听收看4000万人次以上。

2022年6月27日，第32期电视问政《请人民阅卷》播出

【新闻创优】7月28日，浙江省广播电视局公布2021年度浙江省广播电视节目奖获奖作品名单，电视《寻亲》栏目获“新闻名专栏”奖（等同一等奖），作品《农民画遇上古瓷片》《手机一点有人应“抢单”抢出满意度》《舒北北和舒爸爸的声音漫画——防疫系列之口罩篇》分获专题类、消息类、少儿类二等奖等。

【宣传习近平新时代中国特色社会主义思想】2022年，《衢州新闻联播》全方位多层次宣传阐释习近平新时代中国特色社会主义思想，播出《衢州：落实“双减”政策 弘扬传统文化》《衢州：谋深谋实谋细数字化改革 努力打造更多标志性成果》《衢州：防疫生产两手抓 一季度实现工业经济稳与进》等报道20余篇。

【“工业强市 产业兴市”主题宣传报道】2022年，《衢州新闻联播》紧扣高质量发展主题，突出舆论先行，强化典型引路，凝聚起全市上下大抓产业、大抓工业的强大合力，播出《衢州：持续打造“绿色工厂”引领工业高质量发展》《衢州：投资“马车”蹄疾步稳 点燃高质量发展新引擎》等报道百余篇。

【展示数字化改革成果】2022年，《衢州新闻联播》全年围绕专班、部门、区块、全社会四个方面，全面展示衢州市数字化改革成果，播出《江山：深化数字化改革 助力残联“三服务”更精准》《衢州:"智慧工地"强监管 优服务 促平安》《衢州:公积金业务全流程网上办 市民实现"零跑腿"》等与百姓生产生活息息相关的报道。

【党代会报道】4月,在市第八次党代会即将召开之际,《衢州新闻联播》推出"喜迎党代会 五年辉煌路——献给市第八次党代会的特别报道",全面回顾五年来衢州取得的辉煌成就。播出《产业创新 动能培育 综合实力迈上新台阶》《生态保护 绿色转型 两山转化迈出新步伐》等系列报道6篇,全面展现高水平全面建成小康社会取得决定性成就,打造四省边际共同富裕示范区、四省边际中心城市的新征程精彩开局。

【"转作风 讲担当 抓落实"系列报道】5—6月,开展"六治六提"作风建设行动是市委着眼于当前复杂严峻的经济形势、衢州发展所肩负的重大使命以及干部队伍中存在的突出问题,作出的一项重要部署。《衢州新闻联播》推出《转作风 讲担当 抓落实·百名书记局长谈作风建设》专栏以及《联播快评》《聚焦时刻》等相关内容,发挥主流媒体的舆论引导优势,播出相关报道40余篇。

【《学习贯彻省第十五次党代会精神》专栏】6—7月,推出《学习贯彻省第十五次党代会精神》专栏,围绕省党代表回到各自岗位,传达贯彻会议精神展开报道,播出《省党代表陈建锋:未来乡村里宣讲党代会精神》《省党代表毛春燕:基层宣讲"接地气" 党代会精神"入人心"》等报道。

【四省边际广播节】8月5日,集团举办以"传承广播情怀 声动共富未来"为主题的"浙闽赣皖"四省边际广播节活动。福建省南平广播电视台,江西省景德镇市广播电视台,安徽省黄山市广播电视台,及各县(市、区)台参加。

【《喜迎二十大》系列专栏】9—10月,推出《喜迎二十大》系列专栏,播出《喜迎二十大·我的获得感特别策划:百姓眼中的这十年》10余篇,涉及百姓畅谈获得感40余人;《喜迎二十大·践行"八八战略" 投身"两个先行"》播出主题报道10余篇;《喜迎二十大·十年蝶变》专栏,从经济、文化、教育、卫生等方面,播出衢州十年成就性综述10余篇,全面展示衢州十年发展变化,为大会营造浓厚氛围。

【《学习贯彻党的二十大精神》专栏】10—11月,党的二十大闭幕后,推出《学习贯彻党的二十大精神》专栏,播出《主播说桥头堡》之现代产业篇、人才科创篇、公共服务篇等相关报道14篇;播出《弘扬践行新时代衢州人文精神》专栏相关报道5篇;《贯彻二十大精神·踔厉奋进新征程》专栏,播出有《柯城:"上铺"模式再延伸 "因村制宜" 提升土地产出效益》《10万+人次观看直播 探秘"余东现象"》《柯城区探索小区治理共同体(上):抱团治理打开新局面》等报道16篇。

【《新时代新征程新伟业》专栏】11—12月,推出《新时代新征程新伟业》专栏,播出《新时代 新征程 新伟业·贯彻二十大精神 踔厉奋进新征程》《新时代新征程新伟业·冲刺四季度 力争"全年红"》《新时代新征程新伟业·贯彻二十大精神 踔厉奋进新征程》等报道20余篇。

【安全播出】2022年,完成北京冬奥会冬残奥会、省第十五次党代会、党的二十大等9个重要保障期(共计37天)和"党的二十大

2022年8月5日,举办"浙闽赣皖"四省边际广播节

安全播出月”的安全播出保障任务。在党的二十大广播电视安全播出重要保障期间，集团党委班子和中层干部靠前指挥，全体员工坚守岗位，关键部位、关键环节、关键岗位全面实行24小时双人值班和技术跟班制度，强化监听监看、信号传输、应急处置、监督检查等保障措施，以“一失万无”的政治自觉全力确保安全播出“万无一失”。集团广播电视安全播出工作实现全年“零事故”，在2022年度浙江省广播电视节目技术质量金鼎奖评比中，获二等奖7个、三等奖4个。衢州市广播电视台被评为2022年度浙江省广播电视安全播出工作成绩突出集体。

【媒体融合】2022年，开设“共同富裕在身边”“全面开展六治六提作风建设”“衢州市第八次代表大会”“聚焦省第十五次党代会”“开学季看南孔”“衢州有礼·儿童友好”等一系列专题专栏，发布图文、视频等各类型稿件近4000条，点击量5000万人次以上。在党的二十大召开前首屏推出“喜迎二十大”专栏，多形式、多视角展现党的十八大以来衢州如何把美好愿景转化为生动现实，主动策划推出“‘浙’十年·衢州”系列新媒体产品并开设同题专栏；会后持续推进二十大主题报道，“无线衢州”App及衢州传媒网推出二十大相关报道1365条，点击量952.4万人次。多个短视频在新媒体平台分发，其中客户端、公众号平台点击量10万人次以上的有28条，抖音、快手平台百万人次以上的有88条，点击量千万次以上的有2条。其中《纪念孔子诞辰2573年祭祀典礼在孔氏南宗家庙举行》获1037.9万人次的点击量。乡村振兴融媒体平台上报的教学成果《基于乡村振兴综合体培育高素质农民的探索与实践》获得2021年浙江省职业教育教学成果奖一等奖。9月5日，印发《关于推进媒体融合“九个必须”的意见》，要求贯彻市委关于市级媒体深度融合的重大决策部署。11月28日，在整合衢州日报报业传媒集团和衢州广电传媒集团基础上组建的衢州市新闻传媒中心(衢州传媒集团)挂牌。

（饶　勇　雷飞鸣）

档　案

【概　况】2022年，衢州市档案部门贯彻落实习近平总书记对档案工作重要指示精神，坚持档案工作"走向依法管理、走向开放、走向现代化"的根本遵循，以推动档案事业高质量发展为主线，以贯彻实施《中华人民共和国档案法》和档案事业发展"十四五"规划为抓手，聚焦中心、真抓实干，全面提升档案工作质量和服务水平。在首次全省档案工作指数评价中，衢州市取得全省第三名。年末，全市馆藏档案有1255个全宗、812.56万卷。

【专题档案数据库建设】2022年，根据市委、市政府重大决策部署，加强重点工作、重点领域、重大决策、重大活动、重大项目、重要节点等方面的档案收集。完善脱贫攻坚、疫情防控两类档案专题数据库，向省档案馆汇交纸质档案561卷109194件，电子数据1656.919吉比特。联合市委改革

2022年衢州市档案系统基本情况统计表

表40

档案馆名称	全宗（个）	档案（卷）	档案（件）	资料（册）	照片（张）	查档接待人次（人）	查档接待卷次（卷）	馆库面积（平方米）
衢州市档案馆	340	556463	303135	25141	9196	2114	3957	17887
柯城区档案馆	103	59549	155989	5175	4913	1539	1592	2100
衢江区档案馆	121	171023	234614	13601	4158	1695	1366	4180
龙游县档案馆	198	126083	44493	11380	4821	2587	3693	1440.1
江山市档案馆	175	195242	156704	16769	5667	4742	6711	14000
常山县档案馆	190	107082	361220	11615	6343	3531	24911	5141
开化县档案馆	128	234864	117283	8295	11528	2234	5156	8100
市城建档案馆	0	126301	–	1064	14942	850	11536	948.87
全市档案室	–	6548932	4981573	–	52716	116612	171779	29331.6
合计	1255	8125539	6355011	93040	114284	135904	230701	83128.57

办、市发改委、市防控办印发《关于开展高质量建设共同富裕示范区档案、数字化改革档案、实施碳达峰碳中和行动档案和疫情防控档案归集工作的通知》,开展专项档案接收、归集工作,全年归集电子条目22156条。

【退出市场非国有企业档案处置】 2021年10月,衢州被确定为退出市场非国有企业档案处置省级试点地区。2022年5月20日,衢州市退出市场非国有企业——衢州青年传动系统制造有限公司档案进馆交接仪式在市档案馆举行,本次移交进馆档案共计668卷1423条电子目录。此次试点是全省首例退出市场非国有企业档案进馆案例,为全省乃至全国退出市场非国有企业档案处置提供范本和参考。2022年7月27日,市档案局、市档案馆、市中级人民法院联合出台《衢州市退出市场非国有企业档案处置实施办法(试行)》,为全国首个退出市场非国有企业档案处置办法的规范性文件,为全省非国有企业退出市场档案处置工作提供了"衢州经验""浙江样板"。至2022年末,退出市场非国有企业档案处置工作实现县(市、区)试点工作全覆盖,并被市营商办评为2022年度衢州市优化营商环境十大创新案例。

【档案工作数字化改革】 2022年,档案部门高质量完成全省数字化改革成果展衢州展区布展工作,获得市委、市政府"十条军规"通报表扬。区域数字管理档案一体化平台加快建设,衢州市本级、柯城区、常山县已建成并试运行,其余4个县(市、区)3个已进行实质性开发、1个已立项。争取省级试点,"数字档案利用一点通"列入全省"浙里数字档案综合应用"子应用,衢州市档案馆、江山市档案馆列入浙江省档案工作数字化转型先行区创建试点;衢州市档案馆、开化县档案馆列入全省档案数据资源归集共享试点。

【全省数字化改革成果展衢州展厅展陈工作】 1月,根据市委的工作部署,市档案馆协同衢州市委全面深化改革委员会等单位完成全省数字化改革成果展衢州展厅的展陈工作,展陈以基层治理现代化的"衢州经验"为主题,通过"视频介绍+系统演示+全息投影"的形式,多维度、立体式、全方位展示衢州市数字化改革一年多来所取得的丰硕成果。展陈吸引来自省级机关各部门、各地市共114批次9000余人观摩。1月29日,布展工作获市委办通报表扬。

【全省档案数据资源归集共享试点】 8月,被省档案馆确定为全省档案数据资源归集共享试点单位。参与全省档案数据资源归集共享试点工作,抽调一名业务骨干脱产参与省档案馆数改专班工作。至年末,上传婚姻、知青、出生医学证明等档案数据9.2万余条,为"浙里档案"应用上线作出应有贡献。衢州市档案馆作为主要参加单位的"构建档案资源高效共享和便民服务新模式"项目获得2022年度浙江省改革突破奖铜奖。

【市档案馆新馆(二期)项目开工】 5月19日,市档案馆新馆(二期)项目全面开工建设。新馆位于须江路88号,现衢州市档案馆大楼

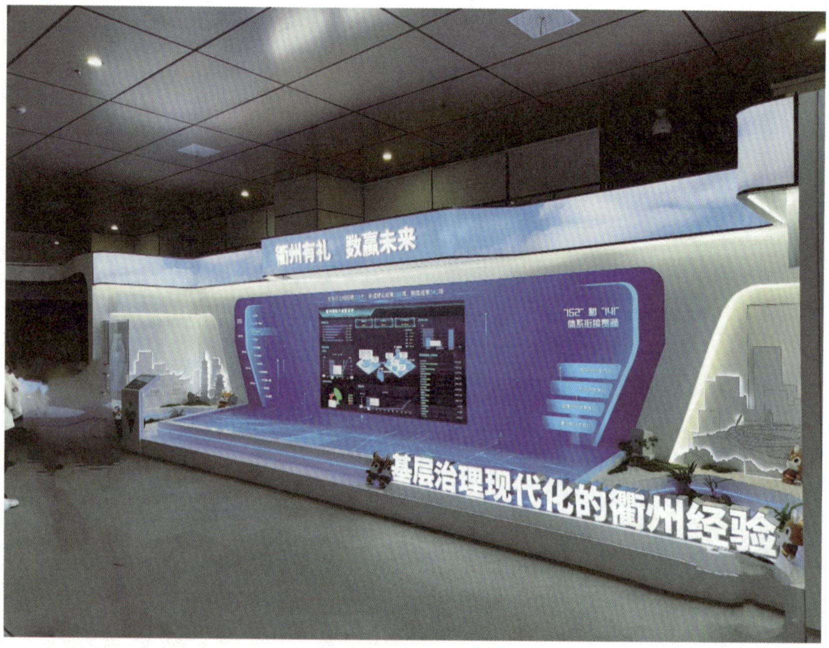

2022年1月18日,全省数字化改革成果衢州展厅对外开展

2022 年 5 月 19 日，衢州市档案馆新馆二期项目开工建设

北面，建筑面积 3.2 万平方米，投资约 2.5 亿元，年底完成新馆六层底板浇筑。项目投入使用后，将进一步提升市档案馆保管保护和利用展陈条件，填补市本级方志馆建设的空白，结束柯城区档案馆无馆库的历史。

【档案开放工作】2022 年，根据 8 月 1 日起施行的《国家档案馆档案开放办法》推进档案开放工作。对馆藏期满 25 年的档案开展开放审核。经过初审、复审，征求档案形成单位（移交单位）意见，并将延期开放档案报市档案局审核，有 2807 件档案向社会开放，主要涉及衢州市委办、衢州市府办、衢州市卫生局、衢州市市场监督管理局、衢州第二中学等单位的 78 个全宗，内容包括各类政策规定、职务任免、先进表彰等。至此，衢州市档案馆累计完成档案开放审核 2.3 万卷 38 万件，开放档案 1.4 万卷 5.8 万件，形成近 15 万条能向社会提供利用的档案数据。

【协助完成《跟着档案去旅行》栏目拍摄】2022 年，推进《跟着档案去旅行》选点拍摄工作，常山县《看千年宋镇 赏秀丽芳村》、开化县《鱼香小镇 何田问鱼》、龙游县《那一泓水 世代绵延 润物无声》、开化县《开化龙顶 钱江源头 茶香四溢》等 4 期专题片顺利拍摄并在浙江卫视播出（全省共 24 期）。

（江　潇　赵灵洁）

【城建档案管理】2022 年，通过工程项目档案全过程业务指导和档案分阶段验收工作的开展，市城市建设档案馆完成 740 个单体工程竣工档案接收工作，计 17967 卷，其中房建工程竣工档案 702 个、15093 卷，市政项目工程竣工档案 38 个、2874 卷。出具建设工程竣工档案接收凭证 121 份，开具建筑房产确权登记证明 68 份，城建档案接收率同比增长 156%。发挥查阅档案“线上＋线下”优势，接待档案利用咨询用户 850 人次，提供群众查阅利用档案 11536 卷，档案数据 187079 张，城建档案数据提供率与往年同比增长 77%。完成 785 个竣工项目档案的整理，组织消毒、编流水号、造册上架 6854 卷。档案装订外包项目五期完工，档案扫描加工 24520 卷，完成文字材料 2000534 页（其中 A3 面幅 63285 页）、图纸材料 105304 页的扫描工作；完成档案条目著录 252932 条，馆内档案数字化率 96%。

（吴　娴）

党史和文献工作

【概　况】2022 年，衢州市党史和文献工作落实中央、省、市领导对党史和文献工作的指示批示和全省第十次党史工作会议精神，紧扣守好“红色根脉”工作主线和新时代党史和文献工作目标任务，以数字化改革为牵引，全面加强党史资料征编、研究和宣传宣介，推进党史和文献工作变革重塑，各项工作取得显著成效，较好地发挥了党史“资政育人”作用，为衢州市高质量发展建设四省边际共同富裕示范区贡献力量。

【学习党的二十大精神】2022 年，围绕学习宣传贯彻党的二十大精神，研究制定《学习宣传贯彻党的二十大精神实施方案》，明确 9 个方面 22 项具体任务。全年以馆务会议、理论中心组学习、宣讲报告、专题研讨等各种形式开展党的二十大精神专题学习 12 次，高规格举办宣讲报告会2场。省委党史和文献研究室副主任、一级巡视员王祖强等应邀作党的二十大精神专题辅导，市直机关部门和全市档案史志系统200余人现场聆听；市委党史研究室主要负责人作为衢州市委及全省党史和文献部门党的二十大精神宣讲团成员，第一时间赴智慧新城开展党的二十大精神宣讲；召开各县（市、区）分管党史宣教工作的负责人座谈会进行党的二十大精神宣讲；班子其他成员赴联系村、社、市委党校作专题宣讲或辅导；举办全市党史系统党的二十大精神"微宣讲"比赛和知识竞赛。

【贯彻省第十次党史工作会议精神】2022年，在全省第十次党史工作会议上，衢州市委党史研究室被评为全省党史和文献工作先进集体，《中国共产党衢州历史》第二卷、《口述衢州——改革开放以来衢州历任老领导访谈》《百年追梦，光辉历程——庆祝中国共产党成立100周年画册》等多部作品获全省党史和文献部门特等奖、一等奖等优秀科研成果奖项。会后，第一时间传达学习省第十次党史工作会议精神，并组织全市党史部门主要负责人参加全省贯彻落实全省第十次党史工作会议精神集中培训，明确贯彻要求，理清工作思路。围绕"大党史＋大党建"工作格局构建，协调对接市委和市编制管理部门，争取周转编制，以遴选方式选拔2人充实编研力量。

【党史文献编研】2022年，按照高质量要求，稳步推进地方党史三卷编撰。完成《中共衢州市委文件选编》（1981.4—1985.5）（1985.5—1990.12）编纂出版，以及（1991.1—1995.12）文件编排。完成《潮涌三衢——衢州市改革开放新时期党史专题辑》（二）编撰。组织开展《一张蓝图绘到底——忠实践行"八八战略"全纪录》衢州篇编撰，初步完成课题初稿2万余字。开展衢州脱贫攻坚代表人物口述采访，整理《当好新时代东西部扶贫协作的答卷人》《以"排头兵"姿态助力对口地区脱贫攻坚》等脱贫攻坚口述采访稿7篇，计5.4万字。完成《中共衢州市委执政纪事2020年》出版，为市委领导决策提供参考。

2022年6月，衢州市委党史研究室被评为全省党史和文献部门先进集体

【党史宣传教育】2022年，会同衢州市委宣传部梳理衢州建地级市后的历次党代会资料，分"励精图治 开创新局""因地制宜 搞活经济""继往开来 再创新业""工业立市 借力发展""活力新衢州 美丽大花园""高质量发展建设四省边际共同富裕示范区"等14个主题开展巡展，全市5000多名干部群众观展。与衢州广电联合推出"听党史、学英烈"节目，主要讲述百年以来，在衢州历史发展过程中涌现出的英雄人物，每周3—5期，每期1人，播3分钟。推进党史教育进课堂，将地方党史纳入市委党校干部培训课程，1人被聘客座教授，定期为主题班次学员授课。

【数字化助力党史文献资料征集利用】2022年，以市委办名义下发"八八战略"课题资料征集通知，征集到59家单位报送的纸质资料约3.7万张、电子资料15吉字节，三卷文件资料（1981.4—1995.12）270余份。完成2022年度总价为35万元的全市党史资料数字化项目招标采购工作，推进党史资料数字化工作。

【党史文献工作业务指导】2022年，落实党史题材出版物、影视网络作品、展陈大纲审核把关制度，即时跟进衢州第二中学党史党建馆、江山坛石镇上王竹子林中共闽浙边城工委机关旧址陈列馆等红色场馆建设指导，参与展陈大纲论证，提出修改意见建议。指导结对常山县东案乡梅树底村红色展馆改造提升，持续擦亮省级红色美丽村庄金名片。审核完成《烽火三衢》高中一年级地方课程教材、《浙江文史记忆丛书》衢州卷、开化县中央党史和文献研究宣传专项引导资金项目——《中共闽浙赣、皖浙赣省委在开化资料汇编》等党史题材著作，把好政治关、史实关，树牢党史和文献工作正确导向。

（吴云锋）

地方志

【概　况】2022年，衢州市地方志系统学习贯彻《浙江省人民政府办公厅关于加快推进新时代地方志事业发展的意见》，推进全市地方志各项事业发展。开展市、县两级地方综合年鉴编纂。组织《衢州市志（1985—2005）》用志读志宣传，在《衢州日报》9月26日“人文周刊”整版刊登。市方志馆开工并完成土建结顶，开展展陈策划相关工作，形成展陈大纲。常山县《同弓乡志》入选省级试点，龙游县横山镇（镇村志编纂）被确定为省方志办“三为”服务基层联系点。推进全市地方志成果转化应用，地方志助力龙游县姜席堰成功申遗和江山市西山景观改造提升工程入选全省市县地方志成果转化应用“十佳”典型案例。整理地方史料及提供咨询服务，参与衢州人文精神关键词提炼。向“学习强国”《浙里有志》栏目及“方志浙江”微信公众号投稿等，《浙里有志》栏目地方志文章全省排名第五。2022年度，全市地方志系统3人获全省地方志工作先进工作者荣誉；4人入选全省地方志151人才工程。

【江山市《白沙村志》（续志）编纂启动】10月10日，《白沙村志》（续志）编纂启动仪式在江山市白沙村村委广场举行。《白沙村志》（续志）是白沙村改革开放以来编纂的第四部村志，力求反映全村政治、经济、文化的历史面貌，记载与全体村民休戚相关的好人好事等。

【衢州市档案馆（衢州市地方志办公室）获评全省地方志工作先进集体】11月14日，省人民政府地方志办公室下发《关于表彰全省地方志工作先进集体和先进工作者的决定》，衢州市档案馆（衢州市地方志办公室）被评为全省地方志工作先进集体。近年来，衢州全面完成第二轮地方志书编纂，地方综合年编纂实现全覆盖，专门志和乡镇村志编纂出版200多部，出版《衢州方志提要》《衢州便览》《衢州建市30周年要事录》等一批地情书，市本级、龙游县、常山县、开化县等完成全部现存旧志的整理出版。

【《衢州年鉴（2021）》获评2022年度“浙江省精品年鉴”】11月，浙江省人民政府地方志办公室公布2022年度“浙江省精品年鉴”名单，《衢州年鉴（2021）》入选。《衢州年鉴（2021）》于2021年12月由方志出版社出版，共计92.9

2022年11月14日，衢州市档案馆（衢州市地方志办公室）被评为全省地方志工作先进集体

万字。该书时限为2020年1月1日至2020年12月31日，记载在中共衢州市委、市人民政府领导下衢州市各项事业的发展历程和成就。设专辑、特载、大事记、市情概览、中共衢州市委员会等39个类目。卷首图片设诗画衢州、年度聚焦、疫情防控、文明衢州等13个专题，附录收录规范性文件选目、年度衢州荣誉等。在全书目录之前设全鉴要目，在附录之后设索引，并配套制作"衢州年鉴"微信小程序，方便阅读和检索。

【衢州召开全市年鉴品读会】 12月12日，根据浙江省方志办关于2022年"精品年鉴品读季"活动的部署，召开全市年鉴品读会。各县（市、区）档案馆分管地方志工作领导、方志业务科室负责人、业务骨干，《衢州公安年鉴》编辑部、《衢州统计年鉴》编辑部负责人以及市档案馆方志编纂处全体工作人员等20余人参加会议。会议传达全省方志系统数字化改革推进会精神，介绍"浙里论鉴"论坛情况，对2023年年鉴工作，以及第三轮修志、方志成果转化应用、方志数字化、方志文化创新等工作作部署。龙游县（全国精品年鉴）、常山县（全省首批精品年鉴）作编纂精品年鉴工作典型发言。市本级介绍省级精品年鉴《衢州年鉴（2021）》的编纂经验。各地以及《衢州公安年鉴》编辑部、《衢州统计年鉴》编辑部结合本地、本部门实际，交流《北京朝阳年鉴（2020）》等精品年鉴的品读体会。

（钱道本）

公共文化服务

【概　况】2022年，衢州市以高质量建设公共文化服务现代化为总目标，坚持以人为核心的工作理念，公共文化服务不断优化、触手可及，极大地满足人民群众的文化生活需求。举办全省文化标识建设现场会并作交流发言。12月，“四馆”（图书馆、文化馆、美术馆、非遗馆）项目3.5万平方米完工。

【公共文化基础设施建设】2022年，积极推进一批地标性公共文化设施建设，衢州市文化艺术中心进入二次装修阶段；衢江区文化艺术中心（三馆）11月完成内墙粉刷，外立面幕墙钢架安装基本完成；龙游县公共文化服务中心项目主体竣工，推进装修和设计；江山市文化艺术中心二期主体已建成，二次装修布置及相关运营事宜正在推进中；常山县文化博览中心主体竣工；开化县文化客厅于2022年元旦试营业。实施“浙文惠享”民生实事工程，全市建成“15分钟品质生活圈”770个，新建文化驿站10个、南孔书屋20个。

【文化惠民工程】2022年，持续实施流动文化服务品牌，开展送演出、送书、送展览讲座和文化走亲等文化惠民活动。全市组织送戏下乡2622场、送书28.59万册、送展览讲座1336场、文化走亲103场次。编印全民艺术普及活动12期3.6万册，举办衢州市群众合唱大赛，评出市级金奖3个、银奖4个。组织开展全民阅读月系列活动，收获省级奖项10项。

【乡镇（街道）综合文化站星级评定】2022年，开展乡镇（街道）综合文化站星级评定，通过主体自评、县级审核、市级委托第三方赴实地复评，共评出衢州市五星级文化站16家、四星级文化站35家、三星级文化站32家。

【文化基因解码】2022年，坚持文化自信，扎实开展文化基因解码和文化标识建设。承办全省文化基因解码工程暨浙江省文化标识建设现场推进会，举办全省文化标识建设成果展，南孔文化季获首批文化基因解码成果转化利用示范项目。创建一批有衢州辨识度的省级文化标识，九华立春祭等7个项目列入省级首批浙江文化标识培育项目。南孔文化列入省级文化标识建设创新项目，龙游商帮文化、常山宋诗之河列入省级文化标识创新培育项目。

【浙里文化圈】2022年，全市所有公共文化场馆上线浙里文化圈（浙江智慧文化云）平台，上传浙江智慧文化云数据8.5万条，印发浙里文化圈使用手册4万册，推动浙里文化圈应用用户注册、点击使用，上线2个月，注册用户21610个，有效点击量143867次，实现线上线下一站式服务。

（程梓朔）

文娱活动

【概　况】2022年，以精品力作为重点、以人才培育为先行、以文旅融合为抓手、以精神共富为引领,聚焦基层艺术提升,推进标志性艺术品牌建设,全力提升城市艺术氛围,推动专业艺术向演艺、旅游等领域延伸,推动衢州市四省边际文化高地建设。

【“三大天团”品牌队伍建设】 2022年,针对衢州市缺乏专业艺术表演团队的现状,从2020年下半年起,立足于文化馆和传习所演奏人才,广泛开展社会招募,并与浙江交响乐团合作,培育何天城市乐团和飞天民乐团两支演奏队伍,在新年音乐会、2021年联盟花园采购会等多个重要活动中演出,获得省厅及市领导的高度认可。2022年又以年轻化、专业化为目标,组建问天合唱团,经过两轮选拔招募,加上预备队已有62人。根据“三大天团”的特点,结合市纪委和市委宣传部“南孔清风”廉洁主题建设,创作小型音乐剧《心灵的流向》;又根据“三大乐团”特色精选曲目创排专场音乐会,计划由何天城市乐团和飞天民乐团现场演奏、问天合唱团进行唱演。

【谋划“城市艺术广角”活动】 2022年,谋划实施“城市艺术广角”活动,旨在创新打造新型艺术空间,通过城市零距离、生活化的艺术呈现形式,展现衢城开放的文化气度、多元的文化内涵,提升艺术的亲和力、影响力、体验感,增强市民和游客的文化认同感,推动城市新的网红打卡点建设,拓展全民艺术普及场所。“城市艺术广角”选取城区6个人流密集的区域开展器乐演奏、民谣乐队、朗诵表演、戏曲曲艺、街舞群舞等小型艺术表演,8月1日起正式启动演出,全年演出200余场,有效提升城市艺术氛围。11月,根据省厅的统一部署,下发《关于深化实施衢州市“城市之光”文艺星火赋美工程的通知》,全市层面全面推广该项活动。

【文艺精品创作】 2022年,衢州市有2个作品入围全国第十九届群星奖决赛,市文化馆的《竹歌》入围广场舞决赛,柯城区文化馆的《共富路上好带头》入围曲艺类决赛。纪实文学《月光草原上的牧牛英雄》获长三角网络文学大赛一等奖;《All for U》获2021“诗画浙江”旅游歌曲大赛金奖,并被列为“2021年度浙江省年度旅游歌曲”;曲艺《谁是网红》荣获2022年浙江省“群星奖”;《云中杜鹃》获浙江省第十一届群众戏曲小戏大赛金奖。同时,围绕廉洁文化、中共二十大、党代会等主题开展一系列文艺精品创作,并组织巡演、展演、展览等各种形式的活动。

【“水亭门之夜”沉浸式演出】 2022年,对在水亭门街区开展“水亭门之夜”沉浸式演出的内容、质量和场次进行丰富提升,收获游客、群众的一致追捧好评。“水亭门之夜”全年演出225场,其中主题性演出38场,6月24日,市文旅局抖音号对水亭门《东南阙里》主题性演出进行主播直播,逾万人在线观看。“水亭门之夜”被评为省首批旅游演艺精品项目。

（程梓朔）

文化遗产

【概　况】 2022年,贯彻执行“保护第一,加强管理,挖掘价值,有效利用,让文物活起来”新时代文

2022年6月17日,水亭门文艺表演

物工作方针，文化遗产保护各项工作进展顺利。浙西考古工作站成立以来，衢州考古工作取得较大发展，在衢江区车塘村发现石角山城址，与衢江区云溪乡土墩墓群关联性较强，已联合申报第八批省级文物保护单位。龙游县与省文物考古研究所合作，共同建立全省唯一的古建筑保护研究基地。

【成立浙西考古工作站】2022 年 6 月，省文物局批复同意由衢江区文物局与省文物考古研究所合作共建浙西考古工作站。9 月，浙西考古工作站正式挂牌成立，省考古专家入驻工作站，开展学术研讨和考古发掘工作。

【西周土墩墓考古遗址公园开展前期谋划】2022 年，衢江区西周土墩墓群是浙江西周考古的重大发现，是百越考古的重要突破。从浙江历史层面来说，它填补浙江西周早期 3000 年历史谱系的空白；从衢州历史层面来说，这项发现把衢州的人文历史从 1800 余年再向前推进 1200 余年。衢江区启动姑蔑古国考古遗址公园建设，打造集遗址展示馆、专题博物馆和考古工作站三位一体的场馆建设。

2022 年 6 月 23 日，浙西考古工作站揭牌仪式在衢江区云溪乡孟姜村举行

2022 年 11 月 19 日，2022 年浙江省文物保护实训班结业典礼

【龙游古建筑保护研究基地成立】2022 年，龙游县与省文物考古研究所合作，利用国保单位龙游鸡鸣山民居苑丰富的古建筑资源，融合中国古建筑展示、研究、利用和古建筑保护专业人才培养为一体，成立全省唯一的古建筑保护研究基地。

【石角山城址考古发现】2022 年，衢江区车塘村石角山村发现石角山城址，这一与土墩墓相匹配的中心性大遗址发现，证明了衢州地区当时在百越文化中的重要地位。石角山古城遗址与孟姜村土墩墓群均位于衢江北侧的丘陵地带，距离适中，遗址采集的陶片和墓葬出土器物所反映的文化内涵基本一致，年代接近，联系紧密，共同构成一处至少包含城址和高等级墓葬等不同遗迹类型的商周时期大遗址。

【举办全省文物保护实训班】11 月，借助龙游古建筑保护研究基地的有利条件，省文物考古研究所联合龙游县举办 2022 年度全省文物保护实训班。全省 20 余名文物保护一线的基层工作者共同学习生活，完成古建筑基础知识、古建筑测绘、修缮设计方案编制等多门科目的学习和实操。

【衢州市文物安全巡查队成立】7月15日，衢州市文物安全巡查队正式成立。衢州市抓住大排查大整治大提升专项行动契机，邀请第三方专业技术力量参与文物安全隐患排查工作，标志着衢州市文物安全巡查队伍向专业化、常态化迈出第一步。文物巡查队重点检查巡查：文物建筑的用电线路、电器使用、用电设施设备、明火使用、易燃易爆物品管理、火灾防控、文物防盗、极端天气灾害、文物建筑体及其构件损毁等方面存在的安全隐患，并形成检查记录、问题反馈、隐患分析、整改建议的工作闭环。

（程梓朔）

广播电视管理

【概　况】2022年，广播电视工作按照“传输高质量 安全无事故”的总目标，围绕安全播出和意识形态责任制落实开展。至2022年末，市、县两级传媒集团下设广播台6个、电视台6个，开办广播节目7套、电视节目7套。全市自制广播节目时间1.56万小时，电视节目时间0.97万小时；播出广播节目时间4.13万小时，电视节目4.33万小时。

【广电惠民服务工程】2022年，农村广播电视村村通村村响。广播电视人口综合覆盖率100%，全市农村有线电视入户率113.64%。有线电视乡镇村联网率100%。乡镇广播站建有率100%，行政村(社区)广播室建有率100%。广播电视无线全覆盖。城市建成区4K高清网建设96%，广电5G建成并投入使用。根据乡村振兴和“三贴近”要求，市、县(市)广播和电视自办对农栏目24个（广播电视各12个）。继续开展广电低保惠民工程，全市6万户低保低边群众享受免费收看有线电视政策，做到“应保尽保”。

【广播电视安全播出】2022年，根据省局的统一部署，按照安全播出无事故，内容传输高质量的要求，制定《关于做好党的二十大、省第十五次党代会和杭州亚运会亚残运会安全播出专项保障工作方案》，结合国家局、省局的会议按季度召开安全播出工作会议，分析衢州市安全播出形势，通报安全播出事件事故，总结交流安全播出工作。组织安全播出督查检查，确保检查、培训、演练、预案、人员、保障等“六个全覆盖”。全市各播出责任单位，组织多轮次的实战性演练。加强重要保障期管理，完成党的二十大、省第十五次党代会等9个重要保障期（36天）和20次重要活动直播节目保障。衢州市广播电视安全播出工作在全省考核中排名第一，被省局评价为成绩特别优秀单位。

【非法卫星电视接收设施整治】2022年，完善全市非法卫星电视接收设施整治综合协调机制，成立领导小组，进行专题部署。积极组织整合力量，对进行非法境外卫星地面接收设施大检查大整治，省局考核优秀，获通报表扬。全市开展执法行动163次，出动人员1087人次；拆除非法卫星电视接收设施216户，其中自行拆除167户；发限期整改通知书164份，立案调查1件；发放宣传资料3306份，向省局报送整治工作信息和图片信息50篇，有效打击非法销售、使用安装卫星电视地面接收设施的行为。

（程梓朔）

南孔文化

综述

【概　况】2022年,衢州南孔文化发展体制机制不断完善，对外交流合作日益扩大,“南孔文化季”活动品牌影响渐显，学术研究领域进一步深化，孔氏南宗家庙和衢州儒学馆两大场馆正常开放，其中，衢州儒学馆全年免费参观172424人次,孔氏南宗家庙接待游客91558人次。举办各类国学体验类、培训类活动和讲座28场,受益788人次,开设儒学小课堂、古筝启蒙、围棋启蒙等3类公益课堂180场，受益3117人次。举办“南孔文创展”“家风家训展”“衢州古代清官廉吏展”“‘礼赞新时代、奋进新征程’新时代衢州人文精神主题展”等临展和巡展10个15场，接待参观近5万人次。

【衢州南孔圣地文化旅游区管理中心成立】8月15日,中共衢州市委机构编制委员会办公室印发《衢州南孔圣地文化旅游区管理中心机构编制规定》,衢州南孔圣地文化旅游区管理中心为市政府直属公益一类事业单位，机构规格相当于副县级，对外加挂衢州南孔文化发展中心牌子，主要职责是承担旅游区文化旅游资源的合理利用、保护和南孔文化项目谋划、项目洽谈、对外合作等工作,承担南孔文化的挖掘弘扬、传承发展、对外传播、教育培训、宣传普及和重大活动组织，以及南孔文化相关文物、文献的收集、整理、保存、研究和应用,开展儒学文化交流，承担孔氏南宗家庙的日常管理等工作。

（王其旗）

文化交流

【黄莉新考察调研孔氏南宗家庙】4月12日,省政协主席黄莉新到衢州孔氏南宗家庙考察调研,省政协委员、市政协常委、孔子第76世嫡长孙孔令立陪同。黄莉新指出，南孔文化作为衢州的城市宣传品牌,要担负好传承文明、开拓创新的历史重任，让南孔文化

2022年6月22日,尼山世界儒学中心党委书记国承彦(左五)一行到衢州孔氏南宗家庙考察调研

2022年其他领导考察访问衢州孔氏南宗家庙一览表

表41

时　间	到访领导	领导职务
1月5日	崔　勇	浙江省消防救援总队政委
1月13日	蔡卫国	浙江省消防救援总队总队长
2月16日	王水明	浙江日报报业集团党委委员、副总编辑
2月18日	张国飞	央视浙江站党委书记、站长
2月26日	李希贵	北京十一联盟总校校长
3月3日	程为民	浙江日报报业集团党委委员、副社长
5月10日	何显明	浙江省社会科学院院长
5月11日	裘东耀	浙江省政协副主席
6月11日	陈广胜	浙江省政府副秘书长、省文化和旅游厅党组书记
6月24日	杨长江	湖南省长沙市委宣传部常务副部长、市新闻出版(版权)局局长
7月13日	张　健	浙江省温州市委常委、组织部部长
8月4日	蔡骋宇	浙江省宁波市社科联(社科院)党组成员、副主席(副院长)
8月16—17日	杨凤东	山东省济宁孔子文化旅游集团党委书记、董事长
9月1日	钱国伟	浙江省纪委委员、驻省委宣传部纪检监察组组长
9月16日	徐显明	全国人大常委会委员、全国人大监察和司法委员会副主任委员
9月27日	李雪勤	中国纪检监察学院客座教授、中国社会科学院中国廉政研究中心副理事长
10月13日	邱启文	浙江省委常委、统战部部长
10月18日	温　暖	浙江省纪委副书记、省监委副主任
10月19日	钟　达	浙江省舟山市人大常委会原主任
11月3日	姜　军	浙江日报报业集团党委书记、社长
11月6日	金亚秋	中国科学院院士、复旦大学教授、项目群顾问专家
11月21日	李　栋	四川省绵阳市人民政府副市长
12月14日	刘　捷	浙江省委常委、杭州市委书记
12月14日	申中华	浙江省湖州市委常委、宣传部部长

深入人心，发挥积极的影响力和渗透力，促进城市的文明与进步。

【国承彦一行考察调研孔氏南宗家庙、中国儒学馆】6月22日，尼山世界儒学中心（中国孔子基金会秘书处）党委书记、副主任，中国孔子基金会副理事长、秘书长国承彦一行到衢州孔氏南宗家庙、中国儒学馆考察调研。孔子第76世嫡长孙孔令立作工作汇报。国承彦一行深入了解孔氏家族南迁的文化影响、思想传播意义，以及南宗祭孔、中小学生开蒙仪式、高中生成人礼、大学新生入泮礼、《论语》进校园等一系列活动，并给予高度肯定。6月23日，市委宣传部召开与尼山世界儒学中心合作座谈会，就加强双方合作事项进行深入交流探讨。

（王其旗）

社会活动

【概　况】2022年，参加或开展相关社会活动近30次。2月24日，南孔文化与清廉文化建设工作座谈会召开。4月12日，南孔文化工作调研座谈会在中国儒学馆召开。4月18日，浙江电台FM104.5旅游之声《小雨说非遗》节目组到访南宗家庙。4月23日，"书香衢州 唯读有礼"2022世界读书日原创歌曲演唱会在中国儒学馆举行。7月6日，"衢乌有礼 童心同行"2022南孔儒学夏令营活动在衢州举行。7月6—7日，南孔文化发展中心主任盛雄生带队赴山东对接南北文化交流相关工作。7月26日，2022年全国台联第十九届台胞青年千人夏令营浙江分营在衢州孔氏南宗家庙举行开营仪式。9月26日，第十九届"尼山杯"衢州市中小学生《论语》学习系列大赛决赛在孔氏南宗家庙孔府花园举行。9月27日，"宋韵儒风·盛世弦歌"宋代大成殿专属古琴"清流戛玉"进衢州系列活动——"全国古琴名家名琴进衢州"首场演奏会在中国儒学馆举行。10月21日，市纪委向衢州孔氏南宗家庙转授"浙江省廉洁文化教育基地"荣誉牌匾。10月28日，2022年衢州学院新入职教师岗前培训开班仪式在衢州孔氏南宗家庙有朋堂前举行。11月25日，新时代衢州人文精神代言人聘书颁发仪式在市行政中心举行，孔子第76世嫡长孙、孔氏南宗家庙管委会主任孔令立被聘为新时代衢州人文精神代言人。

2022年10月28日，衢州学院2022年新教师培训开班仪式在孔氏南宗家庙举行

【组织文化体验活动】6月18日，组织来自美国、意大利、乌克兰、印度等国的"诗画浙江"友好使者们到衢州，体验祭孔仪式、学习作揖礼，参观衢州孔氏南宗家庙、中国儒学馆，与孔子第76世嫡长孙孔令立座谈交流。6月25—26日，组织举办"宋韵儒风"孔子学院优秀奖学金生南孔文化体验活动，来自浙师大的30余名留学生参加。通过实地参观、现场体验、互动交流等方式，学习了解南孔文化、围棋文化、二十四节气等衢州代表性文化，促进南孔文化国际人文交流。

【2022"南孔圣地·崇贤有礼"开蒙礼仪式】9月16日，在衢州孔氏南宗家庙大成殿前举行。本次活动由浙江省教育厅指导，中共衢州市委宣传部、衢州市教育局、

柯城区人民政府主办，衢州市文化高地金名片暨城市品牌工作专班、衢州南孔文化发展中心等承办。来自全市的160名一年级新生代表在主会场孔氏南宗家庙参加仪式。柯城区34所小学及各县(市、区)共39个分会场，近8000名新生同步举行开蒙礼活动。仪式由“沃盥之礼”“衣冠之礼”“尊师之礼”“启智之礼”“开笔之礼”等环节构成。

【纪念孔子2573周年诞辰祭祀典礼】 9月28日，以“南孔圣地·崇贤有礼”为主题的纪念孔子2573周年诞辰祭祀典礼在衢州孔氏南宗家庙举行。市人大常委会主任吴国升主祭，市委常委、宣传部部长邓崴司祭，孔子第76世嫡长孙孔令立陪祭。市人民政府、国际儒学联合会、社会各界代表、教师代表、孔氏族人代表等依次向孔子像敬献花篮。随后举行2022南孔文化季“南孔圣地·崇贤有礼”开蒙礼仪程首发仪式。本次典礼由央视频客户端、新华网客户端、中国网海外社交媒体平台及客户端、浙江新闻客户端等进行全程直播。

【“美美与共·浙江行”2022汉学青年学者研习营】 10月23日，在衢州、绍兴两地以直播连线的方式同步开营，由国际儒学联合会、衢州市人民政府、绍兴市人民政府、北京语言大学主办。衢州市设主会场，绍兴市设分会场。国际儒学联合会会长刘延东发来书面寄语，国际儒联秘书长贾德永现场致辞。同时举行衢州研习营授旗与南孔研修基地授牌仪式。南孔研修基地是国际儒学联合会继2021年授予曲阜研修基地之后，全国第二个研修基地。

【汉学青年学者南孔文化研学体验】 10月23—30日，来自韩国、缅甸、尼泊尔、亚美尼亚、德国等12个国家的15名汉学青年学者在衢州开启南孔文化研学体验之旅，他们先后走访参观衢州孔氏南宗家庙、水亭门历史街区、城市展览馆、国际围棋文化交流中心、钱江源国家公园科普馆等地，考察体验南宗祭孔、九华立春祭、衢州白瓷、西安高腔、大陈村歌、余东农民画等衢州传统文化。

（王其旗）

学术研究

【概　况】 2022年，组织开展学术研究活动10余次。6月28日，南孔文化保护立法工作调研会在中国儒学馆召开。7月28日，接待省社科院课题组一行专题调研文化建设与遗产保护利用工作。8月30日，召开“南孔圣地·崇贤有礼”开蒙礼活动座谈会。9月28日，组织召开国家社科基金课题《孔氏南宗与孔氏南宗文化的传承发展研究》座谈会。10月13日，南孔文化校本教材编写工作座谈会在中国儒学馆召开。11月28日，参加第一届浙江“人文之美”研讨会，王其旗作《以南孔文化为支撑 着力打造衢州文化高地“金名片”》交流发言。12月13日，南孔文化发展中心“南孔文化基因解码科普系列活动”入选浙江省社科普及创新项目和衢州市社科普及创新项目。

【浙江省文化标识建设成果交流展和文化标识建设工作推进会】 7月12日，由省文化和旅游厅主办的浙江省文化标识建设成果交流展在中国儒学馆开展。展厅内布置南孔文化、阳明文化、和合文化、吴越国钱王文化、青瓷文化等11项文化标识建设成果展示。7月14—15日，全省文化标识建设工作推进会在衢州召开。省文化和旅游厅、衢州市领导，以及全省市、县(市、区)文化和旅游局相关负责人，部分文旅研究机构负责人和专家学者参加会议。会议总结过去一年来浙江省“文化基因解码工程”和浙江文化标识建设取得的突出成果，部署下一阶段的重点工作。会议期间，与会人员参观在中国儒学馆举办的全省文化标识建设成果交流展，集中观看《开蒙礼》，考察南孔文化研学成果和水亭门历史文化街区，感受到南孔文化标识的厚重底蕴。

【2022南孔文化季启动仪式暨第三届南孔文化创造性转化创新性发展研讨会】 9月6日在衢州召开，活动由国际儒学联合会指导，中共衢州市委、衢州市人民政府、尼山世界儒学中心主办，中共衢州市委宣传部、衢州市文化广电旅游局、衢州市社会科学界联合会承办。启动仪式现场发布“大哉孔子——全球先圣像云征集”令，计划征集1000幅(尊)以上先圣

9月6日，2022南孔文化季启动仪式暨第三届南孔文化创造性转化创新性发展研讨会召开

像并进行云展示。国际儒学联合会副理事长、清华大学国学研究院院长陈来作研讨会主旨发言，中华文明探源工程首席专家、中国社会科学院学部委员王巍等专家作学术交流。

【“儒学大家谈”南孔家风家训研讨会】 9月27日在衢州召开。活动是2022年南孔文化季系列活动之一，旨在通过儒学文化与清廉建设的研讨交流，深化南孔清廉家风家训的研究和宣传，进一步推动廉洁文化建设，为打造“南孔清风”廉洁文化品牌、建设四省边际中心城市提供精神支撑和思想力量。中国纪检监察学院客座教授、中国社会科学院中国廉政研究中心副理事长李雪勤，国际儒学联合会副会长于建福作主旨发言。各专家学者以“南孔家风家训”为切入点，共同探讨儒学文化“育人”“化人”“立人”的现代路径，为深化提升“南孔清风”廉洁文化品牌建言献策。

（王其旗）

社会生活

民政事务

·综　述·

【概　况】2022年，衢州市民政系统牢固树立“民政为民、民政爱民”理念，坚持党建引领、共富引领和改革引领，一体推进全面深化改革、数字化改革和共同富裕改革，擦亮“浙有众扶”“现代社区”“浙里康养”“善行浙江”“暖心服务”五张金名片，推进基本民生保障、基层社会治理、基本社会服务等职责落实落细。

【民政事业高质量发展】养老服务体系不断健全，提前超额完成省民生实事项目，10家敬老院改造全面开工，高质量完成62万老年人自理能力筛查，居家和社区基本养老服务提升行动项目获2448万元中央专项彩票公益金资助。新登记认定慈善组织10家，新发展乡镇（街道）慈善分会4家；实施慈善“山海共富”行动，引入慈善项目59个，达成意向2885万元。开展“百社兴百村、携手助共富”乡村振兴专项行动，93家社会组织开展项目146个，11.42万人次受益。全省率先实现全市域殡葬基本服务全流程免费。创新民政执法向专项资金使用、现代社区建设等领域拓展，全省率先完成小区建筑物命名职能交接，暖心服务各项做法在全省民政工作座谈会上作交流发言。“邻礼通·三民工程”应用入选全省数字化改革最佳应用，“浙心晴”应用列入全省民政数改第二批优秀案例；迭代升级养老服务“爱心卡”应用，“五社助共富”应用五类场景全部上线。

【“浙里有福”专项福利彩票首发式】11月7—8日，“浙里有福”专项福利彩票首发上市活动在衢州举办，该项彩票为全国第二款专项福利彩票，专项用于支持山区26县的福利事业发展。活动期间举办“福彩助力共同富裕示范区建设”研讨会暨2021年度浙江省福彩社会责任报告发布会。

【各项试点落地见效】全市共争取各类试点25项，其中基层治理方面5项，数字化改革方面5项，暖心服务方面9项，水库移民方面4项，地名文化服务与文化建设方面2项。如衢江区紧紧围绕“‘一肩挑’背景下农村基层民主协商实效化机制探索”实验主题，成功创建第三批省级城乡社区治理和服务创新实验区。有效提升治理能力、推动多元共治。

·社会福利·

【困难老年人家庭适老化改造工程“提标扩面”】2022年，继续实施困难老年人家庭适老化改造工程，按照“一户一策”，为老年人制定个性化改造方案，完成1491户困难老年人家庭适老化改造工作，实现困难老年人家庭愿改尽改。推进“提标扩面”，提高实施标准，并将实施对象扩面至高龄老人，如柯城、衢江、江山、常山提高至8000元/户，龙游、开化提高至7000元/户。

【深化智慧养老服务】2022年，全市建成7家智慧养老院，101个乡镇(街道)居家养老服务中心均配备无感智能终端，实现全覆盖。同时江山市搭建“好管家”智慧养老服务平台，开发机构养老服务和居家上门服务两大监管场景，借助实时定位、服务内容(电子护理日志、服务照片)上传、人脸识别等技术手段，精细记录和监管服务内容和质量，该应用场景入选省民政厅优秀案例。

【推进幸福食堂建设】2022年，推进幸福食堂(助餐点)建设，进一步解决老年人，特别是独居老人、空巢老人的日常用餐难题。到年底，全市建成幸福食堂（助餐点)75个，实现城市社区全覆盖。

【开展城镇居家养老服务保障专项治理】2022年，出台《衢州市城镇居家养老服务保障专项治理实施方案》，对居家养老服务用房落实不到位、村(社)居家养老服务照料中心运行不正常、养老服务补贴或高龄津贴未按规定标准保障到位等问题开展专项治理工作。梳理城镇居家养老服务保障专项检查事项清单，联合市资规局、市住建局联合制定下发《衢州市新建住宅小区配建居家养老服务设施管理办法(试行)》。实施专项治理以来，开化县列入规划条件配建住宅小区居家养老服务用房4处，配建面积近1500平方米。

【开展“十佳居家养老服务中心”评选活动】11月，市、县(市、区)民政局联合组织开展评选，通过实地考评等方式，评选出柯城区衢化街道、衢江区樟潭街道、龙游县溪口镇、江山市凤林镇、常山县紫港街道、开化县芹阳办事处等“十佳居家养老服务中心”，给予10万元/家的资金奖励。

2022年7月21日，志愿者为江山市市区空巢老人上门送餐

【举办市级养老护理员职业技能竞赛】10月22日，衢州市民政局、衢州市人力社保局、市总工会联合举办2022年衢州市养老护理职业技能竞赛在衢州职业技术学院开赛，全市共有7支代表队35名选手参赛。江山市代表队、衢江区代表队、龙游县代表队分别获团体第一、第二、第三名；龙游县广和长青养老服务中心傅素琴获一等奖，由市人力社保局、市总工会分别授予“衢州市技术能手”“衢州金牌职工”称号。

【落实市级养老服务体系建设资金扶持政策】2022年，衢州市级财政下拨补助资金683.974万元，其中养老机构相关补贴207.374万元；包括市区民办养老机构床位运营补贴、养老机构综合保险、认知症障碍专区床位和智慧养老院建设补助，全市“十佳居家养老服务中心”奖励资金拨付100万元；市区城乡社区居家养老服务照料中心运营考核资金228万元；市区困难老年人家庭适老化改造补助资金140.6万元；建成幸福食堂（助餐点)16个，下拨补助资金8万元。

【儿童福利工作】2022年，衢州市孤儿120人，其中，机构养育孤儿51人，社会散居孤儿69人。列入保障的困境儿童5563人，其中事实无人抚养儿童455人，其他困境儿童5108人。实际发放孤儿和困境儿童基本生活费2897.33万元，其中，孤儿发放生活费421.75万元，困境儿童发放生活费2475.58万元。扎实推进“福彩圆梦·孤儿助学工程”项目，发放孤儿助学金29万元，资助33名在校大学生就学。全市福利机构孤儿和社会散居孤儿月平均补助标准分别为1849元/月和1428元/月；其中，儿童福利机构养育的孤儿年基本生活最低养育标准，按不低于当地上一年度城镇常住居民人均生活消费支出的70%确定，社会散居孤儿年基本生活最低养育标准，按不低于当地儿童福利机构孤儿养育标准的80%确定，困境儿童参照社会散居孤儿补助标准补差发放，每年年初按照标准重新核定一次。持续实施“添翼计划”(7—18周岁贫困家庭重病和残疾儿童集中养育康复项目)，全年超额完成“添翼计划”任务目标数，惠及66名困难家庭重病和残疾儿童。办理收养登记47件，其中，男婴15件，女婴32件。夫妻共同收养39件，无配偶男性收养4件，无配偶女性收养4件。

【未成年人保护工作】2022年，推进县级儿童福利机构向未成年人救助保护机构转型发展，全市建成市县两级未成年人救助保护中心7个。整合儿童之家、社会工作站等场所资源，统筹未保站场地、工作队伍、服务功能建设，至年末，建成乡镇(街道)未成年人保护工作站100个，实现全覆盖。指导常山县申报创建首批全国未成年人保护示范县并通过评审。

【参加第十一届全国孤残儿童护理员职业技能竞赛省级选拔赛】11月7—10日，衢州市代表队选派5名选手参加全省孤残儿童护理员职业技能培训暨“第十一届全国民政行业职业技能竞赛”全省选拔赛，获得1个个人一等奖、4个个人三等奖和集体第四名的好成绩，获“优秀组织单位”称号。

【残疾人“两项补贴”工作】2022年，平稳承接残疾人“两项补贴”(困难残疾人生活补贴和重度残疾人护理补贴)资金发放工作。困难残疾人生活补贴标准跟随低保标准相应调整，从273元/月提至最高311元/月，自7月1日起执行。至年末，发放困难残疾人生活补贴0.96亿元，共惠及328201人次，发放重度残疾人护理补贴1.1亿元，惠及533622人次。

2022年11月7—10日，衢州市代表队参加全省孤残儿童护理员职业技能培训暨“第十一届全国民政行业职业技能竞赛”全省选拔赛，图为颁奖仪式

·社会救助·

【概　况】2022年，积极构建以最低生活保障为支撑、以多元社会力量为补充、以“扩中”“提低”改革为突破的大民生救助体系，兜牢民生底线，落实各项救助措施，不断推动兜底型救助向多样化保障拓展。

【困难群众兜底保障】2022年，完善低保调标机制，将全市低保标准与最低工资标准脱钩，建立与人均消费支出相挂钩的动态调整机制，且低保标准增幅不低于人均可支配收入增幅。7月1日起，全市低保标准调整为1035元/(月·人)(年标准12420元)，同比增长13.74%。加强困难群众精准认定，新增低保4341人、低边1593人、特困313人，退出低保7371人、低边3574人、特困603人。至12月，全市在册低保对象41117户55943人，全年累计发放低保金5.2亿元，在册特困对象3700户3710人，发放特困救助资金6037万元；低保边缘对象6543户14104人；加大生活补贴增发力度，对最低生活保障对象、特困供养人员，发放一次性生活补贴，发放标准为每人500元，全市共发放困难群众一次性生活补贴资金3071.15万元，惠及困难群众61423人。连续4个月启动困难群众临时价格补贴发放工作，全年累计发放价格补贴资金1973万元，惠及困难群众30余万人次。救急难给予临时救助，印发《衢州市民政局关于做好疫情防控期间困难群众救助工作的通知》。突破户籍地限制，将因疫情导致基本生活出现困难的外来流动人口“一体纳入”临时救助范围。全年累计开展各类临时救助2967户5651人次，发放临时救助资金742万元。

【推进县域“助联体”建设】2022年，出台《衢州市县域助联体“赛马”考评细则》等制度，建立县域助联体“4+6+N”指标建设细则，夯实“线上＋线下”“政府＋社会”“救助＋慈善”助联体规范发展基础。全市集中谋划高质量的慈善救助项目，通过浙有众扶系统“助联体”模块线上发布救助项目，开展明天书屋、幸福陪伴、梦想焕新、白内障复明、善祈助学、启梦梦想屋、爱在星期天、“小候鸟”助力帮扶计划等群众获得感强、社会关注度高的项目。年内，全市建成1个市级大民生救助中心、6个县级助联体、51个乡级助联体服务站、516个村级助联体服务点，率先全省实现县级助联体市域覆盖，县级助联体占全省试点的40%，试点数据、补助资金均位居全省第一。

【“善居工程”试点建设】2022年，加强工程全过程管理，委托第三方公益社会组织进行入户调查、评估，协助申报，乡镇（街道）、县级民政部门按程序负责审核审批、公示，做到“一户一案”。改造资金每户1万元，由各县（市、区）慈善总会或财政安排配套资金每户0.6万元。与适老化改造等民政、残联、建设等部门相近救助项目统筹组织实施，广泛动员社会力量向“善居工程”实施对象家庭捐赠家具、家电等生活用具。选择20户有代表性的改造户，拍摄“浙江省善居工程系列视频”。年内，全市有400户列入2022年浙江省“善居工程”项目试点，至10月底，完成400户“善居工程”项目建设。

【全市社会救助业务培训暨竞赛活动】9月8—9日，开展衢州市社会救助业务培训暨竞赛活动，各县（市、区）民政局分管领导、业务科室负责人和工作人员、重点乡镇街道民政业务经办人员50余人参加培训，6支代表队18人参与衢州市第一届“统衢助杯”社会救助业务竞赛活动。竞赛分为理论测试和现场答辩两个阶段，设团体奖、“救助业务知识达人”和“救助业务应用能手”3个奖项，主要考察选手掌握救助政策水平、系统操作熟练度和处理争议性问题能力。

·基层社会治理·

【城乡社区治理】2022年，城市社区从124个扩展到169个，其中融合型大社区大单元17个，消除5000户以上的社区。集中开展专职社区工作者招录工作，两批招录621人，同比增长314%。每万名常住居民拥有专职社区工作者16.8人。完成专职社区工作者初任培训6期。选拔培育年度省级社区工作领军人才4名，市级社区工作领军人才25名，市级最美社区工作者13名。发动社区工作者考证，提升专业能力，至年底，专职社区工作者持证人数达631人，持证率41.49%。为45个新增社区、29个老社区落实综合服务用房7.46万平方米，其中盘活机关企事业闲置资产6.08万平方米。新建、改建“邻礼汇”社区综合服务体8个，市级补助专项经费132元。创建省级引领型农村社区23个，市级示范型农村社区30个，补助专项经费300万元。

【社会工作和志愿服务】2022年，组织衢州市社会工作者职业水平考试，全市社会工作考试报名人数3656人，其中1447人通过考试，通过率38.45%，创历年最高。全市取得国家级社会工作者职称6464人（初级5216人，中级1248人），全市每万名常住人口中拥有持证社工28人。其中，市本级1298人，柯城区916人，衢江区819人，龙游县1071人，江山市1084人，常山县500人，开化县776人。新建乡镇（街道）社会工作站50家，全市累计建成社工站100家，实现全市乡镇（街道)全覆盖,其中,柯城区18家,衢江区20家,龙游县15家,江山市19家,常山县14家,开化县14家。举办衢州市第三批社会工作领军人才(社工督导)培训,对全市13名优秀社工开展为期6个月的督导培训。

【社会组织管理】2022年,衢州市新登记社会组织117家(社团52家、民非61家、基金会4家),注销196家(社团56家、民非140家、基金会0家)。截至12月31日,全市共有社会组织18622家,其中正式注册登记为4222家,社区备案为14400家,每万人拥有注册登记社会组织18.6家,居全省各地市前列。

【引导社会组织助力共同富裕】2022年,动员引导社会组织开展“百社兴百村、携手助共富”助力乡村振兴专项行动,全市社会组织围绕重点帮促村需求,实施产业、教育、医疗等帮扶项目146个,累计投入资金1820余万元。推动社会组织开展“邻里守望”关爱行动,引导社会组织围绕关爱特殊群体、为民办实事、推进平安建设等开展各类服务,通过数字化应用发布矛盾调解、文体娱乐、心理咨询、邻里互助、老年照护等服务项目180余个,累计资金1200余万元,招募社区志愿者4000余人次,受益1.3万余人次。

·水库移民工作·

【概　况】2022年,围绕“水库移民共同富裕”目标,在产业扶持、移民增收等方面下功夫、求实效,加快水库移民融合发展,促进库区和移民安置区和谐稳定。全市水库移民后期扶持人口167683人,其中直补人口为113712人,项目扶持人口53958人,分布在100个乡镇(街道、办事处)972个行政村。全年中央和省级补助资金2.86亿元,其中,发放移民直补资金0.68亿元;谋划实施省水库移民共富示范项目、美丽移民村和产业转型升级类等项目231个,补助资金2.18亿元。年内,移民人均可支配收入达到当地农村居民平均水平的99.4%。

副省长王文序等领导到衢州调研水库移民工作,对衢州市新建水库移民安置、共富项目建设等工作予以肯定。衢州市2个工作案例入选水利部水库移民后期扶持工作典型案例,1个工作案例入选衢州市共富示范最佳实践案例。《我市水库移民发展现状分析及建议》在《衢州政务》(信息参阅)第3期上刊登,并获得省民政厅领导和市委书记高屹批示。

【水库移民共富项目】2022年,完成全市6个省水库移民共富示范项目年度建设内容,总投资约2亿元,获得省补助资金4250万元,惠及125个移民村1.52万名移民,带动移民村集体创收1690万元。注重壮大移民村集体经济,全市科学谋划并实施项目230个,总投资超5亿元,其中移民补助资金2.26亿元。引导库区和移民安置区融入“衢州有礼”诗画风光带建设中,全年建成新时代美丽移民村36个、示范带2条。指导衢江区黄坛口水库,打造集库区产业、观光、娱乐、康疗、休闲养生于一体的幸福库区,助推大库老库发展破题。

【水库移民安置】2022年,指导柯城寺桥水库、开化水库分别做好全省水库移民城镇化搬迁安置试点和共享水库工程建设发展成果试点工作。督促红船豆枢纽、高坪桥水库做好验收问题整改工作,竣工移民安置工作已通过省级终验,高坪桥水库移民安置工作得到省移民办和验收组专家高度肯定。完成衢江抽蓄电站、开化水库导(截)流阶段移民安置验收

2022年10月24日,柯城区水库移民管理中心在航埠镇雨灵山村举办水库移民技能提升培训班

2022 年 1 月 10—11 日，省移民办组织召开红船豆枢纽及船闸工程竣工移民安置终验大会

“数智增美”应用试点村江山市凤林镇白沙村安防监控屏

工作。指导柯城抽蓄项目、乌溪江混合抽蓄电站等 8 个水利水电工程做好水库移民安置前期工作，确保移民安置程序规范。

【移民帮扶和就业创业】2022 年，继续深化困难移民困难救助、危房改造、教育资助等“一揽子”帮扶机制。截至 12 月底，全市投入资金 526.53 万元，对低收入移民开展专项救助，救助困难移民 6076 人次，低收入移民数量降幅 54.4%。以移民就业需求为导向，开展灵活多样的订单式培训和定向培训，全市举办移民就业技能培训 30 余期，培训移民 3008 人次。

【服务移民】2022 年，打造移民未来社区和移民未来乡村。以龙游县湖镇镇坪湖村“铭阳家园”为试点推进“数字移民”应用建设，以江山市为试点在全省率先开展水库移民“数智增美”工程建设。以江山市为试点，实施“移民助”项目，为移民群众提供 8 大类 14 项线上办事服务内容。

·专项社会事务·

【婚姻登记】2022 年，衢州市结婚登记 14894 对，其中，涉外婚姻登记 30 对，柯城区 3085 对，衢江区 3143 对，龙游县 3797 对，江山市 2316 对，常山县 1208 对，开化县 1315 对。离婚申请 4671 对，离婚登记 3570 对。

【婚俗改革】2022 年，柯城区民政局被省民政厅列为全省婚俗改革试点单位，龙游县民政局在第一批全省婚俗改革中被评估为优秀，江山市民政局被评为良好。推广婚姻登记颁证仪式，5 月 27 日，举办“情定五月 礼遇衢州”2022 衢州市抗疫青年集体婚礼。深入推进省集中补领婚姻登记证试点工作，全市补发结婚证 51391 件，补发离婚证 393 件，共补证 51784 件。从补证试点开始，全市累计补领婚姻登记证 7 万余件，同比增长 1252%。线上 + 线下全面开启婚姻家庭辅导服务，重点做好婚前辅导、离婚冷静期辅导，全市开展各类婚姻家庭辅导 2476 件。

【幸福殿堂项目】2022 年，推进幸福殿堂“1+5”项目。“1”即指市本级幸福殿堂项目，将柯城区婚姻登记处合并到市幸福殿堂，位于鹿鸣山文化院街衢州礼堂；“5”

即衢江、龙游、江山、常山、开化5个县(市、区)重点打造5A级婚姻登记场所、婚俗文化展示馆、户外颁证点等幸福殿堂分殿堂,江山市婚姻登记处设施建设达到5A级标准。以打造凸显城市个性特色魅力的“形象窗口”,将婚姻登记、幸福产业、慈善事业相结合,努力建设成为城市十大标志性建筑、四省边际中心城市爱情地标。

【惠民殡葬】6月15日,衢州市政府办公室印发《关于衢州市区殡葬基本服务全流程免费的通知》,自7月1日正式施行。殡葬基本服务免费项目由2012年的5项增加到15项,扩大2个项目的适用范围。免费服务项目包含遗体接运、冷藏、守灵、告别、火化、骨灰盒、入葬、祭祀等殡葬基本服务全流程。经测算,群众可享受减免金额680~3720元,人均减免费用由原来的600元提高至1220元,为群众减免费用945万元,降幅达35%。各县(市)政府办公室均出台殡葬基本服务全流程免费政策。市民政局会同市发改委印发《关于进一步规范衢州市殡仪服务收费管理的通知》和《关于进一步规范衢州市公墓价格管理的通知》,对殡仪服务、公墓服务收费项目和价格进行重新核定,殡仪服务收费项目由原来的24个减少到10个,公墓最高价格由原来的8万元降到4.8万元。

【节地生态殡葬】2022年,因地制宜实施节地生态安葬点“一点一策”,以生态化、园林化为标准,构建全覆盖、多类型的生态安葬设施格局。至年底,全市建成省级公益性节地生态安葬示范点16个、树葬点239个、骨灰堂28个,安葬格(穴)位近31万个,每个乡镇(街道)都建有节地生态安葬点,节地生态安葬行政村覆盖率100%。市三山公墓、龙游县东华街道十二村联建公墓、开化县龙山公墓被省民政厅列为老旧墓区改造试点单位。做好数字化群众身后“一件事”联办应用使用培训,推进移风易俗,鼓励节俭办丧、生态安葬、无烟祭扫。建立由热心公益的党员群众、乡贤能人等组成的殡葬礼仪队伍,免费为群众举办有礼追思会300余场。探索以立法形式推进生态殡葬改革,《衢州市节地生态安葬促进条例》被列为《衢州市八届人大及其常委会立法调研项目库》第二类项目。

【“浙心晴”社会心理服务应用】2022年,紧扣群众的心理服务需求,以民政服务对象为重点,探索建设“浙心晴”社会心理服务应用。以未成年人场景为重点,搭建心理健康测评、心理咨询服务、心理知识科普、心理话题讲座、身边心理服务五大功能,构建“政府牵头、民政主导、部门协同、整合资源、多方联动、数智赋能”的心理健康关爱服务应用体系。项目自2月开始谋划,7月上架“浙里办”,8月底被省民政厅列为“浙里护苗”未成年人心理健康关爱服务场景试点。9月,被省民政厅评为全省民政数字化改革第二批优秀案例。

(刘青青)

衢州市慈善总会

【概　况】2022年,衢州市慈善总会拓展慈善募捐思路,完善慈善救助体系,加大慈善救助力度,在共同富裕、助医助学、扶弱济困、疫情防控、扶老助孤等慈善领域的工作富有成效,慈善工作呈现新局面。

【善款募集】2022年,衢州市慈善总会募集善款11963.17万元。其中,市本级3956.02万元、柯城区416万元、衢江区611.20万元、龙游县184.60万元、江山市3917.47万元、常山县2075.72万元、开化县802.16万元。

【善款支出】2022年,衢州市慈善总会支出救助资金为8179.68万元。其中,助学支教1548.13万元,扶贫助困966.72万元,助医救助1434.03万元,助残支出59.13万元,赈灾救济733.05万元,助老支出114.10万元,对口帮扶418万元,产业扶持1850.83万元,其他救助支出1055.69万元。

【共同富裕】2022年,衢州市慈善总会启动了“慈善助力 共同富裕”五年行动计划,首批10家大中型企业带头募集协议资金共计4000万元。其中巨化集团有限公司每年2400万元留本捐息,衢州华友钴新材料有限公司每年2000万元留本捐息,留本捐息资金总计4400万元。带动一批中小企业和慈善爱心人士的参与，共捐善款973万元。

【慈善助医】2022年，衢州市慈善总会创建“慈善助医”品牌，与四省边际中心医院合作，开展“慈善助医 共促健康”主题活动；与市妇保院合作，开展“慈善助医 妇幼同行”主题活动；与市中医医院合作，开展“慈善助医 康复前行”主题活动。募集助医善款800余万元，1200多名低保、低边困难家庭的患者和400多名大病儿童得到康复治疗。

【慈善助学】2022年，共募集助学资金70万元。开展“圆梦启航”爱心助学活动，帮助99名困难家庭学子圆大学梦，帮助衢州市特殊教育学校圆校服梦，学校第一次有自己的校服，学生第一次穿上校服。

【慈善助残】2022年，衢州市慈善总会联合市残疾人联合会开展“慈善助残送温暖”活动，市慈善总会出资20万元，为108名低保残疾人家庭送去电冰箱、洗衣机、电热水器、空调、电视机等家用电器，带去党和政府对残疾人的特别关爱。

【慈善助老】2022年，衢州市慈善总会联合巨化、华友、仙鹤、康德药业、东方集团等21个副会长单位，走访慰问柯城、衢江两区的46位百岁老人，给每位老人送上2000元的慰问金和1000元的慰问品。与康德药业集团联合开展“重阳送健康”活动，为衢江区2200名90岁以上的老人，送去价值52万元的宫宝护元口服液和健康长寿祝福。

【对口协作】2022年，衢州市慈善总会和市人民医院组织专家团队，赴乌什县人民医院开展“慈善助医 共促健康”大型公益救助活动，为乌什县30名白内障患者进行手术，同时捐赠50万元用于改进医院医疗设施。衢州市慈善总会捐赠资金50万元，用于对平武“7·12”洪灾受灾困难群众救助。向北川羌族自治县捐赠资金50万元，资助永昌镇残疾人之家建设。

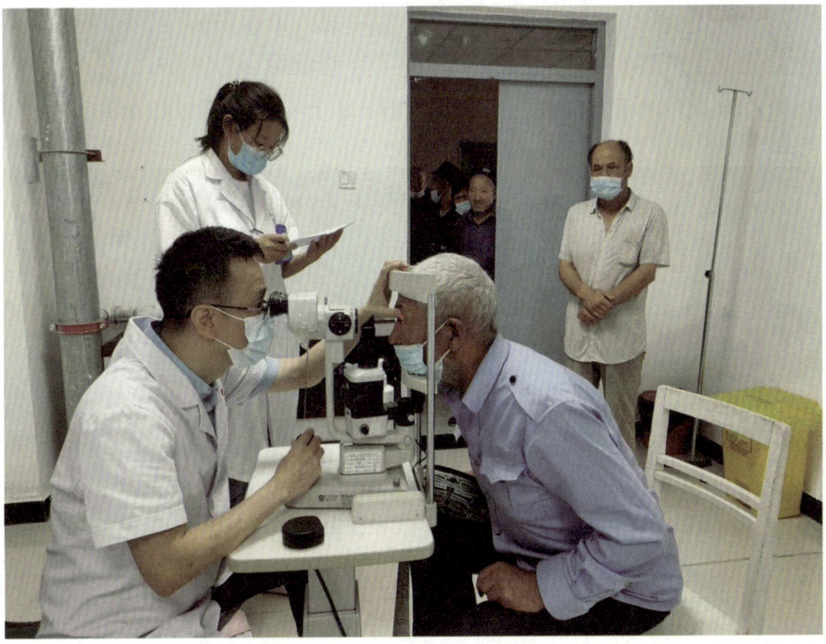

2022年8月1—3日，衢州市人民医院眼科医生为新疆乌什白内障患者检查眼睛

【慈善助业】2022年，浙江省慈善联合总会、衢州市慈善总会共同支持山区26县建设。募集1260万元为衢州市生猪养殖户办理生猪价格保险，促进全市生猪养殖产业发展。募集810万元支持龙游乡村基础设施建设和天池中药材基地建设，带动广大农民致富奔小康。

【三级网络建设】衢州市慈善总会首次在10家大型企业、医院、高职院校设立慈善工作站。各县（市、区）慈善总会积极推进三级网络全覆盖工作。江山市在19个乡镇街道建立慈善分会，294个行政村、26个社区建立慈善工作站。柯城区在18个乡镇街道建立慈善分会，213个行政村、79个社区建立慈善工作站。衢江区慈善总会在21个乡镇街道建立慈善分会，279个行政村、6个社区建立慈善工作站。常山县慈善总会在14个乡镇街道建立慈善分会，180个行政村、14个社区建立慈善工作站。开化县慈善总会在14个乡镇街道建立慈善分会，255个行政村、14个社区建立慈善工作站。龙游县慈善总会在15个乡镇街道建立慈善分会，273个行政村、6个社区建立慈善工作站。

【慈善绿卡】4月11日，江山市

第十七次政府常务会议，审议通过《江山市慈善绿卡管理办法》。江山慈善绿卡，是对一次性捐赠50万元以上的自然人和法人颁发的一种荣誉激励证书，享受与企业创业绿卡相同的行政审批、旅游住宿、子女入学、入院就医等方面优惠政策。截至年底，共有衢州南方水泥等5家企业法人申领首批江山市慈善绿卡。

【新乡贤同心共富基金】 2022年，常山县设立“新乡贤同心共富”基金。常山县慈善总会与县工商联等职能部门联动，拓展慈善资源，获得各商会及寓外乡贤支持，争取到“新乡贤同心共富”基金捐款158万元。

【善缘书屋】 2022年10月，桐乡市慈善总会与开化县慈善总会签约“善缘书屋”项目。该项目在2022年度、2023年度为开化县60名6～16周岁困境儿童打造温暖小书房，改善他们在家里的学习环境，推动社会各界关爱困境儿童的健康成长。慈善项目资金由桐乡市慈善总会提供，共计15万元，开化县商企义工服务中心具体实施，开化县慈善总会监管。

【善居工程】 2022年，省民政厅、省慈善联合总会首轮“善居工程”项目落户江山市、衢江区和龙游县，分别给予配套资金100万元、200万元、100万元。善居工程以改善提升低保家庭的基本居住条件和生活质量为目标，打造宜居、安全、便利的基本生活场景，满足低保家庭的基本生活需求。江山市首期筛选低保家庭100户，设计“一户一策特色改造方案”，善居工程改造标准为1.6万元／户，投入资金160万元，总会募集资金60万元。衢江区首期筛选低保残疾人家庭200户，投入资金320万元，总会募集资金120万元，改造规模居全省之首。龙游县首期筛选低保家庭100户，善居工程改造标准为1.6万元／户，投入资金160万元，总会募集资金60万元。

（方媛媛）

劳动与就业

【概　况】 2022年，衢州市城镇新增就业3.08万人，完成目标任务的123.20%；重点群体就业帮扶2.97万人次，实现就业2.78万人，重点群体帮扶指数98.83分，位列全省第一；帮扶就业困难人员实现就业4300人，完成目标任务的119.44%；开发公益性岗位5383个；失业保险参保43.5万人。承办公共就业服务专项业务竞赛浙江省选拔赛，为浙江省承办全国赛积累经验。7月，国务院副总理胡春华、人力资源和社会保障部部长周祖翼一行到衢州督导稳就业工作，充分肯定衢州就业创业工作。

【职业能力建设】 2022年，聚焦六大主导产业，推进“浙派工匠”民生实事，全市开展职业技能培训10.6万人次，新增高技能人才12744人，成功入选全国技术能手2人、浙江杰出工匠5名、浙江工匠20名、浙江青年工匠80名。全市兑现职业技能培训补贴7155.48万元，补贴84731人次。大力推行“以赛代培”，全年开展各类职业技能竞赛59场。衢州市技师学院、江山高级技工学校4个专业入选省级高水平专业群建设项目，全市技工院校招生3922人，创历史新高。

【劳动保障监察】 2022年，衢州市6个县（市、区）和智造新城全

2022年5月24—27日，衢州市人力社保局承办全国第二届公共就业服务专项业务竞赛浙江省选拔赛

部一次性通过“无欠薪县”复核。工程建设领域“六项制度”(农民工工资保证金制度、农民工工资专用账户管理制度、委托银行代发工资制度、农民工实名制管理制度、按月足额支付工资制度、施工现场维权信息公示制度)平均落实率90%。全市各级劳动保障监察机构受理各类举报投诉案件6630件,涉及31210人、金额4.42亿元,核实反馈“12345”政府服务热线等信访件1602件,处置市110指挥中心下达的应急联动1603起,没有发生因欠薪引发的群体性事件、网络舆情事件等。全市接收全国根治欠薪线索平台线索件1824件,办结1613件,涉及3811人、金额8820万元,办结率88.4%。

【劳动关系】2022年,组织全市241家样本企业开展薪酬调查。全市开展劳动关系协调员培训1500余人次、企业“劳动用工体检”1000余家,发布人力资源市场部分职位工资指导价和人工成本信息,高质量构建和谐劳动关系。

【农民工管理服务】2022年,依托全省农民工综合信息应用系统,采集完善全市50.52万名农民工基础信息,数据完善比达96.07%,实现农民工实名制信息管理和动态监测,为全面掌握本市农民工基本情况、分析研判农民工流向和就业形势、推进各项农民工工作提供了有力支撑。

【劳动保障电话咨询】2022年,“通衢问政”受理网络咨询事项183件,办结率100%。及时办结“12345”政府服务热线交办工单557件,网上信访256件。

【调解仲裁】2022年,衢州市各级调解仲裁机构处理劳动人事争议案件2830件。其中各级劳动人事争议调解组织受理案件893件,调解结案893件,结案率、调解率100%;各级仲裁院受理劳动人事争议案件1937件,网络办案率45.6%,结案率和调解成功率分别为95.8%和89.4%,结案涉及金额4656.93万元。

【共富培训在线应用建设】2022年,归集农业农村、住建等18个部门涉及的培训机构100余个、师资1002人,培训“新蓝领”10.6万人、“新农人”2.08万人、“新工匠”5898人,开发公益性岗位5383个,带动困难人员就业6592人,促进增收8.05亿元。创新打造共富培训在线应用,6月入选全省高质量发展建设共同富裕示范区第二批试点,8月入选省数字社会应用案例集,被评为省人力社保厅第三批最佳应用。12月,大统一培训带动“三新”人群就业致富项目被评为全省高质量发展建设共同富裕示范区最佳实践,得到国家和省、市领导批示肯定,创新做法在新华社、《人民日报》、中央电视台、《中国劳动保障报》等媒体刊发报道。

【对口支援和结对帮扶】2022年,组织商会、人力资源服务机构前往湖南、贵州、江西、四川、甘肃等地对接洽谈人才和劳务协作,涉及8个省份、20余个市(县)、81个村镇。全市新建服务站8个,与20余家人力资源公司建立合作关系。

(熊晓锐)

社会保险

【概　况】2022年,法定户籍人口基本养老保险参保202.35万人,参保率为99.81%。企业职工基本养老保险参保90.88万人,同比增加3.03万人;基金收入174.32亿元,支出171.50亿元,当年结余2.82亿元,基金累计结余4.61亿元。机关事业单位工作人员养老保险参保9.79万人,同比增加0.24万人;基金收入29.48亿元,支出27.67亿元,当年结余1.81亿元,累计结余7.56亿元。城乡居民基本养老保险参保85.21万人,基金收入24.76亿元,支出16.07亿元,当年结余8.69亿元,累计结余32.47亿元。被征地农民基本生活保障参保2.68万人,同比增加0.33万人;基金收入1.34亿元,支出1.94亿元,当年缺口0.6亿元,累计结余17.92亿元。工伤保险参保61.39万人,同比增加6.38万人;基金收入3.39亿元,支出3.00亿元,当年结余0.39亿元,累计结余2.59亿元。失业保险参保43.5万人,同比增加2.02万人;基金收入3.56亿元,支出4.84亿元,当年缺口1.28亿元,累计结余5.84亿元。

【社会保险政策】2022年,衢州市继续提高城乡居民基本养老保险待遇，基础养老金从 225 元 / 月提高至 255 元 / 月，人均月养老金 328.44 元，占当年农村居民人均可支配收入的 12.52%，各县(市、区)保障水平首次均达 11% 的目标。

【社保费缓缴】 2022 年，阶段性实施缓缴企业职工基本养老保险费、失业保险费、工伤保险费。全市社会保险费缓缴政策知晓率 100%，423 家企业和 2.4 万名灵活就业人员缓缴金额 1.67 亿元。

【社会保险缴费基数】 2022 年，全市职工基本养老保险（包括企业职工基本养老保险、机关事业单位养老保险）参保人员月缴费基数上限按照 22311 元（月平均工资的 300%），下限按照 3957 元(月平均工资的 60%)执行。

【社会保险经办管理】 2022 年，推进“网上办”“掌上办”“自助办”，全市“一件事”办理 8.28 万件，市本级办理 7712 件，全市社保高频事项网办率 97.48%，政务服务 2.0 平台一网通办率 96.88%。推进社保卡发放，至年末，全市实际累计持卡 269.09 万人，其中，城镇职工 79.4 万人，城乡居民 189.69 万人。通过社会保障卡银行账号发放社保待遇人数 60.38 万人，占全部领取社保待遇人数的 82.04%。全市职工工伤认定 6137 人，其中市本级 1359 人。劳动能力鉴定 4159 人次，其中市本级鉴定 1878 人，委托指导县(市)鉴定机构鉴定 2281 人；因病鉴定 161 人次，其中市本级鉴定 63 人，委托指导县(市)鉴定机构鉴定 98 人。

【信息化建设】 2022 年，全市发放第三代社保卡 131 万张，替换率 48%，电子社保卡人口覆盖率全省第一。不断拓展社保卡“一卡通”应用，实现跨部门近 200 项政务服务“一卡通办”，全国 300 多个城市公共交通“一卡通乘”，全市国有 A 级景区及公共文化场馆“一卡通玩”，全国范围内定点医疗“一卡通结”，跨民生领域 200 余项补贴补助“一卡通达”。

（熊晓锐）

医疗保障

【概　况】 2022 年，衢州市医保系统紧紧围绕上级决策部署，统筹推进疫情防控和医保改革发展，助推共同富裕，助力公共服务桥头堡建设，全面提升医保治理和服务水平，获评全省医保系统唯一、市本级唯一的浙江省“人民满意的公务员集体”，全国巾帼建功先进集体，以及 2022 年度全省医保系统考核、全市市级机关综合部门考核“双优秀”，全省医保经办机构工作评价先进单位，市级全面深化改革优秀单位，全市“12345”政府服务热线办理工作优秀单位等多项荣誉。

【基本医疗保险】 衢州市医保基金运行情况总体平稳，2022 年衢州市基本医保基金总收入 513190 万元(不含个账)，总支出 441030 万元(不含个账)，基金累计结存 677343 万元(不含个账)。全市户籍人口参保人数 253.98 万人，参保率 99.98%，全省排名第二。

【基本医保市级统筹】 2022 年，

2022 年 10 月 8 日，衢州市医保中心搬迁至衢州市文化艺术中心与便民服务中心，图为在 1 楼大厅增设的医保健康小屋

在实现市级统筹的基础上，完成全市医保基金的统一征缴、统一拨付、统一清算，累计结余基金上划，建立与市级统筹相匹配的大财务运行机制，出台基金支出总额预算管理办法，强化对县（市、区）基金预算的刚性、精细管控，实现全市“制度政策统一、基金统收统支、管理服务一体”，基金抗风险能力进一步增强。

【医保防贫减贫】2022 年，通过平台搭建、信息共享，将各部门职能纳入平台进行管理和规范，提高医疗救助托底保障功能。基本建成“主动发现”“精准识别”“梯次减负”“保障兜底”四大机制的标准规范，构建纵向接力、横向互补、多跨协同的因病致贫返贫防范长效机制。该项目入选衢州市高质量发展建设共同富裕示范区最佳实践案例。

【“浙江省智慧医保”系统上线】1 月 28 日，经省市县 49 天的日夜兼程协同努力，国家医疗保障平台在衢州正式切换上线（“浙江省智慧医保”），标志着覆盖全市 1193 家定点医药机构、250 万多名参保对象的医保系统成功实现异地跨“云”切换。

【“一站式”结算平台迭代升级】2022 年，创新构建共富型医保标准化“一站式”结算支付体系，将“3+N”调整为“2+N+1+1”并联式核算、串并联联合支付模式，实现“百姓利益最优、安全兼容更强、运行效能更高”，有力提升医保经办服务标准化和规范化水平。被全省医保局长培训班作为专题课程推广，获全国医疗保障经办服务规范建设典型案例二等奖、中国普惠金融典型案例。

【浙里医保·惠民保】2022 年，积极贯彻省委、省政府对“惠民保作为共同富裕示范区重大改革项目加以推进”的要求，打造衢州惠民保品牌。全省率先向社会发布《“浙里医保·惠衢保”2021 年度运行情况公告》，困难群众“惠衢保”保费由财政全额承担被列入全市十大民生实事。惠衢保各项核心指标均位居全省前列，相关做法被省委《浙里共富》刊登，被人民日报健康客户端、《健康时报》评选为“2022 多层次医疗保障综合优秀案例”。

【四省边际城市医保协作】8 月 11 日，四省边际城市医保服务协作研讨会暨战略合作签约仪式在衢州举行，打通四省边际城市医保协作通道。实现住院、普通门诊和5 个门诊慢特病病种跨省直接结算。跨省通办业务窗口实现 13

2022 年 11 月 9 日，市政府召开“惠衢保”2023 年产品新闻发布会

2022 年 8 月 11 日，四省边际城市医保服务协作战略合作签约仪式在衢州举行

个高频事项的跨省通办，累计为跨省异地就医群众提供咨询或业务办理服务6200余人次。相关做法被国家医保局《医保工作动态》和省委改革办《竞跑者》刊登。

【参保人员个人信息授权查询国家试点】2022年，聚焦参保群众、医院、医保、商保公司之间健康信息共享困难等堵点难点，打造医保全生命周期数据授权查询应用系统，并于2022年10月在江山试点运行，在全国12个试点城市中首批实现试点成果落地。该试点工作在全国医疗保障工作会议上得到国家医保局局长胡静林点名表扬，并在全省医疗保障工作会议上作经验交流。

【医保数字化改革】2022年，衢州市11个数字化改革项目被纳入省医保局“一地创新、全省共享”应用项目库，占总数的1/3，数量位居全省第一。其中，新生儿参保“免审即办”项目，作为地市特色纳入省数字社会系统“关键小事 智能速办”重大应用第二批接入事项，作为浙江省唯一实时链接展示的数字化应用，入选迎接党的二十大成就展。

【医保基层服务】2022年，多点落地“未来社区 医保到家”试点，实现医保业务“在家办”、求医问诊“在家约”、常规药品“在家买”、一般疾病“在家看”、健康管理“在家享”，为群众提供“家门口”的医保优质服务。推进基层服务示范点建设，4月6日，衢江区莲花便民服务中心获批首批省级医疗保障服务示范点。

【医保支付方式改革】2022年，开展分解住院规则、特色专科倾斜、特需床位费用、国谈药品结算等系列测算分析和精细化管理工作，推进DRGs（疾病诊断相关分类）相关政策的优化完善。实现全市住院医疗总费用增幅连续下降，从2017年15.4%下降到2022年5.61%。

【医疗服务价格改革】2022年，坚持“腾空间、优结构”基本原则，统一全市公立医疗机构医疗服务价格，理顺部分矛盾突出项目的医疗服务价格。对近2000项医疗服务项目价格进行调整，共腾空间3524.79万元，调价总量3235.01万元。

【药品耗材带量采购】2022年，衢州市开展国家、省级和市级联盟集中带量采购药品和耗材14个批次352个品种，采购总金额1.71亿元，节约患者医疗费用约2.54亿元。

【打击欺诈骗保】2022年，全面开展日常检查全覆盖、举报案件规范核查和医药机构自查自纠，保持打击欺诈骗保高压态势。全年全市查处医保违规违约案件220起，查处追回金额2223.01万元，自查自纠共清退基金1525.08万元。

【医保疫情防控】2022年，3次降低核酸检测和抗原检测价格。落实疫情救治医保基金专项预付政策，对全市114家定点医疗机构预付3个月6.27亿元医保基金。落实优化“乙类乙管”后参保人员治疗费用保障政策，通过新冠住院费用全额保障、急诊门诊费用75%报销、药品范围扩大，切实降低新冠患者就医负担。开展两次阶段性缓缴职工医保费，惠及全市2.7万家企业，缓缴医保费用1.89亿元。大力度推进“互联网+医保”工作，实现“患者线上就医、药品线下配送、医保在线支付”，全市有衢州市人民医院等8家医院和药店开通“医保移动支付”功能。

（黄　芳）

住房公积金管理

【概　况】2022年，衢州市住房公积金中心深入实施“强基赋能、改革提级、建缴扩面、精细服务、干部聚能、风险防控”争先创优六大行动，促进住房公积金事业蓬勃发展。获评2022年度全省住房公积金系统目标责任制考核优秀单位、省建设厅2022年度“红旗窗口”。

【住房公积金归集】2022年，衢州市有7565家单位企业缴存住房公积金，缴存职工289402人。衢州市归集住房公积金67.78亿元，同比增长9.93%；累计归集住房公积金535.58亿元，归集余额141.24亿元。

【住房公积金提取】2022年，衢州市住房公积金各类提取50.31亿元，同比下降2.2%；累计提取住房公积金394.35亿元。

【住房公积金贷款】2022年，衢州市发放住房公积金贷款6042

户，34.78亿元，同比增长12.6%；累计向115144户家庭发放个人住房公积金贷款310.68亿元，贷款余额126.79亿元，存贷比为89.77%。住房公积金个贷风险控制良好，年末全市贷款逾期率为0.0001%。

【住房公积金收益】2022年，衢州市实现住房公积金业务收入4.32亿元，同比增长6.56%；业务支出2.13亿元，同比增长11.77%，实现增值收益2.19亿元，同比增长1.92%。2022年底，全市增值收益账户存款余额11.25亿元。

【调优住房公积金政策】2022年，实行贷款限额与个贷率挂钩浮动机制，全市住房公积金个贷率连续三个月处于95%以上、90%（含）~95%、85%（含）~90%、85%以下四个区间相应的住房公积金贷款即可执行家庭60万元、70万元、80万元和100万元，个人30万元、40万元、50万元和60万元的贷款限额；调整住房公积金贷款首付款比例，购买首套住房申请公积金贷款的，首付款比例不低于20%，购买第二套住房申请公积金贷款的，首付款比例不低于30%；提高引进人才的贷款额度，经认定的引进人才在衢州市行政区域购买首套普通商品住宅的，按规定支付完首付后，可申请公积金全额贷款，全日制本科学历人才可申请当期公积金最高限额贷款；扩大以家庭为单位计算贷款额度范围，父母、子女作为共有产权人共同购买普通商品住宅的，允许父母子女共同以家庭为单位计算贷款额度；提高无房二孩、三孩家庭租房提取额度，最高限额上浮50%，即缴存职工及配偶按每月租房提取公积金的总额度最高不超过3000元。给予非衢州户籍企业员工购房住房公积金补贴，从购房当年至衢州工作期间每人每年给予8000元补助。

【助力共同富裕示范区建设】2022年，成为全省住房公积金助力共同富裕示范区建设，推进灵活就业人员建立住房公积金制度试点，出台《衢州市灵活就业人员参加住房公积金制度管理办法（试行）》，给予政策优惠激励灵活就业人员建制；创新委托贷款专户管理方式，在工农中建交5家公积金归集银行基础上，将全市6个县（市、区）农商银行纳入住房公积金归集银行；创新推出支持农业转移集聚人口住房公积金“公农贷”业务，推动农村农民建制。年内，全市灵活就业人员新增缴存人数14486户。

【改革创新】2022年，持续深化改革创新。全省率先开发建设住房公积金为企业职工纾困“应急帮扶”应用场景。迭代升级住房公积金贷款“不见面”应用，提高应用的安全性、稳定性和便捷性，面签最大并发量从原100人20个面签室提高到500人100个面签室，面签时间从15分钟减少到5分钟左右。

（郑　星）

居民生活

【概　况】2022年，衢州全市上下认真贯彻落实党中央、国务院和省委、省政府的决策部署，科学统筹疫情防控和经济社会发展，不断在促进就业、发展产业、推进改革、强化保障上下工夫，居民增收工作成效显著。

【城镇居民收入】2022年，衢州市城镇常住居民人均可支配收入57465元，同比增长5.3%，比全省平均（4.1%）高出1.2个百分点，增幅位列全省第一，收入水平与全省差距逐步缩小。2022年，全市城镇居民人均可支配收入相当于全省平均（71268元）的80.6%，同比提高0.9个百分点。从收入来源看，全市城镇居民人均工资性收入34569元，同比增长5.1%，占可支配收入比重60.2%，拉动可支配收入增长3.0个百分点，是收入增长的主要动力；人均经营净收入7885元，同比增长4.2%，占可支配收入比重13.7%，拉动可支配收入增长0.6个百分点；人均财产净收入5601元，同比增长5.9%，占可支配收入比重9.7%，拉动可支配收入增长0.6个百分点；人均转移净收入9410元，同比增长6.8%，占可支配收入比重16.4%，拉动可支配收入增长1.1个百分点。

【城镇居民消费支出】2022年，衢州市城镇常住居民人均生活消费支出33630元，同比增长

7.0%。从消费结构看，八项支出（食品烟酒、衣着、居住、生活用品及服务、交通通信、教育文化娱乐、医疗保健、其他用品和服务）呈现“六增二减”态势。2022年，城镇居民人均食品烟酒支出8185元，同比增长5.6%；人均居住支出9070元，同比增长13.0%；人均生活用品及服务支出2252元，同比增长20.4%；人均交通通信支出4106元，同比增长8.9%；人均教育文化娱乐支出4940元，同比增长0.3%；人均其他用品和服务支出842元，同比增长7.7%。2022年，城镇居民人均衣着支出2006元，同比下降2.6%；人均医疗保健支出2229元，同比下降0.9%。

【农村居民收入】2022年，衢州市农村常住居民人均可支配收入31468元，同比增长7.5%，比全省平均（6.6%）高出0.9个百分点，增幅位列全省第二，收入水平与全省差距逐步缩小。2022年，全市农村居民人均可支配收入相当于全省平均（37565元）的83.8%，同比提高0.8个百分点。从收入来源看，全市农村居民人均工资性收入18870元，同比增长7.8%，占可支配收入比重60.0%，是收入增长的主要动力。规模以上工业企业职工工资上调、就业形势平稳向好等因素促进工资性收入稳步增长。经营净收入7105元，同比增长6.2%，占可支配收入比重22.6%。增长主要得益于农业生产形势平稳、多轮促消费活动促进消费市场增长等。财产净收入536元，同比增长11.7%，占可支配收入比重1.7%。居民存款增加投资理财收益增长、农村“三地一房”（三地指宅基地、耕地、集体土地，一房指房屋）改革持续深化等因素推动财产净收入快速增长。转移净收入4956元，同比增长7.7%，占可支配收入比重15.8%。低保残保标准继续上调、政策性补贴及时兑现等因素推动农村居民转移净收入稳步增长，是农民增收的重要支撑。

【农村居民消费支出】2022年，农村居民人均生活消费支出19450元，同比增长8.8%。从消费结构来看，八项支出（食品烟酒、衣着、居住、生活用品及服务、交通通信、教育文化娱乐、医疗保健、其他用品和服务）呈现“六增二减”态势。全市农村居民人均食品烟酒支出5862元，同比增长7.6%；人均居住支出5022元，同比增长10.9%；人均生活用品及服务支出1131元，同比增长24.0%；人均交通通信支出2411元，同比增长14.0%；人均教育文化娱乐支出2461元，同比增长8.7%；人均其他用品和服务支出262元，同比增长3.8%。农村居民人均衣着支出965元，同比下降3.4%；人均医疗保健支出1336元，同比下降1.3%。

（朱乔琪　周童旭）

柯城区

【概　况】2022年，柯城区总面积606.57平方千米，其中建成区49.79平方千米；辖2个镇、7个乡、9个街道，有213个行政村、79个城市社区；年末总户数18.37万户，年末户籍人口44.25万人，全年出生新生儿2716人，死亡2927人。

地区生产总值651.19亿元，比上年增长6.1%。第一产业增加值8.91亿元，增长1.9%；第二产业增加值288.07亿元，增长8.3%；第三产业增加值354.21亿元，增长4.7%。三次产业占比为1.37：44.24：54.39。按户籍人口计算，人均生产总值147233元，增长6.0%。全区固定资产投资增长26.4%。财政总收入23.15亿元，增长4.0%，其中一般公共预算收入14.25亿元，增长10.7%。

实现农、林、牧、渔业总产值11.85亿元，同比增长2.6%。粮食总产量2.53万吨，增长6.46%；瓜果类产量1.11万吨，增长2.6%；蔬菜及食用菌产量16.44万吨，增长4.4%；禽肉产量622.1吨，下降0.57%；禽蛋产量511.04吨，下降32.1%；新增稻渔综合种养省级示范基地1个，省级高品质绿色科技示范基地3个。

年末规模以上工业企业37家，全区实现工业增加值253.28亿元，同比增长10.8%。高新技术产业增加值126.5亿元，同比增长18.2%；新增报会企业3家，中巨芯顺利过会。数字经济核心产业增加值44.87亿元，增速28.2%，位列全市第二。

房地产投资额144.25亿元，增长5.4%；商品房销售面积67.85万平方米，下降7.8%。有资质的建筑业企业118家，完成建筑业总产值84.8亿元。

年末境内公路总里程738公里；公路密度122公里/百平方公里以上。

实现社会消费品零售总额229.69亿元，同比增长3.3%；实现进出口总额15.33亿元，增长

2022年6月23日，杭金衢高速柯城互通

23.28%。接待游客（含市辖区）296 万人次；旅游总收入 38.79 亿元。

实施 2 轮“汽车促消费”政策，投入 3000 万元，拉动汽车行业增长 8.13 亿元。文旅产业融合试验区通过省级验收。衢州灵鹫山省级旅游度假区正式批复设立；九华立春祭被列入浙江省首批文化标识培育名单；余东村先后入选第四批全国乡村旅游重点村、金 AAA 级景区村培育名单、第一批浙江省公共文化国际交流基地实施“一乡千宿”，新增民宿（综合体）39 家。

全区有小学 29 所，在校学生 30980 人；初中 11 所，在校学生 13426 人。1 家企业申报省级重点科研计划项目获立项，选拔推荐 5 个项目申报市级科技计划项目。全区有效发明专利拥有量 2165 件，同比增长 23.6%，发明专利拥有量 40.94 件 / 万人；专利授权量为 2025 件（其中，发明专利 452 件，实用新型专利 1402 件，外观设计专利 171 件）。有医疗卫生机构 425 家，卫生系统在岗职工 1788 人，其中正式在编职工 1205 人（区人民医院 674 人、区中医医院 91 人、区妇幼保健院 56 人、乡镇卫生院和社区卫生服务机构 384 人）。

养老保险参保 206259 人（含企业养老及城乡养老），其中企业养老保险参保 144852 人，城乡居民养老保险参保 61407 人。医疗保险参保 316983 人（含职工医保及城乡居民医保），其中职工医疗保险参保 112369 人，城乡居民医疗保险参保 204614 人；生育保险参保 85490 人。全区社会福利院 9 个（含市本级 3 家），中心敬老院 6 所。全体居民人均可支配收入 55077 元，增长 6.3%。

辖区内 3 个国控、1 个省控断面均达到Ⅱ类水标准，地表水全部优于Ⅲ类水体比例，水质达标率 100%；$PM_{2.5}$ 浓度均值为 26 微克 / 米^3，优于年度目标 27 微克 / 米^3，空气质量优良天数比例为 92.6%。

2022 年 9 月 1 日，教工幼儿园开学

2022 年，柯城区勇夺山区 26 县发展实绩考核第一名，创历史最好成绩。入选第六批国家生态文明建设示范区；获省数字生活新服务样板县称号；获“浙农富裕”应用农房盘活数字化场景第一批“先行先试”推广应用县（市、区）称号；获评浙江省第三批新时代美丽乡村共同富裕示范带；全省农村生活垃圾分类处理工作优胜县（市、区）；获评浙江省“一事一议”财政奖补工作成绩突出县；县（市、区）乡村全域土地综合整治与生态修复绩效评价结果列全省第一名；全域土地综合整治、大力发展数字经济、推进未来社区建设等 3 项工作获省政府督查激励。

【邻礼通“三民工程”应用获评全省数字化改革最佳应用】 10 月 29 日，浙江省委改革办（省数改办）公布 2022 年数字化改革“最系列”成果，衢州市柯城区“邻礼通·三民工程”上榜“最佳应用”。“邻礼通·三民工程”应用是柯城区聚焦基层智治和现代社区治理开发的一项特色应用，于 2021 年 9 月上线，包括民情档案、民情沟通、为民服务、组织体系 4 个子场景。应用通过数据归集、全量排查、分类管理，对 14 类重点人群 1.35 万人，进行“红黄绿”分类赋色管理，并提供个性化精准服务，实现公共服务“一站可享”、重点服务“一社一策”、服务力量“四方协同”。

2022 年 7 月 11 日，“零废生活”入选全省居民碳账户应用试点

【入选全省深化“千万工程”建设新时代美丽乡村工作优胜县】 2022 年 12 月 11 日，浙江省“千村示范、万村整治”工作协调小组办公室公布柯城区入选全省深化“千万工程”建设新时代美丽乡村工作优胜县。近年来，柯城区着眼全域，持续深化农村人居环境提升，推动农村生活垃圾分类全面覆盖，开展农村厕所革命惠民便民，巩固美丽乡村“生态本底”；突出重点，着力培育特色精品村庄，打造诗画风光带柯城示范段，探索文化艺术赋能乡村振兴新路径，构建“美丽庭院 + 一米菜园”模式，提升美丽乡村“乡土韵味”；聚焦数改，深入开展未来乡村建设，在全省率先启动以农民画为特色的余东未来乡村建设，巩固成果、增点扩面，同步推进沟溪片区、妙源·茶铺、麻蓬、严村等一批未来乡村建设，构建乡村治理服务“一张网”，实现美丽乡村共建共享。

【项目建设】 2022 年，实现固定资产投资同比增长 26.4%，5 个投资结构性指标保持较快增长，制造业、高新技术产业投资增速领跑全市。寺桥水库、常山港航电枢纽等一批支撑性项目开工建设，杭金衢柯城互通、上下蒋安置小区等 34 个重点项目完工交付。七里至石梁公路等 12 个项目列入省重点建设项目计划。获得三季度全省投资“赛马”激励。

【招大引强】 2022 年，引进亿元以上项目 15 个，其中鑫元电子、元森光电等总投资 20 亿元以上项目 4 个，到位资金 15 亿元。航电信息、中唯精工等一批项目实现当年签约、当年建设、当年投产。东巨康项目从谈判签约到落地投产仅用时 100 天，一个季度实现产值 3 亿元，创下招商项目落地新纪录。

【要素保障】 2022 年，新增垦造耕地 4850 亩，盘活处置低效用地 573.3 亩，完成低效用地再开发 553.6 亩。获批新增建设用地 1910.5 亩、林地定额 1055 亩。东巨康项目列入省引领性重大产业项目，获得建设用地指标奖励 351 亩。航埠 K12 学校列入山区 26 县标志性工程，获得建设用地指标奖励 77 亩。争取乡村振兴综合试点等重大政策资金 5.5 亿元。获批并发行专项债券和一般债券 27.1 亿元。

【现代农业】 2022 年，建成高标准农田 6300 亩，粮食总产量 2.5 万吨，同比增长 6.5%。农业平台基本成型，数字农业科创园全面开工，科创服务中心、农事综合服务中心主体结顶，植物工厂建成投用。招引亿科种业、明辉科技等企业 5 家。鲟龙水产列入国家种业阵型企业名单。“南孔圣柑”区域公用品牌影响力持续提升，新增无核椪柑、鸡尾葡萄柚等优新柑橘种植面积 1300 余亩。“两山合作社”新增流转土地 1.2 万亩，派发分红 1400 余万元。创新打造“红小播”“吴大姐”等共富工坊 62 个，带动集体增收 1300 余万元。

【生态工业】 2022 年，有效保障吉利三电、晓星等 10 个 10 亿元以上项目签约落地，时代锂电项目提前 3 个月实现量产。全面推进航埠生态工业园区整合提升，高效完成刘山村、凤凰山区块征收，新增工业发展空间 360 亩。凤山路等 9 条配套道路完成改造，人才公寓开工建设。全域实施高耗低效企业整治 74 家，盘活存量用地 440 余亩。全链增强主导产

2022 年 10 月 12 日，九华乡上铺村举办丰收节

2022 年 6 月 24 日，礼贤未来社区安置房交付工作启动

业，新落地轴承智造、光电产业链项目 13 个、投产项目 5 个。全区新增产值 10 亿元以上企业 21 家、5 亿～10 亿元企业 14 家。新增高新技术企业 26 家、省科技型中小企业 204 家。

【现代服务业】 2022 年，构建市区服务业协同发展新格局，助推智慧新城入选省级现代服务业创新发展区，颐高科技创业园获评省级创业孵化基地。全区新增规上服务业企业 52 家，规上服务业营收 106.7 亿元，同比增长 19.4%。提升专业市场能级，森联汽车、红星时代广场签约落地，顺丰物流基地、数字经济中心、凯泰二期破土动工，融信商务中心、腾隆实达实等建成运营。引进融欣商务、勤鉴天下等总部型服务业项目 5 个，直播产业创业街产值 13.3 亿元，“它经济”产值超亿元。加快消费复苏，举办多轮多领域促消费活动，拉动消费 10.3 亿元。稳住外贸基本盘，实现出口总额 163 亿元，同比增长 36.6%。

【城市建设】 2022 年，九华大道隧道、紫薇路隧道建成通车，双港大桥顺利顶推合龙。片区开发快速推进，落马桥、昌苑安置小区主体结顶，南一道东段、滨二路等建成通车。城市更新亮点纷呈，13 个未来社区开工建设，斗潭、白云 2 个未来社区、南孔古城传统风貌样板区入选全省首批共同富裕现代化基本单元。回龙、新荷未来社区通过省级验收。主城征收再下一城，36 天完成宫宝地块 229 户征收，实现签约、腾空、拆除“3 个 100%”。高铁新城、古城双修、礼贤未来社区等安置房顺利交付，3500 余户安置户喜迁新居。高质量完成全国文明城市年度复评。

【乡村环境】 2022 年，沟溪片区、麻蓬、妙源、严村 4 个省级未来乡村通过验收。建成美丽乡村示范乡镇 1 个，美丽宜居示范村 3 个、特色精品村 4 个。余东村获评全国乡村旅游重点村，石室乡列入美丽城镇省级样板。全面提升诗画风光带沿线整体风貌，创成“诗画南孔”新时代美丽乡村共同富裕省级示范带。城乡交通更加便利，里前坞至余家山头等道路建

2022 年 7 月 9 日，石室乡进士馆开馆

2022 年 7 月 13 日，全省“大综合一体化”行政执法改革暨深化基层管理体制改革推进现场会召开

成通车，新增“四好农村路”47 公里。“五水共治”群众幸福感指数连续 2 年位居全省第一，成功捧回大禹鼎“银鼎”，获评省长江保护修复攻坚战突出贡献集体。高标准整改落实省委生态环境保护专项督察反馈问题。

【全域旅游】2022 年，景区村覆盖率 73.3%，景区镇覆盖率 66.7%。持续丰富乡村旅游业态，协众天仓岭等 8 家露营基地开放运营，成为市民休闲好去处。新增省级金宿 1 家、银宿 3 家、文化主题民宿 1 家，建成民宿集聚村 2 个。飞鸿神网谷二期、灵鹫圣境等项目全面开工，灵鹫山上山道路路基全线贯通。春风动力运动基地一期投入试运营。

【数字化改革】2022 年，新增上线数字化应用 12 个，“邻礼通·三民工程”入选中国改革 2022 年度典型案例，提名省改革突破奖银奖。“零废生活”入选全省居民碳账户应用试点。数字政府建设高效推进，“e 行在线”“药品安全在线”“帮农促富”等 35 个应用全面贯通。获评全省“浙农富裕”农房盘活数字化场景第一批“先行先试”推广单位，盘活农房 518 宗。

【营商环境】2022 年，接续出台 8 方面 39 条稳经济政策，为企业减负 5.3 亿元，兑现各类惠企资金 6.6 亿元。打造高效务实政务服务环境，大力推进“网上好办”“跨省通办”，“一网通办”率 98.6%。深入推进企业社区化网格化服务和营商环境清障行动，常态化开展“亲清直通车·政企恳谈会”，办结问题 180 余个。

【重点领域改革】2022 年，“大综合一体化”行政执法改革经验全省观摩学习。“1+5”行政执法体系实现全覆盖，下沉一线执法力量 75%以上。完成国资改革三年行动收官战，国资资产总额 265 亿元，增长 37%。“1+3+3”国资公司架构成型，成功发行公司债 10 亿元。建投公司、乡村振兴公司通过 2A 信用评级。山海协作扎实推进，“产业飞地”正式投入运营，落地亿元以上项目 3 个。

【社会事业】2022 年，完成石梁珊塘等 5 所学校撤并整合，新华二小、城南初中等建成投用。新增通荷、九龙等公办幼儿园 7 所、学位 2850 个，全国学前教育普及普惠县通过省级初评。区第二人民医院、公共卫生服务中心、人民医院门急诊大楼等项目快速推进，中医医院一期竣工交付。在省第十七届运动会中收获金牌24.7枚、奖牌56.6枚，金牌数、奖牌数全市第一。成功创建立春文化(柯城)传承生态保护区。

【民生保障】2022年，聚焦“一老一小”，区社会福利院、航埠镇敬老院完成建设，“爱心卡”养老服务入选首批省级试点，斗潭社区获评全国示范性老年友好型社区。新增托育机构4家、托位483个，入选普惠托育基本公共服务省级试点。创新实施“智慧就业e站”，完成就业技能培训1.7万人次，新增城镇就业1.25万人。户籍人口基本养老保险、医疗保险参保率稳定在99%以上，“五类人群”健康保险实现全覆盖。深入开展农民饮用水安全保障专项治理。优化调整社区规模。落实13个“城中村”“飞地”属地管理责任。

【平安建设】2022年，排查整改风险隐患8316处，生产安全事故起数、死亡人数分别下降37.5%、50%，未发生较大及以上事故。成功处置“6·20”洪峰汛情。在全省率先投保公共水域“防溺水险”。常态化推进扫黑除恶斗争。严厉打击电信网络诈骗，案件数、案损额分别下降7%、12.9%。统筹打好开门接访、包案化解、依法处置“组合拳”，完成党的二十大等重大活动期间维稳安保任务。

（周浩伟）

衢江区

【概　况】2022年，衢江区总面积1747.54平方千米，其中建成区23.21平方千米；辖2个街道、10个镇、8个乡，有279个行政村、14个城市社区。年末总户数168592户，总人口数为410190人，比2021年减少711人。

地区生产总值291.02亿元，增长5.2%。其中，第一产业增加值21.51亿元，下降0.9%；第二产业增加值129.65亿元，增长5.3%；第三产业增加值139.86亿元，增长6.3%。三次产业结构由上年的7.9∶45.8∶46.3调整为7.4∶44.6∶48.0。全区人均生产总值按户籍人口计算为70886元，增长5.4%。全年固定资产投资增长27.4%。财政总收入21.24亿元，增长10.5%，其中，一般公共预算收入14.76亿元，增长10.7%。年末金融机构人民币存款余额381.81亿元，增长20.8%；贷款余额为440.77亿元，增长23.2%。

实现农、林、牧、渔业总产值32.1亿元，下降0.9%。粮食总产量12.96万吨，增长0.1%；油料产量1.22万吨，增长0.43%；水果总产量13.67万吨，下降6.4%；蔬菜产量29.3万吨，增长3%；肉类产量3.23万吨，下降4.4%；禽蛋产量1.5万吨，增长7.1%；水产品总产量1.44万吨，与上年基本持平；人工造林311公顷，人工更新25公顷，森林覆盖率67.66%。

年末规模以上工业企业214家，全年实现工业增加值114.31亿元，增长3.5%；高新技术产业增加值77.9亿元，增长10.2%；规模以上工业企业全年实现营业收入536.82亿元，同比增长17.3%，实现利税总额38.45亿元，同比下降24.3%。新登记企业1562家，增长18.24%。

完成房地产投资16.25亿元，下降12.3%；商品房销售面积16.28万平方米，下降30.0%；资质以上的建筑业企业105家，全年建筑业实现增加值15.38亿元，增长21.2%。

年末境内公路总里程1780.57千米，民用汽车拥有量9.49万辆。

实现社会消费品零售总额88.45亿元，增长11.0%。全年外贸进出口总额(不含一达通)人民币口径103.57亿元，下降1.1%。全年接待游客898.2万人次，下降14.9%，实现旅游总收入123.7亿元，下降27.3%；拥有景区景点9个，星级饭店2家，星级饭店客房378间。

全区拥有学校112所，在校学生47804人。获得省、市、区级科技计划项目立项33项；专利授权数120件。有医院、卫生院24个，卫生技术人员2214人。在2022年浙江省第十七届运动会中，获得女子拳击项目银牌、男子跆拳道项目铜牌；组队参加浙江省少年儿童田径冠军赛获得1枚银牌、3枚铜牌。

2022年1月,衢江区获2021年全国村庄清洁行动先进县称号,图为樟潭街道乌溪桥村垃圾治理后成效

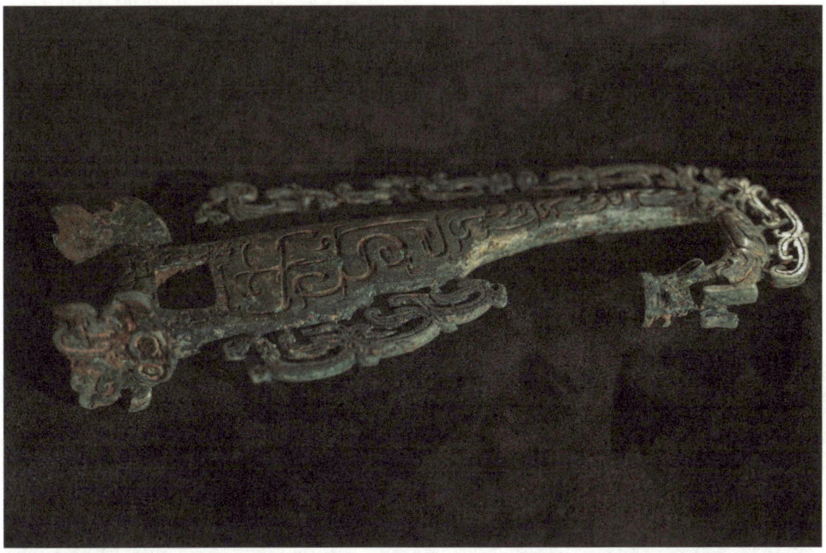

2022年2月,衢江西周高等级土墩墓入围2021年全国十大考古新发现终评,图为出土承弓器

年末城乡居民社会养老保险和医疗保险参保分别为15.54万人和25.12万人,参保率分别达到99.90%和99.97%;各类养老服务机构13个;城镇居民人均可支配收入47918元,增长5.0%;城镇居民人均生活消费支出27538元,增长6.9%,农村居民人均生活消费支出17762元,增长9.1%。城乡最低生活保障标准提高到910元/月。

全区地表水环境功能区达标率为100%,城市集中式饮用水水源地水质达标率为100%,跨行政区域河流交接断面水质达标率为100%,空气质量(AQI)优良天数比例95.8%,$PM_{2.5}$浓度平均值为22微克/米^3。

【获评2021全国村庄清洁行动先进县】1月,衢江区荣获2021年全国村庄清洁行动先进县称号,浙江省仅有3个县(市)入选。近年来,该区重点发动农民群众开展“三清一改”(清理农村生活垃圾、清理村内塘沟、清理畜禽养殖粪污等农业生产废弃物,改变影响农村人居环境的不良习惯),并开展以“垃圾革命”“厕所革命”为主要抓手的农村人居环境整治村庄清洁工作,实现行政村农村生活垃圾分类、公厕覆盖率100%,农村生活垃圾“零”增长,并得到减量化、资源化、无害化处理。

【西周高等级土墩墓群入围2021年全国十大考古新发现终评】2月,衢江西周高等级土墩墓入围2021年全国十大考古新发现终评,浙江省仅有2项入围。该墓群位于衢江区云溪乡棠陵邵村和孟姜村,东为铜山溪、西为邵源溪、南为衢江、北为高山,构成三面环水、一面靠山的相对独立的丘陵地理区域,目前发现10座大型土墩墓,是浙江省内规模最大、等级最高的西周土墩墓群,极有可能是“姑蔑国”王陵。6月25日,浙西考古工作站揭牌仪式在衢江区云溪乡孟姜村举行,该工作站由省文物局、省考古研究所与衢江区文广旅体局共建共管,主要负责衢州及附近地区的考古调查、勘探、发掘和出土文物的修复、保护、研究等工作,并适时向周边地区提供考古服务。

【纤纳α钙钛矿太阳能电池组件

2022年5月20日,“纤纳 α 钙钛矿组件全球首发”仪式在衢江区举行

全球首发】5月20日,“纤纳 α 钙钛矿组件全球首发”仪式在衢江区举行,标志着钙钛矿光伏技术真正从实验室走向商业化应用。该组件采用溶液打印技术,具有功率高、稳定性好、温度系数低、热斑效应小、不易隐裂等特性,可进行12年产品材料与工艺质保、25年线性功率输出质保,具有高经济性、稳定耐用和光电性能优异三大优势。

【全国公安系统爱民模范获表彰】5月25日,全国公安系统英雄模范立功集体表彰大会在北京召开,衢江公安分局廿里派出所荣获“全国公安机关爱民模范集体”称号,杜泽派出所副所长方婷婷荣获“全国公安机关爱民模范”称号。

【望江苑未来社区成为全省首批未来社区】5月27日,衢江区望江苑未来社区通过省级第一批验收,成为浙江省首批28个未来社区之一。该未来社区位于衢江城区核心区域,规划单元118公顷,实施单元23.07公顷,南至府前路,北至衢江,西至求真路,东至求实路,于1月完工并投入运营,是浙江省首个未来社区运行试点。社区围绕“智慧康养社区、绿色低碳家园”的理念,重点解决“一老一小”“低碳生活”等方面需求,打造复合型邻里中心、邻里广场、共享食堂等场景,同时通过环境设施改造、场景空间构造、数字化打造等,着力建立以“一统三化九场景”(一统即坚持党建统领;三化即以人本化、生态化、数字化为价值导向;九场景即构建未来邻里、教育、健康、创业、建筑、交通、低碳、服务和治理九大场景)为标志性的社区生活圈。

【全省商务系统行业商协会助力共同富裕示范区建设启动仪式暨首场对接会举行】6月29日,浙江省商务系统行业商协会助力共同富裕示范区建设启动仪式暨首场对接会在衢江区举行。会上举行“助力山区26县,携手共同富裕”签约仪式,签署合作协议25个,涵盖跨境电商、农产品流通、餐饮、日用消费品等行业,意向签约金额超2亿元。省商务厅行业协会商会委员会发出全省商

2022年5月27日,衢江区望江苑未来社区通过省级第一批验收,图为望江苑未来社区实景

务系统商协会携手共同富裕的倡议书。

【**入选浙江数字乡村和农业农村数字化改革案例集**】7月20日，衢江区数字乡村建设整县制推进等2个案例入选《浙江数字乡村和农业农村数字化改革案例集》，并在全国数字乡村现场会上亮相。衢江区以数字化改革为引领，聚焦“三农”工作诉求，通过完善顶层设计、创新共富模式、优化便捷服务等手段，系统推进数字乡村建设、农业产业数字化和乡村高效治理，打造具有衢江特色的数字乡村。建成以衢江区智慧农业大数据云平台为主阵地的柑橘数字化综合服务中心，覆盖大户50户、柑橘基地面积600余公顷；深化乡村“1+3”创业服务体系，以“农旅经济政策 + 品控体系 + 品牌推广 + 新媒体创业”为路径，推动乡村全域抖音集中上线，培育抖音农旅创客52家。

【**获评全省首批县域商业体系建设示范县(市、区)**】7月，衢江区获评全省首批县域商业体系建设示范县(市、区)，并获中央财政补助资金1000万元。该区以全省首批县域商业体系建设示范区为契机，强基础促改革，推动渠道、供应链“双下沉”，助力“三打通”(农产品上行“最初一公里”、物流配送“中间一公里”、便民消费“最后一公里”)，推动资源要素向农村市场倾斜，畅通工业品下乡和农产品上行流通渠道，实现农民增收与消费提质良性循环，形成“一区(衢江中心城区)、多点(特色乡镇)”的商业发展新格局，持续激发衢江商业活力。2022年实现社会消费品零售总额88亿元，同比增长11%，增速位列全省第三、山区26县第一、全市第一。农村县域商业体系网点“五代服务”(即代买、代卖、代寄、代收、代预约)获商务部副部长盛秋平点赞。

【**成立全市首家消费者权益保护“共享法庭”**】8月16日，全市首家消费者权益保护“共享法庭”在衢江区正式启用。该“共享法庭”以诉前消费调解、网上立案、在线诉讼、普法宣传、多元解纷为主要职能，在整合原有市场监管、消保委等解纷资源的基础上，联合法院引入司法专业力量，引导当事人通过和解、调解等非诉方式化解消费纠纷，真正实现消费纠纷诉前多元调解与高效解纷。

【**全省低碳试点县建设工作现场推进会汇报发言**】10月，衢江区列入第二批省级低碳试点县创建名单。11月8日，衢江区委常委、常务副区长郭林将以“走好绿色发展‘新路子’，做好共同富裕‘碳文章’”为题在全省低碳试点县建设工作现场推进会上作汇报发言。近年来，衢江区建立覆盖六大领域的碳账户，其中工业领域建立209家规上企业、131家小微企业碳账户，交通领域弥补港口、航运企业碳排放核算标准空白；开展“风光倍增”工程，构建水光蓄储多能互补、多元发展的清洁能源供应体系，全区光伏并网容量57.91万千瓦，在建和待核准开工抽蓄装机容量269.8万千瓦，衢江抽水蓄能电站进入主体工程施工阶段，乌溪江混合式抽水蓄能电站完成预可研审查。

【**四省边际多式联运枢纽港入选国家第四批多式联运示范工程创建项目**】10月，四省边际多式联运枢纽港以全省第一成绩入选国家第四批多式联运示范工程创建项目。该项目统筹水港、陆港、空港和信息港四港联动发展，核心区域衢江港区总投资约23.8亿元，规划建设24个泊位，其中一期工程13个泊位于2019年底开港，年吞吐量330万吨，完成装卸量450万吨。二期工程预计2023年底完成水工、陆域交工验收，建成后作业区总面积792亩，岸线总长1314米，整体装卸吞吐量将突破1000万吨。四省边际枢纽港碳排放管理信息平台应用上线，80%运输企业碳排放强度同比下降，港口单位吞吐量碳排放强度低于省平均水平5.45个百分点。

【**农业社会化服务项目获省标准创新重大贡献奖**】11月10日，全国农村综合改革标准化试点“衢江区农业社会化服务”项目被省政府授予“2022年浙江省标准创新贡献奖重大贡献奖”，受邀参加第28届中国义乌国际小商品(标准)博览会。近年来，该区作为国家农村综合改革标准化试点，成立全省首家独立建制的标准化与品牌研究院，探索构建全省首个覆盖生产、监管、信息、经营、金融五大领域的农业社会化服务标准体系，涵盖各层级标准54项，主导和参与标准制定19项，推动

10 月，四省边际多式联运枢纽港入选国家第四批多式联运示范工程创建项目，图为衢江港区全景

农业社会化服务内容、方式和手段创新。

【举办 2022 中国桨板公开赛“浙江衢州站”】 11 月 12 日，2022 年中国桨板公开赛“浙江衢州站”在衢江区后溪镇泉井边未来乡村开幕。本次赛事由国家体育总局水上运动管理中心、衢州市体育局、衢江区人民政府主办，是衢江区首个国家级桨板赛事，赛事为期 2 天，来自上海、江西和省内金华等地的 180 余名桨板俱乐部运动员及水上运动爱好者参加，产生 13 个奖项。

2022 年 11 月 12 日，2022 年中国桨板公开赛“浙江衢州站”在衢江区后溪镇泉井边未来乡村开幕

【高家镇(柑橘)上榜全国“一村一品”示范村镇名单】 11 月，衢江区高家镇(柑橘)入选第十二批全国“一村一品”示范村镇公示名单。高家镇种植柑橘 12734 亩，通过打造“湖仁红”品牌，建设果品冷藏库、聚诚数字选果中心、蜜之源果汁生产线等措施，逐步形成产、加、贮、销一条龙的柑橘良性发展产业链。年内，全镇柑橘产量 3.24 万吨，产值 1.04 亿元，占全镇农业生产产值的 25.36%。全镇建有市级柑橘精品果园 3 个、柑橘出口基地优势区果园 3 个，欧盟良好农业规范认证柑橘园 2000 亩。

【获评 2022 年度全国农作物病虫害专业化“统防统治百强县”】 12 月，衢江区荣获全国农作物病虫害专业化“统防统治百强县”称号，属全市唯一。该区持续探索病虫害防治新模式，设立重大病虫害监测点，组建专业测报队伍，开展二化螟、稻纵卷叶螟等 9 种农作物病虫害常态化监测预警；综合应用生态调控、理化诱控、高效低风险农药等绿色防控技术，引导专业合作社、家庭农场、种植大户等经营主体参与合作，创建一批水稻绿色防控融合示范基地。年内，该区已创建国家级绿色防控示范基地 1 个、省级示范基地 8 个，主要农作物统防统治率 55%以上，绿色防控核心示范区面积 1.5 万亩、辐射面积24万亩，主要农作物绿色防控覆盖率46%以上。

【获2022年全省投资“赛马”激励地区称号】年内，实行项目“周通报、月排名、季赛马、年考核”的考评机制，每月对项目推进采取三色预警管理，35个项目获专项债券限额29.5亿元，大衢江固定资产投资增速27.4%，位居全省第三、衢州6个县（市、区）首位，获2022年全省投资“赛马”激励地区称号。连续15年举办项目谋划擂台赛，谋划储备项目612个，12个“十四五”102项目列入国家库，25个项目列入近期拟实施的省级重点项目清单。加大项目招引力度，新引进亿元以上项目28个，其中20亿元以上项目8个，完成招商引资到位资金26.08亿元。

（汪可欣）

江山市

【概　况】2022年，江山市总面积2019.03平方千米，其中建成区面积18.90平方千米；辖街道3个、镇（乡）16个、村292个、社区29个；年末户籍户数20.61万户、户籍人口60.80万人，全年出生人口3175人，死亡人口4505人，自然增长率为–2.18‰，与上年相比，增长–3.02‰。

2022年，江山市地区生产总值381.28亿元，同比增长4.6%。其中，第一产业增加值25.19亿元，增长5.9%；第二产业增加值165.33亿元，增长4.1%；第三产业增加值190.76亿元，增长4.7%。三次产业增加值结构为6.6：43.4：50.0。按常住人口计算，人均生产总值76640元，增长4.1%。财政总收入45.05亿元、同比增长5.7%。其中，公共预算收入28.97亿元，增长13.0%；税收收入23.96亿元，增长5.2%。全年财政支出88.01亿元，同比增长6.4%。年末金融机构本外币存款余额747.56亿元，同比增长13.4%；本外币贷款余额686.22亿元，同比增长24.9%。年末人民币存款余额745.10亿元，同比增长13.6%；年末人民币贷款余额686.21亿元，同比增长24.9%。农商行存贷款规模突破500亿元。全年社会消费品零售总额183.87亿元，同比增长4.4%。其中，城镇限额以上消费品零售总额为47.33亿元，增长11.0%；乡村限额以上消费品零售总额为2.37亿元，增长43.6%。

全市农林牧渔业增加值25.82亿元，同比增长6.1%。粮食总产量15.61万吨，同比增长0.1%，连续2年获评全省产粮大县。全年油料产量1.34万吨，同比增长2.4%；蔬菜产量27.80万吨，同比增长4.6%；瓜果类产量1.18万吨，同比增长–9.4%。肉类总产量5.09万吨，同比增长9.7%。建成江山乌猪、江山乌骨鸡、白耳黄鸡、江山白鹅、浙江中蜂等5个畜禽遗传资源保种场。投资5亿元、占地200余亩，全省单体规模最大的汇农现代化综合产业园及投资1.2亿元，日产金针菇40吨的君缘食用菌智能化生产工厂相继建成投产。江山中蜂养殖系统入选省首批重要农业文化遗产资源，华欣牧业羊肉、星菜冻干燕窝银耳羹入选省级共富农产品，“绿牡丹”茶叶入选省“特色伴手礼”，猕猴桃被纳入农业农村部地理标志农产品保护工程名单，林下种植多花黄精“江山模式”成为全省样板，《“两山银行”让“沉睡资产”成为共同富裕的“活水源泉”》案例入选全国十大优秀案例，成为“两山生态转化最佳”案例。江山乌鸡煲、赤豆鲫鱼汤、葛根蒸白鹅、蜂巢糕组合的药膳获评第三届中华药膳烹饪大赛特等奖，成为本届“中华十大药膳”之一。

成功争列浙江省农业“双强”（科技强农、机械强农）重点突破试点县、农业农村部粮食绿色高质高效行动实施县。全市建成全程机械化应用基地5个、农机综合服务中心5个、农机创新试验基地1个，列入浙江省水稻“机器换人”高质量发展先行县。浙农现代化农事服务中心入选首批省级现代化农事服务中心创建名单。完成省首批“绿色农田”试点主体工程；推进万亩以上全域土地综合整治项目2个，实施“千亩方”1333.33公顷；建成高标准农田2.52万公顷，完成粮食生产功能区“非粮化”整治优化1060公顷，复垦建设用地267公顷，垦造耕地418公顷；完成“五未”（批而未供、供而未用、用而未尽、建而未投、投而未达标土地）土地处置

630公顷，为千亿级产业园争取建设用地计划指标345公顷。全年完成造林面积414.5公顷，人工更新面积80公顷。森林面积199.3万亩，森林覆盖率65.79%；省级以上重点公益林面积98.3万亩，新增绿化面积415公顷。争取林地指标338公顷，位居全省第一。

全年完成工业增加值129.33亿元，同比增长1.9%。高规格召开工业高质量发展大会，出台“工业新政十条”支持企业发展。全市规模以上工业企业386家。其中，新增规上工业企业56家、亿元以上企业12家。规模以上工业企业完成总产值376.13亿元，同比增长1.5%。其中，重工业300.46亿元，增长3.5%；轻工业75.67亿元，增长-5.8%。实现工业销售产值375.8亿元，增长1.5%。全年完成工业出口交货值19.45亿元，增长-7.6%。技改投资16.86亿元，增长23.3%；高新技术产业增加值38.35亿元，同比增长-1.6%；战略性新兴产业增加值11.92亿元，增长8.6%；数字经济核心产业制造业增加值3.96亿元，增长-12.7%。培育高新技术企业36家、省科技型中小企业108家。新能源新材料产业发展势头强劲，研一、习谷科技等锂电池项目建成投产。智能家居全屋定制产业列入省级中小企业特色产业集群。浙江天际互感器股份有限公司列为省级未来工厂试点企业，并跻身浙江省管理对标提升标杆企业。科润智能控制股份有限公司在北京证券交易所挂牌上市，成为“北交所变压器第一股”。“轻量化智改+样本化推广”模式成为全省样板，细分行业中小企业数字化改造“江山模式”入选浙江省数字经济创新发展重大应用成果名单。

全年实现网零总额251.3亿元。成功创建省首批物流创新试点县、省数字生活新服务样板县。率先在木门、消防器材、蜂产品等江山特色产业中打造20个车间直播间，培育50多名工匠型主播，形成独具江山电商品牌特色的“车间直播”新模式。“消火火”公司开发国内首个消防产业链营销数字化管理系统。数字经济产业园获评省级跨境电子商务产业园。直播电商产业基地与公共直播间建设项目入围全省数字生活新服务高质量发展项目名单，获补助资金150万元。全市有进出口实绩的企业233家，进出口总额90030万美元，同比增长31.0%，其中，出口总额89509万美元，同比增长31.4%。全年新批“三资”企业1家，实际利用外资1143万美元。

全年完成固定资产投资148.7亿元、同比增长20%，获得省一季度省投资“赛马”激励。健全重大项目“领导领衔、赛马比拼”机制，人民医院迁建等7个省“4+1”重大项目加快推进，3个省市县长工程落地开工。总投资80亿元的浙江碳一新能源有限责任公司年产20万吨锂电池石墨负极材料生产线当年决策建设，当年建成试产。全年引进亿元以上项目35个，其中10亿元以上项目6个，50亿元以上项目1个，100亿元以上项目1个，实际到位资金55亿元。开展征迁大会战，征收土地278公顷、房屋844户36.9万平方米。争获各类债券资金15.5亿元。

年末市域公路总里程1872.20千米，同比增长0.7%，高速公路里程76.28千米。浙西规模最大的公铁联运无水港投入运行，江山—宁波舟山港海铁联运专列通车。杭衢高铁江山段完成形象进度的90%。总投资27.8亿元总长度30.5千米的江玉公路全面开工。改造提升农村公路23.1千米。机动车保有量16.14万辆。其中，民用汽车12.69万辆，摩托车3.28万辆。全年公路货物运输3426.78万吨，增长-7.1%。城乡公交实行“两元一票制”，公路旅客运输816.50万人次，增长19.3%。完成交通运输、仓储和邮政业增加值18.09亿元，同比增长1.2%。

全国文明城市创建入围国测。实施城市发展十大专项行动，凝秀南路等11条道路和江滨一区等11个老旧小区完成综合改造；迎宾大道西和景星东路东、虎山大桥得以延伸与拓宽；建成解放路、鹿溪路、中山路三条商业示范街；文化艺术中心、虎山运动公园、档案馆迁建工程竣工投用；城区街巷、“一江两带”实施亮化提升，亮丽夜景成为城市新名片；建成创文公益景观小品55处，布置创文公益广告 12259 处。大陈、清湖古镇、清漾、枫石、浔里获评浙江省第二批未来乡村，“清溪锁钥”“仙霞探古”县域风貌区成功创建省级城乡风貌样板区，“三好·清漾”、清湖古镇盛大开街。打造美丽城镇省级样板镇 4 个、特色精品村 6 个、新时代中国幸福乡村 25 个、新时代美丽乡村 46 个、省级美丽乡村风景线 1 条，获评美丽浙江建设工作考核优秀县。历史文化（传统）村落重点村建设连续 5 年获省优秀等次，清湖三村产村融合模式入选浙江省历史文化（传统）村落保护利用“十大模式”。提升退役军人服务站 85 家。打造劳动者有礼驿站五分钟服务圈，建成有礼驿站 55 处。

全市集体经营性收入 30 万元以上行政村率先在衢州实现全覆盖。实施“国资公司 + 强村公司 + 社会主体”的多方运营模式，建设夯土房民宿集群，发展红糖、中药材等生态农产品，依托华欣湖羊、汇农蛋鸡、金鸡小镇等重大产业园，发展村级集体经济项目及共富综合体项目，带动农户和村集体增收。全市城镇常住居民人均可支配收入 59908 元，同比增长 4.6%；全市农村常住居民人均可支配入 34257 元，同比增长 8%。城镇居民人均生活消费支出 31103 元，同比增长 6.6%；农村居民人均生活消费支出 22667 元，同比增长 8.5%。城镇居民人均住房建筑面积 49.12 平方米，农村居民人均住房建筑面积 84.49 平方米。

跻身中国县域旅游发展潜力百强县市第七名。投资超 70 亿元，面积 10.8 平方千米的江郎山省级旅游度假区建设项目获批。创建贺村、凤林 2 个省 AAAA 级以上景区乡镇、40 个省 A 级景区村庄。成立市精品民宿协会，认定星级农家乐 100 家，其中 2 家为 5 星级农家乐。郎峰书院民宿、东篱下民宿、山海民宿等 3 家民宿获评省银宿；和睦大院、三石民宿等 12 家民宿入选省首批“浙韵千宿”培育名单；郎峰书院“江郎三问”系列伴手礼获省第三届“浙宿好礼”乡村民宿伴手礼综合奖。建成省级“百县千碗”体验店 9 家、美食街区 1 个。创作上演大型音乐歌舞实景剧《大陈见面》《清溪江湖》，发展旅游演艺业态，打造三省边际全域旅游新样板。“春运会”被列为中华体育文化优秀项目。连年承办的全国新年登高健身大会、全国“美丽乡村”攀岩系列赛两项赛事被省体育局列为省重点培育品牌体育赛事。承办浙江省第三届生态运动会。全年获得国家级金牌 2 枚、银牌 1 枚、铜牌 2 枚，省级金牌 1 枚、银牌 3 枚、铜牌 4 枚，名次奖 21 个，衢州市级金牌 102 枚、银牌 84 枚、铜牌 64 枚。

2022 年 2 月 10 日，实施虎山大桥拼宽改造，图为建筑施工人员搭建主拱圈支架

营商环境不断优化。设立“工业强市政策专窗”，实现“即申即享、免申即享”，累计兑付惠企资金 3.1 亿元、减免退税费 28.5 亿元，为市场主体减租减息 3.6 亿元。全年全社会用电量 30.41 亿千瓦时，比上年增长 3.3%。其中，工业用电量 19.8 亿千瓦时，增长 –1.8%。建筑业产值首次突破 100 亿元大关，年内实现增加值 36.21 亿元，同比增长 13.0%。房屋竣工面积 259.82 万平方米。

改革赋能取得新突破。深化国资改革，组建城投集团、农旅集团、交投集团、开投集团，资产规模 426 亿元。“智慧助残”获评省

2022 年 11 月 2 日，中国·江山第五届“美丽乡村”全国攀岩系列赛在新塘边镇毛村山头村攀岩主题公园举行

改革突破奖。开展“大综合一体化”行政执法改革，构建“1+5”执法体系，划转事项 1472 项，实现执法事项县乡两级全覆盖。“智享生态牧场”应用入选第一批省数字政府系统优秀应用和数字经济系统最佳应用，获评全省农业农村数字化改革“优秀应用”。加快“浙农码”“浙江乡村大脑”“浙农”系列的赋码用码，应用贯通，重大应用推广运用县(市、区)综合评价获全省第二名。获评农业农村部农情基点工作优秀县。“江农投”应用成功列入省厅“惠农直通车(浙农险)”应用先行试点，“浙农机”“浙农经管”“农民信箱”入选省农业农村系统重大应用场景第一批“先行先试”试点，君缘食用菌公司和天蓬集团入选省级数字农业工厂。争列浙江省第一批 GM2D(“全球二维码迁移计划”)试点县和省级数字乡村试点县。“网格 + 气象”防灾减灾江山模式成为全国样板。

全市有普通高中 8 所，在校生 9562 人；普通初中 15 所，在校生 15247 人；中等职业教育学校 3 所，在校生 6157 人；小学 39 所，在校生 30038 人；江山经济开发区幼儿园、新塘边镇幼儿园、石门镇中心幼儿园、长台镇幼儿园和上余幼儿园集中开园。全市幼儿园增至 77 所，在园幼儿 15540 人，新增 3 岁以下婴幼儿托位 414 个，实现乡镇公办幼儿园“全覆盖”。新建投用观成实验学校等 7 所学校，浙江开放大学江山学院挂牌成立。江山中学、城北中学与香港理工大学、培侨中学缔结友好学校。双塔小学被认定为浙江省义务教育标准化学校。数字化教育案例《为新时代劳动教育植入“智慧基因”》入选教育部典型。开展农民素质提升培训，完成农民普及性培训 4500 人、农村实用人才培训 2052 人次、高素质农民培训 379 人。全市有卫生机构 332 家，卫生技术人员 3613 人。人民医院晋级三级乙等综合医院。中医院医共体上余分院获评浙江省唯一的“基层防控先锋团队”。有文化馆(分馆)20 个，建成

2022 年 4 月 22 日，城东实验学校开展“小手拉大手 文明齐步走”主题实践活动，参与全国文明城市创建

“15分钟品质文化生活圈”149个、文化驿站2个、南孔书屋10个、乡村博物馆5个。江山蜜蜂博物馆、红盖头科普教育基地、江山市青少年素质教育拓展中心获评浙江省科普教育基地。当代著名的篆刻家、书法家、教育家汪新士的116余件篆刻、书画遗作及20余件工具由其家人捐赠给大陈乡大陈村收藏。全市公共图书馆藏书489722册;市档案馆馆藏档案全宗180个、254729卷、205939件。有线电视用户174565户,电视节目综合人口覆盖率87.65%。先后引进博士后18人,设立省级博士后科研工作站16家,发表论文24篇,新增授权专利1196件、申请商标注册1200件。

参加城镇基本养老保险42.57万人。其中,职工基本养老保险18.18万人,城乡居民养老保险参保22.51万人。基本医疗保险参保51.15万人。其中,城乡居民基本医疗保险参保37.81万人,职工基本医疗保险13.34万人。工伤保险、失业保险、生育保险参保分别11.09万人、7.52万人、9.62万人。开发公益性岗位878个,6234人实现再就业。年末领取失业保险金人数2615人,领取失业补助金1059人。全市4272名乡镇(街道)、机关部门干部与11355户低收入农户开展结对帮扶,城乡低保、特困人员供养、孤儿生活保障金全面提标。为23名“流浪汉”落实户籍关系,享受惠民、救助政策待遇,实现困难群体应保尽保、应救尽救。建成运营居家养老“共享食堂”189个、在建66个,日用餐人次6000人;灵山公墓和殡仪馆完成提升改造,节地生态安葬点行政村覆盖率100%。

生态环境公众满意度“六年连升”,位列全省第六,创历史最好水平。三夺省五水共治“大禹鼎”银鼎,以全省第一的佳绩创建大花园示范县,通过国家卫生城市复审,荣膺中华环境优秀奖。高标准完成木门行业整治,关停18家、提升225家,经济开发区获评省级绿色低碳工业园区。创建省美丽河湖2条、水美乡镇2个。投资10.72亿元,建设城乡供水智慧一体化工程——第三水厂(清湖)。农村供水智慧管护成为全国典型。农村垃圾分类行政村覆盖率100%。累计创建市星级农村公厕200座、省星级公厕66座,设置轻巧低耗的装配式公厕1所。建立市野生动植物保护协会,在江山港放流800余万尾(只)水生生物苗种,净化水质,出境水水质稳定Ⅱ类标准,吸引众多珍稀野生动植物到江山落户。已发现中华秋沙鸭、彩鹮等国家一级保护物种8种,国家二级保护物种60种,中国新记录物种4种。

安全生产综合治理三年行动圆满收官。全链条纵深打击电信网络诈骗。获评全国法治县(市、区)创建活动先进单位、全国法治宣传教育先进单位、全省法治政府建设先进单位,省食品安全示范市,实现省平安创建“十二连冠”。

【衢州首个习近平法治思想基层治理实践馆开馆】1月13日,衢州市首个习近平法治思想基层治理实践馆在江山市城北社区对外开放。该馆以时任浙江省委书记习近平到江山考察大陈乡旱田坂村、石门镇清漾村、凤林镇白沙村、贺村镇丰益村四个村发生巨大变化为缩影,全面展示江山法治建设和“智慧未来”法治的成果。既有习近平同志三次到江山调研情况的陈列,又有用“法在掌中游”智慧普法小程序制作的视频和VR展示,还有各类书籍、影像视频可供市民翻阅、观看,学习和接受习近平法治思想。

【工业新政十条】2月7日,江山市政府出台《关于进一步推动工业企业高质量发展的若干政策意见》。《人民日报》、新华社、中新社、中国网、《浙江日报》、浙江之声、《衢州日报》、衢州电视台、无线衢州等多家中央、省、市级媒体多维度报道。围绕“大干工业、大抓产业,全面振兴江山工业雄风”主题,江山市政府制定了企业亩均效益、产值规模、技改投资、智能制造、科技创新、挂牌上市、绿色低碳、品牌质量、产业人才、企业家获得感十个方面的新政,有具体的标准要求和明确的奖励额度,还有负责落实的责位单位,有章可循,操作性强。

【工业高质量发展大会】2月9日,江山市高规格召开工业高质量发展大会,吹响“重振江山工业雄风”冲锋号。签约总投资76.6亿元的10个重大产业项目。社会各界人士纷纷表态，全力打造高能级产业平台，加强招大引强力度，大抓制造业、大抓实体经济，重振江山工业雄风。

【获评首轮健康浙江建设先进县】 2月14日，继连续3年获评健康浙江建设考核优秀后，江山市获评首轮健康浙江建设先进县，成为衢州唯一获此殊荣县(市、区)。江山市牢固树立“大健康、大卫生、大服务、大共享”理念，形成健康治理体系，改善健康人居环境，人民健康水平持续提升。人均期望寿命达80.04岁，居民健康素养水平达32.40%，国民体质监测合格率达到93.6%，超过全省平均水平。

【“消火火”构建消防产业新生态】 2月28日，消火火数字消防科技有限公司江山旗舰店开业，这是该公司在浙江和上海地区实施“十城百店”计划迈出的第一步。“消火火”公司是江山消防新生代创新企业，成立刚满一年就成功开发了国内首个消防产业链营销数字化SaaS管理系统——数字消防云商共享平台，涵盖的全链路管理，通过“线下门店+线上商城”的经营方式，以去中心化的云商共享模式，数字化营销赋能工厂、批发商、经销商、器材门店，实现采购降本、服务增效，年营业额超2000万元。

【农商行存贷款规模突破500亿元】 截至2月28日，江山农商银行各项存款余额达315.46亿元，各项贷款余额达209.20亿元，存贷款总量和市场份额均居全市金融同业首位。该行从健全机制、创新产品和系统支撑三方面实现绿色金融可持续发展。开展“普惠共富”金融服务，打造“工业+农业+个人”三大碳账户金融应用场景；从生产端贯穿到消费端，系统推进工业、农业、居民生活三大重点领域的绿色低碳转型，助力全市重振工业雄风，推进“双碳”发展战略贡献金融增量。4月28日，农商银行营业部荣获“全国工人先锋号”称号，成为全国4家获此殊荣的农信机构网点之一。

【获批设立江郎山省级旅游度假区】 3月1日，省政府批复同意，在国家AAAAA级旅游景区江郎山设立省级旅游度假区。这是江山首个省级旅游度假区，标志着江山市旅游产业由传统观光向旅游度假转型。旅游度假区面积约10.8平方千米，总投资超70亿元，建设周期10年。总体定位是打造全国一流的世遗特色型综合旅游度假目的地。整体空间布局有乡村田园景观带，适合各类人群观景、休闲与放松；有春风江山田园颐养组团，集文旅休闲、都市农业、养生等内容于一体；有乡村休闲度假组团，集农业种植养殖、科普教育、乡村休闲度假于一体；有联家垄文化体验组团，以毛氏文化、国学、养生文化为主题；有灵岗口运动休闲组团，设专业培训、极限挑战、大众休闲等不同种类的运动项目。

【获评省“小微企业三年成长计划”优秀县】 3月23日，江山市被评为浙江省“小微企业三年成长计划”工作优秀县(市、区)，是衢州地区唯一入选县(市、区)。江山市建立完善政策扶持体系，以“最多跑一次”改革为牵引，持续开展“小微库”建立培育、小升规筛选、高精产业扶持等工作；建立“三张清单”金融服务机制，激发市场活力，助推小微企业解困破局。全市新增小微企业1464家，新增小微企业县级培育库企业900家，“个转企”108家，“八大万亿”重点产业小微企业706家。

【江郎山入选省大花园“耀眼明珠”】 4月1日，国家AAAAA级旅游景区江郎山入选全省名山公园“耀眼明珠”。江郎山风景优美，植被丰富，森林覆盖率高达95%，拥有国家重点保护野生植物22种、国家一级保护动物5种、国家二级保护动物20余种，是游览观光和生态科普教育的极佳场所。依托“世遗”品牌，江山市坚持保护与开发，借力数字化改革，推进“智慧名山”建设，实现生态提质增汇、产业提质增效、内涵提韵增彩。

【周家青未来社区邻里中心竣工投用】 4月21日，江山市首个城市未来社区——周家青邻里中心启动运营。受益居民包含国际花城、长河山水景城等小区的1.8万人。总投资1.1亿元的周家青邻里中心建筑面积3000平方米，一楼是社区敞开式的办事大厅，配备数字化设施，居民可以一边读书看报，一边等候业务办理；二楼是综合性服务功能区，有休闲阅读室、舞蹈室、儿童之家、共享

2022年5月19日，双塔街道周家青未来社区邻里广场(原蜜蜂广场)综合改造提升竣工

食堂、社区医疗等区块，为老年、青年、儿童等不同年龄段的住民提供属于自己的舒适场景。

【浙江省第三届生态运动会在江山举行】5月28日，以“体育促进共富、共享亚运、运动振兴乡村”为主题的浙江省第三届生态运动会在江郎山下举行首站比赛。本届生态运动会是浙江省严格贯彻落实疫情防控政策措施下首个开赛的省级运动会，共设置三角翼、广场舞、徒步、钓鱼、漂流、游泳等6个竞赛项目。来自浙江省9个城市的40支队伍，约530名运动员参加。

【江山—通山两市、县结缔友好城市】6月1—2日，湖北省咸宁市通山县党政代表团到江山市交流考察，两市、县签订战略框架协议，结谛友好城市。新冠疫情期间，通山县与江山市在抗疫经验指导和物资援助等方面相互支持。结缔友好城市后，两地将进一步深化交流合作，围绕承接产业转移、党政定期互访、干部互派挂职等方面，组织形式更多样、内容更丰富的合作模式，推动两地合作走深走实，取得更大成效。

【江山公铁联运无水港铁路专线顺利接轨】6月13日11时58分，经过施工人员4个多小时的连续奋战，江山公铁联运无水港铁路专用线与沪昆铁路线顺利接轨。该项目是浙江省重大产业重点建设项目和国家铁路专用线重点项目。专用线全长1010米，是浙西公铁联运综合物流园开通公铁联运的关键节点，可有效连接公路、海路，实现铁路、海关、港口无缝对接，近期每年可联运集装箱2万标箱，远期可达5万标箱。

【获评中华环境奖优秀奖】6月16日，江山市获评第十一届中华环境优秀奖(城镇环境类)。这是我国生态环境保护领域最高的社会公益性奖。江山市出境断面水质稳定在Ⅱ类标准，国控、省控、衢州市控断面水质均100%达标，县级以上集中式饮用水水源地水质100%达标；空气AQI优良率93.4%，空气质量全面优于国家Ⅱ级标准。多次获得美丽浙江建设考核优秀，五次夺得全省“五水共治”大禹鼎，生态环境公众满意度“五连升”。在全省率先开展生物多样性调查中发现，有国家一级保护物种6种、国家二级保护物种37种，国家重点保护野生动植物保护率达100%。

【成功避让一起地质灾害】6月

2022年6月13日11时58分，国家铁路专用线重点项目——江山公铁联运无水港铁路专用线接轨沪昆铁路

20日11时许，受强降雨影响，清湖三村村民徐绍华屋后发生山体滑坡，由于巡查、宣传到位，撤离、避让及时，未造成人员伤亡。当日9时许，清湖三村地质灾害群测群防员何以燕在巡查时发现，村民徐绍华屋后山体有少量塌方，雨水出现浑浊等现象，当即将现场照片反馈至巡查群，并向村委和街道资规所报告。街道资规所接报后启动风险防范应急预案，与街道干部、公安民警一同组织21户、35名村民撤离。全员撤离后不到5分钟，滑坡发生，徐绍华屋后围墙被冲毁、房屋被冲出裂缝，没有造成人员伤亡。

【智慧水务的第三水厂（清湖）开建】6月27日，江山市城乡供水一体化工程——第三水厂（清湖）开工建设。该工程总投资10.72亿元，建设内容包括第三水厂工程、配套管网改造工程和智慧水务工程三部分。建成一座20万米^3/天的水厂和一座20万米^3/天的原水加压泵站，建成后可为江山市中心城区3个街道及北部7个乡镇、3个园区提供生产生活用水。

【中小企业数改模式入选省重大应用成果名单】7月12日，“细分行业中小企业数字化改造——江山模式”入选浙江省数字经济创新发展重大应用成果名单，成为衢州地区唯一入选项目。江山率先在100余家门业企业采用“市场化运作、轻量化数改、工程化实施”，创新“N+X”智能制造应用场景，建立并推广服务于中小企业数字化转型。通过数改，标准数改周期由平均12个月缩短至2个月，数改成本从平均150万元降至50万元，企业平均生产效率提升85%以上，管理效率平均提升50%以上，为加快全省中小企业数字化转型步伐提供了“江山模式”。

【城区11条道路命名】7月12日，基于尊重群众意愿、反映当地历史文化、地理环境和符合当地实际，江山市命名11条城区道路：南起江山大桥，北至城北大桥为江滨东路；南起北关东路，北至赵家工业园为赵家路；东起赵家路，西至凯旋路为龙米路；东起赵家路，西至凯旋路为毛坞路；东起兰贺线，西至江东大道为乌木山路；南起乌木山路，北至杨梅溪口自然村为延龄路；南起高新东路，北至红岗山路为通港路；南起江溪线，北至江青线为逸平路；南起协作路，北至七里桥路为朝峰路；东起汇源路，西至莲华山大道为宅上路；东起荷花路，西至红岗山路为景天路。同时更改1条路名：原东起虎山路，西至大桥头溪处，转西北向至原西环路的景星西路，因道路改建拉直，景星西路东起虎山路，西至大桥头溪处，跨越原西环路后向西延伸至逸平路。

【科润智控公司在北交所上市】7月13日9时25分，浙江科润智能控制股份有限公司（股票代码：834062）正式在北京证券交易所（以下简称“北交所”）挂牌上市，是“北交所变压器第一股”，衢州市首家在北交所上市的企业。科润智控公司是国家级高新技术企业，工信部第三批专精特新“小巨人”企业、浙江省企业技术中心之一。从事变压器、高低压成套开关设备、户外成套设备等输配电核心设备的研发、制造和销售，产品广泛应用于城乡电网工程、建筑交通配电行业、工业电气自动化控制等领域。

【设立11个城镇社区】7月26日，在双塔街道、虎山街道、清湖街道、峡口镇、石门镇、凤林镇设立11个社区，至此，江山市城镇社区增至29个。双塔街道增设凝秀社区、学府社区、书院社区；虎山街道增设状元里社区、梅泉社区、景星社区；清湖街道增设清溪社区、山海社区。峡口镇增设同知社区，石门镇新设春风社区，凤林镇新设凤鸣社区。

【天际公司获评全国“安康杯”竞赛优胜单位】7月18日，浙江天际互感器有限公司获评2020—2021年度全国“安康杯”竞赛活动优胜单位，是衢州地区唯一获此殊荣的企业。围绕“强意识、查隐患、促发展、保竞赛”的主题，浙江天际互感器有限公司全面推行安全生产标准化管理，不断深化“安全第一、预防为主、综合治理”的安全生产管理方针，推进企业安全文化建设，营造“人人讲安全、事事重安全、处处保安全”的企业安全文化氛围，职工的安全生产技能和自我保护意识增强，职业健康状况得到改善，促进了互感器生产的高质量发展。

【猕猴桃入选国家地理标志农产

品保护工程】 7月18日，江山猕猴桃被纳入农业农村部2022年地理标志农产品保护工程名单，得到中央财政补助资金450万元。江山市有猕猴桃1733.33公顷，产量2万吨，产值2亿元。以徐香、翠香、红阳为主，具有肉质细嫩、质细多汁、香气浓郁等固有品质特征，先后获评中国国际农业博览会名牌产品、浙江农业名牌产品、浙江省森林食品和浙江省绿色农产品。

【白菇生产迈入全程数智化时代】 7月18日，江山食用菌现代农业产业园内，浙江君缘生物科技有限公司3条装瓶自动化生产线建成投产，一个小时可栽菌2.4万瓶，效率高于传统人工接菌装瓶的20余倍，且产品质量稳定性、一致性好。江山白菇20世纪80年代在自然环境下生长，21世纪初在带空调的厂房内生产，如今是全程智能化、数字化、精准化、机械化工厂式流水线生产，温度、湿度、蓝光、新风系统等功能的自动化调节。食用菌现代农业产业园正朝着“产加销”融合“农文旅”一体化发展，成为集工厂化种植、产品加工、旅游观光、生产体验、美食服务等于一体的菌菇产业综合体。

【700余人的千坞村走出110名大学生】 7月21日，新塘边镇千坞村吴诗涵收到华中科技大学的录取通知书，成为2022学年千坞村第4位被录取的本科生。千坞村人口不多，崇学重教却闻名遐迩。700余人，27公顷土地，竟走出110多名大学本科以上的学历者，其中获博士学位6人、硕士学位18人，恢复高考后的大学本科生80余人，是名副其实的“博硕如云、学士如雨”之村。

【入围农业农村部绿色高质高效行动县】 8月2日，江山市被确定为农业农村部级粮食作物绿色高质高效行动县，获得扶持资金227万元。根据实施方案，江山市计划在产粮大镇建设万亩示范区3个，区内良种覆盖率达到100%，化肥和农药施用量减少2%以上，节约成本5%以上；优质稻比例和耕种收综合机械化率提高5%以上，单产提高2%以上；核心示范区单季稻亩产700千克以上、双季稻亩产900千克以上。

【为23名“流浪汉”落实户籍关系】 8月29日，在市第四人民医院接受治疗的23名智力障碍、肢体残疾“流浪汉”，收到了新办的居民身份证，成了具有户籍的江山人。这些“流浪汉”在江山被收容后，因无法查询到原籍信息，难以确认其合法身份，无法办理医保、低保。市公安部门主动对接民政部门，在采集人像、进行DNA比对，在全国失踪、打拐、重复户口等系统核实无果的情况下，分别为他们取名字“江福X”，统一办理居民身份证，户口安置在江山市福利院，让他们有了享受惠民、救助政策的待遇。

【为千亿元级产业园腾出土地337公顷】 9月1日，全省政府召开新一轮制造业“腾笼换鸟、凤凰涅槃”攻坚行动现场会，江山市作为山区26县的唯一代表作题为《连片整治　筑巢引凤　全力打造千亿级产业发展新平台》的交流发言。按照“精准、科学、有序做好高耗低效企业的整治，促其转型升级”的要求，江山市打响新能源新材料产业园提级进位攻坚战，34名市领导、51家领办单位、1200多名党员干部组成攻坚铁军，全力打赢园中村搬迁和低效企业腾退两场“硬仗”，至11月底，已与444户农户和108家企业签订集中搬迁和腾退的协议，为打造千亿元级新能源新材料产业园腾出连片土地337公顷。并实现了搬迁开发一批、集聚入园一批，已有研一、碳一、金石资源等10亿元以上项目落户产业园。

【江山市综合交通客运枢纽长途客运中心启用】 9月1日上午9时，江山市综合交通客运枢纽长途客运中心以崭新的面貌正式投入使用，江山高铁、城乡公交、长途客运等多种交通工具实现了“零距离”换乘，安全便捷、绿色高效的交通运输体系构建完成，对缓解城区交通拥堵、提升城市形象起到积极作用。

【创建全省GM2D示范县】 9月8日，江山市成功确立为浙江省第一批GM2D（“全球二维码迁移计划”）试点县。试点工作率先从浙江驰骋物流有限公司（左邻右舍）开始，首批500余家左邻右舍加盟门店更换了收银设备硬件，升级了结算系统，改条形码收款为二维码收款，实现了二维码迁移"零的突破"。后又在基础条件较为成熟的特色蜂产品企业开展二维码实体赋码，以数字化改革为引擎，从"识码、编码、派码、赋码、用码、管码"六个环节着手，推进"浙食链"二维码的应用，实施高价值商品单品码编码，提升品牌溢价、防止伪劣假冒商品流通。9月20日，北京同仁堂蜂产品（江山）分公司获得的GM2D单品码，成了衢州范围首张单品码。

【高质量建设省级城乡风貌样板区】9月15日，江山市"山水智谷"城市新区和石门—凤林"凤鸣世遗"县域风貌区被列为省级城乡风貌样板区试点。"山水智谷"城市新区风貌区北至高铁线，东至迎宾大道，南至须江，总面积3.2平方千米，是中心城区公共服务的核心地带，集聚了高铁江山站、文化艺术中心、博物馆、外国语学校和金陵大酒店、东方文岚饭店，业态丰富，交通便利，功能完善。石门—凤林"凤鸣世遗"县域风貌区，总面积29.8平方千米，涵盖石门、凤林两镇，清漾、江郎山两村，境内是江郎山—清漾国家AAAAA级旅游景区，文化底蕴深厚。在被列为试点后，两地镇村将对风貌区实施功能提升、生态提升、治理提升，高质量建设成为共同富裕的现代化基本单元。10月10日，"仙霞探古"县域风貌区又被列入第二批城乡风貌样板区。

【数字经济产业园跻身省级跨境电商产业园】9月28日，江山市数字经济产业园成功列入《2022年浙江省省级跨境电子商务产业园名单》。位于江山经济开发区的数字经济产业园有入驻电子商务类企业39家，职工500多人，是集聚电子商务与优势制造业深度融合的优质平台，年度网络销售额实现8.7亿元，是浙江省直播电商产业基地、浙江省电子商务实践基地和浙闽赣皖四省边际培训基地。

【江山市档案馆新大楼启用】9月29日，江山市档案馆新大楼启用。坐落于双塔街道礼贤路的档案馆新大楼，是按照"五位一体"的功能定位建设的，具有现代化水平的县级国家综合档案馆，建筑面积12800平方米，设综合楼、接待大厅、档案库区，具备档案实体保存、数据管理、信息公开、查阅利用、社会教育等功能，可满足江山市未来30～50年的档案发展需求。同日，"江山如画·岁月有声—档案见证江山"展览开展，以古韵悠远、峥嵘岁月、时代新篇三个篇章，文化史志档案、多媒体手段，数字赋能，全方位、多角度展示江山历史文化、红色党史和奋斗足迹。

【189个共享食堂重阳节开张】10月4日，重阳节，江山市各乡镇（街道）的189个共享食堂同时开张，为长者每餐提供一荤两素，经济实惠、营养均衡的膳食。年初以来，江山市相继出台《居家养老共享食堂建设工作实施方案（试行）》和《居家养老共享食堂建设和运营补助办法》等文件，扶持各乡镇（街道）构建共享食堂服务网络，已建、在建共享食堂达255个，日用餐人次6000人，基本实现村（社）共享食堂全覆盖。

【成功创建省大花园示范县】10月16日，江山市以综合得分第一的优异成绩，名列创建浙江省大花园示范县榜首。自2019年列入全省大花园示范县培育单位以来，江山市以打造实力支撑、美丽著称、活力开放、人民幸福的锦绣江山大花园为目标，建立专班会议制度，定期会商破题、督查考评，确保各项任务落地见效。连续3年获评大花园建设优秀，顺利通过省大花园示范县验收。

【江（山）玉（山）公路全面开工】11月9日，江（山）玉（山）公路全面开工。江玉公路为江山上余至大桥段公路，是甬金衢上高速江山段公路。项目主线起点位于上余镇上余村，顺接双江线，经上余、大陈、双塔、虎山、坛石、贺村、大桥等7个乡镇（街道）24个行政村，终点位于大桥镇仕阳村，全长30.5千米，投资27.8亿元，是江山市有史以来投资量最大、里程数最长的公路建设项目。建成通车后，将成为江山市境内主要的物流大通道、出省大通道和对接义甬舟开放大通道（义乌陆港、甬金高速、金甬舟铁路、宁波舟山港）的重要干线，能加速江山"东融""西进"步伐，加快打造三省边际交通物流高地。

【组合药膳获中华药膳大赛特等奖】11月11日，江山市中药材协会烹饪江山乌鸡煲、赤豆鲫鱼汤、葛根蒸白鹅、蜂巢糕为组合的药膳，在第三届中华药膳烹饪大赛中荣获团体最高奖特等奖，并获中华十大药膳奖牌。多年来，江山中药材协会研发、打造出“药食同源”的精品，致力于江山药膳品牌的推广，助力江山中药材产业三产融合、高质量发展。

【林下种植多花黄精模式成为全省样板】11月18日，全省林下多花黄精采收现场会在江山市召开。省林业技术推广总站、中国林科院亚林所领导、专家及30余名与会人员冒雨前往保安乡化龙溪村展飞家庭农场黄精种植基地，观摩林下多花黄精采挖过程。展飞家庭农场目前已发展多花黄精600亩，通过合理密植和精细化的水肥管理，2021年黄精亩产量达3000千克，按4年采挖周期计算，年平均产值1.5万元/亩，成为江山市最大的多花黄精种植基地。与会领导、专家对江山市发展林下多花黄精给予高度的评价，希望全省各地通过“江山模式”样板示范，带动更多林农参与林下中药材种植，使绿水青山转化成巨大的生态效益、经济效益和社会效益，促进林农增收，助力乡村振兴。

【跻身中国县域旅游发展潜力百强县市】11月24日，2022(第五届）中国县域旅游发展潜力百强县市名单揭晓。江山市在全国1866个县域参评竞争中脱颖而出，跻身中国县域旅游发展潜力百强县市。江山市以县域资源开发潜力、市场扩张潜力、基础支撑潜力、政府推动潜力等四个方面指数的优异，位列第七。江山市围绕“处处是风景、时时享风景、人人皆风景”的目标，全力打造全域旅游发展的江山样本，初步形成以核心景区为龙头、乡村休闲旅游为支撑的全域旅游格局，打响了全国一流休闲旅游目的地品牌，成为中国优秀旅游城市、首批国家全域旅游示范区。

【发现4种中国新记录真菌物种】11月24日，经生态环境和生物资源保护与利用研究专家的鉴定确认，峡口、廿八都镇仙霞岭自然保护区发现的假脐红孔牛肝菌(牛肝菌科)、白球孢珊瑚菌(珊瑚菌科)、多毛垂幕菇(球盖菇科)和蓝色丽蘑(离褶伞科)4种大型真菌为中国新记录物种。调查发现，江山共有灵芝属、虫草属、红菇属、牛肝菌属和鸡油菌属等大型真菌294种，其中食用菌16种、药用菌35种。

【清湖、清漾未来乡村开街】11月25日，江山市举行以“丝路明珠·遇见江山”为主题的清湖、清漾未来乡村开街仪式。清湖镇是浙江省历史文化名镇，历史上因水而兴，因码头而闻名，是仙霞古道和海上丝绸之路的重要节点。在未来乡村建设中，清湖镇以“山区26县共同富裕示范区”“全国网红打卡地”“船帮文化展示地”“数字化改革集成地”为目标，修缮庭院路巷，建起书院工坊，使老街、旧店、古景点焕然一新；以文化点睛注入新业态，“丝路明珠”焕发新的活力。石门镇清漾村是江南毛氏发祥地，“诗书名世、清白传家”家风文化闻名遐迩。通过古今融合好、产村融合好、农文旅融合好的“三好”价值转化，基础设施得以提升、历史文化得以传承、共富产业得以培育。清湖、清漾未来乡村的开街，集中展示了具有江山辨识度的未来乡村建设标志性成果，为中国式现代化和共同富裕先行提供江山样本。

2022年11月25日，“丝路明珠·遇见江山”清湖未来乡村盛大开街，图为“海上丝绸之路”挑夫重现清湖老街

【江山—宁波舟山港海铁联运专列首发】12月1日上午，第一趟江山—宁波舟山港海铁联运专列在江山发车。装载着江山欧派门业股份有限公司、浙江开洋木业有限公司、浙江江山五福门业有限公司的木门产品，经铁路运输至北仑港再船运至罗马尼亚、意大利等欧洲国家。江山市依托三省边际区位优势，深化与铁路、港口和海关的合作和山海协作，抢抓物流业集聚发展重大机遇，创建江山无水港物流园和无水港国

际物流有限公司，引进民营资本建设江山无水港平台，全力畅通了江山至宁波舟山港海铁联运通道，延伸港口功能，还与宁波港国际物流有限公司、浙江省八达物流有限公司分别签订海铁联运、铁路内贸运输战略合作框架协议。集聚人流、物流、信息流等资源，为加快建设三省边际中心县城注入了新动能。

【江山中蜂养殖系统入选省首批重要农业文化遗产资源】12月3日，江山中蜂养殖系统入选省首批重要农业文化遗产资源。江山福赐德中蜂种蜂场2015年获得浙江省省级畜禽遗传资源保种场资质，成为"浙江中蜂"全省唯一的保种主体。种蜂场地处碗窑乡金龙村，占地3.33亩，蜂场周围蜜源植物丰富，有枇杷、柑橘、油菜、板栗、野桂花及五味子等多种蜜源，集自然景观、乡村景观和蜂业观光于一体。

【25座城区公厕完成改造提升】截至12月18日，江山市按国家卫生城市公厕二类标准，完成对须江阁、虎山广场、湿地公园、体育馆等25处城区老旧公厕的提升改造。改造后的公厕，设有检测温度、湿度和$PM_{2.5}$平均浓度的液晶显示屏，新添干手器、擦手纸分配器、分类垃圾桶。公厕还装有"无障碍服务"报警器，以便工作人员第一时间救助手脚不便或突发疾病的如厕者。

【"春运会"入选中华体育文化优秀项目】12月21日，在中国体育文化博览会·中国体育旅游博览会上，江山市180多个行政村在春节期间举行体育活动项目(以下简称"春运会")入选中华体育文化优秀项目，全省仅2个项目入选。"春运会"是江山市22个优秀节庆项目之一，是体现农事农活农味，融体育、春节、民俗等诸多元素为一体的群众性体育活动，也是农村凝聚人心、与春节期间回乡过年村民沟通交流的重要载体，展现了江山农民幸福健康的生活方式，被国家体育总局宣传司誉为新的"体育现象"，被评为2018年浙江省体坛十佳活动。

(徐义祥)

龙游县

【概　况】2022年，龙游县总面积1143.33平方千米，其中建成区面积15.68平方千米；辖2个街道、6个镇、7个乡，有263个行政村、16个社区。年末户籍户数16.95万户、户籍总人口39.47万。

地区生产总值298.66亿元，比上年增长2.8%。其中，第一产业增加值13.67亿元，第二产业增加值131.09亿元，第三产业增加值153.90亿元，分别增长4.8%、5.0%和0.7%；三次产业比重4.6∶43.9∶51.5。按户籍人口计算，人均生产总值75438元，增长3.5%。财政总收入42.47亿元，增长13.9%。其中一般公共预算收入27.60亿元，增长20.0%；预算支出69.17亿元，增长2.8%。金融机构本外币存款余额502.87亿元，增长14.1%；贷款余额549.53亿元，增长25.3%。

农林牧渔业总产值26.23亿元，增长4.8%。农业产值10.46亿元，增长8.9%。粮食产量12.32万吨，增长0.06%；油料产量1.54万吨，增长8.7%；水果产量7.86万吨，下降18.1%；蔬菜产量15.31万吨，增长2.4%；肉类产量6.76万吨，下降7.2%；禽蛋产量0.59万吨，下降1.3%；水产品总量为2.31万吨，增长3.2%。坚决遏制耕地"非农化""非粮化"，全力守好群众"菜篮子""米袋子"，完成粮食播种面积年度任务，推广"稻豆油"三熟制错峰种植2.3万亩，生猪存出栏数均位居全省前列。深入实施农业"双强"行动(科技强农、机械强农)，完成宜机化改造面积7800亩，农作物综合机械化率83%。深化"肥药两制"改革(化肥、农药等农业投入品实名制购买，以及定额制施用改革)，龙游县入选全国绿色种养循环农业试点县、全省实施乡村振兴战略实绩考核优秀单位。

有规模以上工业企业286家，工业增加值82.77亿元，增长3.7%。有39家企业被认定为国家高新技术企业，109家企业被认定为省科技型中小企业。规上工业总产值378.6亿元，增长5.7%。推动产业链延链补链强链，全面开展"双招双引"专项攻坚，全年新引进招商引资项目49个，其中50亿元以上项目2个、20亿元以上项目4个；启动

“8090青年创造季”活动，开展“龙凤引·游子归”十万青年会龙游行动，新增青年人才8000余人，新建国家、省级人才平台14家，新入选国家“引才计划”等省级以上重大人才工程人数创历史新高。强化创新驱动，固特气动入选第四批工信部专精特新“小巨人”，禾川科技成为全省首批科技“小巨人”。加快企业高效化、低碳化、数字化转型，“腾笼换鸟、凤凰涅槃”专项攻坚腾退低效用地3349亩，龙游县获评省级低碳试点县。加快经济开发区平台整合提升，17条道路完成改造延伸，城北污水处理厂三期、产业创新服务综合体、港区期现货交易基地一期等基础设施项目建成投用，浙西南大宗物资进口仓配交易中心、虎龙安置小区、泰和综合体等生产生活性配套项目开工。

完成房地产投资35.86亿元，增长10.6%。商品房销售面积16.71万平方米，下降52.9%；销售额19.50亿元，下降53.9%。有资质建筑企业163个，增长2.5%，实现建筑业增加值26.51亿元、增长12.8%。“龙游濲”建设全面启动，凤翔洲主题文化公园一期基本建成。城东新区“三横四纵”路网框架不断完善，荣昌东路东延、滨江路、城东滨水休闲带等一批标志性项目完工，公共文化服务中心、中央生态廊道加速推进。大南门征迁工作圆满收官，完成老旧住宅小区更新改造30余个，受益群众1.1万户。礼享、归仁未来社区建设有序实施，阳光、清廉、子鸣社区入选省级未来社区试点名单。全县出境水保持Ⅱ类水标准，集中式饮用水水源地水质达标率100%，城区空气$PM_{2.5}$平均浓度30微克/米^3、优良率89%。实施“小县大城·共同富裕”专项攻坚，推动5257名农民进城入镇。衢江、灵山江“两江走廊”高质量建成美丽公路79千米、生态绿道41千米。6个未来乡村列入省级试点。“森林龙游”建设深入推进，创建省级森林城镇1个、“一村万树”示范村4个、生态文化基地1个，完成国土绿化面积2046亩。龙游县入选全省新一轮新时代美丽乡村示范县、全省农村生活垃圾分类处理工作优胜县。

公路通车里程1569.871千米，增长1.06%；公路旅客运输量516.75万人，下降3.62%；公路旅客周转量12563.12万人千米，下降16.71%；货物周转量363706.75万吨千米，增长13.44%；港口吞吐量352.89万吨，增长14.19%；快递业务量2432.4万件，增长81.3%；快递收入13825.8万元，增长39.3%。县域综合交通体系日益完善，351国道、杭金衢高速改扩建二期、灵山江沿江公路建成通车，杭衢铁路、衢丽铁路、龙游高铁北站、528国道等项目有序推进，龙游港区二期项目正式启动。“三飞地一基地”（消薄飞地、科创飞地、产业飞地和科研转化基地）建设全面深化，特色生态产业平台建设提挡加速，新承接省内发达地区产业转移项目61个，到位资金44.2亿元，龙游县获评全省产业链山海协作工作先行区。

社会消费品零售总额182.52亿元，增长4.0%。外贸进出口总额66.36亿元，增长21.4%。其中出口总额54.65亿元，增长22.7%。实际利用外资18万美元，下降91.1%。全年旅游总收入20.7亿元，下降3.3%，接待国内旅游193.1万人次，下降0.3%。“两江化一龙”（以红木小镇为“龙头”，以衢江、灵山江两江沿线为“龙身”，以六春湖为“龙尾”，串联3个国家AAAA级旅游景区、8个国家AAA级旅游景区、30余个特色村的“龙”形精品线）全域旅游格局逐步完善。红木小镇入选全省第二批大花园耀眼明珠，六春湖入围山区26县“造月工程”名单。培育“旅游+”新业态，与省财通资本签订山区26县首支农文旅共富基金，举行龙游石窟发现30周年庆暨“基因解码工程”活动，龙游县连续4年跻身全国县域旅游综合实力百强县。

各类学校105所，下降22.22%；在校学生46812名，下降3.8%；专利授权量1274件，下降11.3%。卫生机构361家，增长2.56%，卫生技术人员2540人，增长4.79%。新增市级专利示范企业4家，下降20%。文艺团队648支，增长14.08%。实施“教育提升”专项攻坚，全力打响“龙有优学”金名片。平稳完成3所中小学“民转公”、引退“低小散”民办园39所，新增公办学位6000余个。

“双减”成果持续巩固，参与课后服务学生比例99.4%。龙游县通过国家学前教育普及普惠县、义务教育优质均衡发展县省级实地督导评估。全面提升“一老一小”等重点人群服务能力，健康产业中心、龙游妇女儿童医院主体完工，新增婴幼儿照护服务机构4家、托位340个。先后组织220余名运动员参加省青少年田径锦标赛、省少年儿童田径冠军赛、省羽毛球锦标赛、省羽毛球冠军赛、省拳击锦标赛、省阳光中小学生田径比赛、市级各项锦标赛及阳光运动会等15项省市级赛事，获得36枚金牌、42枚银牌、51枚铜牌。举办全省第四届龙舟锦标赛、全国汽车(房车)露营集结赛等系列赛事。大力推进文化惠民工程，建成“15分钟品质文化生活圈”134个，龙游县入选全省促进人民群众精神富有试点县。

基本医疗保险参保394253人，参保率99.98%，与2021年持平；最低生活保障标准1035元/月；困难残疾人生活补贴311元/月；城镇居民人均可支配收入59811元，增长5.4%；人均消费支出34562元，增长7.1%。农村居民人均可支配收入32037元，增长6.6%；人均生活消费支出17366元，增长8.6%。

一体推进数字化改革、共同富裕示范区重大改革、全面深化改革，争取省级以上改革试点39项。数字化改革9个场景应用列入全省重大改革“一本账”，数字政府依申请政务服务事项“一网通办率”98.8%、好评率99.97%。成功入选全省第二批“改革探索类”共同富裕试点，“溪口—沐尘”县域风貌区、溪口未来乡村、翠光未来社区列入全省首批共同富裕现代化基本单元名单、实现全省唯一“大满贯”。灵山港项目成为全国首批、全省唯一“幸福河湖”建设试点。竹产业创新发展相关做法获评全省林业推进共同富裕十大典型案例，龙游县入选全省林业推进共同富裕试点县。优化营商环境，推动惠企政策精准落地，兑付各类惠企资金8.5亿元，留抵退税8.3亿元，龙游县在全省营商环境评价中跻身前十。

【国家高新技术企业数量再创历史新高】2月，全国高新技术企业认定管理工作领导小组办公室公布浙江省2021年认定高新技术企业备案名单，龙游县40家企业认定为国家高新技术企业，通过率100%，其中新认定24家，同比增长60%，认定数量在衢州市下属县(市、区)中排名第一。截至2022年2月，全县拥有国家高新技术企业99家，再创历史新高。近年来，龙游县深入实施“科技龙游”战略，大力推动规上企业高新化，梳理碳基纸基、精密数控和轨道交通装备主导产业科技创新重点培育名单，完善“科技型中小企业—国家高新技术企业—创新型领军企业”的梯队培育机制；建立

2022年8月，灵山港项目成为国家“幸福河湖”建设试点，图为灵山港鸟瞰

“科技龙游”区域考核制度，编制、发放《科技创新政策汇编》手册，不断提高企业的申报积极性。

【龙游入选新时代美丽城镇建设优秀县】 2月，省城乡环境整治工作领导小组美丽城镇建设办公室会同相关省级部门对全省11个设区市和86个县（市、区）开展美丽城镇建设年度考核工作，龙游等30个县（市、区）荣获2021年度新时代美丽城镇建设优秀县（市、区）。近年来，龙游把美丽城镇建设作为优化空间布局、推动城乡统筹、加快“两山”转化的重要载体，按照“一村一特色，一镇一风情”建设思路，坚持规建管并重、农文旅融合，努力实现环境美、生活美、产业美、人文美、治理美的“五美”目标。

【广和龙山酒店森林康养基地入选国家级森林康养试点】 2月，中国林业产业联合会森林康养分会公布2021年国家级森林康养试点建设单位名单，龙游县广和龙山酒店森林康养基地成为龙游首个上榜的基地。基地在龙游县西南部官潭村，位于龙山风景区，紧邻世界灌溉遗产工程姜席堰，森林资源多样，植物资源丰富，不同种名植物100余种，自然环境良好，森林覆盖率85%，林木郁闭度0.78。常年空气良好，核心区日均负氧离子含量4500个/米^3，空气细颗粒物（$PM_{2.5}$）污染指标优良天数在350天以上，空气细菌含量低。

【龙游县举行助力高质量发展建设共同富裕示范区签约仪式】 3月10日，龙游县与中国农业发展银行浙江省分行、省融资担保公司签订助力共同富裕示范区建设合作协议，通过深度协作，率先开启山区26县与央属政策性银行、省属金融企业联手建设共同富裕示范区新模式。此次签约是政策性银行、省政策性担保公司首次共同助力山区县“共富”建设，省农发行为龙游县重点项目授信300多亿元，涵盖城乡一体化、全域旅游、农村基础设施、交通、水利、能源等多个领域，省融资担保公司通过“增信”主抓手提供金融综合服务方案，进一步缓解龙游小微企业、“三农”、创业创新市场主体、战略性新兴产业企业等融资难、融资贵的问题。

【“衢州有礼”诗画风光带重大项目集中开工仪式在龙游举行】 4月6日，衢州市2022年度“衢州有礼”诗画风光带重大项目集中开工仪式在龙游小南海国际花菇产业园举行。参加本次集中开工仪式项目47个。其中，基础建设类项目24个。农业产业类项目14个，文旅类项目7个，健康养生类项目2个，计划总投资83.79亿元，2022年计划投资29.19亿元。

【禾川科技成为山区26县首家科创板上市企业】 4月28日，浙江禾川科技股份有限公司在上海证券交易所科创板上市，成为山区26县首家科创板上市企业，同时也是继恒盛能源之后龙游第二家上市企业。近年来，龙游通过政策引导和精准服务，大力扶持企业对接资本市场，全面实施“凤凰行动”五年计划。明确“培育一批、股改一批、挂牌上市一批、并购重组一批”的工作思路，分类指导、整体推进，依托多层次资本市场力量，实现县域经济转型升级、高质量发展。

【获评全省实施乡村振兴战略实绩考核优秀单位】 4月，浙江省委办公厅、省政府办公厅公布

2022年4月28日，禾川科技上市

2021年度浙江省实施乡村振兴战略实绩考核结果，龙游县获评考核优秀单位。年内，龙游县聚焦“农业高质高效、乡村宜居宜业、农民富裕富足”的目标，深入贯彻省市实施乡村振兴战略的决策部署，高质量推进农业“双强”、乡村建设、农民共富等专项行动，加快农业农村现代化建设，全力夯实浙西新明珠的“三农”基石，全年全县农业农村领域获省级以上荣誉、试点50余项，实施乡村振兴战略实绩考核名列全市第一。

【中国TOP直播电商产业园龙游基地入选省级直播电商基地】5月，浙江省商务厅公布第二批省级直播电商基地，全省有26处直播基地入选，中国TOP直播电商产业园龙游基地榜上有名，该基地位于红木小镇，总占地面积约1600平方米，总投资1500万元，分为培训区、直播区、互动区、多功能板块区等，集网红孵化、直播带货、电商运营、教研实践等功能于一体。近年来，龙游县抓住直播经济带来的新机遇，与浙江广播电视集团进行战略合作，共同打造中国TOP直播电商产业园龙游基地，推进直播电商发展，基地有121家主体入驻，2021年度开展直播5000余场次，直播时长3万小时，各类活动参与人数1.04万人次，入驻主体网络销售总额超5亿元。

【衢州市浙工大生态工业创新研究院正式启动】6月15日，衢州市浙工大生态工业创新研究院正式启动，该研究院位于“龙游瀫”核心区，设有生态经济研究中心、国际交流与联合引才中心、技术转移与创业孵化中心、研究生联合培养中心等7个中心，重点围绕生态工业研究领域，攻克关键核心技术，解决“卡脖子”问题，支撑碳基纸基新材料、精密数控、轨道交通高端装备、食药、化工等产业转型升级。

【成功签订山区26县首支农文旅共富基金】6月16日，浙江省文化和旅游产业投融资对接大会在杭州举行。由财通证券旗下浙江财通资本投资有限公司、浙江金控旗下金采未来(浙江)城乡融合发展有限公司、龙游县汇龙投资发展有限公司共同签订《金采(龙游)农文旅共富基金协议》。这支共富基金是山区26县首支金采农文旅共富基金，以市场化运作方式助推龙游加快三产融合，依托当地特色自然资源，引入产业规划团队和综合金融服务助推文旅产业稳进提质。以资源赋能、投资创新和产融结合等方式助力乡村振兴产业发展，助力缩小三大差距、扩中提低、强村富民的重大产业项目落地。

【入选第二批省级共同富裕示范区建设试点】6月，浙江省高质量发展建设共同富裕示范区领导小组办公室公布浙江省高质量发展建设共同富裕示范区第二批试点名单。全省52个单位入围参加评审，其中，成果展示类和改革探索类29个，机制创新类23个，龙游县域农民集聚转化助推共同富裕列入改革探索类试点，成为山区26县连续两次入选省级共富试点的唯一县(市、区)。近年来，龙游县牢牢把握人口集聚和百姓增收两大关键点，创新推出“公司化运作、市场化安置”1.0模式到出台金宅地、金房券“两金”政策2.0模式，出台“安居创业贷”“暖心十条”等政策，集聚人口3.34

2022年6月，龙游县域农民集聚转化助推共同富裕被列入全省共同富裕示范区建设第二批“改革探索类”试点，图为龙游安置小区——铭阳家园

万人，城镇化率年均增长 2 个百分点以上，2021 年居民人均可支配收入增速位居山区 26 县第一，走出一条农民集聚、市民化改革发展新路径。

【获评 2021 年度市县党政领导科技进步目标责任制考核优秀单位和 2021 年度市县党政领导人才工作述职评议考核优秀单位】 7 月 11 日，浙江省科技创新大会在省人民大会堂举行。龙游县获评 2021 年度市县党政领导科技进步目标责任制考核优秀单位和 2021 年度市县党政领导人才工作述职评议考核优秀单位，是衢州市唯一获得两项考核优秀的县(市、区)。2021 年，龙游县委、县政府深入实施创新驱动发展战略，以创新型城市(县)创建为目标，大力构建以“平台大支撑、主体大发展、投入大增长、人才大集聚、环境大提升”为主要内容的县域科技创新大格局，重点扶持一批新兴产业高新技术企业，加快实施一批重点科技创新攻关项目，全面提升研发投入水平，全县规上工业企业研究开发费 11.14 亿元，占营业收入比重 3.15%，全市第一；高新技术产业增加值 43.76 亿元，占规上工业增加值比重 54.2%，高新技术企业、科技型中小企业实现三年翻番。

【高坪桥水库工程获“钱江杯”】 7 月 14 日，浙江省住房和城乡建设厅公布 2022 年度浙江省建设工程“钱江杯”名单，高坪桥水库工程成功入选（全省水利工程仅 8 项入选），成为龙游水利建设历史上首个荣获“钱江杯”的优质工程。钱江杯(优质工程)奖是浙江省建设工程质量最高奖，每年考核认定一次，获奖工程质量达到省内先进水平并具有较好的经济效益和社会效益。高坪桥水库项目总投资 9.9 亿元，该工程列入 2017 年省重点建设项目和省“五水共治”保供水重大水利项目，是龙游县战略性的民生工程。该项目于 2014 年 9 月启动可研报批，2019 年 9 月下闸蓄水。蓄水后，在供水、防洪等方面发挥巨大的综合效益，其中供水受益人口 26.1 万人，约占全县总人口的 65%，为县域版的“南水北调”供水新格局提供充足且优质的水源支撑。

【浙江省第四届龙舟锦标赛在龙游举行】 7 月 30 日，浙江省第四届龙舟锦标赛暨龙游首届华人华侨龙舟邀请赛在龙游红木小镇正式打响。本次赛事设省锦标赛组(13 支队伍)和华人华侨组(11 支队伍)，527 名运动员参赛，分 200 米和 500 米直道赛两个比赛项目。此次赛事活动是龙游县推动文化旅游体育深度融合的一次尝试，以龙舟赛为契机，融入文化、旅游等元素，刺激文旅体消费，提升山区经济活力，促进运动休闲产业与全域旅游稳步发展。

【龙游获二季度全省投资“赛马”激励】 7 月，浙江省政府办公厅发布关于 2022 年二季度全省投资“赛马”激励地区的通报，龙游县榜上有名。年内，龙游县深入贯彻落实省、市稳经济工作部署，投资规模持续扩大、投资结构优化明显、投资报表表现优异、重大项目落地迅速，取得亮眼成果，固定资产投资同比增长 13%，分别高于全省、全市平均 2.7 个和 1.7 个百分点，连续 5 个月高于省市平均水平。

【灵山港项目成为全国首批、全省唯一“幸福河湖”建设试点】 8 月，浙江灵山港申报项目从全省

2022 年 7 月 30 日，浙江省第四届龙舟锦标赛暨龙游首届华人华侨龙舟邀请赛在龙游红木小镇正式打响

9个市及所辖县(市、区)中脱颖而出，成为全国首批、全省唯一“幸福河湖”建设试点。项目总投资2.16亿元，试点工作包括流域系统治理、管护能力提升等26项投资类工程任务和深化河(湖)长制、河流水域空间管控等23项管理类任务。近年来，龙游牢牢把握“生态优先、绿色发展”内在要求，坚持“多规合一、系统治理、治水惠民、人水和谐”理念，扎实推进灵山港幸福河湖建设，完成岸线保护89公里，防洪达标率从80%提升至100%，流域内水功能区水质达标率100%，12.3万名农村人口供水得到有效保障，促进流域治理与资源开发利用、产业发展、全域旅游、生态保护、乡村振兴等领域融合发展。

【95联盟大道龙游段虎游线入选“2021年省级特色精品道路”】9月，龙游县95联盟大道龙游段虎游线入选“2021年省级特色精品道路”。95联盟大道(龙游段)全长6.1千米，东起龙游县曹垅村，西至龙游县石背岩村，串联龙游石窟(AAAA级)、竹林禅寺、红木小镇(AAAA级)等著名景点，是一条“步步有风景，处处有人文”的美丽公路。近年来，龙游县紧抓“95联盟大道”创建时代契机，以龙游衢江、灵山江两江走廊诗画风光带为核心，全面加强沿线生态资源环境保护和特色小镇、精品村落、休闲驿站、汽车露营地、绿道系统等设施，建设集“吃住行游购娱”各种业态于一体的“慢游”交通网络，打造衢江风景带上一颗璀璨亮丽的明珠。

【衢州龙之梦旅游度假区项目开工】10月29日，衢州龙之梦旅游度假区项目开工仪式在龙游县庙下乡毛连里村举行。衢州龙之梦旅游度假区项目是浙江省名山公园“带富”行动的标志性工程，位于六春湖景区，横跨龙游县、衢江区两地，总投资100亿元，总建筑面积约95万平方米，分为山下主题娱乐片区、山上滑雪场片区和龙之谷片区，包括度假酒店、户外滑雪、水上娱乐、动物园、演艺等业态内容，将实现“吃、住、行、游、购、娱、养、育、展”九种功能要素的组合集聚。这是衢州市投资规模重大的旅游项目之一，建成后必将成为四省边际全域旅游的新地标。

【全省深化“千万工程”建设新时代美丽乡村现场会在龙游县召开】11月10日，全省深化“千万工程”建设新时代美丽乡村现场会在衢州市龙游县召开。近年来，龙游坚决贯彻落实中央和省市决策部署，坚持党建统领+基层治理+乡村振兴大花园建设，以变革之力激发乡村活力，连续2次进入全省共同富裕试点，获得省级未来社区、未来乡村、县域风貌样板区三类“共同富裕现代化基本单元”，成为浙江美丽乡村先进县、示范县。

【龙游石窟发现30周年庆暨“基因解码工程”启动】12月10日，由浙江省文物局主办，龙游县人民政府承办的龙游石窟发现30周年庆暨“基因解码工程”启动仪式在龙游举行。龙游石窟是全国重点文物保护单位，是衢州第一家国家AAAA级旅游景区，被誉为世界第九大奇迹。30年来，龙游县委、县政府积极提升龙游石窟文物保护等级，认真谋划龙游石窟省级旅游度假区建设，全面完成空间普查勘探、开展高端学术研究及成果发布，切实做好景区开发，实现从文保单位向旅游

2022年10月29日，衢州龙之梦旅游度假区项目开工仪式在龙游县庙下乡毛连里村举行

度假区的转化发展。

【**全省林业推进共同富裕建设现场会在龙游召开**】12月15—16日,全省林业推进共同富裕建设现场会在龙游召开,会上宣布浙江省第一批林业推进共同富裕试点任务名单,龙游县顺利入选。龙游素有“中国竹子之乡”的美誉,竹林面积超40万亩。近年来,龙游县锚定“生态产品价值实现”改革先行示范跑道,充分激活林业发展要素资源,重磅推出“森林魔方”林业推进共同富裕硬核举措,形成“竹木之道”两山转化的“龙游实践”,打造出一批标志性成果。龙游竹产业创新发展获评浙江林业推进共同富裕十大典型案例。

(俞凌翔)

常山县

【**概　况**】常山县总面积1097.3平方千米,其中建成区面积17.7平方千米;辖3个街道、6个镇、5个乡,180个村、14个社区;年末户籍人口总户数为124648户,比上年减少47户,总人口(不含服现役人员)为337893人,比上年减少1797人。

实现地区生产总值200.6亿元,比上年增长4.1%。其中,第一产业增加值9.18亿元,增长6.5%;第二产业增加值90.6亿元,增长5.9%;第三产业增加值100.82亿元,增长2.4%。三次产业增加值结构为4.6∶45.2∶50.2。全年实现财政总收入26.56亿元,增长7.2%;公共财政预算支出67.94亿元,增长10.4%。年末金融机构本外币存款余额358.72亿元,其中人民币存款余额358.44亿元,增长19.3%;年末金融机构本外币贷款余额367.3亿元,其中人民币贷款余额366.49亿元,增长20.8%。

全年实现农林牧渔业总产值14.38亿元,增长6.7%。农作物播种面积28.76亿亩,其中,粮食作物播种面积14.63万亩、油料作物播种面积5.17万亩、蔬菜(含菜用瓜)播种面积6.84万亩、中草药材播种面积4305亩、瓜果类播种面积8507亩。全年粮食作物总产量6.09万吨,与上年持平;油料产量6888吨,增长3.8%;蔬菜产量10.68万吨,增长3.1%;瓜果类产量2.21万吨,与上年持平。柑橘总产量12.88万吨,增长4.3%,其中柚产量(包括胡柚和香柚)11.68万吨,增长14.3%;茶叶产量238吨,下降7.8%。生猪年末存栏为0.7万头,比上年下降88.7%;年内出栏10.3万头,增长13.2%。家禽年末存栏为98.4万羽,下降10.6%;年内出栏247.4万羽,下降14.1%。全年肉类总产量1.49万吨,下降1.3%,其中猪肉8152吨,增长7.4%;禽肉6474吨,下降10.3%;鸡鸭鹅蛋产量1765吨,下降23.9%。全年水产品产量7015吨,增长2.1%。全年木材产量2.2万立方米,增长131.5%。

在衢州市率先实体化运作“两山合作社”,“两山合作社”改革入选全省乡村振兴十佳创新实践、首批共富最佳实践名单,获省改革突破奖。强村富民集成改革成为全省试点。创新“龙头公司+两山合作社+村集体+农户”四方共同体模式,入选省高质量发展建设共同富裕示范区第二批试点。气象指数保险智能速办应用入围全省“一地创新、全省共享”“一本账”S0清单。入选全省首批数字生活新服务样板县。全面推进省级低碳试点县创建,“低碳果园”数字系统入选全省典型案例。“大综合一体化”行政执法改革无人机中队、执法夜校等创新做法领跑全省。

全县规模以上工业企业158家,工业增加值68.94亿元,增长7.9%,其中规模以上工业增加值51.95亿元,增长10.2%。全年新认定省科技型中小企业67家,新增国家高新技术企业28家,新增省级高企研发中心2家,市工程技术研发中心2家。规模以上工业销售产值201.88亿元,增长9.3%,产销率99.1%。完成规模以上工业出口交货值14.31亿元,增长19.2%。规模以上工业企业实现利税17.64亿元,比上年下降26.9%,其中利润12.12亿元,下降35.6%。规模以上工业研发费用增长18.0%。

年内,项目开工率全省第三、全市第一。省市重点项目和集中开工项目全部入库,开工率、入库率均居全市第一。县重点项目开工率、入库率均超90%,创历史最高。房地产销售面积19.17万平方米，下降39.0%。全县有总承包或专业承包资质的建筑业企业77家，其中，具有一级资质企业2家，二级资质企业11家，三级资质企业64家。全年建筑业实现增加值21.69亿元，增长0.2%。

境内有3条国家高速公路、3条国道、1条省道、33条县道、33条乡道、375条村道，公路总里程1145.7千米。完成公路货物运输量1273.9万吨，下降7%；公路客运量976万人次，下降10.2%。

实现社会消费品零售总额91.12亿元，增长7.9%。全年实现进出口总额29.73亿元，增长13.9%，其中出口20.72亿元，增长12.1%；进口9.01亿元，增长18.3%。全年接待游客180.3万人次，实现旅游总收入22.4亿元。

全县有中小学校40所，其中高中4所(含民办完中1所、民办高中1所、职高1所)、初中8所、小学27所(含2所完小)；有特殊教育学校1所，幼儿园57所[公办(集体办)31所、含2所未招生的幼儿园]，成人文化技术学校14所，教师进修学校1所，浙江开放大学常山学院1所；中小学在校生30633人，在园幼儿7656人。有各级各类医疗机构272家，卫健系统有在编专业技术人员1274人。年内在浙江省第十七届运动会上获得1.15枚金牌、1.25枚银牌、4.1枚铜牌，总分81.58分，位列全市奖牌榜第三名，实现历史突破。

全县职工基本养老保险和城乡居民社会养老保险参保21.37万人。工伤保险参保7.2万人，增加6728人。机关养老保险参保1.14万人，当年增加219人。其中企业养老参保9.82万人，城乡养老参保11.56万人。全年有7269户(9182人)纳入城乡最低生活保障。7月1日实施最低生活保障标准提标，最低生活保障标准统一调整为1035元/(月·人)。全体居民人均可支配收入38547元，增长6.7%。按常住地分，城镇和农村居民人均可支配收入分别为49442元和28996元，增长6.0%和7.8%。

2022年8月24日，常山县文昌小学

常山港流域地表水质100%符合水功能区要求，集中式饮用水源地水质100%符合要求，国考断面、出境水断面水质稳定达到Ⅱ类标准，其中Ⅰ类出境水占比42.6%；城区环境空气持续改善，优良率96.7%，城区$PM_{2.5}$浓度均值为25微克/米^3，创历史新低。削减氮氧化物1491.73吨、化学需氧量646.12吨、氨氮2.6吨。

2022年，常山县入选国家农业现代化示范区、中国健康旅游名县、“四好农村路”全国示范创建县，创成全国未成年人保护示范县、省级食品安全示范县，获评26县结对帮扶考评优秀单位、省乡村振兴考核优秀县。水库移民、“青村播”成为全国优秀案例。常山胡柚国家地理标志产品保护示范区获批筹建。油茶产业示范园区入选国家林业产业示范园区。美丽大花园建设工作获省政府督查激励。

【获评浙江省首批数字生活新服务样板县】 1月，浙江省数字生活新服务工作联席会议办公室印发《关于公布首批浙江省数字生活新服务先行市、样板县名单的通知》，常山县列为首批数字生活新服务样板县。2022年1—11月，常山县实现网络零售额20亿元，同比增长82.3%，居全省加快发展26县第二；建设城市中心商圈和“宋诗之河文化风情带”等夜坐标。实现全域A级旅游景区智能导览、一卡通游;出台首个乡村民宿产品体系团体标准。建成“钉钉未来医院”管理系统,实现医共体内远程会诊,建立多渠道的远程会诊系统,实现“上联省级医院,下通乡镇卫生院”的县级医院数字化新成果。率先在全市推进“城市大脑·常山数据专区”建设,实现对“城市大脑·常山数据专区”、县级自建系统、省市回流数据归集治理。

【农饮水工作获评省水利争先创优优秀案例】 1月,浙江省水利厅公布2021年水利争先创优第二批9个方面48个优秀案例,《常山实施农村供水保障能力提升工程 实现农饮水“从源头到龙头”全链条升级》入选民生实事方面水利争先创优优秀案例,衢州市仅2个。

【常山江航运开发项目列入国务院“十四五”规划】 1月,常山江航运开发工程正式纳入《“十四五”现代综合交通运输体系发展规划》,项目经国务院批准后发布实施,成为衢州市首个纳入经国务院批准规划的交通项目,项目总投资约为91.68亿元。常山江航运开发工程,即钱塘江中上游常山江(辉埠—双港口)航电枢纽项目,起点位于规划的辉埠作业区,终点位于衢州双港口,全长约51千米。项目以航运为主,结合发电、改善水环境,实现水资源综合利用。

【信息材料高新技术产业园区被列入省级创建名单】 1月,常山县信息材料高新技术产业园区被列入省级高新园区创建名单。园区以数字化改革为牵引,大力培育信息材料、高端装备、健康食品三大主导产业,构建高新化、数字化、绿色化的现代产业体系。

【常山油茶产业示范园区入选“国家林业产业示范园区”】 2月,国家林业和草原局发文公布59家园区为国家林业产业示范园区,正式命名常山油茶产业示范园区为第二批国家林业产业示范园区,系浙江省首个国家级油茶产业示范园区。

【紫港社区获评“最美工会户外劳动者服务站点”】 2月,紫港街道紫港社区获评中华全国总工会“最美工会户外劳动者服务站点”。站点建于2021年5月,占地面积为180平方米,建筑面积500平方米,共3层,是一个主要为快递小哥、货运司机、环卫工人等提供多方面服务的综合体。站点设有职工办事接待大厅、图书室、培训教室、健身房等,设施设备齐全,含休息桌椅、饮水机、微波炉、手机充电器、无线网络等设施,能满足职工休闲娱乐、充电提升等多方面需求。

【“两山银行”获评浙江省乡村振兴十佳创新实践案例】 2月22日,浙江省委农村工作会议召开,《常山县“两山银行”改革激活农村低效闲置资源》入选浙江省乡村振兴十佳创新实践案例。常山“两山银行”以农业产业投资银行、生态资源储蓄银行、低效资产招商银行、文化资源开发银行、有偿权项变现银行、生态安全保障银行“六大行”为目标定位,促进生态产品价值转化。已成立常山“两山银行”同弓、新昌支行,并创新成立常山县“早上好”共富公司,带动山区群众致富增收。

【新增2家国家AAA级旅游景区】 2月,根据国家《旅游景区质量等级的划分与评定》标准,经衢州市旅游景区质量等级评定委员会评定,确定常山县七彩飞龙涧景区、常山县赛得健康城为国家AAA级旅游景区。七彩飞龙涧景区于2018年3月落地建设,以户外拓展运动为主导,主要有射箭、攀岩、峡谷穿越、溯溪、定向越野、丛林穿越、瀑降等30余个项目。景区完成投资2000多万元,已建成生态河道、游步道、垂钓池等景点,完成AAA级旅游厕所、游客中心、标识系统、停车场和户外运动设施设备等一系列配套设施建设;常山赛得健康城位于浙江常山招贤镇泉目山村188号,由浙江德源养老产业投资管理股份有限公司建设,项目总占地面积5400亩。景区建有健康管理科技、原生态森林、山地特色风貌、生态农业田园等旅游资源,特有的赛得健康度假养生养老区,享受健康文化的风情;在农耕文化体验园,可体验到回归自然、返璞归真的乐趣;在赛得健康科技园,可领略到现代健康科技的魅力。

【“一老一小”2项工作入选浙江省改革试点】 3月,浙江省民政厅明确民政系统2022年数字化改革重大应用建设试点任务，常山县申报的项目分别入选“浙里长寿”——养老人才培育场景、“浙里护苗”——留守儿童关爱服务应用场景试点。

【获浙江省山区26县结对帮扶考评优秀单位】3月，浙江省乡村振兴局发布《关于公布2021年度山区26县结对帮扶考评结果的通报》，常山县荣获2021年度结对帮扶考评优秀单位，也是衢州市唯一考评优秀的县。同时，常山县帮扶团组（省法院、省能源集团、省东联集团公司）获评团组A类成员单位考评优秀。

【常山—慈溪山海协作园省级考核获一等奖】3月，慈溪—常山山海协作产业园在浙江省发改委2021年度山海协作相关考核及绩效评价中获得工业类产业园绩效评价一等奖。常山—慈溪山海协作产业园于2013年设立，围绕“两纵六横”道路框架，持续优化道路条件；顺利完成园区小微综合体工程建设，启动科创中心项目建设；有序推进产城融合，集聚区基础配套工程开工建设；争创省级高新区，常山信息材料高新技术园区列入省级高新技术产业园区创建名单。

【4个村入选省级未来乡村创建村名单】4月，浙江省农业农村厅、省城乡风貌整治提升工作专班办公室发文，公布第二批未来乡村创建名单，常山县同弓乡彤弓山片区、紫港街道渣濑湾村、金川街道徐村村、球川镇后弄村成功入选。近年来，常山县以人本化、生态化、数字化为建设方向，以原乡人、归乡人、新乡人为建设主体，以造场景、造邻里、造产业为建设途径，以有人来、有活干、有钱赚为建设定位，以乡土味、乡亲味、乡愁味为建设特色，本着缺什么补什么、需要什么建什么的原则，打造未来产业、风貌、文化、邻里、健康、低碳、交通、智慧、治理等场景，集成“美丽乡村+数字乡村+共富乡村+人文乡村+善治乡村”建设，着力构建引领数字生活体验、呈现未来元素、彰显江南韵味的乡村新社区。

2022年9月11日，常山县共富果园

【获评浙江省实施乡村振兴战略实绩考核优秀单位】5月，浙江省委办公厅、省政府办公厅通报2021年度实施乡村振兴战略实绩考核优秀单位，常山县再次上榜，连续两年考核优秀。近年来，常山县深入贯彻中央、省委和市委的决策部署，聚焦“农业高质高效、乡村宜居宜业、农村富裕富足”目标，全面实施乡村振兴战略，农业生产扩面增效、“两柚一茶”产业提质延链、未来乡村秀美宜居、农民收入稳步增长，共同富裕基础进一步夯实。

【G60沪昆高速常山服务区获四星级服务质量等级评定】5月，浙江省交通运输厅发文，通报2021年度浙江省高速公路服务区服务质量等级评定结果，常山县境内的G60沪昆高速公路常山服务区获四星级服务质量等级评定，连续4年获此荣誉。近年来，G60沪昆高速常山服务区坚持以满足群众美好出行需求为目标，紧抓“迎亚运建窗口”契机，持续深入推进服务区扩建改造，完善服务功能，强化管理举措，创新工作机制，全面提升服务区服务品质和安全保障能力，助力“重要窗口”和共同富裕示范区建设。

【“低温农险无U(忧)保”获浙江省气象数字化改革项目优秀案例】6月，浙江省气象局数改办发文，常山县“低温农险无U(忧)

保”被评为气象数字化改革项目优秀案例。低温农险无忧保场景应用作为浙江省气象领域4个县级数改成果之一，在浙江省气象改革会议暨气象数字化改革推进会上汇报演示。在服务端，上架“浙里办”，实现线上投保、查询、理赔等功能。通过致灾指标和算法模型，自动计算理赔金额，免申即赔。参保率提升3倍，理赔时间由3个月缩短为1天，理赔矛盾纠纷减少90%。在治理端，实现跨部门“一件事”联办。由气象部门提供气象数据，承保企业实时跟踪管理保单，财政部门负责绩效评价，调整补助政策；农业农村等部门评估致灾情况，调整农险险种，启动灾害救助。该应用已列入全省气象部门数字化试点项目和数字化改革重大应用，省人保公司支持与全省人保农险A平台数据互通。

【“两山银行”改革入选省级最佳实践名单】6月，浙江省高质量发展建设共同富裕示范区最佳实践（第一批）名单正式公布，常山县《深化“两山银行”改革助力富民增收》案例成功入选。

【成功入选全国“再生稻农机一体化”试点】7月，经浙江省农业农村厅推荐，常山县成功争取农业农村部“再生稻农机一体化”试点项目，获中央资金500万元。近年来，常山县通过“政府部门+生产主体+制造企业+技术团队”的合作模式，针对丘陵山区地形地貌研发新型收割机，探索减少再生稻农机收割不良影响，为再生稻扩产增收拓宽思路。使用再生稻收割机与常规收割机相比，能有效降低再生稻头季碾压率，精准控制收割高度，从而显著促进再生季产量、整精米率提升，对促进再生稻推广发展具有重要意义。

【油茶产业入选省林业推进共同富裕十大典型案例】7月，浙江省林业局公布林业推进共同富裕十大典型案例名单，常山县《“一切为了U”建五大平台 振油茶产业》成功入选。近年来，常山县委、县政府始终将油茶产业作为县域支柱产业，不断拓宽“两山”转化通道，围绕油茶“产研销”全环节搭建五大平台，建设“油茶指数”发布平台，实现“数字赋能”，打造具有常山特色的“共富果园”。

【入选浙江省第二批体育现代化县（市、区）创建名单】7月，浙江省体育局发布《关于开展2022—2024年浙江省体育现代化县（市、区）创建工作的通知》，常山县被列入浙江省第二批体育现代化县（市、区）创建名单，创建周期为3年。近年来，常山县围绕浙江省体育现代化县创建，贯彻落实全民健身国家战略，践行“体育让生活更美好”理念，推进常山体育跨越式发展，为加快建设“浙西第一门户”贡献体育力量。

【央视“共同富裕示范区观察点”落户常山县】8月，央视“共同富裕示范区观察点”落户常山，浙江省仅10个，衢州市唯一。近年来，常山县聚焦物质富裕和精神富有两方面工作，探索可复制可推广的“两山银行”“共富果园”“三塘模式”等模式，带动村民增收致富，村集体经济不断壮大，走出了一条山区26县跨越式高质量发展的特色路径。在高质量发展建设共同富裕示范区的新时代背景下，常山县将全力打造“一切为了U”城市品牌和发扬达塘村的“早上好”奋斗精神，努力为全省共同富裕先行提供可复制推广的成功经验。

【入选第四批省级城乡社区治理和服务创新实验区试点】8月，浙江省民政厅公布第四批省级城乡社区治理和服务创新实验区入围名单，浙江省22个。通过前期精准定题、合力攻关，常山县申报的《山区县养老服务优质共享融合机制探索》成功入围农村社区服务和治理场景试点，浙江省仅3个，衢州市唯一。

【常山胡柚国家地理标志产品保护示范区获批筹建】9月，国家知识产权局发布关于2022年国家地理标志产品保护示范区筹建名单的评选结果，常山县申报的“常山胡柚国家地理标志产品保护示范区”成功入选，浙江省仅3个，衢州市首个。近年来，常山县围绕“用好一件地标、做强一个品牌、发展一个产业、造福一方百姓”，充分发挥地理标志的经济效能，努力构建地标兴农、品牌富农的乡村振兴新路径。

【成功申报省强村富民改革试点】9月，浙江省强村富民乡村集成改革实践试点名单公布，常山县成功入选“市场化改革+集体经济”试点。常山县以新昌乡全乡10个村为试点，构建“1+1+1+N”（党建联盟＋两山银行＋富好公司＋其他机构）工作架构，统筹推进农村改革，大力发展富民产业，提供可推广、可复制的经验模式。

【双柚汁入围省级首批“263共富农产品”】10月，浙江省乡村振兴局公布浙江省第一批“263共富农产品”名单，浙江常山恒寿堂柚果股份有限公司的柚香谷双柚汁作为常山县唯一产品成功入围。近年来，常山聚焦“两柚一茶”全产业链发展，不断研发胡柚深加工产品，开发出“饮、食、健、美、药、香、料、茶”八大系列70多种产品，其中双柚汁是代表产品。

【常山开放式服务区入选浙江省首批交通强国试点项目】10月，浙江省交通强省建设领导小组办公室公布首批浙江省交通强国试点县（市、区）和新增试点项目名单，常山开放式服务区项目成功入选，浙江省6个，衢州市唯一。常山开放式服务区是常山打造“浙西第一门户”提出的重要战略性建设项目，项目以展示浙西窗口形象、串联地方优质资源、推动周边产业集聚、助力共同富裕为目标，以“浙西门户、常山印象”为基本功能定位，初步设想“胡柚、鲜辣、宋诗”三大主题，致力于打造集旅游服务、餐饮娱乐、购物休闲、科技体验等于一体的商业综合体。

【白石镇草坪村获评全国民主法治示范村】11月，司法部、民政部公布第九批全国民主法治示范村（社区）名单，常山县白石镇草坪村成功入选，实现国家级民主法治示范村创建“零的突破”。作为创新发展微事快办的县级“先锋战队”基层党组织，草坪村发挥党建统领作用，深化推行“党建统领＋基层治理＋乡村振兴”，基于深厚的辣椒传统，创建“红辣椒”网格，强化基层党组织。全村102名党员被划分为5个“红辣椒”网格小组，各“红辣椒”网格小组全面配合党支部开展农房整治风貌提升、项目征迁、党员联户等重点工作，积极为村建言献策，为百姓做实事。

【“宋诗之河”入选首批省级文化标识创新培育项目】11月，浙江省文化和旅游厅公布首批省级文化标识建设创新培育项目，常山县“宋诗之河”文化标识成功入选，浙江省仅10个，衢州市2个。近年来，常山县集中力量、整合资源、深入挖掘、提炼精华，全力落实十大文化工程、十大历史文化名人研究工程、十大文化名片打造工程，推动宋诗文化元素在项目、产业、场景、业态之间互相交融，让宋诗之河文化标识深入人心，加快推动美丽乡村和城市文化地标建设。

【紫港街道渣濑湾村获评全国先进基层群众性自治组织】11月，民政部公布全国先进基层群众性自治组织拟表彰名单，常山县紫港街道渣濑湾村村民委员会成功入选，浙江省仅8个，衢州市唯一。渣濑湾村村民委员会通过党建引领、五治融合、网格代办等多项举措，推动全村高质量发展。渣濑湾村坚持“五治融合”，实行“红黄蓝绿”自治考评，根据村民践行村规民约情况，通过党员打分、邻里互评得出每月分数，增设“渣濑湾村有礼指数考评榜”。搭建“1+N”线下议事平台，即1个民情议事厅+N个民情议事角，聘请“两老一星”任“议事轮值员”，在“有礼亭”、议事角等场所，随处可见“邻里码”，作为收集群众问题需求的线上途径。同时，线下也邀请村民建言献策，激发群众主动参与、主动管理，实现共商共议，凝聚人心。

【生态园区入选省级标杆工业园区“污水零直排区”培育名单】11月，浙江省生态环境厅与省经信厅、省治水办联合公布2022年度省级标杆工业园区“污水零直排区”培育名单，常山县生态工业园区成功入选。近年来，常山县生态工业园区利用智慧大脑，对企业污水、固（危）废等进行全过程数字化、视频化监管，将雨水排放口和5个污水排放口在线监测数据接入园区平台，开展水污染溯源及预警监管、园区周边河道生物毒性监测、工业园区及企业初期雨水精细化和智能化收集处理等工作，实现园区“源—网—厂—口—河”全方位、智慧化、数字化管控，提高源头治理、综合治理和精准治理的效率与水平。

【2个乡镇入选2022年度美丽城镇建设省级样板】12月，浙江省城乡环境整治工作领导小组通报美丽城镇建设2022年度评价结

果，常山县东案乡、青石镇入选2022年度美丽城镇建设省级样板。近年来，常山县将美丽城镇建设作为推动乡村振兴、实现城乡公共服务均等化、缩小城乡差距，实现共同富裕的一项重要抓手，系统谋划、全盘推进。持续推进基础设施建设，提升共享互利品质；坚持筑巢引凤，培育特色产业经济；不断厚植历史，讲好乡愁古韵故事；全力建设具有常山辨识度的新型美丽城镇。

（何欣欣　张　涛）

开化县

【概　况】2022年，开化县总面积2236平方千米，辖8个镇、6个乡、1个街道，255个行政村和14个社区。户籍总户数12.28万户，户籍总人口35.70万人，出生人口1893人，死亡人口2419人。

2022年，地区生产总值181.35亿元，同比增长4.2%。第一产业增加值14.71亿元，同比增长5.1%；第二产业增加值69.47亿元，同比增长5.6%；第三产业增加值97.17亿元，同比增长3.1%。三次产业增加值结构为8.1∶38.3∶53.6。固定资产投资85.99亿元，同比增长11.1%。财政总收入19.39亿元，同比增长11.6%；一般公共预算收入12.51亿元，同比增长13%。年末金融机构本外币存贷款余额696.65亿元，同比增长15.0%，其中，本外币存款余额335.86亿元，同比增长9.1%；本外币贷款余额360.80亿元，同比增长19.7%。

全年实现农林牧渔业增加值14.93亿元，同比增长5.1%。粮食总产量6.09万吨，同比增长0.1%；油料产量1.17万吨，同比增长9.7%；蔬菜产量11.16万吨，同比增长1.3%；食用菌产量1万吨，同比增长-23.2%；瓜果类产量0.66万吨，同比增长5.3%；茶叶产量0.32万吨，同比增长1.8%；肉类总产量1.05万吨，同比增长-7.7%；禽蛋产量0.19万吨，同比增长-13.6%；水产品产量0.56万吨，同比增长1.9%。造林更新1.39万亩，森林覆盖率达81.1%。开化龙顶品牌价值31.71亿元。浙农优品、浙茶香被列入全省首批重大改革场景“先行先试”名单，列入农业标准地改革省级试点。

年末共有规模以上工业企业单位95家，其中，营业收入亿元以上企业30家，中型企业4家。成功申报国家级“专精特新”小巨人企业2家，新认定省科技型中小企业54家、国家高新技术企业12家、省级高新技术企业研发中心1家、市级工程技术研发中心2家。全部工业增加值44.64亿元，同比增长10.2%，其中规模以上工业增加值32.25亿元，同比增长12.3%。高新技术产业增加值23.31亿元，同比增长16.0%。规模以上工业总产值176.94亿元，同比增长20.2%。规模以上工业企业实现营业收入197.8亿元，同比增长20.3%。

179个重点计划项目按时开复工率超90%，为近五年新高；新增储备项目102个、总投资超500亿元；16个项目列入省重点，5个省市县长工程100%开复工。杭淳开高速列入国家公路网规划，法开署项目获资金申请批复，开化水库完成投资12亿元，库区道路改建工程动工，205国道改建工程新建段建成通车。房地产开发投资19.46亿元，同比增长-9.9%。商品房销售面积9.8万平方米，同比增长-45.9%。建筑业增加值24.83亿元，同比增长-1.2%。全县61家资质以上建筑业企业总产值76.02亿元，同比增长2.6%。

交通运输、仓储和邮政业增加值6.84亿元，同比增长1.6%。全县公路总里程1633.64千米，其中，国道4条225.01千米(2条国家高速公路111.80千米)，县道33条538.84千米，乡道37条219.68千米，村道356条650.11千米。公路运输完成货物运输量852.07万吨，同比增长-7.1%；货物周转量17.39亿吨千米，同比增长1.3%。公路运输完成旅客运输量453.99万人次，同比增长-3.6%；旅客周转量1.07亿人千米，同比增长-16.7%。

社会消费品零售总额102.41亿元，同比增长1.3%。货物贸易进出口总额25.16亿元，同比增长9.9%。实际利用外资137万美元。建成1个国家AAAAA级旅游景区、2个国家AAAA级旅游景区、10个AAA级旅游景区、1

个国家森林公园、省A级景区村庄253个。创新“365”微推（365天每天有声音）机制，全域旅游“微改造、精提升”获省政府土地指标激励，根宫佛国文化旅游区入选省第二批大花园耀眼明珠，下淤村列入省首批金AAA级培育村。

全县有中小学校56所，有证幼儿园56所。2022学年，全县有在校生（幼儿）37439人。衢州旅游学校新校区建成启用；新建幼儿园3所、新增学位750个；高考再出清华学子；“山海+城乡”教共体改革经验全省示范。“文化客厅”投入试运营，新建文化馆分馆2个、图书馆分馆10个、南孔书屋7家。衢州摊簧《谁是网红》荣获浙江省群众文艺领域政府最高奖“群星奖”。年末有疾控中心1家，卫生监督所1家、医疗机构182家。少体校运动员在省十七届运动会中获得4枚金牌、3枚银牌、1枚铜牌。承办省市体育赛事10个，带动县内各星级酒店收益100余万元。

年末参加企业职工基本养老保险8.29万人，参加城乡居民基本养老保险15.24万人，参加职工基本医疗保险4.56万人（不含退休1.74万人），参加城乡基本医疗保险22.59万人，参加失业保险2.96万人。全县有社会福利院1个、床位190张。建设示范型居家养老服务中心15个，机构养老床位数2334张，培训机构养老护理员144名，家庭照护者285名。全体居民人均可支配收入34286元，同比增长5.7%。其中，城镇、农村常住居民人均可支配收入分别为45846元、24737元，分别同比增长4.8%、6.8%。全体居民生活消费支出21045元，同比增长7.5%，其中，城镇、农村常住居民人均生活消费支出分别为27865元、15410元，同比分别增长6.7%、8.3%。城乡低保按全市标准统一提高到1035元/（月·人）。全县社区个数从11个增至14个，完成招录入职67名专职社区工作者，专职社区工作者数量增长50.76%。

环境空气质量有效监测天数365天，其中AQI达标天数360天，空气质量为优天数211天，空气质量为良天数149天。出境水有效监测天数362天，Ⅰ类水质191天，Ⅱ类水质170天，Ⅱ类水质以上占99.7%。钱江源国家公园入选世界自然保护联盟绿色名录。“两山合作社”入选全国十大优秀案例。GEP（生态系统生产总值）核算应用场景实战落地，完成全国首笔生态占补平衡交易，开发全省首个“零碳亚运”碳汇项目。全面实施林长制，列入全省首批林业增汇试点县。美丽浙江连续5年考核优秀。2022年，开化县荣获全国信访工作示范县、全国农作物病虫害绿色防控整建制推进县、建设长江下游产区油菜产业绿色革命科技攻关示范县、2022年乡村建设评价样本县、2021年度全省生活垃圾工作考核评估优秀县、2021年健康浙江建设考核优秀县、2021年度无违建创先争优示范县、2019—2021年全省无偿献血先进集体、2022年度全省深化“千万工程”建设新时代美丽乡村（农村人居环境提升）工作优胜县。荣获水利建设投资项目落实、美丽幸福河湖建设和水库系统治理（除险加固）工作成效明显的县（市、区），推动山区高质量发展工作有力、成效明显的县（市、区），被省政府予以督查激励。2021年度浙江省政务公开第三方评估县（市、区）成绩排名第一名。

【率先在全省发行10亿元绿色乡村振兴公司债券】 1月5日，开化县国有资产经营有限责任公司绿色乡村振兴公司债券成功发行。该债券发行规模10亿元，期限3年，票面利率4.9%，是全国首批、浙江首单绿色乡村振兴公司债券，募集资金专项用于开化水库项目，助力打赢开化水库建设攻坚战。

【连续6年获浙江省农村生活污水治理工作专项考核优秀县】 1月25日，省建设厅、省财政厅、省生态环境厅和省农业农村厅联合发布《关于公布2021年度农村生活污水治理工作专项考核结果的通知》，开化县连续六年获评浙江省农村生活污水治理工作专项考核优秀县。该县围绕“五水共治”“乡村振兴”“农村人居环境”等各项工作部署，坚持全面治理、科学治理，以浙江省农村污水“强基增效双提标”行动为指引，推进农村生活污水治理工作，提升农村水环境质量、改善农村人居环境。

【普通国省道公路路况质量检测排名全省第一】 2月3日，根据《关于公布2021年度全省普通国省道公路路况检测情况的通知》文件通报，2021年开化县普通国道受检长度为双向两幅共计208.44公里，公路路面状况（PQI）95.1、路面破损（PCI）95.72、平整度（RQI）94.33，各项数据均位于前列，优良路率100%，其中普通国省公路路面技术状况指数PQI在全省81个县（市、区）中，排名第一。2021年，先后完成普通国省道公路养护大中修工程、普通国省道公路养护大中修工程暨灾毁应急修复工程等项目，为提升路况质量打下坚实基础。截至2022年2月，修剪乔、灌木142千米，路面病害修补765.5平方米，G205国道路面病害处治，路面铣刨后加铺AC-13C沥青砼面层5500平方米，实现垃圾清零、主要路段病害清零。

【钱江源国家公园体制试点区入选“全国科普教育基地”】 3月30日，中国科协发布《关于命名2021—2025年第一批全国科普教育基地的决定》，钱江源国家公园体制试点区上榜。自钱江源国家公园体制试点工作开展以来，依托原生亚热带常绿阔叶林地带性植被核心资源，联合世界自然基金会（WWF）完成环境教育专项规划编制，出版《江源古田》《打开亚热带常绿阔叶林之窗》等科普读物；推进科普基础设施建设，国家公园科普馆、星空博物馆等一批科普场馆相继建成对外开放；依托“守望地球”“小小公民科学家”等载体，开发设立一系列自然教育核心课程，开展一系列研学教育活动。

【开化“源警通”获全省平安创建亮点案例最多点赞数】 4月3日，由省委政法委和浙江新闻客户端联合推出的“平安浙江看我家乡”展示活动收官，开化“源警通”微信警务平台从全省11个设区市推荐的22个平安创建亮点案例中脱颖而出，点赞数位列第一。开化“源警通”集警务咨询、基础登记、线索上报、平安宣防、便民服务五大模块23项子功能于一体，在基层治理中被广泛应用，年末有8万余户居民注册使用，搭建起民意与警务之间的便捷桥梁，打通基层平安建设“最后一公里”。

【成功申报生态环境导向的开发项目（EOD）模式试点】 4月28日，生态环境部办公厅、发展改革委办公厅、国家开发银行办公室联合发布《关于同意开展第二批生态环境导向的开发（EOD）模式试点的通知》，开化县国家公园城市生态环境导向的开发项目通过审核，正式被确认为试点项目，是本次衢州市唯一入选项目。在省环科院专家全程指导下，编制《开化县国家公园城市生态环境导向的开发（EOD）模式试点实施方案》。方案包含4个大项目、11个子项目，明确试点工作目标及具体工作内容，资金总预算金额为76.89亿元。

【上榜省旅游业“微改造、精提升”2021年度实践案例名单】 4月，由浙江日报传媒有限公司、浙江省旅游协会联合举办的“浙江省旅游业‘微改造、精提升’2021年度实践案例推介”活动落幕，开化县上榜省旅游业“微改造、精提升”综合实践案例名单，下淤未来乡村实践案例上榜最佳案例名单。近年来，开化县整合国家全域旅游示范区、AAAAA级旅游景区城、全国文明城市提名城市等品牌创建，通过强化文旅产品供给、资源融合精细化运营以及对城乡肌理的改造，用艺术点亮微改造、用文化浸润微改造、用产业融入微改造、用整合推动微改造。

【推出国内首笔项目建设生态占补平衡交易】 5月12日，开化“GEP交易平台”完成国内首笔项目建设生态占补平衡交易，开化县国控集团作为钱学森学校项目建设方，出资21.78万元，用于补偿项目落地后所在区域损耗的GEP。年内，开化纳入全省空间治理数字化平台建设试点后，依托“多规合一”改革试点经验成果，归集近3000万条数据，于2021年上线GEP核算分析及两山转化综合管理应用子场景，建立起覆盖整个县域的GEP核算体系，并细化到3.6万余个网格单元。通过该应用场景，只要选定县域内任意区域，系统就能精准核算、即时呈现该区域的GEP。

【2022年国际生物多样性日浙江主场活动启动】 5月20日，由省生态环境厅、省林业局、团省委、

2022 年 5 月 20 日，国际生物多样性日浙江主场活动在开化举行

2022 年 6 月 15 日，浙江省水生生物增殖放流活动在开化县马金镇朱熹文化公园举行

衢州市政府等单位联合主办的 2022 年国际生物多样性日浙江主场活动在开化举行。在活动上，省生态环境厅为开化生物多样性保护与可持续利用试验区授牌；发布浙江省生物多样性成果；举行生物多样性保护促进共同富裕示范区建设研讨会；以视频形式发布开化县与上城区、越城区、桐乡市生态环境山海协作事项。

【2022 年浙江省水生生物增殖放流活动在开化举行】 6 月 15 日，由省农业农村厅和衢州市人民政府共同主办，衢州市农业农村局和开化县政府承办的 2022 年浙江省水生生物增殖放流活动在开化县马金镇朱熹文化公园举行，此次放生鲢鱼、草鱼、鳙鱼、赤眼鳟等优质鱼苗 290 万尾。开化由古至今都传承着浓厚的鱼水情，源起明朝的“杀猪禁渔”传统延续至今，增殖放流行动连续 24 年从未间断。

【连续 5 年获评美丽浙江建设工作考核优秀县】 7 月 8 日，全省建设新时代美丽浙江推进大会暨生物多样性保护大会上传来喜讯，开化县获评 2021 年度美丽浙江建设 (生态文明示范创建行动计划)工作考核优秀县，连续 5 年蝉联此项殊荣。开化县围绕社会主义现代化国家公园城市建设，全面推进美丽开化建设。严格落实“林长制”“河长制”等建设，建立“县乡村”三级工作体系，落实网格化分区管理，促进生态资源管护制度化、规范化。

【美丽经济交通建设项目入选省级试点】 7 月 19 日，省文化和旅游厅、省交通运输厅联合公布浙江省交通与旅游融合发展试点名单，开化县“乡村振兴·两山开化”美丽经济交通建设项目上榜。该项目总里程约 497.9 千米，总投资 12.4 亿元，主要建设内容包括精品线打造 314 千米，即“一廊”(金溪画廊)53.3 千米，“六带”(白石尖探险运动带、访古寻村民俗带、清水何田渔家带、七彩长虹星空带、国家公园生态科考带、外联内畅国道通达带)191.7 千米，“一连”(共同富裕大通道)69 千米；民生路提升 183.9 千米；新建 9 座综合供能站。

【启动“激情一夏·万人畅游钱江源”系列活动】 7 月 30 日，开化启动“激情一夏·万人畅游钱江源”活动，广迎八方来客。本次畅游活动持续到 10 月底，以钱江源景区、七彩长虹、花牵谷、金星村、下淤村等地为主线，串起开化的自然之旅、休闲之旅、心灵之旅、味蕾之旅，吸引游客超 1.2 万人报名参团。

【全市建设新时代美丽衢州推进大会捧回三项大奖】8 月 11 日，全市建设新时代美丽衢州推进大会暨生物多样性保护大会召开。会上，开化荣获省级 2021 年度美丽浙江建设（生态文明示范创建行动计划）工作考核优秀单位、市级 2021 年度实行最严格水资源管理制度考核优秀县、市级 2021 年度水土保持目标责任制考核优秀县。

【"共富观察联系点"落户开化】8 月 15 日，"高质量发展与共同富裕企业社会责任"论坛在杭州举办，共富企业实践观察点调研新闻行动同步启动。会上，开化被课题组确定为地方"共富观察联系点"。针对共富的开化实践探索，主办方的专家们将联合中国国际经济交流中心、天目研究院智库专家，调研开化当地"人人有事做，家家有收入"共富的可复制推广路径，并对外进行发布。

【全省首个残疾人帮扶性就业基地揭牌】9 月 15 日，全省首个残疾人帮扶性就业基地在何田乡残疾人之家揭牌。由浙江省人才集团引入山海协作地区的助残爱心企业，与 11 名残疾人签订劳动合同。企业定期开展职业技能培训，提供适合残疾人生产的劳动项目或者为残疾人劳动提供支持，组织企业与残疾人建立探访机制，带动残疾人每年增收 2.4 万元。

【首获"欧盟—中国生物多样性基金"支持】11 月 4 日，"欧盟—中国生物多样性基金－赠款框架协议"签约仪式在法国大使馆举行。法国开发署贷款浙江开化钱江源头保护与美丽城镇互促发展示范项目是第一个受益于该笔欧盟赠款的项目。法国开发署开化项目总投资 10.26 亿元人民币，其中利用法国开发署贷款 6500 万欧元、欧盟赠款 60 万欧元。项目建设期 6 年，贷款期限 20 年。项目主要建设内容由生态修复、城镇可持续发展和能力建设三部分组成，包括马金溪（石柱段）综合治理及绿道工程、矿尾水处理项目、环境教育中心及品牌推广平台建设、读经源和霞山典型山村生态旅游吸引力开发等 25 个子项目建设。

2022 年 9 月 15 日，全省首个残疾人帮扶性就业基地在开化县何田乡残疾人之家揭牌

【2 个村庄被授予浙江省采摘旅游体验基地】11 月 22 日，浙江省旅游协会和浙江省文化和旅游标准化技术委员会下发《关于命名 2022 年度"浙江省采摘旅游体验基地"的通知》，华埠镇溪东村蚕桑养殖基地被授予"浙江省 AA 级采摘旅游体验基地"，村头镇芳林村荷花基地被授予"浙江省 A 级采摘旅游体验基地"。华埠镇溪东村是市级"一村一品"蚕桑专业村，农民收入主要以种桑养蚕为主，有 50 余年的养蚕历史。为丰富和满足游客采摘游的需要，溪东村专门引进"无籽大十""台湾长果""韩国大白珍珠""香金椹"等新品种果桑，提高桑葚产量，延长采摘期。村头镇芳林村荷花基地，每逢夏日百亩荷花竞相绽放，碧绿荷叶铺满整个水面。2022 年，该村为增加效益，更换莲藕新品种，加大对夜经济项目开发，在荷花基地布设五彩灯光、荧光跑道等设施，可开展音乐节、露营、体验农趣等休闲活动。

【钱江源国家公园入选世界自然保护联盟绿色名录】12 月 10 日，《生物多样性公约》第十五次

2022年11月22日，开化县村头镇芳林村荷花基地被授予“浙江省A级采摘旅游体验基地”

缔约方大会(COP15)第二阶段会议期间，世界自然保护联盟在加拿大蒙特利尔宣布，更新世界自然保护联盟绿色名录，其中钱江源国家公园、黄果树风景名胜区、神农架国家公园等11处中国自然保护地入选。钱江源国家公园管理局从2019年开始谋划世界自然保护联盟绿色名录申报工作，严格按照《IUCN自然保护地绿色名录全球标准》要求的“良好治理、详实设计和规划、有效管理和保护成效”四大主题，提高自身治理和管理水平并实现保护成效。在经历IUCN中国、绿色名录中国专家委员会(EAGL)、绿色名录独立审核员(Reviewer)和绿色名录全球委员会4个环节的资格核查后，进入申报阶段，通过参照绿色名录标准的五项最基本指标评估完全达标后进入候选阶段，直至此次入围。

【《金融机构生物多样性风险管理标准》在联合国会议上发布】 12月，联合国《生物多样性公约》第十五次缔约方大会(COP15)第二阶段会议召开期间，由开化县政府与中国人民大学、中国人民银行衢州中心支行、世界野生生物保护学会联合编制的《金融机构生物多样性风险管理标准》《绿色金融支持生物多样性案例》在“生物多样性保护在中国矿业投资和实践中的主流化”边会、“银行业自然与气候行动”边会以及“生物多样性与能源革命”论坛上发布。《金融机构生物多样性风险管理标准》对采矿、能源、水利、旅游、农林牧渔、公路铁路等21个具有较高生物多样性风险的行业进行划分，并按照每个行业的生物多样性主要来源，给出金融机构对该行业项目的审核要点以及管理办法，帮助金融机构识别和管理项目中的生物多样性风险。

(汪雅茹)

2022年12月10日，钱江源国家公园入选世界自然保护联盟绿色名录，图为公园鸟瞰

人物传

【胡学彦】(1925—2022),字子立,衢州人。浙江湘湖师范特师班肄业两年。曾任职于衢县尼山小学。1949年10月参加革命队伍,1951年10月调入浙江人民出版社工作,后任浙江人民出版社编辑、副编审。1991年10月,被聘为浙江省文史研究馆馆员,并任馆刊《古今谈》副主编。1997年7月,任浙江省出版志编辑委员会副主编,直至2007年《浙江省出版志》出版。胡学彦作为新中国第一代图书编辑,见证了新中国成立后浙江出版行业70年的发展变化,将毕生精力全部倾注在出版事业上。编辑《浙江风物志》《世界文化丛书》《浙江省出版志》,著有《作嫁集》《作嫁二集》《浙江近代图书出版史研究》《浙江历代版刻书目》《沁雅集》等。

【楼冬梅】(1928—2022),女,金华县楼村冈人。民国26年(1937)入月仙舞台学戏,民国35年(1946)年入周春聚班,1953年入新春婺剧团,后转入衢州婺剧团,历任浙江省戏剧家协会会员、衢州市戏剧家协会理事。先演越剧,后改演乱弹和徽戏。主演文武小生,兼演老生、老旦、小花脸,擅长做功,其表演文武兼长,唱腔韵味淳厚,念白清晰,表演洒脱飘逸,善于抒发人物感情。代表作有乱弹戏《牛头山》《悔姻缘》《珍珠塔》《火烧子都》等,是衢州知名度很高的女小生。1988年,参加著名婺剧老艺人录像,扮演《追狄》中狄青,受到金华市文化局表彰。

【傅金泉】(1936—2022),出生于衢江区大洲镇沧州村。1954年毕业于衢县初级中学,经培训后被分配到衢州酿造厂工作。1986年入党,1996年退休。傅金泉学历不高,但勤奋好学,勤于专研。1958年,从媒体得知中国科学院微生物研究所介绍并推广5株糖化力高的纯种根霉,便要来根霉,加上从本厂酒曲中分离的酵母菌种,于1959年初制成纯种培养的黄酒曲。以此酿造黄酒,出酒率提高10%~15%,酒质稳定。1960年,该成果由浙江省轻工业厅组织在省内多地试点推广。1965年,以《用纯根霉和纯酵母菌混合制曲》为题的论文,在轻工部《轻工业科学技术通讯》上发表。20世纪60年代,吸收温州地区乌衣红曲酿造黄酒经验应用于衢州酒厂,并研究制作红曲。1986年1月,以《用黑曲UV-11提高乌衣红曲酒质量的试验结果》为题的论文发表在《微生物学通报》上,曾获浙江省科学技术协会三等奖。1991年12月,以傅金泉为主要工作者的课题组完成“黄酒活性干酵母研制与应用”课题。当年通过浙江省轻工厅组织的鉴定会。1993年,课题获中国轻工业科学技术进步三等奖和中国酿酒工业协会等单位颁发的“新技术推广奖”一等奖。同年,傅金泉被中国黄酒协会授予“黄酒博士”荣誉称号。1996年,经日本专家推荐,这项成果在《日本酿造协会志》发表。1997年,编著出版《中国红曲及其实用技术》。2000年,主编的《中国酒曲》由中国轻工业出版社出版,2020年,以傅金泉为核心编著者的《中国酒曲制作技艺与研究》由轻工业出版社出版。此外,在各级杂志上发表论文100余篇。2022年,傅金泉弟子在诸暨市同山镇建立"傅金泉酒文化藏书馆",集中展出傅金泉所收藏的大量酿酒制曲资料。

【徐寿昌】(1937—2022),浙江松阳人。1948年9月至1951年7月,在松阳一中读书。1951年8月至1954年7月,就读于丽水师范学校。1954年8月至1958年8月,在杭州大学历史系学习。1958年8月至1962年10月,在建德师范学校教书。1962年10月至1973年8月,在衢县航埠中学教书。1973年8月至1997年8月,任教于衢州二中。1990年5月和1995年4月,分别担任衢州市第二届和第三届政协常委。2000年6月,衢州市孔子学术研究会成立,徐寿昌加入该会。同年,受聘入衢州孔氏南宗家庙管理委员会。2005年,孔子第75代嫡长孙、衢州孔氏南宗家庙管理委员会主任孔祥楷访问日本,徐寿昌随行为学术顾问。他长期致力于孔氏南宗史料收集和研究。查阅《四库全书》《续修四库全书》《孔子世家谱》等文献,编纂成16册《孔氏南宗史料》,于2022年由浙江古藉出版社分上、下两册出版,为该领域研究者提供第一手资料,为深入研究奠定扎实的史料基础。2015年12月,参与编纂的《衢州南孔祭典》一书由浙江摄影出版社出版。撰写孔氏南宗历史及相关领域文章几十篇,如《孔彦绳复爵的前前后后》《南渡孔氏宗支考》《孔氏南宗世传》等。

【叶三祥】(1954—2022),衢州市人,1975年6月加入中国共产党,1972年12月参加工作。历任铁道兵某师修理营战士、某师仓库设备管理员,沈阳军区守备某师营建办材料员,衢州市(县级)民政局干部,衢州市人大常委会行政科副科长、行政科科长、人事秘书科科长、办公室副主任,市人大常委会副秘书长、办公室主任、衢州市人大代表与选举任免工委主任、市关爱退役军人协会秘书长等职。退休后,仍为关爱退伍军人而奔波,帮助近200名患矽肺病的战友争取优抚待遇,慰问贫困战友400余人次。2022年7月18日,为让安葬在隆化县的3名原衢县籍铁道兵烈士遗骸荣归故里,叶三祥与战友赶赴河北隆化县退役军人事务管理局办理相关手续。当天返回衢州途中,突发意外交通事故,经多方抢救无效,不幸去世。2023年2月,获第十一届"最美衢州人"年度人物提名奖。

【廖美娣】(1973—2022),女,衢江区岭洋人,中共党员。1990年,毕业于衢县卫生进修学校,到乌溪江片白坞口乡卫生院工作。1991年,调到岭洋乡卫生院。2013年任岭洋乡卫生院院长。后任衢州市第二人民医院医共体岭洋分院院长。在乌溪江库区深处工作32年,多次放弃调离机会。专业娴熟、关爱患者,年均接诊超5000人次;时常利用空余时间给老人检查身体,出门散步时随身携带听诊器和血压仪;借助出库区开会、培训的机会,主动帮患有慢性病的村民买药;被誉为村民随叫随到的"120"和义务跑腿的送药员,足迹遍布154平方千米范围内的11个行政村、102个自然村。2022年7月16日值班时突发心梗去世。2022年8月5日,衢州市委书记高屹对廖美娣事迹作出批示。她的事迹引起《人民日报》、新华网、中央电视台、《浙江日报》、浙江电视台、美丽浙江、"学习强国"学习平台等主流媒体和平台广泛关注。2022年8月,廖美娣被追授为浙江省"三八红旗手"称号。2022年10月,入选第十届"浙江孝贤"10位孝贤人物。2023年2月,获第十一届"最美衢州人"致敬人物。

(钱道本)

全国五一劳动奖章

刘佳文 浙江凯丰新材料股份有限公司技术部经理,高级工程师、技师(龙游县)

毛彩珠(女) 浙江开化合成材料有限公司设备主管,工程师

毛晓荣 江山市委常委、贺村镇党委书记

全国工人先锋号

浙江隆基乐叶光伏科技有限公司生产部二车间B班
浙江江山农村商业银行股份有限公司营业部

浙江省五一劳动奖章

金　剑　衢州市城乡风貌整治提升(未来社区建设)推进办未来社区技术服务组组长

浙江省工人先锋号

衢州市礼贤未来社区试点创建推进办
衢州市乡村振兴发展有限公司工程部
浙江建工五建建设有限公司汪德胜钢筋劳务班组
浙江鸿顺达建设集团有限公司外立面装修部
江山市淤头至衢州绿色产业聚集区贺村姜家公路工程TZSG标段项目部桥梁班组

新时代浙江工匠

杨永明　开化县大兴饭店执行出品总监,高级技师
石春生　开化春舍农业开发有限公司总经理,高级技师
苏悦飞　衢州市工程技术学校(衢州市技师学院)机械专业教师,高级技师
毛金龙　浙江红五环精密制造有限公司车间主任,高级技师
童登浩　浙江中财管道衍生产品有限公司设备动力部副经理,高级技师
姜　剑　衢州中等专业学校实习指导教师,高级技师
张　盛　浙江日新电气有限公司研发中心副主任,技师
杜立平　浙江顺泰压力容器有限公司工程处处长,高级技师
周冬兴　仙鹤股份有限公司工段长,高级技师
吴　平　浙江研一新能源科技有限公司工程部高级经理,高级技师
汪　峰　常山南方水泥有限公司部门经理,高级技师
余志军　开化县视窗职业培训学校校长,技师
徐增武　浙江美伊服饰科技有限公司技术科主管,高级技师
琚小伟　浙江衢州水业集团有限公司生产技术部副部长,高级技师
徐　琦　衢州市柯城爱约惠企业营销策划工作室负责人兼程序员,技师
郑　飞　维达纸业(浙江)有限公司设备高级主管,高级技师
迟学保　龙游亿莱达电器有限公司项目工程师,技师
王　华　浙江虎霸集团有限公司自动化工程师,技师
徐　文　浙江金龙再生资源科技股份有限公司设备副经理,高级技师
徐祥飞　浙江志高动力科技有限公司调机主管,高级技师

(孙新志)

2022年度全国最美家庭

柯城区　姜雨良家庭
衢江区　江伟琴家庭
开化县　傅炳贵家庭

第十三届全国五好家庭

常山县　王金良家庭
江山市　朱小平家庭
柯城区　黄　凌家庭

2022年度全国巾帼文明岗

衢州市政府投资项目评审中心
衢州市"12345"政府热线服务中心
国家税务总局衢州市开化县税务局办税服务厅
开化县人民法院立案庭(诉讼服务中心)

2022年度全国巾帼建功先进集体

衢州市医疗保障事业管理中心

2022年度全国巾帼建功标兵

浙江巨香食品有限公司总经理　李香如
江山市项霞家庭农场农场主　林项霞

2022年度全国三八红旗手

廖美娣

2022年度全国三八红旗集体

衢州市法律援助中心

（罗晓彧）

荣　誉　军　人

（一）现役军人

【平志伟】男，汉族，衢江区东港街道人。1983年9月入伍，1987年7月毕业于某陆军学院，后留校任教。2021年度工作中深入贯彻习近平强军思想，聚力改革创新，在"为战教战研战"中心工作中做出突出贡献，被中央军委表彰为"全军备战标兵个人"，被国家教材委员会表彰为"全国教材建设先进个人"，荣获二等功1次。2022年度因工作事迹突出，先后被评为"最美新时代革命军人"和全军"四有"优秀军官标兵，荣获二等功1次。

【詹　锋】男，汉族，常山县新昌乡新昌村人，中共党员，2003年9月入伍。现任陆军参谋部中校参谋。2022年12月，因在重要备战任务中表现突出、成绩显著，被评为陆军备战先进个人（二级表彰）。

【徐　寅】男，汉族，衢江区后溪镇下叶村人，2006年9月高考入伍。2010年6月毕业于空军某院校。2010年6月入某部队服役，现为某部队中校飞行员。2022年度完成上级赋予的各项任务，安全飞行时间达到奖励标准，荣立战备训练二等功1次。

【缪　斌】男，汉族，衢江区高家镇郑家垅头村人，2010年9月高考入伍。2014年6月毕业于中国人民武装警察部队某学院，毕业后入中国人民武装警察某部队服役。2017年12月，入中国人民武装警察部队第二机动总队某部特战中队服役，现为特战中队上尉政治指导员。近年来，带领中队官兵完成海关监管缉私、G20峰会、中国国际进口博览会安保等重大任务，先后被表彰为"优秀共产党员"、"四有"优秀警官、"优秀基层干部"，被评为"极限训练勇士""优秀政治教员"等。2020年度荣立三等功1次，2022年度因工作表现突出，荣立教育管理二等功1次。

（二）退役军人

【杨　勇】男，汉族，河南西平人，1979年8月出生，1998年9月入伍，2001年3月入党，本科学历，空军上校军衔，曾任中国人民解放军空军某部航空电子工程师，2022年转业到衢州市司法局工作。2010年荣立三等功2次，2021年荣立二等功1次。

（市退役军人事务局）

2022年度衢州市政府特别奖获奖企业和个人

一、社会贡献奖

一等奖

巨化集团有限公司
浙江仙鹤控股集团有限公司

衢州元立金属制品有限公司

二等奖

常山南方水泥有限公司

江山虎集团有限公司

开山控股集团股份有限公司

江山欧派门业股份有限公司

维达纸业(浙江)有限公司

江山南方水泥有限公司

浙江明旺乳业有限公司

三等奖

浙江卡游科技有限公司

五洲特种纸业集团股份有限公司

浙江开化合成材料有限公司

浙江吉成新材股份有限公司

杉杉新材料(衢州)有限公司

衢州华友资源再生科技有限公司

浙江永正锂电股份有限公司

浙江衢州东方集团股份有限公司

浙江百家万安门业有限公司

浙江康德药业集团股份有限公司

二、招商贡献奖

李天成(浙江巴莫科技有限责任公司)

玄光哲[晓星新材料科技(衢州)有限公司]

郭富德(浙江研一新能源科技有限公司)

陈远菲(浙江碳一新能源有限责任公司)

三、跨越发展奖

衢州华友钴新材料有限公司

浙江豪邦化工有限公司

四、创新成长奖

浙江三晟化工有限公司

浙江恒川新材料有限公司

浙江凯康金属制品有限公司

开化祥盛磁业有限公司

浙江禾川科技股份有限公司

浙江正和硅材料有限公司

浙江日新电气有限公司

浙江启超电缆股份有限公司

衢州市建沃精工机械有限公司

浙江海纳半导体股份有限公司

五、亩均效益奖

衢州北斗星化学新材料有限公司

浙江胡涂硅有限公司

衢州杭氧特种气体有限公司

浙江中硝康鹏化学有限公司

浙江开化元通硅业有限公司

衢州杭氧气体有限公司

龙游鑫业混凝土有限公司

衢州新瑞冶金渣综合利用有限公司

浙江奇龙建材有限公司

江山热威电热科技有限公司

六、商贸产业奖

赢家时尚(江山)电子商务有限公司

常山理至电子商务有限公司

浙江疆界互联网科技有限公司

华金新能源材料(衢州)有限公司

浙江夏王纸业有限公司

浙江华康药业股份有限公司

浙江永和制冷股份有限公司

浙江哲丰新材料有限公司

浙江迈尔工具有限公司

浙江龙游公任电子有限公司

七、乡村振兴奖

浙江明辉蔬果配送股份有限公司

浙江荷鹭乳业有限公司

天蓬集团有限公司

浙江常山恒寿堂柚果股份有限公司

浙江艾佳果蔬开发有限责任公司

浙江不老神食品有限公司

龙游外贸笋厂有限公司

开化宝纳制茶有限公司

江山市佳源家庭农场
衢州市六禾港盟城乡发展服务有限公司

八、建筑产业奖

贝林集团有限公司
凌云建设集团有限公司
浙江培华建设集团有限公司
浙江柯建集团有限公司
浙江广茂建设有限公司
浙江安都建设有限公司
衢州市政园林股份有限公司
浙江江鑫建设有限公司
浙江鑫冠建设集团有限公司

2022年度衢州市受到中央和省级表彰肯定事项汇总一览表

表42

表彰主体	表彰对象	表彰时间	表彰事项
省委办公厅、省政府办公厅	衢州市	2022年2月21日	2021年度粮食安全市长责任制考核优秀市
省委、省人民政府	衢州市	2022年3月29日	2021年度“平安牌”市
省委办公厅、省政府办公厅	衢州市	2022年4月19日	2021年度实施乡村振兴战略实绩考核优秀单位
省政府办公厅	衢州市	2022年6月6日	推进碳达峰碳中和工作主动、成效较好的设区市
省委、省人民政府	衢州市	2020年7月4日	2021年度“五水共治”工作“大禹鼎”金鼎的优秀市
省人民政府	衢州市	2022年10月27日	荣获2019—2021年无偿献血先进市
省委办公厅、省政府办公厅	衢州市	2022年8月10日	获2021年度医学高峰高地建设工作突出集体
中央全面依法治国委员会办公室	衢州市	2022年11月28日	全国法治政府建设示范项目
住房和城乡建设部	衢州市	2022年2月21日	城市体检工作纳入全国试点(国家样本城市)
财政部、省财政厅	衢州市	2022年5月17日	以市级第一名的成绩成功申报中央财政支持普惠金融改革示范区
省人社厅、省财政厅、省税务局	衢州市	2022年8月26日	在2021年度全省企业职工基本养老保险工作考核中获得优秀等次
省委改革委	衢州市	2022年2月9日	2021年度省对市全面深化改革(数字化改革)考核优秀
省委改革委	衢州市	2022年2月8日	“县乡一体、条抓块统”县域整体智治改革项目荣获2021年度浙江省改革突破奖金奖
健康浙江建设领导小组办公室	衢州市	2022年7月30日	获2021年健康浙江建设考核优秀等次
省爱卫办	衢州市	2022年8月10日	获2022年浙江省第三届健康家庭大奖赛决赛优秀组织奖
省高质量发展建设共同富裕示范区领导小组	衢州市	2022年5月27日	《统筹推进连片发展建设共富未来乡村》获全省高质量发展建设共同富裕示范区最佳实践(第一批)
省建设厅	衢州市	2022年10月12日	衢州市历史建筑保护与文化提升研究项目被评为2022年度浙江省城市体检成果应用优秀案例

续表 42

表彰主体	表彰对象	表彰时间	表彰事项
省委全面深化改革委员会	衢州市	2022 年 2 月	“农房全生命周期数字化管理服务机制改革”评为 2021 年度浙江省改革突破奖提名奖
省建设厅	衢州市	2022 年 10 月 12 日	衢州市无物业小区清零行动被省住建厅评为 2022 年度浙江省城市体检成果应用优秀案例
住房和城乡建设部	衢州市	2022 年 11 月 23 日	衢州市列入装配式建筑发展可复制推广经验清单（第一批）
浙江省委改革办(浙江省数改办)	衢州市	2022 年 10 月 31 日	“邻礼通·三民工程” 应用入选全省数字化改革最佳应用(未来社区治理场景数字化应用)
浙江省农业“双强”行动工作专班	衢州市	2022 年 9 月 14 日	农业“双强”激励
交通运输部运输服务司	衢州市	2022 年 12 月 12 日	关于绿色出行创建考核评价达标城市名单的公示
浙江省制造业高质量发展领导小组办公室	衢州市	2022 年 3 月 28 日	2021 年度新一轮制造业“腾笼换鸟、凤凰涅槃”攻坚行动考核评价第一档奖励
省委改革办(省放管服办)	衢州市	2022 年 1 月 10 日	2021 年全省“放管服”改革和政务服务工作年度考核第三名
省发改委	衢州市	2022 年 8 月 30 日	营商环境评价全省排名第四
省委、省政府	衢州市	2022 年 7 月 4 日	获“大禹鼎”金鼎的优秀市
浙江省高质量发展建设共同富裕示范区领导小组办公室	衢州市	2022 年 5 月 27 日	1.城乡区域协调发展先行示范—(衢州市)统筹推进连片发展 建设共富未来乡村;2.生态文明建设先行示范—(衢州市) 碳账户金融助推共富发展,(衢州常山县)深化“两山银行”改革助力富民增收;3.社会治理先行示范—(衢州衢江区) 整体智治推进基层治理高效协同
省政府办公厅	衢州市	2022 年 6 月 7 日	衢州市:推进碳达峰碳中和工作主动、成效较好的设区市。另下属县市区
省委办公厅、省政府办公厅	衢州市	2022 年 2 月 21 日	2021 年度粮食安全市长责任制考核优秀市
浙江省对口工作领导小组办公室	衢州市	2022 年 6 月 21 日	2021 年度对口工作考核结果为“好”
省政府办公厅	衢州市	2022 年 4 月 14 日	一季度全省投资“赛马”激励
省政府办公厅	衢州市	2022 年 7 月 28 日	二季度全省投资“赛马”激励
省政府办公厅	衢州市	2022 年 12 月 8 日	三季度全省投资“赛马”激励
省政府办公厅	衢州市	2022 年 5 月 26 日	2021 年度全省水土保持目标责任制考核优秀
省水利厅等八部门	衢州市	2022 年 6 月 15 日	2021 年度全省最严格水资源管理制度考核优秀
浙江省林业局	衢州市	2022 年 2 月 28 日	2021 年度高质量森林浙江建设目标责任制考核优秀单位
浙江省保护耕地和全域土地综合整治与生态修复领导小组办公室	衢州市	2022 年 5 月 13 日	2021 年度市级政府耕地保护责任目标考核优秀

续表 42

表彰主体	表彰对象	表彰时间	表彰事项
浙江省林业局	衢州市	2022 年 8 月 19 日	首批林业碳汇(碳普惠)项目开发试点
浙江省保护耕地和全域土地综合整治与生态修复领导小组办公室	衢州市所有区块	2022 年 11 月 2 日	首批跨乡镇开展全域土地综合整治试点
国家林业和草原局办公室	衢州市	2022 年 11 月 23 日	2022 年度林业碳汇试点市(县)
省委改革办	衢州市	2022 年 2 月 28 日	2021 年度浙江省改革突破奖金奖:“县乡一体、条抓块统”县域整体智治改革
全国妇联	衢州市	2022 年 2 月 25 日	衢州市获表彰全国三八红旗手 1 名
全国妇联	衢州市	2022 年 5 月 13 日	衢州市获表彰全国最美家庭 3 个、第十三届全国五好家庭 3 个、家庭工作先进集体 1 个
浙江省妇联	衢州市	2022 年 8 月 17 日	单独发文表彰追授浙江省三八红旗手 1 个
文化和旅游部	衢州市	2022 年 9 月 29 日	文旅助企慧民云闪兑入选文旅部数字化创新实践案例
省广电局	衢州市	202 年 12 月 20 日	2022 年度浙江省广电安全播出工作考核优秀
省旅游专班	衢州	202 年 10 月 26 日	衢江区、江山市、柯城区、开化县入选旅游业“微改造、精提升”工作评价前 20,龙游县、柯城区入选山区 26 县旅游业高质量发展实绩评价前 10名
省委组织部	衢州市	2022 年 12 月 7 日	衢州市获评浙江省 2021 年党内统计年报优秀等次

（市政府办）

2022年衢州市国民经济和社会发展统计公报

2022年，面对复杂严峻的国内外形势和疫情多发等多重挑战，衢州认真学习贯彻落实党的二十大精神，坚决贯彻落实党中央、国务院和省委、省政府决策部署，按照“疫情要防住、经济要稳住、发展要安全”的要求，高效统筹疫情防控和经济社会发展，着力抓好稳经济各项政策举措落实，深入实施“工业强市、产业兴市”战略，奋力建设四省边际中心城市和共同富裕示范区，经济呈现逐步向好发展态势，发展质量稳步提升，生态环境持续改善，民生福祉保障有力，社会事业繁荣发展。

一、综 合

初步核算，2022年全市地区生产总值2003.44亿元，按可比价格计算，比上年增长4.8%。分产业看，第一、二、三产业增加值分别为93.20亿元、874.12亿元和1036.12亿元，比上年分别增长3.6%、6.2%和3.8%。第三产业中，交通运输、仓储和邮政业增加值增长0.6%，批发和零售业增加值增长5.2%，住宿和餐饮业增加值增长4.4%，金融业增加值增长9.8%，房地产业增加值下降4.5%。三次产业增加值结构为4.7∶43.6∶51.7。按常住人口计算，2022年全市人均地区生产总值87544元/人，比上年增长4.5%。经最终核实，2021年，全市生产总值为1894.87亿元，按可比价格计算，比上年增长8.7%，三次产业增加值结构为4.7∶43.5∶51.8。

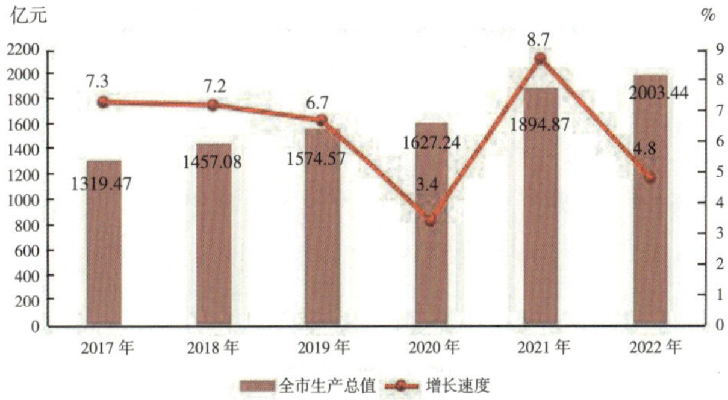

图1 2017—2022年全市生产总值及其增长速度示意图

2022年市区居民消费价格变动情况一览表(上年=100)

表43

项　目	数　值
居民消费价格总指数	102.5
一、食品烟酒	103.9
粮食	103.8
菜及食用菌	105.1
畜肉	98.7
水产品	102.1
蛋	105.1
干鲜瓜果	113.7
二、衣着	100.4
三、居住	100.9
四、生活用品及服务	102.0
五、交通和通信	106.0
六、教育文化和娱乐	101.1
七、医疗保健	100.5
八、其他用品和服务	102.0

全年市区居民消费价格比上年上涨2.5%，商品零售价格上涨3.5%。工业生产者出厂价格比上年下降0.4%，工业生产者购进价格上涨4.1%。

全市城镇新增就业人数3.08万人，年末城镇登记失业人数0.63万人，比上年末下降27.2%。

全年数字经济核心产业增加值99.17亿元，按现价计算比上年增长23.7%。规模以上工业中，高技术产业、数字经济核心产业制造业、战略性新兴产业、装备制造业、文化制造业增加值分别增长33.6%、32.1%、15.8%、14.3%、11.5%。规模以上工业新产品产值率为41.7%。网络零售总额606.1亿元，增长20.3%；居民网络消费265.8亿元，增长8.1%。

全年财政总收入277.88亿元，比上年增长2.1%，其中一般公共预算收入173.10亿元，增长5.6%。在一般公共预算收入中实现税收收入139.96亿元，增长0.1%；其中，增值税50.42亿元，下降6.9%；企业所得税24.05亿元，下降9.9%；个人所得税8.16亿元，增长48.8%。一般公共预算支出567.70亿元，增长9.6%。规模以上工业企业营业收入3077.48亿元，增长12.9%；规模以上服务业企业营业收入256.41亿元，增长14.8%。

二、农业和农村建设

全年农林牧渔业增加值95.70亿元，比上年增长3.7%。

全年粮食播种面积134.88万亩，比上年增长0.4%；油料播种面积46.64万亩，增长6.3%；蔬菜种植面积59.61万亩，增长2.9%；瓜果类种植面积5.49万亩，比上年下降4.8%。

全年粮食总产量55.60万吨，比上年增长0.4%。油料产量6.30万吨，增长6.3%，其中油菜籽产量5.83万吨，增长7.6%；蔬菜产量110.52万吨，增长3.2%；食用菌产量3.52万吨，下降1.0%；瓜果产量11.36万吨，下降6.7%；茶叶产量7686吨，下降3.0%；水果产量53.44万吨，下降4.0%；其中柑橘产量45.75万吨，下降5.0%。

全年肉类总产量17.89万吨，比上年下降1.3%，其中猪肉10.89万吨，增长0.8%。全年生猪出栏124.02万头，增长3.0%；家禽出栏4402.51万羽，下降4.7%；禽蛋产量4.90万吨，下降6.4%；牛奶产量8917吨，下降7.7%；水产品产量7.73万吨，增长3.4%。

年末现有粮食生产功能区总面积59.06万亩。累计成功申报8个省级现代农业园区，通过省级验收3个。累计申报8个省级特色农业强镇，建成验收省级特色农业强镇8个。

年末建制村全部实现生活垃圾集中收集有效处理。全年创建省级美丽乡村示范乡镇9个、特色精品村26个，省高标准农村生活垃圾分类示范村40个，省历史文化（传统）村落保护利用示范村3个。完成第八批历史文化村落保护利用项目61个，其中重点村6个、一般村55个；建设实施第九批、第十批项目共93个，其中重点村12个、一般村81个。

全年“千万农民素质提升工程”培训5.03万人，其中各类农村实用人才2.08万人。村集体经济经营性收入50万元以上村占比达到51.96%。全市低收入农户年人均可支配收入增长14.9%。

三、工业和建筑业

全市年末共有规模以上工业企业1346家，其中营业收入亿元以上企业435家，大中型企业111家。

全年全部工业增加值716.25亿元，比上年增长6.5%。规模以上工业产值2857.63亿元，增长11.6%；其中，重工业2190.31亿元，增长15.4%；轻工业667.31亿元，增长0.7%。分经济类型看，国有控股企业增长19.0%，私营企业下降3.2%，外商及港澳台商投资企业增长58.0%。规模以上工业销售产值2820.15亿元，增长7.9%，产销率98.69%。规模以上工业出口交货值267.33亿元，增长16.5%。

规模以上工业产值中：机械行业473.53亿元，比上年增长1.9%；化工行业547.34亿元，增长26.9%；黑色金属冶压业232.31亿元，下降20.0%；造纸行业275.20亿元，增长8.8%；建材行业176.06亿元，下降3.8%；电力生产供应业208.34亿元，增长21.1%；通信设备制造业238.92亿元，增长55.8%；有色金属冶压业228.81亿元，增长67.8%；

木材加工业77.30亿元,增长2.8%;纺织业45.48亿元,增长0.2%;饮料制造业40.65亿元,下降3.7%;食品加工业44.00亿元,增长13.1%;食品制造业34.15亿元,增长19.6%。

全年规模以上工业企业利税总额223.82亿元,比上年下降22.6%,其中利润总额163.98亿元,下降28.4%。分行业利润看:化工行业54.01亿元,增长26.5%;造纸行业12.22亿元,下降60.3%;建材行业16.05亿元,下降36.9%;黑色金属冶压业4.26亿元,下降81.5%;机械行业23.65亿元,增长13.2%;有色金属冶炼业2.17亿元,下降88.1%;饮料行业9.00亿元,下降2.6%;食品制造业3.66亿元,增长20.0%。规模以上工业利润中,装备制造业增长9.5%,高新技术产业增长1.5%。规模以上工业研发费用增长22.8%。

2022年主要工业产品产量统计表

表44

产品名称	单位	绝对数	比上年增长(%)
饲料	万吨	42.69	-3.8
饮料	万吨	52.52	-6.8
纱	万吨	8.75	-16.3
轻革	万平方米	1036.79	-36.2
人造板	万立方米	39.38	-3.0
机制纸及纸板	万吨	295.76	2.4
硫酸(折100%)	万吨	24.98	-0.7
烧碱(折100%)	万吨	55.80	10.9
单晶硅	万吨	0.46	-9.4
多晶硅	万吨	0.72	22.7
化学纤维	万吨	10.70	-4.4
塑料制品	万吨	25.31	-5.6
硅酸盐水泥熟料	万吨	1450.45	14.0
水泥	万吨	1899.94	-1.9
钢材	万吨	479.35	-3.2
镍	万吨	5.33	319.7
铜材	万吨	0.64	-50.3
气体压缩机	万台	16.92	-25.2
滚动轴承	万套	37678.00	-8.9
变压器	万千伏安	2845.06	6.6
太阳能电池(光伏电池)	万千瓦	509.19	50.6
电光源	万只	9787.90	-49.9

全年建筑业增加值159.07亿元,比上年增长4.9%。全市有总承包或专业承包资质的建筑业企业578家,其中具有一级资质企业43家,二级资质企业104家。全年建筑业总产值496.87亿元,超亿元产值的企业101家。

四、固定资产投资和房地产业

全年固定资产投资比上年增长17.7%。非国有投资增长16.1%,占49.4%;生态环保、城市更新和水利设施投资增长42.2%,高新技术产业投资增长116.4%,民间项目投资增长29.9%,交通投资下降5.0%;工业投资、制造业投资分别增长46.3%、60.3%。

年末全市共有命名、创建和培育类省级特色小镇6个,其中命名类特色小镇2个,创建类特色小镇2个,培育类特色小镇2个。

全年房地产开发投资265.57亿元,比上年增长4.4%,其中住宅投资207.67亿元,增长0.1%。本年房屋施工面积1151.15万平方米,下降9.0%;竣工面积76.49万平方米,下降7.8%。商品房销售面积146.17万平方米,下降28.7%;其中,住宅销售面积121.66万平方米,下降32.6%;商业营业用房销售面积15.10万平方米,增长134.6%。商品房销售额185.23亿元，下降42.4%；其中，住宅销售额173.06亿元，下降43.5%；商业营业用房销售额7.81亿元，增长25.3%。

年内全市棚户区改造开工4637套，基本建成2944套，实现2018年底前开工建设的棚改安置住房项目100%竣工；发放家庭租赁补贴2931户。

五、国内贸易

全年社会消费品零售总额878.06亿元，比上年增长4.6%；限额以上社会消费品零售额227.02亿元，比上年增长11.3%。限额以上社会消费品中，按经营地统计，城镇消费品零售额223.45亿元，增长11.6%；乡村消费品零售额3.57亿元，下降4.2%。按消费类型统计，商品零售额218.31亿元，增长11.8%；餐饮收入额8.71亿元，增长0.1%。

限额以上批发和零售业零售额中，中西药品类增长50.7%，烟酒类增长45.1%，饮料类增长32.6%，家用电器和音像器材类增长29.6%，石油及制品类增长27.5%，通信器材类增长19.3%，日用品类增长15.2%，汽车类增长9.9%，粮油、食品类增长7.0%，书报杂志类下降3.0%，服装、鞋帽、针、纺织品类下降27.0%，五金、电料类下降55.0%。

六、对外经济

全年进出口总额612.51亿元，比上年增长24.3%。其中，出口401.93亿元，增长27.3%；进口210.59亿元，增长19.1%。

全市有出口实绩的企业1109家，比上年增加31家，出口额在100万元以上企业816家，其中1000万元以上的企业382家，增加9家。

全市出口排前三位的市场依次是韩国、欧盟、美国。对韩国出口77.09亿元，比上年增长48.3%；对欧盟出口54.38亿元，增长29.9%；对美国出口49.36亿元，比上年下降12.4%。对这三大主要市场出口额合计占全市出口总额的45.0%。对共建“一带一路”国家出口127.31亿元，增长35.9%。

在主要商品出口中，机电产品出口98.76亿元，比上年增长14.4%；基本有机化学品出口52.08亿元，增长19.8%；纸浆纸及其制品出口33.49亿元，增长43.9%；高新技术产品出口26.08亿元，增长45.7%。

全年新批外商投资企业21家，合同利用外资11.82亿美元，比上年增长231.3%；实际利用外资1.05亿美元，增长36.4%。

七、交通、邮电和旅游

全年交通运输、仓储和邮政业增加值67.72亿元，比上年增长0.6%。

年末全市公路总里程8740.22千米，其中高速公路422.37千米。全年各种运输方式完成货物运输量12506.55万吨，比上年下降6.8%；其中，铁路400.50万吨，增长2.7%；公路12059万吨，下降7.1%；水运46.98万吨，增长16.8%；民航732吨，下降27.1%。全年各种运输方式完成旅客运输量3653.01万人，下降7.8%；其中，铁路349.79万人，下降32.6%；公路3271.0万人，下降3.6%；水运0.56万人，下降62.8%；民航31.66万人，下降32.7%。衢州港共完成港口吞吐量569.7万吨，比上年增长6.6%。

年末民用汽车拥有量56.81万辆，比上年增长6.4%；其中，载客汽车50.57万辆，载货汽车6.02万辆；私人汽车51.07万辆，增长6.3%。全市摩托车拥有量15.11万辆。年末共有城乡公共汽车营运车辆1561辆，运送乘客6160.4万人次，其中城市公共汽车609辆，运送乘客3249.1万人次。年末共有巡游出租汽车781辆。

全年邮政业务收入（不包括邮政储蓄银行直接营业收入）11.40亿元，比上年增长9.4%；电信业务总量26.87亿元，增长25.5%。全年邮政函件业务累计完成140.2万件，包裹业务累计2.7万件，报纸业务累计3333.7万份，杂志业务累计171.1万份。年末全市共有快递法人企业41家，全年实现业务收入7.65亿元，增长7.0%；快递收件11857.2万件，增长5.1%，其中国际及港澳台收件7.6万件，下降14.5%；快递派件15217.4万件，增长7.5%。年末移动电话用户270.4万户，增长9.1%，互联网宽带接入用户数122.68万户，增长9.8%。

全市拥有星级饭店32家，星级饭店客房间数5149间。至年末，全市共有国家A级旅游景区76

家，其中，AAAAA 级旅游景区 2 家，AAAA 级旅游景区 14 家。

八、金融、证券和保险

全年金融业增加值 146.62 亿元，比上年增长 9.8%。

年末金融机构本外币存款余额 4159.90 亿元，比上年末增长 17.9%，其中人民币存款余额 4125.84 亿元，增长 18.1%。年末金融机构本外币贷款余额 4275.95 亿元，增长 19.5%，其中人民币贷款余额 4266.41 亿元，增长 19.7%。年末住户本外币存款余额 2123.25 亿元，增长 20.1%；住户贷款余额 2036.37 亿元，增长 9.1%。

年末共有证券营业部 25 家，比上年新增 1 家，全年证券交易量 6982.87 亿元，下降 10.9%；佣金收入 1.81 亿元，下降 19.8%；期末保证金余额 21.22 亿元，下降 12.1%；托管市值 604.78 亿元，下降 8.3%；实现利润 1.49 亿元，增长 52.9%；新开证券账户 56767 个，增长 14.6%。

年内新增 A 股上市公司 3 家（首发上市 2 家、引进 1 家），年末总数达到 14 家，总市值 1507.93 亿元，其中常山县引入天马股份实现上市公司零的突破，龙游禾川科技成为浙江山区 26 县第一家科创板上市公司，江山科润智控成为全市首家北交所上市公司；年末共有新三板挂牌公司 27 家。

年末共有保险机构 39 家，全年保费收入 77.49 亿元，比上年增长 8.2%；其中，寿险保费收入 53.38 亿元，增长 6.2%；财产险保费收入 24.12 亿元，增长 13.0%。支付各类赔付额 28.49 亿元，增长 11.3%；其中，寿险业务赔付额 12.33 亿元，增长 19.8%；财险业务赔付额 16.17 亿元，增长 5.6%。

九、教育和科学技术

全市拥有普通高校 2 所，其中本科 1 所、专科 1 所，在校生 18317 人；中等职业教育学校 14 所，在校生 2.37 万人；普通高中 32 所，在校生 3.85 万人；普通初中 64 所，在校生 6.63 万人；小学 189 所，在校生 13.37 万人；幼儿园 422 所，在园幼儿 7.06 万人；特殊教育 7 所，在校生 524 人。

全市学前教育人园率 98.4%，小学入学率 100%，初中入学率 100%，初中毕业升高中段的比例 98.6%，“三残”儿童入学率 100%。

全市有普通高校专任教师 932 人；普通高中专任教师 3547 人，学历合格率 99.61%；初中专任教师 5712 人，学历合格率 100%；小学专任教师 9195 人，学历合格率 100%；幼儿园专任教师 5425 人，学历合格率 100%；中等职业教育专任教师 1735 人，学历合格率 97.68%；特殊教育专任教师 218 人，学历合格率 100%。

全市拥有国家高新技术企业 721 家，国有独立研发机构 24 家，企业技术开发机构 554 家。全年获得省级科技进步奖 2 项。全年专利授权量 7059 件，其中发明专利授权量 962 件。

财政一般公共预算支出中，科学技术支出 20.27 亿元，比上年增长 17.0%。

十、文化、卫生和体育

年末共有专业艺术表演团体 2 个，艺术表演场所建筑面积 1 万平方米。公共图书馆 7 个，南孔书屋 71 个，总面积 66840 平方米，藏书量 4752.74 千册。博物馆 8 个，面积 45759 平方米。文化馆 7 个，面积 76843 平方米。文化站 100 个，面积 145926 平方米。广播电台 6 座，广播节目综合人口覆盖率 100%。电视台 6 座，电视节目综合人口覆盖率 100%。数字电视用户数 74.7 万户。全市日均发行《衢州日报》6.0 万份，《衢州晚报》4.0 万份。年末有国家综合档案馆 7 个和国家专门档案馆 1 个，面积 53797.87 平方米，馆藏档案有 1254 个全宗。

年末共有卫生机构（含村卫生室）1813 个，其中医院 83 个，基层医疗卫生机构 1688 个，专业卫生机构 29 个。卫生机构共有病床床位 17275 张，卫生技术人员 21626 人，其中医生 8413 人。孕产妇死亡率为零，5 岁以下儿童死亡率为 2.89‰。

全年举办市、县运动会 320 次，参加人次 9.9 万人。在全国及全省各类体育比赛中，全市共获金牌 146 枚、银牌 140 枚、铜牌 140 枚。年内成功举办全国田径大奖赛、2022 绿城衢州马拉松赛、烂柯杯·世界围棋公开赛、2022 年衢州金庸武林大会——职业拳王争霸赛、衢州有礼·2022 浙江大湾区自行车公开赛(衢州站)暨第八届浙皖闽赣四省边际自行车挑战赛等大型赛事活动。组织845人参加浙江省第十七届运动会，共获得36枚金牌。其中射击、射箭分别获得七金七银四铜和七金一银三铜，均创历史最佳战绩，特别是射箭项目夺金数位列全省第一。

全年销售体育彩票5.29亿元，比上年增长38.6%。

十一、人口、人民生活和社会保障

年末户籍总人口255.03万人，其中男性人口129.79万人、女性人口125.24万人，分别占总人口的50.9%和49.1%。全年出生人口1.37万人，出生率为5.37‰；死亡人口1.84万人，死亡率为7.19‰；自然增长率为-1.82‰。据2022年5‰人口变动抽样调查推算，年末全市常住人口229.0万人。

全年全体居民人均可支配收入45276元，比上年增长6.1%，扣除价格因素增长3.5%。按常住地分，城镇和农村居民人均可支配收入分别为57465元和31468元，增长5.3%和7.5%，扣除价格因素分别增长2.7%和4.9%。全体居民生活消费支出26981元，增长7.7%，扣除价格因素增长5.1%。按常住地分，城镇居民和农村居民人均生活消费支出分别为33630元和19450元，增长7.0%和8.8%，扣除价格因素分别增长4.4%和6.1%。

全市城镇居民人均住房建筑面积52.5平方米，农村居民人均住房建筑面积82.2平方米。

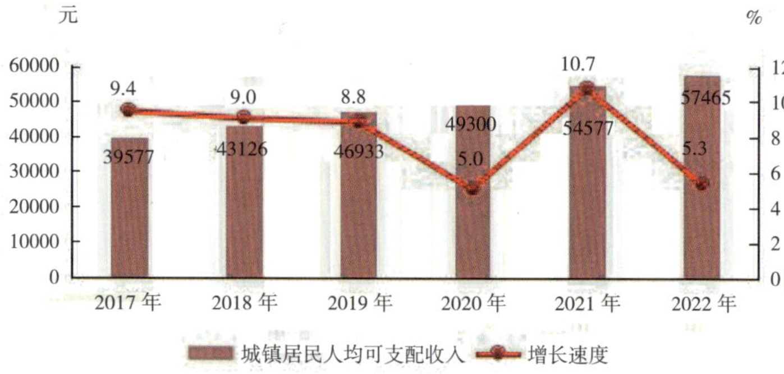

图2 2017—2022年城镇常住居民人均可支配收入及其增长速度示意图

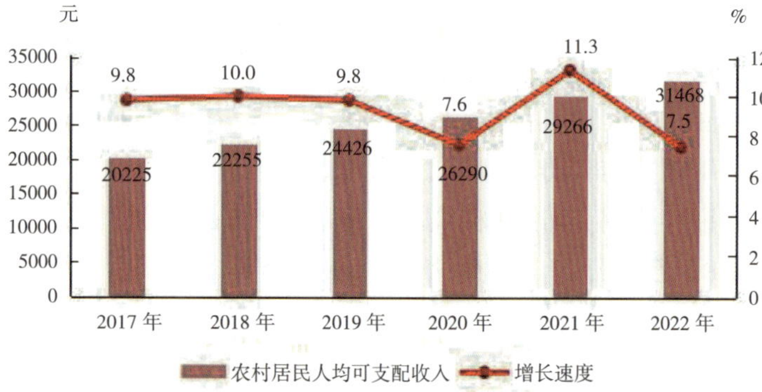

图3 2017—2022年农村常住居民人均可支配收入及其增长速度示意图

2022年常住居民每百户主要耐用消费品拥有量统计表

表45

指标	单位	城镇居民	农村居民
洗衣机	台	99.3	94.9
电冰箱	台	109.5	112.6
空调器	台	226.3	170.2
摩托车	辆	4.7	13.3
家用汽车	辆	60.3	37.8
彩色电视机	台	162.6	165.3
移动电话	部	264.3	269.0
家用电脑	台	86.0	45.9

年末全市参加基本养老保险的人数185.89万人，比上年末增长1.3%；其中，企业职工参保人数90.89万人，增长3.5%；机关事业参保数9.79万人，增长2.5%；城乡居民社会养老保险参保人数85.21万人，下降1.0%。参加基本医疗保险的人数225.82万人，下降4.7%；其中，城镇职工基本医疗保险参保人数78.22万人，增长4.3%；城乡居民基本医疗保险参保人数147.60万人，下降8.9%。参加工伤、生育保险的职工分别为61.39万人和56.69万人，增长11.6%和30.1%。参加企业职工基本养老保险的退休人员养老金月均水平2927元，其中企业单位退休人员养老金月均水平4130元；城乡居

民基本养老保险基础养老金最低标准提高到255元/月。

年末拥有提供住宿的社会工作机构数123个，床位13973张，人数5208人。年末在册低保对象55943人,其中城镇2358人、农村53585人,最低生活保障标准每人每月1035元。低保资金(含各类补贴)支出5.2亿元,增长7.1%。

全市共销售福利彩票3.39亿元,筹集福彩公益金1.02亿元。

十二、资源、环境保护和社会安全

全年平均降水量为1978.5毫米。全市水资源总量为114.31亿立方米。

全年完成造林更新面积3.57千公顷,其中人工造林2.65千公顷,迹地更新0.92千公顷。森林抚育面积5.45千公顷,完成义务植树327.20万株。

全市地表水环境功能区达标率为100%，县级以上城市集中式饮用水水源地水质达标率为100%,全市跨行政区域河流交接断面水质达标率为100%。市区空气质量(AQI)优良天数比例92.6%;市区$PM_{2.5}$浓度平均值为26微克/米^3。市区区域环境噪声昼间56分贝,符合功能区要求。

初步预计,四项减排指标年度计划目标均可全面完成。全年规模以上工业企业能源消费量比上年增长6.1%,单位工业增加值能耗比上年下降3.2%。

全年自然灾害受灾人口16.26万人,倒塌房屋1间,无因灾死亡。农作物受灾面积13.29千公顷,绝收面积0.94千公顷。因灾害造成的直接经济损失4.14亿元，其中农林牧渔业经济直接损失1.55亿元。

全年共发生各类事故49起,死亡39人,受伤30人。从行业领域来看,工矿商贸领域共发生事故9起、死亡10人;道路运输领域共发生事故40起、死亡29人。全年未发生较大及以上事故。水上运输、渔业船舶、铁路运输等行业领域未发生生产安全事故。

十三、城市建设

全市建成区面积152.7平方公里，城区人口约88.56万人(含暂住人口)。全市日供水能力78.38万立方米/日（含自建设施供水)，全年供水总量约1.63亿立方米。全市燃气用气人口88.56万人,普及率100%(按城区人口计算)。全市液化气供气量约3.01万吨,天然气供气量约3.8亿立方米。全市共有生活污水处理厂10座，日处理能力42.84万立方米,城市污水处理率97.39%。城市生活垃圾处理率100%。人均城市道路面积29.30平方米。全市建成区绿地率39.22%,全市人均公园绿地面积16.24平方米(城区范围)。

注:

1.本公报所列2022年各项数据为年度初步统计数据。部分数据因四舍五入原因,存在与分项合计不等的情况。

2. 全市生产总值和各产业增加值绝对数按现行价格计算,增长速度按可比价格计算。

3.主要行业统计范围:①规模以上工业:年主营业务收入2000万元及以上法人单位;②限额以上批发和零售业:年主营业务收入2000万元及以上的批发业、年主营业务收入500万元及以上的零售业法人单位。③限额以上住宿和餐饮业:年主营业务收入200万元及以上的住宿和餐饮业法人单位。④规模以上服务业:年营业收入2000万元及以上的交通运输、仓储和邮政业,信息传输、软件和信息技术服务业,水利、环境和公共设施管理业,卫生行业法人单位;年营业收入1000万元及以上的房地产业(不含房地产开发经营),租赁和商务服务业,科学研究和技术服务业,教育行业法人单位;以及年营业收入500万元及以上的居民服务、修理和其他服务业,文化、体育和娱乐业,社会工作行业法人单位。⑤固定资产投资:计划投资500万元及以上项目投资和房地产开发投资。

（市统计局）

2022年中共衢州市委、政府规范性文件选目

2022年中共衢州市委规范性文件一览表

表46

序号	文号	文件标题	发文日期
1	衢委发〔2022〕2号	中共衢州市委关于加强自身建设的决定	4月11日
2	衢委发〔2022〕3号	中共衢州市委关于印发《中国共产党衢州市委员会工作规则》的通知	4月11日
3	衢委发〔2022〕10号	中共衢州市委 衢州市人民政府印发《关于开展城市发展“十大专项”行动加快建设四省边际中心城市的实施方案（2021—2026年）》的通知	5月16日
4	衢委发〔2022〕16号	中共衢州市委关于高举习近平新时代中国特色社会主义思想伟大旗帜在建设四省边际中心城市中争当“两个先行”示范窗口的决定	7月27日
5	衢委发〔2022〕19号	中共衢州市委 衢州市人民政府关于完整准确全面贯彻新发展理念做好碳达峰碳中和工作的实施意见	12月31日
6	衢委办发〔2022〕13号	市委办公室 市政府办公室关于印发《衢州公共文化服务现代化建设实施方案》的通知	6月9日
7	衢委办发〔2022〕15号	中共衢州市委办公室印发《关于推动党史学习教育常态化长效化的实施方案》的通知	7月12日
8	衢委办发〔2022〕16号	市委办公室 市政府办公室关于印发《衢州市建设数字化政务服务综合体行动方案》的通知	7月17日
9	衢委办发〔2022〕17号	市委办公室 市政府办公室关于印发《衢州市高水平推进应急救护工作实施方案》的通知	7月28日
10	衢委办发〔2022〕24号	市委办公室 市政府办公室印发《关于支持衢州市人民医院加快做大做强的若干意见》的通知	10月17日
11	衢委办发〔2022〕25号	市委办公室 市政府办公室关于印发《衢州市推进儿童友好城市建设实施方案》的通知	10月17日
12	衢委办发〔2022〕27号	市委办公室 市政府办公室关于印发《全面深化以集体经济为核心的强村富民乡村集成改革实施方案》的通知	11月6日
13	衢委办发〔2022〕29号	市委办公室 市政府办公室印发《关于加快知识产权强市建设的实施意见》的通知	11月22日
14	衢委办发〔2022〕31号	市委办公室 市政府办公室印发《关于推进“五链”融合深化工业强市战略的实施意见》的通知	12月14日
15	衢委办发〔2022〕32号	市委办公室 市政府办公室印发关于清廉公安清廉社会组织清廉财政清廉市场监管清廉医保清廉环保清廉园区清廉商会建设等实施方案的通知	12月15日
16	衢委办发〔2022〕33号	市委办公室 市政府办公室印发《关于全面推进标准化发展的实施意见》的通知	12月31日

续表 46

序号	文 号	文件标题	发文日期
17	衢委办发〔2022〕35 号	中共衢州市委办公室印发《关于开展党建联建示范创建行动高质量助力共同富裕的实施意见》的通知	12 月 31 日
18	衢委办发〔2022〕36 号	市委办公室 市政府办公室关于印发《衢州市"扩中""提低"行动方案》的通知	12 月 31 日
19	衢委办字〔2022〕22 号	中共衢州市委办公室关于印发《衢州市"红色根脉强基指数"评价办法(试行)》的通知	7 月 11 日
20	衢委办字〔2022〕26 号	市委办公室 市政府办公室印发《关于全面推行耕地保护田长制的实施意见》的通知	9 月 29 日

(市委办)

2022 年度衢州市政府规范性文件一览表

表 47

序号	文 号	文件名称	发文日期
1	衢政发〔2022〕6 号	衢州市人民政府关于印发衢州市新一轮制造业"腾笼换鸟、凤凰涅槃"攻坚行动实施方案(2021—2023 年)的通知	2 月 8 日
2	衢政发〔2022〕18 号	衢州市人民政府关于进一步完善最低生活保障标准调整机制的通知	11 月 8 日
3	衢政发〔2022〕19 号	衢州市人民政府关于公布实施衢州市区城镇新一轮基准地价的通知	11 月 18 日
4	衢政通〔2022〕1 号	衢州市人民政府关于规范信安湖水域垂钓行为的通告	12 月 9 日
5	衢政办发〔2022〕2号	衢州市人民政府办公室关于深化改革推进出租汽车行业健康发展的实施意见	2 月 25 日
6	衢政办发〔2022〕5 号	衢州市人民政府办公室印发关于加快建设"世界围棋圣地"若干政策措施的通知	3 月 22 日
7	衢政办发〔2022〕3 号	衢州市人民政府办公室关于深化农村公路管理养护体制改革实施意见	4 月 14 日
8	衢政办发〔2022〕9 号	衢州市人民政府办公室关于高质量实施企业上市"3030"行动的若干意见	4 月 26 日
9	衢政办发〔2022〕13 号	衢州市人民政府办公室关于衢州市区殡葬基本服务全流程免费的通知	6 月 15 日
10	衢政办发〔2022〕18 号	衢州市人民政府办公室关于印发持续开展全球免费游衢州活动方案的通知	7 月 28 日
11	衢政办发〔2022〕19 号	衢州市人民政府办公室关于印发衢州市政府产业基金管理暂行办法的通知	8 月 4 日
12	衢政办发〔2022〕23 号	衢州市人民政府办公室关于衢州市人防工程产权制度综合改革的实施意见	8 月 29 日
13	衢政办发〔2022〕24 号	衢州市人民政府办公室关于进一步加强企业员工引育工作的若干意见	9 月 6 日
14	衢政办发〔2022〕26 号	衢州市人民政府办公室关于公布衢州市新增综合行政执法事项目录(2022 年)的通知	11 月 15 日
15	衢政办发〔2022〕27 号	衢州市人民政府办公室关于公布衢州市行政许可事项清单(2022 年)的通知	12 月 6 日
16	衢政办函〔2022〕50 号	衢州市人民政府办公室关于启用衢州市人民政府行政复议专用章和衢州市人民政府行政应诉专用章的通告	12 月 6 日

(市司法局)

2022年衢州市政府民生实事项目

衢州市八届人大一次会议票决产生的民生实事项目共涉及10大项46个子项具体任务。截至2022年12月31日，2022年度项目已全面完成，其中34项工作超额完成年度目标任务。

一、实施卫生健康服务惠民工程

全市新增县级公立三级医院床位1762张，该项为竞争性指标，无具体任务数；新改扩建规范化村卫生室（社区卫生服务站）80个，完成率100%；建立标准化“三大救治中心和三大共享中心”12个、建设临床专科24个，完成率100%；新增院前急救服务站12家，完成率120%；全市困难群众惠衢保保费907.19万元，由财政资金全额承担，完成率100.8%。

二、实施养老服务扩面工程

全市新增认知障碍照护专区床位266张，完成率120.9%；新增持证养老护理员345人，完成率132.7%；建成智慧养老院7家，完成率100%；为101个乡镇（街道）居家养老服务中心配备无感服务智能终端，完成率100%；实施困难老年人家庭适老化改造1491户，完成率106.5%；建成幸福食堂（助餐点）75个，完成率100%。

三、实施教育补短工程

全市新改扩建公办中小学8所，完成率133.3%，新增义务教育公办学位8130个，完成率162.6%；组建跨地区教共体结对学校51所，完成率102%。

四、实施交通出行优化工程

全市完成国省道起伏不平等病害点段整治19.21千米，完成率113%；完成城市道路起伏不平等病害点段整治21.216千米，完成率106.1%；完成“桥头跳车”城市桥梁整治3座，完成率100%；新增停车位5009个，完成率125.2%；新改建农村公路124.1千米，完成率124.1%；增设夜间停车位554个，完成率110.8%；新增新能源汽车充电桩300个，完成率100%。

五、实施公共安全保障工程

全市除险加固病险水库26座，完成率为113%；完成山塘整治17座，完成率为113.3%；提升改造泵站机埠、堰坝水闸85座，完成率为110.4%；改造农村供水管网405.37千米，完成率为135.1%；综合治理中小河流94.99千米，完成率130.1%；安装电动车禁入住宅电梯系统3112部，完成率103.7%。建设公共直饮水点80个，完成率106.7%。

六、实施关爱帮扶工程

全市新增乡镇（街道）托育机构13个，完成率130%；新增托位2128个，完成率118.2%，其中新增普惠托位2008个，完成率182.6%；新改扩建公办幼儿园12所，完成率240%，新增公办幼儿学位3840个，完成率320%；提升建设规范化儿童康复机构3家，完成率100%；提升建设规范化残疾人之家33家，完成率220%；完成重要公共服务场所无障碍改造77个，完成率110%；开发公益性岗位329个，完成率164.5%；新建乡镇（街道）社会工作站50个，完成率100%。

七、实施人才技能提升工程

全市开展职业技能培训10.6万人次，完成率160.7%；新增技能人才4.02万人，完成率287%，其中新增高技能人才1.27万人，完成率181.4%。

八、实施住房安居暖心工程

全市建设筹集保障性租赁住房4782套，完成率132.8%;开工改造城镇老旧小区52个、城镇老旧小区413栋,完成率100%。

九、实施应急救援能力改善工程

全市建设避灾安置场所171个，完成率131.5%;新增自动体外除颤器(AED)199台,完成率199%;开展应急救护普及培训20.94万人,完成率130.9%;培训救护员5.07万人,完成率140.9%。

十、实施文化设施建设工程

全市建成“15分钟品质文化生活圈”770个,完成率110%;新增南孔书屋20家,完成率111%;新增文化驿站10个,完成率111%;新增乡村博物馆28家,完成率100%。

（市政府办）

表格索引

说明：因为本年鉴开发了“衢州年鉴”小程序，主题索引可以通过“衢州年鉴”检索，所以仅制作表格索引。全书表格均可通过索引进行检索。表格索引按序号排列，仅标注所在页码，不标注分栏。

表 1 2022 年衢州市气象要素情况一览表 42

表 2 2022 年衢州市降水量与上年及多年平均值比较情况表 44

表 3 2022 年度衢州市及各县（市、区）总人口情况表 44

表 4 2013—2022 年衢州市总人口变动情况表 45

表 5 2022 年衢州市城乡人口基本情况表 45

表 6 2022 年衢州市人口自然变动情况表 46

表 7 2013—2022 年衢州市人口自然变动情况表 46

表 8 2022 年衢州市人口机械变动情况表 47

表 9 2013—2022 年衢州市人口机械变动情况表 47

表 10 2022 年衢州市人口年龄构成情况表 48

表 11 2013—2022 年衢州市人口年龄段比较情况表 48

表 12 2022 年衢州市百岁老人一览表 49

表 13 2022 年衢州市人大代表优秀议案一览表 110

表 14 2022 年衢州市人大代表优秀建议一览表 110

表 15 市政协八届一次会议以来优秀提案一览表 140

表 16 第二十四届衢州市自然科学优秀论文奖获奖情况表 170

表 17 2022 年衢州市民航客货运输量统计表 239

表 18 2022 年衢州市供销社为农服务情况统计表 305

表 19 2022 年末衢州市银行业金融机构本外币存贷款情况统计表 316

表 20 2022 年衢州市财产险公司保费和赔付情况统计表 328

表 21 2022 年衢州市寿险公司保费和赔(给)付情况统计表 329
表 22 2022 年衢州市财产险公司一览表 330
表 23 2022 年衢州市寿险公司一览表 330
表 24 衢州市上市企业一览表 332
表 25 2022 年衢州市证券机构一览表 333
表 26 2022 年 1—12 月衢州市不同行业私营企业分布及占比情况统计表 360
表 27 衢州市 2022 年度中央引导地方科技发展资金项目一览表 369
表 28 衢州市 2022 年度浙江省"尖兵""领雁"研发攻关计划立项项目一览表 369
表 29 2022 年衢州市省自然科学、公益性基金项目一览表 370
表 30 2022 年衢州市揭榜挂帅项目一览表 371
表 31 2022 年衢州市科技合作对接交流一览表 373
表 32 2022 年衢州市发明专利产业化项目一览表 374
表 33 2022 年浙江科技成果竞价(拍卖)会 3 月专场一览表 376
表 34 2022 年浙江科技成果竞价(拍卖)会衢州职业技术学院专场一览表 376
表 35 2022 浙江科技成果竞价(拍卖)会衢州专场一览表 377
表 36 2022 浙江科技成果竞价(拍卖)会衢州专场(秋)一览表 377
表 37 第四届浙闽赣皖四省边际应用型大学联盟科技成果竞价(拍卖)会一览表 377
表 38 2022 年衢州市科技活动一览表 378
表 39 衢州市获 2021 年度浙江省科学技术奖项目一览表 379
表 40 2022 年衢州市档案系统基本情况统计表 437
表 41 2022 年其他领导考察访问衢州孔氏南宗家庙一览表 448
表 42 2022 年度衢州市受到中央和省级表彰肯定事项汇总一览表 512
表 43 2022 年市区居民消费价格变动情况一览表(上年 =100) 515
表 44 2022 年主要工业产品产量统计表 517
表 45 2022 年常住居民每百户主要耐用消费品拥有量统计表 520
表 46 2022 年中共衢州市委规范性文件一览表 522
表 47 2022 年度衢州市政府规范性文件一览表 523